ISBN 978-0-282-96911-0
PIBN 10373389

This book is a reproduction of an important historical work. Forgotten Books uses
state-of-the-art technology to digitally reconstruct the work, preserving the original format
whilst repairing imperfections present in the aged copy. In rare cases, an imperfection in
the original, such as a blemish or missing page, may be replicated in our edition. We do,
however, repair the vast majority of imperfections successfully; any imperfections that
remain are intentionally left to preserve the state of such historical works.

1 MONTH OF
FREE
READING

at

www.ForgottenBooks.com

By purchasing this book you are eligible for one month membership to ForgottenBooks.com, giving you unlimited access to our entire collection of over 1,000,000 titles via our web site and mobile apps.

To claim your free month visit:
www.forgottenbooks.com/free373389

English
Français
Deutsche
Italiano
Español
Português

www.forgottenbooks.com

Mythology Photography **Fiction**
Fishing Christianity **Art** Cooking
Essays Buddhism Freemasonry
Medicine **Biology** Music **Ancient
Egypt** Evolution Carpentry Physics
Dance Geology **Mathematics** Fitness
Shakespeare **Folklore** Yoga Marketing
Confidence Immortality Biographies
Poetry **Psychology** Witchcraft
Electronics Chemistry History **Law**
Accounting **Philosophy** Anthropology
Alchemy Drama Quantum Mechanics
Atheism Sexual Health **Ancient History**
Entrepreneurship Languages Sport
Paleontology Needlework Islam
Metaphysics Investment Archaeology
Parenting Statistics Criminology
Motivational

LES

NORMANDS EN ITALIE

DEPUIS LES PREMIÈRES INVASIONS

JUSQU'A L'AVÈNEMENT DE S. GRÉGOIRE VII

(859-862. 1016-1073)

PAR

O. DELARC

DU CLERGÉ DE PARIS

PARIS

ERNEST LEROUX, ÉDITEUR

LIBRAIRE DE LA SOCIÉTÉ ASIATIQUE

DE L'ÉCOLE DES LANGUES ORIENTALES VIVANTES, ETC.

28, Rue Bonaparte, 28

—

1883

AVANT-PROPOS

———

Raconter l'histoire si mouvementée et si intéressante des Normands en Italie et, pour cela, compulser non pas seulement les chroniqueurs, les poëtes de l'époque, mais aussi les chartes, les divers documents encore inédits et conservés dans les archives de France et d'Italie, tel est le but de ce travail.

Deux raisons ont décidé l'auteur à étudier ce sujet et à publier le résultat de ses recherches. La première, c'est qu'à notre époque, si riche cependant en œuvres historiques, aucune monographie complète n'a été consacrée aux Normands en Italie. Les Normands qui, sous la conduite, de Guillaume, duc de Normandie, ont conquis l'Angleterre au XIº siècle, ont été, sur ce point, mieux partagés que leurs compatriotes émigrés en Italie ; en France un merveilleux coloriste, Augustin Thierry, en Angleterre tout un groupe d'historiens exacts et consciencieux, surtout sir F. Palgrave et E. Freeman, ont raconté leurs exploits et rajeuni leur vieille gloire. [1]

Sur les Normands en Italie, au contraire, il n'a été pu-

[1] Histoire de la conquête de l'Angleterre par les Normands par Augustin Thierry, membre de l'Institut. Paris. Furne, Jouvet, 11º édit. 4 vol. in-12. — Sir Francis Palgrave. The history of Normandy and of England 4 vol. in-8, 1851-64. — The history of the normann conquest of England its causes and its results by E. Freemann. Oxford, at the Clarendon press. 5 vol. grand in-8, 1867-1876. — Sir Palgrave est mort sans avoir terminé son ouvrage. Le livre de M. Freemann jouit en Angleterre d'une grande et légitime autorité.

blié en notre siècle, abstraction faite de quelques brochures, que des études incomplètes; en 1830, Gauttier d'Arc donnait le premier volume d'une *histoire des conquêtes des Normands en Italie, en Sicile et en Grèce*; [1] ce travail n'a pas été continué; écrit, du reste, à une époque ou beaucoup de documents de premier ordre, qui depuis ont vu le jour, n'étaient pas encore connus, visant à ce convenu poëtique qu'affectionnaient les historiens de la Restauration et qui n'a presque toujours rien à faire avec la réalité des faits, le livre de M. d'Arc est aujourd'hui sans intérêt et sans valeur. Un napolitain, de Blasiis a publié dans ces dernières années trois volumes intitulés; *La Insurrezione Pugliese et la conquista Normanna*; [2] comme l'indique le titre de l'ouvrage, M. de Blasiis se préoccupe du côté italien de l'époque qu'il étudie plus que du côté normand; son livre témoigne d'études sérieuses, mais est quelque peu diffus, et parfois inexact pour l'indication des sources. *L'histoire de la Sicile sous la domination des Normands* [3] par le baron de Bazancourt n'embrasse qu'une partie de l'histoire des Normands en Italie et n'a rien de cette précision que cherchait cependant M. de Bazancourt, si nous en croyons sa préface. Enfin trois savants d'outre-Rhin ont donné sur des points particuliers de l'histoire des Normands d'Italie, des mémoires étudiés et fort utiles. F. Hirsch a soumis à un examen critique les données fournies par Aimé du Mont Cassin; [4] Swartz a

[1] Histoire des conquêtes des Normands en Italie, en Sicile et en Grèce par E. Gauttier d'Arc; première époque 1016-1085. Paris chez de Bure, 1830, in-8, xxxiv, 504 p.

[2] La Insurrezione Pugliese e la conquista Normanna nel secolo XI da G. de Blasiis. 3 vol. in-8, Napoli chez Detken et Rocholl. Les deux premiers vol. sont de 1864, le 3° de 1873.

[3] Histoire de la Sicile sous la domination des Normands, depuis la conquête de l'île jusqu'à l'établissement de la Monarchie, par le baron de Bazancourt 2 vol. in-8, 1846, Amyot.

Un historien Sicilien M. Isidoro la Lumia a donné sur un roi Normand de Sicile, Guillaume le bon, une monographie beaucoup plus étudiée que le livre de M. de Bazancourt; Storia della Sicilia sotto Guglielmo il bono da Isidoro la Lumia. Firenze, le Monnier, 1867, un vol. in-12 de 401 p.

[4] Amatus von Monte Cassino und seine Geschichte der Normannen. Eine

étudié les expéditions de Robert Guiscard à Durazzo et sur les côtes d'Albanie [1] et Taffel a analysé les rapports des Comnène et des Normands. [2]

Si, au XIX siècle, aucun travail d'ensemble sur l'histoire des Normands en Italie n'a vu le jour, en revanche quantité de documents originaux racontant cette histoire, projetant sur elle une vive lumière, ont été depuis cinquante ans donnés au public. Les *Monumenta Germaniæ Historica* de Pertz se sont enrichis d'une savante édition critique de Guillaume de Pouille, le poëte de l'épopée normande, [3] et d'une édition de la chronique si importante du Mont Cassin par le cardinal Leo de'Marsi [4]. Si le texte original d'Aimé du Mont-Cassin est perdu, du moins il nous en reste une vieille traduction française que Champollion Figeac a publiée. [5] A l'exemple de Naples et de Palerme, plusieurs villes de l'Italie méridionale ont fait imprimer les chartes de leurs archives remontant à l'époque normande. [6] Dans sa *Bibliotheca Arabo Sicula*, M. Amari a colligé tous les textes arabes concernant l'his-

kritische Untersuchung von F. Hirsch dans les Forschungen zur deutchen Geschichte 8e vol. 2e cahier. Gottingen, 1868.

[1] Die Feldzuge Robert Guiscard 's gegen das Byzantinische Reich, nach den Quellen dargestellt. Fulda 1854 chez Muller in-4 de 70 p.

[2] Komnenen und Normannen. Beitræge zur Erforschung ihrer Geschichte in verdeutschen und erlauterten Urkunden des Zwolften und dreizehnten Jahrhunderts. Aus dem Griechischen von Tafel. 2o édit. Stuttgart chez Fischhaber 1870, in-8, de xxv, 262 p.

[3] Guillermi Apuliensis Gesta Roberti Viscardi; edidit R. Wilmans dans Pertz : Monumenta Germaniæ historica, Scriptorum T. IX p. 239-298.

[4] Leonis Marsicani et Petri diaconi chronica monasterii Cassinensis; edidit W. Wattenbach dans Pertz : Monumenta Germaniæ historica, Scriptorum T. VII p. 551-854.

[5] L'Ystoire de li Normant par Aimé, moine du Mont Cassin publiée par Champollion-Figeac. Paris, J. Renouard 1835, un vol. in-8, CVII, 370 p.

[6] Regii Neapolitani Archivi Monumenta edita et illustrata. Neapoli ex regia typographia, 6 vol. in-4, qui vont de 703 à 1130 et qui ont paru de 1845 à 1861. Il est regrettable que cette collection ne soit pas continuée. — Syllabus Græcarum membranarum, Neapoli, aut in Casinensi cænobio ac Cavensi, delitescentium. Edidit F. Trinchera. Neapoli in-4, chez Cataneo 1865, in-4, xxxii, 627. — Il serait trop long d'énumérer ici les publications diplomatiques de l'Italie du sud et de la Sicile à notre époque; cf. dans l'Archivio storico per le province Napoletane an. 1876, les savants articles de B. Capasso intitulés : Le Fonti della storia delle province Napolitane dal 568 al 1500.

toire de la Sicile [1] et un autre Sicilien, Cusa, a publié les chartes arabes et grecques de sa patrie. [2] En explorant les archives du Vatican et de l'Europe, Jaffé, Watterich ont comme renouvelé l'étude des rapports des Normands avec le Saint-Siège [3], et enfin la *Bibliothecca græca medii ævi* que publie M. Sathas est pour l'histoire normanno-byzantine une mine de renseignements aussi intéressants que nouveaux. [4]

[1] Biblioteca Arabo Sicula della Sicilia da Michele Amari. Lipsia, Brockhaus 1857, 2 in-8 avec un appendice publiée chez Brockaus en 1875 et contenant des annotations critiques de Fleischer. — En 1880-1881, M. Amari a publié une traduction italienne de ces textes arabes, 2 vol. in-8, chez Loescher à Turin et chez Brockaus á Leipsick.

[2] I diplomi greci ed arabi di Sicilia raccolti da S. Cusa ; gr. in-4 Palermo, 1874, La dernière partie et la traduction de ces deux textes n'ont pas encore paru.

[3] Regesta Pontificum ab condita ecclesia ad an 1198 ; ed. P. Jaffe, in-4 de xxiii, 951 p. édition de 1851. — Acta Pontificum romanorum inedita von 748 bis 1198; edidit Pflugk-Harttung. Tubingen 1880. In-4, de viii, 476 p. — Pontificum Romanorum vitæ ab æqualibus conscriptæ 872-1099, edidit Watterich. Lipsiæ, 1862, gr. in-8 de CV, 753 p.

Comme il sera dit au commencement du II chap. de ce travail (cf. infra p. 28), bien des Scandinaves, bien des Normands traversant, après avoir quitté leur patrie, les contrées de l'est de l'Europe, les grandes steppes de la Russie, sont venus à Constantinople dans les IXe Xe et XIe siècles, et se sont mis au service de l'empire d'Orient. Beaucoup d'entre eux ont été envoyés dans l'Italie du sud pour défendre les provinces grecques contre les Lombards, les Sarrasins et plus tard contre les Normands français. Je ne me suis pas proposé d'écrire l'histoire de ces Normands en Italie, mais seulement celle des Normands venus des pays de France. Si j'ai consacré un premier chapitre à l'expédition de Bjœrn et de Hasting à Luna, c'est parce que ces pirates venaient de faire un assez long séjour en France et qu'ils sont partis des rivages de la vallée de la Seine pour aller dans la Méditerranée. Les Normands au service de Constantinople sont connus dans l'histoire du bas empire, surtout sous le nom de Waranges et ont joué un rôle important dans les guerres et dans les affaires intérieures de l'empire d'Orient. Les savants russes, suédois, danois ont publié, à notre époque, de nombreuses études sur ces Waranges, mais les Russes se sont souvent obstinés à voir des Slaves dans les Waranges et les Suédois et Danois des Scandinaves. Toutefois, la critique indépendante incline de plus en plus à donner, sur ce point, raison aux savants de Stockholm et de Copenhague et à affirmer que les Waranges étaient des Normands proprement dits, des Scandinaves. Un manuscrit de la bibliothèque synodale de Moscou, publié en partie par M. Vasilievsky (*Récits et conseils d'un grand seigneur byzantin du XIe siècle d'après un manuscrit grec inédit du XVe siècle*. St-Pétersbourg, 1881, en grec avec une traduction et des commentaires en russe), vient de donner raison à ce dernier sentiment; Harald, fils du roi Scandinave Sigurd Syr, et frère de S. Olaf, est appelé par l'auteur des *Récits et Conseils* Ἀράλτης, βασιλεως Βαραγγίας υἱός (Vasilievsky *op. cit.* p. 140). Le nom de Warange n'était donc pas pour les byzantins du XIe, le titre d'une

J'ai essayé de réunir ces données éparses, d'en former une synthèse historique et en réalisant ce projet, j'ai, par-dessus tout, cherché à être vrai et exact. Plus j'ai étudié cette belle histoire des Normands en Italie, plus j'ai regretté qu'elle n'ait pas été traitée par un maître dans l'art d'écrire l'histoire. Il faudrait la plume de Châteaubriand ou celle de Michelet pour raconter comme elle le mérite la vie de ces fils de Tancrède, qui ont accompli des prodiges comparables aux exploits fantastiques des chevaliers de la Table ronde. S'il a suffi à Augustin Thierry du cadre restreint des démélés entre le roi d'Angleterre et Saint Thomas Becket pour écrire des pages qui comptent parmi les meilleures de la littérature française, que n'aurait-il pas fait s'il avait eu, à raconter les grandes luttes de St Grégoire VII et des Normands contre l'empereur de Germanie !

L'histoire des Normands en Italie comprend deux parties distinctes; la première ne traite que d'une invasion, celle que firent en 859-862 sur les rivages de la Macra, à Luna et à Pise, les Normands venus des pays scandinaves et ayant séjourné pendant quelques années dans le Nord de la France. Cette invasion la seule que les Normands païens aient faite en Italie, fut impétueuse et passagère comme celle d'un torrent débordé; elle ne laissa d'autres traces que quelques ruines et le souvenir d'une sinistre aventure. '

Un siècle et demi plus tard, vers 1016, les Normands reparurent en Italie, mais bien des changements s'étaient opérés dans ces descendants des farouches Scandinaves du IXᵉ siècle, dans ces fils de pirates. Ayant, au commencement du Xᵉ siècle, conquis, sous la conduite de Rollon, une partie de la Neustrie française, ils s'y étaient établis, échangeant sans regret leur ancienne patrie, la terre des haies, des lacs et des frimats pour les verdoyantes vallées du nord-

charge militaire dans l'armée impériale, mais avait un sens géographique, il désignait les mercenaires venus surtout de la Norwège et des autres contrées Scandinaves.

ouest de la France. Dans cette nouvelle Normandie, où ils oublièrent, en peu de temps, leur langue et leur religion, le vieux norois et les Dieux Scandinaves, ils devinrent chrétiens et parlèrent français et ce fut sous l'humble vêtement de pèlerins qu'ils se montrèrent d'abord aux italiens du XIᵉ siècle. Mais cet habit dissimulait des hommes de guerre d'une bravoure magnifique, d'une finesse devenue proverbiale, des hommes appres au gain, ne connaissant aucun obstacle et bien peu de préjugés quand il s'agissait de leurs intérêts, et les Italiens apprirent à leurs dépens qu'il n'était pas facile de les déloger quand ils avaient mis le pied dans un pays.

Cinquante ans après leur entrée en Italie, en 1073, lorsque Grégoire VII monta sur le trône pontifical, ils avaient fondé dans le sud de la péninsule un état de premier ordre, et de Rome à Palerme, du Latium en Sicile, leur autorité était déjà reconnue presque sans conteste; mais que de labeurs, que de victoires, quelle indomptable ténacité dans la bonne comme dans la mauvaise fortune pour arriver à ce résultat !

Venus dans une contrée dont ils ignoraient la configuration, le climat, la langue et les usages, ils avaient tour à tour vaincu les Lombards, seigneurs du pays avant leur arrivée, obligé les populations à accepter leur domination, expulsé les Grecs possesseurs des provinces du sud-est et les Sarrasins, depuis des siècles maîtres de la Sicile. Enfin la papauté elle-même, après avoir essayé à plusieurs reprises de débarrasser l'Italie de ces infatigables batailleurs, recherchait maintenant leur alliance, presque leur protection et, avec leur concours, allait engager une lutte formidable contre l'omnipotence des empereurs de Germanie.

Si le public veut bien faire un accueil favorable à cette étude sur *les origines de la puissance des Normands en Italie*, mon intention serait de dire plus tard quel usage ils ont fait de cette puissance, de les suivre dans leurs expéditions à Rome où, comme alliés de Grégoire VII, ils ont laissé de

leur passage une trace sinistre et ineffaçable, à Durazzo,
en Albanie, à Malte, en Grèce, en Afrique. La dernière par
tie de ce travail sera naturellement consacrée à étudier
le gouvernement de cette glorieuse dynastie des rois Normands des deux Siciles. Jamais le sud de l'Italie, surtout
la Sicile, n'a connu d'époque plus prospère et d'années
plus glorieuses que lorsque les Tancrède régnaient à Palerme. Alors s'épanouit une civilisation d'autant plus intéressante à analyser que les éléments qui la composaient
semblent au premier abord plus disparates, plus rebelles
à toute combinaison. Devant la postérité, l'honneur des
Tancrède n'est pas seulement d'avoir été de vaillants
hommes d'arme, d'heureux conquérants, c'est surtout d'a-
voir sagement gouverné et pacifié une société mélangée
de Chrétiens et de Sarrasins, de Grecs et de Latins. Cette
société a laissé d'elle-même une fidèle empreinte dans ces
splendides églises de Palerme et de Cefalu, où l'on voit l'ar-
chitecture musulmane au service de la pensée chrétienne,
et les grandes mosaïques byzantines développer leurs har-
monieuses théories sur des monuments dont les lignes sé-
vères sont comme la signature d'un architecte normand

LES NORMANDS

EN ITALIE

——✦——

CHAPITRE PREMIER

(859-862)

Vers l'an 850, régnait au pays des Danois un roi appelé
Ragner Lothbrok c'est-à-dire Ragner aux braies velues.
Ragner Lothbrok était, suivant les sagas, fils du roi danois
Sigurd Rink. Il épousa en premières noces Thora, fille de
Herraudus, *iarl* de Gothie, et en secondes, Aslaug, qui avait
eu pour père Sigurd Fahnericida et Brynhilda pour mère[1].

---

[1] Il existe sur Ragner Lothbrok deux sources d'informations : 1º Les chroniques de l'Europe occidentale. 2º Saxo grammaticus et les sagas islandaises.
Deux de ces chroniques, celle de S. Wandrille ou de Fontanelle (Pertz: Mon.
Germ. Hist. SS. T. II, p. 302) et l'opuscule d'Aimoin, bénédictin à S. Germain-
des-Prés : *de Miraculis S. Germani* : (Migne : *Patr, lat*. T. 126 col. 1027-1050),
racontent qu'en 845, Ragner (elles ne lui donnent pas le surnom de Lothbrok)
ravagea la vallée de la Seine et prit Paris. — Guillaume de Jumièges, *Historia
Northmannorum* l. I. c. 5 (Migne: *Patrol. lat.* T. 149 col. 784) nous montre ensuite
Lothbrok (Lothrocus) régnant en Danemark en 850-851. Comme ce Lothrocus
a, de même que le Ragner Lothbrok des sagas scandinaves, un fils du nom
de Bjœrn (*Bier costæ ferræ*), il est évident qu'il s'agit du même personnage.
Enfin, d'après une chronique irlandaise que nous citons plus loin, Ragner
Lothbrok fit, vers 860, une expédition contre l'Angleterre et mourut durant
cette expédition. Ces dates 845, 850, 860, les indications qui les accompa-

Sans compter les filles, Ragner eut de Thora deux fils Agnars et Eirick, et de Aslaug, Ifvar le désossé, Hvitsœrk, Sigurd au serpent dans l'œil, et Bjœrn Jernside, c'est-à-dire l'ours à la côte de fer. Le surnom de côte de fer avait été donné à Bjœrn, parce que, dit Guillaume de Jumièges, sa mère lui ayant fait boire des filtres énergiques, avait rendu son corps invulnérable, si bien que Bjœrn pouvait se battre hardiment contre toute espèce d'ennemis sans recevoir de blessure.

gnent, s'harmonisent ensemble, peuvent résister aux attaques de la critique et fournissent pour une biographie de Ragner Lothbrok une base solide.

Au contraire, avec Saxo grammaticus (*Historia Danica* ed. Muller. Havniœ, 1839, l. IX) et avec les sagas islandaises (*Sagan af Ragnari Lothbrock og sonum hanns,* c. 1. — *Sagu dater om Nornagester* c. VIII; ces deux sagas sont imprimées, avec une traduction danoise et une traduction latine, dans la collection d'Eric, Jules Bjœrner: *Nordiska Kœmpa Dater.* Stockholmiœ, typis J. Horrn, 1737, in-folio), le terrain n'est plus qu'un sable mouvant sur lequel il est bien difficile sinon impossible d'édifier un monument stable. D'après les sagas, le père de Ragner Lothbrok était Sigurd Rink; or M. Jessen prétend avoir prouvé (*Undersœgelser til Nordisk Old Historie*) que c'est là une erreur; que Sigurd et Rink sont les noms de deux rois prédécesseurs de Ragner et que, par suite d'une confusion, on a fait de ces deux rois un seul personnage et le père de Ragner Lothbrok. De son côté, M. Storm, *Kritiske Bidrag til Vikingetidens Historie* p. 35-132, déclare que le nom de Lothbrok est un nom de femme, de telle sorte que lorsqu'il est question des fils de Ragner Lothbrok, on désigne non pas le père, mais la mère de ces héros, suivant la coutume scandinave qui, dans les généalogies, donne le nom de la mère au lieu du nom du père, lorsque celui-ci n'est pas d'une famille aussi noble que celle de sa femme. M. Storm aurait du prouver — ce qu'il ne fait pas — que c'était le cas pour la famille de Ragner Lothbrok.

Ainsi la famille, le nom, le rôle de Ragner Lothbrok, le temps ou il a vécu (voyez dans Stéenstrup : *Indledning i Normannertiden,* Copenhague. 1876, p. 87, les discussions soulevées par cette dernière question), semblent devoir être l'objet de stériles et d'interminables discussions si l'on interroge exclusivement les sagas et Saxo grammaticus. On comprend dès lors que la jeune école historique du Nord ait cherché, à l'aide des chroniques de l'Europe occidentale, à faire pénétrer quelque lumière dans ce chaos. Depuis la publication de ses deux ouvrages : *Indledning i Normannertiden* et *Vikingetogene mod vest i det 9 de Aarhundrede,* M. J. Steenstrup est le représentant le plus autorisé de cette école et, en suivant cette voie, il est arrivé à des conclusions vraiment satisfaisantes. Voici celle qui termine son étude sur Ragner Lothbrok. « Nous croyons avoir démontré que l'illustre héros a vécu au milieu du IXe siècle, qu'il est mort vers 860. Ce fut un célèbre Viking, mais la tradition a grandi sa gloire en rattachant à sa personne plusieurs des exploits et des conquêtes de ses fils. » *Etudes préliminaires pour servir à l'histoire des Normands et de leurs invasions,* par J. Steenstrup. Paris, Champion, 1881, p. 73. Ces études préliminaires sont une traduction abrégée de l'*Indledning i Normannertiden.*

¹ Il est certain que l'un des nombreux enfants de Ragner Lothbrok s'appe-

A l'époque de Ragner Lothbrok, la jeunesse de la Norvége, du Danemark et de la Suède, née dans un pays qui, même lorsque la récolte est bonne, a grand peine à nourrir ses habitants, éprise du goût des aventures d'autant plus que bien des Normands s'étaient, durant les années précédentes, enrichis en courant le monde, émigrait par bandes et organisait des expéditions, tantôt vers l'Orient, tantôt vers l'Occident. La principale cause de ces émigrations était dans l'aspiration naturelle de peuples à peu près nomades vers des contrées plus riches et un climat plus doux [1].

Pour expliquer ces invasions si considérables et si multiples des peuples scandinaves dans toute l'Europe au IXe siècle, quelques chroniqueurs ont allégué que la polygamie existant dans ces contrées encore païennes, avait dû y faire surgir un énorme surcroît de population; mais l'argument n'est guère convaincant; l'expérience a prouvé qu'au lieu de procurer l'épanouissement d'une race, la polygamie lui fait descendre graduellement la pente de la ruine et de la stérilité [2]. On a aussi parlé de lois scan-

lait Bjœrn Jernside — cf. Guillaume de Jumièges, *Hist, Northm.* l. I, c. 5. — Saxo grammat. *Historia Danica*, l. IX, p. 144, 450, 463-64 et la *Saga de Ragner Lothbrok et de ses fils*. Dans le ch. VIII de la *Sagu dater om Norna gester*, il est aussi question de Bjœrn Jernside, fils de Ragner Lothbrok. Quant aux filtres enchanteurs donnés à Bjœrn par sa mère et dont parle Guillaume de Jumièges, il y a évidemment là un écho de ces récits scandinaves qui plus tard devaient être consignés dans les sagas. Ainsi au ch. XV de la *Saga de Ragner Lothbrok et de ses fils*, nous voyons Aslaug, mère de Bjœrn, donner à son mari Ragner, partant pour son expédition en Angleterre, un manteau qui doit le garantir de toute blessure. Saxo grammaticus indique une origine plus acceptable du surnom de *Jernside*, lorsqu'il écrit (l. IX, p. 450): Biœrnus vero, quod integer hosti cladem ingesserat, tanquam a ferrei lateris firmitate sempiternum usurpavit agnomen.

[1] Lair, *Etude historique et critique sur Dudon de Saint-Quentin* (en tête de l'édition de Dudon), p. 34.

[2] Il suffit de comparer la situation actuelle des Turcs avec l'Allemagne ou l'Angleterre, pour se convaincre de cette vérité. Au XIe siècle, les Normands français sans être polygames, envahirent l'Angleterre et l'Italie méridionale, s'emparèrent de ces deux pays qui reçurent pendant de longues années des continuelles émigrations normandes. C'est Dudon (p. 129) qui, s'inspirant de Jornandès (*de rebus geticis*, ap. Muratori : *Scriptores rerum Italicarum*, t. I, 1re part., p. 193 B), a dit le premier que la polygamie des Normands avait été la principale cause de leurs invasions. Guillaume de Jumièges, Robert Wace,

dinaves obligeant tous les enfants mâles, à l'exception
de l'aîné, à aller chercher fortune hors des limites de la
patrie. La législation en vigueur dans le nord de l'Europe
avant sa conversion au christianisme a laissé trop peu de
vestiges pour que l'on puisse répondre sur ce point
d'une façon catégorique, mais les sagas prouvent que
si une prescription aussi draconnienne a réellement
existé, elle n'a pas été appliquée partout et toujours au
IXᵉ siècle [1].

Quoi qu'il en soit, les enfants de Ragner Lothbrok,
Bjœrn Jernside en particulier, imitant l'exemple que leur
père leur avait donné, s'expatrièrent de bonne heure, et
cherchèrent dans le métier de pirates et d'écumeurs de
mer, à acquérir du butin et de la gloire [2].

Mais Ragner Lothbrok, ayant égard à la jeunesse et à
l'inexpérience de Bjœrn Jernside, ne voulut pas le laisser
partir sans placer auprès de lui un protecteur et un conseiller. Il confia cette mission à un danois nommé Hasting
qui, à une grande bravoure, joignait une scélératesse
consommée [3].

Benoit, etc., ont ensuite répété cette assertion. Que la polygamie ait existé
chez les Normands avant leur conversion au christianisme, cela n'est pas
douteux. On a voulu le nier en citant Tacite ; mais, même en supposant que
Tacite ait tracé des Germains un portrait fidèle, ces Germains du 1ᵉʳ siècle ne
peuvent guère ressembler aux Scandinaves du IXᵉ. Sur cette question, il ne
faut même pas, semble-t-il, s'en rapporter aux sagas. Les sagas islandaises
sont des récits historiques ou fabuleux d'une époque païenne, recueillis et un
peu rédigés par des mains chrétiennes. De là, dans quelques sagas, une tendance à atténuer certains faits, peut être peu d'intelligence à les comprendre.
Ainsi, dans ses mariages, Ragner Lothbrok, d'après les sagas, se conduit en
bon chrétien, n'épouse Aslaug qu'après la mort de Thora. Il est bien permis
de douter que le farouche pirate ait eu une conduite conjugale aussi exemplaire.
Néanmoins, même dans les sagas, on peut constater que la polygamie existait
chez les Scandinaves ; elles nous montrent, par exemple, le roi Harald Harfagri, c'est-à-dire Harald aux beaux cheveux, vivant avec quinze femm eset
quinze concubines. Harald Harfagri saga c. 28 ; — Olaf Trygw. Saga, c. 97).

[1] Cf. *Kong Trodes Love.* 12ᵉ chap. p. 311-350 de l'*Indelning* de Steenstrup.

[2] Nous avons dit plus haut que Ragner Lothbrok avait été pirate, et avait
ravagé en 845 la vallée de la Seine et pris Paris,

[3] Sans entrer dans d'autres détails sur son origine, Dudon (p. 130, 131, éd.
Lair) se contente de dire que Hasting était danois, et qu'il vint en France
comme pirate ; c'est Guillaume de Jumièges qui le premier le présente comme

L'époque du départ ayant été fixée, Hasting envoya de tous côtés des messagers convoquer les jeunes gens qui voudraient se joindre à eux et faire partie de l'expédition, et, lorsque tout fut prêt, la flotte appareillée, les armes en bon état, Hasting, Bjœrn côte de fer et leurs compagnons s'embarquèrent, après avoir offert à leur dieu Thur des sacrifices humains [1].

Ils abordèrent en 851 dans un port du Vermandois, et à peine débarqués, commencèrent à courir le pays et à chercher du butin. Pendant huit ans, jusqu'en 859, Bjœrn Jernside, Hasting et leurs compagnons parcoururent les vallées de la Somme, de la Seine et de l'Escaut, se conduisant comme les autres pirates normands, c'est-à-dire se montrant impitoyables contre ceux qui essayaient de leur résister, tuant souvent pour le plaisir de tuer, et ne

chargé par Ragner Lothbrok de veiller sur Bjœrn et de le former à la piraterie; Villelmi Gemm. *Hist, Norm.*. l. I, c. 5, dans Migne: *Patrol., lat.*, 149, col. 784. Raoul Glaber a raconté (*Historiarum*, lib. I. c. v. *de paganorum plagis*, dans Migne : *Patr. lat.*. T, 142, col. 623 seq.) que Hasting n'était pas plus normand que danois. Suivant lui, c'était un paysan du pays de Troyes, né au village de Tranquillus qui, rénégat de sa religion et de son pays, était allé rejoindre les païens dévastateurs de la France, et, pendant de longues années, fut le chef de leurs expéditions. Cette donnée de Raoul Glaber, qui est tombé dans tant d'autres erreurs, est tout à fait insoutenable. Dudon, Guillaume de Jumièges, les annales de Saint-Bertin et de Saint-Vaast, celle de Réginon sont unanimes à en faire un danois, du moins un normand. Il a pu naître dans le pays de Troyes un paysan devenu célèbre comme rénégat et comme compagnon ou chef de quelque bande normande, mais ce rénégat n'est certainement pas Hasting.

Ce serait sortir des cadres de ce travail que de discuter ce qu'il peut y avoir de vrai ou de faux dans la vie de Hasting, telle que la racontent les historiens occidentaux. Ce qui complique encore ce problème déjà si difficile, c'est que Hasting se serait aussi appelé Gurmund, autre nom célèbre dans les odyssées normandes et auquel se rattachent bien des aventures : Iste Alstagnus, vulgo Gurmundus, verso nomine, solet nominari. *Vetus chronic. Floriac.* ap. Du Chesne, *Hist. Norm. Scrip. antiq.*, p. 32. — Pour nous, il nous suffit de constater les points suivants qui sont hors de discussion. Hasting était normand ; il est venu en France vers le milieu du ix° siècle ; rien, dans les usages scandinaves que nous connaissons, ne s'oppose à ce que Hasting ait joué auprès de Bjœrn Jernside le rôle que Guillaume de Jumièges lui fait jouer. Nous voyons au contraire qu'Olaf Helgas fut formé à la piraterie par Ran, son père nourricier; cf. Snorre Sturleson, cité par Turner, *Story of Anglo-Saxons.* t. I, p. 344.

[1] Dudon et Guillaume de Jumièges, *ll. cc.* Le dieu Thur (Thor) faisait en effet partie de la mythologie scandinave.

respectant ni les femmes ni les enfants, ni les clercs ni les moines. Les maisons brûlées, les moissons détruites, les couvents saccagés et démolis, lee églises mises au pillage telles étaient les traces de leur passage; ils poussaient le mépris et la dérision des choses saintes jusqu'à s'affubler des ornements des églises pour parodier les cérémonies du culte '.

Au lieu de défendre les populations terrifiées et décimées par les Normands, les petits fils de Charlemagne intriguaient les uns contre les autres et se disputaient les provinces de l'héritage du grand empereur, sauf à les laisser ensuite à la merci des barbares. Parfois cependant, quelques-uns de ces princes, rappelés au sentiment du devoir par les cris d'angoisse qui s'élevaient de toutes parts, se décidaient à aller combattre les pirates; ou bien c'étaient des comtes, des marquis gouverneurs de provinces, qui se mettaient à la tête de la résistance, et, dans plus d'une rencontre, le succès couronna ces tentatives trop isolées, trop peu nombreuses. Ce fut un de ces échecs que Bjœrn éprouva pendant qu'il ravageait le nord de la France. Un fragment de chronique du monastère de Saint-Wandrille au diocèse de Rouen, raconte qu'en 855 Bjœrn avait uni

---

' Guillaume de Jumièges (I. 6) donne la date de 851 comme celle de la première arrivée de Hasting en France, Dudon n'en donne aucune. D'après d'autres documents, Hasting serait venu en France bien antérieurement. Ainsi en 831 d'après les *Gesta consulum Andegavensium* (xiie siècle), ap. D. Bouquet, t. IX, p. 28 C; — en 836 d'après le livre noir de Coutances (xie siècle) *Gallia christiana*, t. XI, *Instrumenta*, col. 217 B; — en 838 d'après le *Tractatus de revers. B. Martini* (xiiie siècle), ap. D. Bouquet, t. VII, p. 318 B, et t. IX, p. ii D; — en 842 d'après la *Chron. Turonense* (xiiie siècle), Du Chesne, *Historiœ Normannorum scriptores antiqui*, p. 25 B; Salmon : *Chroniques de Touraine*, copie du *Tractatus de revers. B. Mart.* p. 96, 182 : — en 846, d'après le calcul des bénédictins; enfin en 847 ou 848 selon Orderic Vital édit. le Prevost, t. II, p. 7 — La *Chronicon duplex S. Michaelis in periculo maris* (ap. Labbe, *Nova Bibliotheca manuscriptorum*, t. I, p, 438, D. Bouquet, t. VII, p. 272 E), donne la même date que Guillaume de Jumièges. Sans vouloir défendre outre mesure la date de G. de Jumièges, je me bornerai à dire qu'elle n'est contredite par aucun fait positif; en outre, elle s'harmonise mieux avec l'ensemble de la vie de Hasting. En effet, des documents dignes de foi nous montrent Hasting encore plein de vigueur et continuant ses courses aventureuses en 890. — Si donc on le fait venir trop tôt en France, comment imaginer une telle verdeur chez un vieillard, alors dans un âge très avancé ?

ses troupes à celles d'un autre chef normand nommé
Sydroc; les deux bandits, après avoir ruiné et dépouplé
les pays de la basse Seine, s'avancèrent jusque dans le
Perche, Mais là Charles-le-Chauve les attaqua et les défit
complètement. Sydroc, vaincu, renonça à la lutte l'année
suivante, ou du moins gagna d'autres pays; quand à
Bjœrn, trop affaibli pour tenir la campagne, il se réfugia
et se fortifia, probablement dans une île de la Seine;
Charles-le-Chauve, vint l'y assiéger en 859, et, sans l'entremise de quelques Français, traîtres à leur pays, sous
prétexte qu'ils étaient ennemis politiques de Charles-le-
Chauve, le fils de Ragner Lothbrok tombait au pouvoir du
vainqueur. Il n'échappa du reste à cette humiliation qu'en
promettant de faire sa soumission au roi Charles, et sans
doute aussi de quitter la France. Ainsi que le rapportent
les annales de Saint-Bertin, Bjœrn se rendit en effet à la
villa de Verberie sur les bords de l'Oise, jura fidélité à
Charles-le-Chauve, et aussitôt après, sur les conseils de
Hasting, qui rêvait de s'emparer de Rome et d'y faire couronner son jeune pupille, Bjœrn regagna la mer, équipa
une flotte considérable, réunit de nombreux compagnons,
et, en 859, fit voile pour le golfe de Gascogne et les côtes
d'Espagne [1].

[1] Abstraction faite de Guillaume de Jumièges et des auteurs qui se sont inspirés de son récit, il n'existe, à notre connaissance, que deux textes parlant
du séjour de Bjœrn dans le nord de la France, de 851 à 859. Le texte de la
chronique de Saint-Waudrille ou de Fontanelle, et celui des annales de Saint-
Bertin, Berno, dux partis piratarum Sequanæ insistensium, ad Karlum regem
in Vermerio palatio venit, ejusque se manibus dedens, fidelitatem suetam
jurat. *Annales Bertin.* ad an. 858, éd. Dehaisnes, p. 93. — Anno 855, Indictione 3, die 15 kalend. Augusti; maxima classis Danorum fluvium Sequanæ
occupat, duce item Sydroc, et usque Pistis castrum quod olim Petremanulum
vocabatur, venire contendunt. Deinde post dies 33, id est 14 kalend. septembris, Berno Normannus cum valida classe ingressus est. Deinde junctis viribus, usque Particum saltum plurimam stragem ac depopulationem fecerunt.
Quo in loco, Carolus rex eis cum exercitu occurens, maxima eos strage per-
cussit. Seqnenti anno Sydroc egreditur de fluvio. Berno in quadam insula
castrum ædificat, ubi a Carolo rege navali obsidione obsessus est anno 859,
sed factione Ludovici fratris et quorumdam seditiosorum ab eo repellitur,
Annales Fontan. Pertz. *Mon. Germ. hist* SS., t. II, p. 304.
    Dans les deux textes, il n'est fait, on le voit, aucune mention de Hasting.
M. Lair se demande, si le *Berno* des deux chroniques est bien Bjœrn Jernside

Leur voyage fut d'autant plus long qu'ils continuèrent, chemin faisant, leur vie de pirates et de bandits, débarquant sur les côtes ou remontant le cours des rivières et des fleuves, et dès que l'occasion leur paraissait propice, attaquant les populations terrifiées par ces apparitions

(*Etude historique et critique sur Dudon de Saint-Quentin*, p. 39, en tête de l'éd. de Dudon). Mais Berno est incontestablement la traduction latine de Bjœrn (cf. *Annales Bertin.*, éd. Dehaisnes, p. 94, note *a*). En outre, comme nous savons par Guillaume de Jumièges que, de 851 à l'expédition des Normands dans la Méditerranée, c'est-à-dire à 859 (nous verrons que c'est la date du début de cette expédition), Bjœrn Jernside ravagea le nord de la France, on peut évidemment l'identifier avec le Bjœrn qui, dans les mêmes années, ravage les mêmes pays. Enfin, le Bjœrn de la chronique de Saint-Wandrille et des Annales de Saint-Bertin subit une défaite qui, en 859, l'oblige à se soumettre à Charles le Chauve, c'est-à-dire à aller chercher fortune ailleurs, et c'est précisément en 859 que part l'expédition des Normands en Espagne, dont Bjœrn Jernside fit partie au témoignage de Guillaume de Jumièges. Il est vrai que les textes, étant interprétés de cette manière, nous nous trouvons en face d'une difficulté chronologique. Les Annales de Saint-Bertin (p. 93-94) placent en 858 la soumission de Bjœrn à Charles-le-Chauve à la villa de Verberie, tandis que la chronique de Saint-Wandrille ne place sa défaite définitive qu'en 859. Quelque grande que soit, et à juste titre, l'autorité des Annales de Saint-Bertin, il faut reconnaître qu'elles renferment des erreurs chronologiques. J'en citerai deux, précisément de l'époque dont il est ici question. Ces annales disent que Frotbaldus, évêque de Chartres, poursuivi par les Danois, se noya dans l'Eure en 857, tandis que le nécrologe de l'église de Chartres rapporte qu'il mourut seulement en 858 (cf. *Annales Bert.*, éd. Dehaisnes p. 92, note de D. Bouquet). — De même les Annales de Saint-Bertin font massacrer par les Normands, en 859, Immo, évêque de Noyon, et Ermenfried, évêque de Beauvais. Or ces deux évêques signaient, dans le mois d'octobre de l'année suivante, les actes du concile de Toul, tenu dans la résidence royale de Thusey (p. 100, n. A. de D. Bouquet). Ces erreurs nous autorisent donc à dire que les Annales de Saint-Bertin ont bien pu se tromper une fois de plus, en plaçant en 858 au lieu de 859 la démarche de Bjœrn à la villa de Verberie. Quatre auteurs établissent que l'expédition normande pour l'Espagne et la Méditerranée est partie en 859; ce sont : 1° Les annales de Saint-Bertin, qui l'insèrent sous la date de 859 (cf. p. 68), 2° L'historien arabe Ibn-Adârî (cf. *infra*, p. 10). 3° Novairî, autre historien arabe (cf. *infra*, p. 11); 4° Un troisième historien arabe, Makkari, édité par P. de Gayangos (cf. *infra*, p. 10, note 1).

En acceptant cette date de 859 que l'accord des chroniques chrétiennes et arabes rend des plus certaines, nous nous séparons de Dudon et de Guillaume de Jumièges, qui, sur ce point, ont accumulé erreurs sur erreurs. Ils supposent que Hasting (avec Bjœrn, d'après G. de Jumièges) n'est allé dans le sud de l'Europe qu'après un très long séjour en France. G. de Jumièges dit (I, 9) après un séjour de 30 ans, c'est-à-dire en 881, ce qui est de toute façon inadmissible. De même, ils font commettre à Hasting, qui n'a cependant pas besoin qu'on charge sa mémoire, plusieurs crimes qu'il n'a pu commettre. Ils lui imputent, par exemple la mort d'Immo, évêque de Noyon, et nous venons de voir que Immo n'est mort qu'après le mois d'octobre 860, lorsque Hasting était hors de France.

subites et n'ayant pas le temps de se mettre sur la défensive. Aussi les annales de l'Espagne soit chrétienne, soit musulmane, n'ont pas manqué de mentionner cette nouvelle invasion normande, et elles le font avec une remarquable précision chronologique. Ainsi la chronique d'Albelda porte : « Du temps d'Ordonio, fils de Ranemir (850-866), les Normands firent une nouvelle invasion sur les côtes de la Galice et furent repoussés par le comte Pierre.[1] » De même Sébastien de Salamanque écrit : « A cette époque (sous le roi Ordonio), les pirates normands reparurent sur nos rivages, puis ils allèrent en Espagne [2] et ravagèrent toutes les côtes par le fer et le feu. Ayant traversé la mer, ils s'emparèrent de Nachor, ville de Mauritanie, et y massacrèrent une multitude de Chaldéens. Ils envahirent également les îles de Majorque, de Fermentella et de Minorque et y firent de nombreuses victimes. Enfin, après une expédition en Grèce, ils regagnèrent leur patrie dont ils avaient été absents pendant trois ans [4]. » Sébastien de Salamanque se trompe en supposant que les Normands sont allés en Grèce, mais il est tout à fait d'accord avec les Annales de Saint-Bertin en disant que la seconde invasion Normande dans le midi de l'Europe a duré trois ans.

Les historiens arabes fournissent sur l'expédition des

---

[1] Ejus (Ordonii filii Ranemiri) tempore, Lordomani iterum venientes in Galleciæ maritimis, a Petro comite interfecti sunt. *Chronique d'Albelda*, c. 61. dans Florez, *Espana Sagrada*, t. XIII, p. 453.

[2] C'est-à-dire dans l'Espagne musulmane.

[3] Becri parle aussi (cf. *infra* p. 12) de la prise de Nokour par les Normands. — Nachor ou Nokour est une ville du Maroc située au bord de la mer. — Chaldéen est ici, comme dans d'autres auteurs du moyen-âge, synonyme de musulman.

[4] Iterum Nordomani piratæ per hæc tempora (Ordonii regis) ad nostra littora pervenerunt : deinde in Hispaniam perrexerunt, omnemque ejus maritimam gladio igneque prædando dissipaverunt : exinde mari trajecto Nachor civitatem Mauritaniæ invaserunt, ibique multitudinem Chaldeorum gladio interfecerunt. Denique Majoricam, Fermentellam et Minoricam insulas adgræssi, gladio eas depopulaverunt. Postea Græciam advecti, post triennium in patriam suam sunt reversi. Sébastien de Salamanque, dans Florez, *Espana sagrada*, t. XIII, p. 475.

Normands des détails qui ne se trouvent pas dans les deux
chroniques chrétiennes, et en outre indiquent l'année
précise pendant laquelle les pirates du Nord se sont montrés dans l'Espagne musulmane; ainsi nous lisons dans
Ibn-Adâri : « En l'année 245 (8 avril 859-27 mars 860) les
Madjous [1] se montrèrent de nouveau, et cette fois avec 62
navires, sur les côtes de l'Ouest ; mais ils les trouvèrent
bien gardées, car des vaisseaux musulmans étaient en
croisière depuis les frontières du côté de la France jusqu'à
celles du côté de la Galice dans l'extrême Ouest. Deux de
leurs navires devancèrent alors les autres, mais poursuivis
par les vaisseaux qui gardaient la côte, ils furent capturés
dans un port de la province de Béja. On y trouva de l'or,
de l'argent, des prisonniers, des munitions. Les autres
navires des Madjous s'avancèrent en suivant la côte, et
parvinrent à l'embouchure du fleuve de Séville. Alors l'é-
mir (Mohammed) donna à l'armée l'ordre de se mettre en
marche et fit proclamer partout qu'on eût à se ranger
sous les drapeaux du hâdjb Isâ-ibn-Hasan. Quittant l'embouchure du fleuve de Séville, les Madjous allèrent à Al-
géziras, dont ils s'emparèrent, et où ils brûlèrent la
grande mosquée. Puis ils passèrent en Afrique, et dépouillèrent les possesseurs de ce pays. Cela fait, ils retournèrent
vers l'Espagne, et ayant débarqué sur la côte de Todmir,
s'avancèrent jusqu'à la forteresse d'Orihuéla. Puis ils allèrent en France où ils passèrent l'hiver. Ils y firent un

---

[1] Les *Madjous*, c'est-à-dire les Normands. — M. P. Gayangos (*The history of
the Mohammedan dynasties'in Spain*. Londres, 1840, 2 vol. in-4°), écrit au sujet
du mot *Madjous* : The word Majùs (from μαγος) means a fireworshipper and an
idolater. It was in time applied by the Arabs to all northern nations. The
people here mentioned appear to be the same whom the chronica de Alfonso
el Sabio, fol. ex., and the Cro. gen. pp. 78, 80 et pass , call Almajuzes, Al-
mozudes and Almonides (t. I, 323). Makkari, dont M. de Gayangos a donné
une traduction anglaise, a aussi parlé de l'invasion des Normands en Espagne
en 859. In the year 245 (beginning April 7, A. D. 859) the ships of the Majus
appeared again on the coast of Andalus, where they were met by Mohammed's fleet, which took from them two ships and sank some others, although
in this encounter a great many Moslems fell martyrs for the faith. Cf. *op. cit.*
t. II, p. 127.

grand nombre de prisonniers, s'emparèrent de beaucoup d'argent, et se rendirent maîtres d'une ville où ils s'établirent et qui aujourd'hui encore porte leur nom. Ensuite ils retournèrent vers la côte d'Espagne, mais ils avaient déjà perdu plus de 40 de leurs vaisseaux, et quand ils eurent engagé un combat avec la flotte de l'émir Mohammed, sur la côte de Sidona, ils en perdirent encore deux chargés de grandes richesses. Leurs autres navires continuèrent leur route » [1].

Nowairî, moins exact que Ibn-Adhârî, attribue à la seconde invasion normande quelques faits qui ont eu lieu lors de la première. « Dans l'année 245, dit-il, les Madjous vinrent attaquer l'Espagne dans leurs navires. Ils arrivèrent dans la province de Séville, et s'étant emparés de sa capitale, ils y brûlèrent la grande mosquée (ceci eut lieu lors de l'expédition normande de 844). Puis ils passèrent en Afrique, après quoi ils retournèrent en Espagne, et les troupes de Todmir ayant pris la fuite, ils se rendirent maîtres de la forteresse d'Orihuéla. Ils s'avancèrent ensuite jusqu'aux frontières de la France, et faisant des incursions dans ce pays, obtinrent beaucoup de butin et de prisonniers. Pendant leur retour, ils rencontrèrent la flotte de l'émir Mohammed, et ayant engagé un combat avec elle, ils perdirent quatre de leurs vaisseaux, dont deux furent brûlés; ce qui se trouvait dans les deux autres tomba entre les mains des Musulmans. Alors les Madjous commencèrent à combattre avec fureur, de sorte qu'un grand nombre de Musulmans moururent martyrs. Les Madjous allèrent jusqu'à Pampelune, et firent prisonnier le Franc Garcia, seigneur de cette ville. Celuici se racheta moyennant quatre-vingt-dix mille dinars [2] »

Il est inutile de citer Ibn-Khaldoun qui s'est contenté

[1] Ibn-Adhârî, dans Dozy : *Recherches sur l'histoire et la littérature de l'Espagne au moyen-âge*, 2e éd. Leide, 1860, 2 vol. in-8o, t. II, p. 291.

[2] Nowairî, dans Dozy, *op. cit.*, I, p. 296.

de reproduire Nowairî ; mais un géographe africain, Beççî
fournit de plus amples renseignements au sujet de la descente des Normands sur le rivage du nord de l'Afrique :
« En l'an 244, écrit Becrî (858-859), les Madjous, que Dieu
les maudisse ! envahirent la ville de Nokour et la mirent
au pillage. Ils emmenèrent en captivité tous les habitants
qui n'avaient pas cherché leur salut dans la fuite. Au
nombre des prisonniers se trouvèrent Amma-t-er Rah-
man, la servante de Dieu le miséricordieux, fille de
Ouakef, fils d'El-Motacem-ibn-Salet, et sa sœur Kha-
nâoula ; mais elles furent rachetées par l'iman Mohamed-
ibn-Abd-er-Rahman (5ᵉ souverain oméïade d'Espagne).
Pendant huit jours, la ville de Nokour resta au pouvoir
des Madjous [1]. »

En un autre endroit, Becrî revient sur l'expédition des
Normands en Afrique et écrit : « La seconde fois qu'ils débarquèrent au port d'Asîla, leur flotte venait d'être chassée
des parages de l'Andalousie par un fort coup de vent.
Plusieurs de leurs navires, sombrèrent à l'entrée occidentale du port, au lieu qui s'appelle encore *Bab-el-Madjous*,
la porte des païens. Les habitants du pays s'empressèrent alors de bâtir un *Ribat* sur l'emplacement d'Asîla,
et d'y installer une garnison qui devait se renouveler régulièrement au moyen de volontaires fournis par toutes
les villes du voisinage [2]. »

Ibn-Adârî et Nowairî disent l'un et l'autre qu'après cette
descente sur les côtes de la Mauritanie, les Normands se
montrèrent sur les côtes orientales de l'Espagne et puis
vinrent en France, et qu'ils y séjournèrent pendant quelque temps ; les Annales de Saint-Bertin, d'accord avec ces
témoignages, rapportent aussi qu'en 859 et 860, les bandes
normandes ayant traversé les colonnes d'Hercule, occupèrent assez longtemps l'île de la Camargue à l'embou-

[1] Becrl, *Journal Asiatique*, 1859, p. 169 traduction de Slane.
[2] Becrl, *Journal Asiatique*, 1859, p. 327.

churé du Rhône [1]. Le delta de la Camargue, formé par
deux branches du Rhône, qui se divise avant de se dé-
verser dans la mer, était pour les pirates une excellente
position ; ils le comprirent, et après avoir brûlé dans les
environs quelques villes et quelques monastères, y établirent leur quartier général. Là, protégés contre toute
surprise, contre toute attaque, ils pouvaient à leur gré
remonter avec leurs légers bateaux le cours du fleuve,
ou préparer de nouvelles excursions vers les côtes de
l'Espagne ou vers celles de l'Italie. Ils ne se tinrent guère
tranquilles en effet, et les mêmes Annales de Saint-Bertin nous apprennent que les villes et les villages des rives
du Rhône furent, jusqu'à et y compris Valence, pillés
et saccagés par eux[2]. Selon toute probabilité, ce fut aussi
pendant le séjour dans le delta de la Camargue, que Hasting organisa l'expédition qui, dans sa pensée, devait lui
livrer Rome, et lui permettre d'y faire couronner empereur
son royal pupille Bjœrn côte de fer.

« Les Normands, raconte Dudon de Saint-Quentin, s'é-
tant réunis pour combiner quelque nouvelle expédition
Hasting, le plus scélérat des hommes, prit la parole et
dit : « Le vent que nous avons désiré commence à se
lever, il nous rendra la route facile. Si l'entreprise ne
vous déplaît pas, allons à Rome, et soumettons-la à
notre joug de même que nous avons soumis la France[3]. »
Ce projet fut approuvé par tous les pirates qui, ayant
levé les voiles, s'éloignèrent des rivages de France.
Après avoir navigué en pleine mer et après diverses

---

[1] Piratæ Danorum longo maris circuitu, inter Hispanias videlicet et Africam
navigantes, Rhodanum ingrediuntur, depopulatisque quibusdam civitatibus
ac monasteriis in insula quæ Camaria dicitur sedes ponunt. *Annales Bert.*, ad
an. 859, éd. Dehaisnes, p. 98.

[2] Hi vero Dani qui in Rhodano morabantur, usque ad Valentiam civitatem
vastando perveniunt ; unde. direptis quæ circa erant omnibus, revertentes ad
insulam in qua sedes posuerant, redeunt. *Annales Bert.*, an. 860.

[3] Dudon se trompe ; c'est au contraire, comme nous l'avons vu, à la suite
d'une défaite que les Normands se sont embarqués pour le sud de l'Europe.

incursions sur les côtes qu'ils eurent à longer, les Normands, désirant arriver inopinément jusqu'à Rome, jusqu'à cette superbe reine des nations, rallièrent leur flotte en face de la ville de Lunx, qui est appelée Luna [1]. A la vue de tant de navires, les chefs de la cité furent

[1] L'un des manuscrits de l'ouvrage de Dudon, celui de la Bibliothèque de Rouen, porte à la marge, en face de ce passage, une note importante et fort ancienne, elle est ainsi conçue : *In ,vigilia Nat(ivitatis) contigit ead... puer accepta... primam lectionem (legere) non potuit, sed prop(hetisando) dixit : ad portum veneris calandre ; unde a.., et populus miserunt exploratores s... legerat inven (erunt)*. — Voici les réflexions tout à fait pertinentes dont M. Lair fait suivre cette note marginale. « La variante du manuscrit de Rouen est intéressante en ce qu'elle se rapporte visiblement à un fait que les trouvères Wace et Benoît nous racontent tout au long. La veille de Noel, et pendant l'office de matines, un clerc de l'église de Luna, au lieu de lire la leçon du jour, se serait écrié par trois fois, dans une sorte de transport prophétique : « Cent nefs sont arrivés ce soir *ad Portum Veneris*, je les vois. » L'évêque envoya aussitôt vers le port, et reconnut la vérité des paroles du clerc. C'est aii.si que Luna put échapper à une première surprise de Hasting. Maintenant d'où vient cette variante ? |A-t-elle précédé la composition des deux ouvrages de Wace et de Benoît ? En est-elle, au contraire, le résumé en latin ? On ne saurait le dire. Une seule chose paraît certaine, c'est qu'elle n'est pas le fait de notre auteur, soit qu'il ait rejeté, soit plutôt qu'il ait oublié ce détail. Evidemment, il a dû exister, en dehors du récit de Dudon, une version de cet évènement, qui intéressait à un haut degré la curiosité populaire. C'est ainsi que selon l'auteur de l'*Histoire des ducs de Norm. et des rois d'Angl.*, p. 3, Hasting se serait présenté sous un nom supposé : *Amaladis est nostres maistres, qui encore est Sarrazins*. Le *Portus Veneris* de la glose est *Porto Venere*, localité voisine de Luna. »

Benoit raconte cet incident dans sa chronique en vers des ducs de Normandie :

« Tant unt sigle et tant porz pris. — Qu'à Luns vindrent, ceo m'est avis, — Une cité de Lumbardie ; — Tel n'i out faite ne bastie. — I'e la lune del firmament. — Qui si resclarzist e resplent, — Esteit-ele Luns apelée — E pur la lune Luns numée. —Mult ert riche, mult ert vaillanz — E bele e pleinteive e granz ; De veir quiderent, c'est la sume, — Que ceo fust la cité de Rome. — Suffert aveient grant torment, — Mais à Noel tut dreitement — La vigile le seir devant — I pristrent port en l'anuitant, — Suef que riens ne s'en esveille — Mais or oiez une merveille.

« As matines del evesquié — Fu ajusté tut le clergié — Et li poples de la cité — Cum à si grant sollempnité — Et si cum j'ai la chose oïe, — A la première profecie — Que deveit lire le clerzon, -- Qui pris aveit beneiçon — Del evesque demeinement. — Dist par treis feiz tant solement. — « Cent nefs ariva , ceo m'est vis, — Er seir al port de Veneris. » — Ceo lut treis feiz, od tant se tut; — Ceo qu'il mesmes lut ne sut. — Mult le tindrent à grant merveille ; — L'un d'els à l'autre le conseille ; Qu'est ceo qu'espeaut, que segnefie ? — L'evesque à la merveille oïe, — Tuz en fu enfin esbaïz ; E pur estre en certains e fiz, — Eneie al port e à la mer — Pur si faite chose esprover — Cil virent la flote al rivage — E tante nef e tante barge, —,Dunt mut furent espoentez. — Tost sunt arere returnez, — La chose unt tost faite saveir. — Adunc sorent bien qu'out dit veir — Li clerzuns ; maintenant saillirent, — E eus e lur cité

effrayés, et garnirent les remparts d'un grand nombre de
soldats. Hasting comprit dès le début qu'il ne pourrait
emporter la place de vive force, et ce blasphémateur imagina alors une ruse de la dernière perfidie. Il dépêcha au
comte et à l'évêque de Luna un messager qui, ayant été
admis en leur présence, leur tint le discours suivant
inspiré par Hasting : « Hasting, duc des Daces [1], et ses
compagnons exilés comme lui de leur patrie, vous présentent leurs devoirs. Vous n'ignorez pas qu'ayant été,
de par une loi, obligés de quitter notre pays [2], nous
avons erré à travers les mers jusqu'au moment où nous
avons pu aborder le royaume de la nation franque.
Nous avons envahi ce royaume, que les Dieux nous accordaient, et, après de nombreux combats entre les
Francs et nous, tout le pays a dû se soumettre à l'autorité de notre chef [3]. La conquête terminée, notre pensée a
été de retourner dans notre patrie ; mais les vents nous
ont été contraires, et la tempête nous a, malgré nous,
jetés sur vos rivages. Nous ne voulons ni nous emparer de
cette ville par les armes, ni piller votre contrée pour rapporter ensuite vos dépouilles sur nos navires. De tels projets ne sauraient convenir à des gens comme nous, exténués par les périls que nous venons de traverser. Montrez-vous pacifiques à notre égard, nous vous le deman-
dons, et permettez-nous d'acheter ce qui nous est néces-
cessaire. Notre chef est malade, il est perclus de douleurs,
aussi désirerait-il se faire chrétien et être baptisé par
vous, et, s'il vient à mourir de cette maladie, son intention serait qu'avec le consentement de votre piété et de

---

garnirent — Grand noise i surst e grant effrei ; — Chascun i out pour de sei.
— Li quens, li prince et li barun — De trestute la regiun, — E li evesque e li
clergiez — Sunt à défendre aparilliez, — Mandent chevalers e serjanz : — En
poi de tens en orent tanz, — ne fussent pas legier à prendre ; Apareillé sunt
de eus atendre. L. I, v. 1289-1347, t. I, p. 49 sqq.

[1] Dudon, trop souvent généalogiste et géographe de fantaisie, confond et
identifie les Daces avec les Danois.

[2] Nous avons dit plus haut, p. 4, ce qu'il fallait penser de l'existence de
cette loi.

[3] Rien de plus faux, comme on l'a vu.

votre miséricorde, il fût enterré dans votre ville. » L'évêque et le comte entendant ces paroles répondirent au messager : « qu'une paix inviolable existe entre vous et nous ; nous y consentons ; en outre, nous baptiserons votre chef. Achetez ce que vous voudrez, nous n'y mettrons pas d'obstacle. » Revenu auprès de Hasting, le messager lui rapporta les fallacieuses paroles qu'il avait dites ainsi que les réponses qui y avaient été faites, et la paix ayant été conclue de cette manière, les païens et les chrétiens s'abordèrent aussitôt soit pour vendre soit pour acheter.

« Pendant ce temps, l'évêque prépare le bain qui ne pourra certes pas purifier ce perfide, l'eau est puisée et bénite et les cierges allumés pour la sainte cérémonie. On porte l'artificieux Hasting, l'inventeur de la ruse sacrilège ; il entre dans la fontaine sacrée ; mais ces eaux ne lavent que son corps, le malheureux reçoit le baptême pour la perte de son âme. L'évêque et le comte furent ses parrains, et lorsqu'il eut été oint de l'huile sainte et du chrême, ses compagnons l'emportèrent comme à demi-mort et le transportèrent jusqu'à son navire. Le misérable ! ce n'était pas son corps, c'était son âme qui était atteinte d'une maladie mortelle.

« Aussitôt rentré, il convoqua les pires de ses compagnons, les consulta sur les suites à donner à l'aventure, et en même temps leur fit part du projet qu'il avait lui-même imaginé dans son cœur pervers. « La nuit prochaine, leur dit-il, annoncez ma mort à l'évêque et au comte, et demandez, tout en versant des larmes, qu'ils m'accordent d'être enseveli, moi leur néophyte, dans l'intérieur de la ville. Ajoutez qu'en retour vous leur donnerez mes épées, mes cuirasses, et en général tout ce qui m'appartient. » Se conformant à ces instructions, les Normands se présentèrent devant les chefs de la ville et leur dirent d'une voix entrecoupée de sanglots: « Hélas ! Notre maître qui était en même temps votre fil- « leul vient de mourir. Permettez, nous vous en supplions « dans notre douleur, qu'il soit enterré dans votre monas-

« tère, et acceptez les legs considérables qu'il vous a faits
« avant de rendre le dernier soupir. » L'évêque et le
comte, trompés par ces sophismes, comme aveuglés par la
perspective de cet héritage, répondirent que le corps serait reçu et convenablement inhumé dans le monastère.
Hasting, tout joyeux en apprenant cette acceptation,
convoqua de nouveau ses complices et leur dit : « Fai-
« tes un cercueil dans lequel vous me placerez comme
« si j'étais mort, mais n'oubliez pas d'y cacher aussi
« des armes, et puis vous l'entourerez en pleurant.
« Continuez à faire entendre vos gémissements et obli-
« gez vos soldats à faire de même. Que vos cris re-
« tentissent dans toutes nos tentes et qu'il en soit de
« même sur les navires. En outre, faites porter devant
« le cercueil des bracelets et des baudriers de fer, faites
« voir les haches et les épées brillantes d'or et de pierres
« précieuses. » Les ordres du sinistre chef furent exécutés
avec célérité. De tous côtés, on entend des plaintes et des
gémissements ; ces feintes désolations vont réveiller les
échos des collines environnantes. Pendant ce temps, l'é-
vêque fait sonner les cloches pour réunir tous les habitants de la cité. Le clergé accourut, revêtu de ses habits
monastiques ; les principaux de la ville, que le martyre
allait bientôt couronner, vinrent également ; de même les
femmes se pressèrent pour assister à la cérémonie, ne se
doutant guère qu'elles allaient au devant de l'exil et de la
captivité. Les jeunes clercs, portant les chandeliers et les
croix, précèdent le clergé plus élevé en dignité. Tous
vont à l'envi à la rencontre de ce monstre caché dans son
cercueil. Hasting, plein de vie, est porté par les païens,
au-devant desquels s'avancent les chrétiens, à la porte
de la ville. Païens et chrétiens s'unissent ensuite pour
porter le cercueil jusqu'au monastère, où un tombeau
était préparé pour le recevoir. L'évêque se dispose à dire
la messe pour son filleul, et dans le chœur se tient le
clergé pour exécuter les chants ; tous ces chrétiens, destinés à une mort violente, ne soupçonnent rien de la ruse

coupable dont ils vont être victimes. La messe est chantée
d'une manière très solennelle, et tous les fidèles participent au sacrifice mystique de Jésus-Christ.

« Pendant que s'accomplissaient les saintes cérémonies,
les païens s'étaient réunis peu à peu, et lorsqu'elles furent
terminées, l'évêque prescrivit d'enlever le corps pour l'ensevelir. Mais alors les païens se rangèrent, jetant de
grands cris, autour du cercueil, et déclarèrent que la sépulture n'aurait pas lieu. Les chrétiens étaient stupéfaits
de cette attitude et de ces clameurs, lorsque subitement
Hasting s'élança du cercueil, sortit du fourreau une épée
étincelante. Le malheureux se précipita sur l'évêque, qui
tenait encore son livre à la main, l'étrangla, et ce fut
ensuite le tour du comte et du clergé, que la terreur
avait comme pétrifiés dans l'église. Les païens s'étaient
du reste placés en toute hâte aux portes pour que nul ne
pût sortir. La rage des païens se donna alors pleine carrière en massacrant les chrétiens ; personne ne trouva
grâce devant la fureur des ennemis ; ils se conduisirent
dans l'intérieur du temple comme des loups dans une
bergerie. Les femmes refoulent leurs gémissements dans
leurs cœurs, et versent des larmes stériles. Jeunes gens
et jeunes filles sont attachés ensemble avec la même
cruauté, et les uns et les autres touchent, si jeunes encore, au terme de leur vie. Dans la ville, ils mettent à
mort tous ceux qui gardent les remparts, ainsi que les
plus valides parmi les habitants. Ceux-ci, atterrés et découragés par la douleur, tombent sans se défendre.

« En même temps arrivent ceux qui étaient restés sur
les navires ; ils pénètrent dans la ville, les portes ayant
été ouvertes de force. Toute une armée, le glaive dégainé,
fut bientôt réunie, et aussitôt les nouveaux arrivés se joi-
gnent à ceux qui de çà ou de là trouvaient quelque résistance. Ce fut le coup de grâce pour ceux qui furent surpris les armes à la main. La lutte finit enfin, mais hélas !
elle finit par la ruine et la mort des chrétiens. Ceux qui
n'avaient pas été tués, furent, malgré leurs larmes, con-

duits prisonniers sur les navires. La rage de Hasting ne se calma que lorsque les principaux de la ville eurent rendu le dernier soupir. Alors, rempli d'orgueil, car il s'imaginait avoir pris Rome, la capitale du monde, il en concluait qu'ayant la reine des nations, l'empire tout entier allait se soumettre à lui. Lorsqu'il apprit que ce n'était pas Rome, sa colère éclata :.« Pillez toute la provin- « ce, s'écria-t-il, mettez le feu à cette ville. Entassez sur « les navires les captifs et le butin ; que les habitants de « ce pays se souviennent de notre passage. » Ces ordres barbares furent exécutés avec joie. Toute la province est envahie et subjuguée par d'implacables ennemis. Le massacre devient général, et d'autres prisonniers sont conduits sur les navires. Partout où ils allèrent, le fer et le feu signalèrent leur présence ; aussi leur flotte regorgea de dépouilles et de captifs. Cela fait, ils mirent le cap vers le royaume de France, et traversèrent la Méditerranée pour y retourner. »

C'est donc, grâce à la ruse d'une mort simulée, d'un enterrement feint que Hasting, d'après Dudon, s'empara de Luna ; Guillaume de Jumièges [1], Robert Wace [2], Benoit [3], les diverses chroniques en prose des ducs de Normandie [4] ont répété le récit de Dudon, le plus souvent en l'emplifiant, et, sauf une ou deux exceptions, sans y ajouter de circonstances nouvelles. Quel est au point de vue critique la valeur de ce récit ?

Remarquons d'abord une particularité curieuse, c'est qu'on a, au moyen âge, attribué au moins à sept autres Normands la même ruse pour arriver au même resultat. Ainsi 1° Saxo Grammaticus raconte que le roi Frode assiégeant la ville de Paltisca et désespérant de s'en emparer, se fit passer pour mort, et commanda ses funérailles ; les assiégés

---

[1] Guillaume de Jumièges, *Historia Northmannorum*, l. I, c. 9-11. Dans Migne, *Patrol. lat.*, t. 149, col. 786, sq.
[2] *Roman de Rou*, éd. Pluquet, t. I, p. 24-35.
[3] *Chronique des ducs de Normandie*, l. I, v. 1280 sq.
[4] Voyez par exemple *Les Chroniques de Normandie*, éd. Fr, Michel. Rouen, 1829, p. 80, 81.

croyant les Normands occupés à pleurer et à ensevelir leur chef, ne se tinrent pas sur leurs gardes et le prétendu mort s'empara de la ville [1]. 2° Saxo Grammaticus raconte encore que le roi Frode réitéra la même ruse vis-à-vis du préfet Dalemann et s'empara ainsi de la ville de Londres [2]. 3° D'après la Saga de Harald Haardraade, ce prince Normand se servit au XI° siècle de la même ruse pour s'emparer en Sicile d'un château musulman, qu'il ne pouvait emporter de vive force [3]. 4° Le poète de l'épopée normande en Italie, Guillaume de Pouille, dit que le même stratagème permit à Robert Guiscard de conquérir une forteresse dans l'Italie méridionale [4]. 5° Le château de Gurfol en Grèce tomba au pouvoir du normand Roger I, roi de Sicile, grâce à une ruse identique, racontée par Otto de Freising [5]. 6° Dans la première croisade, Boémond, fils de Robert Guiscard, échappe à ses ennemis en se faisant passer pour mort [6]. 7° Enfin l'empereur Frédéric II, normand par sa mère, ne se serait, au rapport de Mathieu Paris, emparé du Mont-Cassin qu'en faisant croire à ses ennemis qu'il venait de rendre le dernier soupir [7].

En voyant le même stratagème, suivi du même succès, attribué à tant de héros normands, la critique a bien le droit de se défier, et de se demander si plusieurs de ces

[1] Il s'agit de la ville de Pleskov en Russie. Palteskiu en islandais du XIII° siècle. Cf. Saxo Grammaticus : *Historia Danica*, éd. Muller, l, II, p. 66.
[2] Saxo Gram., *Historia Danica*, l. II, p. 79. Comme le dit M. Steenstrup, il est probable que Saxo a confondu *Luna* avec *Lundonia*, en danois *Lunaborg* et *Lundunaborg*, et a fait prendre Londres à l'aide d'une ruse qui, d'après la tradition scandinave, avait servi à prendre Luna. C'est un fait prouvé, ajoute M. Steenstrup, que les traditions, surtout si elles sont amusantes ou curieuses, s'attachent facilement là où une ressemblance de nom les provoque. Cf. Steenstrup, *Etudes préliminaires pour servir à l'histoire des Normands*, p. 30.
[3] Voyez la Saga de Harald Haardraade, c.10, dans la *Heimskringla* de Snorri Sturluson, éd. Unger (Christiania, 1868). Harald Haardraade est un personnage historique, mais les exploits qui lui sont attribués sont si fantastiques que l'historien a bien de la peine à se reconnaître dans ce dédale.
[4] Guillaume de Pouille, *Gesta Roberti Viscardi*, dans Pertz, *Mon. Germ. hist. SS.*, t. IX, p. 260, ou Muratori, *Rer. It. Script.* t. V, p. 261.
[5] Otto de Freising. l. I, c. XXXIII.
[6] Wilken, *Hist.* Comm., p. 394.
[7] Mathieu Paris, éd. Watts, p. 488.

exploits ne sont pas imaginaires et s'ils n'ont pas été racontés uniquement pour prouver que tel héros réalisait le
type de l'homme de guerre normand, la ruse unie à la
bravoure ; et certainement, pour quelques-uns de ces faits,
la réponse doit être affirmative.

Pour Dudon cependant, une circonstance, hâtons-nous
de le dire, milite en faveur de la véracité de son récit ; il
est de beaucoup le premier à avoir raconté la ruse de la
mort simulée et d'un enterrement feint. Dudon écrivait
vers 1015 [1], par conséquent bien avant Saxo Grammaticus, qui est du XIIe siècle [2], bien avant la rédaction de
la *Heimskringla* de Snorri Sturleson, lequel est né seulement en 1178 [3]. Cette partie de l'ouvrage de Dudon est
certainement l'écho d'une tradition normande, recueillie
à la cour des ducs de Normandie, et la variante importante que nous avons donnée, celle du jeune clerc de
Luna annonçant l'arrivée de la flotte de Hasting à Porto-
Venere, prouve que cette tradition s'appuyait sur des
données géographiques tout à fait satisfaisantes [4].

[1] Cf. Lair, *Etude historique et critique sur Dudon de Saint-Quentin*,
p. 21.
[2] *Deutschlands Geschichtsquellen im Mittelalter*, von Wattenbach, 2e vol.
p. 246 (édition de 1874).
[3] *Geschichte der Literatur der Scandinavischen Nordens*, von Horn, p. 51.
(Leipsig, B. Schlicke, 1880.)
[4] Cf. *Supra*. — La ville de Luna ne fut pas détruite par les Normands,
comme Dudon semble l'insinuer. On la retrouve plus tard ayant encore une
situation importante (cf. Muratori : *Rer It. Script.*, t. X. col. ccii). D'après un
géographe italien du xvie siècle, L. Alberti, ce serait, par une étrange coïncidence, une autre mort simulée qui aurait causé la ruine définitive de Luna.
Voici ce passage de L. Alberti :
« Passato adunque il flume Magra vedesi vicino al lito de'l marc il luogo
ove era la nobile et antica citta di Luni, di cui si veggiono i grandi rovine
de gli edifici, con alquante case habitate da Pescatori... Quivi vedesi quel
Porto (*Portus Veneris*) tanto maraveglioso che per la sua grandezza sarebbe
bastevole a contenere tutti li navighevoli legni de'l Mondo (come scrive Stra-
bone) Il quale non solamente è grande, ma sicurissimo per li monti dalli quali
e cinto, ove la nostra vista va per lo marc molto lungo penetrando, et massi-
mamente ciascun delli liti con la Sardegna... ma ritornero alla citta di Luni...
Dicono alcuni che ella fu per tal cagione rovinata essendo signore di essa un
un gentil giovane e ritrovandosi quivi un'Imperadore con la moglie, e veden-
dolo tanto bello, s'innamoro di lui. Et havendo havuto assai ragionamenti
iusieme, trattarono il modo da dovere copire i suoi sfrenati appetiti ; la onde
finse la mala donna di esser morta et per tanto fu sepolta. Dopo essendo
istratta della sepoltura da'l Giovane fu condotta a casa sua et tanto tenno

Deux passages des annales de Saint-Bertin complètent
très heureusement ce que Dudon et Guillaume de Jumièges disent de l'expédition des Normands en Italie. A
l'année 860, les Annales portent : « Les Danois qui se
trouvaient sur les bords du Rhône vont en Italie, s'empa-
rent de Pise et d'autres villes qu'ils pillent et ravagent [1]. »
La proximité de Pise et de Luna, du fleuve de l'Arno et
de la Macra, la coïncidence parfaite des dates prouvent
que les Annales de Saint-Bertin et Dudon de Saint-Quentin
parlent de la même expédition ; d'autant mieux que
Dudon, comme nous l'avons vu, a soin de dire qu'après
avoir pris Luna, les Normands parcoururent toute la province, la pillèrent, et entassèrent ensuite ces dépouilles
sur leurs navires.

Enfin, à l'année 862, les Annales de Saint-Bertin, racontent qu'après une défaite que le roi Charles le Chauve
leur avait fait subir, non loin de Meaux, sur les bords de
la Seine, les Danois se rembarquèrent, que quelques-uns
d'entre eux gagnèrent diverses contrées, mais que la plus
grande partie vint en Neustrie, dans le pays des Bretons,
alors sous la domination du duc Salomon. *A ces derniers*,
ajoutent les Annales, *se joignirent les Danois qui étaient
allés en Espagne* [2]. Cette désignation ne peut évidem-

---

quanto haveano trattato, laqual cosa scoperta all' Imperadore, ne piglio tanto
isdegno, che incontenente fece crudelmente uccidere li due amanti. et poi ro-
vinare la citta, come simigliantemente conferma Faccio de gli Uberti ne'l sesto
canto de'l terzo libro dittamondo. — Cosi parlando come il tempo piglia —
Vedemo quel paese à oncia à oncia — Verde, Lavagna, Vernatia è Corniglia —
Lussuria senza leggi matta e sconcia — Vergogna e danno di colui che l'usa
— Digno di vituperio e di rimbroncia — Noi fummo a Luni, ore ciascun t'ac-
cusa — Che per la tua caglon propriamente — Fu nella fine disfatta c con-
fusa. » — Verso de la p, 24 : *Descrittione di tutta Italia*, par L. Alberti. Bologne, chez Giaccarelli, 1650, in-4°.
    Le passage, on le voit, est curieux, et fait songer tout de suite aux deux
amants de Shakespeare, à Romeo et Juliette ; je ne sais s'il a été remarqué par
les commentateurs du grand poète anglais, mais il mérite de l'être.
    [1] *Dani qui in Rhodano fuerant, Italiam petunt et Pisas civitatem alias que de-
prædantur atque devastant.* Ed. Dehaines, p. 103.
    [2] « Refectis navibus, Dani mare petentes per plures classes sc dividunt, et
prout cuique visum est, in diversa velificant, major autem pars Britannos qui,
Salomone duce habitant in Niustria, petit ; *quibus et illi junguntur qui in Hispania fuerant.* » Ed. Deh. p. 110 sq.

ment s'appliquer qu'à Hasting et à ses compagnons. Les
Chroniqueurs latins, de même que les chroniqueurs arabes, nous l'avons déjà dit, ne connaissent que deux expéditions des Normands par mer sur les côtes de l'Espagne,
celle de 844-45, et celle de 859, qui précisément en 862
regagnait le Nord de la France, puisque, au témoignage
de Sébastien de Salamanque, elle dura trois ans.

Ce fut donc dans les solitudes de la Bretagne et sous la
protection du duc Salomon que Hasting se reposa des fatigues de sa longue campagne en Espagne, en Afrique et en
Italie ; ce fut là qu'il reprit ses forces, qu'il enrôla et disciplina de nouvelles bandes normandes, et quelque temps
après, en 866 au plus tard, avec l'aide des Bretons, véritables renégats dans cette circonstance, il reprit l'offensive [1]. Presque au début des hostilités, au combat de
Brissarthe, Robert le Fort tomba victime de son courage,
et la vallée de la Loire ayant perdu en lui son plus brave
et son plus habile défenseur, Hasting la parcourut en
maître pendant seize ans, pillant, incendiant, massacrant
tout ce qu'il rencontrait ; aussi, bien des années après,
son nom était encore exécré dans tout le nord de la France,
et sa mémoire maudite.

Cette étude sur l'expédition des Normands dans la
Méditerranée serait incomplète si nous ne disions ce qu'il
advint de Bjœrn Jernside immédiatement après cette campagne. Jusqu'à ces derniers temps, on n'aurait pu répondre à une telle question que par de pures hypothèses ; mais
un savant irlandais, M. O'Donovan, a publié en vieil irlandais, avec une traduction anglaise, *Trois fragments
copiés dans les anciennes sources* par Dubhaltach Mac Firbisigh, qui soulèvent quelque peu le voile et permettent de
résoudre en partie le problème. Voici le fragment qui nous
concerne ; il est d'autant plus utile de le reproduire ici
qu'il confirme plusieurs données émises dans ce travail.

[1] « Erat autem in eadem villa basilica pergrandis ex lapide constructa, in
qua maxima pars Nordmannorum introivit cum duce eorum nomine Has-
tingo. » *Reginonis chronicon*, ad an. 867, dans Pertz, *Mon. Germ. Hist. SS.* t. I,
p. 578. — Il s'agit du combat de Brissarthe, où périt Robert le Fort.

« A cette époque (865-866), apparurent devant York, des·Aunites (ce sont les Danois), avec une armée nombreuse ; ils s'emparèrent de la ville et la détruisirent ; ce fut le commencement de grandes souffrances et de grands malheurs pour les Anglais. Car, peu auparavant, il y avait eu des guerres et des troubles en Lochlann, dont voici la cause [1] : les deux fils cadets d'Albdan, roi de Lochlann, avaient expulsé leur frère aîné Raghnall, de peur qu'il ne succédât à leur père sur le trône de Lochlann. Raghnall vint avec ses trois fils aux Orcades, et y resta avec son fils cadet [2]. Mais les aînés poussés par leur arrogance et leur ambition, allèrent aux Iles Britanniques attaquer les Francs et les Saxons. Ils croyaient que leur père était retourné en Lochlann peu après leur départ. .

« Alors leur orgueil et leur fougue juvénile les poussèrent vers la mer Cantabrique, mer entre·Erin et l'Espagne, pour aborder en Espagne, où ils firent beaucoup de mal, et mirent tout le pays à feu et à sang. Puis ils passèrent par le détroit Gaditanais (endroit où la Méditerranée se joint à l'Océan extérieur), abordèrent sur les côtes d'Afrique, et soutinrent un combat contre les Maures, qui furent tués au milieu d'un grand carnage. Mais un des fils, se préparant au combat, dit à son frère : « Frère,
« c'est une grande folie et une grande sottise de courir
« ainsi d'un pays à l'autre, à travers le monde et d'ex-
« poser notre vie au lieu de défendre notre patrie et
« d'obéir à la volonté de notre père. Il est seul maintenant
« loin de sa patrie, il vit dans un pays qui n'est pas le

[1] Lochlann veut dire *le pays des lochs,* mais comme *loch* est synonyme de lac et aussi de baie, quelques savants le traduisent par la Norwège, d'autres par le Danemark ; ainsi M. Munch (*N. Folks Historie,* I, 1. 437) croit qu'il s'agit de la Norwège ; le docteur O'Brien, au contraire, du Danemark. *Irish Dictionary,* v. Lochlonnach). Cf. Steenstrup, *Indledning,* etc. p. 63, et *Etudes préliminaires,* etc., p. 47.
[2] *La Saga af Ragnari Lothbrok og sonum hanns,* c. xv, p. 39, de l'édition de Bjœrner, présente d'une autre manière les causes et le début de l'expédition de Raguer contre l'Angleterre ; mais, d'accord avec la Chronique irlandaise, elle rapporte que cette expédition eut lieu pendant que quelques-uns des fils de Raguer couraient le sud de l'Europe.

« sien ; le fils que nous avions laissé auprès de lui a été
« tué, comme il m'a été révélé (il l'avait appris dans un
« rêve). et un autre fils a succombé sur le champ de bataille
« Je serais même étonné que notre père ait eu la vie
« sauve dans ce combat. » Et il en était réellement ainsi ;
quod revera comprobatum est[1].

« En prononçant ces paroles, il vit avancer la ligne de
bataille des Maures. Il s'élança brusquement dans la
mêlée, arriva jusqu'au roi de Mauritanie, et dirigeant
contre lui les coups de sa longue épée, lui coupa une main.
Le combat fut continué jusqu'à la fin, avec une grande
bravoure de part et d'autre, mais la victoire resta indécise : beaucoup de guerriers tombèrent, et enfin les
deux partis se retirèrent dans leur camp. Ils se provo-
quèrent à un nouveau combat pour le lendemain. Mais le
roi de Mauritanie s'enfuit de son camp, pendant la nuit,
après avoir perdu sa main. Au point du jour, les Lochlanns, vêtus de leurs armures, se préparèrent au combat,
pleins d'ardeur et d'espoir. Quand les Maures s'aperçurent
que leur roi les avait abandonnés, ils prirent eux-mêmes
la fuite ; la plupart tombèrent au pouvoir de l'ennemi, et
furent massacrés. Puis les Lochlanns mirent tout au
pillage dans le pays ; ils emmenèrent une quantité de
Maures prisonniers à Erin, et ceux-ci sont les hommes
bleus d'Erin, car les Maures sont des hommes noirs, et
la Mauritanie a la couleur noire (*nigritudo*). Mais les deux
tiers des Lochlanns furent, ou massacrés, ou submergés
dans le détroit Gaditanais ; et si le reste échappa, ce ne fut
que par miracle. — A la vérité, les hommes bleus furent
longtemps à Erin ; la Mauritanie est située vis-à-vis des
îles Baléares[2]. »

---

[1] La *Saqa* de Ragner Lothbrok dit aussi que Raguer mourut de mort violente,
pendant l'absence de ses fils, qui étaient à guerroyer au loin. *Sagan af Ragnari
Lothbrok*, c. 16.

[2] *Three fragments copied from ancient sources*, by Dubhaltach Max Firbisigh,
p. 159-163. — Le mémoire de M. O'Donovan a été lu « for the Irish Archæolo-
gical and Celtic Society. » C'est surtout A. Steenstrup qui, dans son *Indledning*, a appelé l'attention sur ce document.

N'ayant pas à faire une étude sur Ragner Lothbrok, ce serait sortir de mon sujet que d'examiner les assertions de la chronique irlandaise sur Raghnall (c'est évidemment Ragner Lothbrok), fils d'Albdan, roi de Lochlann, chassé de son pays par ses deux frères cadets pour qu'il ne pût succéder à son père. Laissant donc de côté ces questions toujours si inextricables de généalogie scandinave, disons tout de suite que certainement la chronique irlandaise parle de l'expédition des Normands dans la Méditerranée, en 859-862. Immédiatement avant de mentionner la prise d'York par les Normands revenant d'Espagne, la chronique avait raconté un événement survenu en 867 ; c'est donc aux environs de 867 qu'il faut placer la reddition de cette ville. Mais alors il s'agit évidemment des Normands ayant fait la campagne de 859, et en aucune façon de ceux de l'expédition de 844 (nous avons déjà dit qu'il n'y a eu que ces deux). Il suffit du reste de constater la curieuse coïncidence existant entre les récits du géographe arabe Becrî et de la chronique irlandaise sur les combats des Normands en Afrique, pour être convaincu qu'ils racontent les mêmes événements [1].

D'après les documents que nous avons cités, voici donc comment s'est terminée cette longue expédition des Normands en Italie. En 862, après une traversée des plus orageuses, pendant laquelle la tempête avait englouti plusieurs de leurs navires, Hasting, Bjœrn Jernside et leurs compagnons arrivèrent en vue des côtes de Bretagne. Ils rencontrèrent là une autre flotte normande, celle des Danois, vaincus dans la vallée de la Seine par Charles le Chauve, et venant chercher asile auprès de Salomon, duc de Bretagne. Hasting se séparant de Bjœrn et sans doute gardant avec lui une partie du butin et des troupes, se joignit à ses compatriotes, et s'arrêta avec eux en Bretagne. Quand au prince danois, il poursuivit sa route vers le Nord ; il voulait savoir ce que son père et ses frères

---

[1] Cf. Steenstrup, *Indledning i Normannertiden*, p. 93 sq.

étaient devenus, et lorsqu'il eut appris leur mort, il commença contre l'Angleterre le guerre dont parle la chronique irlandaise.

L'expédition des Normands sur les côtes d'Espagne, en Afrique, sur les bords du Rhône et en Italie, en 859-862, est donc un fait incontestable. Hasting et les fils de Ragner Lothbrok, surtout Bjœrn Jernside, ont été à la tête de cette expédition. Dudon a évidemment emprunté à la rhétorique de son époque quelques-uns des traits dont il a voulu embellir son récit de la prise de Luna, mais ce récit repose sur des données vraies, sans excepter le stratagème de la mort simulée.

CHAPITRE II

(1016-1030)

L'expédition de Hasting et de Bjœrn Jernside est la seule que les Normands Scandinaves aient faite en Italie; d'autres Normands Scandinaves, désignés ordinairement sous le nom de Waranges, sont, il est vrai, venus à diverses époques dans ce pays, mais comme mercenaires, au service de la cour de Constantinople et ce serait sortir des limites de ce travail que de raconter leurs longues pérégrinations à travers les Russies et leurs fortunes diverses dans l'Empire d'Orient [1].

Au début du XIe siècle, plus de 150 ans après l'expédition de Luna, ce nom de *Normand*, qui pendant longtemps avait jeté l'effroi dans l'Europe occidentale, commença à être connu dans l'Italie méridionale : mais alors il ne désignait plus des Scandinaves, des aventuriers venus des sombres rivages de la mer du Nord dans les riantes contrées de l'Italie du Sud.

Avant de dire quels étaient ces Normands, d'où ils venaient et quels furent leurs exploits, il importe de raconter deux curieuses légendes ; elles projètent une vive lumière sur les origines des émigrations des Normands-français en Italie.

---

[1] L'introduction de ce travail en a déjà indiqué le plan et défini les limites. Nous aurons plus d'une fois occasion de parler des Waranges; ils ont été à notre époque l'objet d'un grand nombre d'études dont les conclusions ne sont pas toujours d'accord; pour des motifs qui s'inspirent plus volontiers d'un patriotisme rétrospectif que de la science pure, bien des savants Russes regardent les Waranges comme des Slaves tandis que les écoles historiques du Danemark, de la Suède et de la Norwége affirment que ce sont des Scandinaves. Le docteur Willh. Thomsen a donné un excellent exposé de ces questions fort complexes dans son opuscule : *der Ursprung des Russischen Staates* Gotha, A. Perthes 1879, in-8° de 155 p.

Au nord de la terre de Bari, la côte orientale de l'Italie, ordinairement unie et dominant à peine de quelques mètres le niveau de la mer, se relève brusquement et forme le massif du mont Gargano qui s'avance assez profondément dans l'Adriatique. Dans les premières années du vi° siècle, les vallées et les collines de ce massif nourrissaient les nombreux troupeaux d'un homme riche que la légende appelle aussi Garganus.

Un jour le taureau de l'un de ces troupeaux ayant disparu, les bergers et leur maître se mirent à sa recherche et le trouvèrent au sommet de la montagne, accroupi devant une caverne. On essaya de le ramener, mais inutilement. Alors Garganus, furieux de cette résistance, prit un javelot et le lança contre le taureau ; le trait partit et, quoique sa pointe fut acérée, au lieu de percer l'animal, revint frapper celui qui l'avait lancé.

Ce prodige confondit les assistants, qui allèrent consulter leur pasteur, Laurent, évêque de Siponto, pour savoir ce qu'il signifiait. L'évêque prescrivit un jeune de trois jours et, la pénitence terminée, eut une vision. L'archange saint Michel lui apparut, lui dit qu'il était l'auteur du prodige et qu'il voulait que la caverne devant laquelle le taureau était accroupi lui fût consacrée. Evêques et fidèles se conformèrent aux ordres de l'archange et, peu après, une basilique dédiée à saint Michel s'éleva à l'endroit indiqué. Elle ne tarda pas à être visitée par de nombreux pèlerins, qui, ayant eu connaissance du miracle, accoururent de toutes parts pour invoquer saint Michel dans son nouveau sanctuaire.

Depuis cette époque, à travers tout le moyen-âge et jusqu'à nos jours, d'innombrables foules, venues de tous les pays de la chrétienté, ont gravi les pentes du Gargano et sont allées s'agenouiller devant l'autel de l'archange.

De même qu'aujourd'hui le touriste qui fait le voyage classique d'Italie, ne manque pas, après avoir visité les grandes villes et les musées de la Péninsule, d'aller jusqu'à Pæstum admirer les ruines mélancoliques de la célèbre nécropole, de même autrefois le pélerin, venu à Rome prier sur les tombeaux des Apôtres, n'oubliait pas de traverser les vallées des Apennins pour implorer l'archange dans son sanctuaire [1].

Au commencement du VIIIᵉ siècle, deux cents ans environ après l'apparition de saint Michel sur le mont Gargano, vivait à Avranches, sur les confins de la Bretagne et de la Neustrie, un évêque nommé Aubert. Cet évêque connaissait le sanctuaire du mont Gargano, soit qu'il y fût allé en personne ou simplement qu'il en eût entendu raconter les merveilles.

Une nuit, l'archange saint Michel apparut à Aubert pendant qu'il dormait et lui prescrivit de bâtir un sanctuaire qui lui fut dédié et où il recevrait des honneurs analogues à ceux qu'on lui rendait au mont Gargano. L'archange ajouta que cette église devait être construite sur une magnifique élévation rocheuse qui se dressait au bord de la mer, à peu de distance d'Avranches. Actuellement, la marée montante entoure deux fois par jour de ses flots ce mont Tombe, ainsi nommé parce qu'il ressemble à un gigantesque *tumulus* élevé à la mémoire de quelques héros des temps antiques. Plus difficile à convaincre que l'évêque de Siponto, l'évêque d'Avranches n'obéit pas à la première injonction de saint Michel. Aussi une seconde et une troisième fois l'archange lui renouvela ses ordres et, pour venir en aide à sa foi, lui prouva d'une manière sensible qu'il n'était pas le jouet d'une illusion. A cette même époque, un malfaiteur voulant s'approprier le taureau de l'un des troupeaux qui paissaient sur le mont Tombe, l'amena clandestinement et l'attacha dans une caverne au sommet du mont ; il espérait le garder et le nourrir pendant quelque temps dans cette

[1] Sur l'apparition de S. Michel au Mont Gargano Cf. *Apparitio S. Michaelis in Monte Gargano auctore anonymo, ex quinque aut sex mss vetustissimis collatis inter se et cum aliis nonullis* Boll. Act. SS. Sept. VIII. p. 61. Voyez aussi p. 63 ibid. le § XX intitulé : *Ecclesia S. Michaelis in monte Gargano votivis peregrinationibus et miraculis illustris,*

caverne, et lorsqu'on ne le chercherait plus, l'en faire sortir pour le conduire au loin.

Saint Michel instruisit Aubert de ce qui se passait et lui dit de faire élever la future église au-dessus de la caverne où se trouverait le taureau. L'évêque se rendit avec les fidèles à l'endroit indiqué, y découvrit en effet l'animal, et alors, ne doutant plus, commença les préparatifs pour bâtir le sanctuaire. Il voulut que le nouveau temple eût les dimensions et la forme de celui du mont Gargano et ne contint également que cent personnes.

En même temps, Aubert envoya en Italie quelques clercs demander aux prêtres qui desservaient l'église du mont Gargano une portion du manteau rouge laissé par saint Michel lors de son apparition et un fragment de la table de marbre au-dessus de laquelle il avait daigné se montrer à l'évêque de Siponto. Les clercs réussirent dans leur mission, et lorsque après une absence d'un an ils regagnèrent le mont Tombe avec ces reliques, leur retour, signalé par plusieurs miracles, fut une marche triomphale [1]. Le sanctuaire construit par les soins d'Aubert ne tarda pas à avoir dans les Gaules l'importance que celui du mont Gargano avait en Itàlie ; le mont Tombe changea de nom pour devenir le mont Saint-Michel, et les rois comme les sujets, les riches comme les pauvres, les clercs comme les simples fidèles, s'y rendirent tour à tour pour implorer l'assistance de l'archange et vénérer les reliques apportées du mont Gargano [2].

Telles sont les deux légendes ; la seconde s'inspire visiblement de la première, et l'une et l'autre, comme l'ont remarqué les Bollandistes, ne peuvent, sur bien des points, résister aux attaques de la critique, mais elles n'en établissent pas moins d'une façon certaine qu'au commencement du VIIIe siècle, malgré un éloignement d'environ

---

[1] Cf. *Apparitio in monte Tumbœ auctore anonymo ex editione Mabillonii, cum tribus mss. collata, et ex iis correcta.* Boll. Act. SS. Sept. VIII, p. 76, sqq.

[2] Cf. ibid. p. 80, le § XXIV intitulé : *Ecclesia S. Michaelis in monte Tumba peregrinationibus et miraculis honorata, monasterio que insigni et oppido aucta.*

quatre cents lieues, il a existé de curieux rapports entre le pays que nous appelons maintenant la basse Normandie et le rivage oriental de l'Italie du Sud [1].

Jamais les premiers historiographes du mont Saint-Michel n'auraient imaginé une si étroite parenté entre le pélerinage français et le pélerinage italien, si ce fait n'avait été attesté clairement par la tradition. Il leur était plus facile et, dans un sens, il aurait été aussi plus glorieux pour le pélerinage neustrien, de raconter que son origine était due exclusivement à l'intervention immédiate et surnaturelle de l'archange ; au lieu de cela, ils insistent sur sa filiation avec le mont Gargano, et le font en prouvant qu'ils connaissent le sanctuaire italien.

Au IXe et au Xe siècle, les relations entre le mont Saint-Michel et le mont Gargano ne furent pas interrompues ; les courageux pèlerins — et ils étaient encore assez nombreux — qui, malgré les malheurs des temps et le peu de sûreté des routes, visitaient les lieux les plus vénérés de l'Orient et de l'Occident, comprenaient presque toujours dans leur itinéraire d'Italie et des Gaules, Rome et le mont Gargano, Saint-Martin de Tours et le mont Saint-Michel, et ils allaient de l'un à l'autre de ces sanctuaires, apportant des nouvelles des pays lointains, parfois même des correspondances. Ainsi un écrit du IXe siècle, l'*Itinerarium Bernardi monarchi franci*, nous montre le moine Bernard, d'origine franque, accompagné de deux autres moines, l'un italien, l'autre espagnol, visitant tour à tour Rome, le mont Gargano, les Lieux saints de l'Egypte et de la Palestine, et au retour, de nouveau Rome et enfin *Sanctum Michælem ad duas Tumbas* [2].

Pendant longtemps, les nouvelles ainsi transmises d'un sanctuaire à l'autre, durent être assez tristes et peu ras-

---

[1] Voyez *ibid.* les observations des Bollandistes, p. 62 pour la légende du Mont Gargano et p. 78 pour celle du mont St-Michel.

[2] Cf. l'édition critique de l'*Itinerarium Bernardi monachi franci dans les Itinera Hierosolymitana Bellis sacris anteriora*, publication de la Société de l'Orient latin, in-8°, Genève, Fick, p. 309.

surantes, car les deux promontoires, illustrés par la dévotion envers saint Michel, subirent de rudes épreuves.

En Italie, sans parler des guerres entre les Lombards,
les Grecs et les populations indigènes qui se disputaient
tour à tour le sud de la Péninsule ; les Sarrasins, maîtres
de la Sicile depuis 832, et, à diverses reprises, établis sur
le continent, infestaient les côtes de l'Adriatique, débarquant à l'improviste, et, après avoir affreusement pillé et
ravagé le pays, se retiraient, enlevant pour en faire des
esclaves, des hommes, des femmes et des enfants [1].

En Neustrie, les farouches Normands inspiraient partout, sur le littoral comme dans l'intérieur des terres, une
terreur analogue à celle que les Sarrasins inspiraient dans
le sud de l'Europe ; de 814 à 911, c'est-à-dire de la mort
de Charlemagne à l'entrevue de Saint-Clair-sur-Epte,
pendant un long siècle, les malheureuses populations du
nord et de l'ouest des Gaules, abandonnées, trahies ou
mal protégées par ceux qui devaient les défendre, pillées
et décimées par les pirates, vécurent dans des transes
continuelles et des tribulations sans cesse renaissantes [2].

Nous connaissons bien peu l'histoire des deux sanctuaires de saint Michel durant cette douloureuse période ;
mais rien ne prouve que les hauteurs sur lesquelles ils
étaient établis, les aient toujours préservés de l'invasion
des barbares. Là, comme dans bien d'autres lieux
saints, durent se renouveler les effroyables scènes du
massacre des clercs, du sac de l'église, des reliques
profanées et jetées au vent [3].

Le mont Saint-Michel retrouva bien avant le mont

---

[1] Sur les invasions des Sarrasins en Italie avant la conquête normande, cf.
Wenrich, *Rerum ab Arabibus in Italia insulis que adjacentibus Sicilia maxime,
Sardinia atque Corsica gestarum commentarii.* Lipsiœ, 1845, in-8, 344 p.

[2] Cf. Depping. *Histoire des expéditions maritimes des Normands et de leur établissement en France au Xᵉ siècle.* Paris, Didier, 1844, in-8., p. XII, 459.

[3] Dans sa *Monografia générale del promontorio Gargano,* p.136 (in-8°, Napoli,
1858.) G. de Leonardis dit que les Sarrasins ont été expulsés 4 fois du Mont
Gargano, en 647, 774, 970 et 1032, mais il n'indique pas les preuves de cette
assertion.

Gargano des jours calmes et prospères. Reconnu duc de Normandie à l'entrevue de Saint-Clair-sur-Epte par le roi de France Charles le Simple, Rollon consacra le reste de sa vie à organiser son duché et à le préserver de nouvelles invasions de ses frères du Nord. Sans cesser entièrement, ces invasions devinrent de plus en plus rares, causèrent moins de ravages ; aussi le mont Saint-Michel oublia d'autant plus vite les épreuves qu'il venait de traverser, que les nouveaux maîtres du pays lui firent de nombreuses et riches donations.

Devenus chrétiens peu après leur établissement définitif dans la Normandie actuelle, les Normands abandonnèrent en effet avec une facilité singulière leur langue, leurs coutumes et les dieux de la mythologie du Nord ; les anciens destructeurs d'églises et de couvents couvrirent le pays de fondations pieuses, si bien qu'après une ou deux générations les descendants des redoutables pirates étaient à peu près complètement métamorphosés.

Toutefois cette transformation ne fit pas disparaître certains côtés du caractère normand, qui persistèrent durant tout le moyen-âge ; d'abord une grande âpreté au gain, un désir incessant d'arriver à une haute situation de fortune ou à une importante position sociale, des théories plus que complaisantes sur la manière de s'approprier le bien d'autrui, puis une humeur batailleuse très prononcée presque toujours accompagnée d'une magnifique bravoure, le goût des longs voyages et des périlleuses aventures. Quand ils ne se battaient pas entre eux dans l'intérieur du duché, ou quand ils ne faisaient pas la guerre à Rollon ou à ses successeurs sur le trône ducal, les Normands partaient volontiers pour l'Angleterre ou pour l'Espagne, parfois même pour Constantinople et pour l'Orient, afin de trouver quelque bonne occasion de pourfendre les infidèles et de recueillir un riche butin.

Sous l'influence du christianisme, ce goût des voyages se traduisit souvent par d'interminables pèlerinages aux

sanctuaires les plus vénérés de l'Orient et de l'Occident[1] ;
mais c'étaient, la plupart du temps, de singuliers pélerins que ces Normands ; leur robe de pénitence recouvrait une cotte de maille, à côté de leur baton ils avaient
une bonne et lourde épée dont ils se servaient à l'occasion : parfois c'étaient eux qui, de gaieté de cœur, faisaient naître cette occasion, et alors, au lieu de réciter
des psaumes, ils répétaient leur cri de guerre : *Diex aïe* !
et, après avoir fait le signe de la croix, chargaient vigoureusement l'ennemi[2].

Dès leur première initiation au christianisme, les Normands eurent une dévotion particulière à saint Michel ;
le célèbre sanctuaire que comprenait leur nouvelle conquête leur apprit la puissance et les triomphes de l'archange, et n'auraient-ils pas eu sous les yeux cet ensei-
gnement présenté d'une manière si saisissante, qu'ils
auraient été naturellement disposés à vénérer d'une
manière spéciale et à invoquer celui qui avait livré de
si redoutables combats et remporté de si glorieuses victoires. Dans leur imagination, l'archange à l'épée flam-
boyante remplaçait les divinités guerrières du Nord, auxquelles ils avaient dit adieu lorsqu'ils avaient été régé-
nérés dans l'eau du baptême.

Aussi, à peine maîtres de la Normandie, firent-ils,
comme nous l'avons dit, de riches donations au sanctuaire du mont Saint-Michel, et l'histoire de ce sanctuaire leur apprit l'existence de celui du mont Gargano,
que certainement quelques-uns d'entre eux durent vi-

[1] Ainsi Ordéric Vital écrit ; « *Illi autem* (les fils de Tancrède de Hauteville)
*non simul, sed diverso tempore sub specie peregrinorum peras et baculos por-
tantes (ne a Romanis caperentur) in Apuliam abierunt, omnes que variis eventibus
aucti, duces aut comites in Apulia seu Calabria vel Sicilia effecti sunt.* Orderici
Vitalis Hist. ecclesias. Lib. III. T. II, p. 88 de l'édi. le Prévost. Paris, Renouard, 1840.
[2] En 962, ce cri : « *Diex aïe* » Dieu aide ! était déjà le cri de guerre des Normands ; cf Benoît, *chroniques des ducs de Normandie*, éd. Francisque Michel
Paris, 1837-43, T. II, v. 22,032 sqq. — *Roman de Rou et des ducs de Normandie*,
par Robert Wace, édit. Pluquet, 1827, t. I, p. 242-8.

siter dans leurs courses aventureuses en Italie et en
Orient [1].

Un poète du XIe siècle, Guillaume de Pouille, nous a
conservé le souvenir de l'un de ces pélerinages des Normands au mont Gargano, et ce souvenir est d'autant plus
précieux à recueillir que ces pèlerins, on le verra bientôt, furent la première avant-garde des expéditions des
Normands en Italie. Voici la traduction des vers latins
de Guillaume de Pouille ; c'est le début même de son
poëme sur les exploits de Robert de Guiscard [2].

[1] En 911, aussitôt après son baptème, Rollon fit pendant 7 jours des donations aux principaux sanctuaires de son nouveau duché et le mont St-Michel
figura des premiers parmi ces sanctuaires: Cf. Dudon: *de moribus normanno-*
rum, lib. II, p. 170. éd. Lair.

[2] *Guillermi Apuliensis gesta Roberti Wiscardi*, ed. Rog. Wilman dans
Pertz. Mon. G.SS. IX. 239-298. Nous ne savons à peu près rien sur Guillaume
de Pouille : son poème nous apprend seulement à quelle époque il le composa. Le surnom d'*Apuliensis* joint à son nom dans les deux manuscrits de
son œuvre a fait dire à Wilman qu'il n'était pas normand mais originaire de
Pouille et probablement de Giovenazzo parce qu'il fait l'éloge des habitants
de cette ville. (Cf. Wilman dans Pertz Mon. Germ. SS. IX, p. 239 et Arch.
d. Ges. fur Alt. deut. Geschichte. Hannovre, 1851, p. 89.) Cette assertion
de Wilman soulève quelques objections. 1o Le nom de *Guillermus, Guillel-*
mus dans l'Italie du sud, durant la seconde moitié du XIe siècle, n'est ni
Grec, ni Lombard, ni Italien; il n'est porté que par des Normands venus de
Normandie ou par des fils de ces Normands nés en Italie. 2o Il est vrai que,
dans le cas présent, ce nom est suivi du surnom d'*Apuliensis,* mais ne l'a-t-
on pas donné au poète pour indiquer, non pas son origine, mais plutôt que
son poème s'occupe surtout des fait et gestes des Normands dans la Pouille ?
Il est visible en effet que tel est le but de Guillaume. Un autre historien classique des Normands d'Italie Gaufredus Malaterra était Normand et cependant on a joint à son nom un surnom qui pourrait le faire regarder comme
italien si nous n'avions sur ce point des indications précises. 3o De ce que
Guillaume de Pouille dit du mal des Normands, on en a conclu qu'il ne pouvait appartenir à leur nation ; mais qui plus que Gaufredus Malaterra a dit du
mal des Normands d'Italie ? qui plus que Malaterra a dénoncé et flétri l'avarice et les ruses déloyales des fils de Tancrède et de leurs compagnons
d'armes ? 4o Remarquons enfin, sans vouloir attacher à cette remarque plus
d'importance qu'elle n'en a, que l'Italie, qui d'après Wilman serait la patrie
du poète n'a fourni jusqu'ici aucun manuscrit des *Gesta Roberti Wiscardi* ;
(le manuscrit de la Barberina à Rome no 2533 et les deux manuscrits de la
Brancacciana à Naples ne sont que des copies de l'édition de Rouen, 1582,
in-4o, par Tiremœus Hautenoeus). Les deux seuls manuscrits connus de
l'œuvre de Guillaume de la Pouille ont été trouvés, le premier à l'abbaye du
Bec, (il est maintenant perdu et a servi pour l'édition de Rouen de 1582) et le
second à Avranches dans les manuscrits provenant du mont St-Michel (il a
été découvert par Bethmann et a servi à Wilman pour l'édition des *monumenta*
de Pertz.)
Les raisons que nous venons d'énumérer nous inclineraient donc à croire
que Guillermus Apuliensis était normand ou du moins d'origine normande.

« Les poètes de l'antiquité ont chanté les hauts faits des
« capitaines de leur temps ; j'entreprends à mon tour, moi
« poète moderne, de célébrer les actions de ceux qui ont
« illustré mon époque. Mon but est de raconter comment
« les Normands sont venus en Italie, comment ils s'y
« fixèrent et sous la conduite de quels chefs ils ont
« triomphé du Latium.

« O Roger, illustre fils du duc Robert et tout à fait digne
« d'un tel père¹ sois indulgent au poète qui, dans la mesure
« de ses forces, va chanter ces grandes choses ; c'est uni-
« quement le désir de me conformer à tes ordres qui m'a
« suggéré cette audace ; l'inspiration que l'art ou le talent
« ne pourraient me procurer, c'est à mon dévouement pour
« toi que je la demanderai. L'excuse de ma hardiesse se
« trouve aussi dans le commandement que m'a intimé le
« pape Urbain; je serais coupable si je ne tenais pas compte
« de la bienveillante injonction d'un si grand pontife. ¹

« Lorsque le souverain Seigneur, qui préside à la suc-
« cession des empires comme à la succession des temps, eut
« décidé que les Grecs depuis longtemps maîtres de la
« Pouille en seraient expulsés, les cavaliers normands,
« d'une férocité légendaire, entrèrent en Italie, ils vain-
« quirent les Grecs et restèrent ensuite maîtres du Latium.
« Dans la langue de leur pays, on appelle *Nort* le vent qui
« leur permit d'atteindre les contrées boréales, qu'ils quit-
« tèrent ensuite pour venir dans le Latium, et *Man* est chez
« eux synonyme de notre mot *homme*; *Normand* veut donc
« dire *homme des contrées boréales* ³.

¹Il s'agit de Roger, fils de Robert Guiscard, qui fut duc de 1085 jusqu'à sa
mort en 1111.

²Urbain II pape de 1088-1099.

³ Comme le dit avec raison Wilman, on se demande pourquoi Guillaume
fait intervenir ici un vent appelé *Nort*. La meilleure et la plus exacte définition
du mot Normand a été donnée, au moyen-âge, dans ce passage du roman de
Rou.

Man en engleiz e en noreiz
Senefie hom en francheiz ;
Justez ensemle north e man
Ensemle dites donc Northman,

« Quelques-uns de ces Normands, ayant gravi les cimes
« du mont Gargano pour accomplir un vœu qu'ils t'avaient
« fait, ô archange saint Michel! rencontrèrent un homme
« nommé Mélès, revêtu du costume grec. Ce costume, qu'ils
« ne connaissaient pas, surtout le turban, attira leur atten-
« tion, et ils demandèrent à Mélès qui il était. Il·leur ré-
« pondit qu'il était Lombard et citoyen libre de la ville de
« Bari, mais que la cruauté des Grecs l'avait obligé à
« s'exiler de sa patrie. Comme les Gaulois s'apitoyaient
« sur son sort, *Ah!* ajouta-t-il, *comme il me serait facile*
« *de rentrer dans mon pays si quelques-uns de vos*
« *compatriotes voulaient· nous prêter leur concours!* et il
« leur assurait que les Grecs prendraient rapidement la fuite
« lorsqu'ils se trouveraient en face de pareils hommes. Les
« Normands s'empressèrent de répondre à Mélès que, dès
« qu'il leur serait possible de revenir, ils accéderaient à
« sa demande et, rentrés dans leur patrie, ils exhortèrent
« en effet leurs proches à se rendre avec eux en Italie.
« Ils leur vantaient la fertilité de la Pouille, le peu de bra-
« voure de ceux qui l'occupaient; ils leur enseignaient le
« chemin qui y conduit et leur promettaient qu'ils y trou-
« veraient un chef prudent avec lequel il serait facile d'a-
« voir raison des Grecs [1]. »

Il est fâcheux que Guillaume de Pouille n'ait pas donné
des détails plus circonstanciés sur ces pèlerins au mont
Gargano; s'il l'avait fait, au lieu d'émettre une conjecture,
peut-être pourrions-nous affirmer que ces pèlerins n'é-
taient autres que les quarante Normands qui, à la même
époque, revenant d'un pèlerinage à Jérusalem, passèrent
par Salerne et contribuèrent puissamment à délivrer cette
ville assiégée par les Sarrasins. Cet exploit a été raconté

Co est hom de North en romanz
De ço vint li non as Normanz
Normant solent estre apelé.
E, Normandie k'il ont poplé
Roman de Rou, T. 1, v. 109 sqq.
[1] Guillermi Apuliensis *gesta Roberti Wiscardi* Prologus et Lib. I. v. 1. — 35
dans Pertz: Mon. Germ. SS. T. IX. p. 241 sq.

par un bénédictin du Mont-Cassin, le moine Aimé, auteur
d'une histoire latine des Normands d'Italie, malheureusement perdue, mais dont il reste une vieille traduction française faite vers la fin du xiiie siècle. Le récit d'Aimé, reproduit en français, est ainsi conçu[1] :

« Avant l'an mil de l'incarnation de Notre-Seigneur
« Jésus-Christ dans le sein de la vierge Marie, apparurent
« dans le monde quarante vaillants pèlerins ; ils venaient
« du Saint-Sépulcre de Jérusalem adorer Jésus-Christ, et
« arrivèrent à Salerne au moment où cette ville, assiégée
« vigoureusement par les Sarrasins, était sur le point de
« se rendre. Avant cette époque, Salerne était tributaire
« des Sarrasins, et lorsqu'elle retardait le paiement du
« tribut annuel, les Sarrasins arrivaient aussitôt avec
« une nombreuse flotte, prélevaient des impôts, tuaient
« des habitants et dévastaient le pays. Ayant appris cela,
« les pèlerins de Normandie furent irrités de tant d'injus-
« tice de la part des Sarrasins et de ce que des chrétiens
« étaient leurs tributaires; aussi allèrent-ils trouver le sé-
« rénissime prince Guaimar qui gouvernait Salerne avec
« un grand esprit de justice[2] et lui demandèrent des
« armes et des chevaux pour combattre les Sarrasins. Ils
« lui dirent qu'ils n'agissaient pas ainsi pour avoir une

---

[1] Il n'existe de cette traduction française du travail d'Aimé qu'un seul manuscrit qui se trouve à la bibliothèque nationale, à Paris, sous le n° 7135 du
catalogue des manuscrits rédigé en 1729. Cette traduction déjà fort défectueuse
par elle même, a été publiée avec peu de sens critique par Champollion
Figeac sous le titre : L'*Ystoire de li Normant* par Aimé, moine du Mont-
Cassin. Paris, Renouard 1835 in-8°. — Il en est un peu d'Aimé comme de
Guillaume de Pouille ; nous ne savons guère de sa biographie que ce que lui-
même en dit dans son travail, et il en dit fort peu de choses. Nous y voyons
cependant qu'il fût moine au Mont-Cassin, qu'il composa son histoire des
Normands pendant que Désidérius, plus tard pape sous le nom de Victor III,
était à la tête de l'abbaye 1 — 1. Une tradition rapporte qu'Aimé devint ensuite évêque, mais on ne sait pas quel siège il a occupé. Sur Aimé et sur
l'édition de l'*Ystoire de li Normant* de Champollion Figeac Cf. un remarquable article de Hirsch. « *Amatus von Monte Cassino und seine Geschichte der
Normannen* » dans les Forschungen zur deutschen Geschichte 8° vol. 2e cahier
Gottingen 1868 et dans l'Arch. d. Ges. für Alt. deut. Geschichte. Hannovre 1851
l'article déjà cité de Wilman : *über die Quellen der Gesta Roberti Wiscardi
der Guillermus Apuliensis*.
[2] Guaimar III prince de Salerne.

« récompense, mais parce qu'ils ne pouvaient supporter
« la superbe des Sarrasins. Quand ils eurent obtenu ce
« qu'ils demandaient, ils assaillirent les Sarrasins, en
« tuèrent un grand nombre, et les autres prirent la fuite
« vers la mer ou dans la campagne, si bien que les Nor-
« mands restèrent vainqueurs et que les Salernitains fu-
« rent délivrés de la servitude des païens.

« Le prince et tout le peuple de Salerne remercièrent
« grandement les quarante pèlerins normands dont la
« bravoure venait de remporter une si brillante victoire;
« ils leur offrirent des présents et leur en promirent de
« plus riches s'ils consentaient à rester dans le pays pour
« défendre les chrétiens. Mais les Normands, n'ayant agi
« que pour l'amour de Dieu, ne voulaient rien accepter
« et s'excusèrent de ne pouvoir se fixer à Salerne,

« Alors les Salernitains remirent des messages aux
« Normands victorieux; ils leur donnèrent des citrons,
« des amandes, des noix confites, des manteaux impé-
« riaux, des instruments de fer ornés d'or, afin d'inviter
« leurs compatriotes à s'établir dans un pays qui produi-
« sait le lait et le miel et toutes ces belles choses. Revenus
« en Normandie, les pèlerins vainqueurs rendirent en
« effet le témoignage qu'ils avaient promis de rendre;
« ils invitèrent tous les seigneurs normands à venir en
« Italie et quelques-uns prirent la résolution et eurent le
« courage d'y aller à cause des richesses qui s'y trou-
« vaient.¹ »

Il y a évidemment un parti pris d'exagération dans ce
récit d'Aimé, car il est bien peu probable que quarante
pèlerins normands aient été, comme il le suppose, seuls
à combattre et à vaincre une armée de Sarrasins. Ils
n'ont dû agir dans cette affaire que comme de valeureux
auxiliaires de Guaimar et des Salernitains, dont le rôle est
complètement passé sous silence par le chroniqueur bé-

¹ L'Ystoire de li Normant Lib. 1. 17-19. J'ai interverti pour rendre le sens
plus clair, l'ordre des trois dernières phrases du texte.

nédictin. Ces réserves faites, il faut reconnaître qu'Aimé a été, sur ce point, l'écho fidèle d'une tradition normande la preuve en est qu'un autre historien, Orderic Vital, qui vivait en Normandie au XIIe siècle et ne connaissait pas l'ouvrage d'Aimé, a aussi raconté cette délivrance de Salerte avec l'aide des Normands. Différentes sur des détails secondaires, les deux narrations sont identiques pour le fond [1].

[1] Voici le récit d'Orderic Vital : « *Drogo quidam Normannus miles cum* « *centum militibus in Jerusalem peregre perexit; quem inde revertentem cum* « *sociis suis Waimalchus dux apud Psalernum aliquantis diebus causa humani-* « *tatis ad refocillandum retinuit. Tunc vigenti millia Sarracenorum Italico lit-* « *tori applicuerunt, et a civibus Psalernitanis tributum cum summis commina-* « *tionibus exigere cœperunt. Duce autem cum satellitibus suis vectigal a civibus* « *colligente, de classe egressi sunt, et in herbosa planitie, quæ inter urbem et* « *mare sita est, ad prandium cum ingenti securitate et gaudio resederunt. Cum* « *que Normanni hoc comperissent, ducem que pro leniendis barbaris pecuniam* « *colligere vidissent, Apulos amicabiliter increpaverunt quod pecunia sese ut* « *inermes viduæ redimerent, non ut viri fortes armorum virtute defenderent.* « *Deinde arma sumpserunt, Afros secure vectigal expectantes repente invaserunt,* « *multisque millibus fusis reliquos cum dedecore ad naves aufugere compulerunt.* « *Normanni itaque aureis et argenteis vasis, aliisque spoliis multis et pretiosis* « *onusti redierunt, multum que a duce, ut ibidem honorifice remanerent, rogati* « *sunt ; sed quia revisendi patriam cupidi erant, poscentibus non adquieverunt.* « *Atamen promiserunt et quod ipsi ad eum redirent, aut de electis juvenibus* « *Normanniæ aliquos ei cito mitterent. Postquam vero natale solum attigerunt,* « *multa quæ viderant et audierant, vel fecerant, seu passi fuerant, compatriotis* « *suis retulerunt. De inde quidam eorum promissa complentes reciprocato calle* « *Italiam repedarunt, exemplo que suo levia multorum corda ad secundum se* « *excitarunt.* » Order. Vitalis Hist. Eccles. lib. III. T. II. p. 53 sq. de l'éd. le Prévost. Ce récit est, on le voit, identique pour le fond, au récit d'Aimé ; des pèlerins normands revenant de Jérusalem passent par Salerne lorsque Guaimar était prince de cette ville ; ils trouvent la ville dans la consternation parce que les Sarrasins viennent de débarquer et exigent des sarlernitains un tribut considérable. Salerne est résignée à se racheter à prix d'argent lorsque les pèlerins normands attaquent les Sarrazins, en tuent un grand nombre, mettent les autres en fuite et délivrent la ville. Les Sarlernitains émerveillés demandent aux Normands de rester pour les défendre mais ceux-ci veulent auparavant retourner en Normandie où ils déterminent en effet une émigration dans l'Italie du Sud. Mais Orderic Vital se trompe en plaçant ce siège de Salerne à une époque beaucoup trop récente; il suppose (ibid. p. 53), qu'il eut lieu après une première émigration du Normand Osmond Drengot. Comme d'après lui Osmont Drengot, serait allé en Italie lorsque Robert était duc de Normandie c'est-à-dire après 1028, date de l'avènement de ce prince, il s'ensuivrait que le siège de Salerne par les Sarrasins et sa délivrance par les Normands auraient eu lieu au plus tôt en 1030, ce qui est tout à fait inadmissible. En outre comme Salerne est ressérrée étroitement entre le Mont San-Liberatore et la mer, on se demande où placer cette plaine ombreuse, qui d'après Orderic Vital sépare la ville du rivage. L'éditeur d'Orderic Vital a donc dépassé la mesure en écrivant dans la note qui accompagne ce passage : « Le récit des

De plus, en plaçant *avant l'an mil de l'Incarnation* ce siège de Salerne par les Sarrasins, Aimé, comme cela lui arrive trop souvent, a certainement commis une erreur de chronologie. Pour les dernières années du xe et les premières années du xie siècle, les chroniqueurs italiens ne mentionnent qu'un seul siège de Salerne par les Sarrasins et le *protospatarios*[1] Lupus lui assigne la date de 1016. Sans parler de la juste autorité dont jouit Lupus au point de vue de la chronologie, cette date de 1016 paraît d'autant plus exacte que, d'après le récit d'Aimé lui-même, les exploits des Normands au siège de Salerne furent le prélude de la première émigration des Normands en Italie, et de la campagne que firent aussitôt après leur arrivée ces émigrés comme alliés de Mélès contre les Grecs. Or nous verrons que, d'après les meilleures sources, cette campagne débuta en 1017[2]. Un appel que

vingt mille Sarrazins surpris par cent chevaliers Normands lorsqu'ils dînaient sur l'herbe près de Salerne, est de pure invention, aussi bien que toutes les circonstances qui s'y rapportent. »

[1] Πρωτοσπαθάριος titre d'une charge de la cour de Constantinople. cf. Krause : *Die Byzantiner des Mittelalters in ihrem Staats, Hof und Privatleben*. Halle 1869 in-8º p. 223 et 121.

[2] *Civitas Salerni obsessa est a Sarracenis per mare et per terram* et une variante ajoute *et nihil profecerunt*. Lupi Protospatarii annales ad an. 1016 dans Pertz : Monum. Germ. Hist. SS. T. V. p. 57. Après avoir admis la date indiquée par Lupus, il reste à examiner pourquoi Léo de Marsi, dans *la Chronica monasterii Căsinensis* et l'*anonymus, Casinensis* placent aussi en l'an 1000 le siège de Salerne et la délivrance de cette ville par les Normands. Disons d'abord que l'auteur de la *Chronica monas. Casin.* a changé d'opinion sur l'époque de l'arrivée des Normands dans l'Italie du Sud et sur la manière dont ils y sont venus la première fois. Par une rare bonne fortune, nous possédons encore le manuscrit autographe et original de Léo de' Marsi ; il est à la bibliothèque royale de Munich (*inter Benedictoburanos* 123 mbr. in-4º — cf. Wattenbach : préliminaires de l'édition de la *Chronica* dans Pertz : Mon. Germ. Hist. SS. T. VII p. 555). Or l'inspection de ce manuscrit fait voir que Léo de' Marsi avait, dans la première rédaction de sa chronique, raconté comme il suit l'arrivée et la première apparition des Normands en Italie : « *Melus interea Capuæ cum principe morabatur. His primum diebus venerunt Capuam Normanni aliquot, quadraginta fere numero; qui domini sui comitis Normanniæ iram fugientes, tam ipsi quam plures eorum socii quaquaversum dispersi, sicubi repērirent qui eos ad se reciperet requirebant; viri equidem et statura proceri, et habitu pulchri et armis experientissimi, quorum præcipui erant vocabulo, Gislebertus Botericus, Rodulfus Todinensis, Gosmannus, Rufinus atque Sligandus. Hoc cognito Melus, mox illos accersit, eorum que L.. Cf. chronica mon. Casin.* Lib. II. 37 dans Pertz : Monum. Germ. SS. T. VII p. 652 variante a). — Léo plaçait immédiatement avant l'expédition de Mélés en 1017 contre les Grecs

rendait séduisant la perspective de richesses à conquérir et de faciles triomphes à remporter fut donc fait en 1016 aux hommes d'armes de la Normandie par les vainqueurs de Salerne et les pèlerins au mont Gargano. Les Normands y répondirent avec d'autant plus d'empressement que leur pays était, à ce moment, agité et appauvri par des troubles et des discordes.

Depuis 996, la Normandie avait pour duc Richard II, dont les nombreux et graves démêlés avec plusieurs de ses vassaux ensanglantèrent plus d'une fois le duché.

---

cette entrevue de Capoue ; il croyait donc, d'accord en cela avec la grande tradition italienne, que les Normands n'avaient fait qu'en 1016 leur première apparition en Italie. Plus tard, Léon ayant compulsé le travail de son confrère Aimé (*Novam deinde elaboraturus editionem* — écrit Wattenbach — *insigne nactus est adjumentum Amati dico historiam Normannorum, cujus auxilio quœ de iis jam scripserat recognovit* ; préliminaires *ibid.* p. 560), ratura sa première rédaction et la remplaça par les données d'Aimé, y compris la date d'environ l'an mille pour la première apparition des Normands en Italie, au siège de Salerne. La première tradition recueillie par Léon, la vraie selon nous, était donc opposée à celle d'Aimé qu'il adopta ensuite.

Vient ensuite l'*Anonymus Casinensis* dont la plupart des éditions portent à l'an 1000 ; « *Otho imperator puer Beneventum venit. Quidam Nortmanni Hierosolymis venientes Salernum a Sārracenis liberarunt.* » (Voyez par exemple comme l'une des plus récentes, l'édition des « *Chronisti et Scrittori sincroni Napoletani* » édi. Giuseppe del Re. Napoli in-8° 1845. T. I. col. 462). Il existait au Mont-Cassin, avant la révolution française, trois manuscrits de l'*Anonymus Cassinensis* classés sous les nᵒˢ 47, 199 et 851. Le premier allait de l'an 1000 à 1152, le second de l'an 1000 à 1195, le troisième de 1128 à 1212. Lors de la première invasion des troupes françaises dans l'Italie méridionale en 1798, le Codex nᵒ 199 a disparu et il ne reste maintenant de cette chronique à la bibliothèque du Mont-Cassin que les nᵒˢ 47 et 851. Mais le nᵒ 47 est évidemment le plus ancien des trois, il ne va que jusqu'en 1152 tandis que le second allait jusqu'en 1195 et que le troisième ne commence qu'en 1128. Or, j'ai étudié au Mont-Cassin le Codex nᵒ 47 et j'ai constaté que ce manuscrit ne porte pas à l'an 1000 l'addition concernant les Normands. A cette date on y lit uniquement : « *Otto imperator puer Beneventum venit* », et la première mention des Normands n'a lieu qu'à l'an 1017 par cette phrase : « *Normanni Melo duce cœperunt oppugnare Apuliam* ». C'était donc le Codex nᵒ 199 qui contenait cette addition, c'est-à-dire qu'elle ne se trouvait que dans un manuscrit plus récent, auquel on avait ajouté diverses données prise d'Aimé et de la seconde rédaction de Léo de, Marsi. En résumé, Aimé a donc été le premier à placer bien avant l'an 1016 ce siège de Salerne et l'arrivée des Normands dans l'Italie du Sud et il a ensuite fait partager ce sentiment à Léo de' Marsi et au rédacteur du Codex nᵒ 199 de l'*Anonymus Cassinensis*. Mais l'autorité d'Aimé si souvent en faute pour ce qui concerne les dates, l'expression vague et indécise dont il se sert dans ce passage ne sauraient, je l'ai déjà dit, prévaloir contre la donnée précise du *protospatarios* Lupus, donnée qui s'harmonise très bien avec la suite des faits.

Vers l'an 1015, deux seigneurs normands, Gilbert Buatère
et Guillaume Répostelle, s'étant pris de querelle parce
que Guillaume s'était vanté d'avoir eu les faveurs de la
fille de Gilbert, celui-ci tua son adversaire à la chasse en
le jetant dans un précipice. Le duc Richard, qui affec-
tionnait Guillaume Répostelle et voulait éviter le renou-
vellement de pareilles scènes, résolut de venger cette mort
et Buatère, craignant le ressentiment de son souverain,
songea aussitôt à quitter le pays et à venir dans cette
Italie dont on disait tant de merveilles. Il s'entendit avec
d'autres Normands, qui avaient aussi maille à partie avec
le duc Richard, notamment avec Rainulfe, Aséligime ou
Asclitine, Osmude, Lofulde, qu'Aimé dit être quatre frères
de Buatère, avec Gosmann, Rufin, Stigand et Raoul de
Toëni, et tous ensemble, accompagnés de leurs hommes
d'armes, prirent le chemin de l'Italie [1].

[1] Il exite une assez grande diversité d'opinions sur les motifs qui, d'après
les sources originales françaises ou italiennes, auraient déterminé un premier
exode des hommes d'armes de la Normandie vers l'Italie. Voici sur ce point
les principaux textes et d'abord ceux des auteurs français.

1° Le moine aquitain Adémar de Chabanais dit dans sa chronique : *Richardo
vero comite Rotomagi, filio 'Richardi Normannos gubernante, multitudo eorum
cum duce Rodulfo armati Romam et inde conivente papa Benedicto, Apuliam
aggressi, cuncta devastant.* Historiœ Lib III, 55 dans Pertz : Mon. Germ. Hist.
SS. T. IV p. 140.

2° Raoul Glaber s'exprime dans le même sens qu'Adémar ; il ajoute cependant que la cause du départ de Rodolphe pour l'Italie fut sa mésintelligence
avec le duc Richard : *Contigit autem ipso in tempore, ut quidam Normanorum
audacissimus nomine Rodulfus, qui etiam comiti Richardo displicuerat, cujus
iram metuens cum omnibus quœ secum ducere potuit Romam pergeret causam
que propriam summo pontifici exponeret Benedicto.* Histor. Lib. III, 1 dans
Pertz: Mon. Germ. Hist. SS. T. VII p. 62.

3° Guillaume de Jumièges, n'est guère d'accord avec les deux auteurs précédents ; il place la première émigration normande en Italie sous le duc Robert de Normandie c'est-à-dire après 1028 ce qui est évidemment faux et la
fait commander non pas par Raoul dont il ne dit rien, mais par Osmond
Drengot qui ayant tué Guillaume Répostelle fuit à l'étranger la colère du duc
Robert. *Deinde, temporibus Henrici imperatoris filii Cononis et Roberti Northmannorum ducis, Osmundus Drengotus audax miles Apuliam adiit cumquibus-
dam aliis Northmannis. Nam Willelmum cognomento Repostellum militem claris-
simum in venatione in prœsentia Roberti ducis occiderat, metuens que animosi-
tatem ducis et insignis equitis nobilium parentum iras, in Apuliam secessit et
propter magnam probitatem ejus a Beneventanis honorifice detentus est.* Guil.
Gemeten. Hist. Norm. lib. VII. 30.

4° Orderic Vital suppose que la première émigration normande vers l'Italie
a eu lieu sous le pontificat de Benoît VIII et lorsque Robert était duc de Nor-

La petite troupe qui paraît avoir été sous la direction de Raoul de Toëni, vint à Rome et fut bien accueillie par le pape Benoît VIII ; ce pape, qui a signalé son pontificat par des réformes, s'efforçait d'améliorer la situation politique et morale de l'Italie. Avec l'aide de la république de Pise, il était parvenu à expulser les Sarrasins de la Sardaigne, mais son zèle ne se bornait pas à combattre les

mandie ; c'est une erreur, Benoit VIII est mort en 1024 et Robert n'est monté sur le trône ducal qu'en 1028. *In sede apostolica, Benedicto papa residente, Sarraceni de Africa in Apuliam navigio singulis annis veniebant, et per singulas Apuliæ urbes vectigal quantum volebant a desidibus Langobardis et Græcis Calabriam incolentibus impune accipiebant. His diebus, Osmundus cognomento Drengotus Willermum Repostellum, qui sese de stupro filiæ ejus in audientia optimatum Normanniæ arroganter jactaverat, inter manus Rotberti ducis in sylva ubi venabatur, occidit pro quo reatu a facie ejus prius in Britanniam deinde in Angliam, postremo Beneventum cum filiis et nepotibus aufugit. Hic primus Normanorum sedem in Apulia sibi delegit, et a principe Beneventanorum oppidum ad manendum sibi suisque hæredibus accepit.* Ord. Vitalis Histor. Eccles. lib. III. T. II. p. 53 éd. le Prévost. — Sans compter l'erreur de chronologie déjà signalée, il y a évidemment d'autres erreurs dans ce passage d'Orderic Vital. Il place sous le gouvernement du duc Robert de Normandie, c'est-à-dire après 1028 la première émigration normande en Italie tandis qu'il est prouvé que dès 1017, les Normands commandés par Mélès combattaient déjà en Italie contre les Grecs. Il suppose que cette émigration dirigée par Osmond Drengot a précédé le siège de Salerne par les Sarrasins et sa délivrance par les Normands car il fait intervenir à cet événement une seconde émigration normande dirigée par Drogo. Or le siège de Salerne et sa délivrance ont eu lieu en 1016. L'établissement d'Osmond Drengot et des siens dans un *Oppidum* de la principauté de Bénévent est bien probablement aussi une erreur, les chroniqueurs italiens auraient certainement parlé de ce fait et ils n'en disent rien ; au contraire, Guillaume de Pouille peint les Normands errants et sans établissement fixe jusqu'à la fondation d'Aversa en 1030.

Abstraction faite de ces erreurs de détails, les données suivantes se dégagent de l'ensemble des récits des chroniqueurs français. Pendant le pontificat de Benoit VIII (Adémar, Raoul Glaber, Orderic, Vital), c'est-à-dire de 1012 à 1024, par conséquent sous le gouvernement du duc de Normandie Richard le bon (996-1028) (Adémar Raoul Glaber) une première émigration normande conduite par Ropolphe (Adémar, Raoul Glaber) et comptant parmi ses membres Osmond Drengot qui fuyait la colère de son suzerain (Guillaume de Jumiège, Orderic Vital), gagne l'Italie, voit à Rome le pape Benoit VIII et après avoir reçu ses encouragements, se rend dans le sud de l'Italie. On voit qu'aucun des auteurs français ne parle de l'influence qu'auraient exercée sur ces premiers émigrants les récits des pèlerins normands au Mont Gargano ou des pèlerins vainqueurs à Salerne.

C'est au contraire ce dernier point que mettent particulièrement en relief les auteurs ayant écrit en Italie.

1° Guillaume de Pouille conséquent avec lui même raconte que les pèlerins au Mont Gargano furent les promoteurs du premier exode normand vers l'Italie, du sud. Il écrit après le passage déjà cité :

infidèles; comme pape, Benoît VIII était alarmé de l'extension, dans l'Italie méridionale, de la puissance des empereurs de Constantinople, c'est-à-dire des Grecs, toujours peu favorables au siège romain, et du joug qu'ils faisaient peser sur la Pouille et sur tout le sud de la Pé-

Arrectis igitur multorum mentibus, ire
Pars parat, exiguæ vel opès aderant, quia nullæ
Pars, quia de magnis majora subire volebant.
Est acquirendi simul omnibus una libido.
Aggrediuntur iter, Sumptis quæ cuique videtur
Ferre necesse, viam, pro viribus ad peragendam.
Post quam gens Romam Normannica transit inermis,
Fessa labore viæ Campanis substitit horis.
Fama volat Latio Normannos applicuisse,
Melus, ut Italiam Gallos cognovit adisse.
Ocius accessit dedit arma carentibus armis;
Armatos secum comites properare coegit.

Guillermi Apuliensis Gesta Roberti Wiscardi dans Pertz Mon. Germ. Hist. I. lib. I, v. 35-46 SS. T IX. p. 242. Guillaume de Pouille est, on le voit, d'accord avec les auteurs français pour faire passer à Rome la première émigration normande qui harassée de fatigue à la suite d'un si long voyage atteignit ensuite la Campanie c'est-à-dire Capoue où était Mélès.

2° Tout en affirmant que les pèlerins de Salerne, après leur retour en Normandie, avaient eu une influence considérable sur le départ de la première émigration normande, Aimé ajoute que des dissensions entre le duc de Normandie et quelques-uns de ses vassaux avaient aussi décidé un certain nombre de Normands à passer en Italie. Ce qu'il dit sur ce point se rapproche beaucoup de ce que racontent Guillaume de Jumièges et Ordéric Vital, avec cette différence toutefois qu'Aimé appelle Gilbert Buatère celui qui tua Guillaume tandis que Guillaume de Jumièges et Ordéric Vital l'appellent Osmond Drengot. Voici le texte d'Aimé.

« *Et en cellui temps estoit rumor et odie entre. ij. princes de Normendie, c'est Gisilberte et Guillerme. Et Gisilberte, loquel estoit clamé Buatère prist volenté et corage contre Guillerme liquel cotrestoit contre l'onor soe, et lo géta d'un lieu moult haut dont il fu mort. Et quant cestui fu mort ot cestui ceste dignité que estoit vice conte de toute la terre. Et Robert, conte de la terre, fut moult iré de la mort de cestui et manecha de occirre cellui qui avoit fait celle homicide; quar se ceste offense non fusse (non fust) punie parroit que licence fust de toutes pars de occirre li vicecont. Et Gisilberte avoit iiij. frères, c'est Raynolfe, Aseligime, Osmude et Lofulde. Et avieingne que cestui n'avoient colpe de la mort de Guillerme; toutes foiz foyrent avec lo frère et vindrent auvec lo message del prince de Salerne, et vindrent armés non come anemis, mès come angele, dont par toute Ytalie furent receuz. Les coses nécessaires de mengier et de boire lor furent donnèes de li seignor et bone gent de Ytalie, et passèrent la cité Rome et vindrent à Capue et trovèrent que un de Puille, qui se clamoit Melo, estoit là chacié, et estoit chacie pour ce qu'il avoit esté rebelle contre lo émpéror de Costentinoble.* — *L'Ystoire de li Normant* lib. I. 20. — Il existe plusieurs erreurs dans ce paragraphe d'Aimé; ce n'est pas sous le comte Robert mais sous le duc Richard de Normandie qu'a eu lieu la première émigration normande en Italie et par conséquent le meurtre de Guillerme, une des causes de cette émigration. Il est bien peu probable que la mort de ce Guillerme ait été une menace et un avertissement pour les autres vicomtes normands, comme Aimé l'insi-

ninsule. Pour en délivrer l'Italie, il s'employait à réconcilier entre eux les princes lombards, maîtres des principautés de Bénévent, de Salerno et de Capoue, afin de les
réunir dans une ligue contre les Grecs[1].

En 1011, au mois de mai, un citoyen de Bari, capitale des possessions grecques en Italie, un vaillant patriote d'origine lombarde, ce Mélès que les pélerins normands avaient rencontré au mont Gargano, avait essayé
de reconquérir l'indépendance de sa patrie. Il livra bataille
aux Grecs à Bitecto près de Bari, mais la fortune ne paraît
pas lui avoir été favorable, car, d'après les *Annales Barenses*, beaucoup d'habitants de Bari restèrent sur le champ
de bataille. Grâce aux embarras que causait aux Grecs une
nouvelle invasion des Sarrasins qui s'avancèrent jusqu'à
Monte-Péloso, Mélès put se soutenir jusqu'en 1013. Cette
année là, au mois d'avril, assiégé dans Bari par le catapan Basile le Macédonien, et se sentant entouré de traîtres
qui projetaient de le livrer à l'ennemi, Mélès s'enfuit secrètement pendant la nuit avec son beau-frère Datto,
gagna Ascoli et successivement Bénévent, Salerne et Capoue. Sa femme Maralda et son fils Argyros furent pris
par les Grecs et envoyés à Constantinople[2].

nue ; enfin si ces normands étaient venus en Italie avec les ambassadeurs Salernitains comment les ont-ils si facilement quittés pour se joindre à Mélès et
commencer avec lui la guerre non pas contre les Sarrasins mais contre les Grecs.

3° Léo de' Marsi. Il est inutile de donner ici le texte de la seconde rédaction de Léo car elle se borne à reproduire les données d'Aimé. Cf. Pertz
Mon. Germ. Hist. SS. T. VII. p. 651 Chronica Monas. Casin. Lib, II. 37.

[1] Ainsi lorsque Datto fuyait la colère des Grecs, le pape Benoit VIII lui
donna asile dans la tour qu'il possédait à l'embouchure du Garigliano
Chroni. Monas. Casin. dans Pertz ibid. p. 652.

[2] Sur la première révolte de Mélès contre la domination grecque, cf. Annales
Barenses ad an. 1011 et 1013 dans Pertz Mon. Germ. SS. T. V, p. 53, et Léo
de, Marsi : *Chronica Mon. Cas.* dans Pertz M. Ger. SS. T. VII p. 652. Nous parlerons plus loin des objections de Wilman contre cette date 1011 et 1013
de la première expédition de Mélès contre les Grecs. Cedrénus (cf. G. Cedreni
Historiarum Compendium T. II. p. 456 sq. éd. de Bonn par Bekker) a indiqué
exactement la date de cette première campagne de Mélès (après l'hiver très
rigoureux de 1009), mais dans le récit qu'il en fait, on voit qu'il la confond
avec la seconde à laquelle les Normands prirent part. Le titre de *Catapan* (du
Grec χατά πᾶν *sur tout*, préposé, gouverneur général) était donné durant le
Bas Empire, du IX au XI° siècles aux gouverneurs généraux qui administ-
traient la Pouille et la Calabre ; ils résidaient à Bari.

Mélès ne fut pas découragé par sa défaite ; de 1013 à 1017, il chercha partout, dans l'Italie méridionale, des alliés pour recommencer la lutte [1]. Nous avons vu qu'au mont Gargano il avait saisi avec empressement l'occasion de la présence des pélerins normands pour les engager à se joindre à lui contre les Grecs. Le pape Benoît VIII l'encouragea dans ses projets de revanche ; aussi, lorsque Raoul de Toëni et ses compagnons d'armes arrivèrent à Rome, le pape les engagea vivement à se joindre à Mélès, et les Normands, contents de ces approbàtions et de ces encouragements, prirent le chemin de l'Italie du Sud et se rencontrèrent à Capoue avec Mélès.

Celui-ci les reçut comme des libérateurs qui allaient lui rouvrir les chemins de la patrie, et, dès que des engagements eurent été pris de part et d'autre, il se hâta d'aller à Salerne et à Bénévent convoquer les hommes d'armes qui, par amitié pour lui ou par haine contre les Grecs, lui avaient promis de faire partie de l'expédition [2].

Au printemps de 1017, la petite armée de Mélès se mit en marche vers le nord de la Pouille [3].

[1] *Nullo interim otio indulgens, quin modis omnibus satageret, qualiter grœcorum dominationem abjicere, atque ab eorum tyrannide suam posset patriam liberare.* Leo de, Marsi : Chronica monas. Cas. II. 37, dans Pertz : Mon. Germ. Hist. SS. T. VII. 652.

[2] Chronica Mon. Cas. ibid. p. 653.

[3] Dans l'article que nous avons déjà cité : *Uber die Quellen der Gesta Roberti Wiscardi des Guillermus Apuliensis* (Cf. Arch. d. Ges. f. alt. deut. Geschichte. Hannovre 1851 p. 87-121) le docteur R. Wilman n'accepte pas cette date de 1017 pour la première expédition contre les Grecs des Normands commandés par Mélès ; il croit qu'elle eut lieu en 1010 ou 1011 et, bien entendu, place quelques années avant 1010 la première révolte de Mélès contre la domination Grecque (Cf. ibid. p. 115) Comme il s'agit ici du point de départ de l'histoire des Normands d'Italie, il importe de réfuter sur ce point le docteur Wilman et de démontrer que la date de 1017 est bien la véritable. — Cette date de 1017 nous est fournie par 4 chroniqueurs italiens d'une autorité incontestable au point de vue de la chronologie. 1º La chronique du Mont Cassin porte : *Septimo hujus abbatis* (l'abbé Aténulfe, à la tête du monastère depuis 1011 ; Chron. monos. Cas. II. 31) *anno cœperunt Normanni, Melo duce expugnare Apuliam.* Cf. Pertz SS. T. VII. p. 651. — 2º L'Anonymus Casinensis porte à l'année 1017 : *Normanni Melo duce cœperunt expugnare Apuliam.* Cf. Muratori : Rerum Italicarum Scriptores T. V. p. 139. 3º Le *protospatarios* Lupus ne mentionne pas les Normands avant l'année 1017 ; il écrit à cette date : *Et in hoc anno descendit Turnichi Catepani mense Maii. Et fecit prœlium cum Mele et Normannis.* Pertz : Mom. Germ. hist. SS.

« A la vue des Gaulois, dit Guillaume de Pouille, tout le
« pays fut saisi de frayeur, et, dès le début, plusieurs

T. V. p. 57. 4° Enfin l'Anonymus Barensis contient à la date 1017 la première
mention des Normands, on y lit : *Descendit Adroniki Cap. et fecit prœlium cum
Mel et vicit Mel.* Cf. Muratori: Rerum Ital. Script. T. V. p. 148. Quelles sont
donc les raisons qu'a eues le docteur Wilman pour rejeter, malgré les quatre
autorités que nous venons de citer, la date de 1017 et lui préférer celle de
1010 ou 1011 ? Wilman a d'abord commis une erreur à propos de ce passage
des Annales Barenses 1011. *Hoc anno rebellavit Langobardia cum Mele ad ipsum
Curcua mense Maio 9. die intrante. Et fecerunt bellum in Bitete ubi multi Barenses ceciderunt. Et Ismaël fecit bellum in monte Peluso cum ipsis Grœcis et
cecidit illic Pasiano.* Cf. Pertz: Mon. G. SS. T. V. p. 53. — Malgré la différence pourtant bien sensible de l'orthographe, Wilman croit que, dans ce
texte, *Mele* et *Ismaël* sont le même personnage; rien n'autorise cette supposition, Ismaël est le nom d'un chef Sarrasin (on sait que les auteurs latins
défigurent ordinairement les noms arabes et leur donnent une physionomie
biblique ou latine qui souvent les rend méconnaissables; nous aurons, dans
bien des cas, occasion de le remarquer) ; ainsi Lupus mentionne à l'année 975
la mort d'un autre chef sarrasin également appelé Ismaël (975 *Ismaël interfectus est, et Zacharias Botuntum accepit.* Cf. Pertz: SS. T. V. p. 55). L'auteur
de la table du Vᵉ vol. des *Scriptores* de Pertz, le docteur R. Kœpke a interprété dans le même sens que nous le nom d'Ismael, il écrit : « *Ismaël dux
Sarrac,* 53. 55. — Cette première erreur de Wilman l'a amené à en commettre une autre, celle d'identifier Pasianus qui perdit la vie en 1011 dans la bataille livrée aux Sarrasins et à Ismael à Monte Peloso, avec Léon Patianus
tué en 1017 dans la bataille contre Mélès et les normands (*et fecit prœlium
cum Mele et Normannis Leo Patiano exubitus.* Lupus protospat. ad. an. 1017
dans Pertz SS. T. v. p. 57. — *Conflictu belli Pacianus corruit hujus,* dit Guillaume de Pouille l. I V. 76 dans Pertz SS. T. IX p. 242.
    Après avoir ainsi sans motif identifié Mélès avec Ismael et Pasianus avec
Léon Patianus, Wilman lisant dans les *Annales Barenses* ad an. 1011 que
Pasianus est vaincu et tué dans la bataille de Monte Peloso contre Ismael,
déclare que cette bataille n'est autre que celle indiquée pour l'année 1017 par
Lupus, dans laquelle Mélès et les Normands vainquirent et tuèrent Léon Patianus et aussitôt tire cette conclusion que la véritable date de cette victoire
de Mélès et des Normands est 1011. Le nom seul de Monte Péloso aurait dû
avertir Wilman de son erreur; d'après les témoignages des meilleurs chroniqueurs, les Normands partirent de Capoue pour leur campagne et envahirent
la Pouille par le Nord tandis que Monte Péloso est dans le Sud et que les
Normauds ne pouvaient en aucune façon y livrer leur première bataille.
    Pour être logique, Wilman est obligé de reculer de quelques années avant
1011 la première révolte de Mélès contre les Grecs ; mais là encore l'erreur
est facile à constater. Supposons cette première révolte en 1008 ou 1009;
nous savons par Léo de'Marsi, qu'après cette révolte le pape Benoit VIII donna
à Datto, beau frère de Mélès, une tour que le Saint-Siège possédait à l'entrée
du Garigliano, or Benoit VIII n'a été pape qu'en 1012 c'est-à-dire, dans l'hypothèse de Wilman lorsque la seconde campague de Mélès durait déjà depuis
plus d'un an. (Cf. Chronica Mont. Cas. II. 37 dans Pertz: SS. T. VII p. 652).
C'est une erreur de Guillaume de Pouille et une autre erreur de Cedrénus
qui ont décidé Wilman à adopter un système chronologique en contradiction
avec les dates les plus certaines du début de l'histoire des Normands en
Italie. Le *protospatarios* Lupus a indiqué dans sa chronique *ad. an.* 1009 un

« habitants tombèrent victimes de la cruauté des en-

hiver extrêmement rigoureux. Il écrit à cette date: *Cecidit maxima nix, ex qua siccaverunt arbores olivœ, et pisces et volatilia mortua sunt.* (Cf, Pertz Mon, Germ. hist. SS. T. V. p. 56 sq.) En confrontant ce passage avec le passage correspondant des Annales Barenses (ibid p. 53), on voit qu'aussitôt après cet hiver, dans le mois de mai qui suivit, commença la première révolte de Mélès et des Apuliens contre les Grecs (Lupus écrit: 1009. *Et in mense Maii incepta est rebellio.*

Guillaume de Pouille qui pour composer son poème s'est servi, entre autres documents, des trois Annales de Bari (Annales Barenses, Lupus protospatarius, Anonymus Barensis Cf. Wilman l. c. p. 116) ayant lu dans Lupus que la première révolte de Mélès avait été précédée immédiatement d'un hiver très rigoureux a confondu cette première révolte avec la seconde et a placé en 1016-1017 l'hiver de 1009-1010. Il décrit cet hiver en laissant voir qu'il s'inspire du passage de Lupus.

Hactenus insolitas hac tempestate Latini
Innumeras cecidisse nives mirantur, et harum
Casibus extinctæ pleraque fuere ferarum,
Nec fuit arboribus fas inde resurgere lapsis.

Guillermi Ap. Gesta Roberti Wiscardi lib. l. v. 47-51 dans Pertz SS. T. IX p. 242. On pourrait dire peut-être qu'il y a eu deux hivers très rigoureux en 1009-1010 et en 1016-1017 mais le mot *insolitas* de Guillaume de Pouille ne permet guère cette explication non plus que le climat ordinairement beaucoup plus doux de l'Italie du sud. La seule explication c'est que le poète a commis une erreur de chronologie, peut-être volontairement pour avoir l'occasion de faire une description.

Quant à l'auteur grec G. Cédrénus, il commet une erreur d'une autre sorte. Après avoir raconté qu'en 1010, durant la 8e indiction (Ὀγδόῃ δὲ ἰνδικτιῶνι, ἐν ἔτει, σφιη΄, — Cf. Cedreni historiarum compendium T. II. p.456 éd. Bekker Bonn 1839) le prince d'Egypte Azizios avait détruit le saint sépulcre à Jérusalem, il ajoute: Τῷ δ'ἐπιόντι ἔτει γέγονε χειμὼν ἐπαχθέστατος, ὡσ ἀποκρυσταλλωθῆναι πάντα ποταμὸν καὶ λίμνην καὶ αὐτὴν τὴν θάλασσαν. (Ibid. p. 456). Cedrenus parle donc de l'hiver de 1010 comme Lupus en a parlé, et, comme Lupus, il parle aussitôt après de la révolte de Mélès contre les Grecs. En effet après avoir mentionné un terrible tremblement de terre qui suivit ce rigoureux hiver, Cedrenus poursuit : ταῦτα δὲ προεμήνυε τὴν μετὰ ταῦτα γενομένην ἐν Ἰταλια στάσιν. Δυνάστης, γάρ τις τῶν ἐποίκων τῆς Βάρεως, τοὔνομα Μέλης, παραθήξας τον ἐν Λογγιβαρδίᾳ λαον ὅπλα κατὰ Ῥωμαίων αἴρει. (Cedreni hist. comp. ibid. p. 457). Jusque-là Cedrenus est d'accord avec les sources italiennes, mais il s'en écarte aussitôt après et, sans mentionner les Normands, fait l'historique de la seconde campagne de Mélès, la défaite de Basile, de Contoléon etc... qu'il place par conséquent en 1011. Cedrénus, comme nous le verrons souvent, est un guide dangereux si l'on veut s'en rapporter à lui pour ce qui concerne l'histoire de l'Italie du sud dans le XIe siècle; ses nombreuses erreurs sur ce sujet s'expliquent de la part d'un auteur qui écrivait à Constantinople et dont le sujet n'était rien moins que l'histoire du monde depuis la création jusqu'à l'an 1057 de J.-C.(Sur la valeur critique de Cedrenus, voyez par exemple E. de Muralt: *Essai de chronographie Byzantine de 395 à 1057* in-8, Saint-Pétersbourg 1855 page XXVI de la préface). On ne s'explique donc pas que Wilman. ne tenant pas compte des chroniqueurs italiens les plus autorisés, ait profité d'une erreur facile à constater de Guillaume de Pouille pour adopter le système chronologique erroné de l'historien byzantin.

« vahisseurs. Le catapan Andronic [1], envoyé de Constan-
« tinople par les empereurs Basile (II) et Constantin (VIII),
« apprit enfin l'arrivée des féroces Gaulois conduits par
« Mélès, qui, traître aux deux empereurs, avait livré la
« Pouille aux dévastations des Normands. A cette nou-
« velle, Andronic se hâta d'envoyer des troupes contre
« les envahisseurs, car il ne voulut pas assister de sa
« personne aux premiers engagements ; il se fit rempla-
« cer par son lieutenant Léo Pacianus, qui conduisit son
« armée à Arénula sur les bords du Fortore. On était
« dans le mois de mai, cher au dieu Mars, et pendant
« lequel les rois ont coutume de commencer leurs expé-
« ditions militaires. La première bataille resta indécise
« entre les deux adversaires [2]. Andronic réunit alors de
« nouvelles troupes et vint rejoindre son lieutenant (le 22
« juin) ; ayant livré bataille à Civitate, dans la Capita-
« nate), il fut vaincu et prit la fuite ; Léo Pacianus fut tué [3].
« Cette victoire augmenta grandement le courage des
« Normands ; ils virent que les Grecs étaient sans va-

---

[1] Le nom d'Andronique se retrouve dans l'*Anonymus Barensis* ad an. 1017, indict. XV: *descendit Adroniki cap. et fecit prælium cum Mel.* (Muratori: SS. Rerum It. T. V. p. 148), et dans Lupus ad. an. 1017: *Et in hoc anno descendit Turnichi Catepani mense Maii. Et fecit prælium cum Mel et Normannis* Pertz SS. T. V. p. 57. Guillaume de Pouille écrit son nom Turnicius, mais Turnicius, Turnichi, Adroniki ne sont que des formes défigurées d'Andronic.

[2] D'après Léo de' Marsi, au lieu d'être indécise, la bataille d'Arénula fut une victoire pour Mélès: *Tribus itaque vicibus cum Græcis, primo apud Arenolam, secundo apud Civitatem, tertio apud Vaccariciam campestri certamine dimicans tribus eos vicibus superavit.* Chronica Mont. Cas. II, 37 dans Pertz SS. T. VII p 653. — Quant à Aimé, il énumère toute une série de victoires des Normands sans leur donner un nom distinct. Cf. Aimé: I. 21, 22.

[3] Lupus et l'Anonymus de Bari parlent de la bataille de Civitate, Lupus mentionne la mort de Léon Patianus, mais l'un et l'autre affirment qu'Andronic fut vainqueur. *Iterum in mense Junii 22 die, prælium fecit præfatus Turnichi catepani, et vicit Melem et Normannos et mortuus est Patiano ibi.* Lupus ad an. 1017 dans Pertz SS. T. V. p. 57. *Descendit Adroniki Cap. et fecit prælium cum Mel, et vicit Mel* Anony. Barensis dans Muratori SS. Rerum It. T. V. p. 149. La disgrâce d'Andronic, son rappel à Constantinople, la continuation de la marche progressive des Normands dans l'intérieur de la Pouille après le 22 juin 1017 prouvent que Guillaume de Pouille, Léo de' Marsi, et Aimé sont dans le vrai en disant que Mélès fut vainqueur à Civitate tandis que Lupus et l'Anonymus de Bari se trompent en disant qu'il y fut vaincu par Andronic.

« leur, et qu'au lieu de rester fermes en face de l'ennemi,
« ils ne savaient que prendre la fuite [1]. »

La position de Civitate dans la Capitanate prouve que
la bataille d'Arénula ne fut pas aussi indécise que le dit
Guillaume de Pouille, car elle n'arrêta pas l'invasion de
Mélès et des Normands. Andronic fut rappelé à Constantinople à cause de sa défaite et de son peu de courage, et
Contoléo, également nommé Andronic, fut envoyé à sa
place comme *protospatarios* et catapan. Mais Contoléo
Andronic ne fut pas plus heureux que son prédécesseur ;
il livra bataille à Mélès et à ses alliés à Vaccaricia, non
loin de l'endroit où devait s'élever peu après la nouvelle
Troie ; la fortune resta fidèle à Melès, qui défit son adversaire [2].

Ce nouveau succés, remporté avant la fin de 1017, li-
vrait aux vainqueurs tout le nord de la Pouille jusqu'au

---

[1] Gesta Roberti Wiscardi Lib. I. v. 55-80. Pertz: SS. T. IX, p. 242.

[2] *Condoleo descendit in ipso anno.* Lupus ad. an. 1017. — Cedrenus dit
aussi que Contoléon fut envoyé contre Mélès et vaincu par celui-ci. Après
la phrase que nous avons citée p. 50. note. Cedrenus poursuit: καὶ ὅ βασιλεὺς
Βασίλειον ἐκπέμπει τον 'Αργυρὸν στρατηγὸν ὄντα τῆς Σάμου, (c'est probablement une erreur; Basile Argyre fut tué avant le début de la révolte de Mélès
Cf. Lupus ad. an. 1017. — C'est sans doute ce même Basile dont le monastère du Mont Cassin possède une charte grecque originale, datée de 1016 et
signée † Βασιλειος πρωτοσπαθαριος κε κατεπανος ιταλιας ο μεσαρδονιτις. — Cf.
Trinchera: Syllabus Græcarum membranarum in-4 Napoli 1865 p. 17.) καὶ τον
λεγόμενον Κοντολέοντα τῆς Κεφαληνίας στρατηγοῦντα, ἐπὶ τῷ καταστῆσαι
'Ρωμαίοις τὰ πράγματα· οἷς ἀντιπαραταξάμενος ὁ Μέλης τρέπει λαμπρῶς,
πολλῶν πεπτωκότων, οὐκ ὀλίγων δὲ καὶ ζωγρηθέντων, τῶν δὲ λοιπῶν, τὴν διὰ
φυγῆς ασχήμονα προκρινάντων ζωην. G Gedren Hist. compendium T. II. p.
457 cd. Bekker. Bonn. Leo de' Marsi et Aimé parlent de cette bataille de
Vaccaricia (pour Léon Cf. supra p. 51 note 2). Ainsi Aimé écrit I. 22. « *Et
Melo prist une autre bataille contre li Grex, et s'encontrèrent li Normant contre
li Grex, en un lieu qui se clamoit Vaccarice, c'est en Puille à Maelfe, où maintenant sont gentil home qui se clament Vaccaire.* » Mais ensuite dans la description qu'Aimé fait de cette bataille, on voit qu'il la confond avec la défaite
définitive de Mélès à Cannes. — Enfin une charte grecque de 1019 qui se
trouve dans les archives de la bibliothèque de Naples et par laquelle on fixa les
limites de la ville de Troie dans la Pouille, dit que Contoléon Andronic
livra la bataille près de l'endroit où peu après s'éleva la nouvelle Troie. χαι
ἀποδίδει (la limite de Troie) εἰς τὴν ἐκκλησίαν τὴν ἁγιαν αὐγοῦσταν ἐν ὧ εγενετο ὁ
πολεμος επιτορνιχίου πρωτοσπαθαριου καὶ κατεπανου γεγονοτος ιταλιας τοῦ χοντολέον
τος. (Trinchera Syllabus Græcarum membranarum p. 19.

cours de l'Ofanto et jusqu'à Trani[1]. Malheureusement, il avait fallu acheter ces triomphes au prix de pertes cruelles ; car, dans toutes les rencontres, les troupes grecques avaient été de beaucoup supérieures en nombre ; les Normands en particulier étaient grandement décimés, mais des renforts arrivés de Normandie sur ces entrefaites vinrent combler les vides.

Lorsque la nouvelle des premiers succès des Normands dans la Pouille se répandit en Normandie, toute une multitude, hommes, femmes et enfants, fut prise de désir d'aller dans ces pays lointains, où il paraissait si facile de conquérir de la gloire et des richesses. Au lieu de contrarier cette vogue, le duc de Normandie, Richard II, la favorisa; il espérait probablement se défaire par là de quelques vassaux turbulents.

Une seconde troupe d'émigrants normands prit donc le chemin de l'Italie. Arrivée dans les Alpes, au mont Joux (le Saint-Bernard) elle trouva les défilés gardés par des soldats qui exigeaient une redevance pour le passage. Les Normands refusèrent de payer, battirent les montagnards, traversèrent la péninsule et vinrent fortifier la petite armée de Raoul qui avait grand besoin de ce secours[2]. D'après Aimé, d'autres Normands, venus de Salerne, — probablement ceux que les avances de Guaimar avaient attirés dans cette ville — s'ajoutèrent encore aux soldats de Raoul et de Mêlès[3].

---

[1] *Multos que ex his interficiens (Mélès) et usque Tranum eos constringens, omnes ex hac parte quas invaserant Apuliæ civitates et oppida recepit.* Chron. Montis Cas. II. 37.

[2] Rodulfi Glabri hist. Lib. III 1. dans Periz SS. T. VII. p. 63. Il y a plusieurs erreurs dans ce curieux passage de Raoul Glaber ; il suppose par exemple que Rodolphe de Toeni est seul avec ses Normands à faire la guerre aux Grecs et ne dit rien de Mélès. La guerre entre les Normands et les Grecs ayant commencé au moi de mai 1017; il n'est guère possible de placer avant la fin de 1018 ou les premiers mois de 1019 l'arrivée dans le sud de l'Italie de cette multitude de Normands attirés par le récit des premiers exploits de leurs compatriotes. Raoul Glabert dit expressément qu'ils assistèrent à la dernière bataille de la campagne, c'est-à-dire à la funeste journée de Cannes, octobre 1019.

[3] « *Quant fut seu à Salerne que ensi avoient combatu li Normant por aidier à Melo et estoient mort, vindrent cil Normant de Salerne, de li Normant vint grant exercit, et emplirent la contrée de fortissimes chevaliers.* » Aimé I. 22,

De son côté, le gouvernement de Constantinople comprit qu'il fallait à tout prix vaincre Mêlès et les Normands sinon que l'Italie était perdue pour l'empire d'Orient. Aussi prit-il toutes les mesures pour assurer la victoire. Contoléo Andronic fut remplacé par un nouveau catapan Basile Bojoannès [1]; avec l'argent byzantin, une armée si considérable fut levée, qu'Aimé compare ses lances aux roseaux qui croissent serrés dans les campagnes, et dit que dans leurs camps les ennemis paraissaient aussi nombreux que des essaims d'abeilles [2].

Les préparatifs des Grecs durèrent plus de dix-huit mois, et Mêlès et les siens occupèrent le pays conquis [3].

[1] *Descendit Basilius catepanus, qui et Bugianus et Abalanti patricius mense Decembris* Lupus ad. an. 1018. — Pertz SS. T. V. p. 57. — *Descendit Basilius Bugiano Catp. et Abalanti patricio.* Anonymus Barensis dans Muratori SS. R.J, T. V. p. 148.
Multa Græcorum cum gente Basilius ire
Jussus in hunc audax anno movet arma sequenti;
Cui Catapan facto cognomen erat Bagianus.
Guil. Apul. Gesta Roberti Wiscardi lib. I v. 84-87. Les *Annales Barenses* ad. an. 1021 l'appelent *Basilius Vulcanus* Pertz SS. T. V. p. 53. — Le Syllabus Græcarum membranarum de Trinchéra renferme quatre documents de ce Basile Bugianus dont deux extraits du *Regestum* de Pierre diacre, cf, Syllabus p. 18 sqq. — Wilman croit que ce Basilius Bugianus est le Βασίλειος ὁ 'Αργυρός dont parle Cedrenus T. II p. 457 ed. Bonnensis (cf. supra p. 52 note 2) Mais Cedrenus dit lui-même que ce Basile Argyros vint en Italie avant Contoléon, ce ne peut donc être Basile Bugianus qui ne vint qu'après Contoléon. Basile Argyre est très probablement le « *Leo, frater Argiro* » qui, d'après Lupus, fut assassiné au mois de novembre 1016. *Lupus ad. an.* 1017. Lupus ne commence souvent l'année qu'aux 25 mars. (Cf. Wilman note 22. p. 243 de Pertz SS. T. IX.)
[2] Aimé I 22.
[3] Deux renseignements, fournis par le protospatarios Lupus et par l'anonymus Barensis, expliquent le long retard que mit le nouveau Catapan Basile Bugianus à attaquer de nouveau Mêlès et les Normands. Lupus écrit ad an. 1018: *Descendit Basilius catepanus, qui et Bugianus, et Abalanti patricius mense decembris. Et Ligorius Tepoterici fecit prœlium in Trane, et occisus est ibi Joannatius prothospatarius et Romoalt captus est, et in Constantinopolim deportatus est.* Pertz SS, T. V. p. 57. — De même l'anonymus Barensis : 1018. Indict. I. *Descendit Basilius Bugiano Catp. et Abanlanti patricio. Et factum prœlium in Trane mortuus est......... Johannacium Protosp. et Romoalt captus est Constantinopoli.* Muratori SS. R. J. T. V. p. 149. — Si l'on rapproche ces deux textes de ce que dit la chronique du mont Cassin qu'après la bataille de Vaccaricia, Mêlès et les Normands furent maitres de tout le nord de la Pouille jusqu'à Trani, (Cf. supra p. 53 note 1) il est facile de constater qu'après les défaites des Grecs en 1017, quelques révoltes se produisirent contre leur domination même parmi les populations indigènes de la Pouille et notamment à Trani. La lutte contre les insurgés occupa pendant plusieurs mois l'armée

Au mois d'octobre 1019, une dernière et hélas! trop décisive bataille s'engagea entre Basile Bojoannès et Mélès.
Les deux armées en vinrent aux mains sur la rive droite
de l'Ofanto, près de la ville de Cannes, déjà célèbre par
la victoire d'Annibal sur les Romains. Grâce aux mercenaires que Bojoannès avait amenés avec lui, l'armée des Grecs fit bonne contenance, et la lutte fut si sanglante que les habitants du pays, qui ont oublié la bataille d'Annibal, appellent encore aujourd'hui *pezzo di
sangue*, la plaine où combattirent les Normands et les
mercenaires des Grecs. La journée se termina par la défaite complète de Mélès; sur 250 Normands, dix seulement sortirent vivants de la mêlée, mais les pertes des
Grecs furent énormes; les cadavres de leurs morts, bien
autrement nombreux que ceux de l'armée de Mélès, jonchaient au loin la plaine [1].

grecque et les Normans profitèrent de ce répit. A Trani, le protospatarios
Joannatius perdit la vie dans une bataille contre les Apuliens et les Grecs ne
furent maitres de la ville qu'après avoir fait prisonnier Romuald l'un des chefs
des révoltés qui fut déporté à Constantinople. — Une charte, rédigée en 1021,
au non du Catapan Basile Bugianus, par Falco « *turmarcha et Episceptites* »
de la ville de Trani prouve que des habitants de Trani payèrent par la perte
de tous leurs biens leur soulèvement contre l'empire d'Orient. Ce fut notamment le sort du rebelle Maralda dont les immeubles furent adjugés au monastère du Mont Cassin. (Cf. Trinchera : Syllabus p. 20. ex. reg. Petri diaconi
Fol. LXV. verso n. 139).
[1] *Vicinus Cannis qua defluit Aufidus amnis,*
  Circiter octobris pugnatur utrimque kalendas.
  Cum modica non gente valens obsistere Melus
  Terga dedit, magna spoliatus parte suorum.
  Guil. Apul. Gesta Rob. Wiscardl I, v. 91-95. Pertz SS. T. IX. p. 243. —
*Quarta demum pugna apud Cannas, Romanorum olimclade famosas Boiano cata-
pani insidiis atque ingeniis superatus, universa qua facile receperat facilius per-
didit.* Feruntur in ea pugna Normanorum ex ducentis quinquagenta numero,
*decem tantummodo remansisse, de Grecis autem innumerabilem turbam occu-
buisse.* Chron. Monas. Cas. II. 37. Pertz : SS. T. VII p 653. *Fecit prælium
Bugiano Catp. cum Franci in Canni, et vicit.* Auony. Bar. ad. an. 1019. Ind. II.
Muratori SS R. J. T. V. p. 149 *Fecit prælium supradictus Bugiano in mense
Octobris cum Francis et vicit.* Lupus ad. an. 1019. — Les Annales Barenses
placent par erreur la bataille de Cannes en 1021. *Hic fæcit prælium Basilius
Vulcano cum Francis; et vicit illos in civitate Canni.*
  Cette appellation locale de *Pezzo di Sangue* indique que les Normands et les
Grecs ne se rencontrèrent pas sur le champ de bataille d'Annibal et des Ro-
mains mais un peu plus loin. — Aimé I. 21, 22 est un guide peu sûr pour tout
ce qui regarde la campagne de Mélès et des Normands contre les Grecs de
1017 à 1019 et les critiques de Hirsch (Voyez l'art. déjà cité « Amatus von

Une fois encore, Mêlés dut quitter cette terre de Pouille
qu'il avait voulu délivrer de la domination étrangère, et
ne pouvant compter, pour continuer la lutte, ni sur les
princes lombards qui, après la défaite de Cannes, se rapprochèrent des Grecs, ni sur les Normands alors trop
affaiblis, il se rendit avec Raoul de Toëni en Germanie
pour décider le roi Henri II à venir lui-même faire la
guerre aux Grecs de l'Italie, ou du moins à lui confier
des troupes.

Henri II fit à Bamberg un accueil bienveillant à Mêlès
et à ses compagnons et parut s'intéresser vivement à la
délivrance de la Pouille ; mais, dit Aimé, *la cruelle*, c'est-
à-dire la mort, se rit de ses projets, car, au milieu des négociations, Mêlès mourut à Bamberg, le 23 avril 1020.
Henri II le fit inhumer, avec les honneurs royaux, dans
la cathédrale de cette ville [1].

La mort de Mêlès était un rude coup porté à la fortune

Monte-Cassino und seine Geschichte der Normannen » dans les Forschungen
zur deutschen Geschichte 8ᵉ vol. 2ᵉ Cah. Gottingen 1868) sur ce point (p. 243
sqq) sont fondées. Aimé procède par chiffres ronds, parle par exemple de 3,000
Normands ayant pris part à la bataille, ce qui est bien difficile à admettre,
suppose contrairement aux autres auteurs que 7 batailles eurent lieu entre
Mêlès et les Grecs ; enfin raconte que la dernière bataille fut celle de Vaccaricia tandis que la dernière n'eut lieu certainement à Cannes.

[1] *Et puduit (Melum) victum patria tellure morari;*
Samnites adiit superatus, ibique moratur.
Post Alemannorum petiit suffragia regis
Henrici, solito placidus qui more precantem.
Suscipit, auxilii promittens donna propinqui.
At Melus regredi præventus morte nequivit.
Henricus sepelit rex hunc, ut regius est mos.
Funeris exequias comitatus adusque sepulcrum,
Carmine regali tumulum decoravit humati.
Guil. Apul. Lib. I. v. 95-104. — Cf. Chronica Mon. Cas. II. 37 Pertz SS. T. VII
p. 653. — *Mel fugit et ibit ad Enrico imp.* Anonymus Baren. an. 1019 dans
Muratori SS. R. J. T. V. p. 149. *Et Mel fugit cum aliquantis Francis ad Ene-*
richum imperatorem. Lupus ad. 1019. Pertz SS. T. V. p. 57 — Jaffe : Monumenta Bambergentia p. 37 sqq. et p 558. Aimé I. c. 23. — C'est par R. Glaber que nous connaissons le voyage de Rodolphe de Toeni à la cour du roi
de Germanie. Il le fit évidemment avec Mêlès dont Glaber ne parle jamais.
Perspiciens que Rodulfus suos defecisse viros que illius patriæ minus belli aptos
cum paucis perrexit ad imperatorem Heinricum, expositurus ei hujus rei nego-
tium. Qui benigne illum suscipiens, diversis muneribus ditavit ; quoniam rumor,
quem de illo audierat, cernendi contulerat desiderium. Rodulfi Glabri hist. etc.
III. 1. dans Pertz SS. T. VII. 63.

et à l'avenir immédiat des Normands en Italie. En le perdant, ils avaient perdu un chef d'une fidélité éprouvée,
qui les avait souvent conduits à la victoire et ne les avait
pas abandonnés dans l'infortune. Avant de partir pour
la Germanie, Mélès confia en effet à Gaimar III de Salerne
et à Pandulfe IV de Capoue ceux d'entre eux qui n'avaient
pas été enveloppés dans le désastre de Cannes[1]. Il espérait se servir encore de leurs bras, lorsqu'il recommence-
rait la lutte contre les Grecs. D'autres Normands se
mirent au service de l'abbé du Mont-Cassin, Aténulfe,
frère de Pandulfe IV prince de Capoue. Ils s'établirent à
Pignataro, dans la vallée du Garigliano, non loin du
Mont-Cassin, avec la mission de défendre les biens de
l'abbaye contre les incursions des turbulents comtes d'A-
quino, et, tant que vécut l'abbé Aténulfe, ils restèrent fidèles à leurs engagements[2].

Une charte du catapan Basile Bojoannès, datée du mois
de juin 1019, établit en outre que, déjà avant la bataille
de Cannes (octobre 1019), des Normands avaient pris service parmi les hommes d'armes des comtes d'Ariano, à
l'est de Bénévent. Ces Normands, se séparant de leurs
compatriotes, étaient venus ensuite, dans les premiers
mois de 1019, habiter la ville de Troie que faisait construire et fortifier le catapan Bojoannès pour fermer la
route à toute invasion descendant des défilés des Apennins dans la Pouille. Les événements ne tardèrent pas à
montrer combien Bojoannès avait eu raison de construire
ces fortifications et de les confier, malgré les réclamations
des populations environnantes inquiètes de ce voisinage,
à des soldats éprouvés comme l'étaient les Normands[3].

[1] Léo avait écrit dans la première rédaction de sa chronique : *Constitutis
autem tam in Benevento atque Salerno, quamque etiam apud Capuanum principem, nec non et Dattum Normannis, qui ad octogenarium jam pervenerant numerum ipse* (Melus) *ultra montes ad imperatorem profectus est* (chron. M.
Cas. dans Pertz SS. T. VII p. 653 variante f. du § 37. lib. II. Le texte définitif de Léon est moins précis (Cf. ibid) et trahit l'influence d'Aimé.
[2] Chron. Montis C. II. 38. Pertz SS. T. VII. p 653.
[3] Trinchera : Syllabus Græcarum membranarum p. 18 Document n° XVIII.
Voici le début de cette charte : † Των απο της δεσποτειας των αρειανιτων χομητων

Enfin un autre groupe normand tenait garnison à la tour de l'embouchure de Garigliano avec Datto, beau-frère de Mêlès, mais ces Normands ne tardèrent pas à courir les plus grands dangers. Désolés de n'avoir pas fait prisonnier Mêlès pour lui faire expier sa révolte, les Grecs songèrent à mettre la main sur son beau-frère Datto, dans sa tour du Garigliano. Une circonstance rendit facile cette capture. Après la bataille de Cannes, les deux Lombards, Aténulfe abbé du Mont-Cassin et Pandulfe IV prince de Capoue, avaient fait aux Grecs des avances empressées ; en retour Basile Bojoannès donna à l'abbaye du Mont-Cassin les immeubles qui venaient d'être confisqués sur un habitant de Trani, nommé Maraldus; c'était probablement quelque patriote ayant partagé les espérances de Mêlès et pris part à la lutte contre les Grecs[1]. Quant à Pandulfe IV, il envoya à Bojoannès des clefs d'or, pour qu'il les fît parvenir à Constantinople comme preuve de la soumission de la ville et principauté

εὐπροαιρετως αποσπασθεντων φραγγων. Και τω μερει του κραταιου και αγιου ημων υασιλεως προσρυεντων. και εις το εξ αμνημονευτων χρονων συμπτωθεν. παρ ημων τε ανακαινισθεν και κατοχυρωθεν καστρον ο φασι τρωάς τη ενουση ημιν σπουδη και εντρεχεια κατασκηνωθεντων. εξαιτησαμενων απο των πλησιαζοντων αυτοις λοιπων. τα του τουουτου καστρου συνορα εκκοπηναι. και το ους αυτοις υπεκλιναμεν. — Les Francs dont parle la charte (φραγγων) désignent, nous semble-t-il, un groupe de Normands faisant bande à part, s'étant d'abord mis au service d'un seigneur du pays de Bévévent et passant ensuite au service de Constantinople. Agir ainsi c'était, il est vrai, tourner les armes contre leurs frères, contre les autres Normands qui, à cette époque, luttaient encore avec Mêlès contre les Grecs. Mais nous verrons que, dans bien des cas, les Normands n'ont eu aucun scrupule d'agir de cette manière, la perspective d'un gain plus considérable, le mécontentement causé par la portion du butin qui leur avait été allouée, étaient pour eux des motifs suffisants pour passer dans le camp ennemi et pour défendre la cause qu'ils attaquaient la veille. Ils n'avaient évidemment aucune conviction politique, aucun souci de rester fidèles à un drapeau et étaient exclusivement guidés par l'appas du gain. Les appréhensions causées aux populations environnantes par les nouveaux habitants de Troie s'appliquent très bien aux Normands. Basile Bojoannès nous fait connaître ces appréhensions lorsqu'il écrit dans une autre chartre : *Stratigoti per invidiam accusantes troianum populum dicebant nobis. Populus iste cui vos datis hos fines fortis et durus est. qui omnes suos vicinos debellabit. et etiam principes sancti imperii interficiet.* Trinchera: Syllabus etc. p. 21. Documents xx, du mois de janvier 1024.

[1] Trinchera : Syllabus græcarum membranarum p. 20. Document xix. Cf. supra p. 54 note 3 circa lineum.

de Capoue à 'l'empire d'Orient. Le catapan accepta les
clefs, récompensa Pandulfe IV en lui donnant de l'argent
et en même temps lui fit dire que, s'il était aussi dévoué
qu'il le prétendait !aux empereurs de Constantinople, il
devait permettre, à lui Bojoannès et à ses troupes, de traverser librement la principauté de Capoue, pour aller
s'emparer de Datto dans la tour du Garigliano. Pandulfe
accepta et Bojoannès accourut en 1021. Attaqué à l'improviste, Datto se défendit courageusement pendant deux
jours, mais fut ensuite obligé de se rendre avec tous les
siens. Le catapan voulait faire un mauvais parti aux Normands qui se trouvaient parmi les prisonniers, mais,
grâce aux prières instantes et réitérées de l'abbé du Mont-
Cassin, il s'adoucit et donna ces Normands à l'abbé, qui
comptait les utiliser pour la défense de l'abbaye. Le
malheureux Datto, amené prisonnier, entra le 15 juin
1021 à Bari, dérisoirement monté sur un âne, et le catapan, le traitant comme un parricide, le fit ensuite cou-
dre dans un sac de cuir et jeter à la mer [1].

La visite de Mêlès et de Raoul de Toëni à Bamberg
avait ouvert les yeux à l'empereur Henri II sur la situation de l'Italie du sud, qui se séparait de plus en plus de
l'empire d'Occident. Les victoires récentes des Grecs, la
défection des princes lombards de Capoue et de Salerne,
celle de l'abbé du Mont-Cassin, la prise de Datto et le
châtiment qui lui avait été infligé. enfin le danger de

---

[1] Victoris II dialog. II. 22 reproduit par Léo de' Marsi. Chronica mon. Casin. II
38 dans Pertz : SS. T. VII p. 653. — Lupus ad an. 1021. *Captus est Dactus et
intravit in civitatem Bari equitatus in asina*, 15 mensis Junii Pertz. SS T. V
p. 57. — Auony. Bar. ad. an. 1021 Ind IV *Dattus captus est, intravit in Bari,
in asino super*. Muratori SS. R. J. T. V. p. 149 — Aimé I. 25. Ce chapitre
d'Aimé est certainement (ce qui n'est pas peu dire) des plus mal traduits et
renferme plusieurs non sens. Hirsch (l. c p. 248) regarde comme fausse l'assertion d'Aimé que Pandulfe prit part en personne à l'expédition contre la
tour du Garigliano. Cependant son attitude ultérieure à cause de ce fait, vis-
à-vis de l'empereur Henri II et celle de son frère Aténulfe laissent voir que les
deux frères eurent une part active dans cette affaire et que Pandulfe ne se
borna pas à donner passage dans sa principauté au catapan Bojoannes et à
ses troupes. L'intercession d'Aténulfe en faveur des Normands indiquerait
aussi qu'il fut présent à l'affaire de la tour du Garigliano.

voir l'Italie centrale et Rome elle-même tomber au pouvoir de Constantinople, tout indiquait à Henri II qu'il
devait passer les Alpes, s'il ne voulait perdre toute autorité et toute influence sur les plus belles provinces de l'I-
talie[1].

Il se mit en route dans les derniers mois de 1021, et,
arrivé dans l'Ombrie, confia 11,000 hommes à Poppo,
patriarche d'Aquilée, pour envahir la Pouille, tandis que
l'archevêque de Cologne, Piligrim, à la tête de 20,000
hommes, passait par Rome pour aller châtier les deux
frères Pandulfe de Capoue et Aténulfe du Mont-Cassin[2].

Celui-ci, effrayé la pensée que l'empereur allait lui demander compte de ses rapports avec le catapan Bojoannès et de la part qu'il avait eue à la capture de Datto, prit,
sur les conseils de son frère, le chemin de Constantinople, quoique les comtes des Marses ainsi que les fils de
Borel qui possédaient des châteaux dans les Abruzes, sur
les bords du Sangro, lui offrissent un asile. Il s'embarqua
à Tarente, malgré les représentations de l'évêque de cette
ville qui lui prédisait malheur, et, en effet, il fit naufrage
le 30 mars 1022 et se noya dans les eaux qui quelque
temps auparavant avaient recouvert le corps du malheureux Datto. Lorsque l'on annonça cette mort à l'empereur
Henri II, le prince répondit par le verset du psaume VIIe :
*Lacum aperuit et effodit eum, et incidit in foveam quam
fecit*[3].

De peur que Pandulfe ne prît aussi la fuite, à l'exemple
de son frère, Piligrim alla assiéger Capoue et ferma toutes
les issues. Pandulfe craignit alors que ses propres sujets

---

[1] Chronica mon. Cas. ii 39 dans Pertz SS. T. VII p. 654.
[2] Chronica monast, Cas. ii 39 Pertz SS. T. VII p. 654.
[3] Chronica mon. Cas. ii 39 Pertz. SS. T. VII p. 654. Aimé i 25 bis. — Aimé
se trompe en plaçant après la prise de Capoue et le châtiment infligé à Pandulfe, la fuite et le voyage d'Aténulfe. Le *Nécrologium Casinense* (Muratori
SS. It. J. T. VII p. 941) rapporte qu'Aténulfe s'est noyé le 30 mars 1022, par
conséquent il a quitté le Mont Cassin au plus tard vers le 15 mars. Or, à
cette date, Henri ii était à peine arrivé devant Troie (Cf. Bœhmer: Regesta
p. 63 n° 1226). Aténulfe était donc en fuite et avait péri dans les flots avant
que Pandulfe iv ne fut châtié par l'empereur. Cf. Hirsch l. c. p. 248.

ne le livrassent à l'archevêque, et préféra se rendre spontanément; il assura à Piligrim qu'il n'était pas aussi coupable qu'on l'avait dit à l'empereur et promit de se justifier lorsqu'il serait en sa présence. Piligrim, heureux de ce succès, conduisit son prisonnier au camp d'Henri II, qui assiégeait alors cette ville de Troie récemment construite et fortifiée par ordre de Bojoannès, pour défendre contre toute invasion les frontières de la Pouille.

De graves accusations furent portées contre Pandulfe, lorsqu'il comparut devant l'empereur, et, de l'avis de tous, il fut condamné à mort. Mais Piligrim, à la loyauté duquel le prisonnier s'était confié, fit auprès d'Henri II les plus vives instances pour que cette sentence ne fût pas exécutée. L'empereur se rendant à ces supplications, se contenta de ramener avec lui en Germanie Pandulfe enchaîné avec une chaîne de fer [1],

Troie, défendue par les Normands, fit une très honorable résistance; après un long siège, l'empereur dut se contenter d'un semblant de soumission de la part des habitants de la ville, qui ne lui permirent même pas de franchir l'enceinte de leurs murs. Si Henri II se montra aussi conciliant à l'égard de la vaillante cité, c'est que la dyssenterie, faisait des ravages dans les troupes impériales; aussi, le siège terminé, l'empereur se hâta de revenir vers le nord de la Péninsule [2]. En définitive, l'expédition

---

[1] Chronica Mon. Cas. II. 40 Pertz: SS. T. VII p. 654. — Aimé I, 24.

[2] Les témoignages des chroniqueurs ne sont pas d'accord sur l'issue du siège de Troie par Henri II. Aimé I 26, dit explicitement que la ville ne fut pas prise. « Et Troiens, par débilité de ceux qui l'aségèrent, ne par force de ceuz qui dedens estoient, mès pour lo fort lieu où elle estoit, non pot estre prise. » Lupus et l'anonymus Casinensis se contentent de mentionner le siège sans dire que la ville fut prise (Cf. Lupus ad an. 1022 Pertz T. V. p. 57 et Anony. Cas. dans Murat SS. R. J. T. V. p. 139. — Au contraire, un grand nombre de chroniques de la Germanie affirment la prise de Troie par l'empereur. Voyez, par exemple, dans Pertz SS. T. V. p. 120 Herimanni Augiensis Chronicon ad an. 1022. *Heinricus imperator Campaniam petens, Beneventum intravit, Troiam oppugnavit et cepit.* Il faut, croyons-nous, chercher surtout dans les trois documents suivants l'explication de ces contradictions entre les chroniqueurs italiens et les chroniqueurs allemands 1° La chronique du Mont Cassin qui sur ce point ne s'inspire pas d'Aimé, porte (II. 41): *Post paucos dies sponte Troiani deditionem sui facientibus* et ad Augusti vestigia universis sup-

contre les Grecs avait échoué; les troupes impériales, trop longtemps immobilisées devant Troie par la ténacité des Normands, n'avaient pas pénétré dans la Pouille plus avant que Mêlès et ses Normands et elles avaient eu bien moins de succès. Henri II dut se borner à faire reconnaître son autorité par les princes lombards du sud-ouest de

pliciter procumbentibus, imperiali clementia veniam tribuit. Et quoniam propter estivum tempus gens continuis assueta frigoribus diu in partibus istis commorari non poterat, reditum in dies singulos maturabat.. L'empereur pressé de partir à cause des grandes chaleurs de l'été, se serait donc contenté, d'après Léo de' Marsi, d'une soumission apparente des habitants de Troie et, après avoir ainsi sauvé l'honneur de ses armes, serait reparti immédiatement sans demander à entrer dans la ville. 2° Raoul Glaber (cf. Pertz : SS. T. VII p. 63) a parlé en détail du siège de Troie par l'empereur Henri; il se peut qu'un peu de fantaisie se soit glissé dans le récit qu'il en fait, néanmoins le fond même de ce récit n'a rien d'invraisemblable et concorde assez avec ce que dit Léo de' Marsi. — D'après R. Glaber, les habitants de Troie épuisés par un siège de trois mois et ayant tout à craindre de la colère de l'empereur, auraient par le procédé suivant, apaisé le ressentiment impérial. Avec tous les enfants de la ville de Troie, ils formèrent une procession à la tête de laquelle marchait portant la croix, un pauvre ermite revêtu d'un habit de moine. Deux jours de suite, cette procession se rendit au camp impérial en chantant *Kyrie eleison*; l'empereur, ému par cette double manifestation, finit par pardonner aux habitants de Troie ; au lieu des terribles mesures de répression qu'il voulait leur appliquer, il se contenta de leur demander des otages et partit sans entrer dans la ville. 3° Le passage le plus décisif sur l'issue du siège de Troie se trouve dans une charte de Basile Bojoannès du mois de janvier 1024, Indict. VII. (cf. Trinchera Syllabus p. 21. Document XX°). Par cette charte, le catapan accorde aux habitants de Troie de nouveaux privilèges pour les récompenser de la bravoure dont ils ont fait preuve pendant le siège de Troie et de leur inviolable fidélité à l'empereur de Constantinople. Il écrit : *nos cognoscentes* (il ne reste plus qu'une traduction latine de ce document) *eorum accusatorum malitiam* (les accusations de ceux qui avaient vu avec inquiétude l'établissement d'une colonie normande à Troie) *diximus quod Troiani nec fecerunt nec faciant contra voluntatem imperii sanctorum imperatorum nostrorum. Sed potius pro amore imperii se morti tradiderunt. Quando rex francorum cum toto exercitu suo venit et obsedit civitatem illorum, et ipsi fidelissimi ita obsiterunt regi. Quod rex nichil eis nocere valuit, bene civitatem eorum defendentes. Sicut servi sanctissimi domini imperatoris, et licet omnes res suas de foris perdiderint, propter hoc servitium domini imperatoris non dimiserunt, nec ab ejus fidelitate discesserunt. Ob hanc igitur fidelitatem et bonum servitium, precepto domini imperatoris, dedimus eis largitatem hanc.* — Si comme l'affirment les chroniqueurs allemands, l'empereur Henri II avait pris la ville de Troie, jamais Basile Bojoannès n'aurait ainsi loué et récompensé les habitants de cette ville. Ces éloges et ces récompenses prouvent même que l'attitude des Normands de Troie vis-à-vis de l'empereur, ne fut pas aussi humble et aussi suppliante que Léo de' Marsi et Raoul Glaber le supposent; c'est bien probablement Aimé qui, malgré son laconisme, est sur cette question le plus près de la vérité.

l'Italie. Bénévent s'était rendue sans difficulté[1]. Piligrim assiégea Salerne pendant quarante jours, mais, désespérant de la réduire à cause de ses fortifications, il consentit à ce que Guaimar se bornât, comme gage de sa soumission, à livrer en otage son jeune fils appelé aussi Guaimar; l'empereur confia à Benoît VIII la garde de ce prince[2]. Enfin Naples fut obligée de reconnaître la suprématie de l'empereur d'Occident[3]. Après avoir quitté la Pouille, l'empereur vint à Capoue, où il nomma le comte de Téano, Pandulfe, successeur de Pandulfe IV[4]. Ce fut aussi dans cette ville qu'il s'occupa du sort des Normands restés en Italie.

Les riantes perspectives que les pélerins du mont Gargano avaient fait miroiter, en 1016, aux yeux des Normands, ne s'étaient guère réalisées. Si, comme ils l'avaient dit, les Grecs étaient peu belliqueux, en revanche ils avaient su recruter des mercenaires qui rétablirent leur fortune. Après de longs voyages et de nombreux combats les Normands n'avaient rien fondé et, si l'on excepte la petite colonie établie à Troie, leurs ossements épars dans les vallées de la Pouille étaient, à ce moment, la seule trace de leur passage. Comme il arrive à peu près toujours lorsque l'on veut implanter un nouvel ordre de choses, les premiers pionniers succombèrent à la peine, et ce furent leurs successeurs qui bénéficièrent de leurs sacrifices et de leurs travaux.

Raoul de Toëni, resté en Germanie après la mort de Mêlés et venu en Italie avec l'empereur, résolut, après ce

---

[1] *Venit Enerich imperator in Beneventum mense Martii et obsedit civitatem Troiorum* Lupus ad an. 1022 dans Pertz SS. T. V, p. 57. Cf. Supra p. 61 note 2 la citation Hermanni Augiensis.

[2] Aimé I, 24.

[3] Hermanni Augiensis chronicon ad an. 1022 dans Pertz SS. T. V, p. 120. — Annales Sangallenses majores ad an. 1022 dans Pertz SS. T. I, p. 82.

[4] *Veniens* (imperator) *igitur Capuam Pandulfo Teanensi comiti tradidit principatum.* Mon. Cas. Chronica II, 41, Pertz SS. T. VII, p. 655. Dans ses *Accessiones ad hist. Monast.* Casin. Gattula cite un document du 5 janvier 1023 extrait du Regestum (encore inédit) de Pierre Diacre par lequel Henri II confirme à Pandulfe de Téano et à son fils Jean la possession de la principauté de Capoue, *ut avus ejus Pandulfus tenuit.* Gattula *Accessiones* p. 122.

nouveau voyage, de retourner en Normandie avec plusieurs de ses compagnons. Grâce probablement aux lettres
de recommandation d'Henri II, il fut reçu d'une manière
amicale par le duc de Normandie, Richard II, et regagna
ses foyers, où il put en paix décrire aux siens les pays
qu'il avait vus, et raconter les hauts faits auxquels il avait
pris part[1].

Mais tous les Normands de l'Italie ne suivirent pas son
exemple, plusieurs s'obstinèrent à chercher fortune dans
la péninsule. Un groupe de vingt-quatre d'entre eux,
commandés par Tristan ou Toustain le Bègue, et dont les
principaux étaient : Gilbert, Gosmann, Stigand, Gaultier
de Canisy et Hugo Falluca, fut, par ordre d'Henri II,
adjoint aux trois neveux de Mêlès, Etienne, Pierre et
Mêlès ; et, comme l'insuccès de la campagne de Pouille
empêchait l'empereur de rendre à ces neveux de Mêlès
les biens et possessions de leur père et de leur oncle, il
les rémunéra en leur donnant son domaine de Comino,
près de Sora, avec les châteaux qui en dépendaient[2].
Enfin, quelques autres Normands furent chargés de
défendre contre les Sarrasins certaines parties du littoral[3].

Ces dispositions prises, Henri II vint de Capoue au Mont-
Cassin, où, d'accord avec le pape Benoît VIII qui était
présent, il mit à la tête de l'abbaye, pour remplacer Até-

---

[1] *Normanni quippe cum suo duce Rodulfo, reversi in suam patriam, gratanter recepti a proprio principe Richardo.* Rodulfi Glabri hist. l. III 1, dans Pertz SS. T. VII p. 64.

[2] *Stephano, Melo et Petro nepotibus præfati Meli, quoniam propria illis ad præsens restituere non potuit, comitatum Cominensis terræ concessit; quibus etiam in auxilium Normannos Giselbertum, Gosmannum, Stigandum, Torstainum balbum, Gualterium de Canosa et Ugonem Falluam cum aliis decem et octo reliquit.* Chronica Mon. Casin. II, 41 dans Pertz SS T. VII p. 655. — *Donna (li impereor) de lo sien propre la terre laquelle se clame lo Comune, avec lui Chastel qui y appartenoient lor donna. Et lor donna en aide Trostayne avec XXiiij Normant.* Aimé I, 29. — Le pays de Comino, celui qu'Aimé appelle la Comune, est une partie du comté de Sora, au nord du Mont Cassin et dans les Abbruzes. La charte 619 du Regestum inédit de Pierre Diacre (archives du mont Cassin) porte : « *Comitato Sorano qui dicitur Comino* ».

[3] « Et li autre Normant laissa por défendre la foy et à contrester contre li Sarrazin ». Aimé I, 29.

nulfe, Théobald, auquel les jeunes moines auraient préféré l'ancien abbé Jean. Pendant son séjour au Mont-Cassin, Henri II fut guéri de la pierre par l'intercession de saint Benoît ; aussi, avant de quitter le couvent et de retourner en Germanie, il témoigna sa reconnaissance au monastère par de magnifiques présents [1].

Au moyen-âge, l'autorité de l'empereur était, dans l'Italie du sud, tout à fait transitoire ; lorsqu'il arrivait avec son armée, les grands feudataires reconnaissent son pouvoir, sauf à ne plus en tenir le moindre compte dès que le souverain avait repassé les monts. C'est ce qui arriva une fois de plus en 1022 ; lorsque Henri II eut regagné la Germanie ; les mécontents recommencèrent à s'agiter dans l'Italie du sud pour détruire ce que l'empereur avait établi.

Les Normands, installés avec les neveux de Mélès dans le pays de Comino, au château de Gallinare [2], trouvaient trop petite la portion de territoire qui leur avait été accordée; aussi, sans plus de scrupule, se mirent-ils à l'agrandir, aux dépens de leurs voisins ; de là des rixes sans fin qui obligèrent les Normands à réclamer le secours de Reynier, marquis de Toscane [3]. Ils lui députèrent deux neveux de Mélès, Pierre et Mélès, pour lui rappeler qu'il avait promis à l'empereur de venir, le cas échéant, à leur aide, et le marquis se disposa en effet à tenir sa promesse.

[1] Chronica monast. Cas. ii, 42-46. — Aimé i, 27-28. — Hirsch (p. 250, l. c.) reproche à Aimé comme une fausseté le récit de la guérison de l'empereur. Toutefois Léo de' Marsi qui, pour ce fait, ne s'inspire pas d'Aimé, raconte aussi et avec de longs détails cette guérison. Aimé n'a donc fait que reproduire une tradition très accréditée au Mont Cassin.

[2] Aimé : i, 30. L'édition d'Aimé porte « Gallmare », mais il faut certainement lire Gallinare. Les ruines de ce château se voient encore à peu de distance de la route qui va de San Germano Cassino à Sora, c'est-à-dire dans l'ancien pays de Comino. M. de Blasiis (cf. La insurrezione Pugliese et la conquista Normanna : T. i, p. 103, note 1) croit aussi qu'il faut lire Gallinare au lieu de Gallmare.

[3] Aimé : (i, 30) ne dit pas le nom de son marquisat, mais il s'agit sans doute de Reynier marquis et duc de Toscane, de Spolette et de Camérino. Cf. Hirsch l. c. p. 252. — De Blasiis la insurrezione Pugliese, etc... T. i, p. 102, note 4.

L'un des ennemis les plus déclarés des Normands était
un fils d'un autre Reynier, un seigneur nommé Pierre [1].
Ce seigneur, irrité de voir aux mains des étrangers une
partie de son héritage, profita du moment où Pierre et
Mélès étaient allés implorer l'appui du marquis de Toscane, pour tendre aux Normands une embuscade qui
faillit leur coûter cher. Il réunit ses hommes d'armes,
attendit ceux de ses voisins qui voulaient bien se joindre
à lui, et, ses préparatifs terminés, plaça, non loin du
camp des Normands, un petit groupe de soldats, avec
ordre de fuir devant l'ennemi et de l'attirer en un endroit
où il se tenait caché avec les siens. Le stratagème réussit,
et les Normands, croyant poursuivre des fuyards, se trouvèrent brusquement en face de deux cent cinquante
hommes bien armés et décidés à les exterminer, Ils
n'étaient que vingt-cinq, sous la conduite d'Etienne, neveu de Mélés, pour lutter contre de pareilles forces ; aussi
se crurent-ils perdus. Ils jetèrent leurs armes, et, montrant à Pierre leurs mains vides, demandèrent grâce.
Pierre répondit par un cri de mort. Alors les Normands,
voyant qu'ils ne pouvaient fuir, invoquèrent, avec Etienne,
le nom du Seigneur, et se jetèrent en avant avec leur
bravoure habituelle. Ce choc impétueux et la mêlée qui
suivit mirent l'ennemi en fuite ; soixante hommes sur
deux cent cinquante tombèrent victimes des Normands,
qui, de leur côté, n'eurent qu'un seul homme de tué, le
gonfalonier. Beaucoup d'armes et un riche butin furent
le prix de la journée, et lorsque quelque temps après,
arrivèrent le marquis Reynier et les deux neveux de Mélés,
ils se réjouirent grandement de cette victoire et prêtèrent

[1] Léo de' Marsi appelle le père de ce Reynier « *gastaldeus Soranœ civita-*
tis » chronica mon. Cas. II. 32 dans Pertz SS. T. VII. p. 649. — on lit en un
autre endroit de la chron. mon. Cas II. 55 : *Petrus quoque filius Rainerii de ci-*
vitate Sorana oblationem fecit huic monasterio. Pertz. SS. T. VII p. 665. Di Meo-
Annali del regno di Napoli. T. VII. p. 130 cite une charte du mois de septembre
1029, dans laquelle ce Pierre est appelé ; Dominus Petrus senior Soræ et Arpini
fillus b. m. domni Rainerii. Sa femme s'appelait Doda et était fille d'Oderisius
comte des Marses.

secours aux Normands pour achever la conquête des châteaux environnants[1].

Malgré ce succès, le séjour des Normands dans le pays de Comino fut de peu de durée ; au lieu de s'établir solidement dans les terres qui leur avaient été concédées et dans celles qu'ils avaient conquises, ils préfèrent continuer leur vie errante d'aventuriers et de batailleurs, et l'Italie du moyen-âge, si agitée, si turbulente, ne leur offrit que trop d'occasions de céder à leur penchant.

Henri II et le pape Benoît VIII moururent l'un et l'autre en 1024, et eurent pour successeurs, le premier Conrad le Salique, et le second Jean XIX. Guaimar III, prince de Salerne, qui avait épousé la sœur de Pandulfe IV, toujours prisonnier en Germanie, crut le moment arrivé de solliciter, auprès du nouveau souverain, la grâce de son beau-frère, et, pour que sa demande fut accueillie plus favorablement, il la fit accompagner de présents, pour Conrad et les principaux personnages de la cour. Pandulfe IV recouvra en effet la liberté et accourut en Italie. On put croire, un moment, que la prison et l'exil avaient modifié son caractère ; dans une visite qu'il fit au Mont-Cassin, il déclara humblement qu'il regarderait toujours l'abbé Théobald comme son seigneur et père, mais le vieil homme, aigri par l'infortune, ayant bien des rancunes à assouvir, bien des vengeances à exercer, ne tarda pas à reparaître et à prendre le dessus[2].

Sous la direction de Guaimar de Salerne, une ligue se forma pour reprendre Capoue et la rendre à Pandulfe IV ; les Grecs, avec le catapan Bojoannès, les comtes des Marses et les Normands de Comino prirent part à l'expédition. Parmi les Normands qui combattirent devant Capoue, Léo de' Marsi signale Rainulfe et Arnould. Ces deux Normands, dont l'un, Rainulfe, devait avoir la gloire de fonder, en Italie, la première ville normande, ne ve-

[1] Aimé I. 30. 32 Aimé est seul à parler de cet épisode du séjour des Normands dans le Comté de Comino.
[2] Chronica mon. Cas. II. 56. dans Pertz. SS. T. VII, p. 665. — Aimé I. 33.

naient pas de Comino ; l'énumération faite par le même Léo des principaux membres de la colonie de Comino, indique qu'ils n'en avaient pas fait partie; ils étaient probablement au nombre de ces Normands auxquels l'empereur Henri II avait confié la mission de défendre contre les Sarrasins, certaines parties du littoral de la Péninsule[1].

Capoue, commandée par Pandulfe de Téano, que l'empereur Henri II y avait établi en 1022, résista pendant dix-huit mois aux efforts de la ligue. La ville savait ce qui l'attendait si elle ouvrait ses portes à son ancien souverain. Toutefois, en mai 1026, elle fut obligée de capituler. Le catapan Bojoannès promit à Pandulfe de Téano la vie sauve, et en effet ce prince put se réfugier auprès de Serge, duc de Naples et « *maître de la milice*, » et Pandulfe IV, celui qu'on appelait déjà « le loup des Abruzzes », reprit possession de sa principauté[2].

Il ne s'y tint guère tranquille et commença à molester de toutes façons ses sujets et ses voisins. Les trois annalistes du Mont-Cassin : Désidérius, plus tard pape sous le nom de Victor III, le moine Aimé, et Léo de' Marsi, n'ont pas assez d'expressions indignées pour faire le long récit des forfaits dont Pandulfe IV se rendit coupa-

---

[1] Léo de' Marsi écrit dans la première rédaction de sa chronique (II. 56. Pertz : SS. VII 665) *Rainulfo et Arnolino et ceteris a Comino*. Dans cette phrase, le mot *ceteris* ne doit pas vouloir dire qu'Arnould et Rainulfe étaient à Comino, car ni l'un ni l'autre ne sont nommés par le même Léon lorsqu'il cite les noms des principaux Normands de Comino.

[2] Aimé I. c. 33. — Léo de' Marsi II. 56. Il y a entre les deux annalistes une divergence. Aimé suppose que Capoue prise, Guaimar III de Salerne établit souverain de la ville non pas Pandulfe IV mais un jeune frère de celui-ci. Léo de' Marsi rapporte au contraire que ce fut Pandulfe IV qui recouvra le pouvoir. Un document analysé par di Meo. Annali del regno, di Napoli T. VII, p. 112 prouve que Léo de' Marsi a raison. Ce document fait à Capoue au mois de mai 1026, c'est à dire aussitôt après la reddition de la ville, est daté comme il suit. *Anno XI Pr. D. N. Pandolfi gl. pr. et VII Pr. D. Pandolfi ejus fil. gl. pr. mense Madio IX ind.*

Le père et le fils, Pandulfe IV et Pandulfe VI (celui-ci avait été associé au pouvoir avant la chute de son père) furent donc rétablis dans leur principauté aussitôt après la prise de Capoue et Aimé se trompe en disant que l'on « *fist prince lo frère charnel de Pandulfe, loquel estoit petit et iovencel* » Aimé I. 33.

ble après sa restauration à Capoue [1]. Il persécuta surtout
le Mont-Cassin, obligea Théobald à quitter l'abbaye et à
habiter, à Capoue, le prieuré do Saint-Benoît, où le supérieur Basile le traita sans aucun ménagement. Pandulfe
imposa en outre un certain Todinus, comme administrateur 'du monastère du Mont-Cassin, et s'appropria sans
aucun scrupule, et avec une telle âpreté, les revenus du
monastère, que les moines manquèrent bientôt de tout,
même du vin nécessaire pour célébrer la messe les jours
de grande fête. Les biens de l'abbaye ne furent pas plus
respectés que ses revenus ; Pandulfe les distribua à ses
amis, particulièrement aux Normands qui lui avaient aidé
à reconquérir Capoue. Enfin il couronna ses iniquités en
faisant nommer abbé, du vivant même de Théobald,
Basile, prieur du couvent de Saint-Benoît à Capoue. Dans
cette dernière ville, Pandulfe fit charger de chaînes l'archevêque Adénulfe, nomma à sa place son fils naturel
Hildebrand, et obligea le malheureux prélat à venir se
prosterner devant l'intrus et à lui remettre l'anneau et la
crosse [2].

La rage du fortissime loupe, c'est ainsi qu'Aimé désigne
Pandulfe IV, ne se tourna pas seulement contre les hommes et les choses de l'Eglise ; irrité contre Serge, duc de
Naples, probablement parce que celui-ci avait donné
asile au malheureux Pandulfe de Téano, Pandulfe IV
marcha contre Naples, et s'en empara en 1027, grâce à
la trahison de quelques Napolitains. Pandulfe de Téano
dut fuir une fois de plus et vint se réfugier à Rome, où il
mourut, prouvant par ses infortunes combien était précaire l'appui qu'un empereur d'Occident pouvait prêter à
un seigneur de l'Italie méridionale.

Après dix-sept mois, Serge parvint à rentrer dans Na-

[1] Aimé I. 33-39. — Leo de' Marsi. II. 56-63. — Victoris papœ dialogi I. dans
Migne: Patr. lat. T. 149, col. 675.
[2] Aimé I, 40. — Leo de' Marsi. II, 56.

ples et à chasser Pandulfe et ses Lombards[1] ; pour empêcher que sa capitale lui fut reprise, Serge résolut de
faire alliance avec les Normands, qui devenaient, grâce
probablement à de nouvelles émigrations, un parti de
plus en plus considérable dans le sud-ouest de l'Italie. Il
vint donc trouver Rainulfe, *home aorné de toutes vertus
qui convènent à chevalier*[2], et lui fit épouser sa sœur qui
venait de perdre son mari, le duc de Gaëte. Comme dot
de la princesse, et pour se défendre contre les entreprises
ultérieures du prince de Capoue, Serge donna à Rainulfe,
en toute propriété, une partie de la province de Labour
et de nombreux châteaux. Rainulfe y bâtit, en 1030, une
ville nommée Aversa, et l'entoura de fossés et de fortifications, pour en faire le boulevard de Naples contre les
invasions venant du Nord, mais surtout pour en faire la
place forte des Normands[3].

[1] Dans sa première rédaction, Léo de' Marsi d'accord en cela avec l'*anonymus
Casinensis*, avait écrit que Naples resta 17 mois au pouvoir de Pandulfe IV de
Capoue; changeant ensuite d'avis il dit « *per annos ferme tres* » Aimé se contente d'une indication vague : « *petit de temps cestui maistre de la chevalerie
honorablement rentra en sa cité* ».

[2] Aimé I, 40.

[3] *Dehinc Sergius, recuperata Neapoli, Rainulfum strenuum virum affinitate sibi
conjunxit, et Aversæ illum comitem faciens, cum sociis Normannis ob odium et
infestationem principis (Capuani) ibidem manere constituit; tunc que primum
Aversa cœpta est habitari. Léo de' Marsi. II, 56,* — « *Et pour reprendère la
férocité de cest anemi, fist (Raynolfe) Adverse atornoier de fossez et de hautes
siepe, et une part ricchissime de terre de Labor lui fu donnée que lui feist tribut;
et la fist habiter lo coingnat lo conte Raynolfe, et ceste part d'Averse tributaire sont
moult de casal qui i sont* » Aimé I, 40. Un document analysé par di Meo (Annali
del Regno di Napoli T. VII p. 312) établit qu'Aversa a été fondé en 1030 : Cette
charte est datée « *barbaramente ma esattamente* » dit avec raison di Meo :
*Anno ML. regnante vener. viro Henrico Teutonia tertius Augustus, sub ejus tem-
pore jam olim anno XX residente gens Nonannorum Liguriam per urbem
Aversam.* En 1050, il y avait donc 20 ans que les Normands habitaient Aversa.
On s'est demandé si le nom d'Aversa avait été donné par les Normands à leur
nouvelle fondation et s'ils avaient voulu indiquer par là qu'elle serait *adverse* de
Capoue. Les textes d'Aimé et de Léo de' Marsi sont muets sur ce point. Il est
vrai qu'Ordéric Vital dit en parlant d'Aversa : *hæc urbs tempore Leonis pape noni
a Normannis qui primo Apuliam incoluerunt, constructa est, et a Romanis, quia
ab adversis sibi cœtibus ædificabatur, Adversis dicta est.* (Ord. Vit, hist. eccles.
lib. IV, 13. T. 11. p. 233 cd. le Prévost). Par *Romani* O. Vital entend sans doute
les indigènes, mais comme Léon IX a été pape de 1049 à 1054, on voit que ce
chroniqueur se trompe d'au moins 18 ans touchant la date de la fondation d'A-
versa. Il se pourrait que l'étymologie qu'il nous fournit ne fut pas mieux fon-

Guillaume de Pouille fait du pays d'Aversa un éloge idyllique : « C'est, dit-il, un lieu plein de ressources, « agréable et productif tout à la fois, auquel ne man- « quent ni les moissons, ni les fruits, ni les prairies, ni « les arbres ; il est impossible de trouver dans le monde « un endroit plus charmant [1]. »

Huit cents ans se sont écoulés depuis que Guillaume a écrit cet éloge, et aujourd'hui encore les environs d'Aversa présentent le même aspect. La ville, fondée par les Normands, est un îlot dans cet océan de verdure qui, de Caserte aux portes de Naples, recouvre la magnifique plaine de Labour. Partout la vigne s'enroule gracieuse- ment autour des arbres fruitiers et des hauts peupliers de l'Italie ; les pins parasols émergent de leurs tailles élancées et montrent leurs sommets toujours verdoyants, les plants d'oliviers tranchent çà et là par leurs teintes grisâtres, si, au nord, l'horizon est borné par les lignes délicates des collines de Capoue et de Caserte, au midi l'œil peut distinguer jusqu'aux flots bleus de la Méditer- ranée, et entre le Vésuve et le mont Saint-Elme il aper- çoit les dentelures capricieuses de l'île de Capri. La na- ture est toujours jeune, son sourire ne vieillit pas, mais les monuments des hommes n'ont qu'un temps ; ceux que les Normands ont fondés à Aversa ont à peu près complètement disparu. Quelques fossés peu reconnaissa- bles, deux ou trois vieux murs, une tour délabrée que d'énormes figuiers ont trouée de part en part, un fragment de la pierre tombale du comte Rainulfe, reportée perpen- diculairement dans les constructions du clocher, et c'est tout. Il reste, je me trompe, une curieuse particularité à signaler ; lorsque les Normands fondèrent Aversa, ils dépouillèrent d'un grand nombre de ses colonnes les rui-

déc et que le nom d'Aversa fut, avant la fondation normande, le nom du vil- lage dont lesNormands firent une ville et une position militaire importante.
[1] *Hic opibus plenus locus, utilis est et amœnus*
Non sata, non fructus, non prata arbustaque desunt
Nullus in orbe locus jucundior.
Guil. Apuliensis Gesta Roberti Wiscardi. Pertz : SS. T IX.

nes de la ville romaine d'Atella, située à peu de distance,
et s'en servirent pour indiquer le tracé de la nouvelle
ville ; aussi, aujourd'hui encore, plusieurs vieilles maisons formant les coins des rues ont ces colonnes encas-
trées à l'angle des deux voies.

La fondation d'Aversa est une date importante dans
l'histoire des Normands en Italie, Elle marque la 'fin
d'une période qui va de 1016 à 1030, pendant laquelle les
premiers Normands venus en Italie, n'y possédant en
propre ni ville ni principauté, ont tour à tour mis leur
bravoure au service des princes lombards de Salerne et
de Capoue, de l'abbé du Mont-Cassin, parfois même au
service des Grecs, Si, après 1030, les Normands ont encore servi tel ou tel prince, il est certain cependant qu'à
partir de ce moment ils ont commencé surtout à combattre pour leur propre compte, et qu'ils n'ont pas tardé
à devenir les égaux, et plus tard les maîtres de ceux
dont ils n'étaient auparavant que les humbles auxiliaires.

Cette situation mobile, précaire, sans lendemain, des
premiers émigrants, la finesse politique, le bon sens fort
peu chevaleresque en vérité dont ils ont fait preuve dès le
début, ont été mis en lumière par Guillaume de Pouille
dans le passage suivant : c'est le résumé le plus fidèle et
la conclusion la plus naturelle de ces premières pages sur
l'origine de la puissance des Normands en Italie :

« Délaissant tour à tour tel ou tel prince, ils étaient tou-
« jours pour celui qui leur donnait davantage. et se fai-
« saient une joie de consacrer leurs services à celui qui
« les rémunérait le mieux. Ils préféraient la guerre aux
« traités de paix, et se conduisaient suivant les forces
« dont ils pouvaient disposer et suivant les circonstances.
« Leur dévouement était calculé d'après la façon dont il
« était récompensé. Tous ces princes (de l'Italie du sud)
« ont un grand désir de dominer ; de là des guerres con-
« tinuelles, chacun d'eux veut être le plus fort et cherche
« à empiéter sur les droits du voisin. Rien de surprenant
« si les procès, les luttes, les morts se suivent sans inter-

« ruption... Les Normands comprirent que dans leur in-
« térêt ils ne devaient jamais procurer à l'un des princes
« lombards une victoire trop décisive ; aussi avaient-ils
« soin d'entretenir et d'alimenter les discordes, accordant
« leurs faveurs tantôt à l'un, tantôt à l'autre. La finesse
« gauloise, se joue ainsi des peuples de l'Ausonie, qui ne
« peuvent jamais obtenir les uns contre les autres un
« triomphe définitif. Grâce à ces discordes du Latium, les
« Gaulois qui, un moment, avaient perdu tout espoir, se
« reprirent à espérer et rétablirent peu à peu leurs forces
« et leur fortune [1]. »

[1] Nunc hoc nunc illo contempto, plus tribuenti
Semper adhœrebant ; servire libentius illi
Omnes gaudebant a quo plus accipiebant etc...
Guil. Apul. Gesta Roberti Wiscardi I. Pertz SS. T IX, p. 245.

CHAPITRE III.

1030-1043.

Les fortifications d'Aversa étaient à peine terminées que le comte Rainulfe envoya en Normandie des messagers recruter de nouveaux émigrants. Ils vantèrent le charme et la fertilité de la terre de Labour, promirent des richesses aux pauvres, une augmentation de biens à ceux qui étaient plus fortunés, et décidèrent ainsi un assez grand nombre de Normands de toute condition à passer en Italie pour habiter la nouvolle cité et se mettre sous les ordres de Rainulfe [1].

La bonne entente ne dura pas longtemps entre Serge duc de Naples et le comte d'Aversa ; celui-ci oublia trop vite et trop facilement qu'il devait à Serge ses terres, sa ville, son titre, en un mot toute sa puissance naissante. L'ancienne duchesse de Gaëte, devenue femme de Rainulfe étant morte, Pandulfe IV de Capoue saisit avec empressement cette occasion pour renouer avec les Normands une alliance dont la rupture lui avait été préjudiciable. Il eut une entrevue avec Rainulfe et lui proposa de lui donner pour femme sa nièce, fille de sa sœur et du patrice d'Amalfi. Rainulfe y consentit et devint l'ami et l'allié de Pandulfe IV. Serge fut au désespoir lorsqu'il apprit ce mariage et cette alliance ; la ville d'Aversa dont il avait donné l'em-

---

[1] Mœnibus Aversa Rannulfus ab urbe peractis
Ad patriam misit legatos, qui properare
Nomannos facerent, et quam sit amœna referrent
Appula fertilitas ; inopes fore mox opulentos,
Divitibus multo plus polliceantur habendum.
Talibus auditis, et egentes et locupletes
Adveniunt multi ; properat quod fasce levetur
Paupertatis inops, ac quœrat ut optima dives.
Guillermi Apuliensis Gesta Roberti Wiscardi dans Pertz Mon. germ. histo, SS. T. IX, p. 245 I. v. 180,188.

sait à l'ennemi et mettait plus que jamais en danger l'indépendance du duché. Serge ne se releva pas du chagrin que lui causa l'ingratitude de Rainulfe ; il tomba malade, se fit moine et mourut peu après [1].

Vers cette époque, c'est-à-dire pendant le temps assez cout de l'alliauce des Normands d'Aversa et de Pandulfe de Capoue, arrivèrent en italie trois hommes d'armes normands : Guillaume Bras de fer, Drogon et Humfroy, tous trois fils de Tancrède de Hauteville [2]. Le rôle joué au xie placement, qui devait défendre Naples contre Capoue, pas-

---

[1] Aimé : L'ystoire de li Normant liv. I. c. 41-43.

[2] D'après quelques historiens, les ainés des Tancrède seraient venus dans l'Italie méridionale après avoir accompagné à Rome, peut-être même à Jérusalem Robert duc de Normandie. Mais les chroniqueurs du XIe siècle ne disent rien de semblable. Voici en résumé ce qu'ils rapportent : en 1034, Robert duc de Normandie voulant faire pénitence de ses péchés, résolut d'aller en pélerinage à Jérusalem. Il réunit à l'abbaye de Fécamp les grands de son duché, leur fit jurer fidélité à son jeune fils naturel, Guillaume, le futur conquérant de l'Angleterre et partit aussitôt après pour son long voyage. Il passa par Besançon, vint à Rome et gagna ensuite Constantinople où il rencontra le fameux Foulque Nerra comte d'Anjou. Les deux grands seigneurs, munis de lettres de l'empereur d'Orient, furent assez heureux pour traverser sans encombre les pays musulmans et arrivèrent à Jérusalem où ils se signalèrent par de grandes aumônes, faites aux chrétiens qui, à ce même moment, étaient aussi venus en pélerinage dans la Cité Sainte. En revenant par mer à Constantinople, le duc de Normandie ayant débarqué à Nicée en Bithynie, y mourut empoisonné, dit Guillaume de Malmesbury par un seigneur de sa suite, et son corps fut enseveli dans une des principales églises de Nicée. Ses compagnons de route regagnèrent l'Europe et le duché de Normandie où ils firent connaître la mort du duc. Longtemps après, son fils Guillaume le Conquérant, devenu roi d'Angleterre en même temps que duc de Normandie, voulut faire transporter en Normandie la dépouille mortelle de son père ; le corps fut d'abord porté en Pouille, mais là, ceux qui étaient chargés de cette mission ayant appris la mort de Guillaume le Conquérant (1087), laissèrent en Italie les restes du duc Robert. Sur le pélerinage du duc Robert, voyez les auteurs suivants ; les chroniques de Normandie en vers (Roman de Rou, chroniques de Benoit) n'ajoutent aucun fait nouveau à ceux racontés par ces auteurs, et se bornent à les paraphraser en vers. 1° Ordéric Vital : Historia ecclesiastica ; éd. le Prévost : T. I, p. 179 L r. — T. II, p. 10, 11, L. iii. — T. III, p. 225, L. vii.

2° Guillaume de Jumièges, Historia Northmannorum ; éd. Migne : Patr. lat. T. 149 col. 845-846. L. vi, c. 12-13.

3° Guillaume de Malmesbury. Gesta regum Anglorum, éd. Migne : Patr. la. T. 179, col, 1152. 1158. 1211-1212. 1253.

4° Les chroniques de Normandie éd. Fr. Michel, Rouen 1839, in-8° p. 43-44.

5° Chroniques d'Anjou éd. P. Marchegay et A. Salmon (publication de la Société de l'histoire de France) T. I, p. 101, Paris, Renouard 1856.

Pas un mot des fils de Tancrède dans les textes où ces chroniqueurs parlent

et au XII° siècle par les fils de Tancrède de Hauteville, dont ceux-ci ne sont que les aînés, étant d'une importance sans égale pour l'histoire des Normands d'Italie, on nous permettra d'étudier de plus près la famille qui a fourni une si brillante pléiade de héros.

A Hauteville-la-Guichard, village du département de la Manche, situé à 13 kilomètres nord-est de Coutances, se voyaient encore au commencement de ce siècle, les ruines bien mutilées d'un vieux château qu'habitait, dans la première moitié du XI° siècle le seigneur Tancrède de Hauteville [1]. Geoffroy Malaterra fait des vertus guerrières et domestiques de Tancrède, et des mœurs patriarcales de sa maison, un tableau peut-être un peu légendaire, un peu flatté, sur lequel se reflète visiblement la gloire que

du voyage du duc Robert à Jérusalem. Sur cette même question, il est utile de reproduire deux passages d'autres auteurs pour montrer qu'ils sont erronés.

1° Un texte de la grande chronique de Tours : *Corradi Reg. XI, Henrici Reg. V. Tunc Robertus dux Normanniæ pœnitentia ductus nudipedes Jerosolimam petiit, et statim rediens Apuliam, principem Apuliæ contra Grœcos adjuvit, et Italos discordantes debellavit, et vicinis gentibus terrorem incussit, et hac de causa cœperunt Normanni in Sicilia dominari : nec multo post obiit, et Bithiniæ sepelitur, anno ducatus VII.* Chronicon Turonense magnum ap. Martene et Durant : Amplis. Coll. T. V, p. 1001. — Il est certain que le duc Robert est mort à Nicée en revenant de Jérusalem, il n'est donc pas venu en Pouille après ce pélerinage. S'il y était venu et s'il y avait joué le rôle que la chronique de Tours lui fait jouer, les annales de l'Italie en auraient certainement parlé et elles ne connaissent même pas son nom. Et puis quel est ce prince de Pouille en révolte contre les grecs en 1035 ? Tout cela est donc imaginaire ; peut-être faut-il y voir un souvenir défiguré du secours donné à Mêlés par les Normands en 1017.

2° Le second texte est aussi défectueux : *Richardus comes Nortmannorum dimissa Chnud regis Danorum sorore propter metum Danorum exulans a patria, Jerosolimam profectus, ibique defunctus est. Reliquit autem in Nortmannia filium nomine Rodbertum, cujus filius fuit Willehemus quem Franci Bastardum vocant. Hujus Richardi socii XL revertentes in Apulia remansisse narratur.* Annalista Saxo dans Pertz : Mon, Germ. hist. SS. T. VI. p. 689 et 667. — L'annaliste saxon confond Richard le Bon (996-1026) avec son successeur Robert dit le Diable ou le Magnifique ; c'est celui-ci et non le premier qui est allé à Jérusalem et est mort en Orient. Quant aux 40 compagnons de Richard, c'est évidemment un souvenir des 40 pèlerins normands à Salerne ou au mont Gargano. Mais ces pèlerins ne se sont pas fixés définitivement en Pouille. La conclusion de cette note est donc que nous ne savons pas si des Normands et notamment des fils de Tancrède ayant suivi à Jérusalem le duc Robert sont venus ensuite se joindre aux Normands de l'Italie du sud.

[1] Gauttier d'Arc : histoire des conquêtes des Normands en Italie, en Sicile et en Grèce, p. 66. D'après M. d'Arc c'est « au fond du joli vallon de la Cave près Hauteville » qu'il faut chercher ces ruines.

les fils de Tancrède, les conquérants de la Pouille, de la Calabre et de la Sicile, ont acquise plus tard [1].

.[1] Geoffroy Malaterra, bénédictin normand, écrivit à la fin du XIe siècle, sous le titre de *Historia Sicula Lib.* IV, l'histoire des Normands dans la Pouille et en Sicile jusqu'en 1098. Sans avoir été témoin oculaire de tous les faits qu'il raconte, il a eu soin, dit-il lui-même, de se renseigner très en détail auprès des personnes les plus autorisées. Il fit son travail à la demande de Roger comte de Sicile et frère de Robert Guiscard ; quoique Roger soit son héros, il ne cherche cependant pas à le louer ou à le disculper aux dépens de la vérité. Bartolomeo Capasso (*Archivio storico per le province Napoletane.* Anno primo p. 191) énumère quatre manuscrits de l'ouvrage de Malaterra : un qui se trouvait à Saragosse et qui a servi à faire en 1578 la première édition et trois en Sicile ; le plus ancien de ces trois est au marquis de Giarratana, l'autre à la bibliothèque municipale de Palerme il appartenait auparavant au baron Raffadeli Pietro Montaperti, et est du commencement du XVIe siècle ; enfin le troisième se trouvait dans la bibliothèque des jésuites de Palerme, il a fourni diverses variantes à Caruso pour son édition. Surita se servant du manuscrit de Saragosse a donné la première édition de l'*Historia Sicula* dans les *Indices rerum ab Aragoniæ regibus gestarum*, in fol. Saragosse 1578 ; ce texte a été reproduit dans l'*Hispania illustrata*. T. III, p. 282. Caruso utilisant les variantes du manuscrit du marquis de Giarratana a donné une nouvelle édition dans sa *Bibliotheca historica sicula* T. I, d. 153. Le texte de Caruso a été ensuite reproduit par Burmann, *Thes. Ant. Sic.* T. V, par Muratori. R. J. SS. T. V, c. 537-602 et par Migne ; Patrol. lat. T, 149, col. 1087-1216. — Depuis Caruso, le texte de Geoffroy Malaterra n'a donc pas été revisé et collationné d'après les les divers manuscrits ; Guillaume de Pouille Léo de Marsi et Aimé, ces trois autres classiques de l'histoire des Normands en Italie, ont été mieux traités à notre époque ; les deux premiers surtout ont eu les honneurs d'une édition critique (dans les *Monumenta Germaniæ historica* de Pertz) et cependant le travail de Malaterra a une aussi grande valeur historique. Espérons que quelque savant sicilien ou bien la société normande des anciens textes comblera cette lacune. C'est surtout pour montrer la nécessité de cette révision que j'ai donné les détails bibliographiques qui précèdent. — Au XIVe siècle, l'*historia sicula* fut traduite en dialecte sicilien par Simone da Lentino sous prétexte qu'elle était « *in grammatica scrubulosa et grossa et mali si potia intendere* » cette traduction laissait de côté tout ce qui concernait la Pouille. Il existe trois manuscrits de cette traduction, une à la bibliothèque municipale de Palerme, un autre à la bibliothèque nationale de Paris (Marsand *manusc. Italiani* II, 340) un dernier à la bibliothèque nationale de Naples. Enfin au XIIIe siècle, on composa un abrégé de l'ouvrage de Malaterra sous le titre de : *Chronica Roberti Biscardi et fratrum, ac Rogerii comitis Mileti.* Il existe six manuscrits de cette chronique, trois à la bibliothèque de Paris, deux au Vatican et un à Naples. Elle a été imprimée sous le titre de *Historia Sicula* par Caruso dans sa *bibliotheca historia Sicula* T. II, p. 829-853 et reproduite par Muratori : R. I. SS. T. VIII, 742-780. Le traducteur de l'histoire des Normands en Italie par Aimé, a aussi traduit en vieux français cette *chronica Roberti Biscardi* sous le titre de : *Chronique de Robert Viscart et de ses frères* et M. Champollion Figeac ayant trouvé cette chronique traduite dans le même manuscrit que la traduction de l'ouvrage d'Aimé, en avait conclu qu'Aimé avait été aussi l'auteur de la *Chronica Roberti Biscardi et fratrum, ac Rogerii comitis Mileti.* Il a publié cette traduction de la chronique à la suite de son édition de l'*Ystoire de li Normant* d'Aimé et, dans l'introduction a essayé de prouver que les deux œuvres historiques étaient du même

Tancrède, raconte Malaterra, passa sa jeunesse à voyager dans divers pays ; ses talents comme homme de guerre lui valurent les plus grands éloges dans les cours de différents princes qu'il visita. Un jour se trouvant auprès du duc de Normandie Richard II, quatrième successeur de Rollon, il arriva que le duc alla chasser, car la chasse était sa passion favorite, et il fit lever un sanglier d'une grosseur extraordinaire. A la cour de Normandie comme dans beaucoup d'autres cours, on réservait exclusivement au souverain l'honneur de tuer le gibier qu'il avait fait lever. Le duc, arrêté par d'inextricables fourrés, dut pendant quelque temps ralentir sa marche, tandis que le sanglier, vivement poursuivi par les chiens, finit par s'acculer à un rocher et présenta à la meute sa hure garnie de redoutables défenses.

La lutte qui s'engagea avait déjà fait de nombreuses victimes parmi les chiens que le chasseur trop éloigné ne pouvait protéger, lorsque survint Tancrède, qui, voyant ce carnage, n'hésita pas à venir au secours des chiens, quoiqu'il connût l'étiquette de la cour de Normandie. Du reste le sanglier, dès qu'il l'apperçut se précipita sur lui. Tancréde, qui était d'une force remarquable, l'attendit bravement et, dédaignant de le percer d'un trait, préféra lui planter son épée dans le front ; il le fit avec une telle adresse et une telle énergie que le glaive, quoique fort long, s'enfonça tout entier dans l'animal ; le manche seul émergeait au dehors. Après avoir donné ce terrible coup, Tancrède s'éloigna rapidement pour que le duc n'en connût pas l'auteur. Richard, étant survenu, fut très surpris

auteur. Dans l'*Archiv der Gesellschaft für Deutsche* etc. de Pertz T. X. p. 122, M. Wilmann n'a pas eu de peine à prouver que Champollion Figeac se trompait et que la *Chronique de Robert Viscart et de ses frères* était la traduction d'un abrégé de l'ouvrage de G. Malaterra au lieu d'être l'œuvre d'Aimé du Mont Cassin. Ces traductions et ces abrégés de l'*historia sicula* de G. Malaterra ne peuvent évidemment pas remplacer l'original ; dans certains cas cependant, ils sont utiles pour expliquer certain passage ou combler quelque lacune du texte original ; ainsi c'est grâce à la *Chronica Roberti Biscardi* etc. que nous savons le nom de la première femme de Tancrède, Muriella. Ce nom était effacé dans les manuscrits de Malaterra.

de voir le sanglier gisant à terre et examina s'il avait reçu quelque blessure ; lorsqu'il aperçut la garde du glaive enfoncé dans le front, il fut émerveillé d'un pareil coup, demanda qui l'avait porté et promit de pardonner au délinquant. Il fut facile de constater que l'épée appartenait à Tancrède, qui, à partir de ce moment, fut tenu encore en plus grande estime par Richard et les siens ; aussi Tancrède se fixa à la cour de Normandie et y commanda un détachement de dix hommes.

Tancrède se maria deux fois. Il eut de sa première femme Muriella cinq fils : Guillaume surnommé Bras de Fer à cause de sa force et de sa bravoure, Drogon, Humfroy, Geoffroy et Serlon, et de sa seconde femme Fransenda sept fils et plusieurs filles ; les fils se nommaient : Robert, appelé plus tard Robert Guiscard, Mauger, Guillaume, Alvérède, Tancrède, Humbert et Roger. La seconde femme Fransenda s'acquitta avec tant de délicatesse de ses devoirs de mère qu'on ne pouvait, à sa manière d'agir, distinguer ses propres enfants de ceux de la première femme.

Les terres de Tancrède n'étaient pas assez considérables pour y tailler les douze domaines de ses douze fils ; ceux-ci comprirent de bonne heure qu'il fallait aller chercher fortune ailleurs, et les aînés, aussitôt après avoir appris le métier des armes, commencèrent à courir le monde.

Serlon, insulté par un grand seigneur de Normandie, vengea cette injure en tuant son adversaire, mais, craignant alors le ressentiment de son suzerain Robert le Diable duc de Normandie (1028-1035), il partit pour l'Angleterre, où il séjourna pendant quelque temps et revint ensuite en Normandie agiter le pays par diverses expéditions. Trois autres fils du premier lit, Guillaume Bras de Fer, Drogon et Humfroy se décidèrent, après plusieurs voyages, à suivre le flot des émigrants qui se rendaient de Normandie dans la basse Italie, et vinrent dans ce pays, peu après la fondation d'Aversa ; leur courage militaire,

qui n'excluait pas une grande finesse normande, ne tarda
pas à les placer au premier rang [1].

[1] Ces détails sur la famille de Tancrède de Hauteville sont pris de Geoffroy
Malaterra (*historia Sicula* L. i, 3, 4, 5 et 6). — La *chronica Roberti Biscardi et
fratrum ac Rogerii comitis Mileti* de même que la *chronique de Robert Viscart
et de ses frères* ont reproduit ces données sans ỳ rien ajouter d'original. D'après
G. Malaterra, Tancrède de Hauteville faisait donc partie de la noblesse de
Normandie sans être cependant l'un des principaux seigneurs du duché ; ses
terres étaient tout à fait insuffisantes pour nourrir et apanager les nombreux
enfants qu'il avait eus de ses deux femmes. Ordéric Vital écrit à peu près dans
le même sens en parlant de Robert Guiscard fils de Tancrède de Hauteville :
Hic Tancredi de Altavilla cujusdam mediocris viri filius erat, sed magnanimi-
tate et felici fortuna pollens Italos sibi subegerat (*historia ecclesiastica* L. v,
éd. le Prévost, Paris 1840. T. ii, p. 431, 432). Ordéric Vital met aussi les paroles suivantes dans la bouche de Robert Guiscard : Ecce nos de pauperibus in-
fimis que parentibus processimus, et sterile rus Constantini vacuosque neces-
sariis rebus penates reliquimus. — Hist. Eccl. L. vii, éd. le Prévost, T. iii, p.
184. Dans les *additamenta ad chronicon Malleacense* (Bouquet Recueil etc., T. XI,
p. 644), on lit également : nullum hominem probum hominem debere vocari
nisi solum Wiscardum. Qui, cum generis esset ignoti, et pauperculi, majus
omnibus fecisset hominibus. — Guillaume de Malmesbury écrit de son côté
dans son livre : *de gestis regum Anglorum* L. iii, siquidem Robertus (Wiscardi)
mediocri parentela in Normannia ortus, quœ nec humi reperet ne altum quid
tumeret etc. Bouquet : Recueil des historiens T. xi, p. 187. — Otto de Freising
s'exprime dans le même sens : Iste (Robertus Wiscardus) ex mediocri stirpe
Nortmanniœ ex eorum milite ordine quos vavassores vulgo ibi dicere solent,
in plaga quam Constantiam indigenœ dicunt editus etc. — (*Ottonis Frisingensis
episcopi de gestis Friderici Primi Cæsaris Augusti Libri duo.* L. i. c. 3 dans D.
Bouquet T. xi, p. 262 note *a*. Il dit aussi dans sa chronique : Ea tempestate Nortmannorum gens inquietissima, Roberto Guiscardo duce, humilis conditionis
viro, sed strenuissimo Apuliam irrupit (*Chronicon* dans D. Bouquet : Recueil. etc,
T. xi, p. 262. — La chronique de Richard moine de Cluny fournit un renseignement analogue : Per hoc idem tempus Robertus Wiscardi de Normannia
exiens, vir pauper, miles tamen, ingenio et probitate sua Apuliam, Calabriam
suœ ditioni submisit : Bouquet : Recueil des historiens etc. T. xi, p. 286. —
Enfin dans deux passages de son *Alexias*, Anne Comnène parle de l'origine
obscure de Robert Guiscard ; elle écrit en premier lieu : ὁ δὲ Ῥομπέρτος οὗτος
Νορμάνος τὸ γένος, τὴν τύχην ἄσημος, την γνώμην τυραννικός χ. τ. λ. — Erat
Robertus hic Normannus genere, fortuna obscura, dominandi cupidus — et un
peu plus loin : ὁ χάρ τοι Ῥομπερτος ἐκεινος ἐξ ἀφανοῦς πάνυ τύχης περιφανὴς
γεγονὼς χαι πολλὴν δύναμιν ἀθροίσας περὶ αὐτον χ. τ. λ. — Robertus igitur
ille, ex humili loco ad summa fortunœ evectus, multis opibus copiis que paratis etc., Annœ Comnenœ Alexiadis L. i. c. 10, 12, T. I, p. 50, 58 éd. Bonn
1839.

Ces témoignages si nombreux et venant d'auteurs si autorisés suffisent amplement pour déterminer la situation de la famille de Tancrède de Hauteville ;
malgré des textes aussi explicites, il est cependant arrivé aux Tancrède ce
qui arrive à peu près toujours aux familles qui, d'une situation modeste, parviennent à de hautes destinées ; on a voulu leur donner d'illustres origines,
leur créer des généalogies fantaisistes, c'est ainsi que divers historiens ont
prétendu qu'ils descendaient de Rollon premier duc de Normandie, en d'autres termes, qu'ils faisaient partie de la famille ducale et regnante. Voici, par

Les fils de Tancrède inaugurèrent leur carrière en Italie, en se mettant avec Rainulfe d'Aversa au service de

exemple, trois passages de l'*historia ecclesiastica Ptolomœi Lucensis* (en 1327) « Scribit Martinus, quod postquam Normanni quieverunt in terra Francorum, primus ipsorum dux fuit Robertus (Rollon). Hic autem genuit Guillelmum Guillelmus vero Richardum, hic autem secundum Richardum et Robertum Guiscardi qui Apuliam et Calabriam devicit ac Siciliœ insulam. » L. xvi c. 25 dans Muratori R. I. S. T. XI col. 1022. — « Veniens igitur Guillielmus quidam in Italia cognomine Ferrabrach, nepos Tancredi Magni ducis Normanniœ (!) cum magna multitudine gentis prœdictœ, versus Apuliam se confert » L. xviii c. 16 Muratori l. c. col. 1052. — « Unde fuit (Robertus Guiscardi) a primo duce Normannorum » L. xviii, c. 36 Muratori l. c. col. 1064. Nous ne savons quel est ce Martin que Ptolémée cite à l'appui de ses erreurs.

L'*historia ecclesiastica* de Ptolémée est, à notre connaissance, l'ouvrage le plus ancien contenant ces erreurs snr l'origine des Tancrède ; Mooyer assure qu'elles se retrouvent en partie dans un *fragmentum historiœ Aquitanicœ* inséré par Pithou dans ses *Historiœ Francorum scriptores* (Francfort in folio 1596), mais c'est une erreur. Voici ce passage, « Ricardus quidam Normannus eo tempore in Apuliam profectus, videns eamdem provinciam ab inertibus habitari incolis, mandavit suœ gentis hominibus ut se sequerentur : Qui in multitudine eum minime sequi prœsumentes, deni et viceni de Normannia egressi, tandem suorum validam manum ad se contraverunt. Inter quos nepos ipsius Ricardi Robertus nomine profectus est. Hi sociatis viribus incolas illius regionis sibi subjugaverunt. Robertus autem inclitus dux suorum postea factus est, qui Siciliam et Calabriam suo postea subdidit dominio » p. 84. Dans ce fragment, il est dit, que Robert Guiscard est le neveu d'un certain Richard venu avant lui dans l'Italie du sud mais on n'affirme pas que Richard fît partie de la famille ducale de Normandie.

Des erreurs analogues à celles de Ptolémée de Lucques se retrouvent plus tard dans de nombreux auteurs ainsi : 1° dans Giovanni Villani (Historiæ Fiorentinæ L. IV. c. 18 Muratori R. I. S. T. XIII) : « il quale Ruberto Guiscardo non fu duca di Normandia, ma fratello del duca Ricciardo. Questi secondo l'usanza loro, perche era il minore figliuolo, non hebbe la signoria del ducato, e pero volendo sperimentare sua bonta, povero e bisognoso venne in Puglia ». — 2° Dans son histoire de Sicile, Jos. Buonfiglio Costanzo fait de Tancrède un fils de Guillaume II († le 17 septembre 1082) Historia Siciliana Venetia 1604. 4°. I p. 163. — Rocco Pirri (*chronologia* p. 3) le donne au contraire comme un fils de Richard II ou de son frère Guillaume comte d'Hiesmes et plus tard comte d'Eu. — 3° Le Danois Pontoppidan prétend que Tancrède était fils de Richard III (*Gesta et vestigia Danorum extra Daniam* 1, 121, 4° Pour Gatterer, c'était le descendant d'un proche parent de Rollon (*Allgemeine Welthistorie*. Halle. 4° XXXII. 78) 5° Mailly le fait descendre de Rollon lui même (Esprit des Croysades II. 268. 6° Enfin Giannone suit les erreurs de Buonfiglio Costanzo. (*Istoria civile del regno di Napoli* 16 vol. Napoli 1770. 8° T. V, p. 5. — Nous n'avons pas évidemment à réfuter ces assertions ; elles se contredisent entre elles, sont démenties par les textes les plus sûrs et n'ont pour origine que la fantaisie de leurs auteurs.

Sur cette prétendue parenté des Tancrède et des ducs de Normandie voyez une savante dissertation de F. Mooyer: *Uber die angebliche Abstammung des Normannischen Konigsgeschlechts Siciliens von den Herzogen der Normandie. Minden* 1850 *brochure petit in 4° de 23 pages.* Ce mémoire nous a été fort utile pour rédiger la présente note.

Tout en acceptant comme fondées les données de G. Malaterra sur la famille

Pandulfe IV de Capoue, mais de nouveaux évènements ne tardèrent pas à compromettre et à rompre cette alliance

des Tancrède, il est cependant utile d'insérer ici à titre de document curieux un fragment des *Chroniques de Normandie*. En 1839, Francisque Michel a publié chez E. Frère à Rouen ; une grande partie de ce fragment, en tête de ses Chroniques de Normandie, et d'après un manuscrit de la bibliothèque nationale provenant de l'abbaye de S. Cornille près Compiègne. Un manuscrit de Berne (no 113) complète ce qui manquait au manuscrit de S. Cornille, aussi donnons-nous ce fragment d'après ce manuscrit de Berne.

« Or commence cil estoires de tangre doute vile le pere (de) robert guiscart Tangres doute vile ot. IX fix et IIII filles li aisnes des six ot nom Rogiers, si ot le fille do prestre de Wargavile afeme dont il ot iordanet qui puis conquist aufrique, et Robert Guiscard ses frere le fut puis conte de felis la cite maior en Sesile et garda lonc tans le terre son pere auteville por co que si frere le tenoient por sot. et Tangres estoit en viellece, et si ot encore cis rogiers une fille qui fut roine de Hongrie et fu suer Jordan. puis reprist Rogies feme quil fu quans la fille al maveis maienfroit de Lonbardie. Senfu lies li roi rogiers qui requist la corone de Sisile a lapostoile quant li dus Guillames fut mort et dist qu'il ne voloit pas tenir lorguel que Robers Guiscars ses oncles avoit fait. Qu'il avoit ico dist qu'il n'avoit cure de si poure corone adont si fu enouis a roi. l'autre des fix T. dauteville fut li qûs droes de lorcel, et li tiers fut li qûs hainfrois de civetate et li quatres fu li qûs richars de tarente et li quins fu li qûs Guillaume de princece, et li sixtes fu li qûs ierard d'alience, et li septimes fu li qûs roimons de catencai et li vicimes fu Robers Guiscars qui fu rois et sires de tos les autres de son linage, car tos ter fist segnors et conquist les terres qu'il lor dona et roi desconfi l'empereur Robert de Rome et l'empereur Alex de Costantinoble tot en 1 ior par son effort. li nuevimes fu li vesqs Jehan de le cruie et des IIII filles T. dauteville issirent neveu. de laisnee fu T. li princes d'antioche acui la cites remest quant li chrétien lorent prise de la seconde fu li qûs joifrois de conversane et cil joifrois ot une fille qu'il dona le comte Robert de Normandie, et cele contesse avoit anom Sebile et gist en larche vesque de ruem. Iceste dame si ot I fil qui ot anom Guillames si fu qûs de Flandres. de l'autre fille fu li qûs herbers de venose et de la quarce fu li qûs joifrois de lis, et de Robert Guiscart issirent II fil et une fille de II femes qu'il ot esposés. La première ot nom aubree dont bui amons fu nes qui puis fu princes de bar, et cil buiamons ot une feme qui ot amon costance, cele fu departie de son premier baron le comte Huon de Troies et par co lot puis buiamons, et cele costance ot une nièce qui fu fille le roi de France et si fu donée a Tangre dantioche et si ot, buiamons une seror qui fu de son pere et de sa mere si ot anom mabile escorte tenue et si fu donee a Guillaume. de Gratemaisnil qui ot grant terre en Calabre, puis laissa Robers Guiscart la comtesse aubree si prist la fille al roi Landol de pulle et cele dame ot anom siglegraice et de son iretage fu Robers g. rois, si enfu nes rogiers borse qui fu rois apres la mort (de) son pere et sires de tôt son linage, et cil rois prist la roine de danemarce icel ot anom ale si fu fille le conte robert de Flandres. Si ot do roi de danemarce le comte charlon de Flandres et do roi rogiers borse si ot le roi guillame qui fu larges et bons chlers et cil fu sires de pulle et de la terre de sesile. Et apres sa mort fu sesile roiaines. »

Quelle est la valeur historique de ce document? Il suffit de le lire avec soin pour voir qu'il ne s'inspire pas dé la même tradition que Malaterra. Il contredit ce dernier sur plusieurs points : n'assigne à Tancrède, par exemple, que IX fils au lieu de XII, fait de Roger l'ainé des six derniers tandis que d'après Malaterra, Roger était le plus jeune de tous. Nous signalerons plus tard, à mesure

des Normands et du prince de Capoue, laquelle n'avait d'autre raison d'être que l'intérêt réciproque [1].

En 1031 mourut le prince de Salerne Guaimar III, celui qui le premier avait reçu et attiré les Normands en Italie; s'il avait pu pénétrer l'avenir et prévoir qu'avant la fin du xi° siècle, ces mêmes Normands raviraient la principauté de Salerne à ses enfants et les réduiraient à l'état de nomades sans feu ni lieu, il aurait été moins empressé à solliciter et à accepter les services de ces dangereux aventuriers. Guaimar III laissait un fils pour lui succéder; d'après Aimé, celui-ci « *estoit plus vaillant que lo père et plus libéral et cortoiz à donner, liquel estoit aorné de toutes les vertus que home séculer doit avoir, fors de tant que moult se délictoit de avoir moult de fames* [2]. »

Pendant quelque temps, le jeune prince Guaimar IV vécut en bonne amitié avec son oncle Pandulfe de Capoue (celui-ci avait épousé une sœur de Guaimar III), mais une vive discussion suivie d'une guerre ne tarda pas à surgir entre eux.

Le jeune prince de Salerne et le duc de Sorrente avaient épousé les deux sœurs; la femme du duc de Sorrente ayant été, ou ne sait pourquoi, chassée par son mari, Pandulfe de Capoue, toujours sans moralité et sans scrupule, profita de cette occasion pour essayer de séduire la

---

que les questions se présenteront, diverses erreurs de ce fragment, aussi n'est-il pas possible de lui reconnaitre l'autorité dont jouit à bon titre Malaterra. Il serait cependant utile de chercher d'où il vient, car tout indique que c'est une traduction faite au XII° ou XIII° siècle d'un texte latin que personne n'a encore signalé. Ce passage des *choniques de Normandie* comme bien d'autres du reste, prouve combien rendrait de services une étude critique sur les divers textes de la Chronique de Normandie et sur les origines de ces textes. Ce travail encore attendu est cependant un préliminaire indispensable pour résoudre plusieurs problèmes historiques concernant cette province.

[1] Audientes itaque (primi filii Tancredi Guilielmus et Drogo et Hunifredus) inter duos famosissimos principes, Capuanum videlicet et Salernitanum, quibusdam controversiis insurgentibus, inimicitias efferbuisse, causa militariter aliquid lucrandi, quia viciniorem via qua veniebant viam invenerunt, Capuano sese obtulerunt. Ubi aliquantisper commorati, cum multa strenue, remuneratione accepta, peregissent, tenacitate Capuani cognita, illo spreto ad Gaimarii (Calmarium) principem, transiverunt. G. Malaterra I. c. 6.

[2] Aimé; ii 2.

fille de la duchesse de Sorrente, c'est-à-dire la nièce de Guaimar IV. Celui-ci, irrité de l'injure faite à sa parente, se décida à faire la guerre à son oncle, mais les débuts des hostillités lui apprirent qu'il était pour lui indispensable d'avoir le concours des Normands ; aussi leur envoya-t-il des présents considérables, et les Normands, fidèles à leur maxime peu chevaleresque de prendre le parti du plus offrant, quittèrent sans difficulté Pandulfe de Capoüe pour combattre sous les ordres de Guaimar de Salerne [1].

Grâce à ses nouveaux alliés, Guaimar remporta contre Pandulfe plusieurs succès ; « le loup des Abruzzes » fut comme cerné dans ses terres et les bénédictins du Mont-Cassin commençaient à espérer qui allait enfin expier ses iniquités, lorsque survint un évènement qui rendit sa défaite encore plus prompte ; l'empereur Conrad se décidait à venir dans le midi de l'Italie [2].

Déjà, en 1027, Conrad avait fait ce voyage; mais sans marquer son passage par quelque mesure importante, il ne devait pas en être de même en 1038. Au Mont-Cassin, où Conrad se rendit avec une nombreuse escorte, il put voir par lui-même combien avait été violente la persécution de Pandulfe IV contre le monastère; sa piété en fut irritée, et l'administrateur temporel Todinus, imposé au couvent par Pandulfe, crut prudent de prendre la fuite et de se réfugier avec ses complices dans un château voisin situé sur le mont Vantra. Les négociations déjà entamées avec Pandulfe pour l'amener à rendre pleine et entière satisfaction au Mont-Cassin n'ayant pas abouti. Conrad se rendit de sa personne à Capoue, où il arriva le 14 mai 1038, veille de la Pentecôte [3].

---

[1] Aimé; ii. c. 3, 4. « Et li Normand non furent lent, corurent et pristrent les domps (de Guaimar), et haucèrent lo seignorie sur touz li princes ».

[2] Salernitani passim injurias principis ulciscentes (filii Tancredi) indefessi idem facere adiverunt, intantumque rebellantes antea principi compescuerunt ut omnia circumquaque se pacata silerent. G. Malaterra I. c. 6.

[3] Sur le voyage de l'empereur Conrad dans l'Italie du sud Cf. Aimé ii, 5 et 6 ; Léo de' Marsi : *Chronica monast Casin.* ii. 63, 64. *Annales Altahenses* ad an.

Mais Pandulfe n'y était déjà plus ; se souvenant de la
captivité qu'il avait déjà soufferte en Germanie, par ordre
du prédécesseur de Conrad, il s'était empressé, lui aussi,
de gagner un château fort qu'il avait sur le mont Sant'-
Agatha. De là, il fit dire à Conrad qu'il lui donnerait trois
cents livres d'or, s'il voulait lui pardonner et lui rendre
ses bonnes grâces ; cent cinquante livres devaient être
payées immédiatement, et il offrait sa fille et son neveu
comme garantie pour le reste de la somme. L'empereur
accepta ; Pandulfe paya les cent cinquante livres et envoya les otages ; mais bientôt après il se repentit de ce
qu'il avait fait et refusa de payer ce qu'il devait encore ; il
espérait que, l'empereur parti, il reprendrait facilement
sa principauté. Conrad se décida alors à une mesure radicale, et, comme le prince de Salerne Guaimar IV était
venu le trouver à Capoue avec ses nouveaux alliés les Normands et lui faisait une cour assidue, il déclara Pandulfe
IV déchu de sa principauté et en investit solennellement
Guaimar IV, en lui donnant les gonfanons des deux cités
de Salerne et de Capoue. Guaimar n'hésita pas à accepter
l'héritage de son oncle Pandulfe IV, mais il savait que
celui-ci ne se résignerait pas facilement à sa spoliation ;
aussi, pour s'assurer le concours des Normands, alors
plus nécessaire que jamais, afin de resserrer son alliance
avec eux, il demanda à Conrad de leur accorder quelques
marques de sa bienveillance. L'empereur, accédant à
cette prière, confirma Rainulfe dans la possession du
comté d'Aversa et de son territoire et lui donna comme
investiture une lance et un gonfanon, sur lequel étaient
gravées les armes de l'empire [1].

1038 p, 58 sqq. ed. Giesebrecht. Berlin 1841 et les autres annalistes de la Germanie. Aimé et les *Annales Altahenses* font faire au Mont Cassin l'élection de
Richer tandis que d'après Léo de Marsi et les *Annales Casinenses* (ad an.
1038), elle eut lieu à Capoue pendant le séjour de Conrad dans cette ville.
 [1] « Et puiz quant il (Guaymère) fu en tant de grâce, procura que li empéror
fust en bone volenté vers Rainulfe, quar sans la volonté de li Normant ne
les choses soes pooit deffendre, ne autres poit cestui prince conquester. Et
lo impéreor s'enclina à la volenté de lo prince, et o une lance publica et o un
Gofanon dont estoit l'arme impérial conferma a Rainolfe la conté d'Averse et

Cet acte, qui plaçait officiellement le chef des Normands parmi les feudataires du saint-empire, était, par une étrange ironie du sort, rendu sur la demande d'un prince dont les fils devaient être complètement dépouillés de leur patrimoine par les Normands, et promulgué par un souverain, à la dynastie duquel ces mêmes Normands devaient porter les coups les plus terribles et les plus décisifs. Avant de quitter Capoue et de gagner le nord de l'Italie, Conrad rétablit le malheureux Adénulfe dans sa charge d'archevêque de cette ville, et ratifia, quoiqu'à regret, l'élection que les religieux du Mont-Cassin avaient faite pour abbé, de son ami le Bavarois Richer, auparavant abbé de Léno dans le Tyrol. L'abbé du Mont-Cassin, Basile, réfugié à la roche de Sant'Agatha auprès de son protecteur Pandulfe, fut regardé comme déchu de sa charge.

L'alliance de Guaimar et des Normands ayant continué après le départ de l'empereur Conrad, le prince de Salerne fut assez fort non seulement pour empêcher Pandulfe IV de reprendre sa principauté, mais encore pour agrandir ses états aux dépens des états voisins. Au mois d'avril 1039, il s'était emparé de la commerçante ville d'Amalfi, « *riche de or et des dras* »[1], et, au mois de juillet suivant, la gracieuse Sorrente tombait également en son pouvoir. La querelle entre Salerne et Sorrente provenait, comme il y a déjà été dit, de ce que le duc de Sorrente avait répudié sa femme, sœur de la femme du prince de Salerne : aussi Guaimar IV ayant fait prisonnier le duc de Sorrente le condamna, pour venger sa parente, à une détention perpétuelle ; Gui de Salerne frère de Guaimar, occupa le duché de Sorrente[2].

de son territoire ». Aimé ii. c. 6. — « Rainulfum quoque ipsius Guaimarii suggestione de comitatu Aversano investivit ». Léo de Marsi *chronica monast. Casin.* ii. 63 dans Pertz : Mon. Germ. Hist. T. VII. p. 672.

[1] Aimé ii. 7. — Léo de' Marsi. *Chronica.* etc. C. ii. 63. — *Chronic. Amalfit.* 19 (Muratori *Antiqq.* I. p. 211) ; Post hœc autem anno Domini 1039 d. Guaimarius princeps Salerni factus est dux Amalphiœ de mense Aprilis indict. VII.

[2] Voyez di Meo : *Annali del regno di Napoli* T. vii p. 196 sqq. et p. 299 l'analyse d'une charte de Guaimar du mois de décembre 1049.

Déjà, avant ces derniers évènements, Pandulfe IV avait
vu s'épuiser les provisions amassées au château de Sant'-
Agatha; il essaya de recouvrer par des négociations avec
son neveu Guaimar, la principauté de Capoul. Mais le prince
de Salerne ne voulut rien entendre. Désespérant alors, à
cause de l'union des Normands et de Guaimar, de reprendre par la force ce qu'il ne pouvait avoir par la
persuation, Pandulfe résolut, en 1038, d'aller à Constantinople avec Basile, l'abbé déposé du Mont-Cassin. Il
comptait obtenir des Grecs quelques secours pour recommencer la lutte, mais les ambassadeurs de Guaimar IV le
suivirent à Constantinople et mirent au courant de la
situation l'ennuque Jean qui gouvernait l'empire sous Michel V le Paphlagonien et l'impératrice Zoë. Aussi les
sollicitations de Pandulfe restèrent sans effet, et il fut
même envoyé en exil [1]. La cour de Constantinople était
d'autant mieux disposée à donner raison au prince de Salerne qu'elle eut, sur ces entrefaites, besoin du concours
de celui-ci pour une importante expédition contre la Sicile
musulmane.

Après avoir possédé pendant plus de deux siècles la
belle et fertile Sicile, la reine des îles de la Méditerranée,
l'empire d'Orient, reculant peu à peu devant l'invasion
musulmane, n'avait pu empêcher les Sarrasins d'Afrique
de s'en emparer dans le courant du IX siècle. Ce fut seulement après un résistance des plus longues et des plus ho-
norables, que les chrétiens siciliens, soutenus jusqu'au
dernier moment par Constantinople, s'inclinèrent enfin
sous le joug musulman; commencée en 827, la conquête
n'était pas terminée en 895; à cette dernière date, l'étendard du christianisme, qui était en même temps celui de
l'indépendance de la patrie, flottait encore sur les murs
de Syracuse et de Taormina.

Au X° siècle, surtout en 964, l'empire d'Orient essaya,
mais en vain, de reprendre la Sicile et d'en chasser les

---

[1] Aimé : II. 11, 12. Léo de'Marsi II. 63.

musulmans. Son entreprise échoua malgré l'appui qu'il trouva dans les les populations chrétiennes de l'île, toujours disposées à secouer le joug odieux d'une religion ennemie et d'un gouvernement d'étrangers. Maîtres de la Sicile, du centre et du sud de l'Espagne, de tout le nord de l'Afrique et, à plusieurs reprises, de la Sardaigne, les Sarrasins menaçaient de plusieurs côtés la malheureuse Italie; ils ne se contentèrent pas d'y venir à l'improviste, ravageant affreusement les pays situés près de la mer et emmenant en captivité les femmes et les enfants; ils s'y établirent d'une manière permanente, notamment dans les Calabres, dans la Pouille, sur les bords du Garigliano, et les papes durent plus d'une fois payer tribut aux infidèles pour épargner à Rome les horreurs d'une invasion musulmane.

Durant cette période si sombre, si tourmentée, les empereurs de Germanie, les chefs du saint empire romain, furent pour l'Italie méridionale des protecteurs dérisoires; les expéditions d'Othon Ier en 968, celle d'Othon II en 981, n'améliorèrent pas la situation; mal conduite, mal dirigée, ne s'inspirant que d'un égoïsme étroit, la diplomatie de ces princes de Germanie finit par opérer un rapprochement entre les Grecs et les Sarrasins, qu'ils eurent également pour ennemis; Othon II, définitivement vaincu par les musulmans à la bataille de Stilo, obligé de fuir pour sauver sa propre vie, mourut à Rome où il méditait de stériles projets de revanche.

L'alliance des Grecs et des Sarrasins fut de peu de durée; après l'expédition d'Othon II, les Grecs reprirent l'offensive contre les infidèles, et cette fois avec un véritable succès. Ils occupèrent la Pouille et les Calabres, et en 1004 assiégèrent et prirent Bari, où ils installèrent un catapan, c'est-à-dire un gouverneur général des possessions de l'empire en Italie. A partir de cette époque, si les Sarrasins continuèrent à désoler les côtes de l'Italie du sud par leur piraterie et leurs excursions inopinées, du moins, ils n'eurent plus sur le continent d'établissements permanents.

Malheureusement, les Grecs firent peser sur l'Italie méridionale un joug intolérable ; plus d'une fois, dans les
premières années du XI° siècle, les Calabrais ou les Apuliens exaspérés appelèrent les musulmans à leur secours,
tristes alliances qui, au lieu de délivrer le pays, attiraient
sur lui de nouvelles calamités! Nous avons vu comment
Mélès avait, à deux reprises, — la seconde avec le concours des émigrés normands, — essayé de secouer la domination des Grecs; mais ceux-ci, grâce à leur armée de
mercenaires slaves et scandinaves, avaient eu raison de
tous ces soulèvements et de tous ces ennemis; ils avaient
vaincu les indigènes de même que les Normands et les
Sarrasins, et, en 1025, malgré les prétentions restées jusque-là assez platoniques des empereurs de Germanie, leur
situation dans le sud et surtout dans le sud-est de l'Italie
était plus forte que jamais.

Cette même année, l'empereur Basile, qui malgré ses
soixante-dix ans gouvernait d'une main ferme son vaste
royaume, envoya en Italie avec de nombreuses troupes un
de ses ennuques nommé Oreste; il espérait le rejoindre
bientôt et faire avec lui la guerre aux musulmans de Sicile, mais la mort de Basile, survenue le 3 décembre
1025, mit à néant tous ces projets. [1]

· Quelques années après, vers 1034, les Sarrasins siciliens
en guerre les uns contre les autres furent les premiers à
demander aux Byzantins d'intervenir dans leurs affaires,
et, comme nous le verrons, Constantinople profitant de
l'occasion essaya de conquérir l'île pour son propre compte
et d'en chasser les infidèles. Il n'est pas facile de définir
les motifs qui firent naître en Sicile cette guerre civile;

[1] Sur toute cette période de l'histoire de la Sicile, voyez les deux premiers
volumes de l'ouvrage de Michele Amari: *Storia dei Musulmani di Sicilia.*
Firenze. le Monnier 1854 et 1858. Certains côtés, certains détails de l'histoire
de M. Amari sont certainement contestables; il n'en est pas moins vrai que
le savant sicilien a grandement fait progresser les études de cette période
de l'histoire de sa patrie. Il suffit pour en être convaincu de comparer son
travail à ceux de ses deux devanciers: G. Wenrich *Rerum ab arabibus in Italia insulisque adjacentibus... gestarum commentarii. Leipsick* 1845 et C. Marto-
rana: *Notizie storiche dei Saraceni Siciliani.* Palermo 1832, 1833. 2 vol.

la tradition arabe lui donne pour unique origine la riva-
lité existant entre les Siciliens et les Africains, c'est-à-
dire entre les vieilles familles musulmanes établies en
Sicile depuis de longues années, y possédant des immeubles considérables, et les émigrés venus depuis peu d'A-
frique et n'étant pas encore fondus avec le reste de la population. Voici sur ce point le texte le plus important,
celui d'Ibn-al-Atir.

« Au début de son règne, Al Akhal (émir de la Sicile)
« fit preuve de courage et de zèle pour la guerre sainte; il
« appela aux armes les guerriers, envoya·des expéditions
« dans les pays des infidèles où les musulmans brûlaient
« pillaient, faisaient des prisonniers qu'ils menaient en
« captivité et causaient de grands dommages; aussi toutes
« les forteresses de Sicile au pouvoir des Musulmans obé-
« issaient à Al Akhal. Or Al Akhal avait un fils nommé
« Djafar auquel il avait coutume de confier le gouverne-
« ment lorsqu'il (lui arrivait) de partir (pour la guerre),
« Djafar eut une conduite bien différente de celle de son
« père. Un jour Al Akhal fit venir auprès de lui les (prin-
« cipaux Musulmans) de la Sicile et leur dit: « *Je veux*
« *vous délivrer de tous ces Africains qui possèdent avec*
« *vous ce pays; mon projet est de les expulser.* » Les Sici-
« liens répondirent; *Ils sont devenus nos parents, aussi*
« *ne faisons-nous tous ensemble qu'un seul peuple.* » L'émir
« n'insista pas; mais s'étant ensuite adressé aux Africains,
« il leur fit des propositions analogues contre les Siciliens et
« ceux-ci les acceptèrent. A partir de ce moment, Al Akhal
« s'entoura d'Africains, décréta que leurs biens seraient li-
« bres de toute redevance et, au contraire fit prélever le
« Harâdj (impôt foncier) sur les possessions des (musul-
« mans) Siciliens. Une députation de Siciliens alla alors
« trouver (en Afrique) Al Mu°izz ibn-Bâdis pour lui faire
« connaître la situation qui leur était faite et lui dirent :
« *Nous voulons être tes sujets: si tu (n'acceptes) pas, nous*
« *livrons l'île aux Roûm* » (c'est-à-dire aux chrétiens). Ceci se
« passait en 427 (5 novembre 1035 — 24 octobre 1036). Al

« Mu°izz (accéda à la demande des Siciliens) et les fit, à
« leur retour, accompagner par une armée que comman-
« dait son propre fils Abd Allâh. ¹ ».

Si les Siciliens révoltés appelèrent à leur secours leurs
coreligionnaires d'Afrique, c'est que, bien probablement
l'émir Al Akhal leur avait déjà donné l'exemple de recourir à l'étranger. Durant l'été de 1035, il fit la paix avec
l'empire d'Orient; l'eunuque Jean lui envoya comme ambassadeur un habile négociateur Georges Probata, qui
décida l'émir à envoyer son fils comme otage à Constantinople. En retour Al Akhal reçut le titre de *Magister mi-
litum*, titre équivalant à peu près à notre dignité de ma-
réchal d'armée; et on lui promit que les troupes de l'empire viendraient à son secours ².

Les Grecs furent pour Al Akhal d'assez mauvais alliés ;
leur général Léon Opo fit une expédition en Sicile en
1036, et retourna bientôt après en Calabre, abandonnant
Al Akhal à ses propres forces; le malheureux émir ne tarda
pas à être vaincu et assassiné par les troupes de Mu°izz
ibn-Bâdis et Abd-Allâh se fit alors proclamer souverain
de la Sicile ³.

¹ Extrait du *Kâmil 'at tarvârîh* d'Ibn al Atir, dans la *Bibliotheca Arabo-Sicula*
da M. Amari. Torino. E. Lœscher 1880 T, I p. 444.
² La version byzantine ne concorde pas sur bien des points avec la version
arabe de Ibn-al-Atir que nous avons citée. D'après, Cedrénus, ce furent surtout les dissensions entre l'émir de Sicile et son frère qui décidèrent le premier à faire la paix avec les grecs et à implorer leurs secours. Peut-être pourrait-on concilier les deux traditions en supposant que le frère de l'émir était à
la tête du parti des vieux siciliens mécontents. Voici le texte de Cédrénus.
Πέμπει δὲ καὶ πρεσβευτὴν ἐς Σικελίαν Ιωαννης Γεώργιον τον Προβατᾶν, περὶ
εἰρήνης διαλεξόμενον τῷ ταύτης αμηρεύοντι· ὅς απελθὼν καὶ δεξιῶς διαλεχθείς,
εἰληφὼς τὸν του αμερᾶ υἱὸν ἤγαγεν εἰς τόν βασιλέα. Ἀπολάφαρ δέ Μουχουμετ
ὁ Σικελίας ἄρχων, ὁμαιχμίαν μετὰ του βασιλέως, θεμενος, ἐτιμήθη μαγιστρος.
τοῦ δὲ ἀδελφοῦ αὐτοῦ Ἀπόχαψ (traduction grecque très exacte de Abu-Hafs,
c'est donc ainsi que d'après Cedrénus s'appelait le frère d'Al Akhal. — Cf.
Amari: Storia etc... T. II p. 376 note 1). ἀντάραντος αυτῷ κατισχυόμενος εἰς την
βασιλέως βοήθειαν καταφεύγει. G. Cedreni Histor. Compendium T. II p. 513,
514 éd. Bonn.
³ Voyez sur ces événements les deux sources principales Cédrenus : Hist.
comp. T. II p. 503, 516-517 et Ibn-al-Atir dans la Biblioteca Arabo-Sicula
d'Amari T. I. p. 445 Gedrenus, ce qui est bien difficile à croire, raconte que
Léon Opo revint en Calabre ramenant avec lui 15000 chrétiens que les musulmans avaient fait prisonniers et qui lui durent leur liberté.

Les Grecs, délivrés de tout engagement par la mort d'Al Akhal, résolurent de s'emparer de l'île. Une flotte fut organisée et l'eunuque Jean en confia le commandement à Stéphane, mari de la sœur de l'impératrice Zoé. L'armée de terre, composée de mercenaires recrutés en divers pays, même en Russie et en Scandinavie, et de Calabrais et d'Apuliens que Michel Sfrondili, catapan de la Pouille et de la Calabre, fut chargé d'enrôler de gré ou de force, était placée sous les ordres du patrice Georges Maniacès. [1] En outre, les Grecs qui, dans la guerre avec Mélés, avaient appris à estimer la bravoure des Normands, et se trouvaient, en 1035, en bons rapports avec Guaimar de Salerne, demandèrent à ce prince de leur accorder des troupes normandes pour faire avec eux l'expédition de Sicile. Guaimar fut heureux de cette proposition ; la turbulence des Normands, surtout de ceux qui, moins heureux que Rainulfe d'Aversa, n'avaient pas encore de fief, le peu de cas qu'ils faisaient souvent de son autorité, lui causaient déjà beaucoup d'inquiétude ; aussi les engagea-t-il vivement à se joindre à Georges Maniacès pour faire la guerre aux infidèles, et il leur promit que non seulement les Grecs, mais lui-même les récompenseraient, s'ils consentaient à aller en Sicile. [2]

---

[1] Descendit Michael patricius et dux, qui et Sfrondili vocabatur, et transfretavit cum Maniachi patricio in Sicilia. Lupi protosp. chronicon, ad an. 1038 dans Migne : Patr, lat. T. 155 col. 134.— Aimé II, 8.— Leo de'Marsi II, 66.— Cedrenus T. II, p. 520. Guillaume de Pouille :
> Dum sedi Michael Epilepticus imperiali
> Prœsidet, in Siculos hostes jubet arma moveri,
> Qui fines Calabros non cessant depopulari.
> Dirigitur Michael Dochianus ad id peragendum
> Qui multis equitum peditumque potenter in arma.
> Undique collectis, Siculos compescuit hostes.
Malaterrœ *historia Sicula* I. 7. et enfin la *chronica Roberti Guiscardi* dans Caruso : *Bibliotheca Sicula* p. 830 et dans la traduction française I, 4. p. 265 de l'édition de Champollion Figeac.

[2] Malaterra a très bien exprimé les jalousies et les défiances assez justes du reste, qu'inspiraient les Normands de la cour de Guaimar de Salerne : Longobardorum vero gens iuvidiosissima et semper quemcunque probum suspectum habens, ipsos apud eumdem principem (Guaimarium), inimico dente mordente, occulto detrahebant, suggerentes quatenus eos a se repelleret, quod ni faceret, facile futurum ut gens tantæ astutiæ, tantæ strenuitatis, ad-

Il n'en fallait pas tant pour décider les vaillants aventuriers, toujours disposés à entrer en campagne. Un corps
de trois cents hommes, d'après Aimé, de cinq cents, d'a-
près Cedrenus, fut formés sou les ordres des trois fils de
Tancrède de Hauteville, Guillaume Bras de Fer, Drogon
et Humfroy, et alla rejoindre à Reggio l'armée de Maniacès [1]. Avec les Normands se trouvait comme compagnon
d'armes et pour servir d'interprète avec les Grecs, un ancien vassal de l'archevêque de Milan, un Lombard nommé
Ardouin, que les troubles de son pays avaient décidé à
venir dans l'Italie du sud, où nous le verrons jouer bientôt
un rôle des plus importants. D'après Cédrénus, Ardouin
aurait même été le chef supérieur du bataillon normand [2].

Dans les derniers mois de 1038, les Grecs et les Normands traversèrent le Faro et marchèrent sur Messine,
ville en partie chrétienne que les musulmans avaient toujours respectée, et qui, à la suite d'un combat d'avant-

dentes etiam ex sui cordis malitia, tantæ perfidiæ principe exhæderato, ipsi
sua calliditate hæreditate ejus potirentur. Unde et cor principis eisdem artibus imbutum facile in déterius proclive pervertunt Sed princeps, quamvis
pravis consiliis suorum assentiens quod hortabantur facere moliretur, tamen
strenuitatem illorum timens, quod animo occulte agebat minus in propatulo
aperire præsumebat. Malaterræ *Historia Sicula* 1. 6.

[1] La poteste impérial se humilia à proier l'aide de Guaimère, laquel pétition
vouloit Gaymère aemplir, et fist capitain Guillerme filz de Tancrède liquelle
novellement estoit venut des partiez de Normandie avec .ij. frères Drugone et
Unfroide ; avec lequel manda trois. c. Normant. Aimé ii, 8. p. 38. — ἔτυχε
προσεταιρισαμενος (ὁ Μανιάκης) καὶ Φράγγους πεντακοσίους ἀπὸ τῶν πέραν τῶν
Ἄλπεων Γαλλιῶν μεταπεμφθέντας καὶ ἀρχηγου ἔχοντας Ἀρδοῖνον τὴν κλῆσιν,
χώρας τινὸς ἄρχοντα καὶ ὑπο μηδενὸς ἀγόμενον, μεθ'ὧν τὰ τῶν Σαρακηνῶν εἰργασατο
τρόπαια. Gedr. Histor. Comp. T. II. p. 545. — Guillaume de Pouille. Geoffroy Malaterra et la chronique latine et française de Robert Guiscard ne donnent pas de
chiffre.

[2] Voyez le texte de Cedrénus dans la note précédente. Malaterra i. 8. appelle Ardouin : quemdam Italum qui ex nostris erat, quia græci sermonis pe-
ritiam habebat ». — Aimé ii, 14 « un qui se clamoit Arduyn, servicial de saint
Ambroise archevesque de Melan ». Guillaume de Pouille :

Inter collectos erat Ardoinus, et ejus
Asseculœ quidam græcorum cæde relicti.
Plebs Lombardorum Gallis admixta quibusdam
Qui profugi fuerant, ubi bella Basilius egit.
Guill. Apul. Gesta Rob. Guisc.

garde, dans lequel les Normands donnèrent des preuves de leur valeur, tomba au pouvoir de Georges Maniacès[1]. La campagne n'en fut pas moins difficile et meurtrière pour les alliés; l'arrivée de l'armée des chrétiens avait subitement mis fin aux discordes civiles des Musulmans, qui s'unirent pour repousser l'ennemi commun. A peu de distance, à l'ouest de Messine, à Rametta, une armée qui, d'après Cédrénus, comptait cinquante mille Musulmans, vint présenter la bataille aux Grecs. Ceux-ci ne remportèrent la victoire qu'aux prix des plus grands efforts[2]. Au commencement de 1040, c'est-à-dire plus d'un an après le début des hostilités, Maniacès arriva devant Syracuse, mais la ville résista courageusement et donna à Abd-Allah le temps de composer une armée de soixante mille hommes. Cette armée menaçant de surprendre Maniacès devant Syracuse, le général grec dut revenir en arrière, rétrograda jusqu'à Traina, à l'ouest de l'Etna, et là s'engagea la bataille. Elle se termina par la défaite complète des Sarrasins; Abd-Allah, trompant la vigilance de Stéphane, amiral de la flotte grecque, parvint à s'embarquer à Céfalu ou à Caronia, et regagna Palerme; Ma-

---

[1] Descendit Michael patricius et dux, qui et Sfrondili vocabatur et transfretavit cum Maniachi patricio in Sicilia. Lupi protosp. chronicon ad an. 1038. — Cedrenus (*historiarum eompendium* T. II. p. 520) place aussi en 1038 les débuts de la guerre de Sicile ; il écrit : Τῷ δὲ ϛφμϛ' ἔτει. ἰνδιϰτιῶνος ϛ' c'est-à-dire : Anno mundi 6546, Indictione 6 ; or l'année byzantine 6546 correspond à 1037-38. — Le moine Nilus résume bien les causes de la guerre de Sicile lorsqu'il écrit dans sa vie de s. Filarète : Is (imperator Michael) bellum in Sicilia, tum ab ejus provinciæ Toparcha, tum a Siculis nonnulis sæpe-rogatus, adversus Africanos barbaros gerendum statuit. Boll. Acta SS. Aprilis T. I. p. 606 sq, — Sur la prise de Messine, cf. Malaterra: *historia Sicula* I. 7, — Il en attribue tout l'honneur aux Normands et la *chronique de Robert Viscart* (ed. Champollion p. 265) I, 4 exagère et amplifie ce que G. Malaterra avait rapporté. — Aimé II. 8, dit seulement que les Normands « ont combattu à la cite.

[2] Cedrenus (l. c. p. 5.0) est seul à parler de la bataille de Rametta — ϰατὰ τὰ λεγόμενα 'Ρήματα — Les écrivains normands n'en disent rien ; ce silence, comme le dit Amari (T. II. p. 383). s'explique si l'on réfléchit que la petite troupe normande gardait surtout le souvenir des journées auxquelles elle avait pris part et peut-être n'était-elle pas à Rametta, tandis que Cedrenus écrit à un point de vue général.

niacès et ses troupes prirent possession de la belle Syracuse[1].

Durant le siège de cotto ville, Guillaume Bras de Fer s'illustra par un fait d'armes qui lui valut l'admiration des Grecs et des Sarrasins. La ville était commandée par un kaïd, devenu la terreur des chrétiens par sa bravoure et sa force qui avaient déjà fait de nombreuses victimes. Guillaume Bras de Fer, inaccessible à la crainte, se mesura corps à corps en combat singulier avec le redoutable adversaire, et cette lutte, à la façon des héros d'Homère, finit par la mort du kaïd, que la lance de Guillaume traversa de part en part[2].

[1] Cedrenus écrit p. 520 que Maniacès κατὰ μικρὸν προϊὼν πᾶσαν ἐχειρώσατο τὴν νῆσον, mais c'est évidemment là une exagération; la suite de la guerre le prouve; tout au plus Maniacès se rendit-il maître de la partie orientale de la Sicile. — La chronique de Robert Viscart affirme que Maniacès assiégeait Syracuse lorsqu'il se décida à rétrograder vers Traina : Et pour ce que la cité estoit mise en fort lieu et avoit moult de forteresces, douta Maniaco qu'il non perdist plus que non gaaingnier; pour laquel chose s'en parti et ala avec son ost à Trajane. i. 5. — Sur la bataille de Traina cf : Malaterra i. 7. qui parle avec enthousiasme de la vaillance de Guillaume bras de fer dans cette journée; de même la chronique de Robert Viscart en latin dans Caruso : Bibliotheca Sicula p. 832, en français dans Champollion p. 268. — Quant à Cèdrenus (T. II p. 522), il prétend — ce qui est bien difficile à croire — que les cartaginois (c. a. d. les musulmans venus d'Afrique avec Abd Allah) laissérent 50,000 hommes sur le champ de bataille. De même, il paraît étrange que Maniacès aît recommandé à l'amiral Stéphane d'empêcher Abd-Allah de s'embarquer après la bataille En disant cela, Cédrenus parait croire que Traina et le champ de bataille étaient au bord de la mer; ils en sont en réalité assez éloignés et Abd-Allah put facilement déjouer les poursuites de ses adversaires et s'embarquer, sur tel ou tel point de la côte assez éloigné. Cedrenus s'accorde avec Malaterra pour dire que la bataille eut lieu à Traina Δραγῖναι ἡ πεδίας εκαλεῖτο. Le souvenir de cette sanglante bataille resta si profondément gravé dans les esprits que la plaine où chrétiens et musulmans avaient combattu prit le nom de plaine de Maniacès, aujourd'hui encore on l'appelle « fondaco di Maniaci » Au XIIᵉ siècle, le géographe arabe Edrisi l'appelle « Manyag » les diplômes du xiᵉ siècle Maniaci ou Catuna Maniacii. (Cf. Amari : Biblioteca Arabo Sicula, traduction ital. T. i. p. 115 Turin chez Loescher 1880). Dans sa vie de S. Filarète, le moine Nilus nous donne un curieux renseignement qui très probablement se rapporte à la bataille de Traïna, c'est qu'Abd-Allah avait fait répandre devant sa ligne de combat de nombreux tessons espérant qu'ils déchireraient les pieds des chevaux des grecs « sed non advertit homo stultissimus, græcorum equos laminis quibusdam planis ac solidissimis pedes habere subligatos. » Vita S. Filareti monachi auctore Nilo monacho coævo. Boll. Acta SS. Aprilis T. l. p. 608.

[2] Malaterra i. 7. et la chronique de Robert Viscart l. c. — Malaterra dit que

A Syracuse, les chrétiens qui, par crainte des musulmans, maîtres du pays depuis des siècles, avaient caché les reliques des saints, s'empressèrent de faire connaître aux Grecs et aux Normands l'endroit où se trouvaient ces pieux trésors; c'est ainsi que fut découvert le corps de sainte Lucie; laquelle était *entière et fresche comment lo premier jor qu'elle ï fut mise. Et se rapareilla de argent la case où li saint cors de la bénédite Vierge estoit, et fut mandé en Costentinoble* [1].

Georges Maniacès fit immédiatement relever et agrandir les fortifications de Syracuse, et se disposait à conquérir d'autres parties de l'île, lorsqu'il fut subitement mandé à Constantinople pour y être jeté en prison. Furieux de ce que Stéphane avait laissé échapper Abd Allah, Maniacès s'était oublié jusqu'à donner à l'amiral des coups de bâton, et celui-ci ne manqua pas de se venger en faisant dire à Constantinople que Maniacés tramait une trahison ; de là la disgrâce et l'emprisonnement du général en chef. Les successeurs de Maniacès, Stéphane et l'ennuque Basile Pédiaditès commirent faute sur faute, et la victoire qui avait abandonné les musulmans revint de leur côté. La perte de la Sicile par les Grecs ne fut illustrée que par un seul fait d'arme remarquable, la belle défense de Messine par le catapan Catacalone Arsiccio [2].

ce musulman se nommait Arcadius ; il confond le nom avec le titre de ce personnage, car Arcadius est bien probablement la traduction latine de Kaïd, chef, capitaine.

[1] Aimé II. 9. — Ce fait prouve qu'après la bataille de Traina, Syracuse se rendit à Maniacès. — Le château placé à l'extrémité de la pointe de l'Ortigia à Syracuse porte aujourd'hui encore le nom de château de Maniacès. — Cédrenus raconte en effet que lorsque le général grec avait pris une ville de Sicile, il la fortifiait pour qu'elle ne retombât pas aux mains de l'ennemi. ὁ γὰρ Μανιάχης αἱρῶν τὰς τῆς νησου πόλεις ἀκροπόλεις ἐν αὐταῖς ᾠκοδόμει καὶ φρουροὺς ἐφιστα τοὺς ἱκανούς, ἵνα μὴ οἱ ἐγχώριοι δύναιτ᾽ ἄν ἐξ ἐπιβουλῆς ἀνακτᾶσθαι τὰς πόλεις. Historiarum Compendium T. II. p. 526. cd. Bonn.

[2] Sur tous ces faits qui signalèrent la fin et l'échec définitif de l'expédition des grecs en Sicile cf. Cedrenus T. II p. 523, 524. — C'est vers la fin de 1039 ou au commencement de 1040 que Maniacès partit disgracié pour Constantinople. Il resta tout au plus deux ans en prison car nous le retrouverons en Italie, en 1042 à la tête des troupes de l'empire grec. Aimé II 10, explique tout autrement le départ de Maniacès de la Sicile. Il raconte que l'impératrice (Zoé) ayant

Lorsque commencèrent les revers de l'armée des Grecs, les Normands n'étaient déjà plus en Sicile; ils avaient quitté l'île à la suite d'un affront infligé par les Grecs à leur interprète et compagnon d'armes, Ardouin. Ce dernier avait espéré garder pour lui un fort beau cheval qu'il avait pris sur le champ de bataille probablement à Traïna, après avoir tué le Sarrazin qui le montait, mais le général grec fit redemander ce cheval à Ardouin, qui refusa de le livrer, malgré toutes les instances qui lui furent faites. Les Grecs s'emparèrent alors d'Ardouin, le dépouillèrent entièrement de ses habits, le fouettèrent cruellement en lui faisant traverser le camp et lui enlevèrent de force le cheval. Ardouin dissimula le désir de vengeance que ce châtiment fit naître dans son cœur, mais, dès lors, songea à revenir sur le continent[1]. De leur côté, les Normands

renversé du pouvoir son mari (l'empereur Michel), elle fit dire à Maniacès d'accourir à Constantinople où elle lui promettait sa main et le trône. Maniacès obéit, mais lorsqu'il arriva, Zoé et Michel s'étaient réconciliés, Michel avait été réintégré et au lieu de voir se réaliser les riantes perspectives qu'on lui avait fait entrevoir, Maniacès « fut crudelement taillé » et mis en prison. Les historiens byzantins ne parlent pas, il est vrai, de cette tentative de Zoé pour s'emparer du pouvoir et se défaire de son mari ; mais est-ce une raison suffisante pour rejeter ainsi que le fait F. Hirsch tout ce que Aimé dit sur ce point (Hirsch *l. c.* p. 258). Hirsch accuse aussi Aimé d'avoir dit que Maniacès avait été mis à mort lors de son arrivée à Constantinople ; Aimé ne dit pas cela mais simplement que Maniacès fut crudelement taillé. —

[1] Aimé II. 14. — Leo de' Marsi II. 66. — Malaterra I. 8. — Cedrenus T. II. p. 545. — *Chronique de Robert Viscart* en latin dans Caruso p. 832, en français dans Champollion I. 5 p. 270 Guillaume de Pouille, I v. 206 sqq.

> *Cum que triomphato rediens Dochianus ab hoste*
> *Prœmia militibus Regina solveret urbe.*

Tous ces auteurs sont d'accord pour raconter d'une façon à peu près identique le mauvais traitement infligé à Ardouin, mais ils varient sur d'autres points. Aimé, Léo de' Marsi, Malaterra, la chronique de Robert Guiscard disent que G. Maniaces fit infliger cette peine à Ardouin en Sicile, après la bataille de Traina ; Guillaume de Pouille et Cedrenus racontent au contraire qu'Ardouin fut puni sur le continent italien et par ordre de Michel Dokeianos successeur de Maniacès. La première tradition nous parait bien préférable à la seconde. Celle-ci a contre elle un texte très explicite de l'anonyme de Bari « *Et Arduïno Lanbardo intravit in Melfi, erat tepoteriti* (τοποτηρίτης — lieutenant) *de ipso Cap. et coadunavit ubicumque potuit Francos, et rebellium exegit contra ipsum Catap.* » Anonymus Barensis ad. an. 1041. Muratori : R. I. SS. T. V. p. 150. — Lorsque Ardouin se révolta ouvertement contre son chef Michel Dokeianos, il était donc le lieutenant de celui-ci et jouissait de sa confiance : comment supposer alors que, peu de temps auparavant, Dokeianos eut fait infliger à Ardouin, devant les troupes réunies, une punition

furent indignés de ce mauvais traitement et de la part
mesquine qu'ils avaient obtenue dans le partage du butin
ennemi. L'avarice, la cruauté, la mauvaise foi des Grecs
leur inspirèrent, comme à Ardouin, le projet de revenir
en Italie. Celui-ci, qui connaissait le secrétaire de Menia-
cès, se fit donner un permis de retour, et lui et les Normands purent, sans être inquiétés, regagner clandestinement la côte italienne. Les Normands retournèrent à
Aversa et à Salerne, tandis qu'Ardouin alla trouver Michel
Dokeianos, catapan des provinces grecques de l'Italie, pour
préparer insidieusement un plan de vengeance qu'il ne
devait plus perdre de vue[1].

---

aussi ignominieuse? Cela est tout à fait inadmissible. Et puis rien ne confirme le récit de Guillaume de Pouille disant que Michel Dokeianos, revenu
vainqueur de l'expédition de Sicile, distribua à Reggio les dépouilles de
l'ennemi entre ses soldats et qu'Ardouin et les Normands furent mis de coté
dans ce partage. La tournure que prirent les affaires des Grecs en Sicile
après le rappel de Maniacès, fait voir au contraire que le poëte a été induit
en erreur; le retour de Sicile fut rien moins que triomphal pour les Grecs.
[1] Aimé II. 14, 15, 16 — Leo de 'Marsi: II. 66. — Et Arduyn, loquel avoit
en lo cuer l'ynjure qu'il avoit recueue, ala à cesti Duchane, et lui dona
moult or, et fut honorablement receu, et fu en hautesce de honor fait, et fu
fait préfet de moult de citez. – La phrase de l'*anonymus Barensis* citée dans
la note précédente confirme le récit d'Aimé puisqu'elle nous montre Ardouin
lieutenant de Dokeianos. Il existe cependant une autre tradition sur la manière dont Ardouin et les Normands se conduisirent après leur retour de Sicile.
D'après Malaterra I. 8 et la *chronique de Robert Viscart*, aussitôt après avoir
passé le Faro, Ardouin et les Normands auraient fait la guerre aux Grecs, par-
couru en ennemis toutes les Calabres· et ne se seraient arrêtés qu'à Melfi
qu'ils auraient fondé pour avoir une position fortifiée. Malaterra se trompe;
Melfi, était fondé et fortifié bien avant l'arrivée des Normands, Ardouin fut au
début le flatteur et le lieutenant de Dokeianos, enfin lorsque les Normands
envahirent la Pouille en mars 1041, ils venaient d'Aversa et non de Reggio.
Comment admettre en outre qu'une poignée de Normands, venant de supporter les rudes fatigues d'une campagne en Sicile, ait traversé en tenant
campagne contre les Grecs toutes les Calabres et se soit arrêtée seulement à
Melfi? Les Normands ont accompli en Italie assez de prodiges de valeur sans
leur en supposer d'imaginaires et de tout à fait inadmissibles. Ces raisons
nous font aussi rejeter les données de Guillaume de Pouille L. I. v. 206 sqq.
Il dit qu'aussitôt après le partage injuste fait à Reggio, la lutte éclata entre
Grecs et Normands et que *occisis decies ibi quinque Pelasgis* Ardouin vint en
toute hâte à Aversa où s'organisa l'expédition contre la Pouille. Cette version
on le voit, se rapproche un peu plus du récit d'Aimé et de Leo de' Marsi,
mais, encore une fois, le rôle d'abord joué auprès de Dokeianos, par Ardouin
après son retour de Sicile, démontre qu'elle n'est pas acceptable. Après avoir
suivi G. Malaterra sur cette question dans le T. II. p. 390 de sa *Storia dei
Musulmani di Sicilla*, M. Amari a de nouveau étudié ce point d'histoire dans

Les présents d'Ardouin, à Michel Dokeianos les flatteries qu'il lui adressa, son zèle affecté pour la consolidation de la puissance des Grecs dans la péniusule, décidèrent le catapan à confier au traître le gouvernement de quelques villes, notamment celui de Melfi, la clef et la porte de toute la Pouille. Ardouin se servit aussitôt de cette autorité pour indisposer les populations contre la domination grecque; quand il était avec les Italiens, il *feingnoit*, dit Aimé, *qu'il estoit dolent de la grevance qu'ils souffroient de la seignorie de li Grex, et l'injure qu'il faisoient à lor moilliers et à lor fames, et faingnoit de souspirer et de penser à l'injure qu'il souffroient de li Grex ; et lor promettoit de vouloir fatiguier et travailler pour lor délibération.* Lorsqu'Ardouin crut le terrain assez préparé pour agir, il prétexta, afin de ne pas éveiller les soupçons, d'aller à Rome en pèlerinage et se rendit secrètement à Aversa au mois de mars 1041, pour conférer avec Rainulfe et les autres chefs normands. Il leur proposa de leur livrer Melfi, de commencer par là la conquête de la Pouille, d'expulser les Grecs de l'Italie et de se partager ensuite le pays, de telle sorte qu'Ardouin en eût une moitié et les Normands l'autre[1].

Le moment était opportun pour une pareille ouverture ;

le T. III. p. 32, de ce même ouvrage et, changeant d'avis, a définitivement accepté comme vraie la tradition d'Aimé et de Leo de' Marsi. Il écrit à la suite de ces modifications ces belles paroles qui font honneur à son amour pour la vérité : « Che se altri mi tacci di leggerezza per questo, mi spiacera meno del ricusar testimonianza al vero una volta ch'io ne sia convinto.

Dans l'exposé qui précède de l'expédition des Grecs et des Normands en Sicile, il n'a pas été question, d'un célèbre capitaine qui y prit part également et y accomplit des prodiges de valeur, si nous en croyons la Heimskringla de Snorri Sturleson et les Scripta historica Islandorum; je veux parler de Harald Haardraade, c'est-à-dire Harald le Sévère, frère de S. Olaff roi de Norwége. Harald était donc un normand dans toute l'acception du mot. Pour ne pas interrompre par une trop longue digression le récit de l'expédition en Sicile et pour mettre mieux en relief la physionomie curieuse de Harald Haardraade, j'ai analysé dans un appendice à la fin du présent volume le rôle qu'il joua en Sicile à la tête de ses Waranges.

[1] Aimé II. 17, 18. Cf. les deux notes qui précèdent ; La chronique de Lupus protosp. fournit cette date de Mars 1041: « in mense Martii Arduinus Lombardus convocavit Normannos in Apuliam in civitate Malfiæ. » Lupi protosp. chronicon ad. an. 1041.

une partie de l'armée des Grecs se trouvait encore en
Sicile, et l'autre ne devait regagner le continent que décimée et affaiblie par les fatigues et les revers d'une campagne commencée sous les meilleurs auspices[1]. En outre,
la Pouille était agitée par d'incessantes insurrections
contre la domination grecque, et les révoltés, que les
contemporains désignent sous le nom de *conterati*, n'é-
taient pas plutôt vaincus et dispersés sur un point qu'ils
reparaissaient et se reformaient sur un autre[2]. Grâce à
cet élément indigène et surtout grâce à leur bravoure et à
leur hardiesse ordinaires, les Normands pouvaient espérer
compenser l'énorme disproportion numérique vis-à-vis
de celles que Constantinople pouvait mettre sur pied.
Avec cette finesse politique dont ils donnèrent tant de
preuves au XIe siècle, même lorsque leurs expéditions
semblaient, au premier abord, des plus aventureuses, les
Normands acceptèrent donc les propositions d'Ardouin ;
ils étaient sûrs, en outre, qu'on ne leur tendait pas un
piège ; Ardouin avait été en Sicile leur compagnon d'armes,
ils savaient que le Lombard avait à cœur de venger l'affront
qu'il avait reçu des Grecs ; enfin le pays qu'on leur proposait de conquérir ne leur était pas inconnu ; peut-être
y avait-il encore parmi eux des hommes d'armes qui,
vingt-trois ans auparavant, avaient fait avec Mélès la
campagne contre les Grecs et s'étaient battus sur les
bords de l'Ofanto.

---

[1] Nullus tunc Italis exercitus imperialis
Partibus audiri, Grœcorum tota quieta
Res erat, et solum tranquillo tempore bellum
Adversus Siculos agitari fama ferebat.
Guillermi Apul. Gesta Rob. Wiscardi L. I. V. 241 245, daus Pertz : Mont.
Germ. hist. SS. T. IX, p 246. A plusieurs reprises, comme nous le verrons,
Dokeianos dut rappeler de Sicile, les légions qui y combattaient encore.
[2] Ainsi nous savons par les *Annales Barenses* et par la *chronique* de Lupus,
qu'en 1040, immédiatement avant l'invasion, des Normands dans la Pouille,
la lutte était très animée entre les Catapans Grecs et les *Conterati*: Prœdictus
Dulchianus excussit *Conteratos* 201 de Apulia, et prœdicti *Conterati* occiderunt
Chirisfactira critiri imperator 204 subtus Mutulam et Romano Materiense
mense Maii... Et *Conterati* dispersi sunt. *Annales Barenses* ad. an. 1040. La
chronique de Lupus mentionne aussi ces faits.

Des serments de fidélité furent prêtés de part et
d'autre, et trois cents Normands, conduits par douze chefs
nommés à l'élection, suivirent Arduoin pour lutter en
pleine campagne contre l'empire d'Orient possesseur
d'une partie considérable de l'Europe et de l'Asie et peuplé de plusieurs millions d'habitants. Rainulfe resta à
Aversa à la tête de son fief. Umfroy ne fit pas non plus
partie de l'expédition; les principaux des douze chefs furent Guillaume Bras de Fer et Drogon fils de Tancrède,
Gauthier et Pétrone fils d'Amicus, et enfin Ardouin[1].

[1] Quant li conte entendi la parole de cestui Erduyne, il prist li meillor de
son conseill, et sur ceste parole se conseilla et tuit sont en volenté. Et pro-
metent li Normant d'aler à ceste cose à laquelle sont envités et font une compaingnie et sacrement ensemble avec Arduyne, et jurent que de ce qu'il
acquesteroient donroient la moitié à Arduyne. Et eslut li conte .xij. pare à
liquel comanda que équalement deuusent partir ce qu'il acquesteroient. Et lor
donna troiz cens fortissimes Normans, à liquel dona li goffanon por veinchre,
et le baissa en bocche, et les manda à la bataille por combatre fortement en
la compaingnie de Erduyne, liquel avoit grant volenté de soi vengier, Aimé :
ii. 18. — Guillaume de Pouille fait élire les douze chefs par les Normands eux.
mêmes — ce qui parait plus probable — et non par Rainulfe :
    Normanni, quamvis Danaum virtute coacti,
    Appula rura prius dimittere, rursus adire
    Hoc stimulante parant. Numero cum viribus aucto,
    Omnes conveniunt et bis sex nobiliores,
    Quos genus et gravitas morum decorabat et ætas,
    Elegere duces. Provectis ad comitatum
    His alii parent — comitatus nomen honoris
    Quo donantur erat — hi totas undique terras
    Divisere sibi, nisi fors inimica repugnet.
    Singula proponunt loca, quæ contingere sorte
    Cui que duci debent et quæque tributa locorum.
    Hac ad bella simul festinant condictione.
        Guillelm. Apul. i. v. 229 sqq.
Dans la seconde rédaction de sa chronique. Léo de Marsi suit Aimé, mais
voici le texte de sa première rédaction : Normanni interea qui cum Rainulfo
comite apud Aversam manebant, id est Guilelmus, et Drogo filii Tancridi, et
filii Amici Gualterius et Petrones consilio habito, relicta Aversa, filium Beneventani principis Atenulphum seniorem super se facientes, ad Apuliam adqui-
rendam, animum intenderunt, pergentes que applicuerunt Melphin, conjunctis
que sibi Lambardis quos illic reppererant, ceperunt pugnare cum Græcis. —
Chronicon casinense ii, 66. — Comme nous le verrons, Léo se trompe en plaçant au début de l'expédition l'élection d'Adénuife de Bénévent. — Enfin
nous lisons dans la chronique de Lupus protosp. ad an. 1041. In mense Martii
Arduinus Lombardus convocavit Normannos in Apuliam in civitate Malfia. —
Parlant du rôle des deux fils de Tancrède, Guillaume bras de fer et Drogo dans
cette expédition, G. Malaterra (historia Sicula i, 9) ajoute : necdum quisquam
fratrum eos subsecutus fuerat.

La petite armée se mit en marche dans le courant de mars 1041, arriva à Melfi, et, grâce à l'autorité dont Ardouin était revêtu et aux intelligences qu'il avait dans la place, pénétra de nuit dans la ville. Les habitants, effrayés à la vue de ces hommes qu'ils ne connaissaient pas, voulurent aussitôt courir aux armes et se défendre, mais Ardouin les harangua et calma leurs craintes : « Voici, leur « dit-il, la liberté que vous avez cherchée: ceux-ci ne « sont pas des ennemis, ce sont vos amis ; j'ai fait ce que « je vous avais promis, tenez également votre parole. « Ceux-ci viennent pour vous délivrer du joug qui vous « opprime ; si vous voulez écouter mon conseil, vous vous « joindrez à eux. Dieu est avec vous ; Dieu a miséricorde « de la servitude et de la honte que vous souffrez tous les « jours, et, c'est pour cela qu'il a inspiré à ces chevaliers « venir vous délivrer. » Ces paroles et probablement aussi l'impossibilité où étaient les habitants de Melfi de lutter avec avantage contre les envahisseurs, déjà maîtres de la ville, les décidèrent à se soumettre et à se reconnaître tributaires d'Ardouin et des Normands.

Melfi, entourée de cours d'eau, bâtie à mi-côté sur un contrefort du Vulturne et dominant toute la vallée de l'Ofanto, était une excellente position pour les nouveaux conquérants ; aussi s'appliquèrent-ils d'abord à la fortifier, pour en faire le centre et le pivot de leurs opérations. Comme elle couvrait la frontière de la Pouille du côté de Bénévent, les Grecs l'avaient déjà entourée de murs, peu élevés à la vérité, mais complétés par des tours et des ouvrages militaires [1].

---

[1] C'est Aimé II. 19 — qui met dans la bouche d'Ardouin ces paroles aux habitants de Melfi ; Malaterra (*historia Sicula* I. 9) croit à tort que Melfi a été construit par les Normands : Castrum quod Melfa dicitur, construxerunt. Guillaume de Pouille est mieux renseigné, lorsqu'il écrit en parlant de Melfi.

Appula Normannis intrantibus arva repente
Melfia capta fuit Quidquid prædantur ad illam.
Urbem deducunt. Hac sede Basilius ante
Quem supra memini, modicus fabricaverat ædes,
Esse locum cernens inopinæ commoditatis.

L. I. v. 245 sqq. — Aimé donne de Melfi la description suivante : La cité de Melfe est assise en un lieu haut, laquelle de divers flumes est atornoié et

Lorsqu'ils furent solidement établis à Melfi, les Normands commencèrent à rayonner dans les environs; ils allèrent successivement à Vénosa dans le sud, à Lavello à l'est, à Ascoli au nord-est, pillant partout ce qui leur plaisait et rapportant leur butin à Melfi, sans que l'on songeât à le leur disputer, car, à la vue de ces étrangers, les habitants *s'en merveilloient, et orent paour*. Tout alla donc bien au début: les Normands, heureux de voir qu'on ne leur résistait pas, et se fiant en outre *en la potence de Dieu et en lor vertu*, croyaient avoir déjà partie gagnée; ils s'emparèrent de force des femmes de Melfi et menèrent joyeuse vie, mais la situation changea rapidement. Les habitants de la Pouille s'aperçurent bientôt qu'au lieu d'être des libérateurs, ainsi qu'Ardouin l'avait assuré, les Normands étoient surtout des pillards et des aventuriers; ils firent parvenir au catapan Michel Dokeianos l'expression de leurs craintes et lui demandèrent de venir à leur secours[1].

Sans attendre les ordres de la cour de Constantinople

entor et guarnie. Et aviegne que lo lieu où est la cité s'estend en hautesce; toutes voies pour aler là est légière sallute et est cloze de mur non haut; mes plus sont appareillié de bellece et de fortesce que de hautesce. Ceste cité est autresi comme une porte de Puille moult forte, laquelle contresta à li anemis et est refuge et réceptacle de li amis. — II. 19.

Dans ses *Annali del regno di Napoli* T. VII p. 206, di Meo prétend que les Normands ont pris Melfi en 1040 et non en 1041; il s'appuie pour le soutenir sur cette phrase de Leo de' Marsi : Anno dominicæ nativitatis 1041, quo videlicet anno dies paschalis sabbati ipso die festivitatis sancti Benedicti eve· nit (24 mars) Arduino duce melphiam... capiunt; et sur ce fait que dans sa chronique, Leo de' Marsi commence toujours l'année le 25 mars. Dans son édition de Léo de' Marsi : Pertz Mon. Germ. hist. SS. T. VII p. 675 note 85, Wattenbach adhère au sentiuent de di Meo ainsi que Wilman dans son édition de Guillaume de Pouille; Pertz; Mon. Germ hist, SS. T. IX p. 246. note 37. Mais di Meo se trompe et avec lui ceux qui ont partagé son avis. F. Hirsch — *de Italiæ inferioris annalibus sæculi X et XI* p. 58 sq. — a établi par de nombreuses comparaisons que presque toujours et en particulier pour 1041, Leo de' Marsi commence l'année en janvier comme nous le faisons. — Lupus protosp. place aussi la prise de Melfi en mars 1041 (voyez la note précédente), et l'Anonymus Barensis fournit la même date.

[1] Aimé II. 20. — Guillaume de Pouille raconte aussi que les Normands se mirent à piller dès leur arrivée à Melfi.

Quidquid prædantur ad illam

Urbem deducunt. — V. la note précédente.

Michel Dokeïanos marcha contre les Normands [1] et le 17
mars 1041, quelques jours après l'arrivée des Normands
à Melfi, les deux armées se trouvaient en présence [2] non
loin de Vénosa, sur les bords de l'Olivento, un affluent de
l'Ofanto [3]. Des habitants de la Pouille, révoltés contre
Constantinople et enrôlés par Ardouin avaient grossi les
rangs de l'armée des envahisseurs, que Lupus évalue à
trois mille hommes, tandis que Guillaume de Pouille ne
parle que de sept cents cavaliers et de cinq cente fantassins [4].

Aimé et Malaterra ont probablement exagéré le chiffre
de l'armée des Grecs ; il est certain cependant qu'avec leurs
mercenaires russes et obséquiens, ils avaient sur leurs
adversaires une énorme supériorité numérique [5] . Cet
avantage ne suffisait sans doute pas pour rassurer le catapan Dokeïanos car, la veille de la bataille, il entama des
négociations avec l'ennemi. Un parlementaire grec se
rendit au camp des Normands et leur déclara, au nom
du catapan, que s'ils consentaient à quitter le pays, ils
pourraient le faire sans être inquiétés par les troupes

[1] Aimé dit que l'empereur de Constantinople prescrivit à Dokeianos de
marcher contre les Normands mais Aimé est dans l'erreur ; les Normands, nous
l'avons vu, sont entrés en Pouille dans le mois de Mars et dès le 17 du même
mois, Dokeianos leur livre bataille. Il n'a donc pu en si peu de temps informer
son gouvernement et en recevoir des ordres. Aimé II. 21.

[2] Mense Martio decimo septimo intrante factum est prœlium Normanno·
rum et Grœcorum juxta fluvium Dulibentis. — Annales Barenses ad an. 1041.
— Puisque la bataille entre les Grecs et les Normands livrée après la prise
de Melfi a eu lieu dès le 17 mars, il faut en conclure que les Normands
sont entrés à Melfi dès les premiers jours de Mars.

[3] Annales Barenses 1041: juxta fluvium Dulibentis : — Leo de' Marsi : II.
66. Juxta fluvium scilicet Oliventum. — Guilelm. Apul. I. v. 282: juxta rapidas
Lebenti fluminis undas. — G. Malaterra Historia Sicula I. 9: in flumine quod
Olivetum dicitur.

[4] Il est impossible avec les documents qui nous restent de déterminer dans
quelle proportion les Apuliens révoltés contre Constantinople, les *Conterati*,
se joignirent aux Normands. Mais il est incontestable qu'ils furent un appoint
très considérable; d'après Lupus, il y aurait eu, dès le début, 9 Apuliens et,
d'après Guillaume de Pouille, 3 pour un Normand.

[5] Malaterra parle de *sexaginta millia armatorum* (*historia Sicula* I. 9), ce
qui est tout à fait inadmissible. Aimé ne donne pas de chiffre mais dit que:
« lo exercit innumérable pueple aiïna » et que « li autre (les Grecs) estoient
cent pour un » Aimé II. 21, ce qui n'est guère plus probable. — Les *Annales
Barenses* parlant de cette journée racontent que « ceciderunt ibi multi Russi

grecques, mais que, dans le cas contraire, la bataille s'engagerait dès le lendemain matin. La réponse des Normands fut singulièrement énergique, et telle qu'on pouvait l'attendre de ces vaillants aventuriers, qui à un caractère de fer joignaient un poignet d'acier. Le parlementaire du catapan montait un beau cheval qu'un Normand nommé Hugo Tudextifen se mit à caresser de la main ; lorsque ce Normand entendit les propositions du Grec, pour montrer clairement à ce dernier à quels hommes il avait affaire et pour qu'il le fît connaître à ses compagnons d'armes, il imagina, sans ganter sa main, d'asséner brusquement sur la tête du cheval du parlementaire un si rude coup de poing que le cavalier fut immédiatement désarçonné et que la pauvre bête tomba à terre, à demi morte. Il fallut pour abréger son agonie la traîner près de là et la jeter dans un précipice. Les Normands eurent grand'peine à rassurer le parlementaire, qu'une si étrange réplique avait mis complètement hors de lui, et le renvoyèrent dans son camp, après lui avoir donné un aussi beau cheval que celui qu'il avait perdu. Rentré au camp, le parlementaire raconta aux généraux grecs l'accueil qu'il avait reçu, mais ceux-ci, craignant avec raison que leur armée n'eût peur, si elle connaissait la vigueur des Normands, prirent toutes les précautions pour que rien ne transpirât de l'exploit de Hugo Tudextifen [1].

La bataille s'engagea le lendemain matin 17 mars 1041 : « Les Gaulois, dit Guillaume de Pouille qui raconte

et Obsequiani » ad. an. 1041. — Cedrenus reproche au contraire à Michel Dokeianos d'avoir attaqué les Normands sans avoir réuni assez de troupes : ὦν ὅπλα κεκινηκότων δέον τὰς Ῥωμαϊκὰς ἁπάσας ἀθροῖσαι δυνάμείς καὶ τούτοις προσμῖξαι, ὁ δὲ τοῦτο οὐκ ἐποίησεν, ἀλλ' ἕν εἰληφως τάγμα τὸ τοῦ Ὀψικίου καὶ μέρος τῶν Θρακησίων καὶ συμβαλων αὐτοῖς κ. τ. λ. T. II. p. 546.

[1] G. Malaterra I. 9. — Une variante du texte de Malaterra porte Hugo Tudebufem au lieu de Hugo Tudextifem. C'est évidemment le « Hugo Tutabovi » de Leo de' Marsi (II. 66) et « Hugo toute Boue » d'Aimé (II. 30). Nous verrons qu'en 1043, lors du partage de la Pouille entre les chefs Normands, Hugo Tutabovi eut Monopolis. C'était donc un des chefs de l'expédition, l'un des douze élus à Aversa.

« cette journée avec une remarquable précision, n'avaient
« que 500 hommes d'infanterie et 700 cavaliers : bien
« peu parmi eux étaient munis de cuirasses et de bou-
« cliers. Les Normands disposèrent à l'aide droite des
« fantassins armés, et, pour leur donner plus d'assu-
« rance, les firent appuyer par un peu de cavalerie. Ils
« prescrivirent à ces troupes de réserve de ne s'éloigner
« du camp sous aucun prétexte, afin de les avoir dans le
« cas où ils devraient battre en retraite. Ces dispositions
« prises et les hommes établis à leurs postes, un corps
« de cavalerie, en forme de triangle, s'avança vers l'en-
« nemi, et les Grecs firent aussi avancer de leur côté un
« seul escadron, disposé de la même manière. Ces der-
« niers ont en effet la coutume de ne pas engager toutes
« leurs troupes dès le début; ils ne lancent leurs légions
« que l'une après l'autre, afin que, leurs forces augmen-
« tant graduellement, l'ennemi perde courage et prenne
« peur. Lorsque le commandant de la cavalerie grecque
« croit le moment opportun, il se précipite dans la mêlée
« avec ses meilleures troupes, pour mettre les adver-
« saires eu pleine déroute. »

Ce fut en vain qu'à Venosa, Michel Dokeianos mit en
pratique les principes de la tactique grecque ; il fut complètement vaincu ; les Normands tuèrent un grand nombre de ses soldats, surtout des Russes et des *Obsequiani,*
qui probablement résistèrent avec plus de fermeté que le
reste de l'armée. D'autres Grecs trouvèrent la mort en
voulant traverser l'Olivento, et les débris de l'armée se
retirèrent avec le catapan sur le Monte Peloso[1].

Dokeianos ne se tint pas pour définitivement vaincu;
Aimé assure que l'empereur de Constantinople, Michel le
Paphlagonien, lui envoya des troupes levées avec l'ar-

[1] Multis hostibus in flumine quod Olivetum dicitur, dum transnatare cupiunt submersis. Malaterra l. 9. — Les *Annales Barenses* résument en ces quelques lignes toute la journée: Mense Martio decimo septimo intrante, factum est prœlium Normannorum et Græcorum juxta fluvium Dulibentis. Et ceciderunt ibi multi Russi et Obsequiani. Ipse vero Dulkiano cum reliquo exercitu qui remauserat ex ipso prœlio, fugam petierunt in Montem Pelosum. — Ad an. 1041.

gent du trésor impérial; mais ce fut surtout en Italie que
Dokeianos recruta les éléments d'une nouvelle armée. Le
4 mai 1011, sept semaines à peine après la défaite du mois
de mars, il offrait de nouveau la bataille aux Normands
sur les bords de l'Ofanto, dans ces plaines de Cannes qui
n'avaient pas seulement vu la défaite des Romains par
Annibal, mais aussi en octobre 1018 celle des Normands et
de Mélès par le catapan Basile Bojoannès. Si Michel Dokeianos fut moins heureux que son prédécesseur, ce n'était
pas faute d'avoir beaucoup plus de troupes que ses adversaires, car ceux-ci étaient deux mille, tandis qu'il comptait, sans parler des serviteurs et de tous ceux qui pour-
voyaient aux subsistances, 18,000 soldats natulichiens,
obséquiens, russes, thraces, calabrais, lombards, et de la
Capitane. « Mais, dit Guillaume de Pouille, de même que
« le vautour, longtemps habitué à ne fondre que sur les
« petits oiseaux, ne craint pas d'attaquer le cygne lui-
« même, s'il a déjà éprouvé sa force contre une grue, de
« même les Normands, se souvenant de leur récentes
« victoires, attaquèrent les Grecs avec une intrépidité et
« une assurance plus grandes qu'auparavant, et la vic-
« toires, qui aime les audacieux, se rangea de leur côté. »
Les Grecs vaincus cherchèrent leur salut dans la fuite ;
beaucoup d'entre eux périrent dans les flots de l'Ofanto;
Dokeianos lui-même fit une chute de cheval au moment
où il entrait dans les eaux du fleuve, et allait tomber aux
mains des Normands, lorsqu'il fût sauvé par son écuyer,
qui lui céda son propre cheval.

Au nombre des morts laissés par l'armée de Michel Dokeianos sur le champ de bataille, se trouvaient Angélus,
évêque de Troie, et Stéphane, évêque d'Acerenza, deux
villes de la Pouille. Cette curieuse particularité montre
que le clergé du sud-est de l'Italie prit, au début, chaude-
ment parti pour les Grecs contre les Normands, probablement parce que dans les Normands il voyait surtout
des adeptes de l'Eglise latine, et qu'il craignait leur domination comme pouvant introduire dans le pays les modi-

fications disciplinaires qui distinguaient l'Eglise d'Orient de l'Eglise d'Occident.

La victoire de Cannes valut aux vainqueurs un butin fort considérable. *Et li vaillant et puissant Normant*, dit Aimé, *de diverses richesces sont fait riches de vestimens de diverses colorouz, de aornemens, de paveillons, de vaiselle d'or et d'argent, de chevaux et de ormes préciouses; et espéciale- ment furent fait ricche, quar l'usance de li Grex est quant ils vont en bataille de porter toute masserie nécessaire avec eaux* [1].

---

[1] Les Annales de Bari sont très précises sur cette bataille de Cannes : Collectis mense Maii in unum omnibus Grœcis apud Montem Majorem juxta fluenta Aufidi, initiatum est prœlium quarto die intrante, ubi perierunt plurimi Natulichi (Anatolici) et Obsequiani, Russi, Trachici (Thraces), Calabrici, Longobardi, Capitanates. Et Angelus presbyter episcopus Trojanus atque Stephanus Acherontinus episcopus ibi interfecti sunt. Nam nempe, ut dictum est ab omnibus qui hœc noverunt, aut (haud) plures quam duo milia Normandi fuerunt, Grœci vero decem et octo milia, exceptis servitoribus. Hinc rediens Michael confusus cum paucis, relictis semivivis pro pavore Normannorum sevientium etc... — Annales Barenses ad. an. 1041.

Aimé II. 22 a raconté assez au long cette bataille de Cannes, mais le récit qu'il en fait n'est pas exempt d'erreur. Leo de' Marsi donne de ce récit un résumé exact lorsqu'il écrit dans la seconde rédaction de sa chronique: II. 66. Perturbatus imperator, iterum Ducliano potiorem delegat exercitum. Normanni interea ut incolarum ad se animos inclinarent, Atenulfum Beneventani principis fratrem sibi ducem constituunt, rursum que convenientes in prœlium Grœcos eventu mirabili sternunt. Fluvium namque qui Aufidus dicitur, cum in ipso belli procinctu pene siccum Greci transissent, ita Dei judicio redundantem ripas que transgredientem fugientes reperiunt, ut plures fuerint aquis absorti quam gladiis interempti. Normanni castris et spoliis maximis Grœcorum potiti ditescunt. Les Annales de Bari ainsi que Cedrenus font voir que les troupes des Grecs qui combattirent à Cannes avaient été bien plutôt recrutées en Italie qu'envoyées de Constantinople; aussi ce que dit Aimé sur les efforts inouis de l'empereur et du gouvernement de Constantinople pour lever partout des troupes contre les Normands et les expédier en Italie avant la bataille de Cannes est au moins exagéré. Il est aussi bien peu admissible qu'Adénulfe de Bénévent ait commandé les Normands à la bataille de Cannes, c'est après et non avant cette bataille que les Normand le choisirent pour leur chef, sur ce point cf. infra p. 43 note 2. — Enfin Aimé donne comme un véritable miracle que l'Ofanto qui avant la bataille avait les eaux fort basses eut une crue subite si bien que quantité de Grecs s'y noyèrent en fuyant du champ de bataille et cette crue se produisit quoique l'air fut « bel et serin et que nulle pluie avoit esté. » Aucun autre chroniqueur n'a parlé de cette circonstance un peu dramatisée sans doute par la pieuse imagination du chroniqueur. — Cedrénus n'est pas d'accord sur tous les points avec les autres sources; Ce n'est pas à Vénosa mais à Cannes qu'il place la première bataille entre les Normands et Dokeianos et la seconde, celle dont nous parlons eut lieu, d'après lui, περὶ τὰς λεγομένας ῞Ωρας. Voici ce qu'il écrit

Même après la défaite de Cannes, le cataplan Michel Dokeianos ne désespéra encore de la fortune. Il se retira de nouveau sur le Monte Peloso avec ses légions décimées, comme il l'avait déjà fait après la bataille de Vénosa, et écrivit en Sicile pour faire venir sur le continent une parties des troupes grecques encore dans l'ile. Il ne s'agissait plus de conquérir sur les musulmans de nouvelles provinces, mais de conserver à l'empire de Constantinople celles qui lui échappaient en Italie. L'appel de Dokeianos fut entendu, et des bataillons de Macédoniens, de Pauliciens et de Calabrais vinrent le rejoindre à Monte Peloso. Guillaume de Pouille raconte que parmi les nouvelles troupes de Dokeianos se trouvaient des *patripassites*, c'est-à-dire des hérétiques croyant que le Père avait souffert autant que le Fils les douleurs de la Passion, et que le Père le Fils et le Saint-Esprit ne sont qu'une seule et même personne.

Tandis que Michel Dokeianos préparait sa revanche

sur cette seconde journée : οὕτω δὲ πληγεὶς οὐδὲ μετὰ τὴν πληγὴν κατὰ τὸνἐν παροιμίαις ἁλιέα νοῦν ἔσχεν, οὐδ᾽ ὀχυρωσας ἑαυτόν πάσῃ τῇ στρατιᾷ προσέβαλε τοῖς ἐχθροῖς, ἀλλ᾽ ὑπὸ θράσους ὡς ἔοικε, στρατηγού μενους αὐτούς τε τοὺς ἡττηθέντας πάλιν ἀναβαλὼν καὶ Πισσιδας καὶ Δυκάονας, οἵπερ ἀναπληροῦσι τὸ τάγμα των φοιδεράτων, περὶ τὰς λεγομενας ῞Ωρας προσρηγνυται τοῖς εχθροῖς καὶ τρεπεται αὖθις κατὰ κράτος, προσεταιρισαμένων των Θράγγων και ἄλλο πλῆθος οὐκ ὀλίγον ἀπὸ τῶν Ἰταλῶν τῶν περὶ τὸν Πάδον τον ποταμὸν καὶ τὰς ὑπωρείας οἰκούτων τῶν ῎Αλπεων. T. II. p. 546.

Guillaume de Pouille, d'accord en cela avec les Annales Barenses et avec Cedrenus, ne dit en aucune façon que l'empereur d'Orient eut envoyé des renforts à Dokeianos avant la bataille de Cannes; voici son récit :

Agmine collecto Græcorum, rursus ad amnem
Gannis adfinem, qui dicitur Aufidus, omnes
Quos secum potuit Michael deducere, duxit.
Ad pugnam Calli redeunt. Ut cesserat ante,
Cedit eis Michael. Victi fugere Pelasgi ;
Cæduntur multi ; labentis equo Dokiani
Armigeri auxilio servatur vita fugacis.
Corruit offenso pede forte caballus ad amnis
Ingressum. Michael manibus jam pene tenendus
Hostilis turbæ, proprium ducente ministro
Est elapsus equum. Normanni plus animantur,
Quo magis augetur felix successus in armis.
Pelusii montis Michael petit ardua victus.

Cuil. Apul. Gesta R. Wiscardi L. I. v. 302-315 dans Pertz SS. T. IX p. 247 sq.

et exhortait ses soldats à venger leurs compagnons d'armes, dont les corps, privés de sépulture, gisaient épars dans les plaines de la Pouille ou avaient été engloutis dans les eaux de l'Olivento et de l'Ofanto, la cour de Constantinople se décidait à ne pas conserver le commandement à un général deux fois battu en bataille rangée; elle envoya pour lui succéder une nouveau catapan l'ex-Auguste Bojoannès, fils de ce Basile Bojoannès qui, en 1018, avait vaincu Mélès et ses Normands à la bataille de Cannes. On espérait que le fils aurait hérité du talent et du bonheur du père. Michel Dokeianos alla en Sicile commander les débris de l'expédition contre les musulmans. [1]

De leur côté, les Normands, sachant que la lutte avec les Grecs n'était pas terminée, se préparèrent à de nouveaux combats. Revenus à Melfi après la bataille de Cannes, ils employèrent le butin qu'ils avaient fait à recruter des alliés, et, pour ne pas rester isolés dans un pays étranger, pour s'assurer le concours de l'une des plus puissantes familles de l'Italie méridionale, ils eurent l'abnégation et le sens politique de mettre à la tête de leur armée, le prince lombard Adénulfe, frère de Pandulfe III, souverain de la principauté de Bénévent.

[1] Hinc rediens (de la bataille de Cannes) Michael confusus cum paucis, relictis semivivis pro pavore Normannorum sevientium, scripsit ad Siciliam, et venerunt ipsi miseri Macedones et Paulikani et Calabrenses et collectis insimul in catuna montis Pilosi, tunc descendit catepanus filius Budiano in Apuliam; Michæl rediit ad Siciliam, jubente imperator, unde venerat. Annales Barenses ad an. 1041. — Lupus dit que Dokeianos, après la bataille de Cannes, se réfugia à Bari et non à Monte Peloso : fugit Dulchianus in Baro. Lupi chronicon ad an. 1041. — Cedrenus ajoute un fait intéressant c'est qu'entre la première et la seconde bataille de Dokeianos et des Normands, ceux-ci reçurent des renforts qui, dit-il, venaient des rives du Po et du pied des Alpes. C'était probablement une nouvelle émigration normande ayant comme les autres émigrations normandes, traversé les Alpes et la vallée du Po pour rejoindre les Normands de l'Italie du sud. Voyez le texte de Cedrenus dans la note précédente. Il est inutile de citer Guillaume de Pouille sur la fin de Dokeianos et les débuts de Basile Bojoannès en Italie, car le poète s'inspirant visiblement des sources grecques, repète en vers ce que les auteurs que nous venons de citer disent en prose. Cf. Pertz. Mon. Germ. Hist. SS. T. IX p. 248: Guillermi Apul. Gesta Roberti Wiscardi I, v. 315-318 et 333 sqq. Aimé II. 23, Léo de Marsi II. 66.

Guillaume de Pouille blâme cette nomination d'Adénulfe et insinue qu'elle fut le résultat des sommes d'argent données aux Normands par ce prince, il est plus probable que ce furent les Normands qui donnèrent de l'argent à Adénulfe pour le décider à partager les risques de la guerre contre les Grecs ; mais, abstraction faite de ce point, la situation géographique de Bénévent aurait dû suffire au poète pour comprendre combien cette alliance était utile à ses héros. La principauté de Bénévent était le trait d'union qui permettait aux Normands de la Pouille de correspondre avec leurs frères d'Aversa, sans avoir à traverser des terres ennemies; et si les Grecs venaient enfin à l'emporter sur eux, ils étaient assurés que la retraite ne leur serait pas coupée. La possibilité d'une défaite dut en effet, quoi qu'en disent les chroniqueurs, préoccuper plus d'une fois les chefs normands ; le sort de Mêlès et de ses Normands, complètement battus après deux brillantes victoires, était encore présent à bien des mémoires. Les journées de Venosa et de Cannes leur avaient déjà coûté beau coupde monde, et il est certain qu'ils se présentèrent à la troisième bataille bien moins nombreux qu'auparavant[1]. Ce fut même pour

---

[1] Aimé ii. 24. Ce chroniqueur mentionne l'activité des Normands après la bataille de Cannes pour recruter dans le pays des soldats contre les grecs. « Et li Normant d'autre part non cessoient de querre li confin de principat pour home fort et soffisant de combatre ; et donnoient et faisoient doner chevauz de la ricchesce de li grex qu'il avoient veinchut en bataille, et prometoient de doner part de ce qu'il acquesteroient, à ceaux qui lor aideroient contre li grex. Et ensi orent la gent cuer et volenté de combatre contre li grex ». — Au c. 22, Aimé avait déjà parlé de la nomination d'Adénulfe comme chef des Normands de la Pouille : « Et à ce qu'il donassent ferme cuer à li colone de celle terre, lo prince de Bonivent, home bon et vaillant, liquel estoit frère à Dinulfe, firent lor duc à loquel servoient comment servicial et lo honoroient comment seignor ». Seulement, comme il a été dit, Aimé place l'élévation d'Adénulfe immédiatement avant la bataille tandis que d'autres sources établissent qu'elle n'eut lieu qu'après. — Léo de'Marsi se borne à résumer ce que dit Aimé. — Ainsi l'anonymus Barensis ne parle d'Adénulfe comme capitaine des Normands que lors de la troisième bataille, celle qui eut lieu en septembre 1041 près de Monte-Peloso : Iterum fecit proelium (Basile Bojoannes) cum Normannis et cum Atinolfo dux eorum de Venebento sub Monte Pelusii. Anonymus Barensis ad an. 1042. Guillaume de Pouille dit égalemedt qu'Adénulfe fut

ne pas attendre que l'ennemi vînt les surprendre et les
envelopper dans Melfi, qu'ils prirent le parti de sortir de
la ville et de se diriger vers le sud, c'est-à-dire vers Monte
Peloso, où campait l'armée du nouveau catapan l'ex-Auguste Bojoannès. Ils occupèrent en face de l'ennemi la
forte position du Monte Siricolo, dont ils essayèrent, mais
en vain, de prendre le château-fort. Afin d'obliger les
Grecs à sortir de leurs retranchements et à accepter la
bataille dans la plaine située entre les deux collines, les
Normands s'emparèrent d'un convoi de bétail destiné à
l'ennemi, et la manœuvre réussit. Irrités de cet échec et
craignant peut-être de manquer de vivres, les Grecs engagèrent la lutte le 3 septembre 1041, après avoir été, au
rapport de Guillaume de Pouille, harangués de la manière
suivante par Bojoannès: « Vous êtes des hommes, n'ayez
« donc pas un cœur de femme; quelle est cette lâcheté
« qui vous fait toujours prendre la fuite? Souvenez-vous
« de vos ancêtres, dont la bravoure a soumis l'univers
« entier. Le puissant Hector a succombé sous les coups
« d'Achille; ce sont les feux allumés par les Grecs qui
« ont réduit Troie en cendres. L'Inde a connu le courage
« de Philippe, et son glorieux fils Alexandre n'a-t-il pas
« soumis de puissants empires à la domination des Pêla-
« ges? En Occident, le nom des Grecs inspirait à tous une
« terreur profonde. Quelle est la nation qui, en entendant
« ce nom, aurait osé résister? C'est à peine si elle
« se serait crue en sûreté dans ses camps retranchés.

placé par les Normands à leur tête après la journée de Cannes et parce qu'ils
ne voulaient plus obéir aux comtes élus à Aversa :
> Sed quia terrigenis terreni semper honores
> Individiam pariunt, comitum mandata recusant,
> Quos sibi prœtulerant, Galli servare feroces.
> Indigenam Latii propriœ prœponere geati
> Dilexere magis, Beneventi principis hujus
> Nomen Adenolfus, quos forsitan ipse vel aurum
> Dando vel argentum, pacti mutare prioris.
> Compulerat votum : quid non compellit inire
> Ambitio census? sanos evertere sensus
> Hœc valet, ac fidei rigidos dissolvere nexus.
Guillermi Apuliensis Gesta R. Wiscardi ɪ v. 323-332.

« dans ses forts et dans ses villes. Soyez donc fermes, je
« vous le demande ; souvenez-vous du courage de vos
« aïeux, montrez-vous dignes d'eux ! Celui-là finit par
« enlever toute confiance à l'ennemi qui combat avec vail-
« lance. Encore une fois, suivez les traces de vos pères,
« ne cherchez plus votre salut dans la fuite et que l'uni-
« vers entier sache que vous êtes de valeureux soldats.
« Ne craignez pas de combattre le peuple des Francs ; il
« vous est inférieur par le nombre et par la force. Le ca-
« tapan, continue Guillaume de Pouille, excite par ces
« paroles le courage des Grecs et leur prescrit ensuite de
« quitter la colline et de descendre dans la plaine, où il
« indique le lieu de campement et celui du champ de ba-
« taille. Les Gaulois, de leur côté, envoient des espions
« pour être au courant des préparatifs de l'ennemi. »

Bojoannès avait raison de dire que, pour le nombre,
l'armée des Francs était inférieure à celle des Grecs.
L'armée normande ne comptait que sept cents hommes
et les Grecs étaient *dix mille* ; aussi, la bataille fut-elle
terriblement acharnée, et les Normands durent faire des
prodiges de valeur pour compenser l'écrasante supériorité numérique des Grecs. Guillaume Bras de Fer, malade
de la fièvre quarte, n'avait pu assister au commencement
de la bataille et se tenait à distance en simple spectateur ;
voyant que les siens commençaient à plier, il oublia sa
maladie, saisit ses armes et, comme un lion se précipita
dans la mêlée. Son courage et ses paroles rallièrent les
Normands et décidèrent la victoire. D'après Guillaume de
Pouille, Gautier fils d'Amicus se couvrit aussi de gloire
dans cette journée et contribua à la défaite des Grecs. Les
Macédoniens, qui avaient bravement résisté sans quitter
leur positions, périrent sous les coups des normands, le
reste de l'armée grecque fut décimé d'une façon épouvantable, et Bojoannès tomba aux mains des ennemis. Il
allait périr et *la lance lui venoit droit à férir* lorsqu'il put
crier assez tôt qu'il était le catapan. Les Normands, joyeux
de cette capture, le firent prisonnier et l'amenèrent à Melfi,

où ils délibérèrent pour savoir ce qu'il feraient de lui ; ils se décidèrent à le livrer à leur chef Adenulfe, et Bojoannès, attaché sur son cheval, servit à l'entrée triomphale du. prince lombard à Bénévent.

La victoire de Monte Peloso, la troisième remportée par les Normands dans le courant de 1041, leur valut l'alliance de plusieurs grandes villes de Pouille. Giovenazo, Bari auparavant capitale des possessions grecques et résidence du catapan, Monopolis située ainsi que les deux villes précédentes sur les bords de l'Adriatique, Matera au sud de Monte Peloso, se déclarèrent indépendantes de l'empire d'Orient et signèrent des traités avec les Normands[1].

[1] Sur la bataille de Monte Peloso, cf. G. Malaterra I, 10. Ses renseignements sont assez vagues, erronés même sur quelques points ; il appelle Basile Bojoannès Anno et raconte qu'il trouva la mort sur le champ de bataille — quasi bove interfecto — ce qui est contredit par tous les autres chroniqueurs. Il cherche surtout à mettre en relief le role joué par les fils de Tancrède, c'est lui qui raconte l'intéressant épisode de l'intervention de Guillaume malade de la fièvre quarte. Sur ce point comme à peu près sur tous les autres, la *Chronique de Robert Viscart*, reproduit les assertions de G. Malaterra, cf. éd. Champollion p. 271 de la version française. — Les *Annales Barenses* sont très précises sur la journée de Monte-Peloso : hoc anno tertia die intrante mense septembri Græcorum exercitus descenderunt ex monte Piloso, et Normanni ex castello Siricolo ; inter duos montes inierunt conflictum maximum, in quo omnes miseri Macedones ceciderunt, et pauci de reliquo remanserunt exercitu. Ibi quippe Bugiano vivus captus, et portatus est per totam Apuliam usque Beneventi patriam. Nam, ut aiunt veraciter qui in ipso bello inventi sunt, Normanni septingenti, et Græci decem milia fuerunt. Postmodum peracto bello tertio jam dicto, inierunt pactum cum ipsis Franchis Materienses et Barenses, dum non esset qui ex ipsorum manibus eos eriperet. Annales Barenses ad an. 1042. — Pour les annales Barenses, l'année commence en septembre aussi placent-elles en 1042 la bataille de Monte Peloso quoique en réalité, elle ait eu lieu en septembre 1041. L'*Anonymus Barensis* et la chronique de Lupus n'ajoutent rien aux données fournies par les *Annales Barenses*. — Cedrenus est d'accord avec les autres chroniqueurs pour raconter la défaite et la captivité de Bojoannès mais il dit que la bataille se livra près de Monopolis ce qui n'est guère admissible, tous les documents attestant qu'elle eut lieu à Monte-Peloso : ἀλλὰ καὶ οὗτος (Basile Bojoannés) ἀπελθὼν κατὰ χώραν καὶ νεαλῆ καὶ ἀκμαίαν δύναμιν μὴ λαβών, ἀλλ' ἀναγκασθεὶς μετὰ τῶν προηττημενων συμβαλεῖν τοῖς εχθροῖς κατὰ τὴν Μονόπολιν ἤδη κραταιωθεῖσι καὶ τῆς χώραςὼς ἰδίας αντεχομένοις, ἡττηθεὶς εἴλω, καὶ ὁ συν αυτῷ στρατος, ὅσοι μὴ σιδήρου γεγόνασι παρανάλωμα, ἄλλος ἄλλαχοῦ διεσχεδάσθησαν, διασωθέντες ἐν τοῖς ἔτι τὰ Ρωμαίων φρονοῦσι φρουρίοις. Cedrenus T. ιι, p. 546-47. Guillaume de Pouille fait un récit assez long et fort animé de la bataille de Monte-Peloso. Cf. I. v. 355-407
  Exaugustus eos, quorum sibi tradita cura est
  Taliter alloquitur ...
J'ai donné le discours que le poète fait prononcer au catapan ; d'après son récit.

Les évènements qui, sur ces entrefaites, se passèrent à Constantinople n'étaient guère de nature à relever la fortune des Grecs. Le 10 décembre 1041, mourait l'empereur Michel le Paphlagonien, et sa femme, l'impératrice Zoé, devenue par cette mort seule dépositaire du pouvoir, lui donnait pour successeur Michel Calaphat, fils de ce Stéphane qui avait commandé la flotte grecque lors de l'expédition de Sicile et d'une sœur de Michel le Paphlagonien. Au lieu de se montrer reconnaissant vis-à-vis de Zoé qui l'avait adopté pour son fils, Michel Calaphat voulut, après quatre mois de règne, gouverner seul et fit enfermer Zoé dans un couvent, pour qu'on lui coupât les cheveux et qu'on la revêtit des habits de religieuse; de là à Constantinople, des troubles, des discordes, qui amenèrent la chute de Michel Calaphat[1].

Durant son court passage sur le trône d'Orient, Michel Calaphat chercha à reconquérir la Pouille et à détruire l'armée normande. Dans ce but, il envoya un commissaire impérial, nommé Synodianus, qui débarqua à Otrante, encore fidèle à l'empire, et fit demander aux villes de la Pouille ayant conclu des traités avec les Normands de vouloir bien le recevoir. La réponse fut négative, et Synodianus chercha alors à réunir une armée, mais les légions avaient péri ou étaient dispersées; après bien des

la victoire fut disputée de part et d'autre avec acharnement et sans la magnifique bravoure de Gautier, fils d'Amicus, l'un des douze comtes élus à Aversa, les Grecs finissaient par avoir le dessus :

Proripitur subito medios Gualterus in hostes
Normannos hortans ad bella redire fugaces.
Ipse lectorum comitum fuit unus, Amici
Filius insignis. — v. 392-95.

Le rôle attribué par G. Malaterra à Guillaume bras de fer dans cette sanglante journée, aurait donc probablement été joué par Gautier fils d'Amicus. Ici encore se trahit une fois de plus la constante préoccupation de Malaterra de glorifier surtout les Tancrède.— Aimé II. 25 ne parle ni de Gautier ni de Guillaume bras de fer comme ayant décidé de la victoire mais raconte la bataille avec des particularités intéressantes'; il montre par exemple les Grecs s'enfuyant dans les bois et les Normands les suivant courageusement dans les sombres défilés pour achever de les exterminer. — Leo de'Marsi a reproduit en abrégé le récit d'Aimé. Cf. II. 66.

[1] Sur ces événements de la cour de Constantinople, cf. Cedronus T. II. p. 533 sqq. Δεκεμβρίου δε δεκατη του σφν έτους κ. τ. λ.

efforts en pure perte, et après s'être obstiné à rester à
Otrante, Synodianus dut, sur un ordre de l'empereur, revenir à Constantinople ; sa mission avait complètement
échoué[1].

On ne sait si les intrigues de Synodianus ne contribuèrent pas à brouiller entre eux les Normands et leur
chef de fraîche date, Adenulfe de Bénévent ; mais la bonne
entente ne persista pas longtemps entre le capitaine et
les soldats. Guaimar de Salerne, jaloux de la puissance et
de l'autorité que l'alliance avec les Normands procurait à
la dynastie de Bénévent, fut le principal auteur de la
brouille, mais il ne put, à ce moment, décider, comme il
l'avait espéré, les Normands de la Pouille à le reconnaître
pour leur suzerain. Au lieu de suivre l'exemple de leurs
frères d'Aversa, ils préférèrent donner pour successeur à
Adenulfe, Argyros, le fils du vaillant patriote Mélés, qui, eu
1017, les avait, le premier, introduits dans la Pouille et
leur avait jusqu'à sa mort, dans la bonne comme dans la
mauvaise fortune, conservé son appui et sa bienveillance;
Adenulfe se vengea de l'abandon des Normands, en rendant, moyennant une forte rançon, la liberté au catapan
Michel Dokeianos, dont les Normands lui avaient confié la
garde ; Aimé, en désaccord sur ce point avec Guillaume
de Pouille, raconte que ce fut précisément ce rachat du
catapan qui occasionna la séparation des Normands et

_____

[1] Guillaume de Pouille I, v. 407-418 est seul à parler de cette mission de
Synodianus, envoyé par Michel Calaphat qu'il appelle à tort Michel Constantin.

> Inde manere Deo nolente diucius ejus
> Imperium, moritur Michael, Michaele nepote
> Succedente sibi, qui Constantinus et idem
> Nomine dictus erat: quendam solamen ut inde
> Auxilii caperet gens Appula Sinodianum
> Destinat. Hic veniens, et primo appulsus Hydruntum
> Legatos socias Francorum misit ad urbes,
> Se recipi rogitans; volunt parere roganti.
>   (nolunt d'après une variante)
> Militiam reparare cupit, sed milite multo
> Ceso ac disperso, paucos retinere valebat.
> Sinodianus ob hoc muros non deserit urbis
> Hunc tamen edictum facit imperiale reverti.

d'Adénulfc ; quoiqu'il en soit, il est certain qu'à défaut
de la dynastie de Bénévent et de Guaimar de Salerne,
l'alliance avec Argyros présentait pour les Normands de
la Pouille de sérieux avantages. Le fils de Mélès était le
représentant autorisé de ce parti de patriotes de la Pouille
de ces *conterati* qui n'acceptaient pas la domination
grecque et luttaient depuis de longues années pour l'indépendance de la patrie. En mettant Argyros à leur tête,
les Normands pouvaient donc compter sur le concours de
ce qu'il y avait de plus hardi parmi les indigènes, et ils
continuaient avec eux d'utiles relations. Guillaume de
Pouille raconte, d'une façon un peu légendaire peut-être
comment fut élu le nouveau chef des Normands.

« Argyros, dit-il, pauvre mais plein d'audace et de gé-
« nérosité, refusait d'être le chef d'un si grand peuple,
« parce qu'il ne pouvait leur donner ni or ni argent. Les
« Normands répondirent que ce n'était pas de l'or, mais
« lui qu'ils désiraient, lui dont le père leur avait constam-
« ment témoigné de l'intérêt. Cette réponse le décida à
« se rendre aux prières qui lui étaient faites. Il introduisit
« de nuit les chefs normands dans Bari (février 1042), les
« conduisit à l'église de Saint-Apollinaire, et là leur parla
« en ces termes : « Je n'ai pas de largesses à faire à un
« peuple puissant, aussi suis-je surpris que vous me de-
« mandiez pour chef. Je sais que vous manquez de di-
« verses choses, et ce me sera un chagrin de ne pouvoir
« vous les donner. » Les Normands répondirent : « Si
« tu es à notre tête, il n'y aura plus parmi nous de pau-
« vres ni d'indigents. La fortune nous accordera ses fa-
« veurs, si tu es notre capitaine. Tu nous conseilleras,
« comme ton père avait coutume de nous conseiller.
« Après avoir ainsi parlé, les Normands élevèrent Ar-
« gyros sur le pavois, et il fut à l'unanimité acclamé
« prince. »

Dans la cathédrale de Bamberg, où elles reposaient, les
cendres de Mêlés durent tressaillir d'allégresse ; car la
domination des Grecs sur la Pouille semblait toucher à sa

fin, et c'était le fils même de Mélès qui devenait le chef de l'armée libératrice. [1]

L'accord avec Argyros était à peine conclu que les Normands n'eurent pas trop de toutes leurs forces pour lutter contre un nouvel adversaire arrivé de Constantinople. Irrité de l'insuccès de la mission confiée à Synodianus, l'em-

[1] Deinde mense februarii Normanni et cives Barisani elegerunt Argiro, qui et Meli, principem et seniorem sibi. Annales Barenses ad an. 1042. Ces habitans de Bari sont évidemment ceux qui voulaient en finir avec la domination grecque, des *Conterati*. — Et in mense febr. factus est Argiro Barensis princeps et dux Italiœ. Lupi chronicon ad an. 1042. — Aimé II 26, 27. — Leo de'Marsi résume ainsi ce que Aimé raconte plus au long : Deinde consilio habito, Grœcorum ducem duci suo contradunt. Quo ille accepto, sperans se multis ab eo divitiis locupletandum, relictis Normannis Beneventum reversus est eumque non parva pecunia vendidit. Normanni autem Argiro Meli supradicti filium sibi prœficientes, brevi tempore cœteras Apuliœ civitates partim vi capiunt, partim sibi tributarias faciunt. II 66. — Dans la première rédaction de sa chronique, Leo de'Marsi n'avait pas suivi la même tradition ; il s'était borné à écrire : E quibus frequenti potiti victoria, demum recedente ab eis Atenulfo, Guilelmum filium Tancridi comitem sibi fecerunt.

C'est surtout Guillaume de Pouille qui fournit d'intéressants détails sur la manière dont Argyros devint le chef des Normands ; il écrit :

Multa per hoc tempus sibi promittente Salerni
Principe Guaimario, Normannica gens famulatum.
Spernit Adenolfi, sed se tantum modo cives
Aversœ dederant ditioni Guaimarianœ:
Nam reliqui Galli, quos Appula terra tenebat,
Argyro Meli genito servire volebant.
Nam pater ipsius prior introducere Gallos
His et in Italia studuit dare munera primus.
Argyrus pauper, licet audax et generosus;
Se tantœ genti dominari posse negavit,
Cum nihil argenti valeat prœbere, vel auri.
Hi se non aurum profitentur amare sed ipsum,
Cujus eis placidus fuerat pater. Ipse precantem
Exaudit populum ; nocturno tempore secum
Deducit Barum natu sensuque priores,
Quos sancti ductos Apollinaris ad œdem
Taliter affatur : Pretii cum nulla facultas
Sit mihi, quo possim populum dare potentem,
Cur populus vester me vult sibi prœfore, miror.
Vos etenim novi diversis rebus egere
Quas cum non dedero, me non dare posse dolebo.
Illi respondent : nostrum te principe, nullus
Pauper erit vel egens; duce te, fortuna favebit;
Consilii que vias duce quas genitore solebat
Pandere, te nobis effecto principe pandet.
Hoc ubi dixerunt, sublimant protinus illum
Omnes unanimes : communi fit prece princeps.
Guillermi Apuliensis Gesta Roberti Viscardi I. V. 419 sqq.

pereur Michel Calaphat avait résolu, peu avant sa chute, d'envoyer en Italie un homme plus énergique et, dans ce but, rendit la liberté à Georges Maniacès, détenu prisonnier, depuis sa disgrâce, à la suite de l'expédition de Sicile. Mais, sur ces entrefaites, Michel Calaphat fut précipité du trône par une révolte populaire, le 21 avril 1042, le malheureux eut les yeux crevés; Zoé, revenue au pouvoir avec sa sœur Théodora, reprit aussitôt le projet de Michel Calaphat, conféra à Georges Maniacès les titres et les pouvoirs de catapan des provinces d'Italie et lui confia une armée considérable pour reconquérir à l'empire grec la Pouille, perdue par l'incurie et la lâcheté de ses prédécesseurs[1].

Georges Maniacès débarqua à Tarente à la fin d'avril 1042, quelques jours après la chute de Michel Calaphat; « rien en lui, dit Guillaume de Pouille, n'était digne « d'éloge, rien si ce n'est la beauté corporelle; il était « rempli d'orgueil et d'une féroce cruauté. » Après avoir renvoyé sa flotte, le nouveau catapan réunit tout ce qu'il put se procurer de troupes fidèles à l'empire et vint camper sur les bords de la Tara. Le danger parut si grand à Argyros qu'il envoya à Aversa et à Melfi des lettres pressantes, appelant tous les Normands contre l'ennemi commun. Ceux-ci, ainsi que les patriotes indigènes de la Pouille, les *Conterati*, répondirent à l'appel d'Argyros, qui accourut aussitôt à Motola, au-devant de Maniacès, avec sept mille hommes de troupe. Les Grecs avaient trop souvent déjà et trop récemment éprouvé les effets de la bravoure et de la ténacité des Normands pour oser se mesurer avec eux en rase campagne; aussi l'arrivée d'Argyros et de ses alliés jeta l'épouvante dans l'armée de Maniacès, qui leva le camp pendant la nuit et courut se réfugier à Tarente. Les Normands l'y suivirent, mais la situation

---

[1] (Ζωὴ) τὸν δὲ πατρίκιον Γεώργιον τὸν Μανιάκην, ἤδη παρὰ τοῦ Μιχαὴλ φθάσαντα τῆς φρουρᾶς ἀπολυθῆναι, μάγιστρον τιμήσασα στρατηγὸν αὐτοκράτορα τῶν ἐν Ἰταλίᾳ ταγμάτων ἐκπέμπει. Gedrenus T. II. p. 541. éd. Bonn.

de la ville, protégée de tous côtés par la mer et par de hautes falaises, ne communiquant avec la terre que par un pont facile à défendre, ne permettait pas de la prendre d'assaut. Les Normands, et surtout Guillaume Bras de Fer, firent tous leurs efforts pour attirer hors des remparts Maniacès et ses soldats, mais leurs provocations restèrent sans effet, la peur était plus forte. « C'est ainsi, « dit Guillaume de Pouille, qu'un charmeur emploie toutes « les ruses de son art pour faire sortir le serpent des « entrailles de la terre, où il est en sûreté. Mais, afin de « ne pas céder à ces sollicitations, et afin de ne rien en- « tendre, le reptile appuie contre terre une de ses oreilles « et bouche l'autre avec sa queue. De même les fils de « Danaüs feignent de ne pas entendre les cris des Gaulois « les appelant au combat et s'obstinent à rester dans la « ville. » Lorsque les Normands furent convaincus que les Grecs ne se battraient pas et qu'ils était impossible de prendre Tarente, ils ravagèrent tout le territoire d'Oria et revinrent dans le Nord.

Ils étaient à peine partis qu'au mois de juin 1042, Maniacès marcha contre Monopolis, qui, ainsi que nous l'avons vu, avait fait alliance avec les Normands. De terribles exécutions signalèrent partout son passage. Les malheureux habitants furent, les uns pendus à des arbres, d'autres décapités ; les enfants eux-mêmes ne furent pas épargnés ; le tyran alla jusqu'à faire enterrer vives quelques-unes de ses victimes, la tête seule émergeant de terre pour rendre visibles les tortures de l'agonie. De Monopolis, Maniacès marcha sur Matera, dans l'intérieur des terres, et campa, dit encore Guillaume de Pouille sur l'emplacement occupé jadis par Annibal, lorsqu'il soumettait l'Italie aux Africains. Là encore, deux cents paysans furent victimes de sa froide cruauté; personne ne fut respecté, pas plus les enfants que les vieillards, pas plus les prêtres que les moines.

Que faisaient Argyros et les Normands pendant que ces atrocités ensanglantaient la Pouille? Une chronique pré-

tend que près de Matéra uue bataille très meurtrière et
restée indécise eut lieu entre eux et les troupes de Maniacès. Mais il est mal aisé d'admettre cette donnée, qui
ne se retrouve ni dans les annales de Bari, ni dans Guillaume de Pouille, et que rend, en outre, problématique
la pusillanimité des Grecs de Maniacès en face des Normands.[1].

En revanche, les Annales de Bari racontent que la
ville de Giovenazzo, sur l'Adriaque, ayant abandonné l'a-
mitié des Normands pour revenir aux Grecs, encore maîtres de la ville de Trani, Argyros vint l'assiéger avec une
armée de Normands et d'habitants de Bari et qu'il la prit
d'assaut, le 3 juillet 1042, après trois jours de siège. La
cité fut épouvantablement ravagée ; les Grecs qui s'y trouvaient périrent massacrés, et ce fut à grand'peine qu'Argyros empêcha les Normands de traiter de la même manière tous les habitants de la ville.

La dernière semaine de juillet, les vainqueurs marchèrent contre Trani, qui ne cessait ses incursions contre
Bari, mais Trani ne devait pas succomber comme Giovenazzo. Le siège dura trente-six jours et la lutte fut presque continuelle entre assiégés et assiégeants. Pour avoir
raison de cette résistance, Argyros fit construire en bois
une tour si haute et si grande que, disent les Annales de
Bari, on n'en avait jamais vu de semblable en ce siècle.
Les Traniens commençaient à plier et étaient sur le point
de se rendre, lorsqu'un événement vint subitement donner
une physionomie nouvelle à la lutte qui agitait la
Pouille[2].

<hr>

[1] Meniachus magister cum exercitu Græcorum fecit prœlium contra Northmannos [circa Materam, et fuit magna plaga in utroque exercitu. Chronicon breve Nortmannicum ad an. 1043 (1042); dans Migne: Patr. lat. T.
149 Col. 1083.

[2] Sur cette courte période qui va de l'arrivée de G. Maniacès à Tarente en
avril 1042 jusqu'à l'échec des Normands devant Trani au mois de septembre
de la même année, G. Malaterra, la chronique de Robert Viscart, et Leo de'
Marsi ne fournissent aucun renseignement. Aimé se contente d'écrire: Et puiz
alèrent la voie de cestui duc, et aloient sécur, et toutes les cités d'eluec entor
constreignoient, qui estoient al lo commandement, et à la rayson et statute

L'impératrice Zoé, ayant, ainsi qu'il a été dit, recouvré le pouvoir le 21 avril 1042, régna pendant quelque temps, conjointement avec sa sœur Théodora : mais le peuple de

que estoient ; ensi alcun voluntairement se soumettoient. et alcun de force, et alcun paioient tribut de denaviers chascun an. Il 27. — Les annales de Bari sont heureusement plus précises. Mense Aprilis descendit Manichi in Tarentum, qui et magister et coadunavit omnem exercitum Grœcorum, et fecit suda (camp, fortifications) in loco qui dicitur Tara. Tunc scripsit Argiri in Aversam ad ipsos Normandos et in Melfiam, et omnes venientes quasi septem milia in Mutulam. Tunc ipse iniquus Manichi una cum cuncto agmine hostium pavore nimio exterriti, nocte fugientes reclusi sunt in Tarentum. At ipsi Normanni cum starent aute portam terraneam, quærentes pugnam, et minime esset qui eis percunctaret, deprœdaverunt totam terram Oriœ, et sic reversi sunt ad sua. Mense quidem julio miseri Juvenatienses peracto fœdere cum ipsis Grœcis manentibus in Traue, ipse princeps Argiro circumdedit eandem miseram Juvenatiam, cum Normannis et Barensibus, et eo flebilis tertia die suœ obsessionis per vim capta est et expoliata omni suppellectili ; et Grœci nec non interfecti in eadem sunt. Populum vero ipse princeps virorum ac mulierum multa prœce liberavit ex Normannorum manibus. Postea vero dum Tranenses non acquiescerent Baresanis malum ingerere, ultima hebdomada mensis Junii (il faut évidemment lire Julii au lieu de Junii, puisque les annales de Bari disent que le siège de Trani eut lieu avec le sac de Giovenazzo (postea) et qu'elles placent en juillet — mense quidem Julio — la prise de Giovenazzo) ipse princeps cum Normannis et Barensibus obsederunt eam triginta sex diebus. Quam prœliis vel aliis calamitatibus angustiavit eandem fortiter. Nam talem turrem ex strue lignorum ibidem componere fecit, qualis humanis oculis nusquam visa est modernis temporibus. — Annales Barenses ad. an. 1042. — La chronique de Lupus ad an. 1042 est bien moins explicite : In mense Aprilis descendit Maniaki magistro Tarentum et in mense Junii deportavit Monopolim civitatem, abiit que in civitatem Matheriem et fecit ibi grande homicidium.

Guillaume de Pouille consacre toute la fin du premier chant de son poëme, plus de cent vers, à raconter les événements qui dans le Sud-Est de l'Italie signalèrent cette campagne de G. Maniacès ; mais le poète ne suit pas toujours l'ordre chronologique et commet diverses erreurs. Voici ce qu'il écrit sur l'arrivée de Maniacès et les horreurs commises à Monopolis par le Catapan :

> Interea magno Danaum comitante paratu,
> Nequitia plenus venit Maniacus Idrontum,
> Imperio Latium jussus Michaelis adire.
> Is prœter formam nil dignum laude gerebat.
> Mente superbus erat, dira feritate redundans.
> Classibus Idronti dimissis, agmen iniquum
> Francis compactas invadere commovet urbes,
> Et Monopoleis primum diffunditur arvis.
> Interimit multos Maniacus, et arbore quosdam
> Suspensos, alios truncato vertice mactat,
> Cœdis inauditum genus exercere tirannus
> Audet in infantes, viventis adhuc quia capti
> Corpus humo sepelit pueri, caput eminet extra.
> Sic perimit multos, et nulli parcere curat.
> Post hoc Matheram, qua fixa fuisse feruntur,
> Pœni castra ducis, cum subderet Annibal Afris

Constantinople, qui désirait un empereur, demandait à
Zoé d'en choisir un en choisissaut un mari. Après bien
des hésitations, l'impératrice paraissait disposée à ac-

Italiam, Maniacus adit ; campisque ducentos
Agricolas captos furibunda mente trucidat.
Non puer aut vetulus, non monachus atque sacerdos
Impunitus erat; nulli miseratur iniquus.

D'après la chronique de Lupus c'est au mois de Juin que Maniacès dévasta
Monopolis; l'*Anonymus Barensis* écrit aussi : venit super civit. Monopoli et
comprehensi per ipsa campora plures homines fecit illos decollare ante portas.
Avant cette époque avait déjà eu lieu, d'après les Annales de Bari. le siège de
Tarente par Argyros ayant sous ses ordres les *Conterati* ainsi que les Normands
de la Pouille et d'Aversa ; Guillaume parle de ce siège mais, par erreur, le
place après la révolte ouverte de Maniacès contre Constantin Monomaque.

Aversœ comites etiam cum pluribus ultro
Advenere suis. Tancredi filius, horum
Maxima spes, aderat, Guilielmus ad arma paratus,
Hunc Drincanocto comitem comitante Rodulpho,
Qui post Ranulfi decessum prœfuit urbi.
Terrebat Danaos Guilielmi nobile nomen;
Is quia fortis erat, est ferrea di tus habere
Brachia, nam validas vires animumque gerebat.
. . . .
Tantorum comitum comitatu fisus in hostem
Argyrus properat, Taram Maniacus ad amnem
Venerat, his inibi metatus castra diebus.
At non audito tantœ subsistere gentis
Prœvalet adventu conclusus in urbe Tarenti.
Ad fluvium Galli veniunt, castris que receptis
Grœcorum vacuis, loca pontis ad usque propinquant.
Hunc utrinque maris circumvolat unda, sub altis
Rupibus objectis sic interciditur œquor,
Pontis ut auxilio transiri possit ad urbem,
Quœque viatori via brevis esse videtur
Longa videretur giranti littoris horas,
Namque mari septum majori parte Tarentum
Insula mox fieret, modicus nisi collis adesset.
Mœnibus inclusos pugnœ Guilermus Achivos
Provocat; at numquam dimissis mœnibus illi
Conseruere manus: non fluminis impetus ulli
Plus est quam tanti ducis hostibus hasta timori.
Sic incantator studiosus pro capienda
Aspide multimoda conatur ut alstrabat arte
Visceribus terrœ quibus abdita tuta moratur.
Auribus hœc ne quid gravi sentiat, obstruit unam.
Affixa cauda, defigitur altera terrœ.
Dissimulant Danai Gallos audire cientes
Ad pugnam, positis que seris remorantur in urbe.
Ad bellum postquam procedere nolle Pelasgos
Galli conspiciunt, et mœnibus in capiendis
Spem gravitas adimit, quia munitissimus urbis.
Est situs, abscedunt.

corder sa main au catapan Constantin, qui d'après la rumeur publique, avait déjà été son amant, lorsque la femme de Constantin, ne voulant pas qu'elle vivante, son mari eût une autre épouse, le fit empoisonner. Zoé se décida alors à épouser Constantin Monomaque, et ce choix amena en Italie les changements les plus inattendus. Devenu empereur, Constantin Monomaque eut pour ami et pour favori Romain Scléro, dont la sœur Augusta était du consentement de Zoé, la maîtresse du souverain. Romain Scléro, qui avait eu autrefois des contestations avec Georges Maniacès pour la délimitation de leurs propriétés, et qui, à cette occasion, avait failli être assassiné par lui, usa de toute son influence pour perdre Maniacès dans l'esprit de Constantin Monomaque; il obtint que le catapan d'Italie fût révoqué, et, non content de cette vengeance, assaillit la maison de Maniacès et viola sa femme [1].

Le plan de la cour de Constantinople fut alors de gagner Argyros et par lui les Normands, afin de recouvrer par la ruse et par l'intrigue les provinces italiennes perdues par le sort des armes. Dans ce but, Constantin Monomaque envoya en Italie une ambassade composée du protospatarios Tubachi, du patrice Pardos, de Nicolas, archevêque de Bari, qui s'était réfugié à Constantinople, probablement lorsque Argyros et les Normands étaient entrés dans sa ville archiépiscopale, enfin de Chrysubule et de Simpatia. Les députés débarquèrent à Otrante, au mois de septembre 1042, mais Maniacès,

---

[1] Sur toutes ces révolutions de palais survenues à la cour de Constantinople cf. G. Cedreni *historiarum compendium* T. II, p. 540, 541, 542, 547, 548. — Si Cedrenus est une autorité incontestable pour l'histoire générale de l'empire d'Orient au XIe siècle, il faut avouer qu'il est parfois bien mal informé sur certain points particuliers; ainsi il écrit au sujet de l'expédition de Maniacès en Italie en 1042: ὁ Μανιάκης, ὡς ἄνωθεν ἐρρέθη, πεμφθεὶς εἰς Ἰταλίαν παρὰ τῆς Ζωῆς, εἰ καὶ μὴ δύναμιν ἀξιόχρεων εἶχεν, ὅμως μετὰ τῆς παρούσης στρατηγικαῖς μηχαναῖς χρησάμενος ἐκδιῶξαι ἴσχυσε τοὺς Φράγγους τῆς Ἰταλίας περὶ Καπύην καὶ Βενεβενδὸν καὶ Νεάπολιν, καὶ μετρίαν κατάστασιν καὶ γαλήνην παρέσχε τοῖς πράγμασι. l. c. p. 547. Il y a dans ce passage presque autant d'erreurs que de mots et une inintelligence à peu près absolue de la situation.

tenu au courant des instructions qu'ils avaient reçues, vint au-devant d'eux, sous des dehors bienveillants et pacifiques, et s'empara de Pardos, qui fut immédiatement assassiné, et de Tubachi qui, un mois après, éprouva le même sort. D'après Guillaume de Pouille, l'un de ces malheureux fut, par un raffinement de cruauté tout à fait bysantin, étouffé dans une écurie sous des ordures de cheval. Ces horreurs n'empêchèrent pas que le message confié à l'ambassade ne parvint à Argyros, qui, à ce moment, assiégeait avec les Normands la ville de Trani.

Les lettres impériales contenaient pour Argyros les promesses les plus séduisantes, s'il voulait servir la cause des Grecs; l'empereur Monomaque lui accordait immédiatement les titres et les honneurs de catapan, de patrice, de vestatus, etc. Le fils de Mélès, oubliant ce que son père avait souffert pour l'indépendance de la Pouille, toutes les traditions de sa famille, ce que lui-même avait déjà fait, son alliance avec les Normands et avec les patriotes de la Pouille, ses promesses et ses serments, prêta l'oreille à ces séductions trompeuses et fit brûler la grande tour qui faisait l'admiration universelle et devait amener la reddition de Trani. Pierre de Gautier, l'un des douze chefs normands élus à Aversa, soupçonnant dès lors la trahison d'Argyros, s'emporta contre lui et l'aurait massacré, si ses compagnons ne l'avaient retenu. Cet incident n'empêcha pas Argyros de poursuivre la voie dans laquelle il venait de s'engager; il fit lever aux Normands et à leurs alliés le siège de Trani et regagna Bari, où il proclama le nouvel empereur Constantin Monomaque[1].

[1] Les motifs de la défection d'Argyros ne nous sont indiqués que par des auteurs ayant des renseignements d'origine grecque; Aimé II, 27 se contente de dire qu'Argyros empêcha les Normands de prendre Trani et que Pierre de Gautier l'aurait pour cette raison, massacré si les Normands ne l'avaient retenu. Le passage d'Aimé commence par ces mots : « Un Normant (!) qui se clamoit Argira »; C'est probablement là une faute du traducteur. — Cedrenus l. c. p. 548, raconte que Maniacès tua Pardos que Constantin Monomaque avait envoyé en Italie pour lui succéder: καὶ τον μὲν πεμφθέντα διάδοχον αὐτοῦ (ἦν ὁ πρωτοσπαθάριος Πάρδος, ἀνὴρ Βυσάντιος, καὶ δι' ἄλλο μὲν οὐδὲν ἀγαθόν,

La trahison d'Argyros fit comprendre aux Normands qu'ils devaient surtout compter sur eux et non sur des alliances, même sur celles qui paraissaient les plus stables et étaient basées sur les traditions et les souvenirs les plus sacrés. Ils *retornèrent à lor cuer,* dit Aimé, *et ordenèrent entre eaux ensemble de faire sur eaux un conte. Et ensi fu, quar il firent lor conte Guillerme fil de Tancrède, home vaillantissime en armes et aorné de toutes bonnes costumes, et beauz et gentil et jovène.* Ce fut au mois de septembre 1042, six mois seulement après l'élection d'Argyros, que Guillaume Bras de Fer fut acclamé chef des Normands de la Pouille; ses hauts faits devant

ὅτι δὲ γνώριμος ἦν τῷ βασιλεῖ, τηλικαύτης χώρας ἄρχειν πεμφθεὶς) ἀναιρεῖ. — Les Annales de Bari donnent plus de détails: Hoc anno (1042. — les annales écrivent 1043 parce qu'elles commencent l'année suivante dès le mois de septembre de l'année précédente) mense septembri descendit Tubachi prothospatarius et Pardus patricius et Nicolaus archiepiscopus Idruntum cum Chrysubulo et Simpatia. Tunc ipse iniquus Maniachi pacifica fraude eis obviam exiens, statim occidi jussit Pardum gladio, et Tubachi retrudi in custodia, quem mense Octobris occidi similiter fecit. Sed ipse Argiro, susceptis imperialibus litteris fœderatis et patriciatus an cathepanatus vel vestati honoribus jussit argumenta (la grande tour destinée à prendre Trani) incendi. Et reversi Bari, ad laudem dedit sancto imperatori Constantino Monomacho cum suis con civibus. Sans parler de Romain Scléro, Guillaume de Pouille dit que Constantin Monomaque et Maniacès étaient ennemis « alterius quoniam fuit alter abusus amica. » Aussi dès qu'il apprit l'avènement de C. Monomaque, Maniacès se déclara indépendant et Constantin Monomaque.

Argyro mandat studeat convertere Gallos,
Procuret que suis sociare fidelibus illos,
Et promittit eis se prœmia magna daturum.
Argyrus nolens sibi desit ut imperialis
Gratia Normannos compescit ab obsidione
Trani, quod solum tunc agmina grœca fovebat
Confines que locos desistit depopulari.
Nuntius interea qui venerat imperialis
Maxima dona ferens capitur a Maniaco,
Diversas pœnas adhibens et stercus equinum
Purgamento immixto naribus, auribus, ori
Hunc facit affligi graviter, stabulo que necari.
Ipse videns auri tantum se pondus habere
Extolli nimium cœpit, redit inde Tarentum:
Atque auri multum (quo plus sibi concilientur)
Erogat Argolicis, assumitur imperialis
Purpura, pes dexter decoratur pelle rubenti,
Qua solet imperii qui curam suscipit uti.
Guil. Apuliensis Gesta R. Viscardi l. I, v. 484, sqq.

Syracuse, et récemment à la décisive bataille de Monte
Peloso, lui valurent cet honneur suprême, dont il se
montra digne par la suite[1].

- Le système de féodalité qui, déjà au xiᵉ siècle, ré-
glait les relations politiques des divers Etats de l'Europe
occidentale, ne permettait pas la fondation d'un comté
souverain et absolument indépendant. Une pareille création aurait été, à cette époque, tout à fait en dehors des
lois en vigueur, une monstruosité politique. Il fallait que,
de l'empereur du saint empire romain ou du roi d'un
grand État jusqu'au dernier des barons et au dernier
des serfs, il y eût une chaîne ininterrompue de suzerains et de vassaux ayant vis-à-vis les uns des autres des
droits à faire valoir et des devoirs à remplir. Aussi le premier soin des Normands, après avoir fondé le comté de
Pouille et avoir nommé comte Guillaume Bras de Fer,
fut de choisir un suzerain supérieur et un protecteur
parmi les princes reconnus de l'Italie méridionale. Le
choix était tout indiqué; depuis la défection d'Adénulfe,
il ne fallait plus songer à la dynastie de Bénévent. Pandulfe IV de Capoue revenait à peine de Constantinople
et n'avait pas retrouvé sa principauté, les ducs de Naples
reconnaissaient, nominalement du moins, l'empire d'O-
rient, il ne restait donc que le puissant Guaimar IV,
prince de Salerne, de Capoue, d'Amalfi, de Sorrente et
déjà suzerain des Normands d'Aversa. Comme on l'a vu,
les Normands de la Pouille avaient eu avec lui, soit avant
soit après leur conquête, de nombreuses relations, et
jamais Guaimar n'avait trompé leur confiance. Ils se dé-

---

[1] Aimé: II. 28.— Lugi protosp. *chronicon* ad an. 1042. Et in mense septembris
Guillelmus electus est comes a Matera. — Nous verrons plus loin l'explication
de ce nom de Matera. — La *Chronicon breve Nortmannicum* : 1045 (Muratori:
R. I. SS. T. V. p. 278) affirme aussi que Guillaume bras de fer fut le premier
normand élevé à la dignité de comte de Pouille : Argyrus.... vincitur ab eis
(sc. Normannis) ducce Guillelmo Ferrabrachio, qui intitulatus est primus comes
Apuliœ.— Dans la seconde rédaction de sa chronique, Leo de' Marsi répète les
données d'Aimé mais il avait déjà écrit dans la première (II. 66); o quibus frequenti politi victoria, demum recedente ab eis Atenulfo, Guilelmum filium Tancridi comitem sibi fecerunt. — Cf. G. Malaterra: *hist. Sicula* I. 12.

cidèrent à aller le trouver avec Guillaume Bras de Fer;
ils *s'en alèrent,* dit Aimé, *à la cort Guaymarie prince de
Salerne, et lo prince les rechut autresi coment filz, et lor
donna grandissimes domps, et à ce qu'il fussent plus ho-
norés de toz, dona à moillier à Guillerme novel conte, la
fille de son frère, laquelle se clamoit Guide. Li Normant
orent grant joie de li domps qui lor furent fait, et autresi
orent grant joie de lor conte qui avoit noble parentece.
Dont de celle hore en avant Guaymère lo clama pour prince
et Guaymère se clamoit pour rector, et l'envita à partir*
(partager) *la terre tant de celle acquestée quant de celle
qu'il devoient acquester*[1].

Plusieurs Normands demandèrent que l'on reconnût
aussi comme suzerain de la Pouille le Normand Rainulfe,
comte de cette ville d'Aversa, d'où ils étaient partis avec
'Ardouin pour préluder à leurs conquêtes, et tous approu-
vèrent cette requête avec d'autant plus d'empressement
que les Normands d'Aversa avaient rendu service à leurs
frères de la Pouille, en répondant à l'appel d'Argyros, au
mois d'avril précédent, lorsque l'arrivée de Maniacès
menaçait d'anéantir tous les résultats de leurs victoires[2].

Après avoir réglé leurs rapports politiques avec le
prince de Salerne et le comte d'Aversa, les Normands regagnèrent Melfi et Guaimar IV y vint avec eux, ainsi que
Rainulfe d'Aversa, car leur autorité n'était pas de trop
pour mener à bonne fin la délicate opération du partage
entre les vainqueurs du terrain conquis sur l'ennemi[3].

Ce partage eut lieu à Melfi au commencement de 1043,
et Rainulfe d'Aversa n'y fut pas oublié: il obtint la ville
de Siponto sur l'Adriaque, au pied du mont Gargano, le
mont lui-même avec la célèbre église dédiée à Saint Michel *laquelle,* dit Aimé, « *non fu consacrée de main de*

[1] Aimé: II, 28.
[2] Aimé: II, 28. — Leo de' Marsi: II. 66. — Cf. supra p. 119. — Nous avons vu,
p. 85, que Rainulfe avait été investi de son comté d'Aversa par l'empereur Con-
rard en 1038; il avait donc un rang officiel et reconnu.
[3] Aimé: II, 28. — Leo de' Marsi: II. 66.

evesque, mès il archangèle la consecra en son nom; »
enfin tous les châteaux d'alentour[1]. Les douze chefs normands, ceux très probablement qui avaient été élus à
Aversa, lorsque la petite armée des *trois cents* avait commencé à marcher sur la Pouille, se partagèrent ensuite
de la manière suivante les villes conquises, ou à conquérir; car, à ce moment, ils ne possédaient certainement pas toutes celles qui sont énumérées dans le partage :

Guillaume Bras de Fer, indépendamment du commandement suprême, eut la ville d'Ascoli ; Drogon, Vénosa;
Arnolin, Lavello ; Hugo Dibone, Monopolis ; Rodolphe,
Cannes; Gautier, Civitate; Pierre, Trani; Rodolphe fils de
Bébéna, S. Archangelo; Tristan, Monte Peloso ; Hervé,
Argynèse ; Asclitine, Acerenza ; Rainfroid, Minervino ;
enfin, Aimé et après lui Leo de' Marsi disent qu'Ardouin
eut, selon la promesse faite à Aversa, la moitié du territoire[2].

---

[1] Aimé II. 29.— Leo de'Marsi: II. 66.— Siponto, maintenant Manfredonia, au
pied et au sud du mont Gargano.

[2] Et li autre terre aquestées et à aquester partoient entre eaux de bone volenté,
et en paiz et bone concorde Et en ceste manière Guillerme ot Ascle, Drogo ot
Venose ; Arnoline ot la Belle; Hugo toute Bone et ot Monopoli; Rodulfe ot
Canne; Gautier La Cite; Pierre Traanne; Rodolfe, fill de Bebena, Saint Archangèle; Tristan Monte-Pelouz; Arbeo Argynèze; Ascletine la Cerre, Ram-
frède ot Malarbine, c'est Monnerbin, et Arduyne, secont lo sacrement, donnèrent sa part, c'est la moitié de toutez choses si come fu la convenance.
Aimé : II. 30 Statuunt itaque Guilelmo Asculum, Drogoni Venusiam, Arnolino
Labellum, Ugoni Tutabovi Monopolim, Petro Tranum, Gualterio civitatem,
Rodulfo Gannim, Tristaino Montempilosum Herveo Grigentum, Asclitino Ace-
rentiam, Rodulfo sanctum Archangelum Raimfrido Monorbinum. Arduino autem juxta quod sibi juraverant parte sua concessa. Leo de' Marsi II. 66.
Les deux listes d'Aimé et de Léo de' Marsi sont, on le voit, à peu près identiques; Leo de' Marsi traduit par Hugo Tutabovis le Hugo toute bone d'Aimé:
il s'agit probablement du Hugo Dibone dont parlent les diplômes d'Aversa cf.
di Méo *Annali del regno di Napoli* ad. an. 1044, Hervé d'après Aimé eut
Argynèse et Grigentum d'après Leo c'est probablement Frigento qu'il faut
lire.

Humfroy, fils de Tancrède n'est pas mentionné dans ce partage, parce que,
ainsi qu'il a été dit, cf. *supra* p. 101. — Malaterra 1. 9, — il ne fit pas partie de l'expédition.— La ville de Matera ne se trouve pas parmi celles que se partagèrent
les Normands, et cependant la Chronique de Lupus protospatarius porte à l'année 1042 : « *Et in mense septembris Guillelmus* (bras de fer) *electus est comes à*
« *Matera.* — Dans sa dissertation : *de Italiæ inferioris annalibus sæculi X et XI*,
Berlin 1864, p. 39, Hirsch a donné de cette difficulté l'explication suivante:

D'après les conseils et sur l'ordre de Guaimar IV, la ville de Melfi, capitale du nouveau comté, ne fut adjugée à personne, mais resta la propriété indivise des douze chefs normands ; chacun d'eux, au rapport de Guillaume de Pouille, y possédait une rue et un palais[1].

Ce partage fait à Melfi n'a été rapporté que par Aimé, dont les données ont été ensuite reproduites par Leo de' Marsi, dans la seconde rédaction de sa Chronique du Mont-Cassin. De nos jours, plusieurs historiens ont attaqué sur ce point la véracité d'Aimé ; d'abord parce que plusieurs des villes dont il parle n'étaient pas alors au pouvoir des Normands, par exemple Siponto, Civitate, Monopolis et surtout Trani, dont les Normands avaient été obligés de lever le siège peu auparavant. Mais ces historiens oublient qu'Aimé est le premier à dire que le partage fait à Melfi comprenait les villes conquises ou à conquérir « *terres acquestées et à aquester.* » M. de Blasiis ne croit pas en outre que le mont Gargano ait été adjugé à à Rainulfe d'Aversa, parce qu'il appartenait au duché de Bénévent et à l'archevêque de cette ville ; mais à ce moment-là il y avait, après l'affaire d'Adénulfe, rupture complète entre les Normands et Bénévent. Que ces derniers aient alors disposé de villes et de châteaux appartenant

Il suppose que dans les Annales de Matera qui, d'après lui, ont servi à la rédaction de la Chronique de Lupus on lisait cette phrase: *In mense septembris Guillelmus electus est comes* c. a.-d. Guillaume bras de fer a été au mois de septembre 1043 nommé comte de Pouille. Le rédacteur de la chronique de Lupus lisant cette phrase s'est mépris sur le sens et, comme il avait sous les yeux les annales de Matera, il a pensé que Guillaume avait été simplement nommé comte de cette ville. Par suite de cet erreur, il a écrit: *Electus est comes à Matera.*

[1] *Et Melfe, pour ce que estoit la principal cité, fu commune à touz; et que non vaut la possession sans prince, secont la loy que fist Guaymarie prince de Salerne, il en vestit chascun.* Aimé: II. 30. — Leo dé Marsi: II. 66.

Guillaume de Pouille ne parle que du partage de Melfi et le place après la bataille de Cannes, avant l'élection d'Adénulfe et la bataille de Monte Peloso:

Pro numero comitum bis sex statucre plateas,
Atque domus comitum totidem fabricantur in urbe.
Sed quia terrigenis terreni semper honores
Invidiam pariunt, comitum mandata recusant...

Guilelm. Apul. I. v. 321, sqq.

aux Bénéventins, il n'y a là rien de surprenant, à qui connaît leurs procédés fort peu scrupuleux [1].

L'objection la plus sérieuse contre le récit d'Aimé est, ainsi que le dit M. Hirsch, cette mention de la moitié du territoire donnée à Ardouin sans autre indication, si bien qu'on ne sait où la placer. Le rôle d'Ardouin, après la prise de Melfi, est en effet très peu connu et a dû être bien insignifiant, soit que les Normands aient été ingrats envers lui, ou qu'il n'ait pas été à la hauteur de sa nouvelle situation. Il est certain qu'à partir de ce moment il disparaît complètement. Si la moitié du pays conquis ou à conquérir lui avait été réellement accordée à Melfi, ce fait serait trop considérable pour n'avoir pas eu quelque conséquence dans l'histoire ultérieure des Normands de la Pouille, tandis que rien de semblable n'est indiqué dans les documents.

Il est donc probable qu'Aimé a parlé de la donation faite à Melfi en faveur d'Ardouin, sans savoir si le fait

[1] « Niuna pruova si ha che il principe di Benevento fosse in guerra con Guaimaro ed i Normanni. » écrit l'historien napolitain (T. I p. 177 note 2), mais il n'a pas remarqué ce texte d'Aimé qui affirme qu'après sa défection, Adénulfe de Bénévent fut dépouillé par les Normands de tout ce qu'il possédait : « poi après (sa défection, Adénulfe) fu privé, de li Normant, de richesce et de castel; et fu constraint de soustenir la misère de sa poureté o adjutoire d'autrui. » II. 26. — Dans ses *Accessiones ad historiam Cassinensem* T. I. p. 161, Gattula a publié une charte par laquelle le prince Richard, deuxième successeur de Rainulfe comte d'Aversa, donne à Desiderius abbé du Mont Cassin l'abbaye de Santa Maria in Calena lui appartenant et située entre le Mont Gargano et l'Adriatique. Ce document établit donc que les comtes d'Aversa étaient propriétaires au Mont Gargano et témoigne par la même en faveur de la véracité du récit d'Aimé, car, à l'exception du partage fait à Melfi en 1043, l'histoire ne signale aucune autre circonstance ayant permis aux comtes d'Aversa d'acquérir des biens considérables au Mont Gargano c'est-à-dire à une distance assez considérable de leur comté. Tout indique donc que les Normands adjugèrent à Rainulfe d'Aversa les biens qu'Adénulfe de Bénévent avait sur le célèbre promontoire. Il est vrai que di Meo : *Annali del regno di Napoli ad an,* 1059) et de Blasiis *la Insurrezione pugliese* ..... p. 177, note 2, regardent comme apocryphe la charte de Richard de 1059 mais nous prouverons plus tard, lorsque nous serons arrivés à cette année 1059, que cette charte est parfaitement authentique et que la bonne foi de di Meo a été surprise. — Sans se déclarer pour son authenticité, Hirsch la tient cependant pour très ancienne, du XIe siècle, car Leo de' Marsi l'a connue, et comme établissant quand même que les comtes d'Aversa avaient des propriétés au Mont Gargano. cf, Hirsch, l. c. p. 271.

était exact, et uniquement pour prouver que les Normands étaient restés fidèles à la promesse faite à Aversa[1].

Le partage terminé, Guaimar conduisit les Normands contre Argyros, qui depuis sa trahison, se trouvait à Bari, redevenue la résidence du catapan et la capitale des pays d'Italie soumis aux Grecs. Le siège de Bari dura cinq jours. Ce temps écoulé, comme la ville était trop forte pour être prise d'assaut et qu'Argyros refusait de se rendre aux sommations de Guaimar et d'abandonner les Grecs, ce dernier fut obligé de retourner à Melfi avec ses alliés, et de là regagna Salerne[2]. Dès le mois de février de cette même année 1043, Guaimar ajoutait à ses titres de prince de Salerne, prince de Capoue, duc d'Amalfi, celui de duc de Pouille et de Calabre[3].

Avant de suivre l'exposé des conquêtes des Normands

[1] Sur Ardouin à propos et après le partage de Melfi cf. de Blasiis et Hirsch, ll. cc. — Quelques historiens italiens ont voulu rattacher à Ardouin la famille sicilienne d'Arduino; mais leurs assertions n'ont pas de preuves et, selon toute probabilité, ne valent pas plus que celle de J. Curopalate qui fait de Robert Guiscard un neveu d'Ardouin; Ρουμπέρτος τοὔνομα, ἀνεψιὸς Ἀρδοίνου τοῦ ὑπὸ Δοχειανοῦ μαστιχθέντος. Joannis Curopalatæ historia p. 720 à la suite de l'édition de Cedrenus, T II. Bonn. 1839. Gattula (hist, Cassin. T. I. pag. 227) cite une charte dans laquelle on voit figurer un *Alferi filii Arduini*; peut-être est-ce l'Ardouin dont nous parlons.

[2] *Anonymus Barensis* ad an. 1043. — Et venit Guaimari princeps Salernitanus cum Franci et obsedit Bari dies 5.

Guaimarius princeps confisus viribus horum
Hos secum Barum deducit et obsedit illud
Imperat Argyro, sibi pareat, urbe relicta
Transeat ad Græcos. Monitis parere monentis
Abnuit Argirous : confligere non tamen audens
Invalidus pugnœ se custodivit in urbe,
Depopulans agros et amœna novalia Bari :
  Mœnia Guaimarius propriœ repedavit ad urbis.
    Guil. Apul Gesta R. Viscardi L. II. v 6 sqq.

Aimé II, 30 ne parle pas de la tentative de Guaimar et des Normands contre Bari; il se contente d'écrire après avoir raconté le partage fait à Melfi : et puiz torna le prince à Salerne, et lo conte à Averse sain et sauf.

[3] Les archives du monastère de la Cava possèdent (arc. 84 p. 209), un document du mois de février 1043 par lequel le monastère de S. Sophie achète diverses propriétés. Ce document est daté comme il suit : Anno XXV. Pr. Sal. D. Guaimarii, et V. an. Pr. Cap. et IV. an. Ducat. ejus Am. et I anno dictorum... D. Gisulfi filii ejus et I. an. Duc. corum Apuliæ et Calabriæ, mense Febru. XI Indict. voyez di Meo : Annali del regno di Napoli T. VII, p. 241. Plusieurs autres documents rédigés après le mois de février 1043 donnent à Guaimar ces mêmes titres : Cf. di Meo l. c. et pages suivantes.

voyons ce qu'il advint de ce Georges Maniacès, envoyé en Italie en avril 1042 sur l'ordre de l'impératrice Zoé, pour rétablir la fortuno dos Grecs. L'avènement de l'empereur Constantin Monomaque amena, ainsi qu'il a été dit, sa révocation, et la volte-face d'Argyros en faveur de Constantinople confirma Maniacès dans ses idées de révolte contre le pouvoir impérial. Au mois d'octobre 1042, peu après avoir fait assassiner les deux membres de l'ambassade de Constantinople, chargés de gagner Argyros à la cause des Grecs, Maniacès prit le titre d'empereur d'Orient, défendit à ses soldats d'obéir à un autre qu'à lui, et vint devant Bari avec une nombreuse armée. Son projet était de s'entendre avec Argyros, de le déclarer son collègue à l'empire pour marcher ensuite contre Constantinople avec leurs légions réunies. Argyros resta fidèle à Constantin Monomaque, refusa d'entrer en négociations avec Maniacès et lui ferma les portes de Bari. Repoussé par Argyros, Georges Maniacès se tourna vers les Normands et essaya de les gagner à sa cause, mais il ne fut pas plus heureux de ce côté ; la trahison d'Argyros ne décida pas les Normands à faire alliance avec son ennemi et l'ennemi de l'Empereur d'Orient ; ils préférèrent, avec raison, se constituer en pouvoir indépendant sous la suzeraineté de Guaimar de Salerne [1],

---

[1] « *Maniaki fecit.... se imperatorem ab omnibus appellari, et mense Octobris* « *venit Barum minime que illum recepit.* Lupi protospat. *Chronicon* ad an 1043.

> Inde venit multo vallatus milite Barum,
> Argyrum sperans promissis fallere posse.
> Ut collega suus fieret contra Monomachi
> Imperium, Gallos etiam sibi pacificare
> Teutabat. Quorum si posset habere juvamen,
> Cœdere posse suis sperabat viribus hostem
> Et Constantino facili diadema labore
> Ablatum retinere sibi. Quod sperat, inane est ;
> Nam neque Normannos nec eorum avertere mentem.
> Principis evaluit, contemptus at inde recessit.
> Guillelm. Apul. I. v. 502-511.

Dans ce passage Guillaume, de Pouille suppose à tort que les Normands se trouvaient avec Argyros à Bari, et qu'il était resté leur général, même après qu'il eut fait proclamer à Bari l'empereur Constantin Monomaque. L'élection de Guillaume bras de fer et le siège de Bari par Guaimar et les Normands,

Après ce double échec, Georges Maniacès se retira au sud-est de l'Italie, ou Tarente et Otrante reconnaissaient son autorité, et mit en sûreté dans ces deux villes le butin de ses expéditions. Il était persuadé qu'on ne pourrait le déloger de là et que Tarente notamment était une

---

au début de 1043, établissent le contraire d'une manière incontestable, et prouvent l'inimitié existant entre Argyros et les Normands. De Blasiis dit : (*La Insurrezione Pugliese e la Conquista Normanna, T. I, p.* 171, *sq*), que plusieurs Normands passèrent alors à Georges Maniacès et partagèrent ensuite sa fortune en Orient. Après la mort de leur chef, ils auraient été amenés prisonniers à Constantinople, puis auraient été remis en liberté pour faire partie d'une légion qui du nom de leur ancien général s'appela *Maniacata*. Cette opinion de De Blasiis n'est guère soutenable ; d'abord elle a contre elle le texte fort explicite de Guillaume de Pouille que nous avons donné. A l'appui de son assertion M. de Blasiis cite ce texte de Cedrenus : *Corruptis italicis copiis,...* — Cedremus : II. 548. La phrase de Cedrenus ne dit pas ce que De Blasiis veut lui faire dire ; la voici : « τὰς ἐν Ἰταλίᾳ δυνάμεις ἀνασείσας καὶ διαφθείρας, διψώντων τῶν στρατιωτῶν τὰς οἰκείας ἰδεῖν πατρίδας, ὅπλα κατὰ τοῦ βασιλέως κινεῖ, » « Il *excita et gagna les troupes de l'Italie d'autant plus facilement que les soldats voulaient regagner leur patrie et leva les armes contre l'Empereur.* Le texte de Cedrenus allégué par de Blasiis n'a donc rien à faire avec les Normands ; il parle des mercenaires de l'armée impériale qui voulaient regagner leur patrie. Reste le texte de Jean Curopalate également cité par de Blasiis. « Γεώργιος ὁ Μανιάκης ἐπὶ καταστάσει τῶν ἐν Ἰταλίᾳ τραγμάτων ἀποσταλεὶς προσηταιρίσατο μὲν Θράγγους πολλούς, καθ᾽ ἡμέραν δὲ καὶ τοὺς παρὰ τοῦ Δοκειανοῦ κακωθέντας καὶ ἡσυχίαν ἄγειν ἔν τίσι τέρμασι τῆς Ἰταλίας παρεσκεύασεν. Ἐδεδίεσαν γὰρ αὐτόν, πεῖραν τῆς αὐτοῦ ἐν πολέμοις γενναιότητος ἔχοντες. ἀντάραντος δὲ τῷ Μονομάχῳ καὶ κατηγωνισμένου, οἱ μὲν σὺν αὐτῷ περαιωθέντες τῳ βασιλεῖ δουλωθεντες Μανιαχατοι τε επωνομασθησαν καὶ τῇ Ρωμαίων πολλη ἐναπέμειναν. J. Curopalatæ *historia* à la suite de l'édition de Cedrenus T. II. p. 720. « Georges Maniacès, envoyé en Italie pour y rétablir les affaires de l'état, avait su se concilier beaucoup de Francs et pacifia dans ces pays ceux que les procédés de Dokeianos avaient exaspérés. Les Francs le respectaient, parce qu'ils connaissaient sa valeur à la guerre. Maniacès s'étant révolté contre Monomaque et ayant été vaincu, ceux qui étaient avec lui passèrent au service de l'Empereur, furent appelés Maniacètes et résidèrent à Constantinople. »

J. Curopalate se trompe en transformant en pacificateur ce cruel Maniacés qui n'a traversé l'Italie que comme un torrent dévastateur. De même, il fait, *l. c.*, de Robert Guiscard le fils d'un frère d'Ardouin ! Quelle confiance accorder à un annaliste aussi mal informé ? Dans le texte qui nous occupe, J. Curopalate dit que ceux qui étaient avec Maniacès, après sa révolte, formèrent plus tard la légion impériale des Maniacètes. A la rigueur, il n'affirme pas expressément que ces compagnons de Maniacès étaient Francs, c'est-à-dire Normands ; si l'esprit du contexte rend cependant assez plausible cette interprétation, il ne faut certainement l'entendre que *de quelques déserteurs isolés* ayant quitté l'armée franque pour passer à l'ennemi. La seule désertion constatée par les historiens est celle de Guillaume Barbotus et nous verrons qu'elle eut lieu plus tard vers 1051.

vaient en outre compter sur l'appui de leurs frères d'A-
versa et sur celui du prince de Salerne. Deux ans s'é-
position inexpugnable. Mais, au mois de février 1043, arriva de Constantinople avec une flotte nombreuse le catapan et *magister* Théodore Cano, et Georges Maniacès, assiégé du côté de terre par Argyros et du côté de la mer
par les vaisseaux du nouveau catapan, fut trop heureux
d'échapper à ses ennemis et de gagner Durazzo en l'Illyrie avec les troupes qui lui restèrent fidèles. Il continua
en Bulgarie la guerre contre Constantinople et, après
avoir un moment inspiré des craintes à Constantin Monomaque, mourut mortellement blessé dans une bataille
contre Stéphane Sebastophore [1].

Le départ et la mort de Georges Maniacès réduisaient
à deux les partis qui se disputaient la Pouille; d'un côté
les Grecs ayant Bari pour capitale et Argyros pour commandant et possédant encore une partie considérable du
territoire, de l'autre les Normands sous les ordres de Guillaume Bras de Fer, fortement établis à Melfi et occupant
plusieurs villes au nord et au centre; les Normands pou-

---

[1] *G. Cedreni histor*, T. *II*, p. 548-549. — *Lupi Chronicon ad an.* 1043 : In
mense vero Februarii descendit Theodorus Canus magister et Cathepanus,
et Maniaki prædictus perrexit Durachium. — Guillaume de Pouille fait de
la dernière lutte de Maniacès contre Argyros et Théodore Cano le récit suivant :
> Rursus et Argyrus nec non Théodorus ; at iste
> Milite cum multo, cum multis classibus ille,
>> Imperii jussu properare paratus in ipsum,
>> Hostilem quatiunt varia formidine mentem,
>> Et titubans animo, nunc huc, nunc fluctuat illuc.
>> Urbe metu tandem nimio prodire coactus
>> Rupibus incisis juxta maris alta locavit
>> Difficili sua castra loco ; qua pervius ulli
>> Non aditus fieret, scopulis hœrere carinas
>> Impositas gradibus faciens, ut pacificato
>> Æquore transiret : quosdam, quos æquora credit
>> Perturbasse magis, cruciat, succendit et igni ;
>> Necdum sedatis tranquillo tempore prorsus
>> Fluctibus œquorcio, naveis petit et mare transit.
>> Transitus ille tamen, misero nil profuit illi,
>> Occurente quidem Monomachi milite stratu
>> Occidit et scelerum persolvit corpore pœnas.
Guillaume de Pouille, fin du premier chant.

taient à peine écoulés depuis que, conduits par Ardouin,
ils étaient au nombre de 312 entrés de nuit dans Melfi;
et dans ces deux ans ils avaient vaillamment, à la pointe
de leur épée, et il faut ajouter, grâce aussi à leur finesse
politique, conquis cette grande situation. Trahis peut-être
par Adenulfe, certainement par Argyros, ils n'avaient
jamais désespéré; au lieu de les abattre, ces deux échecs
leur avaient enseigné à compter surtout sur eux-mêmes
et à se constituer fortement pour faire face à l'ennemi.

CHAPITRE IV

(1043-1051)

Après avoir raconté les péripéties de la guerre qui mit les Normands en possession d'une partie de la Pouille, il est temps de parler de ceux de leurs compatriotes qui, avec le même courage, mais non toujours avec le même succès, cherchèrent à faire fortune et à s'établir dans d'autres parties de l'Italie.

On se souvient que les abbés du Mont-Cassin, soucieux de défendre les biens du monastère contre des voisins pillards et turbulents, avaient, à diverses reprises, établi les Normands dans des châteaux dépendants de l'abbaye, avec la mission de faire respecter les droits et l'autorité de l'abbé vis-à-vis des seigneurs du pays ; pendant quelque temps, cette mesure produisit de bons résultats mais les abbés du Mont-Cassin ne tardèrent pas à s'apercevoir qu'ils avaient introduit le loup dans la bergerie et qu'il ne serait pas facile de l'en faire sortir [1].

En outre, lors de ses démêlés avec le Mont-Cassin, Pandulfe IV de Capoue avait donné à d'autres Normands une grande partie des biens du couvent pour s'assurer

---

[1] Interea cum præfatus abbas (Aténulfe) immo hoc monasterium magnis Aquinensium comitum infestationibus urgeretur, et neque servorum Dei hic com morantium, neque ipsius Sancti patris Benedicti reverentia, aliquatenus illorum nequitia sedaretur, magna demum abbas necessitate coactus, fortissimos aliquot sibi ex prædictis Normannis ascivit eosque in oppido quod Piniatarium nuncupatur (Pignataro au pied du Mont Cassin, sur les bords du Garigliano) ad monasterii bona tutanda constituit; quod quidem illi quandiu abbas ipse superfuit, strenue satis et fideliter executi sunt. Leo de' Marsi: Chronicon Casinense II. 38. — Leo avait copié ce passage dans les Dialogues de Désiderius abbé du Mont Cassin, plus tard pape sous le nom de Victor III. Cf. Desid. Dial. II. 22

leur amitié et leur concours dans ses nombreuses guerres[1].
Lorsque l'empereur Conrad vint, en 1038, dans l'Italie du
sud, les Normands avaient, par suite de cette imprudence des abbés du Mont-Cassin et grâce aux donations
peu scrupuleuses de Pandulfe, envahi une partie considérable des immeubles des bénédictins, et rien ne prouve
que Conrad ait modifié cette situation. Peut-être n'aurait-il pu le faire que très-difficilement, car les Normands
étaient tenaces; il préféra se contenter des promesses
que ceux-ci lui firent avec leur finesse et leur astuce ordinaires, de respecter le pouvoir de l'abbé et de défendre
son autorité contre tout ennemi.

Conrad parti, l'abbé Richer voulut recouvrer au moins
le château de Vantra, où Todinus, l'ancien administrateur
du couvent imposé par Pandulfe, s'était réfugié avec ses
partisans, lors de l'arrivée de l'empereur au Mont-Cassin.
Dans ce but, Richer pria Guaimar IV de Salerne de lui
venir en aide avec une armée. Guaimar s'exécuta, mais
le château était inexpugnable et, après trois mois de
siége, résistait encore. Guaimar méditait de livrer à ses
amis les comtes de Teano la forteresse, s'il parvenait à
s'en emparer, mais les moines du Mont-Cassin, ayant eu
vent de cette machination, s'empressèrent d'accorder à
Todinus les conditions qu'il mettait à la reddition de la
place, et le 14 août, le Mont-Cassin rentrait en possession
de la roche de la Vantra. Il est regrettable d'avoir à ajouter que les promesses faites par les moines à Todinus ne
furent pas tenues; au lieu de recevoir, comme on le lui
avait assuré, le château de Saint-Elie, Todinus fut obligé
d'exercer au Mont-Cassin les fonctions peu seigneuriales
de meunier et de boulanger[2].

[1] Dans la première rédaction de son manuscrit, Leo de' Marsi avait écrit II.
67 : a Normannis interea universa in circuitu monasterii (Montis Cassinensis)
castella retinebantur, exceptis sancto Germano, Sancto Petro, Sancto Angelo et
Sancto Georgio; quœ sola tantum modo illis Pandulfus non concesserat.
[2] Leo de' Marsi : Chron. Cas. II. 67. — Aimé II. 13. Dans Leo on voit que
l'abbé Richer promet à Todinus le castellum Sancti Heliœ, s'il consent à rendre
le château de Vantra et, d'après Aimé, l. c., au lieu d'être chatelain, Todi-

Ce succès dédommagea un peu les moines du Mont-Cassin des pertes qu'ils avaient faites, et peut-être se disposaient-ils à recouvrer quelque autre de leurs biens, lorsqu'un événement vint leur causer les plus grands embarras : c'était le retour en Italie de Pandulfe IV de Capoue. Au lieu de le recevoir avec bienveillance et de lui accorder quelques secours pour reconquérir sa principauté, l'empereur de Constantinople avait, ainsi que nous l'avons vu, envoyé Pandulfe en exil. Mais, à la mort du souverain au mois de décembre 1041, Pandulfe parvint à s'échapper et à regagner en Italie le château de Sant' Agatha, dont il avait confié la garde à son fils lorsqu'il avait dû fuir à Constantinople[1].

L'arrivée de Pandulfe IV, de l'adversaire déclaré de Guaimar de Salerne et du Mont-Cassin, mit toute la Campanie en émoi. Les comtes d'Aquino, Adinulfe et Lando, qui avaient épousé deux filles de Pandulfe IV, se déclarèrent aussitôt en sa faveur, ainsi que les comtes de Sexto et les fils de Borel. Les Normands établis par Pandulfe sur les terres du Mont-Cassin se ralliè-

nus o la barbe rese et la teste pellée et coperte d'une pel de lotre, estoit fait cernator de farine et faisoit pain. Il est facile de conjecturer d'après le récit de Leo de' Marsi sur la reddition de Vautra au Mont Cassin que les Normands de Pignataro faisaient cause commune avec Todinus contre les bénédictins.

[1] Leo de' Marsi: Chr. Cas. II. 63. — Aimé II. 12. — Et quant lo impereor fu mort, Pandulfe avec li antre liquel estoient exill, fu rappelé de lo exill, liquel estoit privéement asconz et espioit s'il polst nuire à Guaymarie. — Pandolfus Capuanus reversus est a Constantinopolim. Annales Beneventani ad. an. 1041 dans Pertz: Mon. Germ. hist. SS. T. III, p. 180. — L'empereur Michel IV le Paphlagonien étant mort le 10 décembre 1041 (Cedrenus, T. II. p. 533) et les annales de Benevent affirmant que Pandulfe était revenu en Italie en 1041, A. Hirsch l. c. p. 259 en a conclu que Pandulfe n'avait pas attendu, comme le dit Aimé, que l'empereur fut mort pour regagner l'Italie et par conséquent que l'exil de Pandulfe par ordre de cet empereur était probablement une fable imaginée par Aimé. Mais les Annales de Bénévent font commencer l'année au mois de Mars (voyez dans la dissertation de Wehrich : de conditione Italiæ inferioris Gregorio VII pontifice Regimonti 1861 — le § III intitulé : Auctorem annalium Beneventanorum annum calendis Martii incipere demonstratur). Pandulfe IV a donc très bien pu revenir en Italie du 10 décembre au 1er Mars suivant c. a. d. après la mort de l'empereur, comme le dit Aimé et encore en 1041, d'après la manière de compter des annales de Bénévent.

rent également à sa cause, parce qu'ils craignaient de perdre leurs domaines. Le parti opposé avait à sa tête, Guaimar de Salerne, dont la puissance était à ce moment peut-être plus apparente que réelle, l'abbé Richer du Mont-Cassin, les comtes de Teano et Rainulfe d'Aversa, avec ses Normands. Dans les deux camps se trouvaient donc des Normands, mais nous verrons que, dans les moments critiques, ils n'oublièrent pas qu'ils étaient frères; leur fidélité dut, plus d'une fois, causer aussi bien à Guaimar qu'à Pandulfe de graves préoccupations.

Les hostilités entre les deux ligues eurent lieu en divers pays; malheureusement le manque de plusieurs dates dans les documents originaux ne permet pas de les raconter en suivant l'ordre chronologique; et les données fragmentaires des chroniqueurs sont trop incomplètes pour projeter une lumière suffisante sur cette mêlée demeurée assez confuse.

Avec l'aide des fils de Borel, Pandulfe, IV, toujours persécuteur des moines, envahit le couvent de Saint-Vincent situé près des sources du Vulturne, le pilla et en expulsa les religieux. Hilaire, abbé du monastère, obtint de Guaimar le secours de quelques Normands et de quelques habitants de Capoue, car cette ville était toujours au pouvoir du prince de Salerne, et, avec cet aide, délivra son monastère des bandes de pillards [1].

D'un autre côté, Pandulfe comte de Teano et partisan de Guaimar fit prisonniers à Teano même, Adénulfe comte d'Aquino et plusieurs de ses amis et les livra à Guaimar. Les comtes d'Aquino, voulant venger Adénulfe et le délivrer, réunirent des troupes et marchèrent sur Teano. Mais, pour y parvenir, il fallait traverser le Garigliano, et l'abbé Richer, accompagné des hommes d'ar-

<hr/>

[1] Chronicon S. Vincentii Vulturnensis, IV dans Muratori : R. I. SS. T. II, 2° partie p. 494. L'appui que les Capuans donnent dans cette occasion à Guaimar de Salerne, prouve que ce prince avait alors Capoue en son pouvoir; par conséquent que le sac du monastère de S. Vincent par Pandulfe IV a dû avoir lieu après que Pandulfe fut revenu de Constantinople.

mes de l'abbaye, leur barra le passage pendant quinze
jours. Ce temps écoulé, les soldats de l'abbé Richer,
campés à San Germano, cessèrent d'observer l'ennemi,
et voulurent essayer un coup de main contre le château
de Cervaro, occupé par les Normands; ils décidèrent Richer à venir avec eux, le 1er mai, à cette expédition. Les
Normands firent une résistance opiniâtre et les troupes
de l'abbaye durent revenir sans avoir pu les réduire;
mais, pendant le retour, apparut subitement l'armée des
comtes d'Aquino; elle trouva, à l'endroit appelé plus tard
Ponte ligneo, le gué cherché pendant longtemps pour
traverser le Garigliano, et se précipita sur les soldats de
l'abbaye; plusieurs furent massacrés, d'autres, et parmi
eux l'abbé Richer, faits prisonniers. En apprenant la défaite et la capture de Richer, Pandulfe de Teano, alors
au Mont-Cassin, supplia les religieux de ne pas le
livrer à ses ennemis pour obtenir la délivrance de leur
abbé. Les moines venaient à peine de le lui promettre
et de le rassurer lorsque arrivèrent à l'abbaye les messagers des comtes d'Aquino proposant l'échange de Pandulfe de Teano et de l'abbé Richer. Les bénédictins refusèrent, et Richer leur fit dire de ne jamais consentir à
cette proposition. Aussi déclarèrent-ils qu'ils perdraient
tous les biens du monastère et leur vie, s'il le fallait, plutôt que de livrer Pandulfe de Teano. Richer fut emmené
à Aquino, et le lendemain le château Sant'Angelo, qui appartenait au Mont-Cassin, ouvrit ses portes aux soldats
des comtes d'Aquino. Enfin, au bout de quelque temps,
Guaimar de Salerne se décida, parce qu'il ne put faire
autrement, à rendre la liberté à Adénulfe, comte d'Aquino,
et de leur côté les comtes d'Aquino rendirent Richer à
son abbaye et à ses religieux[1].

Richer vint ensuite à Salerne sur l'invitation de Guaimar, et ce prince, alarmé de la tournure que prenaient

---

[1] Sur tous ces incidents, voyez Aimé II, 40 et surtout Leo de' Marsi: Chron.
Casin. II 68, Leo est pour cette partie, plus complet qu'Aimé sans compter
que le texte de ce dernier a été assez mal traduit dans ce passage.

les événements, conseilla à l'abbé du Mont-Cassin de traverser les Alpes et d'aller trouver l'empereur en Germanie, pour lui faire connaître la situation et obtenir de lui qu'il vînt en personne délivrer le Mont-Cassin ou qu'il envoyât des soldats chargés de cette mission. Richer devait représenter à l'empereur que sans ce secours le monastère du Mont-Cassin ne tarderait pas à être détruit et que Guaimar de Salerne perdrait sa principauté.

Ces conseils de Guaimar décidèrent l'abbé à tenter le voyage, et comme la voie de terre présentait probablement de grandes difficultés à cause de Pandulfe IV de Capoue et de ses amis, Richer s'embarqua à Salerne, avec deux religieux et quelques serviteurs, et vint à Porto Romano. Mais là son navire se brisa ; Richer et les siens se sauvèrent à grand'peine et arrivèrent à Rome, ayant perdu tout ce qu'ils avaient emporté. Grâce à la libéralité de quelques membres de l'aristocratie romaine, l'abbé put reprendre son voyage et gagna le nord de l'Italie.

Pendant son absence, un changement inattendu se produisait dans l'esprit des comtes d'Aquino ; la peste éclata dans le pays, et l'un des comtes nommé Siconulfe fut emporté par l'épidémie, ainsi que 2,500 personnes de la contrée. Les deux frères de Siconulfe, Adenulfe et Lando, voyant dans cette calamité une punition du Ciel pour leur conduite vis-à-vis du Mont-Cassin et de l'abbé Richer, se rendirent au monastère, la corde au cou, confessèrent leurs fautes et rendirent aux moines le château de Sant'Angelo. Les religieux s'empressèrent d'envoyer cette bonne nouvelle à leur abbé, qui, peu de temps après, arriva avec 500 soldats recrutés en Lombardie et eut à Patenaria une entrevue avec le prince Guaimar. La petite armée était trop faible pour assurer la victoire aux ennemis de Pandulfe ; aussi Guaimar, qui dans toute cette affaire ne paraît pas avoir joué un rôle bien franc, conseilla à Richer de repasser encore une fois les Alpes, pour revenir avec des forces plus considérables.

La peste disparue, les comtes d'Aquino, oubliant leur

repentir et leurs promesses, recommencèrent les hostilités contre le Mont-Cassin ; l'ancien abbé du couvent, ce Basile enfui à Constantinople avec son protecteur Pandulfe IV et retourné avec lui en Italie, vint sur ces entrefaites pour reprendre le monastère et, grâce au concours de ces mêmes comtes d'Aquino, s'en rendit maître pendant quelque temps. Cette dernière- violence détermina Guaimar à accourir avec une armée de Normands ; Basile épouvanté s'enfuit de nuit à travers les montagnes à Aquino. Pour le détacher du parti de Pandulfe et en délivrer le Mont-Cassin, Guaimar consentit, quelque temps après, à lui confier le gouvernement du monastère de Saint-Benoît à Salerne [1].

Richer regagna le sud de l'Italie après une absence de deux ans ; il amenait avec lui une armée plus nombreuse, mais Guaimar s'entremit une fois encore et empêcha l'abbé de faire avec ses soldats la guerre aux Normands, détenteurs des biens du monastère. Sur les conseils de Guaimar et probablement aussi à cause de l'arrivée des troupes de Richer, les Normands se décidèrent à jurer fidélité à l'abbé, et Richer rentra enfin dans son monastère. L'entente dura pendant quelque temps, et comme le château de Sant'Angelo donnait quelques inquiétudes et menaçait de tomber de nouveau au pouvoir des comtes d'Aquino, Richer s'y rendit avec les Normands, s'en empara et le détruisit de fond en comble ; cette mesure radicale rendit la paix au pays [2].

Mais une nouvelle brouille ne tarda pas à éclater entre l'abbé Richer et ses Normands ; ces derniers ayant commencé à élever des fortifications à l'endroit qui s'est depuis appelé Saint-André, l'abbé du Mont-Cassin leur fit dire de cesser les travaux ; les Normands refusèrent d'obéir et ne tinrent aucun compte de cette défense. Richer

---

[1] Nous n'avons que le témoignage de Leo de' Marsi sur ces voyages de Richer et sur ces rapports des comtes d'Aquino avec le Mont Cassin ; Cf. Chron. Cas. II, le chapitre 69 tout entier.

[2] Leo de' Marsi II, 70.

fut d'autant plus peiné de cette révolte qu'il voyait les forces des Normands augmenter tous les jours, et que les alliés sur lesquels il avait cru pouvoir compter, lui faisaient complètement défaut. Tout à fait découragé et ne voyant pas comment il pourrait remédier à cette situation, l'abbé du Mont-Cassin songeait à regagner son pays de Bavière et à quitter pour toujours l'Italie, lorsque en 1045 un incident bien fortuit, bien inattendu rétablit les affaires de la célèbre abbaye [1].

Un jeune comte normand, nommé Rodolphe, gendre du comte d'Aversa, vint au Mont-Cassin avec de nombreux soldats, dans l'intention, d'après Leo de'Marsi, de s'emparer de l'abbé Richer ou de le tuer. Avant de mettre ce projet à exécution, Rodolphe et les siens déposèrent leurs armes à la porte de l'église du monastère, car la coutume du temps ne permettait pas aux soldats de pénétrer armés dans un sanctuaire, et entrèrent ensuite faire leurs prières. Les serviteurs du monastère, profitant de ce moment, se précipitèrent sur les armes des Normands, s'emparèrent des chevaux, fermèrent les portes de l'église et se mirent à sonner les clochcs à toute volée. Les habitants d'alentour, effrayés par ces bruits, ne sachant pas se qui se passait à l'abbaye et croyant qu'on voulait enlever l'abbé, accoururent au Mont-Cassin avec leurs armes, enfoncèrent les portes de la Basilique et se jetèrent sur les Normands, qui n'avaient que leurs épées pour se défendre. Les Normands luttèrent avec leur courage habituel, puis, voyant qu'ils ne pouvaient continuer la résistance, demandèrent qu'on respectât la sainteté du lieu et qu'ils eussent la vie sauve. Cette prière, que les circonstances rendaient si juste et si légitime, ne fut pas écoutée : quinze d'entre eux furent massacrés, d'autres purent prendre la fuite, et quant au comte Rodolphe, les moines survenus sur ces entrefaites eurent toutes les peines du monde à l'arracher à la foule

---

[1] Leo de' Marsi II. 71, initio.

qui voulait sa mort. Ils le conduisirent prisonnier dans l'intérieur du monastère[1].

Cette victoire des bénédictins obtenue par un procédé si peu honorable, si répréhensible, car rien ne prouve que les Normands venus au Mont-Cassin aient eu les intentions que Leo de' Marsi leur prête, fut le prélude d'une campagne de l'abbé du Mont-Cassin contre les Normands établis sur les terres de l'abbaye; et ces derniers, épouvantés par le récent massacre d'une partie des leurs et par l'emprisonnement du comte Rodolphe, cédèrent toutes les positions, à l'exception du château de Saint-Victor et de celui de Saint-André. Pour enlever ces deux forteresses, les religieux appelèrent à leur aide les comtes des Marses et les fils de Borel; ceux-ci, qui, quelque temps auparavant, avaient marché avec Pandulfe IV au sac du monastère de Saint-Vincent sur le Vulturne, ne firent pas difficulté de changer de parti et de combattre les ennemis du Mont-Cassin. Devant ces forces réunies, le château de Saint-Victor fut obligé de se rendre, et les Normands, traqués de toute part, se réfugièrent à Saint-André, où se trouvait aussi la femme du jeune comte Rodolphe, prisonnier au Mont-Cassin. Saint-André résista pendant treize jours, mais un assaut général et très meurtrier obligea alors les Normands à capituler. Ils obtinrent la vie sauve et durent livrer leurs armes, leurs chevaux, leur argent : aussi retournèrent-ils à Aversa demis-nus, exténués de fatigue et demandant à leurs frères de venger leur défaite[2].

---

[1] Aimé II. 41.—Leo de'Marsi II. 71. Aimé ne parle pas du comte Rodolphe et suppose que ce furent les moines eux mêmes qui, au nombre de 10 ou 12, assaillirent les Normands dans l'église, les massacrèrent en partie et firent les autres prisonniers. La bravoure bien connue des Normands ne permet guère de supposer que quelques moines aient eu raison d'eux, aussi le récit de Leo de' Marsi que nous avons suivi parait-il plus plausible.

[2] Leo de' Marsi II. 71. — Aimé II. 41, 42. — Aimé se trompe en disant que le jour même où les Normands avaient été massacrés ou faits prisonniers dans l'église du Mont Cassin, les chateaux qu'ils occupaient sur les terres de l'abbaye s'étaient rendus aux bénédictins : « Et en jor, touz les chasteauz de Saint-Bénédit furent recovré, liquel li empereor non peut o armes prendre en

Ces événements se passaient en 1045, c'est-à-dire à un moment où le comté d'Aversa traversa lui aussi une période critique. Sans cette coïncidence, il est probable que, ne tenant pas compte des conseils et des défenses de Guaimar, les Normands d'Aversa auraient marché contre le Mont-Cassin, mais ils durent songer tout d'abord à régler leurs propres affaires [1].

Pendant que se continuait la guerre de la conquête de la Pouille, les Normands restés à Aversa firent comme leurs compatriotes: ils guerroyèrent contre leurs voisins pour s'emparer de leurs biens et furent le fléau des indolentes populations de Naples, et de Capoue. Un curieux document des archives de Naples, rédigé en 1043, permet de constater cette activité envahissante des Normands d'Aversa et les sentiments d'exécration qu'elle faisait naître chez les indigènes. Un prêtre nommé Etienne Franco, gardien de l'église de Saint-Janvier qui dépendait du couvent napolitain de Saint-Serge et Saint-Bacchus et était située dans le village des Juifs et des *Tria Fata* aux portes de Naples, s'excuse par ce document de ne pouvoir payer au monastère les redevances habituelles, parce que les biens de l'église de Saint-Janvier ont été envahis et ravagés, il ajoute qu'il s'empressera de le faire lorsque « *le Seigneur aura délivré la terre de Labour de ces maudits Normands, et lorsque le pays sera redevenu libre* ». Le vœu du pauvre bénéficier aux abois n'était pas près d'être réalisé ! [2].

---

un an. » Dans le chapitre suivant il est obligé de se contredire et d'avouer que Richer fit fondre la vaisselle d'or et d'argent du Mont Cassin pour payer les troupes qui marchèrent contre les Normands encore établis dans deux châteaux de l'abbaye « rompi la visselle d'or et d'argent, liquel avoient ésté fait à l'honor de Dieu, et les parti à li chevalier d'ilec entor, liquel il assembla contre la force de li Normant.

[1] Acta sunt autem hœc de Normannorum expulsione anno Domini 1045. Leo de' Marsi II. 71, première rédaction. — Satuentibus deinde Aversanis sociorum injurias vindicare, Guaimarius obstitit. Leo de' Marsi II. 71, première rédaction.

[2] *Regii Neapolitani archivi monumenta edita ac illustrata :* « et ubi domino placucrit et illi maledicti lormannis exieris de liburic ut recollissiremuus térris de

Dès l'année 1043, les Normands débordaient donc sur tous les points dans l'Italie méridionale; sur les bords du Garigliano, ils disputaient à l'abbé du Mont-Cassin les châteaux du monastère; dans la Pouille, ils étaient maîtres d'une partie notable du pays, menaçaient Bari, qu'ils avaient possédé un moment et se montraient jusque devant les murs de Tarente; dans la terre de Labour ils possédaient Aversa et Gaëte et infestaient les environs de Naples. Quelque grandes que fussent la bravoure et la hardiesse des Normands, elles ne suffisent pas à expliquer une diffusion aussi rapide et un éparpillement de force aussi étendu; il faut admettre aussi que l'émigration fut, vers cette époque, très nombreuse, et qu'il y eu une véritable exode des hommes d'armes du nord-ouest de la France vers les lointaines régions du sud-est et du sud-ouest de l'Italie.

En juin 1045, mourut « *en bone villesce et prospérité de fortune et en mémoire de paiz* » Rainulfe comte d'Aversa[1]. Avec lui disparaissait le Normand qui le premier avait fondé en Italie un établissement durable. Tour à tour allié et ami de Pandulfe IV de Capoue, de Serge duc de Naples et de Guaimar prince de Salerne, Rainulfe ne consulta jamais que ses intérêts pour conserver ou abandonner ses amis. L'histoire doit surtout lui reprocher sa conduite vis-à-vis de Serge de Naples, qui

---

liburias tunc ego in tota memorata ecclesia dare debeo auri solidos quindecim.... « 4° vol. in-4° Neapoli. 1854, p. 299 sq. Document n° 380 et p. XII note XVI à la fin du volume.

Aimé: II 31. Sans indiquer l'année, le Nécrologe de S. Benoit de Capoue dit que Rainulfe, comte d'Aversa mourut en juin. Comme au début de 1047, lors du voyage de l'empereur Henri III dans l'Italie du Sud, un autre Rainulfe (Rainulfe Trincanocte) était comte d'Aversa et qu'entre ces deux Rainulfe, il y a eu le jeune comte Asclitine qui a gouverné fort peu de temps et Raoul fils d'Odon rapidement renversé par Rainulfe Trincanocte, c'est en juin 1045 que se place le plus vraisemblablement la mort du premier comte d'Aversa. Cette induction s'appuie sur un autre argument. Aimé dit que Rainulfe garda jusqu'à sa mort le duché de Gaëte, d'un autre coté, Adinulfe d'Aquino qui lui succéda à Gaëte, dit dans un diplôme de 1053 qu'il possède le duché depuis 8 ans. C'est donc en 1045 qu'il avait succédé à Rainulfe d'Aversa. Cf. Federici: Duchi e Ipati di Gaeta p. 359. — De Blasiis: T. I. p. 185 et Hirsch p. 272, acceptent cette date de 1045.

commença sa fortune et que la trahison de Rainulfe fit mourir de chagrin. Reconnaissons toutefois, sans trop examiner si son intérêt n'était pas d'agir ainsi, que Rainulfe est resté pendant de longues années fidèle à Guaimar de Salerne. Ce dernier l'en récompensa en lui aidant à conquérir le duché de Gaëte, que Rainulfe posséda assez longtemps et jusqu'à sa mort[1]. Il est probable que les prétentions du comte d'Aversa sur ce duché provenaient de son premier mariage avec la sœur de Serge de Naples, veuve du duc de Gaëte. Rainulfe laissa de vifs regrets parmi les Normands d'Aversa ; car, dit Aimé, il se faisait plus aimer comme père que craindre comme seigneur.

Les Normands privés de leur chef vinrent, avec une docilité qui surprend un peu, trouver leur suzerain Guaimar de Salerne, et lui demandèrent de nommer un successeur à Rainulfe. Guaimar, heureux et fier de cette démarche, leur dit de choisir eux-mêmes celui auquel ils destinaient cet honneur.

Les Normands élurent alors Asclitine fils d'Asclitine comte d'Acerenza, celui-ci était frère du comte Rainulfe ; ils lui envoyèrent aussitôt des messagers chargés de lui faire connaître son élection et de lui dire de venir pour être investi de sa nouvelle dignité. Asclitine accourut à Salerne où Guaimar le reçut comme un fils et lui fit de grands présents. Les deux seigneurs se rendirent ensuite à Aversa où la population leur fit un accueil chaleureux. On apporta le gonfanon d'or, et Guaimar le prit de la main

[1] Aimé II. 31. — Federici : Duchi e Ipati di Gaëta p. 353. Le diplôme cité par Federici est daté de la manière suivante : Secundo anno resedentibus Gaïeta civitate domno Rainulfus dux et consul, mense decembris. Indictione XI[a]. — Un autre diplôme également indiqué par Federici p. 349, et correspondant à l'année 1040 prouve qu'avant l'avènement de Rainulfe à Aversa, l'autorité de Guaimar fut pendant quelque temps reconnue à Gaëte ; on y lit en effet : Primo principatus domno Guaimario Dei gratia princeps et dux mense Junio Indict. VIII. Gajeta. — Cf. de Blasiis T. I. p. 146. — Ce dernier diplôme fait voir qu'Aimé est tout à fait dans le vrai lorsqu'il écrit II. 31 « pour l'aide de lo prince Gunimaro, le comte Raynolfe de Averse fu fait duc de Gayte. »

droite pour le donner à Asclitine, qui « *lo prist à grant joie et à grant alégresce.* »

Guaimar et les Normands étaient émerveillés de la beauté et de la prouesse du nouveau comte, que l'on appelait le jeune comte par opposition au vieux Rainulfe son prédécesseur ; le moine du Mont-Cassin, Aimé, ne parle, lui aussi, qu'avec attendrissement de cette sympathique figure, qui ne parut que bien peu de temps sur le trône comtal d'Aversa ; il était, dit-il, « *biauz, fors et còrtoiz, et sage, et plein de toutes bontés que jovène doit avoir en sa personne.* »

Au bout de quelques mois, la mort couchait dans la tombe le jeune comte, à la grande douleur de Guaimar et de ses nouveaux sujets ; il disparut comme une vision d'autant plus attrayante que les Normands en Italie, au XIe siècle. étaient, à peu près tous, de rudes batailleurs et de forcenés pillards [1].

Asclitine et ses successeurs immédiats n'héritèrent pas du duché de Gaëte, qu'avait possédé jusqu'à sa mort le premier comte d'Aversa. Les habitants de Gaëte, mécontents de Guaimar préférèrent choisir pour leur duc un ennemi du prince de Salerne, Adenulfe comte d'Aquino. Guaimar marcha avec une armée contre le nouveau duc ; une bataille s'engagea, et Adenulfe, qui s'y conduisit très-bravement, fut vaincu et fait prisonnier. Vers la même époque l'infatigable Pandulfe IV, profitant de tous ces désordres, s'aboucha avec les Normands expulsés des domaines du Mont-Cassin, et leur promit de leur rendre ce qu'ils avaient perdu, s'ils voulaient marcher avec lui contre Guaimar. Les Normands ne demandaient pas mieux ; Pandulfe forma avec eux et avec d'autres de ses partisans une armée assez considérable, qui vint camper à San Pietro in Flea. Les bénédictins du Mont-Cassin

---

[1] Sur Asclitine comte d'Aversa, voyez Aimé II, 31. — Leo de' Marsi II. 66. Apud Aversam autem defuncto Rainulfo, successit ei Asclittinus qui cognominatus est comes juvenis. Dans sa première rédaction, Leo l'appelle Aschettinus Rodelgeri.

furent épouvantés du danger qui les menaçait, et l'abbé
Richer prescrivit de chanter les grandes litanies dans
toutes les églises dépendant de l'abbaye, pour invoquer le
secours du Ciel.

Mais pendant ce temps la solitude de la prison avait
modifié les sentiments d'Adenulfe comte d'Aquino. Il était
mécontent de Pandulfe IV, parce que celui-ci refusait de
rendre la liberté à une sœur des comtes de Teano, qu'il
détenait prisonnière, quoique Guaimar eût promit de l'é-
changer contre Adenulfe. Voyant. dit Leo de' Marsi, qu'on
lui préférait une simple femme, Adenulfe fit dire à Guaimar que, s'il voulait lui rendre la liberté, il lui serait
éternellement fidèle, ainsi qu'au monastère du Mont-
Cassin, dont il demandait à prendre la défense contre
Pandulfe IV. Guaimar accéda à la prière du prisonnier, et Adenulfe se hâta de venir au Mont-Cassin se
mettre à la disposition de l'abbé Richer. Il y fut reçu
comme un sauveur inespéré. L'abbé lui donna un cheval
de prix, des armes, un beau drapeau, et le nomma défenseur du Mont-Cassin. De son côté Adenulfe rendit aux
moines un calice d'or et une chape diaprée que Pandulfe
IV lui avaient donnés après les avoir volés au Mont-
Cassin. Immédiatement Adenulfe fit dire à Pandulfe qu'il
avait pris en main la défense de l'abbaye, et qu'il eût à se
retirer, lui et ses alliés. Le loup des Abruzzes, croyant
toujours Adenulfe 'en prison, ne vit dans ce message
qu'une ruse des moines et ne recula pas. Mais le comte
d'Aquino réunit alors tous les hommes qu'il put recruter,
parents, amis, etc., et vint camper *ad perticelas* en face
de Pandulfe. Celui-ci, ne pouvant plus alors se faire illusion, se retira avec ses Normands, comme il était venu,
et Adenulfe occupa le duché de Gaëte, du consentement
de Guaimar[1].

Le Mont-Cassin put respirer en paix pendant quelque

---

[1] Tous ces détails sur la manière dont Adenulfe prit possession du duché de
Gaëte nous sont fournis par Leo de' Marsi qui leur consacre le chap. 74.
du II⁰ livre.

temps, mais de nouveaux dangers ne tardèrent pas à préoccuper les bénédictins. Après un an de captivité, le jeune comte normand Rodolphe, fait traîtreusement prisonnier dans l'église même de l'abbaye, avait recouvré la liberté sur les sollicitations de Drogon, comte de Pouille et de nombreux capitaines normands venus en visite au Mont-Cassin, Rodolphe promit sous la foi du serment à Richer de ne jamais chercher à s'emparer des biens du monastère, de ne pas se venger pour l'année de prison qu'il venait de faire. Afin de cimenter l'accord, l'abbé du monastère lui fit cadeau des milles pièces d'argent que Drogon et les capitaines avaient données au Mont-Cassin pour la rançon du prisonnier. Le comte Rodolphe revint auprès de son beau père à Aversa, mais oublia bien vite ses serments et ne songea qu'à se venger des moines du Mont-Cassin. Après la campagne infructueuse de Pandulfe IV contre Adenulfe, duc de Gaëte, il réunit à son tour les Normands expulsés des biens du Mont-Cassin, et allait commencer l'expédition, lorsque le jour de son départ il mourut subitement. Sa mort et celle de plusieurs de ses compagnons d'armes sauva, une fois encore, les bénédictins[1].

Après la mort d'Asclitine, Guaimar de Salerne n'usa pas vis-à-vis des Normands d'Aversa de la courtoisie dont il avait fait preuve lors de la mort du comte Rainulfe.

Il prétendit leur imposer un comte de son choix, Raoul fils d'Odon, qui n'avait aucun lien de parenté avec la famille des deux premiers comtes. Aussi Raoul fut-il reçu à Aversa avec peu d'empressement. Un neveu du vieux comte Rainulfe, nommé Rainulfe Trincanocte, chercha à s'emparer de l'héritage de son oncle, mais il tomba entre les mains de Guaimar, qui le fit enfermer dans le château-fort situé au-dessus de Salerne. Là, Rainulfe

---

[1] Après avoir raconté, à la fin du chap. 72 comment Drogon, venu au Mont Cassin, avait obtenu de l'abbé la délivrance de Rodolphe, Leo de' Marsi parle dans le chap. 75 (L. II) de la tentative de Rodolphe pour se venger et de la mort inopinée qui y coupa court.

Trincanocte eut pour compagnons d'infortune le Normand Hugo Fallacia[1] et deux Amalfitains, Jean Pantaléon[2] et Constantin fils de Tuisco. Les quatre prisonniers dont la détention était fort rigoureuse parvinrent à gagner Martin, « *guarde de la prison et portier de la de toute la roche.* » Ils s'entendirent avec des habitants d'Amalfi, firent venir du vin préparé et enivrèrent les soldats préposés à la prison. Martin leur ouvrit ensuite les portes, et, grâce aux chevaux que les Amalfitains leur avaient amenés, ils gagnèrent au plus vite le château de Madalone entre Caserte et Aversa. Si Guaimar fut fort triste quand « *il se leva au matin et vit le chastel* » vide, en revanche Pandulfe IV fut très heureux de cette délivrance ; il espérait se servir de ces nouveaux alliés pour reconquérir enfin sa principauté de Capoue[3].

Une ligue ne tarda pas en effet à se conclure entre Pandulfe IV et Rainulfe Trincanocte. L'argent que ce dernier fit donner clandestinement aux Normands d'Aversa acheva de les détacher de leur nouveau comte Raoul fils d'Odon, imposé par Guaimar et pendant la nuit, Trincanocte fut introduit dans Aversa. Le lendemain les Normands tinrent conseil et se prononcèrent contre Raoul, qui prit la fuite et reçut, pour ce motif, le surnom de *Cappellus*.

Trincanocte, acclamé comte d'Aversa, résolut aussitôt de se venger de Guaimar, qui l'avait fait mettre en prison au lieu de lui accorder le comté ; il projeta avec Pandulfe IV d'aller assiéger Guaimar dans Salerne, et celui-ci dut appeler à son aide les Normands de la Pouille et leur nouveau comte Drogon[4].

[1] Ce Hugo Fallacia doit être le même que Hugo Falluca qui d'après Leo de' Marsi, II, 41, fit partie de la colonie normande de Comino Cf. supra p. 64.

[2] Sur ce Jean Pantaléon fils de Maurus, membre de l'illustre famille des Pantaléon d'Amalfi, voyez Strehlke dans le grand ouvrage de Schulz: Denkmaler der Kunst des Mittelalters in Unteritalien, T. II. p. 242.

[3] Ce curieux épisode de l'emprisonnement de Rainulfe Trincanocte au chateau fort de Salerne est raconté tout au long dans Aimé II, 33.

[4] Aimé II, fin du chap. 33 et c. 35. — Leo de' Marsi II. 66. Dehinc (après Asclitine le jeune comte). Rodulfus cognomento Capellus. Quo ab Aversanis expulso, Raidulfus, Trinclinocte comes effectus est. — La première rédaction

Cette invitation mettait Drogon dans une situation délicate; c'était son suzerain légitime, celui auquel, d'après
le droit féodal, il devait l'obéissance militaire, qui lui demandait de combattre ses frères, ses compatriotes, ses
amis. Toutefois Drogon n'hésita pas et se rangea du côté
de Guaimar. « *Alons*, dit-il, *contre nostre anemi, et oppri-
mons lo audace soe; alons lui à l'encontre à mége voie, et là
« mostrons la vertu nostre, et la fin de la bataille o la superbe
de cestui présuntuouz déterminons.* » L'armée des Salernitains et des Normands de la Pouille suivit ce conseil
et vint au-devant des soldats de Rainulfe Trincanocte et
de Pandulfe IV jusqu'à la montagne de Sarno, non loin et
à l'est du Vésuve.

Tous les plans du nouveau comte d'Aversa et de son allié furent renversés par cette entente entre Drogon et
Guaimar; Pandulfe IV, qui manquait de provisions pour
nourrir ses troupes, déserta la lutte; Rainulfe Trincanocte se soumit au comte Drogon et lui demanda d'intercéder pour lui auprès de Guaimar. Le prince de Salerne ne
voulut d'abord rien entendre, mais il avait trop grande besoin de Drogon et de ses Normands pour résister longtemps
à une prière qui déguisait un ordre. Il consentit à reconnaître Rainulfe Trincanocte comme comte d'Aversa, et ce
dernier « *fu clamé devant lo prince Guaymère et devant
Drogo.* » Il promit d'être un vassal fidèle à l'égard du
prince de Salerne, qui l'investit du gonfanon et lui fit de
grands présents.

Rainulfe Trincanocte regagna donc Aversa, brouillé
avec Pandulfe IV, mais reconnu comte légitime[1] par
Drogon et Guaimar.

Pendant que se passaient autour du Mont-Cassin et à
Aversa les évènements que nous venons de raconter, la

porte : Rodulfus filius Oddonis cognomento Capellus, quem post paucum
tempus Aversani de honore projicientes, Rodulfum Trincanocte præfecerunt.
[1] Nous ne connaissons que par Aimé ces divers incidents qui précédèrent
l'avènement définitif de Rainulfe Trincanocte au comté d'Aversa. Cf. Aimé : **II.**
35, 36, 38.

lutte continuait dans la Pouille et dans la Calabre entre
les Normands et les Grecs, mais c'est à peine si les chroniqueurs contemporains en ont mentionné les dates principales. Quelques lignes dans la chronique de Lupus,
dans l'anonyme de Bari et dans la chronique abrégée des
Normands, et c'est tout. Les auteurs classiques, Malaterra,
Aimé, Leo de' Marsi et Guillaume de Pouille sont muets
sur cette période, importante cependant, qui va du commencement de 1043 à la fin de 1046, c'est-à-dire du siége
de Bari par Guaimar et le nouveau comte Guillaume
Bras-de-fer à la mort de ce dernier.

Une phrase des annales de Bari rapporte qu'en 1044
Argyros livra, probablement contre les Normands, une
bataille navale à Asta, et qu'Alefantus, fils de Nacler, périt dans cette journée. Le texte n'indique pas où est Asta,
et oublie aussi de dire si Argyros fut vainqueur ou vaincu[1].
En cette même année, d'après la chronique du *protospatarios* Lupus, Guillaume Bras-de-fer et Guaimar de Salerne,
réunissant leurs forces comme ils l'avaient fait au début de
1043, descendirent en Calabre et, après une marche har-
die en plein territoire grec construisirent, pour avoir, dans
le pays, une position inexpugnable le château fort de
Stridula à Squillace. La position de Squillace à une grande
distance de Salerne et des villes des Normands dans la
Pouille a fait supposer à Di Meo que la campagne de
Guaimar et de Guillaume Bras-de-fer fut dirigée contre
les Sarrasins, devenus les alliés des Grecs contre les
Normands, mais aucun document n'autorise cette supposition[2].

Tout en étant fort laconique, la chronique abrégée des
Normands est plus précise pour ce qui concerne les évè-

---

[1] Argiro direxit stolum ad ipsa Asta, ubi occisus est Alefantus Nacleri.
Chonr. Bar. ad an. 1044 : Cité par de Blasii op. cit. T. I. p. 183, note 1.

[2] Guilelmus filius Tancredi descendit cum Guarimari principe in Calabriams.
fecerunt que ipsam Stridulam (une variante ajoute Squillaci) castellum.
Lupus ad an. 1044. — Di Meo : Annali del regno di Napoli T. VII. ad. an.
1044.

nements de 1045. Elle rapporte que, dans le courant de cette année, une bataille s'engagea à Tarente entre les Normands et le catapan impérial Argyros, duc des Grecs, et se termina par la défaite des Normands. C'était probablement une nouvelle tentative des Normands, aussi infructueuse que les précédentes, pour s'emparer de l'imprenable Tarente. Mais les Normands eurent, peu de temps après, leur revanche à Trani, où Argyros fut complètement battu par Guillaume Bras-de-fer [1].

Ce fut, selon toute apparence, cette défaite qui causa le retour momentané d'Argyros à Constantinople en 1046; il eut pour successeur le catapan Eustache Palatinus, qui, dit la chronique de Lupus, rappela à Bari tous ceux qui en avaient été exilés. Il s'agit sans doute des habitants de la Pouille révoltés contre Constantinople, des *conterati* devenus les ennemis d'Argyros depuis qu'il avait abandonné la cause de l'indépendance du pays, pour devenir le représentant de la domination étrangère. Le nouveau catapan essaya de pacifier ces éléments rebelles afin de lutter contre les Normands avec plus d'avantage, mais ces calculs et ces ménagements politiques ne l'empêchèrent pas d'être vaincu par ces derniers, le 8 mai 1046, dans une bataille livrée à Tarente, d'après l'anonyme de Bari, à Trani, d'après une variante de la chronique de Lupus: on ne dit pas si la reddition aux Normands de l'une ou l'autre de ces deux villes fut le prix de la victoire [2].

[1] Argyrus Bariensis imperialis catapanus et dux Græcorum, vadit in Tarentum contra Northmannos, et vincit eos; et deinde vadit in Tranum et vincitur ab eis, duce Guillelmo Ferra brachio, qui intitulatus est primus comes Apuliæ. Chronicon breve Nortmanicum ad an. 1046 dans Migne: Patr. lat. T. 142. Col. 1083.

[2] Perrexit Argiro patricius Constantinopolim et Palatinus cathepanus, qui et Eustasius revocavit omnes exiliatos in Barum ; perrexit que Tarentum. Et 8 die intrante mense Maii commisit proelium cum Normannis et ceciderunt græci. Lupus protosp. ad an. 1046. Une variante du manuscrit ajoute in Trano. C'est probablement à cette bataille entre les Grecs et les Normands que fait allusion la Chronicon breve Nortmannicum, dans ce passage ad an. 1046. Factum est iterum proelium in Apulia inter Græcos et Northmannos. Et isti fugaverunt et dissipaverunt exercitum Græcorum. Guillaume de Pouille parle aussi du retour d'Argyros à Constantinople, il écrit:

Quelque temps après la défaite d'Eustache Palatinus,
dans les derniers mois de 1046, mourait d'une mort prématurée le héros de Syracuse et de Monte Peloso, Guillaume
Bras-de-fer, premier comte des Normands de la Pouille.
Nous ne connaissons ni le jour ni les circonstances de la
mort du brillant et intelligent aventurier qui, même au
milieu de ces Normands capables d'assommer un cheval
d'un coup de poing, mérita par sa force herculéenne et
son indomptable courage, le surnon de Guillaume Bras-
de-fer. A la tête des Normands de la Pouille depuis trois
ans à peine, il laissa néanmoins parmi eux de profonds
regrets; car, dit Geoffroy Malaterra, ils perdraient par sa
mort un homme d'un grand conseil, brave à la guerre,
libéral envers tous, affable, plein de générosité, et ils désespéraient de retrouver un semblable chef. Guillaume de
Pouille dit de son côté que, si Guillaume avait vécu plus
longtemps, la poésie aurait été impuissante à chanter ses
louanges, tant la droiture de son esprit et sa bravoure
militaire étaient au-dessus de tout éloges. Une tradition
rapporte que Guillaume Bras-de-fer fut enterré dans l'église
de la Trinité à Venosa [1].

Constantinus eo qui tempore jura regebat
Imperii, mandat properet quantocius ad se
Argyrus, jussis favet imperialibus ille
Æquoris Adriaci transvectus fluctibus urbem
Appetit imperii placidus, qui præsidet urbi
Suscipit egressum magnis et honoribus illum
Promovet......
Guilel. Apul. L. II, V. 14-19. Pertz SS. T. IX p. 254.
Enfin un fragment demeuré à peu près indéchiffrable de l'anonymé de Ba-
ri, indique seulement que Umfroy, frère de Guillaume bras de fer et de Dro-
gon se trouvait en Pouille en 1046 et qu'il eut avec la ville de Bari des relations dont on ne sait pas la nature « Et fecit Bari.... cum Unfreida comite ad
an. 1046. On se souvient que Umfroy ne fit pas partie des premiers conqué-
qants de la Pouille et n'eut pas de part au premier partage.
Malaterra II. 12, Igitur seniore fratre, Guilielmo videlicet comite. infirmi-
tate præveniente, defuncto, magnus dolor omnes Nortmannos invasit. Quippe
qui tanti consilii virum, tam armis strenuum, tam sibi munificum, affabilem,
morigeratum ulterius se habere diffidebant. Sed exequiis, ex more accuratissime et cum magno planctu non immerito celebratis, secundus frater Drogo
totius Apuliæ dominatum suscepit. — La date de la mort de Guillaume nous
est fournie par Lupus ad an. 1046: Et hoc anno obiit Guilelmus et frater ejus
Drago factus est comes. — Aimé, si prolixe parfois pour des faits de peu d'im-

Le comté de Pouille n'était pas un fief héréditaire en 1046, aussi la succession de Guillaume Bras-de-fer occasionna quelques troubles, trop brièvement racontés par Guillaume de Pouille. « Le peuple d'Italie, dit le poète, tremblait devant Humfroy, uni à son frère Drogon, quoique à cette époque, leur parent Pierre fût plus riche qu'eux. C'est ce Pierre qui a fondé Andria, Quarata, Bisceglia et Barletta au bord de la mer. Sa renommée surpassait celle des autres comtes ; mais le comte Humfroy et son frère Drogon humilièrent son insolence, et pendant que, perdant un temps précieux, il fait ses préparatifs pour la guerre, il est vaincu et fait prisonnier ; la roue de la fortune avait tourné portant au sommet les fils de Tancrède. » Quelle est dans ce passage la part de la poésie et celle de la vérité ? Le silence de tous les autres documents sur cette petite guerre ne permet pas de répondre à la question, mais nous savons du moins que le comte Pierre n'a fondé ni Andria qui existait au Xe siècle, ni Barletta qui était habitée vers l'an 500 [1].

---

portance, se borne à ces quelques lignes sur la mort de Guillaume bras de fer : En cellui temps meismes, si comme nous trouvons escript en ceste cronica, fu mort Guillerme conte de Puille, home sage et singuler, et à lui succédi son frère liquel se clamoit Drogo, et fu fait conte de Puille de li vaillant chevalier normant, et estoit apprové de Guaymère. II. 34 — Guillaume de Pouille est moins avare de louanges sur le premier comte Normand de la Pouille.

> Interea populus, quem rexerat ipse
> Pars comiti Petro, pars est sociata Drogoni
> Tancredi genito, modico quia vixerat ejus
> Tempore germanus, vir ferrea dictus habere
> Brachia Guilielmus, cui vivere si licuisset
> Nemo poeta suas posset depromere laudes
> Tanta fuit probitas animi tam vivida virtus.

Guilierm. Apuliens. Gesta R. Wiscardi. L. II V. 20-27 dans Pertz Mon. Germ. hist. SS. T. IX, p. 254. de Blasiis op. cit. T. I. p. 188 mentionne la tradition d'après laquelle Guillaume bras de fer aurait été enseveli dans l'église de la Trinité à Venosa.

> [1] Unfredum totus cum fratre Drogone tremebat
> Italiæ populus, quamvis tunc temporis esset
> Ditior his Petrus consanguinitate propinquus :
> Edidit hic Andrum, fabricavit et inde Coretum
> Buxilias, Barolum maris adificavit in horis.
> Fama super comites alios excreverat hujus,
> Sed comes Unfredus cum fratre Drogone superbam

Drogon se montra digne de la succession de Guillaume Bras-de-fer; *cestui Drogo*, dit Aimé, *estoit sage chevalier,* « *singuler et timoit et avoit paour de Dieu*; » Guaimar, qui appouva son élection, lui donna sa fille en mariage et la dota grandement; « *et lo conte Drogo avoit tant de dévo-* « *tion et fidélité en lo prince que moult de foiz Guaymère* « *lui faisoit contraire et jamais non lo pooit faire decliner de* « *la fidelité. Et nul non pooit esmoir Drogo qu'il feist nulle* « *chose contre la volenté de Guaymère.* » Nous avons déjà vu en effet que Drogon n'hésita pas à se ranger contre ses compatriotes d'Aversa et du côté de Guaimar de Salerne lorsque celui-ci se vit menacé par Pandulfe IV et Rainulfe Trincanocte.

Pour récompenser Humfroy de l'appui qu'il·lui avait prêté dans la lutte contre Pierre et de la part qu'il avait prise aux derniers évènements de la guerre de Pouille, Drogon le nomma comte de la ville de Lavello qu'Arnolin avait eue lors du premier partage. Cette seigneurie était vacante probablement par la mort ou la défection d'Arnolin [1].

Telle était la situation politique des diverses colonies normandes de l'Italie méridionale, lorsqu'en 1046 le fils de l'empereur Conrad, l'empereur Henri III, dit le Noir, vint en Italie, appelé par les graves désordres qui affligeaient le Saint-Siège. Trois prétendants, Benoît IX, Sylvestre III et Grégoire VI, se disputaient la papauté, et ces trois prétendants établis, l'un à Saint-Pierre, l'autre au Latran, le troisième à Sainte-Marie Majeure, luttaient pour le souverain pouvoir à l'aide des armes spirituelles et temporelles.

Deponunt mentem, quia dum certamen lnire
Is parat, infelix felicia tempora perdens
Vincitur et capitur; curru fortuna rotato
Tancredi natos sublimes reddere coepit.
Guil Apul. Gesta R. Wiscardi L. II v. 27-38, dans Pertz. SS. T. IX p. 254. Ce Pierre qui dispute à Umfroy le pouvoir est évidemment celui qui eut la ville de Trani lors du partage fait à Melfi : Cf. Aimé II, 30. Leo de' Marsi II. 66.

[1] Aimé II. 34. — Malaterra I. 9. Hic (Drogo) fratrem suum Hunifredum Abagelardo comitem, apud castrum, quod Lavel dicitur, virum (prudentissimun consilio Apuliensium et Nortmannorum ordinavit.

En 1033, Benoît IX, nommé pape à l'âge de douze ans, grâce aux sommes d'argent distribuées par son père, le consul Albéric de Tusculum, fut sur le Saint-Siège ce que pouvait être un enfant et un adolescent, dont le malheur des temps avait fait le vicaire de Jésus-Christ. Les crimes et les débauches que l'histoire lui reproche doivent être surtout reprochés à ceux qui confiaient à un enfant vicieux le soin de gouverner l'Eglise [1].

En 1038 et en 1044, les Romains, honteux de la domina-nation de Benoît IX, essayèrent de le renverser, mais la première fois, grâce au concours de l'empereur Conrad et à l'appui des Tusculans, le pape réussit à conserver le pouvoir [2]. En 1044, le 22 février quelques semaines après une bataille meurtrière entre les Transtévérins et les Ro-maïns de la rive gauche du Tibre, ceux-ci élurent pape Jean, évêque de Sabine, qui prit le nom de Sylvestre III. Deux mois après, le 10 avril 1044, Sylvestre III dont l'élec-tion avait été entachée de simonie, était renversé par Be-noit IX, rentré triomphant à Rome pour y continuer sa vie licencieuse [3]. Un an plus tard, le 1er mai 1045, le pape Benoit IX, sentant peser sur lui le mépris du peuple et du clergé romain, et craignant une nouvelle révolte, s'il le bravait plus longlemps, consentit à renoncer au pontifi-cat pour épouser sa cousine, la fille du comte Girard de Saxo. Il abdiqua en faveur de son parrain Jean Gratien, archiprêtre de San Giovanni près la Porte-Latine, que tous les contemporains représentent comme un homme recommandable et de mœurs irréprochables. Le choix était excellent, malheureusement il n'avait pu avoir lieu qu'à l'aide de quelques stipulations pécuniaires qui mirent

[1] Voir les deux textes de Raoul Glaber touchant le pontificat de Benoit IX. Migne: Patrol. lat. T. 142, col. 679 et 698.

[2] « Schon einmal hatten bei Lebzeiten Konrads II die Romer Benedict ver-trieben, und nur durch die Macht des Kaisers war er wieder zur Herrschaft, gelangt. » (Cf. Giesebrecht Geschichle der deutschen Kaiserzeit, t III, p. 410, 3e édition.)

[3] Annales Romani dans Watterich: Pontificum romanorum Vitæ ab aqua-libus conscriptæ Leipsick 1862, 2 in-8, T. I p. 72. — Victoris papæ Dialogi dans la Bibliotheca maxima patrum, T. XVIII, p. 853. — Leo de' Marsi II, 77.

en question la validité de l'élection du nouveau pape ; il prit le nom de Grégoire VI [1].

Le pontificat trop court de Grégoire VI fut la première lueur d'une restauration et d'une rénovation de l'Eglise ; Grégoire dépensa sa fortune personnelle et le produit des quêtes faites dans la chrétienté à réparer les églises de Rome qui tombaient en ruine [2].

Dans les timides essais des réformes qu'il tenta, car les malheurs des temps ne permettaient guère une action plus énergique, il fut aidé par deux hommes, dont l'un surtout occupe une grande place dans l'histoire des Normands d'Italie au XIe siècle, et attire l'attention dès le début.

Le premier, Pierre Damiani, né à Ravenne, vers 1009 de parents fort pauvres, se voua à la vie érémitique, après avoir consacré sa première jeunesse à l'étude. L'austérité de sa vie, son remarquable talent de polémiste et son caractère de fer le rendirent promptement célèbre, malgré la solitude qu'il avait cherchée ; il écrivit de son désert une série de lettres que tous les évêques comme les papes, les grands seigneurs comme l'empereur d'Occident, recevaient avec le plus grand respect et presque comme des oracles. Nous le verrons plus tard devenir malgré lui évêque d'Ostie, cardinal de l'Eglise romaine, et prendre une part active aux grandes luttes du sacerdoce et de l'Empire au XIe siècle [3].

---

[1] Sur l'abdication de Benoit IX et i'avènement de Grégoire VI, cf. *Annales Romani*, dans WATTERICH, t. 1er, p. 72. — *Victoris Papæ dial.* dans la *Biblioth. maxima Patrum*, t. XVIII, p. 853, — *Bonitho, Liber ad amicum*, dans JAFFE, *Monum Gregor.*, p. 626. — Un ancien catalogue des Papes (MURATORI, *Script.*, III, II, p. 345) fixe à « mille libræ denariorum Papiensium » la somme donnée à Benoit IX par Grégoire VI. — Le cardinal Benno la porte jusqu'à « libræ mille quingentæ », et enfin le *Codex Vatic.*, 1340 (cité par WATTERICH, t. 1er, p. 70, note 16), va plus loin encore ; on y lit : « Qui emit papatum a prædicto Benedicto duo millia librarum. »

[2] Voyez G. de Malmesbury : Gesta regum Anglorum L. II § 201, dans Migne : patrol. lat, T. 179 col. 1183. — Cf. également une intéressante lettre de Grégoire VI à Guillaume V duc d'Aquitaine dans Mansi : Collectio conciliorum T, XIX p. 621.

[3] Sur Pierre Damiani, voyez les Prolegomena placés en tête de ses œuvres, édition du card. Cajetan reproduite dans Migne : Patrol. lat. T. 144, 145.

Le second s'appelait Hildebrand et devait être un jour Grégoire VII. Né vers 1020 à Roavacum, près de Soana en Toscane, d'un chevrier toscan et une mère originaire de la Campagne romaine, Hildebrand fut élevé à Rome au couvent bénédictin de Sainte-Marie sur le mont Aventin. Un oncle de Hildebrand, du côté maternel, était abbé de ce monastère, qui ressortissait de la congrégation de Cluny, c'est dire que la règle et la discipline y étaient en honneur. Ce fut dans cet asile que Hildebrand apprit à connaître et aimer la vie monastique. qu'il se décida à embrasser. Ce fut là qu'il s'imprégna des traditions de l'école réformatrice de Cluny, dont il est devenu ensuite le plus illustre représentant. La jeunesse de Hildebrand ne se passa pas exclusivement au mont Aventin ; il est certain qu'il fit aussi une partie de son éducation au Palatium de Rome, où il eut pour condiciples deux membres de la noblesse romaine, Albéric et Cencius ; celui-ci, fils de Jean Cencius préfet de Rome, obtint par la suite la dignité de son père. Au Palatium, Hildebrand reçut les leçons de Laurent archevêque d'Amalfi, et de l'archiprêtre Jean Gratien.

Après un voyage en Germanie et en France, Hildebrand revint à Rome, où il eut à supporter quelques persécutions de la part de ceux que son talent rendait déjà jaloux. Son ancien professeur Jean Gratien, devenu pape, s'empressa de l'attacher à sa curie et le nomma son chapelain. Ce serait une erreur que de donner à ce titre le sens qu'on lui donne actuellement, car, à cette époque, Hildebrand n'était pas même sous-diacre, il venait à peine d'entrer dans l'ordre de Saint-Benoît [1].

Pierre Damiani, par des lettres pleines de sages et vigoureux conseils, et Hildebrand, par sa participation di-

[1] N'ayant pas à faire une monographie détaillée de Hildebrand, je me bornerai à indiquer sur sa jeunesse les deux sources suivantes : 1º Gregorii Papæ VII vita a Paulo Bernriedensi conscripta p. 474 sqq. de Watterich : *Pontificum Romanorum vitæ ab æqualibus conscriptæ* T. I. Lipsiæ 1862 in-8º. 2º Wido episcopus Ferrariensis : *de Schismate Hildebrandi* dans Pertz : Mon. Germ. hist. SS. T. XII surtout la page 169.

recte, essayèrent de rendre fructueux le pontificat de Grégoire VI, et certes la tâche était rude ; car, si nous en croyons Guillaume de Malmesbury, Rome était alors une véritable caverne de voleurs ; on y volait et on y assassinait en plein jour, non pas seulement dans les rues et sur les places publiques, mais dans les églises et aux pieds des autels [1].

Il aurait fallu des forces militaires considérables et bien disciplinées pour lutter contre un tel état de choses et réduire les brigands à l'impuissance, malheureusement les nouveaux réformateurs n'ayaient que les armes spirituelles à leur disposition ; aussi, les bonnes intentions de Grégoire VI ne tardèrent pas à être paralysées par des difficultés de toute sorte. Girard de Saxo ne tint pas la parole donnée à Benoît IX ; il persista à lui refuser sa fille, même après que Benoît eut abdiqué. Celui-ci, revenant alors sur sa décision, émit de nouvelles prétentions à la tiare et recommença à agiter Rome [2]. D'un autre côté, Girard de Saxo, devenu l'adversaire déclaré de Benoît IX, favorisa le parti de l'évêque de Sabine, l'antipape Sylvestre III, lequel s'appuyant en outre sur les Grescencii, se posa de nouveau en prétendant [3].

La détresse de la papauté était si grande, que les regards des Romains, qui ne voulaient pas désespérer de l'avenir de l'Eglise, se portèrent instinctivement vers le successeur

[1] Voyez dans Migne : Patr. lat. T. 144 col. 205 sq. deux remarquables lettres de Pierre Damiani à Grégoire VI. Elles ont été intégralement traduites en français dans l'ouvrage suivant : *Un pape alsacien, essai historique sur S. Léon IX et son temps* par O. Delarc. Paris 1876, p. 54 sqq. —Sur les efforts de Hildebrand pour aider Grégoire VI à mettre un peu d'ordre dans les affaires de l'église Romaine, cf. Wido episcopus Ferrariensis: de Schismate Hildebrandi dans Pertz Mon. Germ. hist. SS. T. XII p. 169. — G. de Malmesbury : *Gesta Regum Anglorum* L. II § 201 dans Migne : Patr. lat. T, 179 col. 1183.

[2] Gregorius patricius et Petrus germani Theophylatum, spe conjugis deceptum, ad pontificalia iterum sublevant fastigia (10 avril 1044) Bonitho ad amicum L. v dans Jaffe: monumenta Gregoriana. p. 626.

[3] Gerardus de Saxo cum aliis capitaneis quendam Sabinorum episcopum sibi eligunt pontificem quem verso nomine vocaverunt Silvestrum (22 Fevr. 1044) Bonitho ad am. dans Jaffe l. c. — Lupus protospat. ad an. 1046. — hoc anno... erant ibi (Romœ) tres papæ, Silvester in ecclesia S. Petri, in Laterano Gregorius, et Benedictus in Tusculano.

de Charlemagne et des Otto, vers celui qui, d'après la tradition chrétienne, devait être le protecteur et le défenseur de l'Eglise. L'empereur Conrad était mort en 1039, laissant pour lui succéder son fils Henri III, dit le Noir. Ce prince, qui, de nos jours encore, a été jugé très diversement par les historiens, manifesta au début de son règne une sérieuse volonté de travailler à la réforme de l'Eglise; [1] aussi quelques membres du clergé romain, ayant à leur tête l'archiprêtre Pierre, vinrent le trouver pour le supplier d'intervenir dans les affaires de la Papauté [2]. Henri III accueillit d'autant plus favorablement cette prière qu'il désirait depuis longtemps venir à Rome pour y être couronné empereur, et sans les graves difficultés qui l'avaient absorbé depuis son avènement au trône, il aurait certainement réalisé ce projet. Il réunit donc à Augsbourg, dans les premiers jours de septembre 1046, à l'époque de la fête de la Nativité de la Vierge, une armée considérable, et se dirigea avec elle vers l'Italie. Il fut reçu d'une façon magnifique lors de son passage en Lombardie, par Boniface, margrave de Toscane, seigneur de Mantoue, de Modène et de Ferrare, le prince le plus riche et le plus puissant du nord de l'Italie [3]. Après avoir réuni un synode à Pavie, pour que les évêques réglassent diverses questions ecclésiastiques pendantes, Henri III vint à Sutri, où une assemblée d'évê-

---

[1] V. Raoul Glaber : *historiarum libri quinque*. L. v, c. 5 dans Migne Patr, lat. T. 142. col. 697.

[2] Bonitho dans Jaffe Mon. Gregor. p, 626.
L'annaliste Saxon (Pertz, Mon. Germ. histor. T. VIII SS. p. 687), cite les vers snivants :

> Una Sunamitis
> Nupsit tribus maritis
> Rex Heinrice,
> Omnipotentis vice,
> Solve connubium
> Triforme dubium.

et raconte qu'ils furent envoyés au roi par un ermite; on a dit que cet ermite était Pierre Damiani (Watterich vitœ poutif, T. I. p. 82). Mais, d'après la chronique de Repgowsch, p. 336., cité par Giesebrecht (Geschichte. d. d. K. Zeit. T. II. p. 643), ils seraient d'un ermite nommé Wiprecht, confesseur d'Henri III.

[3] Mansi : Collect. Concil. T. XIX, p. 617 sq. ainsi que les annales de Corbie (Pertz, Mon. Germ. hist. SS. T. III. p 6.) et Hermann de Reichenau (Pertz : SS. T. V. p. 126.

ques inspirés et dirigés par le roi de Germanie, prit, au
sujet de la papauté, une série de résolutions qui devaient
avoir de graves conséquences pour l'avenir de l'Eglise et
celui de l'Italie. Benoît IX, Sylvestre III furent déclarés
déchus de tout droit à la papauté, et Grégoire VI dut subir le même sort, ou fut, d'après d'autres historiens, obligé d'abdiquer lui-même le souverain pontificat ¹.

Après cette triple exécution, Henri III arriva à Rome, et,
la veille de Noël, fit élire pape, sous le nom de Clément II,
un Allemand, Suidger évêque de Bamberg. Le lendemain
il fut lui-même sacré empereur par le nouveau pape, et
l'impératrice Agnès sa femme le fut en même temps que
lui ².

La conduite de l'empereur vis-à-vis du Saint-Siège
prouve que les vues de la cour de Germanie étaient de
profiter de la détresse de la Papauté pour installer à Rome
des papes allemands. Dans ce but, Henri III prit le titre
de patrice de Rome, ce qui lui assurait une part prépondérante dans les élections des papes, et déclara que nul ne
pourrait monter sur le Saint-Siége sans l'agrément de
l'Empereur. L'histoire des Normands en Italie est si in-
timement liée à l'histoire de la Papauté dans la seconde
moitié du xı° siècle, que nous y verrons en détail les résultats peu satisfaisants de cette politique de Henri III ;
disons toutefois que la substitution du pouvoir impérial à
la tyrannie des partis des Crescencii et des Tusculans, qui

¹ Le synode de Sutri a une importance considérable pour l'histoire de la
Papauté. Il marque le début d'une période nouvelle pendant laquelle les empereurs de Germanie ont voulu dominer la papauté et ont ainsi amené la
violente crise du Pontificat de Grégoire VII. — Desiderius, plus tard Victor III
dit dans ses Dialogues (Biblioth. max. Patr. T. XVIII p. 853), que Grégoire VI abdiqua volontairement, Bonitho (*Liber ad amicum* dans Jaffe *Monumenta Gregoriana* p. 627 seq.) réitère cette donnée, mais plusieurs historiens
et plusieurs annales énumérés par Jaffé *Monumenta Gregoriana* p. 594 seq,
affirment que Grégoire VI fut réellement déposé. L'exil ultérieur de ce Pape
qu'Henri III amena avec lui en Germanie indique qu'il fut en effet déposé de
force.
² *Annales Romani* dans Pertz Monum. Germ. histor. SS. T. V. p. 469. — Les
Annales de Corbie rapportent que Benoit IX ne fut déposé qu'à Rome la veille
de Noël.

avaient imposé à l'Eglise une série de papes détestables,
fut un mieux relatif, mais ce patronage constituait auss,
un grave danger pour la liberté et l'indépendance du Saint-
Siège et de l'Eglise ; Grégoire VII employa tout son génie
et dépensa sa grande âme pour le briser. Il aurait été plus
digne de l'empereur, du protecteur de l'Eglise, de faire
corriger par une assemblée d'évêques ce qu'il pouvait y
avoir de défectueux dans l'élection de Grégoire VI et de
seconder ensuite les efforts de ce pape, de Pierre Damiani
et de Hildebrand pour la réforme de l'Eglise. Il aurait
coopéré à une œuvre plus saine et aurait épargné à l'Eglise,
à la chrétienté et à sa propre dynastie de terribles luttes [1].

Dans les derniers jours de janvier 1047, Henri III et le
nouveau pape Clément II quittèrent Rome pour visiter
l'Italie du sud. L'Empereur, accompagné d'une partie de
son armée, vint au Mont-Cassin, où il fut reçu avec de
grands honneurs par les religieux. Il offrit à l'autel de
Saint-Benoît deux chasubles, dont l'une de pourpre était
enrichie d'or et de pierres précieuses ; de plus il donna aux
religieux quelques lingots d'or, et, après s'être humblement recommandé aux prières de la communauté, il se
dirigea vers Capoue [2]. A Capoue où il se trouvait à la date
du 3 février [3], Henri III convoqua les princes du midi de
l'Italie ; Guaimar de Salerne, Drogon de la Pouille, Rainulfe Trincanocte d'Aversa, Pandulfe IV et son fils, ainsi
que plusieurs autres seigneurs se rendirent à cette invitation, et Henri III chercha pour pacifier le midi de la péninsule à réconcilier entre eux ces hauts barons. Malheureusement, l'argent et les présents exercèrent une influence
prépondérante sur les décisions impériales. Pandulfe IV
et son fils obtinrent, grâce à d'importantes sommes don-

[1] Sur cette collation du patriciat romain à l'empereur Henri III voyez les
deux textes des *Annales Romani* dans Pertz Monum. Germ. histor. SS. T. V.
p. 469. et Bonitho : *Liber ad amicum* dans Jaffé Monum. Gregoriana p. 629
630. Un passage de Pierre Damiani (Opera omnia dans Migne : Patrol. lat.
T. 145, col. 71) confirme le fait de cette collation.

[2] Léo de'Marsi : II, 78.

[3] Bœhmer : Regesta Imp. N. 1556.

nées à Henri HI, d'être réintégrés dans la principaté de
Capoue, au grand chagrin du prince Guaimar qui possédait ce fief depuis neuf ans. On s'est demandé quels motifs
avait eus l'Empereur pour agir de cette manière, pour
abroger la donation que son père, l'empereur Conrad, avait
faite de Capoue à Guaimar de Salerne. Est-ce parce qu'il
était préoccupé et jaloux de la puissance du prince de Salerne? Il se peut qu'Henri III ait eu quelque pensée de jalousie, mais il faut admettre aussi que l'argent joua un
grand rôle dans cette affaire. Ce ne fut pas le seul désa-
grément que Guaimar eut à éprouver à Capoue. Les rusés
Normands Drogon de la Pouille et Rainulfe Trincanocte
d'Aversa apportèrent à Henri III de magnifiques présents;
ils lui donnèrent des chevaux et de l'or, et en retour l'Empereur nomma Drogon feudataire immédiat de l'empire;
Guaimar de Salerne ne fut plus son suzerain, et en effet,
à partir du mois de février 1047, ses chartes ne lui donnent
plus le titre de duc de Pouille et de Calabre. Rainulfe
Trincanocte fut reconnu par l'Empereur comte d'Aversa,
de même que Rainulfe le Vieux l'avait été en 1038 par
l'empereur Conrad [1].

---

[1] Voici comment Aimé III, 2, 3, raconte les incidents qui signalèrent le séjour d'Henri III à Capoue :
« Et adont, dit Aimé, la paour de l'empéreour estoit en lo cuer de li princes
dont ceux qui sentoient que avoient fait mal avoient paour de venir à la cort
de lo empéreour. Et avec li conte et li baron soe vint moult honorablement
et gloriousement, et ensi comme fu receu lo père fu receu lo filz. Guaymère
se glorifia en la compaingnie de li Normant, et li Normant se magnificoient
en li don de lor prince. Drogo et Ranulfe furent glorifiez de l'empéreor et
mis en possession de lor contès.
« Et maliciousement failli Guaymère que rendi Capue à lo impéreour, et
trahi la cité, et fu rendue à Pandulfe, sanz provision de justice s'il avoit mal
fait à la cité ou non. Grant dolor orent cil de Capue, car il atendoient mort et
pene ».
Leo de' Marsi écrit dans le même sens qu'Aimé, II, 78 : Imperator... Capuam
abiit. Ibi itaque Guaimario refutante Capuam quam per novem jam annos te-
nuerat, Pandulfo illam sope dicto simul cum filio multo ab eis auro suscepto
restituit: Drogoni Apuliæ et Rainulfo Aversæ comitibus ad se convenientibus,
equos illi plurimos et pecuniam maximam offerentibus, universam quam
tunc tenebant terram imperiali investitura firmavit. Hermann de Reichenau
parle aussi de l'investiture des chefs normands par l'empereur; il écrit ad an.
1047: Imperator vero Romæ egressus, nonnulla castella sibi rebellantia cepit,
provincias illas sicut videbatur disposuit. duces Nordmannis qui in illis par-

De Capoue, l'empereur Henri alla à Bénévent avec le pape ; Leo de' Marsi et les Annales de Bénévent attestent également là présence de Clément II pour cette partie du voyage impérial ; mais les Bénéventins refusèrent d'ouvrir leurs portes à l'Empereur. Il existait plusieurs causes de brouille entre Henri III et la ville de Bénévent. On se souvient que, dans les derniers mois de 1041, les Normands s'étaient séparés d'Adenulfe de Bénévent pour mettre Argyros à leur tête, et, après la trahison de celui-ci, Guillaume Bras-de-fer et Guaimar de Salerne. Aussi les Bénéventins, craignant que les Normands et les Salernitains ne portassent atteinte à l'indépendance de leur ville et de leur principauté, s'étaient de plus en plus rapprochés des Grecs et recherchaient l'appui des empereurs de Constantinople. La manière dont Henri III venait de recevoir à Capoue les comtes Drogon et Rainulfe Trincanocte avait dû augmenter leurs craintes et les indisposer fortement contre l'Empereur ; Hermann de Reichenau raconte de son côté que la belle-mère de Henri III, laquelle s'appelait Agnès comme sa fille, étant venue à Bénévent au retour d'un pèlerinage au mont-Gargano, avait été fort mal reçue par les habitants de la ville ; aussi, dans la crainte que le Souverain ne voulût venger l'injure faite à la mère de sa femme, les Bénéventins fermèrent leurs portes à l'Empereur et refusèrent de se soumettre à lui. Le *protospatarios* Lupus prétend que ce fut Henri III lui-même, et non sa belle-mère, qui eut à supporter les injures des habitants de Bénévent[1].

L'Empereur, qui avait déjà licencié une partie de son

tibus commorantur et aliis eo locorum instituit. Hermanni Augiensis Chronicon dans Pertz : Mon. Germ. hist. SS. T. V. p. 126. La dernière charte que nous connaissions dans laquelle Guaimar prend le titre de duc de Calabre et de Pouille est de décembre 1046 ; par cette charte qui appartient aux archives de la Cava, l'abbé Alferius à Salerne donne l'église de S. Nicolas di Priato à Pierre Diacre. Cf di Meo ; Annali del regno di Napoli ad an. 1046, — de Blasiis op. cit, T. I, p, 197 note 3.

[1] Prædictus imperator venit Beneventum. Beneventani vero ad ejus injuriam absciderunt strennas (id est stropas) equi ejus. Lupi protosp. *Chronicon* ad an. 1046). — Cf. *Annales Beneventan.* dans Pertz : Mon. Germ. hist. SS. T. III. p. 179. — Herimanni Augiensis *chronicon* dans Pertz: Mon. Germ. hist, SS. T. V. p, 126.

armée et avait hâte de regagner la Germanie où l'appelaient
des affaires urgentes, ne voulut pas entreprendre le siège
d'une ville si considérable. Il confia aux Normands le soin
de le venger et *leur donna la ville et le pays de Bénévent.*
L'Empereur brûla en outre les faubourgs de la ville rebelle
et la fit excommunier par le docile Clément II [1].

Quelque désir qu'eût Henri III de regagner le nord de
l'Italie, il est probable qu'il alla aussi à Salerne avec le
pape ; car nous avons une bulle de Clément II datée de
cette ville, le 18 février 1047. Le pape, accédant à la demande du prince Guaimar, confirmait par ce document
l'élévation de Jean évêque de Pœstum à l'archevêché de
Salerne [2].

Henri III regagna ensuite la Germanie, laissant Clément
II aux prises avec les plus grandes difficultés. Il emmena
avec lui en exil l'ancien pape Grégoire VI et Hildebrand
consentit à partager le sort de son maître [3]. Au lieu de faire
subir à Grégoire VI cette injuste déportation, Henri III aurait mieux fait de déporter l'ancien pape Benoît IX, qui
fut longtemps encore le fléau de l'Eglise romaine. En résumé, plusieurs des mesures prises par Henri III en Italie
durant son voyage de 1046-1047, eurent des suites funestes. Il inaugura à Rome une série de papes allemands
qui, malgré leurs bonnes intentions, se trouvèrent dépay-
sés et sans action dans cette turbulente et mobile Italie du

[1] Iude Beneventum contendens, cum noluissent eum cives recipere (en marge : tam ob suam quam et ob patris injuriam) a Romano pontifice qui cum
illo tunc erat civitatem eandem excommunicare fecit : cunctamque Beneven-
tanam terram Normannis auctoritate sua confirmans, ultra montes reversus
est. — Leo de' Marsi ii. 78 Ce texte a une véritable importance, il prouve
qu'en 1047, l'empereur Henri III disposa du pays de Bénévent en faveur des
Normands.

[2] Jaffe ; *Regesta pontificum romanorum* p. 365 n° 3149, ou bien Mansi : Col-
ectio conciliorum T. XIX p, 621.

[3] Igitur Italicis rebus rite compositis, Imperator Henricus patriam remeavit
ducens secum venerabilem Johannem (Gregorium VI) quem supra memoravi-
mns quem secutus est Deo amabilis Hildebrandus volens erga dominum
suum exhibere reverentiam nam antea fuerat suus capellanus. Bonitho ad
amicum L. v, dans Jaffe: Monum. Gregoriana p. 630. Leo de' Marsi mentionne aussi l'exil de Grégoire VI: Gregorium expontificem, secum aspor-
tans ii, 78.

xiᵉ siècle; en rendant Capoue au « Loup des Abruzzes »
il désespéra les habitants de cette ville, condamnés à supporter de nouveau ce tyranneau, et suscita une guerre
entre Guaimar de Salerne et Pandulfe IV; enfin en donnant
Bénévent aux Normands, il fut le premier auteur des graves complications qui ne tardèrent pas à se produire entre
les Normands et la Papauté.

En 1047, après trente ans de guerres, de persévérance indomptable dans la bonne comme dans la mauvaise fortune, après trente ans d'une politique souvent inspirée par
la ruse et la déloyauté, mais servie par une magnifique
bravoure, les Normands avaient donc fondé en Italie le
comté d'Aversa et celui de Pouille, celui-ci renfermant de
nombreuses villes et plusieurs territoires; ils avaient, pendant quelque temps, possédé le duché de Gaëte ; tous les
seigneurs de l'Italie étaient obligés de compter avec leur
puissance et de la respecter, et l'empereur venait de les reconnaître comme vassaux immédiats du Saint-Empire
romain.

Vers cette époque, arriva dans l'Italie méridionale un
jeune Normand, dont une princesse byzantine, Anne Comnène traçait plus tard le portrait suivant. Le portrait est
d'autant plus curieux que, tout en étant fidèle sur bien des
points, il trahit néanmoins dans l'écrivain qui l'a tracé,
le dédain de la patricienne pour un parvenu, la colère
que lui inspire le souvenir du grand adversaire de sa famille et, faut-il ajouter aussi, l'admiration involontaire
qu'elle éprouve pour ce Robert, après tout si beau et si
vaillant.

« Il est nécessaire, écrit-elle, de reprendre les choses de
plus haut, de parler de ce Robert, de son origine, des
péripéties de son existence, de dire à quel degré de
puissance les circonstances lui ont permis d'arriver,
ou, pour employer une expression plus religieuse, de
faire voir jusque où l'a laissé parvenir la divine Providence, indulgente à ses ruses perfides et à ses auda-
cieuses entreprises.

« Ce Robert, Normand d'origine, et d'une famille obscure, joignait à une grande ambition une finesse extrême. sa force musculaire était remarquable ; tout son désir
était d'atteindre à la haute situation des hommes puissants ; quand il avait formé un dessein rien ne pouvait
l'en détourner et nul mieux que lui ne sut organiser
toutes choses pour atteindre un but.

« Sa haute stature dépassait celle des plus grands guerriers ; son teint était coloré, sa chevelure blonde, ses épaules
larges, ses yeux lançaient des éclairs ; ainsi que je l'ai
souvent entendu dire, l'harmonieuse proportion de toutes
les parties de son corps en faisait de la tête aux pieds
un modèle de beauté. Homère dit d'Achille que lorsque on
entendait sa voix, on croyait entendre le bruit d'une
multitude entière, mais on raconte de Robert que ses clameurs suffirent pour mettre en fuite une armée de
soixante mille hommes. On devine qu'étant aussi merveilleusement doué du côté du corps et de l'esprit, il ne
voulut pas rester dans son humble condition ; tout lien
de dépendance lui était insupportable. Ainsi, dit-on,
sont ceux dont la grande âme et les aspirations dépassent
le cercle trop étroit dans lequel ils sont nés.

« Avec cette nature et cette impossibilité d'obéir, Robert quitta la Normandie sa patrie et, accompagné de
cinq cavaliers et de trente fantassins, vint habiter en
Lombardie (en Calabre) le sommet des montagnes et
d'inaccessibles cavernes ; là, à la façon des brigands il
pillait les voyageurs et se procurait ainsi pour lui et les
siens des armes et des chevaux, débutant dans la vie par
le meurtre et l'assassinat » ¹.

Ἀλλὰ πρότερον δεῖ ἄνωθέν που τὸν λόγον ἀναγαγοῦσαν τὰ περὶ τοῦ Ῥομπέρτου
τούτου διηγήσασθαι, ὅπως τε εἶχε γένους καὶ τύχης, καὶ εἰς οἷον κράτος καὶ
ὕψος ἡ φορὰ τῶν πραγμάτων τοῦτον ἀνήνεγκε, μᾶλλον δέ, ἵν' εὐσεβέστερον
φαίην, οὗ παρεχώρησε τοῦτον ἡ πρόνοια προελθεῖν, ἐνδοῦσα πρὸς τὰς ἐκείνου
κακοτρόπους ὁρμάς τε καὶ μηχανάς. ὁ δὲ Ῥομπέρτος οὗτος Νορμάνος τὸ γένος,
τὴν τύχην ἄσημος, τὴν γνώμην τυραννικός, τὴν ψυχὴν πανουργότατος, τὴν χεῖρα
γενναῖος, ἐπιθέσθαι μὲν δεινότατος πλούτῳ καὶ περιουσίᾳ μεγάλων ἀνδρῶν, κατα-

Le nouvel émigrant était donc Robert de Hauteville, devenu plus tard l'immortel Robert Guiscard.

Fils aîné du second mariage de Tancrède de Hauteville avec Fransenda [1], Robert se hâta, dès que l'âge le lui permit, de venir en Italie, où ses aînés avaient déjà acquis de la gloire, de la fortune et de la puissance ; mais les débuts de sa carrière, qui devait être si glorieuse, furent singulièrement pénibles. Il se rendit d'abord en Pouille, où ses frères Drogon et Umfroy le reçurent assez mal et, raconte Aimé, ne lui donnèrent ni des terres, ni même des conseils. Il parcourut le pays, fut pendant quelque temps au service de seigneurs normands « *et lui dole lo cuer qu'il voit ceux qui ne sont son per qui ont forteresces et diverses terres ; et que est vaillant frère de conte et va après la chevalerie de autre* » [2].

Une occasion se présenta qui permit à Robert de faire ses premières armes. Après le départ de l'empereur Henri III, Guaimar de Salerne, qui n'avait rendu qu'à contre cœur la principauté de Capoue à Pandulfe IV, voulut la reprendre. Il fit appel aux Normands, les distribua en trois corps, vint assiéger Capoue et s'en empara.

πρᾶξαι δὲ ἀφυκτότατος, ἐς τὸ ἀναντίρρητον τὰ τοῦ σκοποῦ περιάγων. τὰ δὲ τοῦ σώματος τοσοῦτος εἰς μέγεθος, ὡς καὶ τῶν μεγίστων ὑπερανέχειν, πυρσὸς τὸ χρῶμα, τὴν κόμην ξανθός, τοὺς ὤμους εὐρύς, τοὺς ὀφθαλμοὺς ἀλλὰ πῦρ ἀπ᾽ αὐτῶν μονονουχὶ ἀπεσπινθηρίζετο, καὶ ὅπου μὲν ἔδει διοργανῶσαι τὴν φύσιν τὸ πλάτος, εὐμήχανον ἦν, ὅπου δὲ ἀποστενῶσαι τοῦτο, εἰς τὸ εὔρυθμον διωμάλιστο. οὕτως ἐξ ἄκρας κεφαλῆς ἐς πόδας ὁ ἀνὴρ κατερρύθμιστο, ὡς πολλῶν λεγόντων πολλάκις ἀκήκοα. τὸ δὲ φθέγμα, Ὅμηρος μὲν περὶ Ἀχιλλέως ἐποίησεν, ὡς ἄρα φωνήσαντος ἐκείνου, φαντασίαν ἐσχήκεσαν οἱ ἀκούοντες πολλῶν θορυβούντων, τούτου δὲ τοῦ ἀνδρός, ὥς φασι, τὸ ἐμβόημα πολλὰς ἐτρέπετο μυριάδας. οὕτως ἔχων καὶ τύχης καὶ φύσεως καὶ ψυχῆς, ἀδούλωτος ἦν, ὡς εἰκός, μηδενὶ τῶν ἁπάντων ὑποταττόμενος. τοιαῦται γὰρ αἱ μεγάλαι φύσεις, ὥς φασι, κἂν τύχης ὦσιν ἀφαυρότεραι.

Τοιοῦτος δὲ ὢν ὁ ἀνὴρ καὶ ἄγεσθαι ὅλως μὴ ἀνεσχόμενος, ἀπὸ Νορμανίας ἀπάρας μετά τινων ἱππέων, πέντε δὲ ἦσαν ἱππεῖς καὶ πεζοὶ τριάκοντα οἱ πάντες, ἐξελθὼν τῆς πατρίδος περὶ τὰς ἀκρολοφίας καὶ τὰ ἄντρα καὶ τὰ ὄρη τῆς Λογγιβαρδίας διέτριβε, χειρὸς ληστρικῆς κατάρχων καὶ τοῖς ὁδίταις ἐπιτιθέμενος. ὅπου μὲν ἵππους, ὅπου δὲ καὶ πράγματα ἀλλ᾽ ἄττα καὶ ὅπλα προσεπικτώμενος. καὶ τὰ προοίμια τοῦ βίου τούτου αἱμάτων ἦσαν ἐκχύσεις καὶ ἀνδροφονίαι πολλαί. Annæ Comnenæ Alexiadis L. I, 10, 11, éd. de Bonn T. I, p. 50, 51.

[1] Cf. Supra p. 79. — G, Malaterræ historia Sicula I. 4.

[2] Aimé II, 45.

Pandulfe IV dut s'humilier et « requist concorde et paiz ; » [1]
il est certain qu'il recouvra ses états peu après, mais nous
ne savons à quelles conditions, ni par quels moyens.

La nouvelle entente entre les deux princes lombards dura
peu de temps ; Pandulfe IV détenait depuis plusieurs années
un comte de Teano qu'il faisait souffrir, le privant de
nourriture et lui infligeant des corrections corporelles.
Grâce à Guaimar, le malheureux prisonnier recouvra la
liberté et, par reconnaissance, se montra très attaché et très
fidèle au prince de Salerne. Pandulfe IV, jaloux de cet
attachement, médita de châtier de nouveau le comte de
Teano et Guaimar se prépara à le défendre. Mais, sans
l'aide des Normands, Pandulfe et Guaimar ne pouvaient rien
entreprendre, aussi firent-ils, chacun de leur côté, un nouvel appel à ces infatigables batailleurs. Si de nombreux
Normands répondirent à l'invitation de Guaimar, Robert,
mécontent de ses frères et de ses compatriotes, offrit ses
services à Pandulfe IV. Celui-ci, heureux d'avoir avec lui
un membre de la famille des Tancrède, promit à Robert
« un fort chastel appareillé » et en outre jura de lui accorder la main de sa fille. La guerre terminée, Robert requit Pandulfe IV de remplir ses promesses, mais le perfide
Capouan se moqua de lui et Robert n'eut ni la jeune fille
ni le château. Il partit en demandant à Dieu de détruire
la maison de Pandulfe « qui lui promist lo mariage et non
« lo compli » [1].

---

[1] Aimé III, 3-7, est seul à parler de cette reprise de Capoue par Guaimar et
de la guerre entre les princes de Capoue et de Salerne au sujet d'un comte de
Teano. Aussi Hirsch, p. 276, qui doute de cette reprise de Capoue par Guaimar,
assure en outre qu'Aimé se trompe, lorsqu'il raconte qu'un comte de Teano a
été prisonnier de Pandulfe IV. A l'appui de son opinion, il cite un document
analysé par Di Meo (Annali... T. VIII. p. 294). Ce document établit qu'en
1049, les trois comtes de Teano Landulfe et ses deux neveux Pandulfe et Landulfe étaient en tranquille possession de leur comté. Ce document n'infirme
pas la donnée d'Aimé ; l'un des trois comtes pouvait en 1047, 1048, époque où
a eu lieu la guerre dont parle Aimé, avoir été prisonnier de Pandulfe IV, et
l'année suivante être en paix à Teano. Aimé dit expressément qu'il fut délivré, grâce à Guaimar, avant la guerre de 1049. Les textes de Leo de' Marsi
allégués par Hirsch prouvent que les comtes de Teano furent pour Guaimar
contre Pandulfe IV dans les hostilités, à propos des Normands établis sur les

Ayant quitté la Campanie, Robert revint en Pouille et demanda une fois de plus à son frère Drogon de lui donner des terres. Pour se débarrasser de lui, Drogon l'envoya à l'extrémité de la Calabre, à Scribla, dans la vallée du Crati, c'est-à-dire au milieu de populations hostiles et près de la ville ennemie de Cosenza. Mais Robert n'était pas homme à redouter ces dangers, et, avec quelques compagnons d'armes, fit aux Calabrais une guerre incessante. Après un séjour assez court, l'insalubrité de Scribla, qui avait déjà rendu malades plusieurs des siens, le força à changer de résidence. Il vint s'établir sur la roche de San Marco, toujours dans la vallée du Crati, mais davantage en pays ennemi [1]. Là, protégé par la hauteur et les aspérités de la roche, il mena littéralement la vie d'un brigand et d'un hardi pillard. Comme il manquait de tout, il trouvait naturel de se procurer, aux dépens de ses voisins et à main armée, ce dont il avait besoin ; ceux-ci ayant avec raison quelque peur de ce bandit, mirent en sûreté ce qu'ils purent soustraire à ses rapines et prirent leurs précautions. Aussi Robert en fut réduit à faire de longues courses pour mettre la main sur un nouveau butin.

Un soir, celui que Robert avait préposé aux provisions vint le trouver et lui dit : « Que veux-tu manger demain ? « je n'ai plus rien à te donner, pas plus à toi qu'à tes sol- « dats, l'argent me manque pour faire quelque provision, « et en aurais-je, je ne sais trop qui voudrait, de bon gré, « faire marché avec moi. »

Robert réunit alors soixante *Scalani* connaissant, parfaitement la Calabre, et qui lui étaient d'autant plus dévoués qu'il leur avait souvent fait de riches présents, et leur demanda s'ils ne pourraient lui indiquer un endroit

terres du Mont-Cassin, qu'une sœur des comtes de Teano fut faite prisonnière par Pandulfe IV, et que celui-ci refusa de l'échanger contre Landulfe d'Aquino : enfin, qu'un comte de Teano fut fait prisonnier par Ilicher du Mont Cassin. Rien dans tout cela n'infirme la donnée d'Aimé; Leo de' Marsi prouve, au contraire, que Pandulfe IV et les comtes de Teano étaient ennemis déclarés.

[1] Malaterra ; historia Sicula I. 16.

où il serait facile de faire quelque bonne capture. Ceux-
ci lui répondirent qu'au-delà des montagnes, et par un
chemin bordé de précipices, on arrivait dans de profondes
vallées, où l'on pourrait, mais non sans courir de graves
dangers, s'emparer de bien des choses. « Allez, leur dit
« alors Robert, allez, ô les soutiens de ma vie, ne vous
« laissez pas abattre par la faim et ne permettez pas que
« Robert ait à lutter contre elle. Il faut savoir s'aventurer
« dans une expédition périlleuse, et exposer sa vie pour
« trouver de quoi vivre. Qui donc a été loué pour s'être
« laissé mourir de faim, tandis que souvent ceux qui ont
« eu le courage d'affronter les dangers en sont sortis sains
« et saufs ! En avant, maraudeurs nocturnes ; les Cala-
« brais aiment trop le vin pour être sur leurs gardes.
« Aujourd'hui précisément est pour eux un jour de fête,
« ils ne manqueront pas de le célébrer par des festins et
« des libations. Allez, je vous suivrai avec deux cents hom-
« mes bien armés. S'étant ensuite retiré dans sa chambre
comme s'il voulait se mettre au lit, il revêtit pendant
la nuit et à l'insu de tous un habit commun, chaussa
des souliers pour la marche, et se joignit aux maraudeurs, sans qu'ils se doutassent de sa présence. On marcha toute la nuit, et Robert, pour ne pas être reconnu,
n'adressa la parole à personne ; s'il tenait tant à garder
l'*incognito* c'est qu'il n'avait pas une confiance absolue
dans ses compagnons de route. Lorsqu'ils furent arrivés
à l'endroit propice, les soldats pillèrent tout ce qu'ils trouvèrent, et Robert leur faisait signe de ne pas perdre de
temps et de repartir le plus promptement possible. Malgré ces appels, et avant que le jour parût, ceux que l'on
volait accoururent avec des hommes armés pour défendre leur bien. A cette vue, Robert, désireux d'exciter le
courage des siens, crut le moment venu de se faire connaître. « Me voici, cria-t-il, je suis Robert, le compagnon
« de vos travaux ; avec moi, vous n'avez rien à craindre ;
« ayez bon courage, et résistons à nos adversaires. Dieu
« aidant à notre succès, nous aurons facilement la vic-

« toire. » Après avoir ainsi parlé, il court sus aux ennemis avec une fureur incroyable, en tue plusieurs et en fait d'autres prisonniers, met le reste en fuite et revient vainqueur. Le butin conquis dans l'expédition permit à Robert de donner des chevaux à ses compagnons, et tous ensemble, conduisant les prisônniers et chargés de nombreuses dépouilles, reprirent le chemin du camp. Les soldats restés à San Marco, ignorant l'escapade de Robert et voyant venir une troupe armée et à cheval, crurent à une attaque et cherchèrent partout Robert ; ne le trouvant pas, ils furent grandement troublés ; néanmoins ils sortirent du camp et marchèrent au-devant de ceux qu'ils croyaient être des ennemis.

Robert, donnant de l'éperon à son cheval, s'avança rapidement vers eux, se fit reconnaître, et tous furent heureux de le retrouver. Toutefois, les siens lui firent ensuite de graves remontrances, pour qu'il ne s'exposât plus de cette façon ; ils lui répétèrent qu'il pouvait payer cher une aventure de ce genre. C'est ainsi que Robert, se procurant des ressources par le pillage et par l'argent que lui donnaient pour recouvrer la liberté ceux qu'il avait faits prisonniers, organisait de continuelles expéditions contre les Calabrais [1].

Ce récit, traduit littéralement de Malaterra, en dit plus long que bien des commentaires sur les débuts de Robert Guiscard, et sur la vie que beaucoup de Normands menèrent en Italie au XI⁰ siècle. Aimé fait avec une étrange préoccupation, d'exactitude l'énumération des vols commis par Robert ; on y voit des bœufs de labour, des juments qui faisaient de bonnes pouliches, dix porcs gras, trente bêtes à cornes etc... « *et autresi prenoit Robert li home liquel se rachatarent de pain et de vin.* » Ce métier de pillard n'était pas tous les jours aussi lucratif ; Robert, dit encore Aimé, fut plus d'une fois obligé de boire l'eau de la pure fontaine, et, dans une nouvelle visite à son

---

[1] Malaterra : historia Sicula i. 16. — Aimé : iii, 7,

frère « *lui dist sa poureté, et cellui dist de sa bouche moustra par la face, quar estoit moult maicre.* » [1]

Une aventure très connue des chroniqueurs contemporains mais fort peu chevaleresque, pour ne pas dire plus, de la jeunesse de Robert, fut la manière dont il se conduisit vis-à-vis du seigneur de Bisignano, Pierre de Turra, ou, d'après Aimé, Pierre fils de Tyre. Robert et Pierre s'étaient pris d'amitié, au point que Pierre appelait Robert son fils et celui-ci le traitait de père. Les deux amis se réunissaient souvent et causaient en toute familiarité. Un jour Pierre et Robert étant venus à un rendez-vous, Robert commanda à ses gens de le laisser seul, et Pierre imita cet exemple et s'avança sans escorte. Les deux seigneurs à cheval allèrent l'un vers l'autre, et Pierre se pencha vers Robert pour l'embrasser ; celui-ci, profitant de ce mouvement, mit ses bras autour du cou de celui qu'il appelait son père, le fit tomber et tomba sur lui. Une lutte s'engagea, et les Calabrais n'osant venir délivrer leur seigneur, Robert et ses Normands le firent prisonnier et le conduisirent à la roche San Marco, où il fut gardé. Après cet odieux guet-apens, Robert fit visite à son prisonnier, se mit à genoux devant lui, étendit les bras, requit miséricorde et confessa « *qu'il avoit fait péchié ; mès « la richesce de Pierre et la poureté soe lui avoit fait cons- « traindre à ce faire ; mès tu ès père, mès que tu me ès « père covient que aide à lo filz poure. Cesti commanda la « loi de lo roy, ceste cose, que lo père qui est riche en toutes « chozes aidier à la poureté de son fils* ». Pierre dut payer 20,000 sous d'or pour sortir de prison ; Robert aurait bien voulu que la reddition de Bisignano fût aussi le prix de la rançon de Pierre de Tyre, mais les citoyens de Bisignano s'y refusèrent énergiquement. Pierre rentra chez lui en paix avec Robert, mais il dut faire d'amères réflexions sur le dévouement filial de son prétendu fils et sur la loyauté normande [2].

---

[1] Aimé III, 9.
[2] Aimé III. 10. Malaterra a également raconté cette aventure de Robert Cuis-

C'est probablement pendant le premier séjour de Robert à San Marco qu'eut lieu une autre de ses aventures, un peu légendaire peut-être, inspirée probablement par le souvenir des exploits des Normands de la Scandinavie et rapportée comme il suit par Guillaume de Pouille :

« Robert, raconte le poète, courant de droite et de gauche pour faire quelque capture, ne pouvait parvenir à s'emparer d'une ville ou d'un *castrum*. Il avise enfin une position, mais l'accès en était difficile, et l'endroit fort peuplé renfermait un couvent de religieux dans lequel aucun étranger n'était admis. Robert imagina alors une ruse très ingénieuse : il fit répandre le bruit què l'un des

card; son récit — Historia sicula ɪ. 17 — identique pour le fond avec celui d'Aimé, cherche cependant dans quelques détails à atténuer la culpabilité du pillard normand. Voyez en outre la *Chronique de Robert Viscart* traduct. franç. éditée par Champollion Figeac ɪ. 12, p 277.

Une publication récente confirme singulièrement le récit d'Aimé et de Malaterra et montre combien a été connue dans tout l'Orient l'aventure de Robert Guiscard et du seigneur de Bisignano. Dans les livraisons de juin, juillet, août 1881 de la revue russe du ministère de l'Instruction publique, M. Vasilievsky a publié les *Récits et Conseils d'un grand seigneur Byzantin du XIᵉ siècle d'après un manuscrit grec inédit du XVᵉ siècle*. Ce manuscrit se trouve à la bibliotheque synodale de Moscou, il provient du couvent d'Iviron au mont Athos. Sans compter d'autres ouvrages, il renferme ces *Récits et Conseils*, sorte de cours de stratégie avec des traits historiques, racontés par l'auteur pour prouver le bien fondé de ses préceptes. Le § 85 des *Récits et Conseils* rapporte le trait historique qui suit.

« Je te raconterai encore une autre histoire, touchant ce qui est arrivé à Tira le Calabrais lorsqu'il était gardien de la ville de Bisignano. C'était un homme très riche et de noble origine, le premier de son pays. Le Franc Robert, d'après la permission de Dieu, devenu tyran voulut s'emparer de lui. Alors qu'entreprend-t-il? Il vient en ami vers la ville et l'invite à sortir hors de la porte comme si c'était pour quelque affaire indispensable et secrète. Tira sort hors des portes de la ville mais (reste) en deça du fossé. Le Franc fit semblant de craindre les hommes venus avec Tira, aussi Tira leur ordonna de s'éloigner et quand il resta seul, tous deux entrèrent en conversation. Mais le Franc avait tout près trois hommes de choix montés sur des chevaux de prix. Ayant donné de l'éperon à leurs chevaux, ils sautèrent par dessus le fossé, saisirent rapidement Tira, s'en retournèrent immédiatement en arrière et s'emparèrent de cet original comme d'un esclave quelconque. Quel tourment il eut à subir, je ne prétends pas le raconter. Ainsi mets-toi en garde contre ton rival et ne lui donne pas ta confiance. »

Abstraction faite de quelques particularités tout à fait secondaires, le récit du grand seigneur byzantin est tout à fait semblable à celui de Malaterra et d'Aimé. Nous verrons bientôt qu'un autre écrivain byzantin, Anne Comnène a aussi connu l'aventure de Bisignano mais qu'elle l'a rapportée avec fort peu d'exactitude.

siens venait de mourir, et ses compagnons, mis dans le secret, l'affirmèrent également. Le prétendu mort fut mis dans un cercueil et on le recouvrit d'un drap, car la coutume des Normands est de voiler toujours les morts ; mais auparavant ils avaient eu soin de placer aussi plusieurs glaives dans ce cercueil. Lorsque tout fut prêt, les Normands se présentèrent avec la bière à la porte du monastère et demandèrent qu'on leur permît de porter le défunt dans l'église pour les prières habituelles. Les moines, ne soupçonnant pas la ruse, accédèrent à cette requête ; et, au milieu de la cérémonie, le prétendu mort s'élança brusquement hors du cercueil, ceux qui l'accompagnaient se saisirent des armes, et les habitants mis dans l'impossibilité de se défendre ou de fuir durent se rendre à discrétion. Robert plaça une garnison dans ce *castrum* sans toutefois détruire le couvent, où les moines continuèrent à résider [1].

[1] Qui cum discedens huc prædabundus et illuc
Non aliquod castrum posset captare vel urbem
Arte locum quemdam molitur adire, sed ejus
Difficilis conscensus erat, quia plurimus hujus
Accola grex habitans, etiam monasticus illic
Non alienigenam quemvis intrare sinebant.
Utile figmentum versutus adinvenit atque
Mandat defunctum quod quemlibet esse suorum
Gens sua testetur, qui cum quasi mortuus esset,
Impositus feretro, pannus que obducere cera
Illitus hunc facie jussus latitante fuisset,
Ut Normannorum velare cadavera mos est,
Conduntur feretro sub tergo corporis cnses.
Ad monasterri subhumandum limina corpus
Fertur, et ignaros fraudis, quos tallere vivi
Non poterant homines, defuncti fictio fallit,
Dumque videretur simplex modus exsequiarum,
Erigitur subito qui credebatur humandus.
Evaginatis comitantes ensibus illum
Invasere loci deceptos arte colonos
Quid facerent stolidi? Nec se defendere possunt,
Quo fugiant nec habent, omnes capiuntur ; et illic
Præsidium castri primum, Roberte, locasti ;
Non monasterii tamen est eversio facta,
Non exstirpatus grex est monasticus inde
Agmina magna legens castro Robertus in illo,
Charior esse suis cæpit, quia strennus armis
Concilio que sagax comes hac regione vocatus est.

La pénurie dont Robert essayait de sortir par de tels
moyens, cessa à la suite de son mariage, et ce mariage
où l'amour et l'inclination jouèrent un rôle tout à fait nul,
fut conclu de la manière suivante :

Robert étant venu en Pouille voir son frère, un seigneur
normand, nommé Girard di Buon Albergo, alla au-devant
de lui et le premier lui donna le surnom de Guiscard,
c'est-à-dire de Rusé. « O Guiscard, lui dit-il, pourquoi vas-
« tu de çà et de là ! prends pour femme ma tante, la sœur
« de mon père, et je serai ton chevalier, j'irai avec toi
« conquérir la Calabre, et j'aménerai deux cents cheva-
« liers. »

Robert, heureux de cette proposition, demanda à son
frère la permission de conclure le mariage, mais le comte
ne voulut pas entendre parler de cette union. Robert alla
jusqu'à se mettre à genoux devant lui pour obtenir ce
qu'il désirait : il essuya un autre refus plus formel. Il s'a-
dressa alors aux familiers de son frère, les suppliant de
plaider sa cause, pour que le comte, revenant sur sa résolution, consentît à ce mariage, et ne le privât pas des
avantages qu'on lui proposait. Devant une telle tenacité,
le comte finit par céder, et Robert épousa cette femme
qui s'appelait Advérarde. Girard di Buon-Albergo tint la
promesse faite à Robert, fut son chevalier en Calabre, où,
grâce à ce secours, Robert commença à acquérir villes
et châteaux, et à *dévorer la terre*, selon l'énergique expression d'Aimé [1].

Guilier. Apul. Gesta R. Viscardi L, ii. v. 343 sqq. dans Pertz : Mon, Germ.
hist. SS. T. IX. p. 260. — Le poëte place le stratagème de cette mort simulée
entre la bataille de Civitate contre Léon IX et la nomination de Robert Guiscard comme comte de la Pouille, c'est-à-dire après 1053 et avant 1056 ; mais
c'est probablement là une erreur de chronologie. Guillaume de Pouille dit
lui-même que la prise de ce *castrum* fut la première conquête de Robert Guiscard, or, en 1053 Robert avait déjà réduit plus d'une place. Quand à la valeur
historique de ce récit, Cf. supra chap. I. p. 19, 20. — Guillaume de Pouille
est seul à attribuer cet exploit à Robert Guiscard.

[1] Ce surnom de Guiscard, en latin Guiscardus, Viscardus, que Robert a immortalisé, est une forme ancienne du mot français *avise*; Robert Guiscard signifie donc *Robert l'avisé*, c'est-à-dire fin, rusé, plein d'expédients et de ressources. La racine de ce mot est germanique (voyez les mots allemands

Presque en même temps que Robert Guiscard, peut-
être même avec lui, arriva dans l'Italie du Sud un autre

Weise, Weisen, Wissen, Wissenschaft), elle exprime l'idée de science, connai-
sance, sagesse, prudence.

J'ai suivi pour raconter le mariage de Robert Guiscard le récit d'Aimé, —
iii, 11 — ; malheureusement ses données ne peuvent être controlées par
d'autres textes de Leo de' Marsi, de Malaterra ou de Guillaume de Pouille ;
ils ne mentionnent même pas cet évènement. De là l'impossibilité de résoudre quelques questions qui se présentent à propos de ce mariage. — D'abord
qui était ce Girard di Buonalbergo ? Ce dernier nom est celui d'un château au
nord et près de Bénévent non loin d'Ariano; est-ce à cause de ce voisinage
que, sans donner les preuves de cette assertion, M. de Blasiis (op. cit. T. ii,
p. 14), en fait un comte d'Ariano ? Ce qui est plus certain c'est que Girard di
Buonalbergo et sa tante Advérarde, ou Albérada d'après l'orthographe de G.
Malaterra, étaient normands et parents de Robert Guiscard. Nous verrons que
Roberd Guiscard fit valoir précisément ces liens de parente pour rompre ce
mariage lorsqu'il voulut épouser Sikelgaïta de Salerne. Cf. G. Malaterra. i.
30. — Aimé iv. 18. — Il n'est pas possible d'indiquer la date du premier
mariage de Robert Guiscard : Aimé dit seulement qu'il « fu lo commencement de accrestre de tout bien à Robert Viscart ». Il a du par conséquent avoir
lieu lorsque Robert n'était pas encore un personnage, vers 1050 et avant les
luttes entre le pape Léon IX et les Normands car ces luttes le mirent très
vite en évidence. En acceptant cette date approximative de 1050 comme celle
du mariage de Robert Guiscard avec Albérada, on est tout surpris de voir 72
ans plus tard, en 1122, cette même Albérada faire une donation au couvent
bénédictin de la Cava près de Salerne. La charte contenant cette donation se
trouve encore dans les archives du couvent de la Cava et son contenu prouve
qu'il s'agit bien de la première femme de Robert Guiscard. Voici le début de
cette charte qui est datée : Anno Incarnationis dominicœ 1122, mense Julio :
Ego Albereda Colubrarii, Pollicorii que Domina pro meorum defunctorum parentum animarum remedio, Roberti Guiscardi ducis invictissimi bonœ memo-
riœ viri, Domini que Boamundi, nec non Rogerii de Pomareda charissimi mei
quondam viri, domini que Ugonis Clarimontis pro meorum quoque delicto-
rum, Dominique Alexandri Clarimontis, suique fratris Domini Riccardi meorum videlicet nepotum prœsentia subscriptorum bonorum hominum testium,
dono... — Du texte d'Aimé et du contenu de cette charte, il résulte donc que
vers 1050 Albérada était la tante d'un seigneur important du pays de Bénévent, de Girard di Buonalbergo et que 72 ans plus tard en 1122, cette même
tante était encore de ce monde et faisait une donation à la Cava. N'est-cc pas
le cas de dire : le vrai peut quelque fois n'être pas vraisemblable ?

Il reste à parler du curieux récit qu'Anne Comnène fait du mariage de
Robert Guiscard pour examiner ce qu'il y a de vrai et de faux dans ce récit ;
Après avoir fait du héros normand le portrait que nous avons donné intégralement plus haut, Anne Comnène dit en résumé ce qui suit : Pendant que
Robert menait ainsi en Lombardie (Calabre) la vie de brigand, un grand seigneur de ce pays nommé Guillaume Mascabèlès (Γελίελμος ὁ Μασχαβελής) ayant
eu connaissance de la beauté corporelle et du génie de Robert vint le trouver
et lui donna une de ces filles en mariage. Robert devenu riche et puissant
par ce mariage, fut ingrat vis-à-vis de son beau-père, lui chercha querelle par
tous les moyens et imagina une ruse perfide pour le dépouiller de tout ce qu'il
possédait. Il l'invita à une entrevue dans laquelle, disait-il, il voulait faire la
paix avec lui et Guillaume Mascabèlès, désirant à cause de l'amour qu'il avait

émigrant normand, qui plus tard, sans atteindre aux hautes destinées de Robert, sut néanmoins se tailler dans les possessions lombardes une principauté indépendante, et y établir sa dynastie, qui la gouverna durant de longues années. Ce jeune homme, nommé Richard, était frère du *comte jovène* d'Aversa, de cet Asclitine, dont les Normands d'Aversa avaient vivement regretté la fin prématurée. Aimé fait de Richard à ses débuts un portrait fort séduisant ; en traçant cette esquisse, le chroniqueur se souvenait probablement des nombreuses donations que Richard, devenu prince de Capoue, a faites plus tard à l'abbaye du Mont-Cassin, Il était, dit-il, « *bel de forme et*

pour sa fille se réconcilier avec son gendre, vint au rendez-vous. Il y fut fait prisonnier par Robert qui, dans ce but, avait placé des soldats en ambuscade et amené, pour y être gardé, dans la citadelle même qu'il avait donnée à son gendre lors du mariage ; aussi depuis lors cette citadelle s'appelle φρούριον (custodia). Là, Robert fit torturer Guillaume Mascabélès pour le décider à lui donner ce qu'il avait ; c'est ainsi qu'il lui fit successivement arracher toutes les dents et comme le malheureux n'ayant déjà plus de dents avait encore quelque bien, Robert pour vaincre ses dernières résistances lui fit crever les yeux. Ce fut là le début de sa haute situation et de sa puissance.

Quel est la valeur historique de ce récit? il suffit de le lire pour voir qu'Anne Comnène fait un seul et même personnage de Pierre fils de Tyre seigneur de Bisignano, et de Girard di Buonalbergo oncle d'Albérada et qu'elle fait de ce personnage imaginaire le beau-père de Robert Guiscard et lui donne le nom de Guillaume Mascabélès. Racontée d'une façon identique pour le fond par deux auteurs qui certainement ne se sont pas inspirés l'un de l'autre, par Aimé et par G. Malaterra, et en outre par l'auteur des *Recits et Conseils*, l'aventure entre Robert Guiscard et le seigneur de Bisignano doit être vraie, or aucun de ces écrivains ne dit que Pierre de Tyre ou de Turra seigneur de Bisignano fut beau-père de Robert Guiscard. L'ensemble du récit de Malaterra, fait voir que ce seigneur Pierre était calabrais, probablement natif de Bisignano tandis que nous savons que Robert Guiscard épousa une normande, fille d'un normand son parent. Faudrait-il dire que Robert Guiscard a infligé à Girard di Buonalbergo le mauvais traitement dont parle Anne Comnène ? Mais alors deux réflexions se présentent : Girard n'était pas le beau-père de Robert mais l'oncle de sa femme ; son nom ne rappelle en rien celui de Guillaume Mascabélès. Enfin Girard di Buonalbergo avait ses biens dans le pays de Bénévent, si donc il avait été dépouillé par Robert, celui-ci serait devenu maitre de Buonalbergo et aurait à cette époque occupé ce pays. Or nous ne trouvons rien de semblable; Robert après son mariage resta à San Marco très loin de là, dans la Calabre ultérieure et ne parait en aucune façon s'occuper du pays de Bénévent. La conclusion la plus logique est donc qu'Anne Comnène, induite en erreur, s'inspirant peut-être un peu trop de sa haine et de ses colères contre celui qu'elle appelle « ce Robert ce barbare » a mêlé ensemble deux traditions distinctes, deux faits séparés et en a fait un récit qu'elle a rendu d'autant plus tragique qu'elle voulait déshonorer le vaillant et perfide Normand.

de belle estature de seignor, jovène home et clère face, et
resplendissant de bellesce, liquel estoit amé de toute per-
sone qui lo veoit, liquel estoit sécute de moult de cheva-
liers et de pueple. Cestui par industrie chevauchoit un
petit cheval, si que petit s'en failloit que li pié ne féroient
à terre. » [1]

Lorsque Richard vint à Aversa, Rodolphe Trincanocte
gouvernait le comté depuis peu de temps ; il comprit que
ce jouvenceau, son cousin germain était pour lui un dangereux rival et un concurrent redoutable, et fut jaloux des honneurs que chacun lui rendait, en souvenir de son oncle et
de son frère; aussi lui demanda-t-il de s'éloigner d'Aversa.
Richard fut obligé d'obéir. Il quitta avec regret le beau
domaine qu'avait possédé son frère et vint trouver en
Pouille son ami Umfroy, frère du comte Drogon. Umfroy
le reçut amicalement et le traita en parent. En Pouille,
Richard fut populaire, comme il l'avait été à Aversa, et,
grâce à son courage, « *non lui failloit palme de victoire.* »
En outre, il obtint d'une façon assez inattendue la ville
et le territoire de Genzano en Pouille . [2]

Genzano était alors au pouvoir d'un seigneur normand
nommé Sarule, qui avait obtenu cette ville à la mort
d'Asclitine, le comte jovène. Sarule avait eu une grande
affection pour Asclitine et gardait pieusement sa mémoire ;
aussi, lorsqu'il apprit qu'un frère du mort était chez Umfroy, il vint le trouver, et, sitôt qu'il vit Richard, lui
demanda d'être son ami et le pria de venir en sa compagnie à Genzano. Dans cette ville, Sarule réunit ses hommes d'armes, leur présenta Richard et leur dit d'obéir, à ce
jeune seigneur comme au véritable maître de Genzano et
de tous les châteaux du pays. Les hommes d'armes lui
jurèrent en effet fidélité. Par délicatesse, Sarule voulait
même quitter Genzano, pour que l'autorité de Richard y
fût mieux reconnue, mais celui-ci le pria instamment de

[1] Aimé II. 43.
[2] Aimé II. 43. — Ce chroniqueur est le seul qui ait fourni des détails sur la
vie de Richard avant qu'il fut devenu comte d'Aversa.

n'en rien faire, et les deux seigneurs vécurent en bonne amitié. Leurs efforts réunis augmentèrent notablement la puissance do Gonzano. Ils avaient à leur table sans compter les voisins, cent hommes d'armes, au lieu de soixante comme auparavant. Richard utilisa ses forces pour faire la guerre à divers seigneurs, et surtout à son cousin Rodolphe Trincanocte, auquel il ne pardonnait pas de l'avoir expulsé et de s'être emparé du comté d'Aversa. Rodolphe, pour se débarrasser de lui, lui rendit le patrimoine personnel qu'Asclitine avait laissé en mourant, et de plus lui fit épouser Frédesinde sa sœur. Grâce à ces concessions, Richard se tint tranquille [1].

Rodolphe Trincanocte ne fut que peu de temps comte d'Aversa : il mourut dans les derniers mois de 1047, ou au commencement de 1048, après avoir gouverné le comté pendant deux ans à peine [2]. Il laissait pour lui succéder un enfant nommé Hermann ; aussi Guillaume Bellabocca, parent des Tancrède de Hauteville, fut chargé de la gestion des affaires pendant la minorité. Mais ce régent ne se fit pas aimer des Normands qui le chassèrent en 1049 ou 1050.

Si Richard avait été libre de sa personne, il aurait certainement accouru à Aversa lors de la mort de Rodolphe Trincanocte ; mais il avait eu que quelques démêlés avec Drogon, comte de Pouille, et celui-ci, voulant donner une leçon au turbulent jeune homme, l'avait fait mettre en prison. C'est pendant cette détention que Rodolphe Trincanocte était mort. Après l'expulsion de Guillaume Bellabocca, les Normands d'Aversa songèrent à le remplacer par Ri-

---

[1] Aimé II. 44. — Le tour de la phrase du traducteur d'Aimé pourrait faire croire que Sarule était frère d'Asclitine le jeune et par conséquent de Richard (un home qui se clamoit Sarule tenoit une cité qui se clamoit Jézane, laquel avoit esté de son frère loquel estoit mort et se clamoit Asclitine), mais le contexte établit clairement que Sarule avait été l'ami et l'obligé d'Asclitine mais non son frère.

[2] Une charte d'Aversa analysée par di Meo: *Annali del regno di Napoli* T. VII p. 283 et datée du 21 mars 1048, prouve qu'à cette date, Rodolphe Trincanocte était déjà mort.

chard et prièrent Guaimar de s'entremettre auprès de
Drogon, pour qu'il rendît la liberté à son prisonnier. Drogon y consentit et Richard fut conduit à Salerne, où Guaimar lui donna de beaux habits de soie, le mena à Aversa,
en 1050, et « *de la volonté et alegresce de lo pueple lo fist*
« *Comte* ». Richard reconnut Guaimar pour son suzerain
et, de son côté, le prince de Salerne aida à la prospérité
du comte d'Aversa. Au début, Richard parut vouloir gouverner sans déposséder Hermann, le fils de Rodolphe Trincanocte; mais, à partir de 1050, la trace de cet enfant
disparaît complètement et Richard régna seul. Hermann
mourut-il en bas âge, ou fut-il dépouillé de son héritage
par Richard; Le silence gardé sur ce point par Aimé, qui
relève avec soin tout ce qui fait honneur à Richard est
assez significatif [1].

Lorsque Richard fut nommé comte d'Aversa, Pandulfe
IV de Capoue était déjà mort; il termina le 19 février
1049 sa longue et orageuse carrière. Prince de Capoue
depuis 1016, il avait été tour à tour vainqueur de ses adversaires, vaincu par eux, conduit enchaîné en Allemagne

---

[1] Trois documents établissent cette succession des comtes d'Aversa et permettent de rectifier plusieurs erreurs commises sur ce point par des historiens.
1º La charte d'Aversa du 21 mars 1048, indiquée dans la note précédente; elle
mentionne Hermann et Guillaume Bellabocca car on y lit: Gomitante d. Guilelmo et d. Herimanno in Castro Aversæ, quod est finis Liguriæ, anno primo. —
2º Une autre charte d'Aversa analysée par di Meo: *Annali del regno di Napoli*
T. VII p. 312 et par laquelle Guillaume Barbota unus de militibus de Aversa
fait une donation; cette charte porte: Anno ML...... cum esset in Comitatu
Herimanno puerulo et primo anno De Riccardo Comiti ejus avunculo. 3º Leo
de'Marsi complétant et confirmant les données fournies par ces deux chartes
écrit dans la première rédaction de sa chronique : Quem (Rodulfus cognomento Capellus) post paucum tempus Aversani de honore projicientes, Rodul-
phum Trincanocte præfecerunt. Post quem Guilelmum Bellabocca de cognatione
Tancridi. Deinde Aversani expulso illo, Richardum filium Aschettini ab Apulia evocantes comitem sibi instituerunt. Leo de'Marsi : Chronicon casin. II. 66
1re rédaction. —
Ces trois documents prouvent qu'Aimé (III. 12) s'est trompé dans l'exposé
qu'il fait de la succession des comtes d'Aversa; il dit que Richard succéda
immédiatement à Rodolphe Trincanocte et nous venons de voir qu'il y a eu
entre les deux Hermann et Guillaume Bellabocca ; en outre, il fait de Rodolphe
Trincanocte l'oncle de Richard (Ricchard, loquel il — les habitants d'Aversa —
avoient fait conte vivant son oncle Raynulfe) c'est cousin germain qu'il faut
dire. Etant au Mont-Cassin, assez près d'Aversa, et étant contemporain, Aimé

par ordre d'un empereur et rétabli dans ces Etats par le
successeur de ce souverain, exilé par un empereur de
Constantinople, et chassé par ses propres sujets, à cause
de son insupportable tyrannie. Toute sa vie, il fut l'adversaire déclaré et le persécuteur opiniâtre des moines et
des gens d'église, et comme au xiᵉ siècle, ceux-ci étaient
à peu près seuls à tenir la plume, ils n'ont pas manqué
de dresser la longue liste de ses méfaits. Après une vie
traversée par tant de vicissitude, il eut la bonne fortune
de mourir en possession de ses Etats, et de les laisser à
son fils [1].

Vers l'époque où disparaissaient ainsi l'un après l'autre
les hommes ayant joué un rôle important lors de la fon-

avait cependant du entendre parler de Guillaume Bellabocca et d'Hermann ;
le contraire est bien difficile à admettre.

Voici, d'après ces documents, la série des premiers comtes d'Aversa :

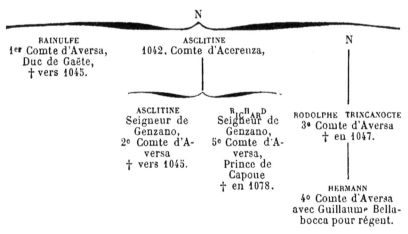

N

RAINULFE
1ᵉʳ Comte d'Aversa,
Duc de Gaëte,
† vers 1045.

ASCLITINE
1042. Comte d'Acerenza,

N

ASCLITINE
Seigneur de
Genzano,
2ᵉ Comte d'A-
versa
† vers 1045.

RICHARD
Seigneur de
Genzano,
5ᵉ Comte d'A-
versa,
Prince de
Capoue
† en 1078.

RODOLPHE TRINCANOCTE
3ᵉ Comte d'Aversa
† en 1047.

HERMANN
4º Comte d'Aversa
avec Guillaume Bella-
bocca pour régent.

[1] Dans son article sur Aimé (p. 253), Hirsch lui reproche ainsi qu'au deux
autres annalistes du Mont-Cassin Leo de' Marsi et l'abbé Desiderius, d'avoir
chargé à plaisir la mémoire de Pandulfe IV de Capoue. Mais, même en faisant
la part de ce qu'il peut y avoir de légendaire et d'exagéré dans ces trois chroniqueurs, il n'en est pas moins vrai que Pandulfe IV fut un des pires bandits
du Xlᵉ siècle qui en compta cependant un si grand nombre de détestables.
D'après Hirsch, Aimé se trompe par exemple lorsqu'il dit que Pandulfe fit fuir
les moines du Mont-Cassin lors de la persécution qui précéda la venue de
Conrad en Italie en 1038. Mais les *Annales Altahenses* disent la même chose. A
son arrivée au Mont-Cassin, l'empereur Conrad trouve les moines en tuile —
monachos fugatos — Annales Altahenses ed. Giesebrecht 1841 p. 59).

dation des premiers établissements des Normands en Italie, lorsqu'une nouvelle génération d'émigrés, pour le
moins aussi brave et aussi intelligente que la précédente,
commençait à se signaler, un redoutable danger menaça
tous les résultats acquis par les Normands et faillit anéantir pour jamais leur puissance naissante. Cette fois,
l'orage ne venait ni du côté des Grecs, ni du côté des
princes Lombards ; il vint du côté de Rome et de la papauté.

On a vu comment au synode du Sutri, en décembre
1046, l'empereur Henri III, prenant en main les affaires
du Saint-Siège, fit déposer les trois papes compétiteurs de
la tiare, leur donna pour successeur Suidger, évêque de
Bamberg, qui reçut le nom de Clément II, et s'assura, en
s'arrogeant le titre et les droits de patrice romain, une
influence prépondérante dans les futures élections à la
papauté.

Après le retour d'Henri III en Germanie, le nouveau
pape se trouva aux prises avec d'inextricables difficultés ;
étranger, seul, sans pouvoir temporel, avec une autorité
morale bien peu reconnue, conséquence de la période de
désordres inouïs qui venaient d'avoir lieu, que pouvait-il
faire dans cette Italie du XIᵉ siècle, si morcelée, si on-
doyante, disputée par tant de compétiteurs et agitée par
tant de passions ? Il lutta pendant quelque temps, mais au
mois de juin 1047 l'ancien pape Benoît IX, le terrible Théophylacte, le fit empoisonner, si nous en croyons la chronique du *protospatarios* Lupus. Clément II, mortellement
atteint, essaya mais en vain de rétablir sa santé au couvent de Saint-Thomas dans le comté de Pesaro ; il y
mourut le 9 octobre 1047, après un pontificat de dix
mois [1].

---

[1] Et in mense Junii supradictus papa Benedictus (IX) per poculum veneni
occidit papam Clementem. Lupi protospatarii *Chronicon* ad an. 1047, dans Pertz :
Mon. Germ. hist. SS. T. V, p. 59. Nous connaissons le lieu de la mort de Clé-
ment II par une bulle du pape Nicolas II laquelle confirme au monastère de S.
Thomas « où est mort le pape *Clément* » la donation faite par ce pape. Cf. Jaffé :
Regesta Pontificum p. 366.

Le pape avait à peine rendu le dernier soupir que Théophylacto accourut de Tusculum à Rome et s'empara de nouveau du Saint-Siège avec le secours de Boniface, marquis de Toscane. Pendant huit mois, jusqu'en juillet 1048, il imposa à l'Église romaine son odieuse tyrannie [1].

A cette date arriva enfin à Rome un nouveau pape, nommé par l'empereur Henri III, sur la demande d'une ambassade romaine. Ce pape, un Bavarois du nom de Poppo, auparavant évêque de Brixen dans le Tyrol, avait été élu dès la Noël de 1047 ; mais la mauvaise volonté peu déguisée du marquis Boniface l'avait pendant six mois empêché de prendre possession du Saint-Siège. Il fut sacré à Saint-Pierre de Rome, le 17 juillet 1048, et prit le nom de Damase II ; vingt-trois jours après, le 9 août, il mourait à Palestrina. Est-ce le poison de Théophylacte, de l'ancien pape Benoît, qui a encore fait descendre dans la tombe ce second pape allemand? ou bien Damase II a-t-il succombé aux fatigues occasionnées par les nombreux voyages qu'il venait de faire dans le midi de la Germanie et dans le nord de l'Italie? A-t-il été emporté par le climat de Rome, si redoutable pour les étrangers à certaines époques de l'année? Les documents se taisent sur ce point et laissent le champ libre aux suppositions [2].

Les Romains furent préoccupés de la responsabilité que cette mort si brusque, venant après la fin prématurée de Clément II, pouvait faire peser sur eux aux yeux de l'empereur, et ce fut peut-être autant pour se justifier que pour avoir un nouveau pape qu'ils se hâtèrent d'envoyer des députés à Henri III.

« Les Romains, dit Bonitho, effrayés par une mort si

---

[1] Benedictus itaque pontifex priscus talia facta cernens, cum esset in civitate que vocatur Tusculana, per premii cupiditatem divisit populum romanum, et sic reinvasit sancte sedis apostolice pontificium. — *Aunales Romani* dans Pertz : SS. T. V, p 469.

[2] Sur l'élection et le pontificat si éphémère de Damase II, voyez les *Annales Romani* l c. Dans son *Liber ad amicum*, Bonitho parle de ce pape d'une manière défavorable — cf. Jaffe : monumenta Gregoriana p. 631 — tandis que le Césarien Benzo évêque d'Albe en fait l'éloge; cf. Pertz : Mon. Germ. hist, SS. T. XI p. 671. —

prompte (celle de Damase II) et ne pouvant cependant pas
rester longtemps sans pontife, se dirigent vers le nord,
traversent les Alpes, parviennent jusqu'en Saxe, y trouvent le roi et lui demandent un pontife. Mais comme
l'affaire présentait en ce moment de graves difficultés,
car les évêques ne voulaient pas aller à Rome, le roi se
décida à venir dans la France rhénane. Il espérait trouver
en Lorraine un évêque, qu'il donnerait pour pontife aux
Romains[1].

Uue grande assemblée se tint en effet à Worms, au
mois de décembre 1048, sous la présidence d'Henri III, et
tous les légats romains, comme les évêques de la Germanie, furent unanimes pour demander à Bruno, évêque
de Toul en Lorraine, homme d'un grand talent, d'une
grande sainteté et parent de l'empereur, d'accepter la
papauté. Bruno résista longtemps; vaincu enfin par les
instances de ses collègues et de l'empereur, il répondit :
« Je vais à Rome, et là si le clergé et le peuple me choi-
« sissent spontanément pour leur pontife, je m'inclinerai
« devant votre désir. Mais, dans le cas contraire, je ne
« reconnais aucune élection. » Il partit pour l'Italie au
début de 1049, sous un simple habit de pèlerin, et amena
avec lui comme collaborateurs de l'œuvre de réforme
qu'il méditait ,plusieurs clercs de distinction; parmi eux
le moine Hildebrand, qui, après la mort de Grégoire VI
sur les bords du Rhin, était venu retremper à Cluny son
zèle religieux. Arrivé à Rome en février 1049, Bruno y
fut acclamé pape par le peuple et le clergé romain. Il
prit lors de son sacre, le nom de Léon, et, sans perdre
de temps, se mit, avec un courage et une fermeté qui ne
se démentirent jamais, à travailler à la réforme de l'E-
glise[2].

---

[1] Bonitho : *Liber ad amicum* dans Jaffe : *Monumenta gregoriana* p. 631.
[2] La vie et le pontificat de S. Léon IX ont été racontés par de nombreux
écrivains originaux ; touchant son élection à la papauté et ses débuts comme
souverain pontife, voyez surtout : *Leonis IX vita a Wiberto conscripta* dans
Watterich : *Pontificum Romanorum vitœ* T. I, p. 149. — Brunonis episcopi Si-

Léon IX, à peine intronisé, se trouva aux prises avec
de graves difficultés pécuniaires, qui faillirent lui faire
quitter brusquement Rome et l'Italie et revenir en Lorraine. « Lorsque Bruno fut arrivé à Rome, raconte Wibert, les revenus pontificaux lui firent absolument défaut
et tout ce qu'il avait apporté fut rapidement dévoré par
les dépenses de sa maison et les aumônes. Les bourses de
ceux qui étaient venus avec lui à Rome étaient aussi
complètement épuisées. Comme il n'y avait aucun secours
à attendre, le seul parti à prendre était de vendre les
habits à prix réduit ; avec cette dernière ressource, on
comptait ramener le digne pontife dans sa patrie... Mais
à l'approche du jour qu'avaient fixé pour partir secrètement tous ceux qui étaient venus avec lui, voici qu'arrivent à Rome les députés de la noblesse de la province de
Bénévent, apportant au pape des présents qui lui furent
offerts [1] ». On se souvient que deux ans auparavant, en février 1047, Bénévent s'était montré fort hostile à l'empereur Henri III et au pape Clément II. Le pape avait excommunié la ville et l'empereur en avait brûlé les faubourgs, l'état de son armée ne lui permettant pas de forcer les portes de Bénévent et de pousser plus loin sa vengeance. Par cette démarche auprès du nouveau pape Léon
IX, la noblesse de Bénévent voulut probablement faire
oublier ce précédent et faire lever la sentence d'excommunication prononcée contre leur ville. La crainte des
Normands, auxquels l'empereur Henri III les avait livrés
en 1047, opéra ce rapprochement entre les Bénéventins
et la papauté. Nous verrons bientôt que, sous l'empire de
cette même crainte, les Bénéventins finirent par se donner
entièrement au Saint-Siège.

gniensis *vita S. Leonis IX* dans Watterich op. cit. T. I, p. 96. — Bonitho, *L.
ad amic.* dans Jaffé : *Monum. Gregor.* p. 632. — Otto de Freising dans D.
Bouquet: *Historiens des Gaules*, T. XI p. 262. Ces deux derniers auteurs ont
commis quelques erreurs sur cette question; cf. O. Delarc: *Un pape alsacien,
essai historique sur S. Léon IX.* Paris, 1876. p. 134 sqq. —
[1] Wibert dans Watterich, *Vitæ pontificum* T. I. p. 152 sq.

Quelques jours après son couronnement et avant la célébration à Rome du grand synode convoqué pour la
Pâque de 1049, Léon IX, dont le pontificat n'a été qu'un
voyage continuel, voulut visiter l'Italie du Sud, pour connaître par lui-même la situation religieuse de ce pays. Il
vint à Capoue peu après la mort de Pandulfe IV, et examina si Hildebrand, frère du nouveau prince de Capoue,
était digne d'être archevêque de cette ville. Il amena avec
lui ce prélat à Salerne, où il consentit à reconnaître son
élection et à le sacrer[1]. A Salerne, Guaimar fit au nouveau pape une réception cordiale, il « *li donna moult pré-
ciouz domps et lui promist de soumetre soi et estre fidel à
li commandement.*[2] » Ces présents et ces promesses n'empêchèrent pas Léon IX d'être navré de l'état dans lequel
il trouva les églises : la simonie, c'est-à-dire la vente, le
commerce des dignités ecclésiastiques, existait partout ;
les mariages entre consanguins se multipliaient d'une
manière alarmante. « *Quant li saint pape vit la confusion
« e lo pechié de toute la christienté, il plora et proia Dieu
« qu'il lui moustre qu'il doie faire.* » Léon IX tint un synode à Salerne pour condamner ces abus ; malheureusement nous manquons de renseignements sur cette assemblée[3]. De Salerne, Léon IX alla au Mont-Gargano en
pèlerinage à l'église de Saint-Michel, ce qui le mit certainement en contact avec les Normands, et il regagna
Rome, après avoir visité le Mont-Cassin et édifié les religieux par sa piété. Léon IX revint de son premier
voyage dans l'Italie du Sud, assez mal disposé à l'égard
des Normands ; dans le synode qu'il célébra à Rome aussitôt après, il se plaignit de ce que dans la Pouille les
dimes n'étaient plus payées aux églises et porta un décret
pour remédier à cet état de choses. C'était bien proba-

[1] Leo de' Marsi : Chronicon cas. II. 79. Première rédaction.
[2] Aimé III, 15.
[3] Aimé III, 15 est seul à parler de ce synode de Salerne et se borne à le mentionner. Leo de' Marsi (II, 79 prem. rédac.) dit, il est vrai, que le pape alla
alors à Salerne — Salernum perrexit —.

blement une allusion aux Normands de la Pouille, d'autant peu soucieux de payer des redevances aux églises qu'ils regardaient déjà comme très méritoire de ne pas s'emparer des biens ecclésiastiques[1],

Après un long voyage en France et en Germanie, signalé par la célébration des synodes de Reims et de Mayence, Léon IX revint à Rome et, durant la carême de 1050, avant la célébration à Rome du synode pascal annuel, fit un nouveau voyage dans le sud de l'Italie. « Le pape, dit Wibert, ne perdant jamais de vue les obligations de la charge que Dieu lui avait imposée et agissant comme un serviteur fidèle et prudent qui distribue au moment opportun le froment de la parole, se mit de nouveau en route pour visiter la Pouille, son intention était de restaurer la religion chrétienne, tombée en ces pays dans une situation déplorable, et de rétablir la concorde entre les indigènes et les Normands qui, après avoir été d'un grand secours aux principaux du pays, pour repousser les invasions des peuples étrangers, étaient devenus des tyrans et des pillards à charge aux populations. [2] ». Un autre historien contemporain, un moine de Bénévent, confirme ce que dit Wibert touchant le dualisme de plus en plus accentué entre les Normands de la Pouille et les populations indigènes. « Trente-trois ans environ s'étaient écoulés, dit ce chroniqueur, depuis que les Gaulois étaient entrés dans la Pouille, et ils ne visaient pas à s'emparer seulement de la Pouille, mais encore de toutes les contrées voisines. Lorsqu'ils ne pouvaient réaliser leurs projets de conquête, ils arrachaient les vignes et brûlaient les moissons. Quant aux villes que la nature avaient fortifiées, ils les prenaient par ruse et alors donnaient carrière à leurs cruauté, ou bien les enfermaient dans un système de palissades. Leur méchanceté ne respectait même pas les

---

[1] Sur ce synode romain, voyez Wibert : *Lednis IX vita* L. II. Wibert écrit : Decimas quoque a cunctis daudas christianis quarum nec menlio erat apud Apuliam, et per quosdam orbis fines restituit. Watterich T. I. p. 155.

[2] Wibert : *Leonis IX vita* II. 6 dans Watterich T. I p. 157 sq.

biens du Siège apostolique. Le vénérable Léon, agissant, non pas comme le lion qui rugit cherchant une victime à dévorer, mais comme le fidèle lion de la tribu de Juda, était et avec raison, fort attristé de cette conduite; aussi envoya-t-il tour à tour des lettres et des messagers pour les inviter par de bonnes paroles à cesser cette manière d'agir. Les Gaulois, toujours rusés et perfides, promettaient aux légats de faire tout ce qu'ils désiraient. Mais, lorsque ces mêmes légats étaient partis, ils oubliaient leurs trompeuses promesses et se montraient pires qu'auparavant. Le pape, voyant qu'il était dupe de leurs paroles, résolut de venir lui-même dans la Pouille[1] ».

Avant de visiter les Normands, Léon IX se rendit à Bénévent, où il resta quelque temps.

La chronique de Bénévent, mentionnant le séjour du pape dans cette ville en 1050, ajoute que la présence de Léon IX y occasionna une révolution politique. Voici ce passage: « En 1050, la trente-neuvième année du seigneur Pandulfe et la treizième du seigneur Landulfe, son fils, durant le mois d'avril et pendant le carême, le pape Léon IX passant par Bénévent, alla au Mont Gargano. Le prince susdit n'ayant pas voulu lui obéir, les Bénéventins le chassèrent de leur ville avec ses hommes de loi »[2].

Pour comprendre ce que dit la chronique de Bénévent, il ne faut pas oublier que, depuis longtemps déjà, les papes prétendaient avoir des droits à la possession temporelle de Bénévent. Ils se fondaient, pour réclamer cette portion de l'Italie, sur le texte apocryphe de certaines donations faites au Saint-Siège par les empereurs d'occident. Diverses circonstances défavorables, pardessus tout la résistance

[1] Watterich : *Pontificum Roman. vitæ* T, I. Prolegomena p. VC. L'auteur de la relation est un moine anonyme de Bénévent. Ce chiffre de trente trois ans est intéressant à constater ; il nous reporte à 1017; et en effet cette année là, les Normands débutaient sous les ordres de Mélès dans la guerre de Pouille. C'est encore un texte qu'on peut opposer à la date de 1010 ou 1011 indiquée par Wilman comme celle de l'entrée des Normands dans la Pouille.
[2] *Annales Benveneani* ad an. 1050 dans Watterich T. I. p. 112.

des Bénéventins, avaient empêché les papes d'exercer sur Bénévent cette domination temporelle, mais la crainte des Normands, de plus en plus envahissants dans la Pouille, forma bientôt à Bénévent un parti considérable, préférant se soumettre à la papauté plutôt que de tomber sous la domination des Normands. La dynastie lombarde de Pandulfe et de Landulfe opposée à ce dernier parti prétendait sauvegarder l'indépendance de Bénévent vis-à-vis des papes comme vis-à-vis des Normands. Pendant quelques années ces deux factions se disputèrent Bénévent et, suivant que l'une des deux avait le dessus, les papes excommuniaient la ville ou lui accordaient des privilèges et venaient y résider. Sous Léon IX, ces révolutions municipales de Bénévent furent si nombreuses qu'elles sont pour l'historien un écheveau bien difficile à démêler. Le texte de la chronique de Bénévent prouve que, pendant le carême de 1050, c'était le parti pontifical qui triomphait [1].

Lorsque le pape, quittant Bénévent, se dirigea vers le mont Gargano, « tous les Normands vinrent au-devant de lui pour lui pour lui donner satisfaction et lui présenter leurs hommages, mais telles n'étaient pourtant pas les pensées secrètes de leurs cœurs. Le saint père leur adressait tantôt de paternelles menaces et tantôt, mêlant la prière à ses paroles, leur demandait de se rendre à ses exhortations et de cesser cette manière d'agir. Dans le cas contraire, ils seraient passibles de l'anathème, et, en outre, éprouveraient les effets de la puissance apostolique. Les rusés Gaulois recommencèrent à promettre, sous la foi du serment, ce qu'ils avaient déjà promis aux nonces. Ils déclarèrent au pape qu'ils étaient prêts à faire tout ce qu'il leur commanderait, quand même il leur dirait de s'en aller et de repasser la mer. Le pape, entendant ces paroles et croyant les autres aussi sincères que lui-même,

[1] C'est ce parti qui envoyait des présents à Léon IX au lendemain de son Intronisation à Rome.

leur permit de se retirer. Pour lui, se souvenant toujours
du troupeau du Seigneur, il convoqua les évêques de ce
pays et tint un synode [1]. »

Wibert, complétant ce passage du moine de Bénévent,
rapporte que ce synode tenu par Léon IX eut lieu à Siponto. Le pape y déposa deux archevêques, qui ne devaient leurs dignités qu'à la simonie. Après la célébration
de ce synode, Léon IX regagna Rome pour y présider le
synode pascal annuel [2].

Si, dès son premier voyage dans la Pouille en 1049,
Léon IX avait eu contre les Normands quelques motifs
de mécontentement à cause de leur peu de souci à payer
les dîmes, ce second voyage ne dut guère contribuer à
effacer ces impressions défavorables. En revendiquant
Bénévent pour le pouvoir temporel du Saint-Siège, Léon
IX arrêtait de ce côté les conquêtes des Normands, déjà
maîtres d'une partie du territoire bénéventin, et espérant
chasser de cette ville la dynastie lombarde et prendre sa
place. Aussi cette question de Bénévent amena rapidement entre le Saint-Siège et les Normands une crise des
plus périlleuses, qui mit les hardis aventuriers à deux
doigts de leur perte. Par suite du retour de Léon IX dans
l'Italie septentrionale, après la célébration du synode de
Siponto et par suite de ses nouveaux voyages en France
et en Germanie dans le courant de 1050, et durant les

[1] Relation du moine anonyme de Bénévent dans Watterich T. I. Prolego
mena p. IVC.
[2] Wibert II. 6 dans Watterich T. I. p. 158. Aimé confirme ces divers renseignements et dit que Léon IX vint alors à Melfi ; il écrit : III. 16. — Et puiz
s'en ala à Melfe oppenère contre li fait de li fortissime Normant, et lor proia
qu'il se devissent partir de la crudelité, et laissier la moleste de li poure. Et
lor mostra come Dieu est parsécuté quant li poure sont parsécutez, et coment
Dieu est content quant est bien fait à li poure ; et lor comment que fidèlement doient guarder li prestre et les choses de l'églize. Et les conforta en
faire bien et offerte à Dieu, et qu'il soient continent et caste envers lor
voizins et lor proxime ; et en toute vertu les conferma. Et reprist lo deffette
des évesques, et fai qu'il non soient taisant, mès enseigna lor langue à prec-
cier (synode de Siponto). Et pulz s'en torna à Rome ; et puiz se remist à la
voie pour corrigier les autres cités.

premiers mois de 1051, la situation ne parut pas menaçante dès le début, mais elle ne tarda pas à le devenir.

Durant l'été de 1051, Léon IX, revenu en Italie, songea à visiter de nouveau le midi de la péninsule. Comme il voulait traiter avec les Normands et les amener à de meilleurs sentiments, il demanda à Halinard, archevêque de Lyon, de l'accompagner dans son voyage ; ce prélat parlant avec facilité et éloquence la langue des Normands, devait servir d'interprète au pontife[1]. Le second motif de ce voyage était, on le devine, la ville de Bénévent. Léon IX était à peine de retour de son voyage en Germanie que, dans le printemps de 1051, une députation de Bénéventins était venue à Rome, demandant au pape de se rendre dans leur ville. Le pape voulut connaître exactement l'état des choses et l'état des esprits : il envoya comme ambassadeur à Bénévent, Dominique, patriarche d'Aquilée, et le cardinal Humbert. Les délégués du Saint-Siège trouvèrent la ville dans d'excellentes dispositions et firent jurer au peuple fidélité éternelle au Saint-Siège. Au mois d'avril, le patriarche Dominique et le cardinal Humbert regagnèrent Rome, amenant avec eux, comme gage de fidélité des Bénéventins, vingt des principaux habitants de la ville. Très heureux de ces préliminaires, Léon IX quitta Rome, passa au Mont-Cassin et arriva à Bénévent le 5 juillet 1051. Il trouva la ville complètement pacifiée et dévouée au Saint-Siège. La préoccupation du pape fut alors de préserver Bénévent de toute agression, et, dans ce but, pria Guaimar de Salerne et le comte Drogon de venir le trouver à Bénévent. Ils répondirent l'un et l'autre à cette invitation, et Léon IX leur demanda très instamment de défendre la cité et de ne pas permettre que les Bénéventins furent molestés ou grevés d'impôts. « *Drogo promet de faire ce que li pape a commandé, et à ce qu'il aie rémission de ses péchiez, promet à combatre pour la deffension de la cité de Bonivent*[2].

[1] Halinardi Lugdunensis vita dans Migne : Patrol. lat. T. 142. col. 1344.
[2] Aimé III, 17. — Aimé avait déjà écrit dans ce chapitre : Et quant cil de Bo-

Il était facile de promettre, mais les Normands n'étaient pas gens à s'arrêter, même devant un ordre de leur chef et une prescription du pape. Aussi, dès que Drogon eut quitté Bénévent et lorsque, le 8 août 1051, Léon IX et Guaimar furent partis pour Salerne, les Normands qui étaient « *entor de Bonivent assaillirent de bataillire caus de Bonivent, et la rumor en va l'oreille de lo pape, coment lo promission de lo conte estoit cassée.* » Le pape fut très irrité et très « *dolent* » à cette nouvelle. « Je trouverai le « moyen, s'écria-t-il, de défendre Bénévent et d'abattre « l'orgueil des Normands. » En ami fidèle, Guaimar plaida de son mieux la cause du comte Drogon auprès de Léon, et protesta que ces désordres ne pouvaient lui être imputés et avaient eu lieu certainement malgré ses ordres [1]. Un messager fut alors envoyé à Drogon pour l'informer de ce qui se passait, mais en route ce messager apprit une terrible nouvelle qu'il se hâta de venir annoncer au pape et à Guaimar ; le comte Drogon venait d'être assassiné [2].

Depuis dix ans que les Normands étaient dans la Pouille, ils avaient de bien des façons mécontenté les populations. Celles-ci les avaient, au début, accueillis comme des libérateurs qui les débarrassaient de la tyrannie des Grecs et des incursions des Sarrasins, mais elles s'aper-

---

nivent oïreut tant de perfection et de sanctité en lo pape, chacèrent lo prince (la dynastie lombarde) et sousmistreut soi à la fidélité soe, eaux et la cité. Et retorna lo pape en celle part, et rechut gratiousement ce qui lui estoit donné. Gaymère et li Normant qui furent clamés vindrent à Bonivent et servirent fidèlement à lo pape. Les Annales de Bénévent sont très précises sur tous ces incidents ; on y lit : 1051. Anno 40 domni Pandolfi et 14 anno domni Landolfi filii ejus, et 3 anno pontificatus Domni Leonis papæ et 5 anno imperii domni Heinrici III, Beneventani miserunt legatio nem domno Leoni papæ ut veniret. Qui prius misit legatos suos, Dominicum scilicet patriarcam Aquileiensem et Humbertum episcopum cardinalem, et accepto sacramento a populo ad fide. litatem domni pape, mense Aprili reversi sunt Romam cum 20 nobiles et boni homines in obsidatum. Quinto autem die intrante mense Julio domnus papa per Montem Casinum veniens, ingressus est Beneventum, et 8. die intrante mense Augusto ivit Saleruum. Watterich T. I. p. 112.

[1] Aimé III, 18.

[2] Li messages furent mandé à Drogo pour faire li assavoir la moleste qui avoit esté faite à ceaux de Bonivent. Mès avant que lo message venist à lui la novèle coment Drogo estoit occis. Adont retorna lo message arrière, et lo dist à lo papect à lo prince. Aimé III 18. —

çurent promptement qu'elles avaient simplement échangé
la perfidie et l'astuce des Byzantins contre la brutalité et
la rapacité des hommes du Nord; de là de sourdes colères
et des désirs de vengeance. Autant que les documents
permettent de le conjecturer, trois partis se formèrent
graduellement parmi les mécontents : celui qui regrettait
la domination grecque et tendait à la restaurer, et ce
parti qui s'appuyait sur le clergé grec, ennemi des Normands, parce que ceux-ci appartenaient à l'Église latine, sur les populations grecques de la Péninsule et sur
les débris de la puissance byzantine, venait de recevoir
un renfort considérable par la trahison d'Argyros, qui,
en qualité de *vesti* et de duc d'Italie, était arrivé à Bari
au mois de mars 1051, afin de relever la fortune des
armes de Constantinople[1]. Venaient ensuite les successeurs de *conterati*, qui aspiraient à débarrasser la Pouille
de toute domination étrangère, et s'étaient opposés à
Argyros lorsque celui-ci avait voulu entrer à Bari[2]. Enfin
un troisième parti, encore timide et peu accusé, né des
récents efforts de la papauté, pour améliorer le sort des
habitants de la Pouille, et s'inspirant de l'exemple des
Bénéventins, demandait que la Pouille prît le pape pour
souverain[3].

Quel fut le parti qui arma le bras de l'assassin de Drogon ? Il est bien difficile, sinon impossible, de le dire.

[1] On lit dans la chronique du protospatarios Lupus ad an. 1051 : Descendit
Argiro magister vesti et dux Italiœ, filius Melis, in mense Martii et abiit Barum;
et non receperunt illum Adralistus et Romoaldus cum Petro ejus germano. Sed
non post multum tempus Barenses receperunt illum sine voluntate Adralisti
et allorum; sed Adralistus fugiit Romoaldus vero et Petrus fratres ab Argiro
sunt comprehensi, ac catenis vincti Constantinopolim deportati sunt.

[2] Voyez la note précédente sur l'opposition des habitants de la Pouille Adra-
liste, Romuald, Pierre et d'autres contre Argyros et les Grecs.

[3] G. Malaterra fournit sur ce point un renseignement précieux; ne parlant pas
en particulier des Bénéventins mais des Apuliens en général, il écrit : Apulienses,
vero, necdum traditionibus exhausti, per occultos legatos IX Leonem apostolicum ut in Apuliam cum exercitu veniat invitant, dicentes Apuliam sibi jure-
competere, et prædecessorum suorum temporibus juris Ecclsiæ Romanæ fuisse
se illi auxilium laturos Normanos imbelles, viribus enerves, numero paucos.
Historia Sicula I. 14.

Guillaume de Jumièges raconte que Drogon tomba victime d'un comte napolitain, nommé Waso, ce qui semblerait indiquer que le coup vint du côté d'Argyros et des Grecs, et les procédés des Byzantins rendent cette supposition plausible[1] ; Malaterra dit au contraire que le meurtrier était Lombard ; si l'assertion est fondée, il faudrait dans ce cas, songer plutôt au parti de l'indépendance absolue, aux indigènçs que le temps avait identifiés avec les Lombards[2].

Quoi qu'il en soit durant l'été de 1051, une vaste conspiration s'ourdit dans la Pouille contre la domination normande. Elle ne visait à rien moins qu'à surprendre, à un jour fixé, les Normands sans défense et à les massacrer tous sans miséricorde. Les Italiens, toujours des maîtres hors ligne quand il s'agit d'organiser une conjuration, ou de préparer des Vêpres Siciliennes, gardèrent si bien le secret que Drogon et les siens arrivèrent au jour du crime sans rien soupçonner.

Après avoir quitté le pape à Bénévent, Drogon vint dans les derniers jours de juillet ou au commencement d'août 1051, au château de Monte-Ilaro, près de Bovino, d'après Malaterra à celui de Montolium. Le 10 août de grand matin, il se rendit à la chapelle du château pour y faire ses prières, parce qu'on célébrait, ce jour-là, la fête de saint Laurent martyr. C'était à l'église que l'attendait, caché derrière la porte un certain Risus, allié de Drogon et qui lui avait juré fidélité. Au mépris de tous ses ser-

---

[1] Quem (Drogonem) Wazo Neapolitanus comes compater ejus, dum vigilias in ecclesia S. Laurentii 4 idus Augusti agerent, coram altari Deum et S. Laurentium invocantem trucidavit. Guillielmi Gemmeticensis historia Nortmannorum L. VII c. 30.

[2] Longobardi igitur Apulienses, genus semper perfidissimum, traditione per universam Apuliam silenter ordinata, ut omnes Nortmanni una die occiderentur determinato die, cum comes Drogo apud castrum montis Olei, quod corrupte ab incolis Montolium dicitur, moraretur, summo diluculo ad ecclesiam, ut sibi mos erat, properans, cum jam ecclesiam intraret, quidam Risus nomine, ejus comitis compater, et sacramentis fœderatus, post januam latens, fœdere rupto, ferro eum suscepit, qui cum pluribus suorum; paucis aufugientibus, occisus est. Sed per diversa Apuliæ loca plures hac traditione occubuerunt. G. Malaterræ historia Sicula I. 13.

ments, il se précipita sur le chef des Normands, et le massacra ; avec Drogon périrent plusieurs de ses compagnons quelques-uns seulement réussirent à prendre la fuite. Dans divers lieux de la Pouille, des Normands tombèrent pareillement victimes de la conjuration. Néanmoins elle n'atteignit pas complètement son but ; Umfroy et Robert Guiscard frères de Drogon, ainsi qu'un très grand nombre de leurs compagnons d'armes, échappèrent au massacre et jurèrent de venger leurs frères si traîtreusement assassinés[1].

D'après Romuald de Salerne, Drogon fut vraiment un homme d'élite, rempli de piété et de bravoure, justement célèbre et aimé de tous pour la douceur de ses manières et son amour de la justice,[2] il ne laissait en mourant qu'un fils en bas âge nommé Richard et une fille du nom de Hala[3] ; aussi Umfroy hérita de sa dignité de comte de

[1] Voyez le texte de Malaterra dans la note précédente ; C'est à Monte Ilaro. — Mont-Alegre dans la traduction française — qu'Aimé III, 22 place la mort de Drogon ; mais il se trompe en disant qu'à la suite de l'assassinat du comte Normand, le nom du château fut changé de Monte Ilaro en Mont triste—ensi cestui mont pour lo nom de Drogo non se clama plus Mont-Alegre, triste. — Il existe en effet divers documents, notamment une charte de 1118 analysée par di Meo (Annali del regno di Napoli T. VII p. 317) qui prouvent que longtemps après la mort de Drogon, le monte Ilaro portait toujours le même nom. Aujourd'hui encore on l'appel Montellia cf. Pertz. SS. T. IX p. 255 note 84. Guillaume de Pouille dit également que Drogon est mort à Monte-Ilaro,
   Alter (Drogo) ab indigenis, nimium qui a credulus illis
   Pontilari (pour Montilari) cœsus.
L'anonymus Barensis et Lupus Protosparius donnent le même renseignement; on lit dans la chronique de ce dernier ad an. 1051 : Hoc anno Drogo occisus est in Monte Ilari à suo compatre Concilio. Toutefois, Maleterra disant que l'assassinat eut lieu non pas à Monte Ilaro mais à Montolium, il faut en conclure qu'il y avait sur ce point deux traditions parmi les Normands. Aimé connaissait probablement ces deux traditions et aura voulu les harmoniser en disant que Monte Ilaro s'était appelé Monte Doglioso, le Monte triste, après la mort de Drogon et de Monte Doglioso on aurait fait ensuite Montoglio. Mais sur ce point encore Aimé est dans l'erreur car Malaterra fait avec raison venir Montolium de Mons-oleii Cf. Hirsch : Forschungen zur deutschen Geschichte : Göttingen 1868 p. 284. Enfin Aimé et Guillaume de Jumièges indiquent le jour de la mort de Drogon et les Annales de Bénévent ainsi que Romuald de Salerne sont d'accord avec les autres documents pour affirmer que le meurtre fut commis au mois d'août 1051.
[2] Fuit vir egregius, pius, strennus atque famosus, propter animi mansuetudinem et justitie servatam æquitatem a cunctis est dilectus. Romuald Salern. ad an. 1051.
[3] Il existe plusieurs chartes de Richard et de Hala fils et fille de Drogon.

Pouille et s'empara de ses biens. Il réunit autour de lui, sans perdre de temps, les Normands que la trahison n'avait pu atteindre, et se mit en devoir de venger la mort de Drogon. Il assiégea longtemps le château où son frère avait péri, et, l'ayant pris, ordonna de scier les uns après les autres les membres de Risus, comme l'assassin respirait encore après ces épouvantables tourments, les Normands l'enterrèrent vivant; quant à ses complices ils furent pendus. Ces exécutions calmèrent un peu, dit Malaterra, la douleur d'Umfroy[1].

Lorsque Léon IX et Guaimar apprirent la mort de Drogon, ils en conçurent un grand chagrin et versèrent d'abondantes larmes pour l'un et pour l'autre, c'était en effet une perte bien sensible. Drogon s'était toujours

[1] Porro Hunifredus Abagelardo nec fratris turbatus, honorem sibi vindicans, castra, quæ frater possederat, insiluit; Nortmannos que, qui periculum traditionis evaserant, sibi alligans, in vindictam fraternæ necis insurgit, multo que tempore castrum, quo frater suus occisus fuerat, oppugnans, tandem devicit, fratris que interemptorem, cum sibi assentientibus, diversis cruciatibus afficiens, eorum sanguine iram, et dolorem cordis sui aliquantulum exstinxit. G. Malaterr historia sicula I. 13. — La *chronique de Robert Viscart* s'inspirant comme d'ordinaire de Malaterra ajoute cependant quelques détails; on y lit : En tel manière fu lo nobile coute (Drogon) occis; pour laquel chose li Normant, liquel estoient en diverses pars de Puille, s'assemblèrent pour faire la venjance, dont premièrement firent lor conte Umfre, loquel avoit par soupre-nom Baialarde. Et puiz assègèrent Monticel, et à la fin furent occis li traditor de diverses pènes, toutes voiez la pène non pouit estre tant grande com se convenoit à lor malvaistié lor. Et Riso, loquel fu chief de lor malvaistié, il lui furent tailliez toutes les membres l'uue après l'autre, à ce qu'il soustenist plus lonc torment de sa persone. Et au derrain, avant qu'il morust, vif le souterrèrent, et li autre furent pendut, et nulle autre pène non orent plus. Chronique de Robert Viscart, I 10. — Guillaume de Pouille paraît dire dans son poême qu'après la mort de Drogon, les Normands restèrent longtemps sans chef, c'est à dire n'élurent pas Umfroy pour le remplacer ; il écrit en effet que trois ans après l'assassinat du comte normand, en 1054, les Normands menacés par Léon IX sont d'autant plus anxieux qu'ils ne savent autour de qui se rallier :

.... Se gens rectore carentem
Gallica conqueritur, papæ tamen obvia venit
Cum quantis equitum valuit peditum que catervis.

Mais c'est là une erreur; sans compter les auteurs déjà cités Aimé, Malaterra, la chronique de Robert Viscart, deux autres documents affirment qu'Umfroy succéda, immédiatement à son frère dans la diguité de comte de Pouille, de chef des Normands de ce pays; ansi on lit dans Lupus ad an. 1051 : Hoc anno Drago occisus est in monte Ilari a suo compatre Concilio et frater ejus Umfreda factus est comes. — De même la *chronicon breve Nortmannicum* porte ad an. 1851 : Drogo interficitur in Apulia, et succedit Humphredus.

montré vis-à-vis de Guaimar un ami dévoué, un allié sûr,
et lui avait donné dans des moments critiques des preuves
de sa fidélité. Le pape connaissait les sentiments profondément chrétiens de l'ancien chef des Normands de la
Pouille et pouvait espérer résoudre avec son concours
les difficultés pendantes entre le Saint-Siège et les Normands. Aussi, « *en lo jor de l'Asumption de sainte Marie*
« *Virgine, lo pitouz pape chanta la Messe et proia Dieu*
« *pour les péchiez que Drogo avait fait, et l'auctorite apos-*
« *tolique lo asolt de touz ses pechiez.* » Le pape retourna
ensuite à Bénévent y séjourna assez longtemps et revint
dans l'Italie centrale durant l'automne de 1051 [1].

---

[1] Aimé III. 20.

CHAPITRE V

(1051-1054)

En s'éloignant des Normands, Léon IX ne perdit pas de vue son projet bien arrêté de défendre contre leurs invasions la ville et le territoire de Bénévent, et de châtier leur insolence. La mort de Drogon, en faisant disparaître celui des Normands qui, à ce moment, était le plus apte à faire la paix avec le Saint-Siège, confirma le pape dans ses résolutions et le décida à faire appel à la force ; car jusqu'à ce moment ses prières et ses admonestations n'avaient guère eu de succès. Durant l'hiver de 1051-1052, il chercha partout des alliés dont les troupes lui permissent de réaliser son dessein, et, dans ce but, s'adressa tour à tour à l'empereur Henri III, au roi de France et au duc de Marseille : il leur promit l'absolution de leurs péchés et de grands dons, s'ils lui aidaient à délivrer l'Italie « *de la malice de li Normant* ». Mais, dit Aimé, les démarches du pape restèrent sans résultat ; rien n'indique en effet que des troupes soient venues à cette époque du centre ou du nord de l'Europe à son secours [1].

Léon IX fut plus heureux du côté des Grecs : il trouva en eux des alliés empressés, mais non désintéressés. Argyros, j'ai déjà eu occasion de le dire, était revenu en

[1] Et Leo pape, puiz qu'il fu parti de Bonivent, desiroit la confusion et la dispersion de li Normant, et demanda l'aide de lo emperéor Féderic (Henri III), et del roy de France, et del duc de Marcelle, et de toutes pars requeroit aide. Et lor promet à doner absolution de lor péchiez, et de doner lor grans dons, et qu'il délivrassent la terre de la malice de li Normant. Et aucun pour ce qu'il témoient la force de li Normant, et li autre pour ammistié qu'il avoient, et aucun que il non estoient proié, non estoit qui feist lo comandement de lo pape. Aimé III. 23.

Italie au mois de mars 1051 : il apportait avec lui de grandes richesses, destinées à gagner les chefs normands, à leur persuader do quitter de bon gré l'Italie pour prendre du service dans les armées de Constantinople contre les Perses [1].

Guillaume de Pouille a raconté ces tentatives de corruption qui ne pouvaient guère réussir après les grands succès que les Normands, avaient remportés en Italie, et lorsqu'ils avaient déjà acquis dans le pays une brillante situation.

« Le souverain de l'empire (Constantin Monomaque) interroge Argyros sur les moyens de chasser les Gaulois de l'Italie, et lorsqu'il s'est convaincu qu'il est pas possible de les mettre en fuite par la force, il songe à tromper par de fausses promesses ceux que les armes ne pouvaient vaincre. Ayant appris que les Normands étaient âpres au gain, enclins à l'avarice, et qu'ils préféraient toujours ceux qui leur donnaient davantage, il confie à Argyros de grandes sommes d'argent, des habits précieux, de l'or et de l'argent non monnayés pour séduire les Normands, pour les décider à abandonner l'Hespérie, à traverser la mer et à venir gagner de grandes récompenses en servant l'Empire. L'empereur ajoute que, s'ils refusent de s'en aller, l'argent et les présents qui leur étaient destinés devraient être distribués à ceux qui avaient le plus souffert de l'invasion gauloise.

« Argyros obéit, vient dans la Pouille et réunit, comme l'empereur le lui avait prescrit, les comtes francs ; il leur promet de magnifiques récompenses s'ils acceptaient de quitter le Latium (l'Italie) et de passer chez les Grecs qui, à ce moment, étaient impliqués dans une redoutable guerre contre les Perses. L'empereur, ajoutait-il, leur ferait un accueil très bienveillant et les comblerait de richesses. Toutes ces belles paroles des Grecs ne purent fasciner la

[1] Cf. supra p. 3 note 193. — La *Chronicon Ignoti Barensis* dit également ad an. 1051, Indict. IV : Venit Argiro magistri in Idronto, mense Martii cum thesauro et dona et honores a Monomacho imp. et in mense Aprili intravit in Bari.

finesse des Normands, qui visaient, avant tout, à dominer le Latium. Ils déclarèrent qu'ils ne quitteraient pas la Pouille, et poursuivraient leurs conquêtes, à moins qu'ils ne fussent expulsés par des troupes supérieures aux leurs[1] ».

De même que Léon IX, Argyros dut donc se résigner à essayer la fortune des armes contre ces intraitables Normands. Comme le but qu'il poursuivait était identique à celui du pape, il se mit en rapport avec Léon IX, lui envoya de nombreux messagers qui surent mêler le vrai au faux, et finalement gagna d'autant plus facilement la confiance du pape que les discussions théologiques entre l'Église grecque et l'Église latine, soulevées peu après par Michel Cérulaire, patriarche de Constantinople, n'existaient pas encore[2].

[1] Imperii rector scrutatur præmemoratus
Argyrum, Gallos depellere qualiter oris
Italiæ valeat, neque ut (enim) jam, posse fugari
Comperit : Ergo alios molitus adire paratus
Consilii, quia quos fortes ad arma, nec armis
Vincendos novit, promissis fallere sperat ;
Audit enim quia gens semper Normannica prona
Est ad avaritiam, plus qui plus præbet amatur.
Traditur Argyro portanda pecunia multa,
Argenti multum, pretiosaque vestis, et aurum,
Ut sic Normanni fallantur, et egredientes
Finibus Hesperiæ, propere mare transgrediantur,
Magna sub imperii famulamine promerituri.
Imperat hic etiam, quod si transire negarent;
Hæc aliis illis quæ danda fuere darentur,
Opprimeret quorum gravis infestatio gallos.
Paruit Argyrus, loca transit ad Appula, jussus
Francorum comites vocat, et se magna daturum
Munera promittit, si transgrediantur ad Argos.
Dimisso Latio, grave qui certamen habebeant
Cum Persis, et eos jurans promittit ab illo
Qui regit imperium gratanter suscipiendos,
Et magnis opibus ditandos affore spondit.
Callida græcorum promissio, calliditatem
Non latuit gentis Latium superare volentis,
Et dimissuros loca se non Appula dicunt,
Dum conquirantur, nisi forte potentior illis
Turba superveniens depellat, et opprimat illos.

Guilielmi Apul. Gesta R. Wiscardi L. II. v. 38-66.

[2] L'accord d'Argyros et de Léon IX dans toute cette campagne contre les

Certes, c'était là une alliance dangereuse pour Léon IX
et le Saint-Siège ; si le rêve d'Argyros et de Léon IX s'était
réalisé, si les Normands avaient été expulsés de l'Italie,
le pape aurait certainement connu ensuite à ses dépens
la diplomatie des Byzantins du moyen-âge.

Malgré l'isolement où le laissaient les plus puissants
souverains de l'Europe, Léon IX se décida au printemps
de 1052, à entrer en campagne contre les Normands ;
parmi ses conseillers était le nouveau chancelier et bibliothécaire de l'Eglise romaine, le diacre Frédéric, frère de
Godefroy le Barbu, duc de Lorraine. Lors de son dernier
voyage en Lorraine, le pape avait attaché à la cour pontificale ce jeune clerc, qui devait monter un jour sur le
Saint-Siège et qui plein d'ardeur guerrière, répétait alors
à Léon IX « *qu'avec un escadron de cent chevaliers, il se*
« *faisait fort d'attaquer toute l'armée des Normands.* » Paroles imprudentes, pure fanfaronnade, dont Frédéric lui-
même devait voir quelques mois après le peu de valeur[1].

Afin d'attaquer les Normands du côté de Bénévent, pendant qu'Argyros et les Grecs les combattraient du côté de
Bari, de Tarente et de Cosenza, le pape recruta des troupes
en divers pays de l'Italie ; Gaëte, le comté de Valva, celui
des Marses, les Marches et d'autres pays lui fournirent
des soldats ;[2] mais Léon IX, comprenant, malgré l'assu-

Normands en 1052 comme en 1053, est certain ; ainsi Guillaume de Pouille écrit
en parlant d'Argyros :
Veris commiscens fallacia nuntia mittit
Argyrus papœ, precibus que frequentibus illum
Obsecrat, Italiam quod libertate carentem
Liberet, ac populum discedere cogat iniquum,
Cujus pressa jugo pessumdatur Appula tellus.
Guillielmi Apul. Gesta R. Wiscardi L. II. v 70-75. —
De même dans la lettre qu'il écrivit à l'empereur Constantin Monomaque
après la bataille de Civitate, Léon IX dit qu'il se rendait à une entrevue avec
Argyros lorsqu'il a rencontré l'armée Normande. Voyez plus loin cette lettre.
Il se peut qu'Argyros et Léon IX aient eu une entrevue en 1052, car l'un et
l'autre firent cette année là de nombreux voyages dans l'Italie du sud mais les
documents n'affirment rien à cet égard.
[1] « Se je avisse cent chevaliers efféminat, je combatroie contre tuit li chevalier de Normendie » Aimé : III, 24.
[2] Et adont cururent à l'arme et as lances, et assemblèrent de Gaiète, de Val-

rance de son chancelier, combien était redoutable l'adversaire qu'il voulait déloger, voulut, avant de commencer les hostilités, s'assurer l'alliance et le concours
de Guaimar, le puissant prince de Salerne.

Si Guaimar avait cédé aux sollicitations du pape et se
fût déclaré contre les Normands, la situation de ces derniers devenait évidemment des plus critiques. Attaqués
sur tous les points à la foi, par les Lombards et par Grecs,
par les indigènes et par les troupes du Saint-Siège, ils pouvaient, malgré leur vaillance, sombrer dans la tempête ;
mais le prince de Salerne, se souvenant que les Normands lui avaient à plusieurs reprises rendu de bons et
loyaux services, craignant peut-être aussi et avec raison
les résultats d'une victoire décisive des Grecs sur leurs adversaires en Italie, ne voulut pas s'associer à l'entreprise
de Léon IX, et lui envoya des messagers porteurs d'un
refus catégorique; Guaimar déclarait avoir mis de longues
années à assembler ces Normands, qu'ils lui coûtaient
déjà beaucoup d'argent, qu'il les tenait pour un précieux
trésor, par conséquent qu'il ne pouvait consentir à leur
destruction. En outre, afin de décourager les soldats
réunis par Léon IX, Guaimar leur fit représenter que les
Normands étaient « de fiers lions, » dont ils seraient certainement la victime; que la supériorité numérique ne pouvait rien contre eux, que quelques Normands suffisaient
pour l'emporter sur des milliers d'ennemis[1].

L'attitude et les manœuvres de Guaimar ruinèrent les
espérances de Léon IX; la peur des Normands fit débander
ses troupes. Le pontife abandonné dut se réfugier à
Naples, c'est-à-dire dans une ville alors dévouée à l'em-

bine et de la Marche ; i sont ajoint homes de Marsi, et de autre comtés. Aimé
III, 24.

[1] « Vouz trouverés ce que vouz alez quérant, disaient les messagers de Guaimar aux soldats improvisés de Léon IX, ô triste ! vous serez viande de li dé-
vorator lion, liquel quant vouz tocheront o alcune moziche (griffe ?) vouz sau-
rez quel force et quel vertu il a en eaux ; alez et provez la folie de li Normant,
et sentirez que en vouz sera complée la parole que dist David lo prophète :
Un en persécutera mil, et dui en moveront. X. mille » Aimé III, 25.

pire de Constantinople, et les Normands restèrent en armes dans les environs de Bénévent pour parer à toute éventualité[1].

Tous ces incidents se passaient au printemps de 1052, dans les mois d'avril et de mai très probablement ; l'armée improvisée du Saint-Siège était à peine licenciée, qu'une nouvelle et sombre tragédie, dont Salerne fut le théâtre, aggrava encore la situation déjà si troublée et si précaire de l'Italie méridionale. Celui qui venait de tendre aux Normands une main si loyale, l'illustre prince de Salerne, Guaimar IV tombait, le 2 juin 1052, sur le *lido* de Salerne, percé de mille coups par la main de ses parents et de ses sujets.

Il n'est pas nécessaire de dire que Léon IX fut absolument étranger à ce meurtre ; la sainteté bien connue du pontife, l'inaltérable sentiment de la justice qui inspire et domine toute sa vie, le mettent au-dessus de tout soupçon ; ce furent la coupable ambition de quelques parents de Guaimar et la jalousie des habitants d'Amalfi, mécontents d'obéir au prince de Salerne, c'est-à-dire au chef d'une ville rivale, qui causèrent sa mort.

Le prince de Salerne avait épousé une fille de Landulfe comte de Teano, nommée Gemma, et les frères de cette princesse, — ils étaient au nombre de quatre[2], — résolurent d'assassiner leur parent pour s'emparer de sa principauté. Dans ce but, ils s'entendirent avec les Amalfitains, sur lesquels Guaimar faisait peser un joug assez dur, et gagnèrent à leur projet, même plusieurs Salernitains. Les vaillants hommes de mer d'Amalfi qui, au moyen-âge, élevèrent si haut la gloire de leur patrie, commencèrent à attaquer les vaisseaux de Salerne, et Guaimar, conscient du danger que courait sa puissance, appela les

---

[1] Aimé III, 25. — Que les Normands soient restés armés dans les environs de Bénévent, c'est ce que prouve la visite que leur fit Gui de Salerne, visite dont nous allons bientôt parler.

[2] Voyez la charte de Guaimar analysée par di Meo (Anali del regno di Napoli, T. VII p. 153) ; ce document est du mois de mai 1032.

Normands à son secours. Mais sa voix resta sans écho ; les Normands de la Pouille avaient, à ce moment, trop à faire pour leur propre sûreté, et quelques lignes fort obscures d'Aimé semblent insinuer que les Normands d'Aversa firent preuve en cette occasion d'une mauvaise volonté qui trahissait presque des complices[1].

Réduit à ses propres forces, et ne soupçonnant pas qu'il se trouvât des traîtres dans son entourage, Guaimar marcha contre les Amalfitains, venus sur leurs navires en face de Salerne, et une lutte s'engagea sur le rivage, le 2 juin 1052 car les Amalfitains ne craignirent pas de débarquer.

Les Salernitains prirent la fuite, et le malheureux prince de Salerne fut aussitôt entouré par les quatre frères de sa femme et par les autres conjurés. Adenulfe, le plus jeune de ses beaux-frères, lui porta le premier coup de lance, et son corps, rapidement criblé de blessures, fut ensuite traîné sur le *lido* et servit aux meurtriers de jouet et de risée[2].

[1] Peut-on accuser les Normands surtout les Normands, d'Aversa d'avoir abandonné Guaimar, leur protecteur et leur ami, celui qui venait précisément de leur rendre un service si signalé? Voici le passage d'Aimé d'où l'on pourrait peut-être déduire cette accusation : « Et cil de Amalfe furent constraint par sacrement et jurement pour lo mal intollérable qu'il chercoient à faire à li ministre de li prince, à ce que non soit plus obédi à cestui prince Guaymère ; quar cestui ministre estoient autresi come de Amalfe. Et clamèrent li Salernitain pour combatre par mer, et o grant vitupe et injure vergoingnèrent lo prince, et dont pooient lui faisoient damage par mer. Lo prince se appareilla de revengier soi, et clama l'ajutoire de li Normant. Mès porce qu'il non recevoit les deniers de Amalfe non pooit complir sa volenté. Puiz li sien assembla la grandesce de lo principe, et virent que lui estoit faillie la fidélité de cil de Amalfe, et lui estoient failli li deniers, non lui furent tant fidel; mès pour la ricchesce qui lor estoit promise del frère de la moillier, ce est de Raynolfe comte de Averse, se acordèrent à la mort de Guaymère ». Aimé III. 25. — En réalité, ce passage mérite peu de confiance car il renferme une erreur considérable ; en juin 1052, ce n'était pas Rainulfe qui était comte d'Aversa, Rainulfe était mort depuis longtemps, c'était Richard. En outre Aimé paraît dire (le texte est si peu clair qu'on ne peut affirmer s'il le dit réellement), que Rainulfe était frère de Gemma, femme de Guaimar, ce qui est encore une erreur. Un texte aussi peu clair et renfermant de telles erreurs ne saurait donc suffire pour établir que les Normands ont fait preuve vis-à-vis de Guaimar d'une ingratitude aussi coupable. Nous verrons bientôt qu'ils vengèrent avec promptitude et énergie la mort de leur bienfaiteur.

[2] Aimé : L. III, 23. Presque tous les détails que nous possédons sur la mort

Ainsi mourut le dernier grand prince des Lombards
dans l'Italie du Sud : grâce à lui, avant de devenir la dénomination d'une race vaincue, le nom Lombard jeta un
dernier éclat tout à fait digne d'attirer les regards de
l'histoire. Tour à tour conquérant d'Amalfi, de Sorrente,
de Capoue, de Gaëte, suzerain des Normands d'Aversa et
de ceux de la Pouille, Guaimar vit son influence et son
pouvoir reconnu et respecté de l'Adriatique à la mer
Tyrrhénienne, et des confins de la Calabre aux rives de
ce Liris chanté par Horace, et qui coule silencieux aux
pieds du Mont-Cassin. Il fit de Salerne la métropole de
tout le Midi de la Péninsule ; les empereurs de Germanie
échangèrent avec lui de nombreux et riches présents,
pour s'assurer son alliance, et nous venons de voir tous
les plans du Saint-Siège rester sans exécution, parce
qu'il avait refusé son concours à Léon IX[1].

de Guaimar sont fournis par Aimé. Léo de'Marsi résume en ces termes le récit
d'Aimé : Guaimarus princeps conjuratione Amalphitanorum, quos nimis indigne
tractabat, nec non et cognatorum ac Salernitanorum quorumdam, juxta oram
maris Salernitani, occisus est, trigenta et sex plagis perfossus, et valde turpiter
ac cum magno ludibrio per litus maris aliquandiù tractus ac civitas simul cum
arce ab eis pervasa. » Léo de' Marsi. L. II, 82. — Au lieu du 3 juin 1052, les
annales de Bénévent indiquent le 2 du même mois comme date de l'assassinat
de Guaimar : Annal. Bénévent. 1052 : Guaymarius princeps a suis occisus est
2. die intrante mense Junio. »

[1] Voici l'éloge qu'un archevêque de Salerne, Alfanus, a fait de Guaimar dans
une pièce de vers dédiée au prince Gisulfe fils de Guaimar. Ces vers, plusieurs
fois réimprimés, se trouvent dans les : Memorie per servire alla storia della
chiesa Salernitana compilate per il Can. Paesano. Napoli 1846. 4 in 8° T. I. p.
113.

> Fama tuos perhibet constanter ubique triumphos,
> Quos mea non patitur dissimulare lyra.
> Qui genus a regum contraxit stirpe, probaris
> Guaimarii magni filius esse ducis.
> Hujus in imperio, quæ nunc est parca, Salernus
> Præcipua Latii ditior urbe fuit.
> Lucanus, Beneventanus, Calaber, Capuanus,
> Appulus huic bello quisque subactus erat.
> Principium Lyris fuit, Urbs et Regia finis ;
> Non tamen hoc uti sufficiebat ei.
> Extulit hanc Babylon peregrinis rebus, et auro,
> Sphaera quibus solis accidit ampla locis.
> OEmula Romanæ nimium Carthago salutis,
> Plurima pro pacis foedere dona dedit.
> Theutonici Reges donati sæpe fuere,
> Magnifice que sui ponderibus pretii.

Après avoir insulté à la dépouille mortelle de Guaimar,
les fils du comte de Teano et leurs complices coururent
à Salerne, mettre la main sur la famille de leur victime et prendre possession du gouvernement. Pandulfe,
l'aîné des quatre assassins, fut proclamé prince de Salerne, et, pour recruter des partisans, se hâta de restituer
les biens de ceux qui avaient été dépossédés par Guaimar;
des largesses distribuées au peuple calmèrent son irri-
tation. Il fut moins facile de s'emparer des parents de
Guaimar. Gui, son frère, parvint à s'échapper, et les
autres membres de la famille se réfugièrent au château
fort de Salerne; malheureusement ils n'eurent pas le
temps d'y réunir des provisions, et furent obligés, avant
même que la résistance fût organisée, d'ouvrir les portes
aux usurpateurs. C'est ainsi que Gisulfe, fils et héritier de
Guaimar, la sœur de celui-ci, la femme de son neveu et
tous les enfants de cette dernière tombèrent au pouvoir
de Pandulfe et des siens, qui les firent mettre en prison
et placèrent une autre garnison dans le château fort.

Aussitôt après son évasion, Gui, frère de Guaimar, vint
en toute hâte trouver les Normands, afin d'implorer leur
aide contre les assassins de son frère. Il trouva les Normands encore réunis, probablement dans les environs de
Bénévent « *pour ce qu'il atendoient à combatre contre li*
« *chevalier de lo pape*, » paroles qui prouvent que dans
les premiers jours de juin, les bandes réunies par Léon
IX n'étaient pas encore complètement dispersées. Arrivé
dans l'assemblée des Normands, Gui se prosterna à terre,
et, tout en larmes, raconta le sombre drame qui venait

Tum medicinali tantum florebat in arte,
Possit ut hic nullus languor habere locum.
Sed post quam patriœ Pater, et tuus, ante suorum
Ora propinquorum confoditur gladiis ;
Quid quid habere prius fuerat hœc vita decoris,
Momento periit ; fumus et umbra fuit.
Nam velut una lues pecorum solet omnibus agmen,
Ære corrupto, debilitare modis ;
Sic gens Gallorum, numerosa clade, Salerni,
Principe defuncto perculit omne solum.

de se passer à Salerne, puis il ajouta : « C'est auprès
de vous que je viens pleurer, c'est à vous que je viens
raconter comment mon frère est mort, non pas de sa
mort naturelle, mais victime d'un cruel assassinat. Même
en admettant que mon frère eut mérité d'être occis, il
n'aurait cependant jamais dû l'être par ses parents et
par ceux que ses dons avaient enrichis. Et maintenant le
moment est venu de faire valoir le trésor que ce prince
avait assemblé et les richesses qu'il avait acquises et
réunies. C'est vous qui étiez son trésor, c'est vous qui
étiez ses richesses. Grâce à vous, son honneur avait
grandi, il a joui d'une constante prospérité et sa dignité
était au-dessus de celle des autres princes. Que les rois
apprennent par votre exemple à estimer les étrangers,
que tous les seigneurs sachent que vous êtes restés fidèles
à votre seigneur, même après sa mort. Préparez-vous
donc à venger ce grand crime ! Que ces méchants
hommes de l'Occident reçoivent le peine de leur grande
trahison. Je sais bien que mon frère est mort et que je ne
puis le ressusciter, mais du moins venons en aide à ses
enfants, pour qu'ils ne périssent pas en prison ! »

Avec leur tact politique ordinaire, les Normands comprirent que la mort de Guaimar était, surtout dans les circonstances présentes, un échec des plus graves pour leur
propre cause, et qu'il fallait à tout prix rétablir sa dynastie sur le trône de la principauté de Salerne. Il sé
peut que l'éloquence de Gui ait touché leurs cœurs, et
qu'ils se soient souvenus de tout ce que Guaimar avait
fait pour eux, mais ce fut aussi le sentiment de leurs
propres intérêts qui les détermina à partir immédiatement pour Salerne avec le frère de la victime, et, dès
le 6 des ides de juin, cinq jours seulement après la mort
de Guaimar, ils se trouvaient en face des murs de cette
ville.

Grâce aux intelligences que Gui avait dans la place, et
avec le concours de ceux qui étaient restés fidèles à la
famille de Guaimar, Salerne ouvrit ses portes aux Nor-

mands le lendemain de leur arrivée, et les fils du comte de Teano n'eurent que le temps de se sauver dans le château fort avec leurs complices. Leurs fils, leurs femmes tombèrent au pouvoir des Normands, ainsi que leurs trésors, qui furent distribués aux habitant de Salerne.

Toutefois une circonstance rendait bien incomplète la revanche de Gui ; le fils et l'héritier du prince Guaimar, le prince Gisulfe se trouvait au château fort, au pouvoir des assassins de son père. Aussi, le premier soin de Gui fut, après la prise de Salerne, de négocier un échange avec les comtes de Teano. Il leur rendit leurs fils et leurs femmes, et, en retour, le prince Gisulfe recouvra la liberté. Gui alla plus loin et, avec une loyauté bien honorable et bien rare à une époque où les enfants étaient très souvent dépouillés de leur héritage par leurs propres parents, il s'occupa de faire proclamer Gisulfe prince de Salerne. Les Normands auraient préféré que ce fût lui qui succédât à son frère, mais il fit à leurs avances cette belle réponse : « *Dieu m'en gart que je soustieigne que mon neveu perde l'onor de son père.* » Après avoir ainsi parlé Gui fit monter le jeune homme sur le trône et pliant les bras devant lui, fut fait son chevalier et lui prêta serment de fidélité. Émus par une telle loyauté, les Normands se déclarèrent aussi les chevaliers de Gisulfe et reçurent de sa main l'investiture des terres qu'ils possédaient.

Les meurtriers de Guaimar, réunis dans la citadelle de Salerne, voyant que leur situation devenait de plus en plus critique, jugèrent prudent de négocier avec Gisulfe et avec son oncle ; ils offrirent, si on leur accordait la vie sauve, de rendre la forteresse et de se retirer immédiatemant dans leur pays. Gui et Gisulfe acceptèrent cette proposition et firent les serments les plus solennels et les plus sacrés pour protester aux comtes de Teano et à leurs amis qu'ils pouvaient sortir du château fort avec armes et bagages, que personne ne tenterait de leur nuire. Mais lorsque, rassurés par ses serments, ils commencèrent à

effectuer leur retraite, les Normands prétendirent qu'eux
personnellement n'avaient rien promis, et, sans plus se
soucier des promesses de Gui et de Gisulfe, faites probablement aussi en leur nom, ils se précipitèrent avec quelques Salernitains sur les comtes de Teano et les massacrèrent « *en une hore liquel avoient esté à la mort de*
« *Guaymere* » Comme Guaimar avait reçu trente-six blessures, la vengeance des Normands ne fut satisfaite que
lorsque trente-six des principaux conjurés eurent été mis
à mort. Tous ceux qui avaient conspiré ou qui s'étaient
prononcés contre l'ancien prince de Salerne, furent punis;
seul le duc de Sorrente, dont Umfroy avait épousé la
sœur, fut épargné et recouvra son héritage[1].

Le rétablissement de la famille de Guaimar sur le trône
de Salerne était un succès considérable pour les Normands. Il permettait à ceux-ci de compter sur le concours du sud-ouest de l'Italie dans une guerre avec la papauté ; en outre, après avoir été protégés par la dynastie
lombarde de Salerne, les Normands devenaient ses protecteurs et les soutiens indispensables de son indépendance.

---

[1] Aimé III, 25-33. Aimé est seul à raconter en détail comment Gui et les Normands vengèrent la mort du prince Guaimar et comment Gisulfe succéda à son
père. Leo de' Marsi résume ainsi le récit d'Aimé : Sed post quintum diem
(après la mort de Guaimar) Normannis auxiliantibus, a Guidone fratre ipsius
principis eadem recepta civitas (Salerni), et Gisulfo fillo ejus reddita est, trucidatis auctoribus tanti facinoris, quattuor scilicet cognatis ejusdem Guaimarii
et triginta sex aliis. Leo de' Marsi II, 82. — Contrairement à l'affirmation
d'Aimé et de Leo de' Marsi, le *catalogus principum Salerni* porte que
Gisulfe ne succéda pas immédiatement à son père, mais que Gui, frère de
Guaimar fut, pendant deux mois, prince de Salerne. Wido, alter Weimarii frater, per menses 2. et ipse erat thius Gesulfi principis. Cf. Pertz : Mon. Germ.
hist. SS. T. III p. 211. — Comme il n'existe pas de charte des princes de Salerne dans les deux mois qui suivirent la mort de Guaimar, il n'est pas possible
de dire si l'erreur est du côté d'Aimé et de Leo de' Marsi ou du côté du *catalogus principum Salerni*, mais il est probable que ce dernier document fait simplement allusion à la part importante que Gui prit aux affaires du gouvernement lorsque, grâce à ses efforts, son neveu Gisulfe recouvra l'héritage de son
père. Gui aura été quelque temps comme régent de la principauté pour le
compte de Gisulfe ; c'est du reste ce qu'Aimé lui même semble insinuer dans
cette appréciation qu'il fait du rôle de Gui après la mort de Guaimar : Sagement
se portoit Guide et il sol faisoit celle cose laquelle faisoit lo prince Guaymère
et tuit li frère. Aimé III, 32.

Néanmoins, l'installation de Gisulfe à Salerne ne put neutraliser toutes les conséquences funestes de l'assassinat de son père; la plus grave était que les conseils et l'influence de Guaimar, influence que la grande situation morale du prince de Salerne dans l'Italie entière rendait prépondérante, ne s'exerçait plus sur le pape Léon IX pour l'empêcher de faire aux Normands une guerre d'autant plus redoutable que le pape pouvait se servir des armes spirituelles et temporelles. Aussi, après avoir raconté la mort de Guaimar, Aimé continue en ces termes : « Et quant lo pape vit que lo prince Guaymère estoit mort, loquel estoit en l'ayde de li Normant, se appareilla de destruire li Normand[1]. »

Mais Léon IX avait déjà pu se convaincre qu'avec les bandes italiennes comme celles qu'il avait réunies, et que la peur avait dispersées avec une si grande facilité, il ne pourrait briser les forces de Normands aguerris et parfaitement disciplinés; aussi saisit-il avec empressement une occasion qui se présenta alors d'aller en Germanie et de rendre service à l'empire ; il espérait qu'en retour l'empereur viendrait à son aide contre les Normands, ou du moins lui confierait des troupes, aptes à tenir campagne et à se mesurer avec la bravoure normande.

Depuis deux ans, l'empereur Henri III était engagé dans une guerre difficile et toujours renaissante avec les Hongrois et avec leur roi André. Craignant que l'issue de la lutte ne lui fût contraire, André pria, à plusieurs reprises le pape Léon IX de s'entremettre entre lui et Henri III, et lorsqu'au mois de juillet 1052 l'empereur conduisant une nouvelle expédition contre les Madgyars, vint assiéger Presbourg où se trouvait André, celui-ci, plus anxieux que jamais, envoya au pape d'autres messagers pour le décider à venir à son aide, Il offrait en retour de déclarer le royaume de Hongrie vassal du Saint-Siège, comme l'avait déjà fait son prédécesseur, le roi Etienne[2].

[1] Aimé III. 33.
[2] *Brunatii chartarum cœnobii S. Justinæ explicatio.* Patavii, 1763, p. 109.

Léon IX était à Bénévent, lorsque lui arrivèrent, dans le courant de juillet 1052, les supplications du roi de Hongrie; il n'hésita pas à y répondre et à se rendre lui-même de sa personne en Hongrie. En agissant ainsi, il comptait, dit Wibert, servir aussi les intérêts de la Germanie, qui lui tenaient fort à cœur; il craignait que la rupture entre le roi André et l'empereur Henri III ne devînt définitive, et que le roi de Hongrie ne finît par s'affranchir de son lien de vassalité vis-à-vis de la Germanie[1].

Le pape quitta Rome et y laissa pour gouverner la ville et diriger les affaires pendant son absence, Halinard, archevêque de Lyon; il traversa ensuite la Haute Italie et parvint dès le mois de septembre 1052, au camp impérial devant Presbourg. A son arrivée, les Madgyars résistaient avec une indomptable fermeté aux armées allemandes, et l'on pouvait déjà prévoir que l'empereur serait obligé de retourner dans ses Etats sans prendre cette ville. C'était la première fois que les Madgyars bravaient en face l'autorité impériale; aussi André, plus rassuré par la tournure de la guerre, se montra moins décidé à négocier la paix. D'un autre côté, l'empereur était entouré de conseillers qui avaient vu avec déplaisir l'arrivée de Léon IX; inquiets et jaloux de l'autorité du pape et de son intervention dans les affaires politiques de la Germanie, ils s'employèrent à faire échouer sa mission. Le pape ne put dominer le mauvais vouloir des deux partis, et comme l'hiver approchait et que l'armée allemande avait déjà été grandement décimée, on leva le camp, et le pape et l'empereur, tournant le dos à l'imprenable ville de Presbourg, se rendirent à Ratisbonne. Léon menaça André de l'excommunication pour avoir manqué à ses promesses, mais ne mit pas sa menace à exécution[2].

Accidit ut beatissimus papa Leo per Pataviensem civitatem in servicium S. Petri apostoli ad subjugamdum, non hostoliter videlicet sed illorum sponte, Ungaricum sibi regnum, iter arriperet. Remarquer les mots: « illorum sponte ». Cf. Jaffe, Regesta Pontificum p. 375.

[1] Wibert, Vita Leonis IX, II, 8, dans Watterich, vitœ Pontif. T. I, p. 160.

[2] Hermann de Reichenau, dans Migne, Patrol. lat. T. 143 col. 257 sq. — Wibert, Vita Leonis IX, II, 8, dans Wallerich Vitœ Pontif., p. 160.

Les deux chefs de la chrétienté, le pape et l'empereur, passèrent ensemble l'automne et l'hiver de 1052, et l'état d'esprit de Léon IX à l'égard des Normands permet de supposer que le pontife engagea souvent le souverain à descendre en Italie pour leur faire la guerre et les chasser de la péninsule. Mais Henri III avait en Germanie trop de difficultés à résoudre pour songer à passer les Alpes à ce moment; il consentit seulement à conclure à Worms où il passa les fêtes de Noël avec Léon IX, un traité important pour l'histoire du pouvoir temporel de l'Eglise romaine et pour celle des Normands en Italie. Lorsque l'évêché de Bamberg avait été fondé au commencement du XIᵉ siècle, ce diocèse avait été placé sous la juridiction immédiate de l'Eglise romaine, comme fief ecclésiastique, et le roi saint Henri avait, en outre, donné au pape et à ses successeurs différents biens situés dans le nouvel évêché; aussi l'Eglise de Bamberg devait-elle payer tous les ans à l'Eglise romaine un tribut de cent marcs d'argent et lui envoyer un cheval tout caparaçonné. Ces terres de la Franconie n'étaient pas les seules que l'Eglise romaine possédât en Germanie, elle avait aussi des droits sur l'abbaye de Fulda et sur les dépendances de ce célèbre monastère. Léon IX, toujours soucieux de faire restituer à l'Eglise romaine les biens et les revenus qui lui avaient été à peu près tous enlevés dans le cours du XIᵉ siècle, demanda à Henri III de reconnaître les droits temporels de la papauté dans le diocèse de Bamberg et sur l'abbaye de Fulda. L'empereur fit longtemps la sourde oreille; il finit toutefois par tomber d'accord avec le pape sur le traité suivant: Léon IX abandonnait les droits du Siège apostolique sur les biens du diocèse de Bamberg et sur Fulda, et, en retour, Henri III donnait au pape et à ses successeurs, Bénévent et diverses possessions du Saint-Empire en Italie[1]. Durant l'été de 1051, les Bénéventains avaient

---

[1] Hermann de Reichenau, dans Migne, Patrol. lat. T. 143 col. 259 sqq. — Leo de' Marsi II, 46.

Le manuscrit de ce dernier auteur porte la phrase suivante écrite en marge

déjà, il est vrai, prêté, entre les mains du cardinal Humbert et du patriarche d'Aquilée, serment de fidélité au pape comme à leur seigneur temporel, et Léon IX avait pris en personne possession de la ville et de la principauté, mais la reconnaissance officielle de cette acquisition par l'autorité impériale n'était pas moins un incontestable avantage pour la papauté. On ne sait pas les noms des autres biens situés en Italie que le traité de Worms assurait à Léon IX et à ses successeurs.

L'échange fait avec l'empereur rendit le pape encore plus désireux de défendre Bénévent et son territoire contre les invasions des Normands; mais la connaissance qu'il avait déjà de l'Italie, les voyages qu'il venait de faire depuis deux ans au sud et au centre de la péninsule, lui avaient prouvé que, sans les troupes impériales, il ne pourrait rien entreprendre de décisif contre les Normands. Il sollicita donc l'appui de Henri III, et ce prince, comprenant que donner au pape la ville de Bénévent sans lui fournir les moyens de la défendre serait lui faire un perfide présent, consentit à ce qu'une partie considérable de son armée descendît en Italie avec Léon IX. Les troupes étaient déjà en route pour cette destination, lorsque les ennemis que Léon IX avait à la cour impériale mirent tout en œuvre pour que l'empereur revînt sur sa décision et rappelât ses soldats. Parmi ces ennemis, — c'étaient probablement les mêmes qui devant Presbourg avaient fait échouer l'intervention pacifique du pape, — se distinguait le Bavarois Gébhard, évêque d'Eichstœdt, qui, étant chancelier de l'Empire et ayant la confiance de l'empereur, s'en servit pour déterminer ce prince à abandonner Léon IX à ses propres forces; les troupes allemandes reçurent ordre de rétrograder [1].

du c. 81 du L. II. Tunc temporis facta est commutatio inter eundem apostolicum et imperatorem de Benevento et episcopio Bambergense.

[1] Gebeardus tunc episcopus Aistettensis gente Noricus, vir prudentissimus et rerum sœcularium peritissimus regis consiliarius erat. Sed cum imperatoris imperio magnus valde apostolico traditus fuisset exercitus, jamque itineris

Ce revirement n'avait probablement pas encore eu lieu lorsque, après les fêtes de Worms, Léon IX prit congé de l'empereur qu'il ne devait plus revoir. Le pape passa encore environ six semaines dans le sud de la Germanie, employant ce temps à recruter lui-même sa petite armée puisque, malgré ses nombreuses protestations d'amitié, l'empereur ne faisait rien pour lui. Mais des soldats ainsi réunis n'étaient guère disciplinés et n'offraient pas entre eux une grande cohésion; quelques seigneurs souabes, plus généreux que leur maître et ne voulant pas laisser le pape dans la détresse, consentirent à le suivre au-delà des Alpes. Au rapport d'Hermann de Reichenau, Léon IX se vit dans la dure nécessité d'accepter aussi les services d'un ramassis d'aventuriers, qui ne voyaient dans la future expédition qu'un moyen de faire fortune, et de gens perdus de réputation et chassés de leurs pays à cause des crimes qu'ils y avaient commis[1].

Wibert, biographe de Léon IX, raconte que le pape était assailli de sombres pressentiments lorsqu'il rentra en Italie, en février 1053. Durant son sommeil, il avait vu ses amis et ses partisans se réfugier précipitamment auprès de lui, pour échapper à un grand danger. Léon IX avait voulu les protéger en les couvrant de sa grande chape papale, mais, même sous cet abris, ils avaient été percés de coups, et leur sang avait rougi les ornements du pontife[2].

L'état de l'Italie en 1053 ne justifiait que trop les inquiétudes et les anxiétés de Léon IX. Jamais, plus qu'à cette

---

partem non modicam confecissent, idem episcopus ad imperatorem accedens, vehementer que super hoc illum redarguens, ut totus exercitus ejus reverteretur effecit; de propinquis tantum et amicis apostolici quingentis circiter ilium in partes has comitantibus. Leo de' Marsi II. 81

[1] Voyez la fin du texte de Leo de' Marsi, cité dans la note précédente. — Hermann de Reichenaux écrit de son côté au sujet de la petite armée recrutée par Léon IX : Secuti sunt autem eum (scil. Leonem IX) plurimi Theutonicorum, partim jussu dominorum, partim spe quœstus adducti ; multi etiam scelerati et protervi, diversas que ob noxas patria pulsi. Migne : Patr. lat. T. 143 col. 259 C.

[2] Wibert : Leonis IX vila, II, 8 dans Watterich vitœ Pontif. T. I p. 160.

époque, la péninsule n'a offert l'image sinistre du chaos, et d'un chaos dans lequel les passions les plus sauvages, les haines les plus farouches, la licence la plus effrénée, la tyrannie la plus intolérable, se donnaient pleine carrière. Au lieu de chercher à remédier à cette situation, le clergé, il faut bien le dire, donnait le spectacle d'un dérèglement de mœurs inouï, flétri par saint Pierre Damiani dans ce pamphlet immortel qu'il n'a pas craint d'intituler le *Livre de Gomorrhe*. Au nord comme au sud, l'assassinat et l'empoisonnement étaient à l'ordre du jour, et comme nous l'avons vu, n'épargnaient pas plus les chefs politiques que les évêques et les papes.

C'est ainsi que, dès ses premiers pas en Italie, Léon IX trouva les provinces du Nord dans un désordre épouvantable, par suite de la mort du margrave Boniface, assassiné le 16 mai de l'année précédente, quelques jours avant l'assassinat de Guaimar à Salerne. Au moment où il songeait à aller en Palestine visiter le tombeau du Sauveur, Boniface, qui, nous l'avons déjà dit, avait dans le nord de l'Italie une situation au moins aussi considérable que celle de Guaimar dans le sud, fut atteint dans une forêt par des flèches empoisonnées que lui décochèrent deux soldats. Le margrave laissait pour gouverner ses vastes domaines sa veuve, la princesse lorraine Béatrix, mère de l'illustre comtesse Mathilde[1].

Une femme, même énergique et intelligente comme l'était Béatrix, ne pouvait guère maintenir dans l'obéissance les turbulents vasseaux ecclésiastiques et laïques de la Lombardie et de la Toscane. Léon IX le vit bien,

[1] His diebus (1052) Bonifacius, Italiæ marchio ditissimus, Beatricis nobilissimæ comitissæ maritus, a duobus militibus sagittis toxicatis vulneratus, et Mantuæ honorifice sepelitur. Hermanni Augiensis *chronicon, ex codice Bernoldi* dans Migne, Patrol. lat. T. 143 col. 255. — Cum votum vovisset Christi visitare sepulchrum, et pro sua expedienda peregrinatione omnia complevisset, illo vocante, in cujus manu sunt hominum vitæ, universæ carnis viam ingressus est. *Vita Mathildis ab anonymo.* Muratori Rer. Ital. Script., T. V, p. 392. — Iis diebus marchio Bonifacius dum nemus transiret opacum, insidiis ex obliquo latentibus venenato figitur jaculo. Arnulfi *Gesta Archiep. Mediolan.* Migne, Patrol. lat. T. 147 col. 308. —

lorsqu'à son retour de Germanie le 21 février 1053, il voulut tenir un synode à Mantoue. Les évêques lombards, ceux dont l'histoire a stigmatisé les mœurs dissolues, en les appelant « les taureaux lombards, » craignant de voir ce synode inculquer de nouveau le précepte du célibat ecclésiastique, occasionnèrent de tels désordres dans Mantoue que Léon IX dut dissoudre l'assemblée et partir pour Rome[1].

Là, d'autres tristesses l'attendaient, causées par un nouveau crime. L'archevêque de Lyon, Halinard, qu'il avait laissé à Rome pour gouverner la ville pendant son absence et pour expédier les affaires, avait été empoisonné, probablement par l'une des factions rivales qui se disputaient la ville éternelle. Lorsque Léon IX, désolé de cette mort qni le privait d'un de ses collaborateurs les plus saints et les plus sages, vint à Saint-Paul hors les murs prier sur son tombeau, il dut faire de cruelles et amères réflexions sur les incessantes tempêtes au milieu desquelles il avait à diriger la barque de Pierre[2].

Après avoir tenu le synode annuel, appelé synode pascal, parce qu'il avait lieu durant les jours qui suivaient cette fête, et après s'être occupé des diverses affaires ecclésiastiques pendantes, Léon IX se décida à commencer la campagne militaire contre les Normands[3].

Én se jetant tête baissée et avec une trop grande hardiesse dans une aventure qui devait avoir pour son pontificat les suites les plus tristes et les plus irrémédiables, Léon IX se laissait entrainer par l'opinion publique, qui

[1] Wibert, Leonis IX vita II, 8 dans Watterich: Vitœ Pontif. T. I, p. 160.

[2] Voyez dans Migne : Patrol. lat., Vita Halinardi, Lugdun. episc., ex chronico S. Benigni Divionensis T. 142, col. 1344.

[3] Rien n'indique que Léon IX ait, comme on l'a prétendu, excommunié les Normands dans ce synode. M. de Blasiis qui l'affirme (la Insurrezione Pugliese e la Conquista Normanna T. I, p. 240) se fonde sur un texte d'Hermann de Reichenau qu'il cite comme il suit : habita Romœ post Pascha synodo contra Nordmannos. — Mais voici le texte intégral d'Hermann : Dominus papa, habita post Pascha synodo, contra Normannos, ut proposuerat, exercitum movit. — Migne Patrol. lat. T. 143 col. 260 A. Il est évident que le contra Normannos se rapporte à exercitum movit et non à habita synodo.

non seulement dans l'Italie du Sud, mais même dans l'I-
talie centrale, se prononçait contre les Normands avec
une énergie de plus en plus prépondérante. Il existe une
curieuse preuve de cette exaspération dans une lettre
écrite vers 1053 à Léon IX par un Normand.

Jean, abbé de Fécamp en Normandie, ayant fait un
voyage en Italie pour remplir une mission que le pape lui
avait confiée, avait été sans égard pour son caractère
d'ambassadeur du Saint-Siége, complètement dévalisé par
les habitants de Rome, d'Acquapendente et de Reichefburg. Il écrivit alors au pape une longue lettre afin d'être
indemnisé par le Saint-Siège de tout ce qu'il avait perdu.
Après avoir adressé à Léon IX les éloges les plus pompeux,
l'abbé de Fécamp continue comme il suit :

« Pendant que, ô vénérable pontife ! pendant que je
chante tes louanges, pendant que je célèbre la paix rendue
à la terre grâce à tes soins, une douleur qui se fait jour
étouffe dans ma gorge ces cantiques d'allégresse. Je raconte, du reste, un fait que le pontife connaît déjà; je me
plains de ce que l'on n'a pas respecté la paix de l'Eglise,
de ce que, non pas les nations étrangères, mais les propres citoyens de Rome et en second lieu les puissants habitants de Reichefburg et d'Acquapendente dans la campagne romaine, n'aient pas respecté en moi votre messager
fidèle, celui qui remplissait une mission au nom de Pierre
prince des apôtres. Ces hommes, n'ayant aucun souci de
la puissance apostolique, se sont jetés sur moi, m'ont dépouillé, et, hélas ! ne m'ont rien laissé du dépôt sacré que
je portais ; aucun motif n'a pu les arrêter, ni mon caractère d'ambassadeur du Saint-Siège ni la protection
apostolique que j'ai cependant invoquée. La haine des
Italiens contre les Normands est si ardente, elle a pris de
telles proportions, qu'il est devenu à peu près impossible
à un Normand de voyager en Italie, même pour faire un
pèlerinage, sans qu'il soit assailli, enlevé, dépouillé, roué
de coups, jeté dans les fers, et souvent sans qu'il ne termine tristement sa vie après une longue captivité sur la

paille humide d'un cachot. Sache donc, ô Père très clément de la chrétienté, que si la puissance romaine, apostolique, ne coupe court à cette sauvage barbarie, sache que si elle ne venge l'injure faite à l'un de ses ambassadeurs, le monde entier sera dans l'étonnement et dans la crainte, l'autorité de la majesté romaine sera grandement dépréciée, et le belliqueux peuple des Normands ne sera plus si empressé à te servir. Ta propre réputation, ô homme renommé par ta libéralité et par ta munificence te fait un devoir de nous rendre largement ce que nous avons perdu, car, ainsi que tu l'as prescrit, voici notre délégué qui vient te trouver pour le temps de Pâques; il porte des lettres et la liste de ce que j'ai perdu; ces objets n'étaient pas tous à moi, plusieurs m'avaient été confiés par des personnes qui voulaient, par mon intermédiaire, en faire hommage à la sainte Trinité[1]. »

Dans les derniers jours du mois de mai 1053, Léon IX se rendit au Mont-Cassin[2], et s'engageant ensuite dans les vallées et les défilés des Abruzzes, se dirigea vers le versant de l'Adriatique, en ralliant les troupes qui avaient répondu à son appel. La haine contre les Normands, le désir de s'emparer de leurs dépouilles et de châtier leur insolence, et aussi la sainteté reconnue de Léon IX, son autorité morale, attirèrent un grand nombre d'Italiens sous les bannières du Saint-Siège. Ce fut un soulèvement général du centre et du sud de l'Italie; les Romains et les Samnites, les habitants d'Ancône et ceux de Spolète, ceux de la Sabine et ceux de Fermo, les montagnards des Abruzes et les Lombards de Capoue, ceux de Gaête comme

---

[1] *Epistola Joannis I, abbatis Fiscammensis, ad S. Leonem IX.* Migne, Patrol. lat. T. 143 col. 797 sqq.

[2] Reversus itaque ab ultra monte Romanus pontifex, ascendens que (en marge du manuscrit: plus quingentos secum Lotheringos, bellicosos valde viros adduxit, veniensque) iterum ad hoc monasterium, valde suppliciter se fratribus commendavit. . . . . Post hoc adjunctis sibi fere cunctis partium istarum militibus Apuliam cum Normannis dimicaturus perrexit, anno Domini millesimo quinquagesimo tertio; et ex parte quidem Apostolici Rodulfus in Beneventanum principem jam electus, et Guarnerius Suevus signa sustollunt. Leo de' Marsi: *Chronicon casinense* II. 84.

ceux d'Aquino et de Bénévent, tous accoururent se joindre aux troupes allemandes pour prendre part à la curée et effacer, dit Guillaume de Pouille, jusqu'au nom de la nation franque [1]. Aussi, lorsque Léon IX arriva sur les bords du Biferno, en un endroit nommé Sale, au nord de la Pouille, il avait avec lui Adenulfe duc de Gaete, Lando comte d'Aquino, Landulfe comte de Teano, Odérisius fils de Borel, Roffred de Guardia, Roffred de Lusenza et quantité d'autres seigneurs italiens venus avec leurs troupes [2].

Une seule ville de l'Italie méridionale resta calme au milieu de tous ces bruits de guerre, ce fut Salerne; les Salernitains ne paraissent ni dans le camp normand, ni dans celui de Léon IX. Le jeune prince Gisulfe garda donc la neutralité; c'était reconnaître bien peu les services des Normands, qui venaient de le sauver, lui et sa dynastie, et de le placer sur le trône de la principauté.

Le plan militaire de Léon IX dans sa marche contre les Normands fait honneur à sa prudence et prouve qu'il ne se laissa pas aveugler par les fanfaronnades de ceux qui l'entouraient. Des rivages du Biferno il dirigea ses troupes vers la vallée du Fortore, manœuvra de façon à éviter toute rencontre avec les Normands, jusqu'à ce qu'il eût opéré sa jonction avec Agyros et les Grecs dans la Capitanate, à l'est du Mont Gargano. Il calculait que, la jonction opérée, il serait possible d'écraser sous le nombre toute résistance de l'ennemi [3].

---

[1] Voyez plus loin le récit de la bataille de Civitate par Guillaume de Pouille.

[2] La chronique du monastère de S. Vincent sur le Vulturne (Muratori: Rer. Ital. Script. T. I. P. II, p. 513) contient une charte transcrite d'une manière assez défectueuse, par laquelle Léon IX, se trouvant à Sale sur le Biferno, le 10 juin 1053, donne gain de cause dans une contestation à Liutfridus, moine de S. Vincent. Cette charte contient l'énumération des personnages qui entouraient alors le pape, et aux noms que nous avons cités, elle ajoute ceux du cardinal Humbert, évêque de Silva Candida, de Pierre archevêque d'Amalfi, d'Amalguin évêque de Zénéda en Vénétie, d'Hudalrich archevêque élu de Bénévent et de Frédéric, cardinal diacre, chancelier et bibliothécaire de l'église romaine.

[3] Dans sa lettre à l'empereur Constantin Monomaque, écrite quelques mois après la bataille de Civitate, Léon IX dit qu'il a rencontré l'armée des Normands, lorsqu'il cherchait à rejoindre Argyros. Voyez plus loin un fragment de cette lettre.

Mais les Normands étaient trop intelligents et trop versés
dans l'art de la guerre, pour ne pas comprendre le danger qui les menaçait et pour ne pas essayer de le conjurer.

Dans une situation des plus critiques, abandonnés de
tous, même des Salernitains, qu'ils avaient secourus quelques mois auparavant, en butte à la haine des populations qu'ils avaient soumises par la force, mais qui dernièrement encore avaient tenté de les faire disparaître
dans un massacre général, ayant à lutter sur presque tous
les points avec les ennemis les plus divers, en guerre ouverte avec le chef de la chrétienté, avec celui que les rois
et l'empereur révéraient, et qui dans le cas présent,
ajoutait à l'autorité de la charge suprême l'ascendant des
plus rares vertus, dans cette situation, les Normands ne
prirent conseil que de leur bravoure et se confièrent à
leur esprit de discipline.

Robert Guiscard accourut du fond de la Calabre et
amena toutes les troupes qu'il put réunir. Richard d'A-
versa vint aussi avec ses hommes d'armes, et les deux
jeunes héros, se joignirent à Umfroy, qui avait convoqué
et commandait les Normands de la Pouille[1].

L'année précédente, les Normands avaient, heureusement pour leur cause, battu à plusieurs reprises Argyros
et les Grecs, par exemple non loin de Tarente et, dans
une autre bataille, près de Siponto, où Argyros, vaincu,
blessé et à demi mort, avait, à grand'peine, échappé aux
chefs normands Umfroy et Pétrone. De son côté, Robert
Guiscard, poursuivant ses succès en Calabre, avait infligé
près de Cortone, une défaite au prostospatarios Sico, l'adversaire que Constantinople lui opposait[2].

---

[1] Voyez infra le récit de la bataille de Civitate par Guillaume de Pouille.
[2] Fit prœlium cum Argyro Catapano Græcorum et a Northmannis iterum
fugatur exercitus ejus circa Tarentum. Et item factum est prœlium circa Cro-
tonem in Calabria et victus est Sico Protospata. Et dominium Northmannum
factum est magnum in Calabria et Apulia; et crevit potentia et timor eorum
in omni terra. *Chronicon breve Nortmannicum* ad an. 1052, dans Migne: Patrol. lat. T. 149 Col. 1084. — On lit aussi dans la *chronicon ignoti Civis*

Ces revers avait affaibli les Grecs ; toutefois les débris de leurs légions pouvaient devenir un appoint considérable en se réunissant à l'armée pontificale ; aussi pour empêcher cette jonction, les Normands formant un seul corps d'armée s'avancèrent vers le nord de la Pouille, au-devant de Léon IX et de ses troupes, et, le 17 juin 1053, les deux armées se trouvèrent en présence sur les bords du Fortore, non loin de Civitate[1].

La bataille qui s'engagea le lendemain, 18 juin, a été racontée avec talent et avec précision par Guillaume de Pouille ; voici son récit :

« Les Gaulois vinrent au-devant du Pape et amenèrent avec eux autant de cavaliers et de fantassins qu'ils purent en réunir, car ils avaient appris que le Pape s'avançait avec de nombreuses troupes du Latium, sans compter la foule d'Allemands et de Teutons qui l'accompagnaient dans sa marche militaire. Quoique les Normands fussent

Barensis ad an. 1052 : Et Argyro ibit in Siponto per mare. Deinde Umfreda et Petrone cum exercitu Normannorum hit super eum et fecerunt bellum et ceciderunt de Longobardi ibidem. Ipse Argiro semivivus exiliit plagatus et ibit in civitate vesti. — Pratilli : *historia principum Langobardorum* T. IV. Neapoli 1753 in 4° p. 328.

[1] Plusieurs autres affirment que la bataille entre Léon IX et les Normands se livra non loin de Civitate et du Fortore ; Aimé écrit : iii, 36. Lo pape fu acompaingnié de ceste chevalerie, et avant qu'il venist á la Cité assembla li gentilhomme et fist Gofanonier de la Cité, et de la bataille Robert loquel se clamoit de Octomarset. Et puiz vindrent à la Cité, c'est à un chastel qui se clame La Cité. Quar la lui vindrent encontre li Normand comment se trove en autre ystoire. Et lo pape et li chevalier avoient espérance de veinchre pour la multitude de lo pueple. — L' « autre ystoire » dont parle le traducteur d'Aimé est la *chronique de Robert Viscart* également traduite en français par lui. Cette chronique parle en effet de la guerre entre les Normands et le pape et écrit : Lo pape loquel se clamoit Lyon, fu contreinst à fouyr à une terre qui se clame Civite o petit de homes qui estoient remez. *Cronique de Robert Viscart* i, 11 p. 275 de l'édition de Champollion Figeac. — Leo de'Marsi II, 84 : Inito autem certamine in planitie maxima quæ juxta Civitatem est. — Cum ergo ad id pervenisset (sanctus Leo) loci, castrametatus est super flumen, quod dicitur stagnum, non longe ab oppido cui nomen est Civitas. *Vita Leonis IX ab anonymo* dans Watterich: *Prolegomena* T. I, p. IIIC. Enfin Malaterra écrit. Apostolicus fuga vitæ asylum expetens, intra urbem provinciæ Capitinatæ, quæ Cimitata dicitur, sese profugus recepit. *Historia Sicula* I 14. — Il est bien probable que ce texte de Malaterra contient une faute de copiste et qu'il faut lire Civitas au lieu de Cimitata ; la preuve en est que la *Chronique de Robert Viscart* faite d'après Malaterra (Cf. supra p. 77, note 1) porte très exactement Civite.

d'une bravoure éprouvée, ils craignaient de se mesurer avec des bataillons si nombreux et envoyèrent des députés chargés de demander la paix ; ces députés devaient en outre prier le Pape de recevoir avec bienveillance les hommages des Normands. Tous, sans exception, se déclaraient prêts à lui obéir ; leur intention n'étant pas de l'offenser, ils reconnaissaient du reste ce qu'il y avait de fondé dans ses plaintes ; enfin, ils lui demandaient de vouloir bien être leur Seigneur, et promettaient de lui être fidèles. Les Teutons, aux longs cheveux et à la haute stature, se moquèrent de ces Normands plus petits qu'eux et ne firent pas cas de leurs messagers, parce que ceux-ci n'avaient pour eux ni le nombre ni la force. Ils entourèrent le pape et lui parlèrent comme il suit avec beaucoup de superbe : « Ordonne aux Normands de quitter l'Italie « de laisser là leurs armes et de regagner leur patrie. « S'ils s'y refusent, nous voulons que tu n'acceptes pas « leurs propositions de paix ; ne tiens aucun compte de « ce qu'ils te disent. Ils ne savent pas encore ce que sont « les glaives des Teutons. Qu'ils périssent ou qu'ils soient « chassés, et qu'ils abandonnent malgré eux cette terre « qu'ils n'ont pas voulu quitter de plein gré. » Le pape essaya bien de calmer par diverses raisons ces esprits orgueilleux, mais ne put y parvenir. Ce qui leur donnait tant de jactance, c'étaient ces populations des Marches, rebut de l'Italie, et dont rougissait tout ce qu'il y avait d'honorable dans le Latium ; car tandis que beaucoup d'Italiens font preuve d'un courage remarquable ces populations se laissent dominer par la peur, elles prennent la fuite et sont en général la proie de la luxure. Quant aux Teutons eux-mêmes, ils étaient en réalité peu nombreux. Les Normands revinrent attristés de n'avoir pu obtenir la paix, et rapportèrent les orgueilleuses réponses des Allemands[1].

[1] Et li Normant puiz qu'il vindrent mandèrent message à lo pape et cerchoient paiz et concorde, et prometoient chascun an de donner incense et tribut à la sainte éclize, et celles terres qu'il ont veincues par armes voloient

« On touchait à cette époque de l'année où l'on ramasse les blés; aussi les paysans se hâtaient-ils de rentrer leurs gerbes, quoiqu'elles fussent encore vertes. Les Francs, qui manquaient de pain, faisaient sécher ces gerbes auprès du feu et les utilisaient pour leur nourriture. Ils étaient obligés d'agir ainsi, parce que le pays s'était insurgé contre eux, on donnait tout aux Teutons, tandis qu'on leur refusait les choses les plus nécessaires à la vie[1].

« Drogon étant mort, son frère Umfroy restait encore l'un des premiers parmi les Francs; venait ensuite Richard, qui, quelque temps auparavant, avait été proclamé comte dans la ville d'Aversa. Robert, qui devait éclipser tous ses frères par son magnanime courage, assista à cette guerre; il suivait depuis peu la carrière de ses aînés et

---

re (che) voir les par la main de lo vicaire de l'églize. Et mostrèrent lo confanon coment il furent revestut de la terre par la main de lo impéreor, et coment lor estoit confermée. Lo pape non parla, ainz parla lo cancelier et les manesa de mort, et lor propona qu'il doient fugir; et l'un et l'autre est moult moleste à li Normant; et encoire o ces messages parla par manache, et lor fist vergoingue. Li légat de li Normant s'en retornèrent et reportèrent lor message, loquel moult lor desplait, Aimé III, 36. — On voit que Guillaume de Pouille et Aimé qui n'ont cependant pas puisé aux mêmes sources, racontent d'une façon à peu près identique la réception faite aux ambassadeurs normands à la cour de Léon IX. L'anonyme de Bénévent fournit une version différente; d'après lui ce furent des ambassadeurs du pape qui allèrent dans le camp normand; il écrit : Galli vero ex alia parte haud longe ab ejus castris (id est Leonis IX) sua quoque posuerunt castra, non ut tamen ad invicem videri possent, nam quasi collis humilis interjacebat medius. Audiens interea sanctus Leo, Gallorum multitudinem non longe differre a suis, incertus quid esset, nuntios direxit, sciscitari : « Quidnam sibi vellet, quod facere volebant ». Illi autem respondentes dixerunt. « Se paratos esse in famulatum Papæ, quocumque illos ducere vellet; verumtamen unum fatebantur illis esse mslestum et sine sanguinis effusione nullo modo fore futurum; videlicet si eorum inimicis, qui adhuc in finibus Apuliæ degebant, auxilium præberet ». Erat enim tunc temporis Argirus quidam Siponti, quem Constantinopolitanus imperator principem constituerat Apuliæ. Cujus venerabilis Leo auxilium tam in armis quam in militibus habere cupiebat. Auditis autem hujus modi responsis, quid potius ageret, cogitabat. Nam hostis in facie stabat, via ferro aperienda erat........ Convocans ergo suos, exhortatus est eos...... His et hujus ce modi omnibus viriliter animatis, cunctos antea cœlestibus donis munivit ac sic, remissis omnibus peccatis, in prœlium ire permisit. Ipse vero, quia indignum erat, tali interesse negotio, compulsus tamen a suis, Civitatem ingressus est oppidum. *Anonym.* dans Watterich *Prolegomena* p. III C.

[1] Cette pénurie des Normands s'explique d'autant mieux que, d'après la chronique de Lupus, il y eut en 1053 une grande famine. Et hoc anno fuit magna fames. Lupus ad an. 1053.

avait reçu le surnom de Guiscard, parce que sa finesse dépassait celle de Cicéron et de l'artificieux Ulysse. Dans les rangs des Normands étaient aussi Pierre et Gautier, les célèbres fils d'Amicus, Auréolanus, Ubert, Musca, Rainald, le comte Hugo et le comte Girard. Celui-ci commandait les Bénéventins, les autres les Thélésiens, Radulfe, comte de Bovino, les aide de son courage, de ses conseils et de ses forces. Derrière ces chefs marchent trois mille cavaliers à peine et très peu de fantassins, car depuis trois jours ils manquent de pain et les armes leur font aussi défaut. Tous préfèrent mourir bravement en combattant que de voir leurs corps devenir lentement la proie de la famine et de succomber à une mort sans gloire. Les Allemands, fiers de leurs nombreuses troupes, comptant en outre, mais bien à tort, sur le concours de leurs bandes de Lombards toujours disposés à prendre la fuite, étaient persuadés que les Normands allaient plier ou périr au premier choc. Mais, à la guerre, la victoire n'est pas à celui qui a le nombre, qui a les chevaux et les armes, elle est à celui à qui le Ciel l'accorde.

« Entre les Teutons et l'armée des Normands se trouvait une colline, autour de laquelle étaient campés de nombreux soldats venus de la Pouille, de Valba, de la Campanie, des pays des Marses et de Thélèse pour combattre avec les Allemands [1]. Guarner et Albert, chefs des Teutons, n'avaient amené avec eux que sept cents Souabes. Ces Souabes pleins de bravoure militaire, sont, en revanche, assez inhabiles dans le maniement de leurs chevaux ; plus redoutables quand ils se servent de leurs glaives que lorsqu'ils combattent avec la lance ; dans ce dernier cas, ils ont de la peine à maintenir leurs chevaux, et leurs lances ne font pas de dangereuses blessures ; leurs glaives, au contraire, sont longs et bien aiguisés. Il arrive souvent qu'ils coupent en deux un combattant, s'ils l'atteignent à la tête. Lorsqu'ils sont désarçonnés, ils n'en continuent

---

[1] L'anonyme de Bénévent (cf. l'avant-dernière note) parle aussi de cette colline qui séparait les deux armées.

pas moins à combattre et préfèrent mourir que de devoir leur salut à la fuite. Les deux frères Trasmond et Atto commandent les Italiens qui font cause commune avec eux : au nombre des chefs des Italiens sont aussi les membres de l'illustre famille de Borel. Tous se préparent pour la lutte, et avec eux Malfredus, qui habite près de la mer, et Rofredus, beau-père de Rodulfe de Molina (la citadelle de Rofredus s'appelle Guardia), et beaucoup d'autres dont je ne connais pas les noms. Les Romains, les Samnites, les habitants de Capoue avaient envoyé des secours ; Ancône avait fait de même, ainsi que les habitants de Spolète, de la Sabine et de Firmo. Il est impossible d'énumérer dans ces vers les nombreux ennemis accourus pour faire disparaître jusqu'au nom de la nation franque. Les Italiens et les Teutons avaient établi leurs tentes sur les bords du Fortore, non loin d'une ville appelée Civitate.

« Lorsque les Normands furent convaincus qu'il ne leur serait pas possible d'obtenir la paix et, d'un autre côté, qu'il ne fallait pas songer à fuir, parce qu'alors ils seraient exposés à mourir de faim, ils montèrent sur la colline pour étudier les positions de leurs ennemis. Cet examen terminé, ils s'arment et forment leur ordre de bataille. La droite est confiée à Richard, comte d'Aversa, qui reçoit l'ordre d'attaquer les Lombards. Un brillant escadron de cavaliers soutient le corps de Richard. Le centre est commandé par Umfroy ; c'est lui qui doit attaquer les Souabes redoutables à la guerre. Enfin la gauche est sous les ordres de Robert ; lui et ses Calabrais doivent se tenir prêts à voler au secours de ceux qui seraient en danger ; c'est à lui qu'est confié le soin de soutenir les troupes qui viendraient à plier. Les Teutons se tiennent à droite pour combattre deux corps de Normands. Les Italiens, placés de l'autre côté, sont disposés sans aucun ordre, car ils ignorent complètement l'art de se présenter pour livrer bataille. [1]

[1] Leo de'Marsi et Aimé racontent de la même manière que Guillaume de Pouille l'ordre de bataille des Normands et indiquent les mêmes chefs : Nor-

« Richard fut le premier à engager la lutte ; il marcha vigoureusement contre les Italiens, qui, dès le premier choc, ne firent pas bonne contenance. La peur les saisit et bientôt commença une fuite effrénée à travers les plaines et les collines : la rapidité même de cette fuite fit que beaucoup d'entre eux furent jetés à terre, et périrent par le glaive ou furent percés de traits.

« Comme de timides colombes, à la vue d'un vautour fondant sur elles, fuient à tire-d'aile, cherchent à se cacher dans les anfractuosités d'une montagne élevée, et cependant finissent par être victimes de l'oiseau de proie, ainsi les Italiens fuient devant Richard. Mais cette fuite ne peut les sauver ; lui et ses compagnons finissent par les atteindre. Là périt une grande partie des soldats du Latium, les autres parviennent à s'échapper.

« Pendant ce temps, les Souabes entament la lutte contre l'intrépide Umfroy ; ce chef est lui-même à plusieurs reprises en butte aux traits ennemis. Peu à peu les deux peuples en viennent aux mains, et ce sont alors de part et d'autre de formidables coups d'épées ; des hommes, frappés à la tête, sont coupés en deux, et parfois le cheval est tué en même temps que le cavalier.

« Robert ayant remarqué que son frère est aux prises avec des ennemis acharnés qui ne veulent en aucune façon se laisser vaincre, part avec les soldats du comte Girard qui se trouvait près de lui, et avec les Calabrais qu'il était chargé de commander, et se précipite plein d'ardeur et d'audace au milieu de la mêlée. Il atteint les uns de ses traits, il décapite les autres à coups de glaive ; ses fortes mains font de tous côtés d'effroyables blessures ; il combat des deux mains et agite en tous sens sa lance et son glaive, sans se laisser entamer. Précipité trois fois de

manni vero tres de suis statuunt turmas, quarum unam comes Humfridus, aliam comes Richardus, tertiam Robertus agebat Viscardus. Leo de'Marsi II, 84. — Et li Normant font troiz compaigniez desquelles une en est regie et governée par la main del conte Umfroy, et l'autre par lo conte Ricchart, et à la tierce par Robert Viscart.

son cheval, trois fois il reprend ses forces et reste victorieux ;
la fureur dont il est animé l'excite encore plus.

« Si le lion qui attaque des animaux moins forts que
lui rencontre quelque résistance, sa colère grandit d'une
manière terrible ; il ne fait plus de quartier, il broie,
il lacère ce qu'il n'a pas le temps de broyer, il promène
la mort à travers le troupeau et le chasse en tout sens ; de
même Robert frappe sans relâche les Souabes qui ne plient
pas devant lui ; à l'un il coupe le pied, aux autres les mains,
ou bien il sépare d'un formidable coup la tête du tronc,
il perce les entrailles et la poitrine, parfois son glaive s'en-
fonce profondément entre les côtes. Il rapetisse tous ces
grands corps par les terribles mutilations qu'il leur fait
subir, et prouve que le prix de la bravoure n'est pas l'apanage exclusif des hommes à haute stature, qui sont souvent vaincus par des hommes d'une taille moins élevée.
Comme on l'a reconnu après la lutte, nul, dans cette
guerre, parmi les vaincus ou parmi les vainqueurs, n'a
porté des coups aussi redoutables.

« Après avoir vaincu cette race d'Ausonie, dont une partie avait succombé sous les traits ou par le glaive, et dont
l'autre était en pleine fuite, Richard revenait sur ses pas,
lorsqu'il aperçut les Teutons tenant encore en échec ses
compagnons. « O malheur ! s'écria-t-il, cette victoire qui
« devait mettre fin à la lutte, voilà qu'on nous la dispute
« encore ! » Et il se précipite sans sourciller au milieu
des ennemis. Ceux-ci savent qu'ils ne peuvent plus fuir
et que leur perte est certaine ; aussi veulent-ils vendre
chèrement leur vie ; mais, malgré leur colère, le cercle se
resserre de plus en plus autour d'eux. L'arrivée de Richard
et de son armée victorieuse fut pour eux le coup suprême ;
ils tombèrent les uns après les autres ; pas un seul ne fut
sauvé. [1]

---

[1] Quoique italiens tous les trois, Aimé, l'Anonyme de Bénévent et Léo de'
Marsi disent aussi que les Italiens ont fait preuve de bien peu de courage à
Civitate mais que les Souabes ont vaillamment combattu. Et li Todeschi se
reguardent derrière pour veoir lor compaingnie ; mes nul Longobart venoit

« Le pape fut rempli d'une grande tristesse en voyant
l'issue de la lutte, et s'enfuit en gémissant vers Civitate;
il fut mal reçu par les habitants, qui craignaient d'attirer
sur eux la colère des Normands vainqueurs. » [1]

après eauz, quar tuit s'en estoient foui. Cestui Todeschi qui iluec se trovèrent furent tuit mort, nul non eschappa se non aucun à qui li Normant von-
loient pour pitié pardoner, Aimé III, 37. — Universa Papæ multitudo, præter
Teutonicos, proh pudor! audito armorum strepitu, terga turpiter dedit ferien-
tibus. Miseri fugientes cœduntur, pœdibus sonipedum calcantur, captivi hostibus prœda efficiuntur. Ast alia parte inter Gallos et Teutonicos ferro discer-
nitur, res utrimque durius agitur. Anonym. Benev. dans Watterich: *Vitæ
Pontificum, Prolegomena* p. 11 C. — Inito autem certamine in planitie maxima, quæ juxta Civitatem est, paulatim se subtrahentibus, fugientibus que
nostratibus, et solis qui ultra montes venerant remanentibus, cum diu ab his
fortiter que pugnatum fuissent, omnibus tandem in ipso certamine trucidatis,
Normanni (en marge, Humfrido duce, illorum tunc comite) Dei judicio extitere victores. Leo de'Marsi II, 84. — Enfin Malaterra dit également: Longobardi territi fuga se ipsos tueri nituntur, Alamannis in prœlio relictis. Qui
cum fortiter dimicarent, nullum refugium, nisi in armis habentes, Nortmannis
vincentibus, pene omnes occubuerunt. *Historia Sicula* I, 14.
[1] Guillermi Apuliensis *Gesta Roberti Wiscardi* L. II, v. 80-256 dans Pertz
Mon. Germ. Hist. T. IX, p. 255-259. — D'après Guillaume de Pouille, Léon IX
resta donc sur le champ de bataille jusqu'à la déroute de son armée. Malaterra est du même sentiment, il écrit: Apostolicus fuga vitæ asylum expetens,
infra urbem provinciæ Capitanatæ, quæ Cimitata dicitur, sese profugus recepit. *Historia Sicula* I, 14.
Aimé et l'Anonyme de Bénévent disent au contraire qu'au début de la
journée le pape gagna Civitate. Et li pape avec li evesque sallirent sur lo mur
de La Cité, et regarda à la multitude de ses cavaliers pour les absolvère de lo
pechiez, et pardonna la penance que pour lor péchié devoient faire. Et lor
fait la croiz et lo commanda de boche qu'il aient combatre. Aimé III, 37.
Nous donnons plus loin la traduction du texte de l'Anonyme de Bénévent. A
part ce léger dissentiment sur l'endroit où se tenait Léon IX pendant cette
sanglante journée, il est facile de constater que les sources principales de l'histoire des Normands d'Italie à cette époque, c'est-à-dire, Aimé, Leo de'Marsi,
Malaterra, Guillaume de Pouille, l'Anonyme de Bénévent sont tout à fait d'accord pour raconter les péripéties et l'issue de la lutte. La bataille de Civitate
est certainement l'un des faits les mieux connus de l'histoire du XIe siècle.
Comme le prouve le texte suivant, le souvenir de cette journée resta gravé
dans la mémoire des habitants de la Capitanate: Tanta enim ex utraque
parte cecidit multitudo ut acervas ibi postea factus ex ossibus mortuorum
usque hodie ab indigenis soleat viatoribus ostentari. Goth. Viter. Pant. dans
Muratori R. I. SS. T. VII, p. 447. — N'est-ce pas à la bataille de Civitate que
Dante fait allusion lorsqu'il écrit dans le XXVIIIe chant de l'Enfer:
    Se s'adunasse encor tutta la Gente
    Che gia in su la fortunata terra
    Di Puglia fu del suo sangue dolente
    . . . .
    Con quella que sentio di colpi doglie
    Per contrastare a Ruberto Guiscardo.
A un mille environ de l'emplacement où se trouvait Civitate existe encore
un puits appelé le « puits de S. Léon »; un peu plus loin sur le Fortore un

Au moment où la situation du pape paraissait complètement désespérée, il s'opéra entre lui et les Normands une
demi réconciliation, qui permit à Léon IX de gagner la
ville de Bénévent avec son escorte ecclésiastique. La ré-
signation de Léon vis-à-vis de la mauvaise fortune, et la
foi qui animait les Normands et qui les faisait trembler
devant celui qu'ils venaient de vaincre, opérèrent ce rapprochement momentané qui a été raconté par l'anonyme
de Bénévent, biographe de Léon IX et adversaire déclaré
des Normands.

« Les Gaulois, dit-il, fiers de cette victoire inique, n'eurent aucun regret d'avoir versé le sang du troupeau; ils
eurent au contraire soif du sang du pasteur et marchèrent
à grand bruit et comme des insensés vers la ville où s'était
réfugié le pape Léon, lors du premier choc des deux armées;
et, après avoir organisé un bélier, firent pleuvoir sur la
ville des traits et des pierres. Le peuple refusa de capituler, et, par sa résistance, rendit vaines les ruses de l'ennemi; aussi les Normands exaspérés et semblables à des
lions qui, après avoir bu un peu de sang, en désirent davantage, allèrent jusqu'à mettre le feu aux constructions
placées sous les remparts, en dehors de la ville. La flamme,
poussée par un vent favorable, escalada bientôt les remparts et menaça la ville d'une ruine complète. Léon s'en
étant aperçu, et, ayant de plus remarqué la douleur de
ceux qui l'entouraient, sortit en faisant porter la croix devant lui, et, sans plus de souci de sa propre vie, se dirigea vers la porte à demi brûlée de la ville; après l'avoir
traversée, il marcha droit au camp ennemi. Il ne l'avait
pas encore atteint, lorsque, par une permission de
Dieu, le vent ayant changé de direction, la flamme tourna
subitement du côté de l'ennemi. Ce grand miracle ayant

gué a aussi gardé le nom de gué de S. Léon; cf. Fraccacreta *Teatr. Stor.
Poet. di Capinata* T. I, p. 101 Cité par de Blasiis T. I, p. 251. — Civitate a
disparu depuis le commencement du xv⁰ siècle; en 1820 des fouilles furent
faites là où était l'antique église et mirent au jour des squelettes d'une taille
presque gigantesque, qu'on regarda comme les restes des combattants de la
mémorable journée du 18 juin 1053. Cf. Fraccacreta ibid. p. 66.

été constaté par les habitants de la ville qui, par crainte
de la mort, avaient déjà formé le dessin de livrer Léon
aux ennemis, ils rendirent grâces à Dieu et supplièrent le
pape de ne pas se mettre entre les mains de si cruels ad-
rés. De leur côté, les Gaulois, voyant que le jour baissait,
versaiet comprenant que les mérites du bienheureux
Léon les empêchaient de réussir, allèrent se reposer, établirent leur camp non loin de la ville, et déclarèrent que le
lendemain ils la ruineraient de fond en comble.

« Cependant le bienheureux Léon, étendant sur tous sa
charitable sollicitude, se préoccupant de ne pas faire
supporter à cause de lui aux habitants de Civitate les
horreurs de la guerre, et, voulant gagner à Dieu les
âmes de ses ennemis selon la parole divine : « Priez
pour ceux qui vous persécutent et vous « calomnient, »
parole que le Seigneur a mise le premier en pratique,
lorsqu'il disait: « Mon père, pardonnez-leur, car « ils
ne savent ce qu'ils font : » le pape, dis-je, se souvenant de ce précepte, envoya le lendemain, à l'aurore, des
messagers aux Normands. « Ce que vous avez fait est
« déjà bien suffisant, dirent-ils au nom du pape ; faites péni-
« tence pour ce qui vient de se passer, et veillez sur vous
« désormais. Si vous voulez vous saisir de moi, vous le
« pouvez, car je ne fuis personne. Pourquoi, en effet, ma vie
« serait-elle plus précieuse que la vie de ceux qui m'étaient
« chers et que vous venez de faire périr de la mort la plus
« injuste. Plût à Dieu que j'eusse partagé leur sort aussi
« bien quant au corps que quant à l'âme ! » Les Gaulois
ayant entendu ces paroles et se souvenant de la faute grave
qu'ils avaient commise la veille, baissèrent la tête et répondirent : « Si le pape veut nous prescrire une pénitence
« en rapport avec ce que nous avons fait, nous sommes
prêts à exécuter tout ce qu'il lui plaira de nous ordonner. »
Cette réponse ayant été rapportée au bienheureux Léon,
lui plut, parce qu'elle était humble, quoiqu'il ignorât le
sentiment qui faisait parler les Normands de cette façon ;
enfin, lorsque plusieurs messagers lui eurent fait connaî-

tre les dispositions dans lesquelles ils se trouvaient, il se décida à venir dans leur camp. On vit alors un beau spectaele qui fit couler des larmes de tous les yeux ; les soldats se prosternèrent devant le pape, et les chefs habillés de soie et encore couverts de la poussière du combat, se jetèrent à ses pieds. Le vénérable pape les reçut avec la simplicité de la colombe et les exhorta avec bienveillance à faire une véritable pénitence. Enfin, après leur avoir donné divers conseils en rapport avec les circonstances, il leur accorda sa bénédiction, et, en retour, les Normands lui promirent de lui être fidèles et de remplacer auprès de lui les soldats qu'il avait perdus. » [1]

[1] Anonymus Bénévent. dans Watterich : *Vitæ Pontif. Prolegomena* T. I, p. IIC. — D'après Aimé, les habitants de Civitate ne se conduisirent pas vis à vis de Léon IX aussi bien que le suppose l'Anonyme de Bénévent « la masserie de lo pape, écrit-il, et de tout li soi, et li trésor de la Chapelle soe lui fu levé de ceus de la Cité. Et quant ce fu fait li Normant s'en alèrent à lor terre; li pape avoit paour et li clerc trembloient. Et li Normant vinceor lui donèrent spérance et proièrent que securement venist lo pape, liquel meneront o tout sa gent jusque à Bonivent, et lui administroient continuelment pain et vin et toute choze nécessaire. Aimé III, 37-38. — G. Malaterra va plus loin qu'Aimé ; il déclare ouvertement que les habitans de Civitate, affolés par la peur des Normands, mirent Léon IX à la porte de leur ville. Quem (Leonem IX) hostes insequentes armato milite obsident; aggeres portant, machinamenta ad urbem capiendam parant, incolas minis terrent ut Apostolicum reddant. Illi vero semper perfidissimi, nulla pactione ad utilitatem apostolici, nisi ut seipsos tuerentur, acquisita, eum per portas ejiciunt. Quem hostes suscipientes ob reverentiam sanctæ Romanæ Ecclesiæ, cum magna devotione ejus provolvuntur pedibus, veniam et benedictionem ejus postulantes. Sed et usque ad loca quo exercitus castra et tentoria fixerat, eum omni humilitate illi servire exsecuti sunt. Quorum legitimam benevolentiam vir Apostolicus gratanter suscipiens, de offensis indulgentiam et benedictionem contulit, et omnem terram, quam pervaserant et quam ulterius versus Calabriam et Siciliam lucrari possent, de S. Petro, hœreditati fendo sibi et hœredibus suis possidendam concessit, circa annos 1052, *Historia Sicula* I, 14.
    La lettre de Léon IX à Constantin Monomaque, lettre que nous publions plus loin, ne permet guère de croire à cette dernière phrase de G. Malaterra ; lo pape était si peu disposé à laisser les Normands en tranquille possession de ce qu'ils avaient conquis dans l'Italie du sud que, même après la bataille de Civitate, il continua ses efforts pour les expulser entièrement. Hermann de Reichenau donne bien probablement la note juste ; il se borne à affirmer que la nécessité obligea Léon IX à relever les Normands de toute excommunication et que ceux-ci le reçurent avec respect et déférence. Ipse que domnus papa in quodam ab eis castello obsessus, cum expugnata jam jamque munitione, necessitate coactus, communionem eis, prius interdictam, reddidisset, acceptus ab eis, Beneventum, cum honore tamen reductus est. Herimanni Augiensis annales ad an. 1053 dans Watterich *Vitæ Pontif* T. I, p. 108.

Avant de suivre Léon IX à Bénévent, il est intéressant
de voir comment furent appréciées, au onzième siècle, cette
expédition du pape et la défaite complète de ses armes.
Nous possédons sur ce point deux témoignages importants.
Le premier du moine Hermann de Reichenau : « Les Teutons, dit-il, succombèrent par un secret jugement de Dieu,
soit parce qu'un si grand pontife aurait dû combattre plutôt pour les choses éternelles que de faire la guerre pour
des choses périssables, soit parce que les hommes qu'il
avait menés au combat étaient des misérables que l'appât
du gain ou la nécessité de faire oublier leurs crimes avaient
attirés auprès de lui; ils ne valaient pas mieux que ceux
qu'ils voulaient vaincre; soit enfin pour·d'autres raisons
connues de la justice divine. » [1]

La seconde appréciation est de saint Pierre Damiani ;
elle se distingue par une âpreté étrange et dépasse évidemment la mesure; on reconnaît facilement dans celui
qui l'a écrite le solitaire ardent, mais inexpérimenté, qui
se laisse dominer par des théories absolues, qui se borne
à son rôle de critique sans se demander si les idées qu'il
développe peuvent toujours s'adapter au gouvernement des
hommes et à celui de l'Eglise. Ce jugement est consigné
dans une lettre adressée à Ordéric, évêque de Firmo; après
avoir démontré que le prêtre ne doit pas employer les armes pour garder ce qu'on veut lui enlever ou pour reprendre ce qu'on lui a déjà ravi, saint Pierre Damiani suppose.
à la fin de son épître, qu'on lui objecte la conduite tenue
par Léon IX. « On me dira, écrit-il, que le pape Léon s'est
souvent impliqué dans des opérations militaires et qu'il
n'en est pas moins saint. Je répondrai en disant toute ma

---

[1] Succenturiatis copiis ex insidiis nostros circumvenientes Italis citius terga
vertentibus, Teutonicisque maxima ex parte, sed non inulte, occumbentibus,
occulto Dei judicio sive quia tantum sacerdotem spiritalis potius, quam pro
caducis rebus carnalis pugna decebat, sive quod nefarios homines quam multos ad se ob impunitatem scelerum quaestum avarum confluentes, contra iti-
dem scelestos expugnandos secum ducebat, sive divina justitia alias, quas
ipsa novit, ob causas nostros plectente — quamvis nimis cruentem, hostes
adepti sunt victoriam ». Hermanni Augiensis *Chronicon* ad an. 1053, dans
Watterich, *Vitæ Pont.* t. I. p. 108.

pensée : Ce n'est pas pour avoir renié Notre-Seigneur que
saint Pierre est devenu le prince des apôtres : ce n'est pas
pour avoir enlevé une femme qui ne lui appartenait
pas que David a obtenu le don de prophétie. Nous devons
apprécier le bien et le mal directement en eux-mêmes, et
non pas d'après ce que fait ou ne fait pas telle ou telle personne. Est-ce que Grégoire, qui a eu tant à souffrir de la
part des Lombards, a agi de cette manière? Est-ce qu'il
a enseigné dans ses lettres quelque chose de semblable?
Est-ce que Ambroise a fait la guerre contre les ariens qui
infestaient son Eglise et se conduisaient avec tant de cruauté?
Est-ce que les traditions rapportent qu'un saint pontife ait
pris les armes? » [1]

Saint Pierre Damiani et Hermann de Reichenau ne se sont
certainement pas rendu compte des motifs qui ont déterminé Léon IX à combattre les Normands, même par les
armes. Ces motifs sont exposés par Léon IX lui-même dans
sa belle lettre à l'empereur d'Orient Constantin Monomaque. Comme nous donnons plus loin cette lettre qui
domine et éclaire d'une vive lumière toute la discussion,
il n'est guère possible, avant de l'avoir lue, d'asseoir un jugement équitable et impartial.

Après avoir fait rendre les derniers honneurs aux soldats
morts pour sa cause à Civitate, et avoir célébré la messe
pour le repos de leurs âmes, le pape voulut aller à Bénévent ; les Normands, Umfroy en tête, s'offrirent spontané-

---

Ad hœc si quis objiciat bellicis usibus Leonem se frequenter implicuisse
pontificem, verumtamen sanctum esse, dico quod sentio, quoniam nec Petrus
ob hoc apostolicum obtinet principatum quod negavit (Marc XIV), nec David
idcirco propheticœ meretur, oraculum quia torum alieni viri invasit (II Reg.,
XI); cum mala, vel bona non pro meritis considerentur habentium, sed ex
proprio debeant qualitatibus judicari. Numquid hoc legitur vel egisse, vel
litteris docuisse Gregorius, qui tot rapinas ac violentias a Longobardorum est
feritate perpessus? Num Ambrosius bellum Arianis, se suamque ecclesiam cru-
deliter infestantibus intulit! Numquid in arma sanctorum quispiam traditur
insurrexisse pontificum? Causas igitur ecclesiastici cujuscumque negotii leges
dirimant fori, vel sacerdotalis edicta consilii ne quod gerendum est in tribu-
nalibus judicum, vel ex sententia debet prodire pontificum, in nostrum ver-
tatur opprobrium congressione bellorum ». (S. Petri Damiani *Op.*, dans
Migne, *Patrol. lat.*, t. 174, col. 316).

ment pour l'accompagner jusqu'à cette ville ; ils se déclarèrent en outre disposés à former son escorte jusqu'à Capoue lorsqu'il reviendrait à Rome. Ces offres des Normands
n'étaient certainement pas désintéressées, mais la situation obligea le pape à faire contre fortune bon cœur ;
il accepta donc les bons offices de ses nouveaux protecteurs et partit avec eux pour Bénévent. Léon IX craignait
d'y être mal reçu ; il se demandait si la défaite qu'il venait d'éprouver n'avait pas ébranlé la fidélité et les bonnes
dispositions des Bénéventins vis-à-vis du Saint-Siège ; mais
il n'en fut rien. « Lorsque, dit Bruno de Segni, on apprit
dans Bénévent l'arrivée du pontife, toute la ville se précipita au-devant de lui ; les hommes et les femmes, les
jeunes gens et les jeunes filles, les vieillards et les enfants,
tous sortirent, non pas pour former une pompeuse procession, mais pour pleurer et gémir. Ils s'arrêtèrent pleins
de stupeur et regardèrent le cortège qui s'approchait. En
tête se trouvaient les évêques et les clercs, au visage triste
et les yeux baissés ; puis venait le pontife. Lorsque le pape
fut arrivé au milieu d'eux, il éleva la main et les bénit.
Alors les cris et les gémissements s'élevèrent jusqu'au ciel,
tous les échos répétèrent ces douloureuses lamentations.
Ce fut avec ce cortège que le pape entra dans la ville ; cette
explosion des sentiments de tous fut la psalmodie d'un nouveau genre qui l'accompagna jusqu'à l'église. » [1]

Léon IX entra à Bénévent, le 23 juin 1053, veille de la
fête de saint Jean-Baptiste, et resta dans cette ville
jusqu'au 12 mars de l'année suivante. Jamais les vertus
du pieux pontife ne brillèrent d'un plus vif éclat que durant ces huit mois. Comme s'il avait eu le pressentiment

[1] Audito itaque adventu Pontificis, tota civitas obviam ruit, viri et mulieres,
juvenes et virgines, senes cum junioribus, non quasi ad processionnem, sed
velut ad lacrymas et plorationem. Stant attoniti, spectant de longe venientes.
Et jam Pontifex propinquabat, episcopis et clericis tristi vultu et inclinato
facie procedentibus. Postquam autem papa venerabilis venit inter eos et ele-
vata manu eis benedixit, clamor et ululatus tollitur in cœlum, tota terra re-
sonat fletu atque plangore. Tali itaque processione civitatem ingreditur tali-
que psalmodia ad ecclesiam venit ». (Brunonensis Signiensis *Vita S. Leonis IX*
pans Watterich, *Vitœ Pontif.* t. I, p. 98).

de sa mort prochaine, il multiplia ses austérités et vécut comme les cénobites les plus pénitents.

« Le très-digne pasteur étant venu à Bénévent, dit Wibert, les Normands l'accompagnèrent spontanément et lui témoignèrent de grands égards. Il resta près d'un an dans cette ville, et ce temps fut consacré à la prière, aux jeûnes, aux veilles, à la pratique de la patience et de toutes les vertus. » [1]

A cause du long séjour de Léon IX à Bénévent, plusieurs historiens se sont demandé s'il n'y avait pas été retenu captif par les Normands, et quelques-uns ont répondu par l'affirmative. Néanmoins cette opinion n'est guère admissible. Si les Normands avaient voulu garder le pape en leur pouvoir, ce n'est pas à Bénévent qu'ils l'auraient conduit; Bénévent dépendait du Saint-Siège, et nous venons de voir combien la population de cette ville était restée dévouée au souverain pontife. Quand Léon IX a voulu regagner Rome, il a été pleinement libre de le faire; les Normands se sont contentés de protéger son retour jusqu'à Capoue. Enfin, à Bénévent, Léon IX a parlé et agi en pape qui jouit de sa pleine liberté; il a notamment, ainsi que nous le verrons bientôt, écrit des lettres tout à fait hostiles au vainqueur de Civitate. L'explication la plus plausible du long séjour de Léon IX à Bénévent est bien probablement celle-ci: Le pape a voulu empêcher les Normands de s'emparer de Bénévent, ce qu'il n'aurait pas manqué de faire s'il était retourné immédiatement à Rome. Après la défaite des Italiens et des Teutons, rien ne pouvait arrêter leur marche dans le sud de la Péninsule, rien, si ce n'est l'autorité morale du pontife romain. De plus, Léon IX ne regardait pas comme définitivement terminée par la bataille qu'il venait de perdre, la guerre commencée contre les Normands. Il est vrai qu'ils les avait bénis et leur avait pardonné la mort des défenseurs du Saint-Siège,

[1] *Leonis IX vita* a Wiberto II, 12 dans Watterich *Vita Pontif.* t. I, p. 166.

mais il ne regardait pas moins comme son devoir de lutter contre eux tant qu'il lui resterait des forces. Pour le faire, il comptait sur le concours de l'empereur Henri HI et sur celui de l'empereur de Constantinople. Aussi longtemps que ses illusions à cet endroit persistèrent, car ce n'étaient que des illusions, et aussi longtemps que sa santé le lui permit, Léon IX resta à Bénévent comme un soldat aux avant-postes, et continua à remplir les devoirs de sa charge apostolique. [1]

[1] Hofler, *die deutschen Päpste, zweite Abtheilung*, p. 178, Giesebrecht, *Geschichte d. deutschen Kaiserzeit*, t, II, p. 503, et Hunkler, *Leo der neunte und sein Zeit* sont d'avis que Léon IV n'a pas été à Bénévent prisonnier des Normands. Gfrorer, *Pabst Gregorius VII*, t. VI, p. 701 pense que le pape a été quelque temps prisonnier mais non pas pendant tout son séjour à Bénévent. — Villemain, *Histoire de Grégoire VII*, t. I, p. 306 va plus loin que Gfrorer et conclut contre les Normands. — Will, *die Anfänge der Restauration der Kirche, erste Abtheilung*, p. 114 penche pour l'opinion de Gfrorer. — Voyons maintenant ce que disent les textes originaux qui parlent du séjour de Léon IX à Bénévent.

1° Eximus autem Pastor, Beneventum veniens, ipsis Normannis etiam injussis per totum iter obsequialiter illum comitantibus, non modico illic anni spatio est commoratus. Wibert: *S. Leonis vita* II, 12 dans Watterich t. I, p. 166. Ce texte témoigne hautement en faveur de la liberté du pape à Bénévent, mais pour ce qui concerne la bataille de Civitate et ses suites, Wibert n'a peut-être pas été très bien informé ou s'il l'a été, il tend visiblement à écrire un plaidoyer en faveur de son héros plutôt qu'un récit exact des évènements. Ainsi il suppose, ce qui est inadmissible, que la bataille de Civitate s'est livrée à l'insu du pape; il ajoute, ce qui est tout aussi peu croyable, que Léon IX convertit si bien les Normands qu'ils changèrent depuis lors leurs procédés cruels vis à vis des habitans du pays. Pour ces motifs, le texte du biographe de Léon IX n'est pas aussi concluant qu'il le parait au premier abord.

2° Dehinc Humfridus (pœnitentia ductus) ad papam venit, et in sua illum fide suscipiens, cum omnibus suis Beneventum perduxit; promittens ut quandocumque Romam ire disponeret, ipse illum Capuam usque perduceret. Intravit autem idem papa Beneventum in vigilia S. Joannis Baptistœ et stetit ibi usque ad festivitatem S. Gregorii papœ; ibique infirmatus, vocato prœdicto comite, Capuam ab illo deductus est. Leo de'Marsi II, 84. Ce texte de Leo de'Marsi, ordinairement si bien informé, fait voir que si Léon IX est allé à Bénévent après Civitate et que s'il y est resté plusieurs mois, c'est uniquement parce qu'il l'a voulu.

3° Le passage de Malaterra donné plus haut p. 235 note, confirme ce que dit Leo de'Marsi. Malaterra ajoute encore cette phrase : Apostolicum itaque Romam regredientem comes Hunifredus, quousque sibi placuit, cum honore conduxit. Ubi vero (Papa) licentiam redeundi concessit, in Apuliam reversus est (Hunifredus).

4° Sans parler de la *chronique de Robert Viscart* qui, s'inspirant de Malaterra, s'exprime comme cet auteur sur la conduite des Normands à Bénévent à l'égard de Léon IX, Aimé que nous avons cité textuellement p. 235 note, est

Pendant son séjour à Bénévent, Léon IX se mit, malgré
ses cinquante ans, à apprendre le grec. « Le pape, dit

aussi favorable à la thèse de la pleine liberté de Léon IX durant tout son séjour à Bénévent.

5° Rien dans Guillaume de Pouille qui infirme ces données, il ne parle que
de la vénération des Normands pour le pape et du pardon que celui-ci leur
accorde :

> Hunc genibus flexis Normannica gens veneratur,
> Deposcens veniam, curvatos papa benigne
> Suscipit, oscula dant pedibus communiter omnes.
> Vocibus ille piis hos admonet ac benedicit,
> Conquestus que nimis quia pacis spreta fuere
> Nuntia, defunctis lacrymans pro fratribus orat.

Guillermi Apul. *gesta Roberti Wiscardi* l. II, v. 261-266 dans Pertz Mon.
Germ. hist. SS. T. IX, p. 259.

6° L'anonyme de Bénévent, adversaire déclaré des Normands, ne fait pas
la moindre allusion à une captivité quelconque subie par Léon IX à Bénévent :
Exequiis completis, non modicum gerens in pectore vulnus, Beneventum perrexit. Ubi multo aliter honorifice, quam credidit, receptus, octo mensibus
commoratus est, ac deinde valefaciens cunctis, Romam properans iter arripuit,
dans Watterich t. I, p. C.

7° Normanni victores extitere, captumque papam, sed ut decuit honorifice
tractatum, per mediam stragem interfectorum usque Beneventum duxerunt.
Bonitho : *Liber ad amicum* l. V dans les *Monumenta gregoriana* de Jaffe
p. 635. Sans dire que Léon IX ait été captif à Bénévent, Bonitho rapporte seulement qu'il a été amené prisonnier par les Normands jusqu'à son entrée dans
cette ville.

8° La *chronique de l'Anonyme de Bari* s'exprime dans le même sens que
Bonitho : Leo... fecit prœlium cum Normannis in Civitate et cecidit; com-
prehenserunt illum et portaverunt Benevento, tamen cum honoribus. — La
chronique de Lupus Protospatarios moins explicite, porte : In feria 6 de
mense Junii Normanni fecerunt bellum cum Alamannis quos Leo papa
conduxerat, et vicerunt. Et hoc anno fuit magna fames. Lupi *chron.* ad an.
1053.

9° Sigebert de Gemblours écrit dans sa chronique : Leo papa dum Nortmannos a Romanorum terminis deturbare satagit, multam calamitatem incurrit,
quia cum multis etiam ipse capitur; sed tamen relaxari noluit, nisi etiam
suis relaxatis. *Sigeberti Gemblacensis chronica* ad an. 1050 dans Migne *Patrol.
lat,* T. 160 col 210, — Ce texte souvent cité pour prouver que Léon IX a été
captif des Normands à Bénévent, prouve surtout que Sigebert, écrivant bien
loin de l'Italie du Sud, n'était pas informé exactement de ce qui s'y était
passé. Il place en 1050 au lieu de 1053 la défaite de Léon IX, avant le voyage
du pape en Hongrie dont il parle ensuite ; ces mots « *a Romanorum terminis* »
employés pour désigner le pays où Léon IX a été vaincu sont bien vagues ; le
chroniqueur ne parle pas de Bénévent et puis quels sont ces compagnons
d'infortune dont le pape aurait exigé la mise en liberté? Les italiens avaient
fui, les Teutons étaient morts et quant à l'escorte ecclésiastique du pape, elle
était si peu prisonnière à Bénévent que Léon IX envoya de cette ville à Constantinople une ambassade composée de hauts dignitaires ecclésiastiques de
son entourage. Il me semble donc que pour ces raisons, le texte de Sigebert
Gemblours ne peut guère avoir d'autorité; et encore ce texte n'affirme pas
que Léon IX ait été retenu prisonnier mais seulement que le pape n'a voulu

16

Wibert son biographe, voulait parvenir à lire le texte grec
des saintes Ecritures. »[1] Tout porte à croire que ce n'était
pas là l'unique but qu'il poursuivait; il sentait aussi le
besoin d'entrer en rapport direct avec Argyros et avec les
populations grecques de l'Italie méridionale; par-dessus
tout, il désirait se rendre compte par lui-même d'une discussion qui venait de s'élever entre l'Eglise de Constantinople et l'Eglise romaine.

Quoique cette discussion soit théologique, qu'il nous
soit permis d'en résumer ici les principaux incidents car
elle se rattache au sujet que nous traitons. La suite de
l'histoire des Normands en Italie et en Sicile fait voir qu'à
plusieurs reprises les Normands, placés dans une situation opposée à celle où ils se trouvaient lors de la bataille
de Civitate, furent les alliés, presque les missionnaires de
l'Eglise latine et du Saint-Siège vis-à-vis des populations
grecques de l'Italie; si jusqu'aux extrêmes rivages de la
grande Grèce et de la Sicile, la discipline et les rites de
l'Eglise d'Occident prévalurent sur la discipline et les
rites de de l'Eglise d'Orient, et finirent par les remplacer
entièrement, ce furent les Normands qui, pour des raisons

s'en aller que lorsque ses amis faits prisonniers ont été rendus à la liberté
par les Normands.

10° Ipse que domnus papa in quodam ab eis Castello obsessus, cum, expu-
gnata jam jamque munitione, nécessitate coactus, communionem eis, prius
interdictam, reddidisset, acceptus ab eis, Beneventum, cum honore tamen,
reductus est; ibique tempore aliquando detentus, nec redire permissus. Domnus papa, cum apud Beneventum divino intentus servitio diu demoratus, tandem instante paschali tempore Romam aegrotans reversus est. *Herimanni
Augiensis chronicon* ad an. 1053, 54 dans Watterich t. I, p. 108. Ce texte
d'Hermann de Reichenau est le seul qu'on puisse alléguer pour soutenir que
les Normands ont retenu Léon IX prisonnier à Bénévent. Mais Hermann, écrivait en Germanie bien loin du théâtre des évènements; en outre comme les
Normands venaient de vaincre ses compatriotes, il ne devait guère être bien
disposé en leur faveur; lui même écrit enfin qu'à Bénévent le pape est « *divino intentus servitio* » il me semble donc qu'en aucune façon, ce texte d'un
adversaire qui ne pouvait guère être informé en détail de ce qui se passait
dans l'Italie du Sud, ne saurait prévaloir contre les textes si nombreux et
d'auteurs si bien informés, prouvant que Léon IX a toujours joui à Bénévent
de sa pleine liberté.

[1] Iliud etiam erat in eo (Leone IX) mirandum, quod ultra quinquage-
narius tanto fervebat studio, ut divinarum lectionem scripturarum græco ad-
diceret eloquio. Wibert: *Leonis IX vita* u, 12 dans Watterich T. I. p. 166.

politiques, rendirent possible cette évolution religieuse.

Dans quelques circonstances, ce caractère de représentants de l'Eglise latine leur suscita des difficultés; mais souvent il leur fut d'un grand secours et contribua largement à légitimer leurs conquêtes aux yeux de l'Europe et à les affermir. Dans l'histoire des Normands d'Italie comme dans celle de bien des peuples, il y a une question religieuse sous une question politique, et ne pas connaître la première c'est s'exposer à ne pas comprendre la seconde.

Au IXe siècle, Photius, patriarche de Constantinople chercha à fonder sur la ruine de l'unité de l'Eglise chrétienne, l'indépendance de l'Eglise de Constantinople; il avait dans ce but reproché aux Latins d'avoir ajouté le *Filioque* au *Credo*, et avait blâmé certaines pratiques liturgiques de l'Eglise romaine. Ces tentatives schismatiques échouèrent, grâce au concile de Constantinople de 869, et plus tard, grâce à la fermeté de l'empereur Léon VI, lorsque Photius fut remonté sur le siège patriarcal; malheureusement, quoique vaincu, le Byzantin n'en sema pas moins des germes de discorde qui, près de deux cents ans plus tard, devaient porter leurs fruits.

Durant la période qui va de Photius à Léon IX, l'Eglise grecque et l'Eglise latine eurent entre elles peu de rapports; si elles ne se combattirent pas, elles ne se donnèrent guère de preuves de leur union réciproque, elles furent plutôt juxtaposéees qu'unies. Un curieux incident, raconté par Raoul Glaber et placé par cet historien vers 1024, prouve du reste qu'après comme avant, et pendant le pontificat de Photius, les évêques de Constantinople poursuivirent sans relâche cette politique ambitieuse qui d'une ville de Thrace sans autorité religieuse durant les premiers siècles de l'Eglise, d'un simple évêché suffragant d'Héraclée, avait fait le premier siège patriarcal de la chrétienté après celui de Rome, et qui visait maintenant à égaler en dignité le Siège apostolique lui-même. [1]

[1] Cf. Glaber, L. IV, c. 1, dans Migne, *Patrol. lat.* T. 142 col. 670.

Pendant le pontificat de Léon XI, le patriarcat de Constantinople était occupé depuis 1043 par Michel Cérulaire,
qui s'appliqua à soulever de nouvelles accusations contre
l'Eglise romaine. Celles que Photius avait mises en avant
étaient à peu près oubliées; on ne songeait guère à l'addition du *Filioque*, lorsque Cérulaire détermina Léon archevêque des Bulgares, à écrire vers 1053 à un évêque de
l'Italie du sud, probablement à Jean, archevêque de Trani,
alors grand ami d'Agyros, la lettre suivante, qui amena
un débat animé et finalement fut cause de la séparation
définitive des deux Eglises :

Lettre de Léon, archevêqe de Bulgarie à un évêque romain
touchant les azymes et le sabbat.

« La grande charité de Dieu envers nous et un sentiment
de compassion me déterminent à écrire à Ta Sainteté, et,
par ton intermédiaire, à tous les princes des prêtres des
Francs, aux moines, aux peuples et au très-vénérable
Pape lui-même, pour vous parler des azymes et des sab-
bats qui sont en usage chez vous d'une manière tout à.
fait mosaïque et meséante, de telle sorte que vous êtes en
communion avec les Juifs. Moïse a, il est vrai, prescrit de
se servir de pain azyme et d'observer le sabbat, mais notre
pâque à nous est le Christ. Pour ne pas paraître s'opposer
à Dieu, le Christ a consenti à être circoncis et a d'abord
célébré la pâque légale, mais, avant de mourir, il a institué notre nouvelle pâque. Cette vérité est manifeste par
exemple d'après l'Évangile de saint Matthieu. (Léon s'ef-
force de prouver sa thèse à l'aide d'un passage de saint
Matthieu, puis il continue): Voyez comment dans le Nouveau Testament, il appelle son corps un pain, c'est-à-dire
quelque chose de vivant, animé par l'esprit et doué de chaleur. en effet, ἄρτος pain vient de αἴρω et signifie élevé porté en
haut, recevant la chaleur et étant soulevé par le ferment
et le sel. Le pain azyme, au contraire, ne diffère pas de
la pierre, il n'a pas de vie, il est semblable à la brique et

à la boue desséchée. Moïse a prescrit aux malheureux Juifs de le manger tous les ans avec des amers, parce qu'il est le symbole de la souffrance et de la tribulation. Mais notre pâque à nous est un sujet de joie et de bonheur, elle nous élève de terre et nous transporte par la félicité jusqu'au ciel, de même par sa chaleur le ferment soulève le pain, et ce pain est ensuite plein de saveur. (Léon cite ici quelques textes des évangélistes et de saint Paul, puis il passe à une autre accusation).

« Pourquoi observez-vous le sabbat durant le carême? (citations de l'Evangile). Ceux qui observent le sabbat et qui se servent de pains azymes sont semblables au léopard, dont la peau, comme dit le grand Basile, n'est ni noire ni entièrement blanche.

« Pourquoi mangez-vous les animaux étouffés et dont le sang n'a pas été répandu? Ignorez-vous que le sang de tout animal est son âme même, et que celui qui mange ce sang mange l'âme de cet animal? (citations du Lévitique.) En agissant ainsi, vous n'êtes ni des païens... ni des juifs... ni des chrétiens proprement dits, car vous mêlez à la religion chrétienne des éléments impurs et étrangers, et vous détruisez ce qui est conforme à la foi orthodoxe.

« Dans le carême, vous ne chantez pas l'*Alleluia*, vous ne le chantez qu'une fois à Pâques...

« Quel est celui d'entre vous qui n'a pas erré sur ces choses? Vous ne réfléchissez pas, vous ne connaissez pas, vous ne guérissez pas le peuple qui vous est confié et vous-même, comme si vous ne deviez pas être jugés par Dieu sur tout cela.

« N'avez-vous pas abandonné les Écritures? Voilà ce que Pierre et Paul et les autres apôtres et le Christ ont enseigné; voilà ce que les sept conciles saints et œcuméniques ont confirmé, ce que la sainte et catholique Eglise a appris et ce qu'elle professe religieusement. Vous aussi professez-le, après vous être amendé....

« Après avoir reconnu la vérité de cette doctrine, ré-

pète-là souvent à ton peuple, ô homme de Dieu, tu le ra-
mèneras ainsi à un même sentiment, et de cette manière
tu sauveras ton âme, Ecris aux dignitaires des évêchés
d'Italie et détermine les à corriger toutes ces choses, pour
que cette conversion soit pour toi un sujet de récompense.
Si tu le fais, je t'enverrai une seconde lettre contenant
divers points plus élevés et plus importants, afin de mettre
en relief la foi divine et primitive, de glorifier Dieu et de
contribuer au salut de ceux qui veulent une foi droite et
orthodoxe ; c'est pour ceux-là que le Christ a donné sa
vie. » [1]

Les énormités dont l'Eglise romaine s'était rendue coupable au dire de l'archevêque Léon, se réduisaient vraiment à peu de chose. Le principal grief consistait en
ce que les Latins célébraient la messe avec du pain non
fermenté, tandis que les Grecs faisaient usage de pain fermenté. Comme les théologiens romains enseignent la validité du sacrifice célébré suivant la tradition grecque, la
question soulevée par l'archevêque des Bulgares était se-
condaire, sinon oiseuse. Il est vrai que, dans la suite du
débat, les Grecs affirmèrent parfois que l'usage du pain
azyme rendait nulle la messe latine.

La lettre de l'archevêque Léon tomba entre les mains du
cardinal Humbert, qui la traduisit en latin et la communiqua à Léon IX. Le pape fit alors extraire des écrits des
Pères une réponse à ces attaques si imprévues, et l'envoya

---

[1] Cf. *Acta et scripta quæ de Controversiis ecclesiæ Græcæ et Latinæ sæculo
undecimo composita extant ; instruxit Corn. Will.* Leipsig chez Elwert, 1861,
in-4° de 272 p. — Le texte grec de la lettre de l'archevêque Léon est p: 56-60, la
traduction latine du cardinal Humbert p. 61 sqq. — On ne possédait jusque
dans ces derniers temps que la traduction du cardinal Humbert, mais le docteur maintenant cardinal Hergenroter a découvert dans un manuscrit du
XVᵉ siècle, à Munich le texte grec de ce document. Cette copie du XVᵉ siècle ne doit pas être absolument identique au texte que le cardinal Humbert a
traduit en latin. Ainsi Humbert suppose dans sa traduction que la lettre est
adressée à l'évêque de Trani, la copie de Munich n'en dit rien ; elle ne dit pas
non plus que le patriarche Michel Cérulaire ait rédigé la lettre d'accord avec
l'archevêque Léon, ce que le cardinal Humbert affirme et la suite des débats
entre les deux églises prouve qu'il ne se trompait pas. La traduction que
nous donnons est faite d'après le texte grec de Munich.

à Constantinople. Non content de cela, il composa lui-même un long mémoire et l'adressa à l'archevêque Léon et au patriarche Michel Cérulaire qu'il soupçonna avoir inspiré la lettre de l'archevêque des Bulgares. La réponse tirée des écrits des Pères est perdue, mais nous possédons encore le mémoire de Léon IX. On a reproché à ce mémoire de ne pas répondre à l'argumentation des Grecs, mais on oublie que, d'après le témoignage de Léon IX lui-même, cette réfutation se trouvait dans le document annexé au mémoire et maintenant perdu. [1]

La politique ne tarda pas à se mêler à la discussion dogmatique entre l'Église romaine et l'Eglise de Constantinopie, mais cette fois ce fut, par exception, pour introduire dans le débat un élément de conciliation. L'empereur de Constantinople, Constantin Monomaque, et Léon IX poursuivaient en Italie le même but : l'expulsion des Normands hors de la péninsule; et ce n'était ni la faute du pape ni celle d'Argyros, si les troupes du Saint-Siège et celles de Constantinople n'avaient pas combattu à côté les unes des autres contre l'ennemi commun. Monomaque, comprenant donc que Léon IX était son allié naturel, que ses intérêts et ceux du Siége romain étaient identiques en Italie, résolut de terminer le plus vite possible cette fâcheuse querelle, soulevée par l'archevêque Léon. Il écrivit à Léon IX une lette de condoléance au sujet de la bataille de Civitate, et protesta en même temps de son respect et de sa soumission au Saint-Siège, et de son vif désir de voir renaître entre l'Eglise d'Orient et l'Eglise d'Occident la concorde un instant troublée. En même temps, il obligea Michel Cérulaire à écrite au pape une lettre dans laquelle le patriarche se montrait tout disposé à faire sa paix avec l'Église romaine. [2]

[1] Le mémoire de Léon IX est tout entier dans C. Will : *Acta et scripta...* p. 65-85. Il ne comprend pas moins de 41 §. C'est dans le § 40 (Will p. 84) que le pape renvoie au document qui accompagnait ce mémoire et renfermait les textes des pères établissant l'orthodoxie des rites et coutumes de l'église latine.

[2] Ces deux lettres sont malheureusement perdues, nous ne les connaissons que par les réponses de Léon IX.

Léon IX était trop soucieux de maintenir l'unité catholique pour ne pas saisir avec empressement l'occasion qui se présentait de pacifier l'Église d'Orient. Quoique sa situation personnelle laissât à désirer et qu'il n'eût autour de lui que quelques ecclésiastiques, il se décida à se séparer de ses trois meilleurs conseillers pour les envoyer en ambassade à Constantinople. Il fit choix pour cette mission du cardinal Humbert, qui savait le grec, dont l'orthodoxie était au-dessus de tout soupçon, et qui était en outre versé dans les sciences théologiques, et lui adjoignit le vice chancelier de l'Église romaine, Frédéric, et Pierre, archevêque d'Amalfi. Les ambassadeurs partirent de Bénévent en janvier 1054, après avoir reçu du pape une lettre pour l'empereur Monomaque et une autre pour Michel Cérulaire.

La lettre de Léon IX à Monomaque est surtout une lettre politique ; après avoir félicité l'empereur de ses sentiments de conciliation et de bienveillance à l'égard de l'Église romaine, après lui avoir proposé le grand Constantin comme un modèle dont il devait s'inspirer, le pape engage le souverain à se joindre à lui et à l'empereur Henri III pour faire contre les Normands de l'Italie une sorte de croisade. En terminant, Léon IX se plaint de l'archevêque Cérulaire, qui cherche à semer la zizanie et qui veut dépouiller de leurs droits les patriarches d'Alexandrie et d'Antioche. Voici le passage le plus important de cette lettre: il prouve qu'après la bataille de Civitate le pape avait le projet de prendre sa revanche contre les Normands ; espérance chimérique, car la mort allait couper court aux illusions du pontife:

« Léon, évêque, serviteur des serviteurs de Dieu, au glorieux et religieux empereur de la nouvelle Rome, à Constantin Monomaque, notre cher fils, salut.

« ... La sollicitude que je dois avoir pour toutes les Eglises a attiré mon attention sur ce peuple indiscipliné et étranger (les Normands); j'ai vu qu'avec une rage inouïe et incroyable, avec une impiété qui dépassait celle des

paiens, il ravageait en divers endroits les églises de Dieu,
qu'il persécutait les chrétiens, parfois même les faisait
mourir dans de nouveaux et horribles tourments, qu'il
n'épargnait ni les enfants, ni les vieillards, ni les femmes,
qu'il ne faisait pas de différence entre ce qui est saint et
ce qui est profane, enfin qu'il dépouillait les églises des
saints, qu'il les incendiait et les rasait jusqu'au sol. Je leur
ai adressé bien souvent des reproches, des prières, des supplications, au sujet de leurs procédés pervers ; j'ai insisté
d'une manière opportune et importune, je les ai menacés
de la vindicte divine et humaine ; mais comme dit le
sage, nul ne peut corriger celui que Dieu a abandonné, l'in-
sensé ne s'amende pas. (Eccles., vii). Ils se sont tellement
endurcis et obstinés dans leur méchanceté que, tous les
jours, ils ajoutaient de nouvelles horreurs à celles déjà
commises. Ayant été ainsi édifié sur leur malice, j'ai désiré, non pas seulement employer divers moyens pour délivrer les brebis du Christ, mais me dépenser moi-même
dans ce but, et je me suis préoccupé de réunir, si c'était
possible, des forces humaines pour briser leur résistance.
Comme le dit l'Apôtre, ce n'est pas pour rien que les princes portent le glaive ; ils sont les ministres de Dieu, ils
doivent punir quiconque fait le mal ; ce ne sont pas ceux
qui font le bien, ce sont ceux qui font le mal qui doivent
redouter les princes (Rom., xiii) ; Dieu a envoyé les rois et
les ducs pour punir les malfaiteurs.

« Après avoir réuni une armée aussi considérable que
l'avaient permis un si court espace de temps et l'impérieuse nécessité d'agir sans retard, j'ai voulu avoir une
entrevue avec le glorieux duc et seigneur Argyros, ton
sujet très fidèle ; je ne voulais ni la ruine ni la mort
d'aucun Normand, ni d'aucun homme au monde : j'espérais qu'une salutaire frayeur amènerait à résipiscence
ceux qui n'avaient nul souci des jugements de Dieu. Mais
au moment même où j'essayais par de sages admonestations de vaincre leur obstination , au moment où ils me
promettaient insidieusement de m'être complètement sou-

mis, ils ont subitement attaqué mon armée, et la victoire qu'ils ont remportée leur est aujourd'hui un sujet de tristesse plutôt qu'une cause de joie. Comme Votre Piété a eu soin de me l'écrire pour me consoler, ils sont persuadés, en effet, que l'audace qu'ils ont eue suscitera bientôt contre eux de plus grandes colères que par le passé, sans compter que leur troupe a été décimée par la guerre. Quant à nous, certains comme nous le sommes, que le secours divin ne nous manquera pas et que les secours humains ne nous feront pas défaut, nous resterons fidèle à notre projet de délivrer la chrétienté, et nous ne nous tiendrons en paix que lorsque le danger sera passé et que la sainte Église jouira aussi de la paix. Pour acquérir et conserver cette paix, la Providence divine nous a ménagé un très grand appui dans notre très cher et très illustre fils l'empereur Henri, dont nous attendons l'arrivée d'un jour à l'autre, car il se hâte de venir à notre secours avec ses troupes impériales. La grâce divine à déterminé Votre Sérénité à agir de la même manière, afin que, par vous deux, comme par deux bras puissants, cette nation ennemie soit chassée de l'Église du Christ, que l'honneur de la chrétienté soit vengé et que l'état de la république soit restauré. » [1]

La lettre de Léon IX à Michel Cérulaire prouve que le pape ne se faisait pas illusion sur les intentions schismatiques de l'archevêque; aussi luî tient-il un langage sévère et élevé. Voici les principaux paragraphes du document pontifical :

« Léon, évêque, serviteur des serviteurs de Dieu à Michel, archevêque de Constantinople.

---

[1] Will, *Acta et Scripta*... p. 86 sq. — Cette lettre fait voir si clairement les sentiments de Léon IX à l'endroit des Normands après comme avant la bataille de Civitate qu'elle n'a pas besoin de commentaire. Elle montre combien peu est fondée l'assertion de G. Malaterra disant qu'après Civitate, le pape avait investi les Normands de toutes les terres qu'ils possédaient ou qu'ils posséderaient plus tard dans la direction des Calabres et de la Sicile. Le pape a pu faire en moment contre fortune bon cœur, mais son but bien avéré était de chasser les Normands de l'Italie.

« Nous avons enfin reçu de ton honorable Fraternité des
lettres indiquant ton désir d'arriver à ce bien suprême que
les chrétiens doivent aimer par-dessus tout, c'est-à-dire à
la concorde et à l'amitié, afin qu'après de longues et de
douloureuses discordes, la fille se réjouisse de sa réconciliation avec sa mère. Nous répondons avec d'autant
plus d'empressement à tes avances que la charité est, par
excellence, la vertu de ceux qui sont pieux et saints, les
autres vertus pouvant être l'apanage des bons comme des
mauvais : *On connaitra que vous êtes mes disciples, si vous
vous aimez les uns les autres.*

« Depuis longtemps nous entendons des bruits les plus
étranges concernant ta Fraternité ; néanmoins nous n'y
avons pas ajouté foi, soit parce qu'ils nous paraissaient
tout à fait invraisemblables, soit parce que nous ne pou-
vions examiner sur quels fondements ils reposaient.
Ainsi on raconte, que tu es néophyte et que tu n'es pas
graduellement arrivé à la dignité épiscopale ; ce qui est
défendu par l'Apôtre et interdit par les canons. Puis, poussé
par une nouvelle ambition, tu as voulu, au mépris de tous
les droits, dépouiller de leurs antiques privilèges les patriarches d'Alexandrie et d'Antioche, et les soumettre à
ta juridiction.

« De plus, combien est détestable et tout à fait lamenta-
ble cette usurpation sacrilège par laquelle tu t'arroges partout, dans tes écrits, comme dans tes paroles, le titre de
patriarche universel, tandis que tout ami de Dieu aurait
horreur d'une pareille appellation ! Qui donc, après le
Christ, aurait plus de droit à porter un pareil titre, si ce
n'est celui à qui le divin Oracle a dit : *Tu es Pierre et sur
cette pierre je bâtirai mon Eglise ?* » Mais comme Pierre n'a
pas été appelé l'apôtre universel, quoiqu'il fût le prince
des apôtres, aucun de ses successeurs n'a voulu porter ce
titre, quoiqu'il eût été donné à notre prédécesseur Léon le
Grand et à ses successeurs par le saint synode de Chalcédoine.

« Qui ne serait surpris de ce que, après un si grand

nombre de Pères saints et orthodoxes, mille et vingt ans
après la passion du Sauveur, tu te sois levé, toi, nouveau
calomniateur de l'Eglise latine, pour anathématiser et pour
persécuter publiquement ceux qui participent au sacrement fait du pain azyme !

« Le bruit public nous a informè de ta présomption, et
la teneur des lettres que tu as écrites aux Apuliens nous
l'a pleinement découverte. C'est là que tu concentres tous
tes efforts pour établir que le pain dont le Seigneur se
servit dans la dernière cène, lorsqu'il fit connaître à ses
apôtres le mystère de son corps, était un pain fermenté ;
ce qui, d'après l'Ancien et le Nouveau Testament, est
complètement faux. Car, celui qui n'était pas venu abolir
la loi, mais l'accomplir, suivant le précepte de cette même
loi, consomma l'antique Pâque avec du pain azyme et du
vin, et, selon le récit formel de saint Luc, institua la Pâque nouvelle avec le pain azyme et le vin. Durant ces
huit jours, on ne trouvait nulle part dans Israël du pain
fermenté ; celui chez lequel on en aurait surpris aurait
été puni de mort. Comment alors le Seigneur aurait-il dit
à ses ennemis : *Qui de vous me convaincra de péché* ? Les
Juifs n'auraient pas eu besoin de recourir à de faux témoins, cela suffisait à obtenir sa juste condamnation...

« Tu nous as écrit que si, grâce à nous, ton nom était
inscrit dans les diptyques de l'Eglise romaine, en revan-
ehe, notre nom était, grâce à toi, écrit dans les diptyques
de toutes les Eglises de l'univers. Que signifie cette
énormité, ô mon très cher frère ? Est-ce que l'Eglise romaine, tête et mère des Eglises, n'a pas des membres et
des filles ? Comment, sans cela, serait-elle appelée tête et
mère ? L'Église romaine n'est pas si seule que tu parais le
croire ; lorsque, dans l'univers, un peuple se sépare or-
gueilleusement d'elle, ce peuple, sache-le bien, ne forme
pas une Eglise, ce n'est qu'un conciliabule d'hérétiques,
un ramassis de schismatiques, une synagogue de Satan.

« Continue à t'employer pour que les deux plus grands
empires (ceux d'Orient et d'Occident) soient unis par une

paix bien désirable. Prie pour nous, ô honorable frère, et que la sainte Trinité te conserve à tout jamais.

« Donné dans le mois de janvier de l'indiction vij[e] (1054) [1]

Les ambassadeurs du Saint-Siège, munis de ces deux lettres qui devaient les accréditer auprès de l'empereur et du patriarche, prirent, comme nous l'avons dit, le chemin de Constantinople en janvier 1054 ; mais, avant de les suivre dans leur mission, il est nécessaire de parler d'une autre attaque d'un clerc de l'Église grecque contre l'Eglise romaine.

Un moine du couvent de Studium à Constantinople, nommé Nicéta Pectoratus, avait écrit, quelque temps après la lettre de l'archevêque Léon et avant la mission des trois légats romains à Constantinople, un mémoire très violent contre l'Eglise de Rome. Ce mémoire, dont nous possédons encore une traduction latine, a un mérite incontestable ; il est écrit avec une franchise que n'avaient pas les pièces officielles de l'Eglise grecque dont nous avons eu à parler jusqu'ici. Après avoir très longuement agité la question du pain azyme et du pain fermenté, après avoir prétendu que ceux qui se servaient du pain azyme n'avaient pas la réalité du sacrifice et avoir donné des raisons quelquefois plus que bizarres, pour prouver qu'on devait se servir de pain fermenté, Nicéta Pectoratus reprochait aux Latins de jeûner le samedi durant le carême,

---

[1] Will : *Acta et Scripta*, etc., p. 89-92. Comme le dit M. Will, cette simple appellation d' « archevêque » donnée par le pape à Michel Cérulaire est digne de remarque. Léon IX l'emploie encore quand, dans sa lettre à l'empereur, il parle de Cérulaire ; enfin, plusieurs passages des pièces officielles de l'Eglise romaine montrent que, dans la pensée du Pape, les sièges patriarcaux d'Alexandrie et d'Antioche avaient la primauté sur celui de Constantinople. Néanmoins, depuis le concile de Chalcédoine, les évêques de Constantinople portaient le titre de patriarche et prétendaient au second rang dans la chrétienté. Dans la présente discussion, ce n'était pas tant le titre de *patriarche* que l'épithète d'*Œcuménique* que Cérulaire voulait y ajouter, qui choquait le Pape ; aussi, en traitant de simple archevêque le chef de l'Eglise de Constantinople, Léon IX voulait surtout donner une leçon d'humilité à l'orgueilleux prélat. L'Eglise latine a reconnu plus tard le titre de patriarche et le second rang aux évêques de Constantinople.

puis il abordait avec une grande amertume de langage
la question du mariage des prêtres. L'archevêque Léon
et Michel Cérulaire n'avaient pas touché à cette question
dans leurs récriminations contre Rome. Pourquoi ce silence sur un point si important ? Mais Nicéta Pectoratus
abordait franchement le débat.

« De qui, disait-il, tenez-vous la coutume de défendre
et de dissoudre le mariage des prêtres ? Quel docteur de
l'Eglise a pu vous enseigner une telle abomination, qu'on
doive n'être pas marié pour recevoir l'imposition des
mains ? Il résulte de là que, d'après vous, celui qui a reçu
les ordres s'empresse de se marier et le fait légitimement.
En agissant ainsi, et en prohibant les noces avant la réception des ordres, est-ce que vous agissez selon les canons? Si quelqu'un, jouissant d'une réputation intacte,
est marié au moment où il reçoit la prêtrise, vous avez
tort de ne pas lui permettre de continuer à vivre dans le
mariage; c'est ce que je me fais fort de vous prouver, d'a-
près les préceptes des canons des apôtres. »

La critique moderne regardant avec raison comme apo-
criphes les canons des apôtres, il est inutile de suivre Nicéta dans l'énumération des preuves qu'il prétend en tirer. Le moine de Studium termine sa lettre par une pres-
sante exhortation aux Romains, pour qu'ils s'abstiennent
désormais du pain azyme au sacrifice de la messe, du
jeûne les samedis de carême, et qu'ils permettent que les
futurs prêtres se marient et continuent, après avoir reçu
la prêtrise, de vivre dans le mariage. [1]

Ce fut le cardinal Humbert qui se chargea de répondre à
Nicéta Pectoratus ; il le fit avec une âpreté qui montre à
quel degré d'excitation et d'acrimonie étaient déjà arrivés
les esprits dans l'Eglise grecque et dans l'Eglise latine.
Malgré ces violences de langage, qui s'expliquent par l'ardeur de la lutte et par la situation intellectuelle du xɪᵉ siè-

[1] Voyez ce mémoire de Nicéta Pectoratus dans Will: *Acta et scripta.* p. 127-
136, et dans Migne, Patrol. lat. Tome 143, col. 973-984.

cle, le cardinal Humbert établit que Jésus-Christ avait institué l'Eucharistie avec du pain azyme et non avec du pain fermenté, et soutient la pratique de l'Eglise latine à l'endroit du jeûne du samedi pendant le carême. Quant au mariage des prêtres, les déclarations de Humbert ont une importance exceptionnelle ; aussi en avons-nous consigné ici la partie la plus importante.

« Considérant ensuite avec quelle malice tu approuves les noces ou plutôt les adultères des prêtres, nous croyons que le chef de cette hérésie, l'infâme diacre Nicolas, est fils de l'enfer. Voici ce qu'en dit votre Epiphane : « La quatrième hérésie, celle des nicolaïtes a été l'œuvre de Nicolas, l'un des sept diacres ordonnés par les apôtres. Brûlant d'ardeur pour son épouse, qui était d'une grande beauté, et se sentant coupable, il enseigna que les prêtres, aussi bien que les laïques, devaient user du mariage. Saint Jean, l'apôtre et l'évangéliste, les a condamnés, déclarant qu'on priverait de la communion quiconque se lierait ou converserait avec eux. Et il montrait avec raison, combien, dès l'origine du monde, la chasteté a plu à Dieu. En effet, le Christ, fils de Dieu, a consacré en lui-même la gloire de la chasteté, alors que, né d'une mère vierge et voulant garder la virginité, il a privé ses disciples de l'usage légitime du mariage, en leur disant : *Si quelqu'un veut marcher sur mes traces, qu'il se renonce lui-même, porte sa croix et me suive.* (S. Matth. xv, 24.)

« C'est pourquoi le même Seigneur Jésus, commandant à l'apôtre saint Jean d'écrire à l'ange d'Ephèse, lui dicte, entre autres, ces paroles : « Vous avez ceci de bon que vous détestez l'erreur des nicolaïtes, comme je la déteste moi-même. » Puis s'adressant à l'ange de Pergame : « J'ai quelque chose à vous reprocher, leur dit-il, car vous avez parmi vous des hommes qui professent la doctrine de Balaam, lequel enseignait à Balar, à mettre comme des pierres d'achoppement devant les enfants d'Israël pour leur faire manger de ce qui a été offert aux idoles et les faire tomber dans la fornication. Vous en avez aussi parmi

vous qui professent la doctrine des nicolaïtes. » Ces témoignages suffisent pour confondre ton erreur ; mais comme
tu sembles t'appuyer sur les canons publiés sous le nom
des apôtres, nous avons résolu de t'en donner l'explication, bien que nous les tenions pour apocryphes ; ce qui
prouvera manifestement que vos inepties ne sauraient se
fonder, ni sur les documents authentiques, ni même sur
ceux qui sont apocryphes. Avant tout, nous affirmons
que tu as menti, en prétendant que nous commençons par
ordonner, puis qu'ensuite nous marions nos prêtres. Chez
nous, en effet, personne n'est admis à l'ordre du sous-
diaconat, s'il ne s'engage à une continence perpétuelle,
même avec sa propre épouse, et la liberté de se marier leur
est enlevée dès qu'ils ont reçu cet ordre. Mais toi, tu veux
faire de l'Église de Dieu une synagogue de Satan, un mauvais lieu de Balaam et de Jésabel, et c'est pourquoi tu
oses dire avec Nicolas : « On peut ordonner évêque, prêtre
et diacre quiconque n'a qu'une épouse, qu'elle soit vivante
ou morte. Et après l'imposition des mains, ils ne peuvent
être célibataires, ni se remarier, mais ils doivent se contenter des femmes qu'ils ont en venant à l'ordination. » O
infâme cynique, comment n'as-tu pas rougi d'émettre une
telle monstruosité ! Il n'est donc pas permis à un homme
de rester sans épouse après l'imposition des mains ? S'il
en est ainsi, saint Jean lui-même et Paul et Barnabé, et
tous ceux qui ont gardé la continence dans l'état ecclésiastique, sont évidemment coupables ! D'où il suit que l'évêque, le prêtre, le diacre et le sous-diacre doivent, avant
l'ordination, s'assurer une épouse pour la satisfaction de
leurs désirs charnels ! Est-ce qu'une seule femme ne suffit
pas aux laïques ? si ce n'est toutefois aux disciples du
pervers Mahomet, dont tu es la vivante image. Et toi aussi,
puisque tu es prêtre, tu ne peux, sans contredire tes affirmations, demeurer sans épouse.....

« Pour que tu ne puisses désormais altérer la vérité, voici
exactement ce que fait l'Eglise romaine à l'égard des divers ordres de la cléricature. Elle permet aux clercs, os-

tiarii, lecteurs, exorcistes et acolytes, qui n'ont pas émis
les vœux de la vie monastique, qui n'en portent pas le
costume, et qui no vculent pas observer la continence,
d'épouser une femme vierge, et elle leur accorde la bénédiction sacerdotale, mais elle ne veut pas que ces clercs
épousent une veuve ou une femme répudiée. S'ils le font,
ils ne pourront, en aucune façon, être ensuite promus au
sous-diaconat ; le laïque qui n'aura pas épousé une vierge,
ou celui qui aura été marié deux fois, ne peuvent être admis dans la cléricature. Si l'un des clercs mariés, énumérés plus haut, veut être promu au sous-diaconat, il ne
pourra être ordonné sans le consentement de sa femme, de
telle sorte que, de leur plein gré, le mariage charnel de-
vienne un mariage spirituel. La femme qui a ainsi permis
que son mari devient sous-diacre ne peut ensuite avoir
de nouveau avec lui des relations conjugales ; elle ne peut
se marier avec une autre personne, pas plus du vivant
qu'après la mort de son mari ; si elle le fait, elle sera ana-
thématisée. Quant au sous-diacre, au diacre, au prêtre à
l'évêque, ils doivent, conformément au concile orthodoxe
de Néocésarée, être déposés, s'ils reprennent leur ancienne
épouse ou s'ils en choisissent un autre. » [1]

On voit que, malgré les efforts de Léon IX et de l'empereur Constantin Monomaque, les rapports entre les
Eglises d'Orient et d'Occident se tendaient de plus en plus,
lorsque les trois ambassadeurs du Saint-Siège partirent
pour Constantinople. Nous possédons encore une sorte de
relation officielle de leur mission, très-probablement
écrite par le cardinal Humbert. Voici ce document important pour l'histoire de la séparation des Eglises d'Orient
et d'Occident :

« La douzième année du règne de l'empereur Constantin
Monomaque, indiction vij, au jour même de la Nativité
de saint Jean-Baptiste, arrivèrent dans la ville royale les

---

[1] Humberti episc. Silvæ Candidæ responsio adversus Nicetæ libellum, dans
Will, op. citato, p. 136-153.

apocrisiaires du Saint-Siège apostolique et romain, envoyés par le pape Léon IX, savoir: Humbert, cardinal-évêque de Silva Candida; Pierre, archevêque d'Amalfi: Frédéric, diacre et chancelier.

« En leur présence, et par-devant l'empereur et sa famille réunis au monastère de Studium dans la ville de Constantinople, le moine Nicéta, surnommé Pectoratus, anathématisa un écrit publié sous son nom contre le Siège apostolique et toute l'Eglise latine, et intitulé: *Du pain azyme, du sabbat et du mariage des prêtres.* Il proféra ensuite l'anathème sur tous ceux qui prétendraient que la sainte Eglise romaine n'est pas la première de toutes les Eglise et qui auraient la présomption de redresser sa foi toujours orthodoxe. Aussitôt après, l'empereur, suivant les conseils du légat romain, fit brûler, en présence de tous, l'ouvrage condamné.

« Le lendemain Nicéta quitta la ville, et alla trouver les légats au palais Pigi. Il reçut d'eux une explication très-satisfaisante de ses difficultés et anathématisa de nouveau ses paroles, actions et tentatives contre le Siège apostolique et primat de tous les autres. Il fut alors admis dans leur communion et devint leur intime ami.

« Puis, sur l'ordre de l'empereur, tout ce qu'avaient dit et écrit les légats romains contre les différentes calomnies des Grecs surtout contre les écrits de Michel évêque de Constantinople, de Léon, évêque métropolitain d'Achrida, et du moine Nicéta, fut traduit en grec, et a été conservé jusqu'à ce jour dans la même ville.

« Cependant Michel, persévérant dans ses erreurs, évitait la présence des légats et fuyait l'occasion de les entretenir. Ceux-ci se rendirent alors à l'église Sainte-Sophie, le XVII des calendes d'août, et s'étant plaints de son obstination, au clergé assemblé comme de coutume pour l'office divin, vers la troisième heure du sabbat, ils déposèrent sur l'autel principal et sous les yeux du clergé et du peuple la lettre d'excommunication.

« Bientôt après ils se retirèrent, secouant en témoignage

la poussière de leurs pieds et répétant ces paroles de l'Evangile : « Que Dieu voie et juge? » Les Eglises latines étant ainsi raffermies, ils anathématisèrent quiconque recevrait la sainte communion de la main d'un Grec, ennemi du sacrifice romain. Puis, ayant reçu le baiser de paix, avec l'autorisation de l'empereur orthodoxe ils se hâtèrent de partir, le xv des calendes d'août, munis des présents impériaux pour Saint-Pierre et pour eux.

« Mais, cédant aux instantes prières de Michel, qui promettait enfin de s'expliquer avec eux, l'empereur les rappela par lettres datées de Salembre, le xii des calendes d'août.

« Retournant sans retard, ils arrivèrent le même jour au palais Pigi. Quand Michel, l'hérésiarque, connut leur retour, il s'efforça de réunir une sorte de concile dans l'église Sainte-Sophie pour le jour suivant. Il espérait qu'à la lecture de leur lettre d'excommunication qu'il avait avait complètement altérée en la traduisant, le peuple prendrait parti contre les légats. Mais le prudent empereur prévit bien cela, et ne voulut autoriser cette assemblée qu'à la condition de la présider lui-même. Michel s'y opposant de toutes manières, Auguste donna ordre aux légats de reprendre immédiatement leur route, ce qu'ils firent. Alors le perfide Michel, affligé de voir avorter ses artifices, suscita contre l'empereur une violente sédition populaire, sous prétexte qu'il avait injustement favorisé les légats.

L'empereur, cédant à la force, livra à Michel, garrotés et tondus, les interprètes des Latins, Paul et son fils Smaragde. Ainsi s'apaisa le tumulte. Mais l'empereur envoya tout de suite demander aux légats romains un exemplaire authentique et très-fidèle de l'excommunication. Il le reçut de la ville des Russes, le montra aux citoyens et convainquit enfin Michel d'avoir falsifié la lettre des légats.

« Alors, irrité, il chassa de son palais et dépouilla de leurs honneurs les amis et les proches de l'hérésiarque, et conserva contre lui une haine implacable. »

« Voici le texte authentique de la lettre des légats:

« Humbert, par la grâce de Dieu, cardinal-évêque de la sainte Eglise romaine; Pierre, archevêque d'Amalfi; Frédéric, diacre et chancelier à tous les enfants de l'Eglise catholique.

« Lè Saint-Siège romain et apostolique qui, étant la tête de toutes les Eglises, doit veiller sur elles avec une sollicitude toute particulière, a daigné nous nommer ses apocrisiaires à la ville royale, pour l'utilité et la paix de l'Eglise.

« Il nous envoie, afin que, selon ce qui est écrit, nous voyions si les œuvres repondent au cri qui semble monter de cette grande ville jusqu'à Lui, et que nous sachions ce qui en est. Or, avant tout, nous faisons savoir au glorieux empereur, au clergé, au sénat et au peuple de cette ville que, si nous y avons remarqué un bien immense, nous y avons en même temps constaté de très grands maux qui nous ont profondément affligé.

« Les colonnes de l'empire, ces respectables princes, sont fermes dans la foi et très-orthodoxes.

« Mais Michel, nommé par abus patriarche, et les fauteurs de son erreur, sèment chaque jour de nombreux germes d'hérésie. De même que les Simoniaques vendent es dons de Dieu, et les Volésiens leurs hôtes, pour les élever non-seulement à la cléricature, mais à l'épiscopat; de même que les Ariens rebaptisent au nom de la sainte Trinité ceux qui ont déjà été baptisés, et surtout des Latins, de même que les Donatistes soutiennent qu'il n'y a plus d'Eglise Chrétienne sauf l'Eglise des Grecs, et que le vrai sacrifice et le vrai baptême ont disparu du monde; de même que les Nicolaïtes permettent au ministre des autels les noces charnelles; de même que les Sévériens ont pour maudite la loi de Moïse; de même que les Pneuma-

tomaques et les Théumaques ont retranché du symbole
l'affirmation que le Saint-Esprit procède du Fils ; de même
que les Manichéens prétendent, entre autres choses, que
tout ce qui est fermenté est animé ; de même que les Nazaréens observent à ce point la pureté charnelle des juifs,
qu'ils refusent de baptiser les petits enfants moribonds
avant le huitième jour après leur naissance, défendent de
communier les femmes en danger de mort pendant leurs
menstrues ou leur couches et de les baptiser si elles sont
païennes, et ne reçoivent point à la communion ceux qui,
contrairement à leurs coutumes, tondent leurs cheveux et
coupent leur barbe, comme le veut l'Eglise romaine, ainsi
Michel enseigne l'hérésie. Sommé, à cause de ces erreurs
et de beaucoup d'autres de se soumettre à notre saint pape
Léon, il a refusé. En outre, le pape ayant envoyé des légats pour mettre fin à de si grands maux, il a évité leur
présence et fui leur entretien ; il leur a même interdit la
célébration de la messe dans les églises comme auparavant il avait fermé celles des Latins, les persécutant et les
flétrissant du nom d'azymites ; il en est venu à anathématiser le Saint-Siège apostolique, contre lequel il s'inti-
tule avec orgueil *patriarche œcuménique.*

« C'est pourquoi, nous. légats dépositaires de l'autorité
de la sainte et indivisible Trinité, du Siège apostolique,
de tous les Pères orthodoxes. des sept conciles, et de toute
l'Eglise catholique, ne pouvant supporter l'outrage infa-
mant fait au Saint-Siège et les violentes attaques dirigées
contre la foi catholique, nous souscrivons à l'anathème
que notre très vénéré pape a prononcé contre Michel et
ses sectateurs, s'ils ne se rétractent.

« Que Michel, devenu par abus patriarche (n'étant que
néophyte), qui n'a pris l'habit de moine que sous l'influence
d'une crainte humaine, et qui est maintenant accusé de
crimes abominables ; que Léon, évêque d'Achrida, son
chapelain ; que Constantin, qui a foulé aux pieds le sacrifice des Latins, et que tous leurs sectateurs soient Anathème, Maranatha, avec les Simoniaques, les Volésiens,

les Ariens, les Donatistes, les Nicolaïtes, les Sévériens, les Pneumatomaques, les Manichéens et les Nazaréens, et avec tous les hérétiques, enfin avec le diable et ses anges, s'ils ne se rétractent pas. *Amen, Amen, Amen.*

« Qu'il en soit ainsi ! »

AUTRE EXCOMMUNICATION

Prononcée de vive voix

EN PRÉSENCE DE L'EMPEREUR ET DES GRANDS DE SA COUR

« Que celui qui s'oppose obstinément à la foi du Siège apostolique et romain et à son sacrifice soit Anathème, Maranatha, et qu'il ne soit plus considéré comme chrétien catholique, mais comme hérétique prozymite !

« Qu'il en soit ainsi !... *Fiat !* » [1]

On n'imaginerait jamais à quelle explication le patriarche eut recours pour atténuer les effets de l'excommunication portée contre lui par les légats du Saint-Siège. Il inventa de toutes pièces un récit mensonger d'après lequel le cardinal Humbert, l'archevêque d'Amalfi et le chancelier Frédéric n'avaient pas été envoyés par le pape, mais étaient venus à Constantinople pour jouer des rôles d'aventuriers et de faussaires. Ce préliminaire posé, il était facile de conclure que l'excommunication de pareilles gens n'atteignait ni l'Eglise grecque, ni le patriarche Michel. Il fallait l'imagination d'un Byzantin du Bas-Empire, pour ourdir un pareil tissu de faussetés ; aussi faut-il citer les propres paroles du patriarche. Quelque temps après le départ des apocrisiaires, et lorsqu'on connaissait déjà à Constantinople la mort de Léon IX, Michel Cérulaire écrivait ce qui suit à son collègue Pierre, patriarche d'Antioche :

« Ayant appris, il y a quelque temps, par des voyageurs

[1] Le texte latin du rapport du cardinal Humbert et des deux excommunications se trouve dans Will, *Acta et scripta*, etc., p. 150-155.

venus de l'ancienne Rome, que le pape de cette ville, celui qui est mort dernièrement, se distinguait par sa vertu,
sa simplicité et sa science, nous nous sommes décidé à
lui écrire dans l'intérêt de la concorde et de l'union, au
sujet de divers scandales touchant la foi orthodoxe qui,
d'après ce qu'on nous avait rapporté, existaient réellement. Le but de ma lettre, dont je t'envoie une copie pour
que tu puisses voir par toi-même dans quel esprit d'humilité elle est écrite, était d'amener le pape à mon sentiment, et en outre de le décider à nous donner son concours pour lutter contre les Francs. En confiant nos let-
tros au *vestiarius*, qui emportait aussi les lettres de l'em-
percur pour le pape, j'espérais qu'il remettrait fidèlement
ces deux missives à leur adresse et que nous aurions des
réponses par son intermédiaire.

« La messager alla, chemin faisant, trouver Argyros,
maître et duc de l'Italie, et celui-ci parvint à le décider à
lui donner les lettres, sous prétexte qu'il les ferait parvenir
plus rapidement au pape. En agissant ainsi, Argyros, toujours fourbe, s'inspirait, nous en avons acquis la certi-
tude, de ses sentiments hostiles à cette ville royale et à
l'empire romain ; aussi garda-t-il l'argent que l'empereur
avait remis au *vestiarius*, et il l'employa à faire élever des
constructions dans ses camps.

« Pour cacher son méfait, il a ensuite ourdi cette fausseté : il réunit quelques intimes, dont il était parfaitement
sûr, et parmi eux un ancien évêque d'Amalfi, qui d'après,
ce qu'on nous a dit, avait été, pour de justes raisons,
chassé de son église et en était séparé depuis cinq ans ;
puis un clerc, qui avait le titre d'archevêque, sans avoir
d'archevêché, car il n'avait jamais pu trouver une église
pour y exercer les fonctions épiscopales. Enfin, il adjoignit
à ces deux envoyés un chancelier et lui persuada, avec sa
fourberie et sa malice ordinaires, de prendre le titre de
chancelier de l'Eglise romaine, ce qui donnait une irré-
fragable autorité à l'ambassade. D'un autre côté, comme
il avait brisé le sceau de mes lettres et les avait lues, il

composa de prétendues réponses du pape et les remit à ces misérables, après leur avoir persuadé, ô fausseté et méchanceté ! de se rendre dans cette grande ville et de m'apporter ces missives apocryphes.

« Aussitôt après leur arrivée, ils ont, il est vrai, rendu visite à notre saint et puissant empereur, mais, dès le début ils se sont montrés pleins d'arrogance et de superbe et ont affecté des manières hautaines. Qui pourrait donner une idée de l'insolence, de la jactance et de la témérité dont ils ont fait preuve, lorsqu'ils sont venus ensuite visiter notre médiocrité? Ils n'ont pas daigné nous saluer, et ne nous ont pas, ne fût-ce que par une légère inclination de tête, rendu une seule des marques habituelles de respect ; ils ont également, malgré l'antique coutume, refusé de s'asseoir après les métropolitains réunis autour de nous en séance secrète, regardant cette place comme indigne de leur rang. Leur sottise a été vraiment ineffable. En face de la plus haute des majestés, en face de la majesté impériale, ils ont manqué d'humilité. N'écoutant que leur orgueil et ne s'inspirant que de leur arrogance, ils sont entrés dans le palais royal, la crosse en main et faisant porter la croix devant eux.

« Après s'être conduits comme nous venons de le raconter, ils nous ont remis une lettre cachetée, puis se sont retirés. Notre médiocrité s'occupa aussitôt de briser ce sceau et d'étudier avec soin ce document ; mais elle constata, après un mûr examen, que ce sceau était falsifié et que la lettre était un tissu de mensonges et de fourberies. En effet, cette lettre répétait les déclarations qu'Argyros avait souvent faites à notre médiocrité dans cette grande ville, surtout pour ce qui concerne les azymes, déclarations qui nous avaient obligé à excommunier jusqu'à trois fois Argyros et à le priver de l'Eucharistie. »

« Nous t'envoyons un exemplaire de la lettre que nous avions écrite au pape et un exemplaire de la prétendue réponse qu'il nous aurait faite et qui a été apportée par ces scélérats. Nous avons fait traduire ces documents en

grec pour que Ta Béatitude connaisse ce que nous avions
écrit et ce qui a été répondu ; elle verra par là que nous
ne parlons pas d'après de vagues soupçons, mais que nous
disons la pure vérité. Du reste, toute cette manœuvre avait
été déjà dévoilée par l'archevêque de Trani et son syncelle, venus à Constantinople avant ces prétendus ambassadeurs ; il nous avait instruit de ce qui se passait, et nous
l'avions raconté à notre saint et puissant empereur. » [1]

Avant d'envoyer au patriarche d'Antioche ce récit fantaisiste, Michel Cérulaire l'avait déjà raconté aux membres d'un synode, qu'il tint aussitôt après le départ des
ambassadeurs du Saint-Siège. D'après un document officiel, que nous possédons encore, les métropolitains Théo-
phane de Cyzique et son syncelle, Nicéta de Chalcédoine
et son syncelle, Laurent de Dyrrhachium et son syncelle,
Anthimus de Sides, Nicolas de Pisinunte, Léon de Myre,
Léon de Trapézonte, Jean de Smyrne, Eusèbe d'Adriano-
polis, Constantin de Mitylène, Nicolas de Chonarum, Hy-
patius d'Otrante et les archevêques Léon de Carabizya et
Grégoire de Mézembria assistèrent à ce conciliabule. Ces
prélats ajoutèrent foi ou feignirent d'ajouter foi aux assertions du patriarche Michel qui présidait, et l'assemblée promulgua une sentence d'excommunication contre
les ambassadeurs du Saint-Siège.

D'après Michel Cérulaire, le cardinal Humbert et ses
deux collègues auraient articulé trois griefs contre l'E-
glise de Constantinople. 1° Elle permettait à ses prêtres
de garder toute leur barbe, au lieu de se raser comme le
faisaient les prêtres de l'Eglise latine. 2° Elle ne croyait pas
que le Saint-Esprit procédât du Fils comme du Père. 3°
Elle permettait le mariage des prêtres. Vient ensuite, dans
la sentence d'excommunication, la fable des prétendus
envoyés d'Argyros et une copie de l'excommunication
lancée contre Michel et ses adhérents par les ambassadeurs du Saint-Siège. Après s'être entendu sur ce point

[1] Will. *Acta et scripta*, etc., p. 174 sqq.

avec l'empereur, celui-ci avait rappelé les prétendus légats, mais ils avaient refusé de se réunir en synode avec le patriarche. Par égard pour cette circonstance, qu'ils s'étaient présentés comme ambassadeurs, l'empereur n'avait pas voulu qu'on s'emparât de leurs personnes, mais en revanche il avait fait infliger des peines corporelles à leurs interprètes et à quelques autres coopérateurs d'Argyros qui avaient ourdi toute cette trame, et les avait ensuite livrés au patriarche. Cérulaire ajoute même une copie de l'écrit arraché au faible empereur par la révolte, et dans laquelle Monomaque raconte ce qui vient de se passer, et engage le patriarche à brûler l'édit des Latins, la bulle d'excommunication, ce qui eut lieu le 24 juillet. Cérulaire écrivit dans le même sens aux autres patriarches orientaux pour les engager à faire cause commune avec lui. '

Tel fut le dénouement de la controverse soulevée par Michel Cérulaire et par l'archevêque Léon. Les deux églises d'Orient et d'Occident se séparèrent. après s'être mutuellement anathématisées.

Léon IX était déjà mort lorsque se produisit cette rupture, dont les conséquences ont été si désastreuses pour la diffusion et l'épanouissement de la religion chrétienne sur la terre; les émotions de l'expédition contre les Normands, l'indifférence dont l'empereur Henri III faisait preuve à l'égard du Saint-Siège, avaient brisé le pieux pontife, déjà fatigué par les travaux incessants de cinq années de pontificat. Cet honnête Alsacien au cœur pur, à l'âme sacerdotale, avait vainement cherché à comprendre et à convertir la turbulente Italie de la seconde moitié du XIe siècle. Il avait grandement souffert de sa transplantation dans la péninsule ; aussi, dès que le synode pascal était terminé, il regagnait avec bonheur sa chère vallée du Rhin ; là, il reprenait des forces avant de ren-

' Voyez dans Will: op. cit., p. 155-189. *Edictum pseudosynodi Constantinopolitanœ.*

trer sur la terre italienne, où, à côté d'admirables fleurs de sainteté, l'intrigue, la trahison, le poison, le poignard déroulaient d'interminables drames. Lorsque les évènements le forcèrent à faire un long séjour à Bénévent, lorsqu'il vit s'évanouir les espérances qu'il caressait encore à l'époque où il écrivait sa lettre à l'empereur Monomaque, Léon IX eut le pressentiment de sa mort prochaine. Il avait bu le calice jusqu'à la lie, Dieu allait récompenser son serviteur.

Le 12 mars 1054, jour de la fête de saint Grégoire pape, voyant sa santé décliner de plus en plus par la maladie qui allait l'emporter, Léon IX quitta Bénévent, accompagné par Umfroy et les Normands, et vint à Capoue, où il séjourna douze jours[1]. Il regagna ensuite Rome, et expira le 19 avril 1054 ; à sa dernière heure, il se fit porter du Latran à l'église Saint-Pierre, pour mourir comme un soldat sur le champ de bataille et, à ce moment suprême, il adressa au peuple et au clergé romain de sages conseils et parla en termes magnifiques de la vanité des choses humaines vis-à-vis de son tombeau, où il descendit ensuite, escorté par les respects et la vénération de toute la chrétienté[2].

[1] Intravit autem idem papa (Leo) Beneventum in vigilia S[i] Joannis Baptistæ et stetit ibi usque ad festivitatem sancti Gregorii Papæ ; ibique infirmatus, vocato prœdicto comite (Humfreido), Capuam ab illo deductus est ; ubi per dies 12 remoratus, accersito tandem nostro abbate (Richerio abb. Casinensi) sui itineris comite, Romam rediit. Leo de' Marsi : *Chronicon Casinense* Lib. II, 84.
[2] Sur les derniers moments de Léon IX, Cf. Libuini ecclesiæ Romanæ subdiaconi *de obitu S. Leonis papæ IX* dans Vatterich, *Vitæ Pontif.* T. I, p. 171-175.

CHAPITRE VI

(1054-1060)

La mort de Léon IX fut une délivrance pour les Normands ; la lettre écrite par le pontife à Constantin Monomaque témoigne, nous l'avons vu, que jusqu'à sa dernière heure, après comme avant Civitate, il crut de son devoir de débarasser l'Eglise romaine et l'Italie, de la présence des Normands. Les récents démêlés thélogiques de l'Eglise Grecque avec l'Eglise Latine pouvaient, il est vrai, ébranler l'alliance politique entre la papauté et l'empire de Constantinople, mais elle ne l'était pas encore. En outre, Léon IX faisait de nouvelles instances auprès d'Henri III, de Germanie ; il espérait être plus heureux que dans ses premières tentatives, obtenir de lui une armée de Teutons et la conduire contre les vainqueurs de Civitate. La mort du pontife changea la situation ; l'Eglise romaine eut à traverser une année entière d'un interrègne difficile et le successeur qui fut donné à Léon IX, le pape Victor II, était ce même Gebhard Evêque d'Eichstatt, qui avait empêché Henri III de confier des troupes à Léon IX pour la campagne contre les Normands.

Dès qu'il connut la mort du Pape, Umfroy ne tenant pas compte de la donation de Bénévent à l'Eglise Romaine par l'empereur Henri, non plus que de la volonté des Bénéventins de vivre sous la domination du Saint-Siège et de la prise de possession de cette ville par Léon IX, réunit une armée considérable et vint assiéger cette ville, pour l'incorporer à ses états. Cette attaque que nous connaissons par les annales même de Bénévent mais dont aucun écrivain Normand n'a parlé, prouve que la ville n'était pas au pouvoir des Normands, pendant le séjour que Léon IX venait d'y faire et par conséquent que le pape n'y était pas leur prisonnier. Umfroy ne pût s'emparer de Bénévent; la ville résista courageusement et le comte Normand dut lever le siège et rentrer dans la Pouille, après avoir subi des pertes considérables.

Craignant de voir les Normands revenir à la rescousse et sachant l'Eglise Romaine impuissante à cause des troubles qui l'agitaient, les Béneventins se décidèrent, au mois de janvier 1055 à rappeler la dynastie Lombarde exilée depuis que la ville était au pouvoir du Saint-Siège. Pandulfe rentra à Bénévent avec son fils Landulfe, et ils reprirent le gouvernement de la principauté. '

Le comte Umfroy se consola de cet échec, en châtiant, comme les Normands savaient châtier, les habitants de la Pouille qui avaient pris part à la conjuration de 105¹, celle qui avait coûté la vie au comte Drogon. Les évènements des trois dernières années, la mort de Guaimar, les deux campagnes de Léon IX contre les Normands, le danger d'exaspérer les populations dans un moment critique n'avaient pas permis à Umfroy de venger, comme il

' 1054 Anno 6 pontificatus domni Landolfi (lege: Leonis) et 8 anno imperii domni Heinrici idem papa Romam rediit et obiit. — Honfrydus comes Normannus cum magno exercitu Beneventum obsedit; ubi non modicum damnum de suis recepit, et sine aliquo effectu in Apuliam reversus est.

1055. Anno 9 imperii domni Heinrici Paldolfus princeps regreditur Beneventum mense januario, anno 44 sui principatus et 18 Landolfi filii ejus.

Codex Vaticanus N° 4939 et dans Pertz: Mon. Germ. hist. SS. T. III. p. 180.

Une phrase de Leo de' Marsi prouve qu'entre le mois de janvier 1055 et le mois d'avril 1058 un arrangement, dont nous ne connaissons ni la date précise, ni la teneur, a dû être conclu entre le Saint Siège et la dynastie Lombarde de Bénévent et que, dès ce moment, les princes Lombards acceptèrent à Bénévent la situation de représentants de l'autorité des papes. Leo de' Marsi (L. III. c. 10) rapporte, en effet, qu'au mois de mars 1058, lors de l'élévation de l'intrus Benoit X par les *capitani* romains, deux cardinaux, restés fidèles à la cause de l'Eglise, Humbert cardinal de S. Rufine et Pierre évêque de Tusculum partirent en toute hâte de Rome pour Bénévent, afin d'être en sûreté dans cette dernière ville. D'excellentes relations existaient donc à cette époque entre Rome et la Papauté, quoiqu'en 1058, la dynastie lombarde fut au pouvoir.

le désirait la mort de son frère, il avait dû se borner à
faire périr les auteurs immédiats du crime. Mais, après la
défaite des troupes pontificales, il donna pleine carrière
à son ressentiment. Quantité d'indigènes furent pendus, d'autres décapités, le chef Normand se montra
inexorable vis-à-vis de tous ceux qui s'étaient compromis
dans cette affaire. La Terreur fit courber toutes les têtes
et brisa toute résistance. [1]

Vers cette même époque, peu après Civitate, une nouvelle émigration arriva de Normandie en Italie et combla
les vides que les dernières guerres avaient faits dans les cò-
lonies Normandes. A la tête des émigrants se trouvaient
trois fils de Tancrède de Hauteville, Geffroy né de son
premier mariage avec Muriella, Mauger et Guillaume
issus du second lit et qui, ainsi que Robert Guiscard
avaient Fransenda pour mère.

Les nouveaux arrivés furent mieux reçus par leurs compatriotes que ne l'avait été Robert Guiscard ; Mauger fut
dotté par Umfroy d'un apanage dans la Capitanate avec
le titre de comte. Geffroy s'établit également dans ce pays
où plus tard avec le concours de Robert Guiscard, et de
Roger, il acquit de vastes domaines, après en avoir chassé
les Normands qui les possédaient. [2]

---

[1] Guillaume de Pouille est seul à parler de ces vengeances rétrospectives
d'Umfroy, et les place après la bataille de Civitate.

  Tunc comes Unfredus fraterni funeris ultor
  Funesto cunctis fuerant qui participati
  Consilio, punit, hos truncat, perfodit illos,
  Multos suspendit, memorata morte Drogonis
  Parcere vult nulli; jacet alto pectore fixus,
  Fraterna mortis succensus fomite major.

Liber II v 297.

[2] Après avoir raconté la campagne de Léon IX en 1053, G. Malaterra cont
nue en ces termes :

Duos itaque fratres suos comites fecit (Hunifredus) Malgerium Capitanatæ,
Guilliclmum vero in principatu (Beneventi). Sed Malgerius moriens cum omnem
comitatum suum Guillelmo fratri suo reliquisset, Guillelmus Gaufredum fratrem suum diligens sibi concessit. Malaterra I. 15. Si ces trois fils de Tancrède
avaient assisté à la bataille de Civitate, les chroniqueurs l'auraient certainement mentionné. —

Aimé, écrit L. III. 40. A li conte de Puille vindrent autre frère de la contrée de Normendie, c'est assavoir Maigère, Gofrède, Guillerme et Rogier. — Le

Quant à Guillaume, Humfroy pourvut à son avenir en l'établissant dans la principauté de Salerne, aux dépens de Gisulfe. Lorsque les Normands rétablirent, à Salerne la dynastie Lombarde, il est très probable qu'ils exigérent de Gisulfe la promesse de leur [payer quelque tribut annuel, ou de leur céder une portion de territoire; ils n'étaient pas gens à se battre pour une idée; la reconnaissance qu'ils devaient à la famille de Guaimar aurait été impuissante à les décider à agir s'ils n'avaient espéré retirer quelque avantage de cette campagne.

Aussi lorsqu'il songea à gratifier son frère Guillaume d'une seigneurie, Umfroy se rendit avec ce dernier à Salerne et demanda à Gisulfe de tenir sa parole et de donner le château et les présents qu'il avait promis. Le prince de Salerne reçut fort mal les deux frères et nia avoir pris de tels engagements. Umfroy et Guillaume ne se contentèrent pas d'une pareille réponse et aussitôt se mirent en devoir de prendre par la force ce qu'on ne voulait pas leur accorder de bonne grâce. Le château de San Nicandro, à l'est d'Eboli, tomba le premier entre leurs mains bientôt la principauté de Salerne tout entière fut parcourue et ravagée par les bandes Normandes et Castel Vecchio ainsi que Pacosa la nuova eurent le sort de San Nicandro.

Abrité derrière les murailles de Salerne et de ses châteaux forts, Gisulfe assistait avec assez d'insouciance à la ruine de ses campagnes et au massacre de ceux de ses sujets qui s'aventuraient hors des places fortifiées, lorsqu'un nouvel ennemi vint le serrer de plus près et rendre sa situation fort critique.

Richard, comte d'Aversa, voyant Gisulfe aux prises avec les deux chefs Normands. crut le moment favorable

---

moine du Mont-Cassin se trompe bien probablement en faisant arriver Roger en Italie en même temps que ses trois frères aînés. Malaterra dit qu'il n'y est venu que lorsque Robert Guiscard était comte de Pouille. La *Chronaca Sicula* et la traduction de cette chronique (*chronique de Robert Guiscard* L. I. 11, édit Champollion) répètent sur ce point les données de Malaterra.

pour faire expier au prince de Salerne divers griefs qu'il avait contre lui. La brouille entre Richard et Gisulfe, datait presque du jour où ce dernier avait pris le pouvoir. Gisulfe, au dire d'Aimé visiblement partial contre lui, s'était, après son avènement, fort mal conduit à l'égard de son oncle Gui, son bienfaiteur et son sauveur, et à l'égard de deux de ses sujets, Manson et Lyon amis de Richard d'Aversa. Aimé expose d'une manière confuse les premiers incidents de ces démêlés entre les seigneurs de Salerne et d'Aversa et raconte que Robert, frère de Richard d'Aversa prit parti pour le prince de Salerne et contre son propre frère; le récit du chroniqueur devient plus intelligible lorsqu'il arrive à la courte campagne que Richard fit contre Gisulfe à peu près en même temps que le comte Umfroy et Guillaume de Hauteville.

Richard, dit Aimé, vint à Salerne demander les présents que Guainar avait coutume de lui faire; mais au lieu de pièces d'or il reçut des pierres qui lui furent lancées du haut des remparts et au lieu de chevaux, des flèches qui lui arrivèrent de la même manière.

Furieux de cet accueil, Richard fit dire à Gisulfe qu'il ne méritait ni pierres ni flèches; que le prince de Salerne devait se souvenir que lui Richard avait vengé la mort de Guaimar et que Gisulfe lui était redevable de sa principauté. Puis pour se venger d'un tel affront, le comte d'Aversa organisa contre les troupes de Gisulfe une embuscade que les Normands ont souvent réitérée dans leurs guerres d'Italie et de Sicile. Il plaça le soir, près des remparts de Salerne, un peloton de soldats et leur prescrivit de fuir dès qu'ils verraient l'ennemi, afin de l'attirer en un endroit, où Richard se tenait caché avec le gros de ses troupes. Le stratagème réussit; Gisulfe, voyant le lendemain matin, à peine quelques Normands devant Salerne sortit pour leur donner la chasse, et les Salernitains qui l'accompagnèrent n'endossèrent même pas leur cuirasse; ils partirent simplement vêtus de drap de lin pour cette promenade militaire. Mal leur en prit; car Richard tomba sur eux à l'improviste, tua cent cinq des leurs et le reste avec Gisulfe ne put se sauver qu'en se jetant à la mer.

Le résultat de cette guerre, dans laquelle Gisulfe eut à la fois sur les bras les Normands de la Pouille et ceux d'Aversa, fut l'installation de Guillaume de Hauteville dans la principauté de Salerne, où il occupa les pays monta- gneux situés à l'est d'Eboli ; c'était un pas de plus vers la ruine des dynasties Lombardes et vers la conquête de tout le sud de la péninsule par les Normands. [1]

La situation des Grecs et de leur chef Argyros après la bataille de Civitate fut presque aussi précaire que celle des Lombards. La défaite de Léon IX et de ses troupes avait porté un rude coup aux espérances du cata- pan qui, à partir de l'été de 1053, erra de l'une à l'autre des villes du littoral encore soumises à Constantinople, et assista à peu près impuissant aux nouveaux succès des Normands contre l'empire.

Si, malgré les incessantes victoires des Normands, la guerre entre eux et les Grecs qui durait déjà depuis douze ans, continua longtemps encore, la persistance de cette lutte dont l'issue à partir de 1053 était facile à prévoir, s'explique par la nature du sol de la Pouille et des Cala- bres. Ces deux pays sont presque partout sillonnés par les hautes ramifications des Appennins, par de profondes val- lées et par d'inextricables défilés, dans lesquels une armée vaincue trouve aisément une retraite facile à défendre con- tre quiconque veut la forcer dans ses derniers retranche- ments.

---

[1] — Aimé III. 40-44. Ce chroniqueur est seul à raconter les premiers dé- mêlés de Gisulfe de Salerne avec Umfroy, Guillaume de Hauteville et Richard d'Aversa, aussi n'est-il pas possible de contrôler ses données. Dès le début, Aimé attaque très vivement Gisulfe et trouve mauvais tout ce que fait le malheureux Lombard qui, à peine monté sur le trône, se voyait déjà dans une situation fort critique à cause des incessants empiétements des Normands. Aux yeux d'Aimé, Gisulfe avait entr'autres torts celui de descendre des comtes de Teano par sa mère Gemma ; les comtes de Teano étaient d'assez mauvais voisins du Mont-Cassin ; aussi le chroniqueur dit de Gisulfe qu' « *estoit nez de gent vipérane, en prime comensa à estre jovène et petit à petit comensa à vo- mir lo venin.* III. 40.

Sans citer d'autre exemple, que de temps, que de fatigues il a fallu aux soldats de Napoléon Ier, du roi Joseph
Bonaparte et du roi Murat, pour venir complètement à
bout des bandes qui leur tenaient tête dans les Calabres, dans la Pouille dans la Capitanate ! Dans les
plaines de la Lombardie ou de la Belgique, il a suffi
d'une journée comme celles de Marengo ou de Waterlo
pour terminer la lutte, mais dans le sud de l'Italie, c'est
seulement après des années de luttes toujours renaissantes
que le parti vainqueur peut arriver à des résultats défini-
tifs.

Aussitôt après Civitate, Argyros, déjà mal en cour, envoya à Constantinople Jean archevêque de Trani pour atténuer auprès de Constantin Monomaque l'effet de ces
nouvelles désastreuses; mais au lieu de servir les intérêts
du catapan, l'archevêque fit, ainsi que nous l'avons vu,
cause commune avec ses ennemis et se prêta aux insi-
dieuses machinations du patriarche Michel Cérulaire [1]. La
chute d'Argyros était imminente et il allait expier l'abandon de la cause patriotique si vaillamment défendue par
son père, lorsque la mort de Constantin Monomaque, survenue le 30 novembre 1054, lui valut quelques années de
répit. Monomaque eut pour successeur l'impératrice Théodora qui, au lieu d'envoyer des troupes à Argyros pour
continuer la lutte contre les Normands, s'occupa de donner à ses eunuques favoris les meilleurs postes de l'etat
et passa son règne à se venger de ceux qui avaient voulu
l'empêcher d'arriver au pouvoir [2]. Aussi en 1055, Argyros,
accompagné de Nicolas archevêque de Bari, se rendit de
sa personne à Constantinople pour faire connaître à la
princesse la situation critique des provinces grecques
de l'Italie et pour implorer du secours [3]. Sa voix resta

---

[1] Argiro direxit ipso episcopus Tranense Constantinopoli messatico. *Anonymus Barensis* ad an. 1053. Indic. VI dans Muratori R. I. S. T. V p. 152.
[2] Cedreni *historiarum compendium* T. II. pag. 610, 611, 612, édit de Bonn.
1839.
[3] 1055. Indict. VIII. Obiit Constantinopol. Imp. et surrexit Theodora. Et

sans écho au milieu des intrigues de cour. Théodora mourut en 1056; Michel Stratioticos qui lui succéda, ne fit guère que passer sur le trône et montra la même indifférence à l'égard de l'Italie [1].

Les Normands ne manquèrent pas de profiter de la faiblesse et de la négligence de l'empire d'Orient pour étendre leurs conquêtes; en 1054 ils s'emparèrent de Conversano dans la province de Bari; [2] en 1055, ils organisèrent une expédition considérable vers l'extrême sud est de l'Italie. Elle comprenait trois corps de troupes commandés par Umfroy, Geffroy et Robert Guiscard. Umfroy livra bataille aux Grecs dans les environs d'Oria à l'est de Brindisi et les mit en fuite. Geffroy descendant plus avant s'empara de Nardo et de Lecce, et Robert, toujours à l'avant garde, parvint jusqu'à Gallipoli, où les Grecs ne purent tenir devant lui, et se rendit maître d'Otrante et de Minervino [3]. Les conquérants, on le voit, débordaient de tous les côtés, et arrivaient aux rivages de l'Adriatique, comme à ceux du golfe de Tarente et de la mer Tyrrhénienne.

Après cette campagne, Robert Guiscard regagna au sud ouest de l'Italie, en Calabre, son château de San Marco,

---

mat... Argiro cum Nicolaus Archiepiscopus perrexit Constantinopol. Anony. Bar. Chronicon. dans Muratori l. c.

[1] Νοσουντων δὲ ἐν τοῖς βασιλειοίς τῶν οἰκείων, οὐδεμία τῶν γινομένων ἐν Ἰταλίᾳ ἐγίνετο ἐπιστροφή. τοῦ γὰρ Μονομάχου μετὰ βραχὺ τελευτήσαντος, Θεοδώρας δὲ τῆς Αὐγούστης 'εφ' ἕνα χρόνον τὴν βασιλείαν κατασχούσης, του τε Μιχαὴλ ἀναιρεθεντος καὶ του Κομνηνον επαναστάντος αὐτῷ, καὶ τῶν στρατευμάτων ἀσχολουμένων τοῖς εμφυλίοις πολεμοις, μηδενός τε ὄντος τοῦ τὴν ὁρμὴν τοῦ Ῥονιμπέρτου κωλυσοντος μέγας ἐκ τούτου καὶ περιβόητος γεγονε·στρατὸν γὰρ ἀξιόλογον συνεστήσατο καὶ ἵππων καὶ χρημάτων καὶ ἁρμάτων ἐγένετο χύριος, τῶν ἐν ταῖς πολεσι στρατηγεῖν τεταγμένων πρὸς βασιλέα μὴ δυναμένων ἀντεξιεναι ὀλιγανδρίᾳ καὶ κακότητι τῶν σὺν αὐτοῖς. Joannis Curopolatæ historia p. 721 dans le second vol. des œuvres de G. Cedrenus éd. de Bonn.

[2] 1054.·Indict VII. Obiit Domino Leo papa et capta est Cupersano. Ignoti Bar. Chronicon dans Muratori l. c.

[3] Anno 1055. Humphredus fecit Prælium cum Græcis circa Oriam, et vicit eos.

[4] — Gaufredus comes comprehendit Neritonum et Ditium. Robertus comes ivit super Callipolim, et fugatus est iterum exercitus Græcorum in terra Tarentina, et captum est Hydruntum, et Castrum Minervæ. Chronicon breve Normannicum dans Migne: Patr. lat. T. 142. Col. 1084.

où nous l'avons vu mener la vie de pillard et de brigand.
Peut-être la séparation d'Humfroy et de Robert eut-elle
lieu à la suite d'une scène très-vive rapportée par Guillaume de Pouille, qui la place vers cette époque. Robert
et Umfroy étaient à la même table, lorsque Umfroy
ordonna de s'emparer de son frère et de le conduire
en prison. Le poëte n'indique pas les motifs d'Umfroy
pour agir ainsi; c'était très probablement à la suite de
quelque insolence du bouillant jeune homme qui devenait de plus en plus pour Umfroy un rival redoutable.
Robert, hors de lui, en entendant donner cet ordre, saisit
ses armes et voulut se précipiter sur son frère, mais un
Normand, nommé Gocelin put heureusement l'arrêter; on
s'empara de sa personne, et il fut détenu en prison pendant peu de temps. Les deux frères se réconcilièrent avant
de se séparer, et pour faire oublier à Robert ce qui venait
de se passer, Umfroy lui accorda des possessions en Calabre et un certain nombre de cavaliers [1].

A San Marco, Robert Guiscard fut de nouveau le fléau
des populations d'alentour ; les incendies et le pillage signalèrent son retour au milieu des Calabrais [2]. Son in-

---

[1] Captus ab Unfredo secum prandente, volebat
In fratrem gladio consurgere, sed Gocelinus
Comprehensum manibus tenuit ; custodibus inde
Traditur, et multa non tempestate retentum
Dimisit frater, Calabræ regionis et urbes
Castraque concessit equitum suffragia præbens.
Guillel. Apul. Lib. II, v. 314-319
Guillaume de Pouille rapporte sans aucun souci chronologique les évènements de l'histoire des Normands qui vont de la bataille de Civitate à la
mort d'Umfroy, c'est-à-dire du mois de juin 1053 au mois d'août 1057. Cette
partie de son poème fourmille d'erreurs et de contradictions qui sont pour l'his-
torien un vrai dédale et expliquent, dans une certaine mesure, le jugement sé-
vère porté contre lui par Di Meo. Il est vrai que bien des passages du même
poète sont supérieurs à ce fragment comme précision et ordre historique.
[2] Ille (Robertus) capessundæ cupidus telluris, amorem
Omnibus ostentat; non plus affabilis illo
Aut humilis quisquam studuit dominator haberi.
Undique gens clarum Normannica nomen habebat;
At non experti virtutem nominis hujus,
Terrentur Calabri tanta feritate repleti
Ad ducis imgressum. Robertus milite fultus
Non modico, prœdas, incendia jussit ubique

comparable bravoure, sa libéralité, le rôle important qu'il venait de jouer dans les dernières guerres avaient attiré à son camp un grand nombre de Normands qui, s'attachant à sa fortune, obéissaient aveuglément à ses ordres. Parmi eux se distinguaient Torsten, Roger et Areng. Avec ces troupes relativement nombreuses, Robert put, même après le départ des soldats d'Umfroy, attaquer avec succès les principales villes du sud de la Calabre ; par exemple Bisignano qui, auparavant, avait victorieusement résisté à tous ses efforts, Cosenza et Martirano ; il obligea ces villes à lui payer tribut et à donner des otages pour prévenir toute tentative de révolte [1].

Robert Guiscard se trouvait à San Marco lorsque, au mois d'août 1057, un évènement le rappela en Pouille ; « Umfroy, raconte Guillaume de Pouille, se sentant malade, manda en toute hâte Robert auprès de lui. Robert partit incontinent et fut grandement affligé de l'état dans lequel était son frère. Cette visite fut pour le malade une véritable consolation, il demanda à Robert d'administrer, après sa mort, son patrimoine particulier et d'être le tuteur de son fils, trop jeune alors pour gérer sa fortune. Robert promit d'exécuter fidèlement les dernières volontés du mourant et Umfroy décéda peu après, pleuré de toute

---

Terrarum fieri, quas appetit et spoliari,
Quodque metum incutiat cultoribus, omne patrari
Militibus remorans dimissis fratris abire
Non multo Calabros, se datroci milite vexat.
Guill. Apulus L. II. V. 320-332.
Le poète raconte ensuite comment Robert Guiscard s'empara d'une forteresse en faisant croire que l'un de ses compagnons était mort et en obtenant que le prétendu mort fût porté par ses camarades dans l'église de la ville, dont il voulait s'emparer. Comme Guillaume dit lui-même que ce fut là la première conquête de Robert, elle est évidemment antérieure à la bataille de Civitate, aussi l'avons-nous rapportée plus haut.
. . . . Torstenus dicitur unus
Alter Arenga, valensque gerenda ad bella Rogerus
Guil Apul. II. v.361-363.
C'est Malaterra qui place l. 13 la prise de Bisignano, de Cosenza et de Martirano par Robert Guiscard très peu de temps avant que Robert fût nommé successeur d'Umfroy. Aimé VII, 2, parle de ce Robert Areng.

la Pouille qui perdait en lui un père ; car il fut vraiment
le père de la patrie, il la gouverna avec mansuétude et sa
vie fut marquée au coin de l'honnêteté. Il n'opprima pas
le peuple sous une dure tyrannie, et avant tout partisan
de la justice, préféra laisser impunies bien des offenses
que de s'exposer à la léser. Il fut enseveli près de ses frères dans le monastère de Venosa. Les funérailles terminées, Robert regagna la Calabre [1].

Il se peut que l'approche de la mort ait opéré une réconciliation entre Umfroy et Robert Guiscard d'autant mieux
que le premier, prévoyant que Robert serait son successeur, devait le ménager dans l'intérêt de son fils Abagælard,
et que le second cherchait à rallier à lui ceux qui avaient
fidèlement servi le comte expirant ; il est toutefois permis
de douter que l'entrevue ait été aussi cordiale que suppose
Guillaume, car les deux frères, unis sur le champ de bataille contre l'ennemi commun, avaient partout ailleurs
été rivaux et adversaires. De même l'éloge de la mansuétude et de l'esprit de justice de Umfroy fait sourire après
tout ce que ce même Guillaume de Pouille a raconté des
impitoyables rancunes et de la brutalité du comte Normand. Il faut probablement réduire le récit de Guillaume
de Pouille à cette simple donnée que Umfroy vit avant de
mourir son frère Robert et qu'il lui confia, peut-être parce

[1] Appulus hoc princeps infirmans tempore mandat
Unfredus fratri, veniat velociter ad se.
Robertus properat, fratrem dum conspicit ægrum
Compatiens plorat. Solatia magna dat œgro
Adventus fratris, deposcit et advenientem,
Rector terrarum sit eo moriente suarum,
Et geniti tutor puerilis, quem vetat ætas
Rectorem fieri. Frater favet anxius illi,
Et se facturum que præcipit omnia dicit.
Non infirma valens jam reddere membra saluti
Interit Unfredus. Lacrymans Apulia tota
Flet patris interitum, patriæ pater ille benignus
Hanc placide rexit, vitam decoravit honestas :
Non studuit populum vexare tirannide dira,
Justitiamque colens, quam lædere, parcere multis
Maluit offensis ; fratres prope præmemoratos
Est monasterii Venusini sede sepultus.
Cuil. Apul. L. II. v. 364-381.

qu'il ne put faire autrement, la tutelle de la fortune de son fils [1].

Malaterra ignore cette entrevue, mais rapporte que Robert Guiscard fut élu successeur de Umfroy, ce que Guillaume de Pouille laisse à peine entrevoir ; Malaterra écrit : « Le comte Umfroy gouvernait la Pouille avec beaucoup de gloire et dans une paix digne d'éloge, lorsqu'il tomba malade et mourut méritant les regrets de tous. Guiscard alors à San Marco, apprenant cette nouvelle, accourut dans la Pouille, le cœur rempli de douleur ; il fut reçu par les grands du pays qai le nommèrent à la place de son frère comte et maître de tous. [2] »

[1] Guillaume de Jumièges rapporte qu'Umfroy désigna son fils Abagælard pour son successeur dans le comté de Pouille et confia la tutelle de ce fils mineur à Robert Guiscard : qui (Unfredus) postquam finem vitæ sibi adesse perspexit, Abailardum filium suum Roberto fratri suo, quem pro versutiis Wischardum cognominaverat, cum ducatu Apuliæ commendavit. ¡VII. 30 Romuald de Salerne dit ,de même et ajoute que Robert Guiscard enleva le pouvoir à son neveu : Romuald. Salernit. 1057 : « Onfridus comes Normannorum diem clausit extremum, relinquens sibi successorem Bagelardum, filium ejus, militem strenuum. Sed Robertus, cognomento Viscardus, ejusdem Unfredi comitis frater, natus ex patre Tancredo, Normannorum comitatus honorem sibi arripuit, ipsum Bajelardum suum nepotem expellens. » Voyez aussi la chronique d'Amalfi c. 27 Mais il n'est guère admissible qu'Umfroy ait voulu faire de son fils le chef des Normands de la Pouille. Cette dignité était alors élective et non héréditaire. Ainsi Drogon, le prédécesseur d'Umfroy, avait aussi laissé un fils nommé Richard qui ne lui succéda pas. Les Normands Apuliens, presque toujours en guerre durant cette période, et ayant à faire à tant d'ennemis à la fois, ne pouvaient guère s'accommoder d'un enfant et choisissaient pour les commander le plus brave et le plus intelligent d'entr'eux. Au mois d'août 1057, l'avènement à la papauté de leur ennemi déclaré, Etienne IX, rendait plus impérieuse encore la nécessité d'avoir à leur tête un capitaine expérimenté. Guillaume de Jumièges et Romuald de Salerne ont été induits en erreur parce que ainsi que, le dit Guillaume de Pouille, Umfroy nomma Robert Guiscard tuteur de la fortune particulière de son fils Abagælard, mais nullement régent de la Pouille pendant la minorité de cet enfant. Robert Guiscard fut un fort mauvais tuteur ; nous verrons plus tard Abagælard se révolter contre lui et l'accuser de lui avoir pris son patrimoine. Ainsi Guillaume de Pouille écrit :

Horum Gosfridus Gocelinus, et Abagelardus
Filius Unfredi, *sibi jura paterna reposcens*
Præcipui fuerant auctores consiliorum.

Guil, Apul. II v. 451-453. De même Malaterra écrit : III. 4 : Abagelardus vero filius Hunifredi comitis, nepos videlicet ducis, qui Salernum. propter inimicitias, quas cum duce habebat, propter hæreditatem, quæ ab ipso detinebatur sibi in adjutorium Gisulfi introierat...

[2] Malaterra n'indique pas la date de la mort d'Umfroy et de la nomination de son successeur, mais les chartes de Robert Guiscard établissent qu'il arriva

Ce serait un anachronisme que d'exagérer les droits et l'importance du titre de comte de Pouille, que Robert Guiscard obtint au mois d'août 1057, et dont Drogon et Umfroy avaient déjà été revêtus ; ces droits se résumaient probablement à convoquer et à commander les forces Normandes en temps de guerre ; mais, pour tout le reste, les premiers barons Normands gardèrent une indépendance qui n'avait d'autre limite que le souci de leur sécurité personnelle et de la sécurité de leurs domaines ; comme nous le verrons bientôt, c'est seulement à partir du synode de Melfi que se trahit, au profit et à l'instigation des Tancrède, une tendance manifeste à discipliner l'aristocratie des premiers temps pour la remplacer par des institutions monarchiques.

« Après avoir, dit G. Malaterra, réglé toutes choses dans la Pouille et l'avoir pacifiée, Robert Guiscard ne perdit pas de vue les projets déjà conçus ; au contraire, il songea d'autant plus à les réaliser qu'il avait un plus grand nombre de soldats à sa disposition. Après avoir réuni une armée et terminé tous les préparatifs, il la conduisit en Calabre, traversa les territoires de Cosenza et de Martirano et arriva sur les rivages du fleuve Nocato près des sources d'eaux chaudes. Là il séjourna pendant deux jours pour donner un peu de repos à ses troupes, fatiguées par de longues marches, et pour étudier le pays. L'armée gagna ensuite Squilace et parvînt à Reggio en suivant le bord de la mer : Robert essaya par les menaces et par les promesses de décider les habitants de Reggio à lui ouvrir leurs portes et à se soumettre

au pouvoir après le mois d'août 1057 ; ainsi une charte du mois d'avril 1068 est datée : anno XI ; une autre du mois d'août 1078 porte : anno XXI. Cf. Di Meo, *Annali del Regno di Napoli* T. VII, p. 376. C'est donc très probablement au mois d'août 1057, qu'il faut placer la mort d'Umfroy. Comme nous l'avons vu dans la note précédente, Romuald de Salerne fait aussi mourir Umfroy en 1057, et l'*Ignotus Barensis* également. Lupus Protospatarius se trompe en donnant la date de 1056, d'autant mieux qu'il a puisé à la même source que l'*Ignotus Barensis* ; la *Chronicon breve Nortm.* commet la même faute que Lupus.

à lui, mais ne put y parvenir et dut se borner à faire pendant trois jours des reconnaissances dans la contrée. Commo diverses affaires le rappelaient en Pouille, il dût donner le signal du retour et s'empara chemin faisant de Leucastro, de Maja et de Canalda. [1] »

Sur ces entrefaites, c'est-à-dire lorsque Robert Guiscard avait déjà succédé à Umfroy, arriva en Italie le dernier fils de Tancrède de Hauteville, le jeune Roger. Tancrède et sa femme Fransenda avaient gardé près d'eux aussi longtemps qu'ils l'avaient pu, ce dernier rejeton, qu'ils affectionnaient particulièrement et qui les consolait du départ de ses aînés; mais, à son tour, l'aiglon prit son vol et vint dans l'Italie du sud peur y conquérir une gloire immortelle et y parvenir aux plus hautes destinées.

Malaterra qui a dédié son histoire à Roger devenu un grand capitaine et un puissant seigneur, n'a pas manqué de raconter les débuts de son héros en Italie. Voici son récit; en le lisant il faut certainement faire la part de la flatterie, sans oublier cependant, qu'il s'agit de celui qui fut vraiment l'un des preux les plus brillants du moyen âge, et, en même temps l'un des hommes d'état les plus remarquables de cette période.

[1] Malaterra I. 18. — Aimé écrit au sujet de la mort d'Umfroy et de l'avènement de Robert Guiscard ; IV. 2. Or dit ensi ceste ystoire que quant lo conte Umfroy fu mort, Robert son frère rechut l'onor de la conté et la cure de estre conte. A loquel vint maintenant Gisolfe, prince de Salerne, et lui donna pour ostage son frère charnel et lo neveu, ce est lo filz de Guide, loquel fu frère à la mère. Celui voulloit paier lo tribut chascun an comme avoit fait lo père ; et veez ci coment se hauza la gloire de Robert. Et rechut li fill de li seignor soe pour lo plege de lo salaire qu'il devoit recevoir.

Aucun autre historien, n'ayant parlé de ces premiers rapports entre Robert Guiscard, comte de Pouille et Gisulfe de Salerne, il n'est pas possible de contrôler le récit d'Aimé. Disons cependant que la soumission si spontanée de Gisulfe est bien étrange, que son père Guaimar fut le suzerain et non le tributaire des Normands de la Pouille, à moins que le chroniqueur n'appelle tribut la récompense que Guaimar accordait aux Normands pour les services qu'ils pouvaient lui rendre. Du reste, tous les premiers chapitres du IV° livre d'Aimé sont remplis d'inexactitudes. L'occasion de les relever se présentera souvent tard. Au chap. IV, Aimé dit que Guiscard rendit « par pitié » les otages à Gisulfe.

« Roger, écrit Malaterra, retenu jusqu'alors sous le toit paternel par sa jeunesse et l'amour de ses parents, vînt en Pouille; Guiscard fut très-heureux de son arrivée et reçut son frère avec les honneurs qu'il méritait[1]. C'était un beau jeune homme, de haute stature et de formes élégantes. Très éloquent, d'un conseil sûr, d'une prévoyance extrême, il se montrait gai et affable: il était en outre doué d'une grande force et d'une bravoure à toute épreuve aussi ses rares qualités lui valurent rapidement les bonnes grâces de tous. Fort désireux de se former un parti, et impatient d'acquérir de la gloire comme on l'est à cet âge, il donnait avec la plus grande largesse tout ce qu'il possédait à ceux qui consentaient à s'attacher à sa fortune. Guiscard, voulant mettre à l'épreuve la fermeté et la bravoure militaire de son jeune frère, lui confia 60 hommes, et, avec ce bataillon, l'envoya en Calabre combattre des milliers [d'ennemis; Roger partit courageusement et alla fixer son camp et établir ses tentes sur le sommet le plus élevé des montagnes de Bivona (près de Monteleone et de Mileto) afin que ces campements aperçus de tous les pays environnants inspirassent au loin la terreur. En effet, lorsque les villes et les châteaux de la province et de la vallée des Salines (non loin de Reggio) connurent la présence des Normands, tous furent effrayés; ils envoyèrent des ambassadeurs demander la paix, apportèrent de nombreux présents, livrèrent lâche-

[1] Un passage d'Ordéric Vital permet de fixer la date du départ de Roger de la Normandie pour l'Italie. Parlant d'une donation faite au monastère de S. Evroult-sur-Ouche — *in presentia Rodberti abbatis* — O. Vital ajoute : Tunc Rogerius, Tancredi de Alta-Villa filius, in Italiam pergens ibidem adfuit, qui postea, juvante Deo, Siciliam magna ex parte obtinuit, et Afros Siculos que et alias gentes in Christum non credentes, quæ præfatam insulam devastabant, armis invasit, protrivit et superavit. O. Vitalis *Historia ecclesiastica* III, T. II, p. 76 de l'édition le Prévost. Robert de Grentemesnil était donc abbé de S. Evroult lorsque Roger est parti pour l'Italie ; or, d'après O. Vital III, 11, Robert n'a été élu abbé de S. Evroult qu'en 1059 indict. XII[a]. Cette date de 1059 ne s'harmonise pas très bien, il faut l'avouer, avec ce que, d'après Malaterra, Roger a fait en Italie avant 1060 ; peut-être pourrait-on dire que Théodéric, le prédécesseur de Robert de Grentemesnil, étant mort en Orient en 1058, Robert était dès 1058 regardé comme abbé de S. Evroult, mais on ne peut guère supposer que Roger ait quitté la Normandie avant 1058.

ment des positions très-fortes, prêtèrent serment et donnèrent des otages.

« La soumission du pays à son autorité et à celle de son
frère ayant été obtenue par ces moyens, Roger expédia à
Robert quelques-uns des siens pour lui apporter une
grande partie de l'argent qu'il avait reçu et lui raconter
ce qui s'était passé. Puis, sans perdre de temps, il fortifia
à l'aide de tours et d'ouvrages militaires son camp appelé
Incifola le garnit de soldats armés et l'approvisionna de
tout ce qui était nécessaire. Robert Guiscard reçut l'argent
envoyé par Roger, fut heureux d'apprendre que son frère
avait fait preuve d'un grand courage et désirant avoir
une entrevue avec lui, lui fit dire de venir le trouver le
plus promptement possible. Roger prit alors six soldats
seulement, confia aux autres la défense de son camp et le
soin de maintenir la province, et vint voir son frère en
Pouille. Celui-ci lui fit bon accueil et les deux frères
se réjouirent en se racontant leurs aventures.

« Après avoir passé quelque temps ensemble, ils préparèrent une expédition considérable ; de nombreux cavaliers et
fantassins furent réunis et les deux frères se mettant à
leur tête traversèrent les montagnes de la Calabre et mar-
chérent sur Reggio. Arrivé dans la vallée des Salines,
Guiscard apprit que les habitants de Reggio avaient
transporté dans leur ville tout ce qui, dans les pays environnants, pouvait servir à nourrir une armée assiégeante
et qu'il serait impossible de trouver quelque aliment ; craignant alors que ses soldats n'eussent à souffrir de la faim
pendant le siège de Reggio, il prescrivit à Roger de se
rendre à Gerace avec trois cents hommes, de s'emparer
de tous les vivres sur lesquels il pourrait mettre la main
et de les apporter ensuite à l'armée devant Reggio, Quant
à lui, continuant à s'avancer il se hâta d'aller commencer
le siège.

«Roger, empressé de rendre service à son frère et à toute
l'armée, ne perdit pas de temps dans l'accomplissement
de sa mission ; il traversa de très-hautes colines et de pro-

fondes vallées et, comme une abeille fidèle et laborieuse, retourna ensuite au camp devant Reggio avec des dépouilles considérables. Les soldats qui commençaient à être dans le besoin furent amplement pourvus. Toutefois Guiscard voyant que le siège menaçait de traîner en longueur et craignant pour ses troupes les rigueurs de l'hiver qui approchait, se vit obligé de licencier son armée et avec une escorte peu nombreuse, alla passer l'hiver à Maia [1].

« Il arriva à cette époque que Roger fut obliger de demander à Robert Guiscard de lui venir en aide, parce que la gêne où il se trouvait ne lui permettait pas de payer ses soldats et que ceux-ci se montraient de plus en plus importuns. Mais Robert, prêtant l'oreille à de perfides conseils, commença à faire preuve à l'égard de son frère d'une parcimonie d'autant plus étrange qu'il était très libéral à l'égard des autres. Robert voyait que la bravoure de Roger attirait déjà autour de lui toute la jeunesse de la Pouille tandis que lui-même était délaissé ; aussi craignait-il que son jeune frère ne se révoltât contre lui et il espérait le maintenir dans le devoir en ne lui accordant que fort peu de chose. Roger avait une âme trop grande pour accepter une telle situation, il quitta Robert et vint en Pouille.

« Guillaume, frère de Roger et comte de toute la Principauté,[2] apprenant ce qui se passait, lui envoya des messagers pour l'inviter à venir chez lui ; il l'assurait que tout ce qu'il possédait serait commun entre eux, tout, excepté sa femme et ses enfants. Roger accepta les avances de Guillaume ; il fut reçu très honorablement, et resta quelque temps avec son frère. Puis, ayant reçu de Guillaume le Castrum de Scalea, il s'y établit, et fit aussitôt incur-

---

[1] Malaterra I. 19, 20, 21, 22. — Malaterra avait déjà dans le chap. 18 parlé de cette première tentative infructueuse de Robert Guiscard contre Reggio ; car tout indique qu'il s'agit dans les chap, 18, 21 et 22 de la même campagne. Malaterra revient sur ce sujet pour raconter la participation de Roger à cette expédition.

[2] Il s'agit de la principauté de Salerne ; mais Malaterra se trompe en disant que Guillaume la possédait seul : Gisulfe était toujours maître de Salerne et d'une grande partie du pays.

sion sur incursion dans le pays de Robert Guiscard. Celui-ci, instruit de ces désordres, accourut aussitôt, assiégea Scalea, et détruisit pour se venger les plants d'oli-
vier et les vignes des environs du *Castrum* de son frère.
Mais, de son côté, Guillaume harcela par des escarmouches incessantes les soldats de Guiscard et les décima
graduellement. Aussi, Robert Guiscard voyant le nombre
de ses troupes diminuer, sans que le siège de Scalea fît
des progrès, et craignant une défaite encore plus grave,
prit le parti de se retirer.

« Quelques personnes s'entremirent enfin entre Robert
Guiscard et Roger et les réconcilièrent pour quelque
temps; Roger accepta de servir son frère à la tête de
quarante soldats dévoués. Comme il manquait de
hien des choses à cette époque de sa vie, il vivait à
l'aide des vols que commettaient ses hommes d'armes. Si
je raconte ces faits, ce n'est pas afin qu'ils ternissent la
mémoire de Roger ; pour me conformer à ses ordres, je
rapporterai de lui des particularités encore plus honteuses
et plus répréhensibles, mon unique but est de montrer
que, grâce à ses efforts incessants, il a su, en partant
d'une misère profonde, vaincre tous les obstacles et parvenir au sommet de la richesse et de l'honneur. Il avait
un écuyer qui s'appelait Blettina, merveilleusement adroit
quand il s'agissait de voler. Ce Blettina, alors jeune
homme fort besogneux, devenu depuis comte opulent,
ayant vu un jour à Melfi dans la maison où se trouvait
Roger, des chevaux qui lui faisaient envie, détermina son
maître à se joindre à lui et, pendant la nuit, parvinrent
à voler ces chevaux et à les amener au loin.

« Après avoir servi avec zèle son frère pendant deux
mois, Roger ne reçut qu'un cheval pour lui et les siens;
mais, sans avoir lu ce passage de Sallusto, il savait parfaitement que « *consacrer tous ses efforts, se dépenser tout entier pour ne recueillir que la haine est le
comble de la folie; que la fortune doit être l'apanage de celui qui sert avec dévouement*; voyant donc qu'il faisait un

métier de dupe, il eut avec son frère une altercation très vive et aussitôt rompit l'alliance qui les avait unis pendant quelque temps et repartit pour Scalea.

« Le jour même de son retour à Scalea, il envoya sur le soir ses soldats au *Castrum* de Narencio piller les terres de Guiscard et dévasta la province. Pendant que ses hommes étaient occupés à cette besogne, un écuyer de Roger nommé Berver arriva de Melfi à Scalea annonçant à son maître que des marchands de Melfi qui retournaient chez eux, allaient passer près de Scalea. Roger, enchanté de cette nouvelle, prit avec lui huit soldats sauta à cheval, courut sus aux marchands, parmi lesquels se trouvaient Gisenuald et Carbonaria, les fit prisonniers et les amena à Scalea. Il s'empara ensuite de ce qu'ils possédaient et les obligea à se racheter eux-mêmes à prix d'argent ; grâce à ces nouvelles ressources qu'il distribua avec libéralité, il recruta cent hommes d'armes, avec lesquels il fit en Pouille de nombreuses incursions, si bien que Robert ne songeant déjà plus à conquérir la Calabre, dût se demander s'il ne perdrait pas ce qu'il possédait.

« En 1058, durant les mois de mars, d'avril et de mai, toute la Calabre fut en proie à trois épouvantables fléaux suscités par la colère de Dieu, à cause des péchés des hommes. Un seul de ces fléaux constituait une menace de mort aussi les malheureux habitants les voyant tous les trois acharnés à leur perte, désespéraient de leur échapper. Le premier était l'épée des Normands qui ne faisait quartier à personne [1]. L'autre était la famine qui sévissait partout ; enfin, la mortalité s'attaquant à tous ces corps affaiblis faisait des progrès effrayants, comme en fait l'incendie dans un champ de roseaux desséchés. Ceux qui avaient de l'argent ne trouvaient rien à acheter ; d'autres allaient jusqu'à vendre leurs enfants comme esclaves afin

---

[1] Aveu bien significatif de la part d'un écrivain qui composait son livre pour la glorification des Normands.

d'avoir un peu de nourriture ; et lorsque ensuite ils ne pouvaient obtenir ce qu'ils désiraient, le remords du marché conclu les tourmentait et était pour eux une quatrième calamité. Il fallait manger les viandes sans pain : quelques-uns n'ayant pas de vin en étaient réduits à boire de l'eau ; de là une dyssenterie qui faisait de nombreuses victimes, de là aussi des maladies de la rate. Au contraire, quand on abusait d'un vin généreux pour conserver ses forces, la chaleur du corps devenue trop intense, montait au cœur que le pain ne raffermissait plus, et il en résultait un autre genre d'anémie. L'observance du carême, si recommandée par les SS. Pères catholiques, fut tellement mise de côté à cause du malheur des temps que des personnes qui auparavant jouissaient d'une réputation de rigidité, firent usage de lait et de fromage, même des viandes permises seulement à d'autres époques de l'année. Les herbes qui servent à apprêter les mets faisaient à peu près défaut, et celles que l'on parvenait à recueillir se trouvant gâtées par un air corrompu étaient plus nuisibles qu'utiles. On essaya de faire du pain avec des plantes aquatiques, avec l'écorce de certains arbres, avec des chataignes ou des glands de chêne, ordinairement réservés aux porcs; on les faisait sécher et moudre et puis on les mêlait avec un peu de farine de millet. Il fallut aussi essayer des racines crues assaisonnées avec du sel, mais elles rendaient les visages pâles et faisaient gonfler le ventre, parce qu'il n'était pas possible de les digérer ; aussi les mères aimaient mieux arracher cette nourriture de la bouche de leurs enfants, que de soutenir leur existence par ces moyens. Ces trois fléaux continuèrent jusqu'à l'époque de la moisson et alors se présenta un autre danger qui augmenta la mortalité. Ceux qui avaient souffert de la faim, se jetèrent avec avidité sur la nourriture et comme le corps n'était plus habitué à cette abondance, beaucoup mouraient d'indigestion[1].

---

[1] La *Chronicon breve Normannicum* confirme le récit de Malaterra sur la famine de 1058. On y lit à cette date : « *Fuit magna fames in terra Tarentina et*

« Les Calabrais, race très perfide, voyant la discorde entre Robert Guiscard et Roger et n'ayant personne pour les maintenir, commencèrent à secouer le joug des Normands, à ne plus payer les tributs et à ne plus rendre les services qu'ils avaient promis. En outre, ils s'introduisirent sous de faux semblants de fidélité, dans le château de Leucastro et y massacrèrent, en un seul jour, les soixante Normands qui le gardaient.

« Robert Guiscard, apprenant cet échec, comprit que sa conquête de la Calabre allait être compromise; il voyait en outre la Pouille profondément agitée; aussi se décida-t-il à envoyer des ambassadeurs à Roger pour conclure la paix avec lui et lui accorda la moitié de la Calabre conquise ou à conquérir, depuis le mont Intefoli et le mont Squilace jusqu'à Reggio [1]. »

Malgré toute son ambition, Robert Guiscard fut donc obligé d'abandonner à son jeune frère une partie de ses conquêtes. Déjà, avant que Roger se fût rendu indépendant, il y avait en Italie un autre état Normand qui échappait complètement à l'autorité du comte de Pouille et persistait à conserver son autonomie; c'était le comté d'Aversa. Pour ne pas compliquer davantage un exposé historique, déjà surchargé de faits, nous avons à peine mentionné les Normands d'Aversa, dans les premières pages de ce chapitre, exclusivement consacrées aux Normands de la Pouille et de la Calabre, aussi faut-il maintenant parler de Richard et de son comté, premier germe des établissements Normands en Italie.

Après la mort de Léon IX, Richard, comte d'Aversa, n'étant plus absorbé par les graves dangers que l'hostilité de la papauté venait de faire courir aux Normands, chercha à agrandir ses états aux dépens de ses voisins. Dejà en 1052[2]

Calabria ; et postca venit pestis et mortui sunt homines cum animalibus in numero maximo a mense madio. »

[1] Malaterra I. 23-30.

[2] La date de cette première expédition de Richard contre Capoue n'est pas

il avait organisé une expédition contre Capoue, où
régnait Pandulfe VI ' qui n'avait pas hérité de la turbulente énergie de son père Pandulfe IV, « le loup des Abruzes ». Mais, quoique bien déchue de son antique splendeur, Capoue était encore une ville forte, pouvant supporter un siège en règle, et les ressources militaires de Richard étaient trop restreintes pour lui permettre de l'entreprendre et de le continuer avec succès; aussi le rusé
Normand eut recours à un procédé très familier aux Normands du XIᵉ siècle, quand ils voulaient réduire une forteresse.

Comme les Capouans ne pouvaient se mesurer en pleine
campagne avec ses troupes, Richard fit construire aux
portes de leur ville trois châteaux, puis s'y établit avec
les siens et courut le pays tuant les malheureux habitants de Capoue assez imprudents pour sortir de leurs
murs, détruisant les récoltes et affamant la ville. Les Capouans supportèrent quelque temps ces impitoyables rigueurs, mais à la fin, durent céder et donnèrent à Richard
sept mille besans d'or pour qu'il laissât en paix Capoue et
son territoire '.

Le comte d'Aversa, satisfait de ces premiers succès,
tourna ses armes contre une autre dynastie Lombarde,
celle de Salerne. Gisulfe, déjà en butte aux prétentions de
plus en plus exhorbitantes des Normands de la Pouille,
ne fut pas plus heureux du côté des Normands d'Aversa. Richard lui demanda de lui payer une sorte de tribut; il es-

indiquée par Aimé, mais elle se déduit d'une phrase de Leo de'Marsi : ce chroniqueur, parlant de la soumission définitive de Capoue aux Normands qui eut
lieu au mois de mai 1062, écrit : « Cum jam per decem circiter annorum curri-
cula Normannis viriliter ac strenue repugnassent. |III. 15.
' Pandulfe V est ce Pandulfe de Teano qui fut prince de Capoue en
1022, lorsque l'empereur Henri II amena en Germanie Pandulfe IV enchaîné.
' Aimé : IV. 8. Leo de'Marsi : III. 15. Leo qui sur tous ces événements
s'inspire du récit d'Aimé les résume comme il suit : « Richardus Aversanum
comitatum indeptus, ad principatus dignitatem toto nisu numbire et ad Capuanæ
urbis expugnationem animum cœpit intendere. Supra quam cum tria castella
firmasset, eamque acriter debellans affligeret, septem millibus tandem aureis
a Pandulfo juniore susceptis obsidionibus solvit sed ad tempus.

pérait que le prince de Salerne, alors en guerre avec Guillaume de Hauteville, et avec Amalfi, ne pourrait tenir tête à tant d'ennemis et s'inclinerait devant ses exigences ; mais les calculs de Richard furent déjoués. Gisulfe fit la paix avec Amalfi et son patrice ; de part et d'autre on se pardonna le passé et on se promit amitié pour l'avenir. La mer redevint libre, et Gisulfe, délivré de ce côté, put réunir ses forces contre Richard qui regagna Aversa, sans avoir rien obtenu[1].

En Juin 1058, mourut Pandulfe VI, prince de Capoue, laissant pour successeur Landulfe V. Mais les jours de la dynastie Lombarde étaient comptés. Richard d'Aversa accourut à la nouvelle de cette mort et recommença les hostilités, sans plus se soucier de sa promesse de ne jamais persécuter les Capouans. Il bâtit de nouveaux châteaux, défendit aux paysans de moissonner et de vendanger *et tout ce qui estoit fors de la porte*, dit Aimé, *estoit en la main de Richart*. Aveu qui ne gêne nullement le même chroniqueur, décidé à louer quand même son héros Richard, pour affirmer dans le même paragraphe que Richard agissait ainsi *non par covoitise de or et de argent, mês par desirrier de honor*. Empêcher les pauvres gens de ramasser leur récolte est en vérité un exploit bien honorable ! Cette manière de faire la guerre à l'imprenable Capoue réussit au comte d'Aversa. Les Capouans ne pouvant recueillir ni leur blé ni leur vin, offrirent à Richard de grandes sommes d'argent pour se débarasser de lui; « mais, dit encore Aimé, Richard répondit, à la façon des Romains, qu'il voulait la seigneurie de ceux qui lui proposaient de l'argent. C'était une reddition pure et simple qu'exigait cette fois le Normand ; la lutte recommença aussitôt et Capoue se défendit avec honneur et vaillance ; la famine seule put avoir raison de sa

---

[1] Aimé : iv, 9, 10. Il s'agit évidemment de la guerre entre Richard et Gisulfe dont nous avons parlé et qui avait été déjà racontée par Aimé iii, 43. — Le chroniqueur résume ici, comme nous l'avons fait nous mêmes la part que Richard prit à ces luttes, afin de donner un aperçu complet de l'histoire du comte d'Aversa durant cette période.

résistance. Lorsque les vivres furent complètement
épuisés, Landulfe prit le chemin de l'exil, après avoir
remis à Richard la ville et la principauté ; c'était la vieille
dynastie Lombarde qui disparaissait devant la jeune dynastie Normande. Richard s'empressa de prendre le titre
de prince de Capoue. Toutefois, pour ménager la transition entre l'ancien et le nouveau pouvoir, probablement
aussi parce qu'il ne pouvait faire autrement, et qu'il avait
accepté cette condition lors de la reddition de la place,
Richard permit que, pendant quelque temps, les portes et
la citadelle de Capoue fussent gardées par les habitants de
la ville [1].

Après avoir obtenu ces importants résultats, Richard,
désireux de nouvelles conquêtes, chercha querelle à Adenulfe, duc de Gaëte et comte d'Aquino et mit en avant les
raisons les plus futiles, et les motifs les moins concluants
pour lui faire la guerre. Il avait fiancé sa fille au fils de ce
duc, mais avant que le mariage eut lieu, le jeune homme

[1] Aimé : iv. 11. — Leo de'Marsi iii. 15. Cum post mortem Pandulfi Landulfus filius successisset, mox et Richardus accedens obsidionem firmavit.
Proferunt multam Capuani pecuniam, Richardus nil appetit nisi terram. Artati
demum famis penuria cives, cedente Landulfo, recipiunt hominem, sacrant in
principem, portas sibi dumtaxat cum turrium fortitudine retinentes. — Cette
première prise de possession de Capoue par les Normands ayant eu lieu aus-
sitot après la mort de Pandulfe VI et l'avénement de Landulfe son fils, il faut
la placer en 1058, date de ces deux événements. Voyez les deux chartes ex-
traites de Gattola et analysées par Di Méo T. vii. p. 395 sq. — Les annales de
Bénévent dans Pertz Mon. Germ. hist. SS. T. III, p. 180 écrivent à l'année
1057 (1058) « Riccardus princeps cepit Capuam ». Voyez aussi Romuald. Salernit.
1058 et la Chronic. Amalf. c. 29. Enfin nous possédons de l'année 1058 une
charte éditée par Gattola (Accessiones ad hist. monas. Casin. T. I. p. 161 sqq).
par laquelle Richard et son fils Jordan princes de Capoue ayant égard à la demande d'Adenulfe fils de Guala et de Roffrede fils de feu Serge ancien patrice d'Amalfi confirment l'abbaïe du Mont-Cassin dans la possession de tous
leurs biens. — On ne s'explique pas qu'avec ces preuves si concluantes, Di Méo,
ordinairement si judicieux dans les questions de chronologie, ait nié la prise de
Capoue par les Normands en 1058. (Di Méo T. VII. p. 388). Deux circoustances
l'ont probablement induit en erreur et ont aussi trompé d'autres historiens :
La première, c'est qu'en 1058, comme le disent fort bien Aimé et Leo, la ville
de Capoue garda pour quelque temps encore c'est-à-dire jusqu'en 1062, un
semblant d'autonomie et d'indépendance, la seconde c'est que Landulfe
quoique dépouillé de sa capitale et d'une très grande partie de sa principauté
signa encore prince de Capoue et quelques-uns de ses anciens sujets datèrent
leurs chartes comme s'il régnait encore.

mourut. Richard s'appuyant alors sur une disposition de
la loi Lombarde, d'après laquelle le mari devait faire un
présent à sa femme, le lendemain des noces *Morgengabe*,
c'est-à-dire cadeau du lendemain matin, réclama à
Adenulfe, au nom de sa fille, le quart des biens qu'il possédait. La demande était iujuste, puisque le mariage
n'avait jamais existé. Mais Richard ne se laissait pas arrêter par de pareils scrupules. Le duc refusa d'obtempérer
à une telle exigence, et la guerre commença ; le nouveau
prince de Capoue mit son armée en mouvement et vint
assiéger la ville d'Aquino [1].

Ce fut pendant le siège d'Aquino que Richard visita avec
une faible escorte le Mont-Cassin. La célèbre abbaye
n'avait guère eu à se louer des derniers princes Lombards
de Capoue ; Pandulfe IV avait été pour les disciples de
Saint Benoit un véritable fléau et, pendant de longues années, il avait, à plusieurs reprises, mis le monastère à
deux doigts d'une ruine complète. Un passage de la chronique de Leo de'Marsi fait voir que son fils Pandulfe VI
avait eu aussi maille à partie avec les bénédictins de Capoue, qui dépendaient du Mont-Cassin et avec leur prieur
Didier [2]. Ces souvenirs, encore présents à la mémoire de
tous les religieux, les portèrent à recevoir avec les plus
grands honneurs le jeune conquérant Normand. Ils n'examinèrent pas si ses récents succès étaient sanctionnés par
la justice, ils oublièrent même les nombreuses altercations
qu'ils avaient déjà eu avec les Normands et Richard « fu
rechut o procession come roy, et fu aornée l'églize coment

---

[1] Aimé : iv, 12.

[2] Desiderius autem ad Capuanum monasterium est transmissus præpositus.
Richardus tunc Aversanus comes Capuam expugnabat : sed cum Pandulfus
ipsius civitatis princeps indigna quædam et superflua juxta priorum tempo-
rum consuetudinem Desiderio vellet injungere, ille vero constanti ut erat
pectore, nequaquam in his ei congruum duceret assentiri, Capuam egressus
ad Richardum accessit ; et omnium quæ extra civitatem erant monasterio per
tinentium ab eo securitate percepta et maxima insuper illi extunc fœderatus
amicitia, in obedientiis ejusdem monasterii aliquandiu remoratus est. — Leo
de'Marsi iii. 8. — Ce passage est curieux car il indique l'origine de l'amitié
qui unit Richard et Didier et qui plus tard devait avoir des conséquences si
importantes pour l'église et pour les Normands.

lo jor de Pasque, et furent aluméez les lampes, et la cort
resone del cant et de la laude del prince; et fu mené en
capitule, et est mis en lo licu de li abbé, avlègne qu'il non
vouloit. Et toutes foiz, lui furent lavez les piez par la main
de lo abbé et li fu commise la cure de lo monastier et de
la deffension *. »

Les religieux du Mont-Cassin firent preuve d'un grand
sens politique et devinérént l'avenir qui se préparait pour
le sud de l'Italie, lorsqu'ils reçurent avec tant d'empressement le nouveau seigneur de l'heureuse Campanie, le
prince Richard. Pendant de longues années, en effet, une
cordiale entente exista entre le Mont-Cassin et la dynastie
de Capoue, et cette entente valut aux bénédictins, de la
part des Normands, des donnations sans nombre, et une
protection efficace, à laquelle ils n'avaient guère été habitués jusque là. La période Normande est l'âge d'or de
l'abbaye du Mont-Cassin dans le sens le plus élevé du mot;
les jours de gloire et de splendeur qu'elle connut alors, elle
elle ne les a, je crois, jamais retrouvés aussi nombreux et
aussi rayonnants de beauté morale et d'illustration littéraire
et artistique.

Les religieux du Mont-Cassin, il faut leur rendre cette
justice, ne songèrent pas uniquement à leur monastère,
lorsque le prince de Capoue vint leur rendre visite; ils
intercédèrent aussi auprès de lui en faveur d'Adenulfe,
comte d'Aquino et représentèrent à Richard qu'Adenulfe
n'était pas riche et qu'il serait inhumain d'exiger de lui
comme *Morgengabe* une trop grosse somme d'argent. Richard se rendit en partie à ces instances et consentit à ne
demander à Adenulfe que quatre mille sous au lieu de
de cinq mille. Mais Adenulfe ne se montra pas mieux disposé à payer cette somme ainsi réduite. et, après avoir
quitté le Mont-Cassin, le prince de Capoue marcha de nou-
veuu sur Aquino. Il ravagea affreusement les terres du
comté, fit couper ces arbres, déraciner les récoltes qui

* Aimé : iv. 13. Leo de'Marsi : iii. 15.

commençaient à germer, et massacra tous les hommes qu'il put faire prisonniers. Ces barbaries épouvantables eurent raison du duc de Gaëte qui paya les quatre mille sous pour recouvrer la paix [1].

Une autre guerre, entreprise par Richard, permit aux derniers représentants de la domination Lombarde dans le nord de la Campanie, de respirer en paix pendant quelque temps. Gisulfe de Salerne, de plus en plus molesté et dépouillé graduellement de ses états par Guillaume de Hauteville, contracta une alliance avec Richard pour sortir de sa situation désespérée; c'était, il est vrai, s'exposer à un autre danger. Il fit à Richard les plus belles promesses, lui jura de lui donner de grandes sommes d'argent, lorsqu'il aurait recouvré ses états, et Richard, croyant à ces serments, envoya un nombre assez considérable de chevaliers Normands combattre sous les ordres de Gisulfe contre les Normands de Guillaume de Hauteville. Grâce à ce secours, Gisulfe restaura pour quelque temps son pouvoir

[1] Aimé : iv. 14. — Ce passage d'Aimé sur le différend entre Richard de Capoue et Adenulfe duc de Gaëte et comte d'Aquino, nous amène à parler d'un document qui a induit en erreur deux historiens, Federici dans son *histoire de Gaëte* et de Blasiis dans son livre : *La Insurrezione Pugliese et la conquista Normanna* T. II. p. 38, mais dont un critique, Hirsch a flairé la fausseté sans la prouver, *Forschungen zur deutschen Geschichte* 8e vol. 2e cah. p. 295, note 4.

Dans les archives du Mont-Cassin se trouve le *Regestum* encore inédit de Pierre Diacre. J'ai pu, en 1878, collationner ce manuscrit et au n° 426, j'ai lu la copie d'une charte dont voici l'analyse : *Jordanis Capuanorum principis nec non ducis Gaietæ et Rapizzæ uxoris ejus diploma concessum Desiderio abbati Casinensi, subdatum per manus Leonis presbyteri et scribæ, anno primo ducatus Gaietæ domni Jordanis, mense Januario, Indict. XI. Monasterium S. Herasmi in Furmia civitate Cassinatibus donant.* — Dans son ouvrage : *Duchi et Ipathi di Gaëta*, p. 385, Federici a parlé de ce document dont il avoue n'avoir jamais vu l'original et il dit qu'il est daté comme il suit : *Primo etenim anno gratia Dei auxiliante Gaieta civitate regentibus domno Jordane glorioso princeps civitatis Capuæ et dux Cajetæ præfatæ, mense januario, indictione undecima, Gajetæ.* Cette indication concorde très bien avec le texte de Pierre Diacre. Or, comme l'indiction onzième correspond à 1058, il résulterait de cette charte, si elle était authentique qu'au mois de janvier 1058, Jourdan, fils de Richard aurait été prince de Capoue et duc de Gaëte et qu'il aurait, en cette double qualité, fait une donation à Didier abbé du Mont-Cassin. Mais pour plusieurs raisons, ces conséquences sont tout à fait inadmissibles, aussi peut-on affirmer que la charte est apocryphe. D'abord, au mois de janvier 1058, Didier était à peine abbé élu du Mont-Cassin et le véritable abbé était le pape Etienne IX

si ébranlé, obligea Guillaume à reculer et sortit vainqueur
de la lutte. La guerre terminée, Richard somma Gisulfe
de tenir ses sermonts et de lui payer l'important service
que ses chevaliers lui avaient rendu ; mais, au dire d'Aimé,
le Lombard nia effrontément avoir fait quelque promesse,
et comme sa puissance restaurée lui permettait de braver
Richard, celui-ci ne put l'obliger à tenir sa parole [1].

De même que leurs compatriotes de la Pouille et de la
Calabre, les Normands d'Ayersa firent donc d'importantes
conquêtes de 1052 à 1059, mais comme dans les premiers
mois de cette dernière année, ils intervinrent d'une manière aussi active qu'inattendue dans les affaires politiques de l'Eglise romaine et apprirent aux populations du
Latium combien était lourd le glaive Normand, il est nécessaire, pour expliquer ce rôle joué par les Normands, de
voir quelle fut l'histoire de la papauté de la mort de Léon
IX au mois de février 1059.

Cette mort de Léon IX avait laissé l'Eglise de Rome dans
une situation fort critique et pleine d'embarras; l'armée
pontificale, vaincue et anéantie à Civitate, ne pouvait
plus protéger la papauté, non seulement contre les entreprises des Normands, mais même contre les redoutables

qui passa ce mois de janvier au Mont-Cassin et qui avait déclaré que de son
vivant, il ne confierait à personne le gouvernement de l'abbaïe « *quoniam dum
ipse viveret, nulli se mortalium eandem abbatiam tradere decreverat* » Leo
de'Marsi iii. 9. Aussi envoya-t-il l'abbé élu en mission à Constantinople.
C'est donc au Pape Etienne IX et non à Didier que cette donation aurait dû
être faite au mois de janvier 1058, supposition absolument invraisemblable
quand on connaît l'hostilité déclarée de Etienne IX contre les Normands.
Il est encore facile de constater la fausseté de cette charte quand on la compare aux chartes authentiques des princes Normands de Capoue de cette époque. Pour la période qui va de 1058 à 1066, Gattola en a publié huit dans ses
Accessiones à l'histoire de l'abbate du Mont-cassin. Les trois chartes de 1058,
1059, 1063 ne donnent à Richard et à Jourdan que le titre de prince de Capoue,
elles n'auraient pas manqué d'ajouter « ducs de Gaëte » s'ils avaient possédé
cette ville. En effet la charte de 1065 (Pierre Diacre n° 165 du Regestum et
Gattola : *Accessiones* T. I. p, 164 sqq), est datée *secundo anno ducatus|Riccardi
et Jordanis Cajetæ*. C'est en 1063 seulement que la dynastie Normande de
Capoue a possédé Gaëte et les chartes des princes Capouans écrites après 1063
confirment exactement cette donnée. La charte n° 426 du *Regestum* de Pierre
Diacre est donc apocryphe.

[1] Aimé: iv. 15, 16.

capitani des environs de Rome qui songeaient toujours
à faire monter sur le Saint-Siège un nouveau pape de
leur choix, c'est-à-dire un adversaire de la réforme de l'E-
glise. Cette réforme à laquelle Léon IX avait consacré
presque tout son pontificat, était inaugurée depuis trop
peu de temps encore pour avoir des racines profondes, et
l'on pouvait craindre que ce qui avait été édifié avec tant
de peine ne fût rapidement détruit de fond en comble.
Pour compliquer un état de choses déjà bien grave, les
principaux et les meilleurs conseillers du saint-siège
étaient au loin lorsque Léon IX rendit le dernier soupir.
Hildebrand présidait à Tours un concile régional [1] et le
cardinal Humbert ainsi que Frédéric de Lorraine et Pierre,
archevêque d'Amalfi, n'étaient pas de retour de Constantinople.

L'interrègne dura près d'un an [2] et ne cessa que lorsque Hildebrand, venu pendant ce temps de France à Rome
et de Rome en Germanie, eût décidé Henri III à laisser
monter sur le saint-siège le chancelier même de l'empire ce Gébhard, évêque d'Éichstatt, en Bavière, qui avait
désapprouvé la politique de Léon IX à l'égard des Normands et dont le souverain hésita longtemps à se séparer
parce que c'était son meilleur conseiller.

Le choix de Gebhard fait le plus grand honneur à Hildebrand; cet homme de génie qui, suivant les circonstances et sans jamais sacrifier les principes, fit preuve
tour à tour d'une souplesse merveilleuse et d'une indomptable fermeté, s'opposa en cette circonstance aux offres
des Romains qui voulaient l'acclamer lui-même pape, et
triompha de tous les obstacles qui s'opposaient à l'élection
de Gebhard. Il comprit que l'Eglise romaine avait im-
périeusement besoin d'un protecteur et que ce protec-

[1] Berengarii Turonensis : *de sacra Cœna adversus Lanfrancum.* Liber poste-
rior p. 43, édit. Vischer. Berlin 1834, in-8°.
[2] 19 Avril 1054, date de la mort de S. Léon IX et 13 avril 1055, jour du sacre de Victor II. Cf. Jaffe : *Regesta Pontificum* p. 379.

teur ne pouvait être en ce moment que Henri III. Oubliant donc en véritable homme d'état l'abandon dans lequel l'empereur avait laissé Léon IX, Hildebrand fit élire pape le conseiller impérial le plus intime et le plus écouté afin qu'à l'avenir le concours de la Germanie fût assuré au saint-siège. Il est vrai que ce candidat avait fait échouer l'expédition de Léon IX contre les Normands, mais rien ne prouve que Hildebrand ait vu de bon œil cette expédition, nous constaterons bientôt que lorsque son autorité devînt décisive dans les conseils de la papauté, il fit faire sur cette question, une volte face complète à la politique du saint-siège.

Devenu pape sous le nom de Victor II, et sacré dans la basilique de St-Pierre à Rome, le 13 avril 1055, Gebhard fit au début la paix avec les Normands ou du moins s'occupa peu de leurs affaires et, de même, n'inquiéta pas la dynastie Lombarde revenue à Bénévent au mois de janvier 1055 et ayant déjà repris le gouvernement de la principauté [1]. Aimé écrit à son sujet : Puiz que fu mort li pape Lion, del quel nous avons devant parlé, fu fait pape lo évesque de Estitanse, liquel se clamoit Géobarde ou Victore. Cestui pape Victore fu moult cortoiz et moult large et fu moult grant ami de l'empéreor; cestui contre la chevalerie de li Normant non esmut inémistié, mès ot sage conseil, quar il fist amicable paiz avec li Normant [2].

Le pape était en Italie depuis très peu de temps lorsque l'empereur Henri III se décida à venir dans la péninsule pour neutraliser autant que possible les suites d'un évènement survenu l'année précédente et menaçant pour l'avenir de la domination des Teutons en Italie.

Au printemps de 1054, Gottfried le barbu, duc de Lorraine, depuis longtemps en guerre avec Henri III, parce que celui-ci l'avait injustement dépouillé de ses états,

[1] Cf. *supra* la 1re note du chap. VIe.
[2] Aimé : iii, 44.

épousa Béatrice veuve du marquis Boniface, et devint par
là le plus puissant seigneur du nord de l'Italie. L'empereur fut extrêmement irrité de ce mariage fait si secrètement que la cour impériale ne soupçonnait encore
rien lorsque tout était déjà terminé [1]. Comme il pouvait
s'attendre à tout de la part de Gottfried à l'égard duquel
il s'était lui-même montré si impitoyable, Henri III craignait que le duc de Lorraine ne fît alliance avec les Normands et prévoyait avec raison que cette coalition du sud
et du nord de l'Italie serait la ruine de son autorité et de
son influence dans la péninsule [2]. Ce fut, pour empêcher
Gottfried d'en venir à cette extrémité, que l'empereur
dissimula son ressentiment lorsqu'il arriva en Italie, au
printemps de 1055 ; mais le rusé Lorrain ne se laissa pas
prendre à ce faux semblant, il refusa de venir trouver
Henri III et s'enfuit en Flandre ; l'empereur jeta alors le
masque et garda prisonnière à sa cour, au mépris de tous
les droits et de tous les égards, la princesse Béatrice qui
fut ensuite amenée en Germanie avec sa fille Mathilde
qu'elle avait eue de son premier mari [3].

Henri III assista au concile que Victor II tint à Florence
en mai 1055, et revint ensuite en Germanie sans avoir
visité l'Italie du sud et avoir rien essayé pour venger la
défaite que les Normands avaient fait subir à Léon IX et
à ses Teutons. Quels furent les motifs de cette inaction ou
de cette indifférence ? Il est certain que les complications
politiques de la Germanie ne permettaient guère à l'empereur de prolonger son séjour en Italie ; en outre, les troupes

[1] Bonizo : *Liber ad amicum* p. 636 des Monumenta gregoriana de Jaffé.
Donizo : *Vita Malthidis* I, 16, dans les Monum. Germ. hist. Script. XII. 373.
[2] Imperator itaque, accepto a primoribus consilio, Gotefridum crimine absolvit, non tam probans satisfactionem ejus, quam metuens, ne malis recen-
tibus exasperatus, Nortmannis infestantibus Italiam ducem belli se præberet
et fierent novissima ejus peiora prioribus. Lamberti *Annales* ad an. 1055 dans
Pertz Mon. Germ. hist. SS. T. V, p. 157.
[3] « Beatricem tamen, quasi per deditionem acceptam, secum abduxit hoc
illi culpæ objiciens, quod, contractis inconsulto nuptiis, hosti publico Italiam prodidisset. Lambertus ad an. 1055. Un très grand nombre de chroniqueurs allemands ou italiens ont rapporté ces évènements.

dont il pouvait disposer et qui avaient traversé les Alpes
avec lui étaient relativement peu considérables, surtout
pour se mesurer avec des soldats aguerris comme l'étaient
les Normands. Peut-être faut-il ajouter que Henri III ne
voulait pas se déclarer trop ouvertement contre les Normands et les pousser à bout ce qui pouvait les amener à
faire cause commune avec Gottfried le barbu, l'empereur
redoutant par dessus tout cette alliance.

Ces divers motifs lui firent reprendre le chemin de son
pays et le seul exploit de son expédition fut la capture
d'une femme, de la princesse Béatrice qui avait eu le tort
de se confier à sa loyauté et de croire à ses déclarations
d'amitié et de bienveillance.

L'empereur parti, Victor II fit ce que font souvent ceux
qui, après avoir été dans l'opposition, arrivent au pouvoir;
il modifia graduellement et sur plusieurs questions, notamment à l'égard des Normands, les idées qui avaient
dicté sa conduite lorsqu'il était évêque d'Eichstatt. Les
peuples du sud de l'Italie lui firent parvenir à plusieurs
reprises, leurs plaintes touchant le joug intolérable que
les Normands faisaient peser sur eux et l'expression réitérée de ces doléances finit par l'émouvoir [1]. En outre, l'extrême pénurie du trésor pontifical, le manque presque absolu de ressources matérielles lui firent comprendre qu'à
côté des intérêts spirituels, le Saint-Siège avait aussi des
intérêts temporels à sauvegarder sous peine d'être réduit
à l'impuissance et de devenir le jouet des factions brutales
qui se disputaient Rome et l'*Agro Romano*[2].

Avec le peu de forces dont il pouvait disposer il reprit
quelques-uns des châteaux Romains, injustement enlevés
aux papes [3] mais, promptement convaincu qu'il ne pour-

[1] Quia clamor populi illius (Apuliæ) non valebat sufferre (Victor papa).
Annales Romani dans Watterich : *Pontif. Rom. Vitæ* T. I, p. 188.
[2] Lorsqu'il se trouvait aux prises avec les difficultés d'une situation maté-
rielle déplorable, se souvenant qu'il avait contribué à empêcher son prédécesseur
Léon IX de l'améliorer, il avait coutume de dire, au rapport de Leo de'Marsi :
Merito hæc patior quia peccavi in Dominum meum. Leo de'Marsi II, 86.
[3] Multa etiam castella, injuste ablata, juste recepit, romanam que eccle-

rait rien faire de sérieux sans le secours des troupes
d'Henri III, il partit pour la Germanie, au mois d'août 1056,
afin de revenir avec une armée de Teutons. Aimé parle
comme il suit de ce voyage : Cestui pape ala à la cort de
l'empéreor pour demander li passage de la terre et de li
Arpe, laquel terre appartient à la raison de l'eglize de
Saint-Pierre de Rome; il fu honorablement reçeu de lo impéreor, et lui promist lo impéreor de faire sa pétition [1].
La traduction de la phrase d'Aimé est évidemment
défectueuse; elle ne permet pas de trouver l'équiva-
lent italien du mot francisé *li Arpe* mais un passage
des *Annales Romaines* prouve que, malgré les assertions
d'Aimé, Victor II, revenant sur ses premières impressions
et se raliant à la politique de Léon IX, alla implorer le secours de l'empereur pour faire, lui aussi, la guerre aux
Normands et les chasser de l'Italie. « Victor II, écrit l'auteur des Annales Romaines, partit pour se rendre auprès
de l'empereur; il poursuivait le même but que son prédécesseur, c'est-à-dire voulait chasser les *Agareni* parce-
qu'il ne pouvait plus supporter les plaintes des peuples
opprimés par ces *Agareni*. [2] » L'intervention du pape auprès d'Henri III réussit complètement d'après Aimé, et elle
allait susciter aux Normands les plus graves embarras et
les jeter dans une guerre autrement redoutable que la
courte campagne brusquement terminée par la bataille de

---

siam multis honoribus ampliavit, ditavit, sublimavit. — Anonymus Haserensis : *de episcopis Eichstensibus* dans Waterich : *Pontif. Rom. vitæ*, T. I.
p. 181.

[1] Aimé : iii. 45.

[2] Qui (Victor papa) perrexit ad imperatorem supradictum pro ea causa qua
et predecessor suus, ut ejiceret Agarenos, quia clamor populi illius regionis non
valebat suffere : *Annales Romani* dans Waterich : *Pontif. Roman. vitæ*. T. I. p.
188. — Ces mots « *pro ea causa qua et predecessor suus* » prouvent que par les
Agareni, l'auteur des *annales romaines* désigne les Normands. Dans beaucoup
d'autres passages il continue, comme nous le verrons à leur donner ce nom.
L'expression *Agareni* désignait à proprement parler les Musulmans qui
se disaient fils d'Agar et d'Ismael; plus tard elle désigna aussi les étrangers, les vagabonds. C'est pour cela, qu'antérieurement les Lombards et
ensuite les Normands furent ainsi dédaigneusement appelés par les chroniqueurs italiens.

Civitate, lorsqu'un évènement aussi important qu'imprévu changea complètement la situation. Le pape et l'empereur étaient à conférer ensemble depuis quelques jours à peine qu'Henri III mourait à Bodfeld le 5 octobre 1056, à la suite d'une très-courte maladie [1]. Il laissait pour lui succéder un enfant de 5 ans, Henri IV qui le 17 juillet 1054 avait été sacré roi ; Agnès, l'impératrice veuve, fut chargée de la régence. En réalité, ce fut Victor II qui, au début, gouverna la Germanie ; son ancienne charge de chancelier de l'empire l'avait mis au courant de toutes les affaires ; il jouissait en outre de la réputation d'un administrateur d'un très grand mérite ; et, en effet, il marqua son passage au pouvoir en réconciliant avec la couronne Baudouin de Flandre et Gottfried de Lorraine, le mari de Béatrice [2]. Au mois de mars 1057, Victor II rentra en Italie, mais sans ramener de troupes avec lui ; les difficultés toujours si grandes d'une régence surtout avec les turbulents vassaux de la Germanie ne permettaient en aucune façon de songer a faire en ce moment avec des forces allemandes une expédition dans l'Italie du sud. Et puis le pape, chargé à la fois du gouvernement de l'église et de la surveillance des affaires politiques de la Germanie, était trop absorbé pour songer aux Normands; il crut plus sage et plus prudent de se réconcilier momentanément avec eux [2], sauf à attendre une époque plus propice pour leur infliger le châtiment qu'il leur réservait [3]. Mais il en fut des projets de Victor II contre les Normands comme de ceux que Léon IX avait caressés à Bénévent dans sa dernière captivité; la mort vint brusquement les déjouer. Le 28 juillet 1057, trois mois à peine après son

---

[1] Aimé dit que l'empereur est mort à Ponte Feltro, altération italianisée de Bodfeld où mourut en effet Henri III. M. Champollion Figeac s'est trompé en voulant corriger Aimé sur ce point, il remplace Ponte Feltro par Goslar.

[2] Sigeberti *chron.* 1057. — Stenzel : *Geschichte Deutschlands unter den Frankischen Kaisern* II, 237. — Dans son opuscule : *Liber ad amicum* Bonizo dit qu'Henri III se réconcilia au lit de mort avec Gottfried de Lorraine: Bonizo dans Watterich : *vitæ Rom. Pontif.* T. I. p. 186.

[3] *Annales Augustani* ad an. 1057 : Papa cisalpinis partibus reversus, Nortmannos ceteros que rebelles pacificat.

retour en Italie, le pape mourut à Arezzo en Toscane emporté par ces redoutables chaleurs de la péninsule qui avaient déjà couché prématurément dans la tombe ses trois prédécesseurs, venus comme lui des pays du nord [1].

Huit jours s'étaient à peine écoulés depuis la mort de Victor II que la Chrétienté avait un autre pape élu spontanément par le peuple et le clergé de Rome et sacré le 3 août 1057 dans la Basilique de San Pietro *in vincoli* sous le nom d'Etienne IX [2]

Les Normands dûrent être vivement préoccupés lorsqu'ils connurent le nom de ce nouveau pape; car c'était Frédéric de Lorraine qui montait sur le Saint-Siège, c'est-à-dire un de leurs ennemis les plus déclarés, celui qui avait vivement encouragé Léon IX à faire la campagne de Civitate, et qui prétendait avec un seul escadron de cavalerie avoir raison de toute l'armée Normande. La bataille de Civitate, à laquelle il assista, lui prouva que la destruction des Normands n'était pas une besogne aussi facile; mais elle ne fit que le confirmer dans ses sentiments d'hostilité contre les vainqueurs. Son élévation au souverain pontificat était pour les Normands un évènement d'autant plus inquiétant qu'il se produisit au moment où ils per-

---

[3] L'auteur le plus autorisé touchant Victor II, l'*Anonymus Haserensis* écrit ces curieuses et un peu mystérieuses paroles : « Si diutius vivere licuisset, fortasse tale aliquot verbum incepisset, quod ambæ aliquorum aures tinnirent ». Watterich : *vitæ Rom. Pontif.* T. I. p. 181. Evidemment il s'agit des oreilles des Normands et probablement aussi des *capitani* pillards et tyrans de la campagne romaine.

[4] Apud Aritium Tusciæ civitatem, 5 Kalend. Augusti, immatura morte vitam finivit præsentem. Anonymus Haserensis dans Watterich, T. I. p. 182.

[5] Jaffe : *Regesta Pontificum*, p. 382. Chroniqueurs et historiens appellent ce pape tantot Etienne IX tantôt Etienne X, suivant qu'ils acceptent ou n'acceptent pas comme pape un Etienne, élu pour succéder au pape Zacharie en 752, mais qui mourut trois ou quatre jours après son élection et sans avoir été sacré. Il existe cependant un moyen de résoudre la question ; c'est d'accepter le numéro que porte l'épitaphe même du tombeau du pape, épitaphe composée par ordre de Gottfried le barbu son frère, or elle porte: *Stephano papæ IX*. Cf. Watterich : *Vitæ pontif. Rom.* T. I. p. 202.

daient par la mort d'Umfroy un chef d'une autorité reconnue, aimé et respecté de tous [1].

En janvier 1054, Frédéric de Lorraine, le cardnal Humbert et Pierre archevêque d'Amalfi, étaient partis de Bénévent pour Constantinople, chargés par Léon IX d'une mission dont nous avons rapporté les divers incidents. Les ambassadeurs ne revinrent en Italie que durant l'été de 1054, lorsque le pape était déjà mort depuis quelque temps; Quoiqu'ils n'eussent pu réussir à applanir les différentes difficultes soulevées entre l'église grecque et l'église latine, l'empereur Constantin Monomaque qui, pour des raisons politiques, afin d'arriver à chasser les Normands de l'Italie, se préoccupait de garder de bons rapports avec le saint siège, leur fit pour eux et pour le pape de magnifiques présents. Malheureusement, les ambassadeurs, ayant eu à traverser en Italie le territoire de Chieti le comté de cette ville, nommé Trasmundus, les fit prisonniers et ne les renvoya qu'après les avoir complètement dépouillés de tout ce qu'ils possédaient. Frédéric vint à Rome attendre la nomination du successeur de Léon IX [2].

Ce fut Victor II qui fut élu, et, comme nous l'avons déjà dit, Henri III, très irrité contre tous les membres de la famille de Lorraine, descendit en Italie presque en même temps que le nouveau pape. Frédéric voyant son frère Gottfried obligé de s'enfuir de l'Italie, sa belle sœur prisonnière, sachant, en outre, que l'empereur avait ordonné à Victor II de s'emparer de sa personne et de la lui livrer [3], imagina un moyen de conjurer le danger qui le menaçait; ce fut de se faire brusquement moine au Mont-Cassin, avec l'assentiment de Richer abbé du monastère; l'habit religieux et le respect qu'inspirait la célèbre abbaye suffirent pour le

[1] Nous avons vu qu'Umfroy était mort au mois d'août 1057.

[2] Leo de'Marsi : II. 85.

[3] Scripserat (imperator) Apostolico ut illum (Fridericum) caperet sibi que festinanter studeret transmittere. Leo de'Marsi : II 86.

garantir contre le ressentiment impérial [1]. Après la mort
d'Henri III, Frédéric se rendit à la cour de Victor II qui avait
déjà réconcilié son frère Gottfried le barbu avec la couronne de Germanie et qui, coup sur coup et fort peu de
temps avant de mourir, fit élire le jeune moine, abbé du
Mont-Cassin, le sacra lui-même et le nomma cardinal du
titre de S. Chrisogone [2]. Frédéric était encore à Rome occupé à acheter les insignes de ses dignités lorsque la nouvelle de la mort de Victor II y arriva et aussitôt le peuple
et le clergé de Rome l'acclamèrent pape ; il fut sacré sous
le nom d'Etienne le 3 août 1057 [3].

L'élection de Frédéric de Lorraine à la papauté était de
la part des Romains un acte plus politique qu'il ne paraît
au premier abord. A ce moment, le saint siège n'avait
aucun secours à attendre de la Germanie, absorbée par
les embarras d'une régence difficile. Par conséquent un
pontife élu avec la participation du gouvernement allemand, comme l'avaient été les quatre derniers papes, se
serait trouvé sans aide d'aucun côté, tandis qu'en choisis-
sant Frédéric pour pape, Rome pouvait du moins compter
sur l'appui de son frère Gottfried le barbu, c'est-à-dire sur
la puissance la mieux organisée et la plus forte du nord
de l'Italie, et, en effet, si Etienne IX avait vécu, cette alliance aurait été d'un grand prix, mais le nouveau pape
ne fit que passer sur le saint siège, il régna huit mois.

Ce temps lui suffit cependant pour ébaucher un plan
dont les conséquences pouvaient être fatales aux établissements Normands en Italie si la mort avait permis à
Etienne IX de le mûrir et de le réaliser. Le pape songea
d'abord à se procurer les ressources pécuniaires indispensable à ses projets. Déjà, du vivant de Victor II, Trasmundus de Chieti, effrayé par la sentence d'excommunication
que le pape lança contre lui, avait rendu à Frédéric ce

[1] Leo de'Marsi : II 86.
[2] Leo de'Marsi : II, 93.
[3] Leo de'Marsi : II, 94.

qu'il lui avait volé [1] ; pour augmenter ces premiers fonds qui furent mis en dépôt au Mont-Cassin, Etienne IX prescrivit aux religieux de ce monastère, dont il était resté abbé même après son avènement au souverain pontificat, de lui apporter à Rome tout ce qu'ils avaient d'or et d'argent, promettant de leur rendre des sommes plus considérables. Leo de'Marsi et Aimé se sont faits l'écho de la douleur presque du désespoir des moines, lorsque l'ordre du pape arriva au Mont-Cassin. Un religieux d'Amalfi, nommé Léon, eut même, à ce sujet, une vision racontée par ces deux chroniqueurs ; toutefois les moines obéirent, le trésor fut porté à Rome; mais de telles représentations furent faites au pape par les députés du couvent, qu'Etienne IX, tout souverain qu'il était, comprit que le mieux était de renvoyer ce trésor au Mont-Cassin et de chercher ailleurs l'argent nécessaire pour faire la guerre aux Normands [2].

---

[1] Leo de'Marsi : II, 94.— La valeur des présents apportés de Constantinople fut probablement exagérée et fit croire que Frédéric, plus tard Etienne IX avait des trésors considérables à sa disposition. Ainsi ce furent ces rumeurs qui décidèrent l'empereur à s'emparer, s'il le pouvait, de la personne de Frédéric : comperiens itaque imperator Fridericum a Constantinopoli reversum magnam valde pecuniam detulisse cepit eum vehementer suspectum habere. (Leo de'Marsi II, 86). Il se pourrait d'un autre côté, que Frédéric dont l'hostilité contre les Normands était notoire eut été chargé par Constantin Monomaque d'une mission politique contre les vainqueurs de Civitate et que de l'argent eut été donné dans ce but. Les annales romaines parlant aussi de ce trésor, racontent (Watterich *vitæ Rom. Pontif.* I. 202) — mais cette donnée est inadmissible — qu'il fut volé par les Romains et que ces derniers firent empoisonner le pape pour qu'il ne se vengeat pas de cette spoliation. Une phrase de Leo de'Marsi (II,97) prouve que le trésor fut mis en dépôt au Mont-Cassin où il resta définitivement après avoir été porté à Rome pendant très peu de temps.

[2] Leo de'Marsi : II, 97. — Aimé III, 47-48. Les deux chroniqueurs disent qu'Etienne voulait se servir du trésor du Mont-Cassin pour faire la guerre aux Normands; Aimé écrit : « Puiz qu'il fu pape (Stéphane) o toute la mort soe pensa de les destruire (li Normant) Mès pource que la mort lui estoit voisine non pot complir sa volenté. Et pour ce qu'il non avoit plènement argent pour ce faire, fu mis main à lo trésor de Saint-Bénédit. Et pour cest trésor voloit scomovère son frère qui se clamoit Gothérico, et autre grant home à destruire li Normant. Et ceste choze non estoit faite par consentement de li frère, se non tant seulement que lo savoit lo propost et lo décn.

Après avoir raconté ces incidents, Leo de'Marsi, voulant faire connaître le but que se proposait le pape en demandant le trésor du Mont-Cassin, écrit cette phrase si-
gnificative car elle résume tout le côté politique du pontificat d'Etienne IX : « *le pape se disposait à aller en Toscane
conférer avec son frère Gottfried ; il voulait, comme on le
disait, le couronner empereur et puis revenir avec lui pour
expulser de l'Italie les Normands qu'il avait en horreur* [1]. »
La pensée d'Etienne était donc celle-ci : profiter de la minorité d'Henri IV de Germanie pour faire passer la couronne impériale de la maison de Franconie à la maison
de Lorraine, et la placer sur la tête de son frère ; lever
aussitôt après une armée considérable que des soldats de
la Lorraine seraient probablement venus renforcer, et ces
troupes, commandées par les deux chefs de la chrétienté
le pape et l'empereur, seraient ensuite descendues dans le
sud de la péninsule, pour en expulser les Normands. Le
plan ne manquait pas d'habileté et pouvait, si le pape avait
vécu, modifier profondément l'histoire de l'Italie et celle de la
papauté mais, pour en faciliter l'exécution, le pape tomba
dans la faute politique par Léon IX déjà commise ;
il rechercha l'alliance du catapan Argyros et du gouvernement de Constantinople. La connaissance des Grecs que
le pape avait pu acquérir par lui-même lors de son ambas-
bassade à Constantinople, aurait dû cependant lui faire
comprendre que les Grecs étaient de dangereux alliés. Si,

---

[1] Disponebat autem fratri suo duci Gotfrido apud Tusciam in colloquium
jungi; eique ut ferebatur imperialem coronam largiri; demum vero ad Normannos Italia expellendos qui maximo illi odio erant, una cum eo reverti.
Leo de'Marsi II, 97. Ce projet de donner la couronne mpériale à son frère aurait
évidemment brouillé le pape avec l'impératrice régente et avec toute la Germanie ; au commencement de son pontificat, nous voyons au contraire Etienne IX
envoyer Hildebrand à la cour de Germanie pour que son avènement à la papauté
y fut approuvé quoique le gouvernement de Germanie n'y eut pris aucune part.
— Lambert de Hersfeld ad an. 1058 (1057). — On se souvient qu'Henri III s'é-
tait fait nommer patrice de Rome pour exercer une action prépondérante
dans les élections à la papauté et le gouvernement de la Germanie prétendait que le jeune Henri IV avait hérité de cette dignité connue des autres
dignités de son père. Ce changement d'attitude d'Etienne IX à l'égard de la
Germanie permettrait de supposer que Hildebrand n'avait pas réussi dans son
ambassade.

avec leur concours, Etienne IX était parvenu à chasser les Normands, les deux empires d'Orient et d'Occident rivaux sur le terrain de la politique comme sur le terrain religieux, se seraient trouvés en présence dans le midi de la péninsule, et la guerre aurait recommencé d'autant plus dangereuse pour la papauté et pour l'empereur d'Occident, que la Germanie se serait certainement désintéressée de la lutte.

Etienne IX désigna trois ambassadeurs pour se rendre à Constantinople avec le catapan Argyros; c'étaient Didier abbé élu du Mont-Cassin, le cardinal Etienne et Mainard devenu plus tard évêque de Silva (candida). La présence d'Argyros prouve surabondamment que si les envoyés romains devaient chercher à résoudre à Constantinople le différent religieux, ils avaient surtout pour mission de conclure entre le saint siège et l'empire d'Orient une alliance politique dirigée contre les Normands.

Les trois ambassadeurs se mirent en route dans le courant de mars 1058, mais le mauvais état de la mer les empêcha de s'embarquer, et ils étaient encore à Bari avec le catapan Argyros, le dimanche des Rameaux 12 avril, lorsque deux religieux accourus du Mont Cassin leur annoncèrent que le pape Etienne IX était mort à Florence le 29 mars. La mission n'avait plus de raison d'être et les ambassadeurs revinrent sur leurs pas [1].

Après avoir passé au Mont-Cassin les mois de décembre, anvier et février, le pape, rentré à Rome, avait alors dejmandé le trésor de l'abbaye; il était allé ensuite rejoindre son frère le duc Gottfried à Florence et commençait à peine à combiner, avec lui les projets dont parle Leo de'Marsi, que la mort avec sa brutalité ordinaire mit à néant tous ces rêves d'avenir [2].

[1] Leo de'Marsi : III. 9, 10. Leo dit expressément que Didier « cum Argiro Barensium magistro navigare disponebat ».
[2] Les limites de cette étude m'imposaient de ne parler des pontificats de Victor II et d'Etienne IX que dans leurs rapports avec les Normands, mais il serait injuste de ne pas dire que l'honneur de ces deux papes est d'a-

La nouvelle du décès d'Etienne IX fut connue à Rome le 4 avril 1058, et y causa une émotion extraordinaire. Aussitôt les sinistres pillars dont les châteaux commandaient la campagne romaine et une partie de Rome, saisirent l'occasion qui se présentait pour placer sur le saint siège un pape de leur choix. Gregorio de Alberico comte de Tusculum (Frascati) et frère de l'ancien pape Benoit IX, Girard comte de Galeria et fils de Rainerius, les fils de Crescentius de Monticelli (près de Tivoli), c'est-à-dire ceux ou les fils de ceux qui pendant si longtemps avaient imposé à l'église des papes détestables, gagnèrent le peuple en faisant distribuer dans les auberges de grandes sommes d'argent volées au trésor de l'église de St-Pierre et, pendant la nuit, au milieu d'un effroyable tumulte, malgré les protestations et les anathèmes indignés de plusieurs cardinaux, ils élurent et intronisèrent pape, un romain, Jean évêque de Velletri. Pour bien démontrer que l'esclavage de l'église romaine et la tyrannie des *Capitani de l'Agro Romano* recommençaient, ceux-ci donnèrent à leur élu le nom de Benoit X qui rappelait celui de Benoit IX [1].

---

voir continué l'œuvre de la réforme de l'église inauguré par Léon IX; ils tinrent dans ce but de nombreuses assemblées synodales. Les *annales romaines*, j'ai déjà eu occasion de le dire, prétendent qu'Etienne IX fut empoisonné par un transtévérain nommé Braczutus, mais le fait est d'autant moins probable qu'au Mont-Cassin, Etienne se sentait déjà fort malade (Leo de'Marsi III, 9) au mois de février 1058. Quelques jours après à Rome, il prévoyait aussi sa fin prochaine (Petri Damiani *Épist. ad Henricum arch. Ravennat* dans Migne : Patrol. Iat. T. 144 col. 292) ce qui ne l'empêchait pas de faire des projets d'avenir. Dans tous les cas, le motif de l'empoisonnement indiqué par les *annales romaines* est tout à fait faux.

[1] Sur l'avènement de l'antipape Benoit X, cf. Leo de'Marsi : II, 99. — Bonizo : *Liber ad amicum* L. VI dans Watterich : *vitæ Rom. Pontif.* T. I. p. 207. — Enfin S. Pierre Damiani : *Epistola ad Henricum archiepiscopum Ravennatem*, dans Migne : *Patr. lat.* T. 144 col. 299 sqq. Cette lettre dans laquelle Pierre Damiani s'exprime avec sa véhémence ordinaire ne concerne pas l'antipape Cadaloüs comme l'affirment les éditions de Cajetan et de Migne mais bien l'antipape Benoit X. Cf. Will : *Die Anfange der restauration der Kirche* 2° partie p. 146, note 6. — Will fait trop peu de cas des *Annales romaines* qui certainement doivent être lues avec précaution mais n'en sont pas moins un document de premier ordre pour cette période. *Annales romani* dans Watterich : *Vitæ Rom. Pontif.* T. I. p. 216.

La crise était des plus dangereuses pour l'avenir de l'église romaine ; les résultats acquis durant les quatorze dernières années par les cinq papes qui s'étaient succédés sur le saint siège, se trouvaient remis en question.

On ne pouvait compter sur une intervention de la Germanie pour renverser l'usurpateur, et celui-ci gagnait tous les jours de nouveaux partisans ; il avait pour le soutenir non pas seulement les bandits de la campagne romaine mais encore ceux qui se résignaient à accepter les faits accomplis, les Italiens qui voulaient un pape de leur nation, parlant leur langue et non plus un pape étranger, enfin ceux des membres du clergé qui avaient des raisons personnelles pour s'opposer à la réforme de l'église.

Hildebrand n'était pas à Rome lorsque survinrent ces douloureux évènements ; peut-être son influence et son autorité déjà grandes auraient-elles pu les empêcher ; mais lorsque Etienne IX rendait le dernier soupir, il rentrait à peine en Italie, de retour de la longue mission qu'il venait de remplir auprès de l'impératrice Agnès, probablement pour faire agréer à la cour de Germanie l'avènement d'Etienne IX au souverain pontificat, avènement auquel le gouvernement de la régence n'avait eu aucune part ; et c'est à Florence qu'il connut l'élection de Benoit X [1].

Dans le synode tenu à Rome au mois de mars 1058, Etienne IX, ayant le pressentiment de sa fin prochaine et des graves évènements dont elle serait le signal, avait prescrit, sous peine d'excommunication, au clergé et au peuple romain d'attendre le retour de Hildebrand avant d'élire un autre pape, mais ces défenses avaient été en pure perte [2].

Dès qu'il connut la situation, Hildebrand n'hésita pas : il rallia et rassura les cardinaux restés fidèles à l'église.

[1] Leo de'Marsi : III. 12.
[2] Lettre déjà citée de S. Pierre. Damiani à l'archevêque Henri de Ravenne.

mais qui s'étaient enfuis de Rome, affolés par l'apparition des *Capitani*, et écrivit aux meilleurs représentants du clergé et du peuple romain pour préparer l'élection d'un pape légitime [1]. Ces préliminaires terminés, une ambassade romaine partit pour la Germanie où, d'accord avec l'impératrice Agnès, avec le jeune roi Henri IV et son gouvernement, elle choisit pour pape Gérard évêque de Florence et originaire de la Savoie. Gottfried de Lorraine fut chargé par la cour de Germanie de conduire à Rome le futur pape, pour y être sacré et intronisé [2].

Nous ne savons si Hildebrand fit partie de cette ambassade, la connaissance qu'il avait de la cour de Germanie rendrait l'affirmative assez plausible; il est certain toutefois qu'il en fut l'inspirateur et le conseiller. En janvier 1059, c'est-à-dire après le retour des ambassadeurs, deux synodes furent tenus à Sienne et à Sutri; les évêques et les cardinaux restés fidèles à l'église y confirmèrent l'élection de l'évêque de Florence et déclarèrent l'antipape Benoit parjure et intrus [3]. Mais la difficulté était de chasser de Rome ce parjure et cet intrus et d'y ordonner le pape légitime; Gottfried de Lorraine, chargé de cette mission par l'impératrice Agnès, semblait avoir perdu toute l'énergie dont il avait fait preuve dans ses luttes contre Henri III : il voulait probablement ménager à la fois les comtes romains et le parti de Hildebrand.

Les Transtévérins envoyèrent, sur ces entrefaites, des messagers à Hildebrand pour lui dire de se hâter de venir dans le Transtévère avec le pape élu. Hildebrand accourut amenant Gérard avec lui. Du Transtévère, Hildebrand et le futur pape gagnèrent l'Ile de Lycaonie, (maintenant San Bartolomeo), et Rome fut alors divisée en deux camps; c'étaient tous les jours des com-

[1] Leo de'Marsi III. 12.
[2] Lambertus Hersfeldensis ad an. 1059 (1058) dans Watterich: *Vitæ Rom. Pontif.* T. I. p. 206.
[3] Bonizo; *liber ad amicum*, VI. dans Watterich: *Vitæ Rom. Pontif.* T. I. p. 207.

bats et des homicides dans les rues de la cité. La discorde se mit entre les comtes qui embrassèrent les uns un parti, les autres un autre, et Hildebrand, aidé de Gérard et de tous ses partisans, parvint à enlever la préfecture de Rome à Pierre du quartier Sant'Angelo, (près de l'Ile de Lycaonie); il fut remplacé par un Transtévérin Jean Tinioso. Les partisans de Benoit finirent par être vaincus et l'antipape, abandonnant le patriarchat du Latran, se réfugia au *Castrum* de Passarano, chez Regem, fils du préfet Crescentius. Hildebrand se rendit aussitôt au Latran avec Gérard, et celui-ci y fut ordonné pape et reçut le nom de Nicolas. Des sommes d'argent furent distribuées et beaucoup de Romains jurèrent fidélité au nouveau pontife Nicolas, qui, allant de sa personne dans les rues de la ville, obligeait les partisans de Benoit à lui prêter serment malgré eux. Plusieurs prêtaient serment de la main gauche en disant : « *Nous avons juré fidélité à notre maître le pape Benoit en levant la main droite aussi ne pouvons-nous lever pour toi que la main gauche.* » Sur ces entrefaites, Benoit sortit de nuit et en secret du *Castrum* de Passarano et alla à Galeria auprès du comte Girard fils de Rainerius[1].

Cette union de l'antipape avec Gérard de Galeria était de mauvais augure pour l'avenir du pontificat de Nicolas II ; évidemment, Benoit X songeait à jouer le rôle déjà joué par Benoit IX de sinistre mémoire ; il voulait s'appuyer sur les comtes romains, harceler le nouveau pape, lui disputer l'adhésion du peuple de Rome et, avec l'impuissance de la cour de Germanie, le peu de bonne volonté de Gottfried de Lorraine et la mobilité bien connue des Romains du moyen âge, on pouvait s'attendre à tout. Pour conjurer ce danger, Hildebrand ne vit qu'un moyen, c'était de faire alliance avec les Normands et il conseilla cette alliance à Nicolas II. Assurément la proposition dût

---

[1] Sur tous ces évènements cf. *Annales Romani* dans Watterich l. c. T. I. p. 216, 217.

paraître étrange, surtout aux prélats de la cour pontificale qui avaient assisté aux efforts de Léon IX et d'Etienne IX pour expulser ces mêmes Normands de l'Italie ; mais, dans l'isolement où se trouvait la papauté, aucune autre combinaison n'était possible et Nicolas, accédant au plan de son intelligent conseiller, lui permit de se rendre à Capoue auprès de Richard [1]. Le prince de Capoue jouissait déjà à cette époque, d'une bonne réputation auprès des gens d'église ; ses excellents rapports avec Didier, le nouvel abbé du Mont-Cassin, sa récente visite à la célèbre abbaye, étaient certainement connus à Rome et avaient dû disposer favorableme nt les esprits en sa faveur. Hildebrand, aidé probablement dans ces négociations par l'abbé Didier, réussit à s'entendre avec Richard et ce dernier lui confia trois cents Normands commandés par trois comtes, dont nous ne connaissons pas les noms, et ce fut avec cette escorte que le moine ambassadeur regagna Rome [2]. Au mois de février ou de mars 1059, une armée Normande, appelée par le pape, parut donc pour la première fois dans ce Latium qui a été le théâtre de tant et de si grands évènements et, sans perdre de temps, Nicolas II et Hildebrand la conduisirent eux-mêmes au siège de Galeria, après l'avoir augmenté de tous les Romains qui voulaient combattre l'usurpateur. Les Normands, fidèles

[1] Tunc Ildibrandus archidiaconus per jussionem Nykolay pontifici perrexit in Apulea ad Riczardum Agarenorum comitem et ordinavit eum principem, et pepigit cum eo fedus et ille fecit fidelitatem Romane ecclesie et dicto Nicolao pontifice quia antea inimicus et infidelis erat tempore Leoni pape. *Annales Rom.* dans Watterich : l. c. p. 217. — Les annales romaines placent la mission de Hildebrand peu après l'intronisation de Nicolas II dans le Latran, par conséquent en février ou mars 1059, peu de mois après la première prise de Capoue par Richard. Ce n'est pas en Pouille comme le disent à tort les annales romaines, mais dans le pays d'Aversa et de Capoue que se rendit Hildebrand, pour rencontrer Richard. Enfin il est bien difficile de croire, malgré l'assertion des annales romaines, que Hildebrand ait, lors de cette première entrevue « ordonné » c'est-à-dire sacré Richard prince. Cette assertion très probablement erronée provient sans doute de ce que le plénipotentiaire de l'église romaine reconnut implicitement ou explicitement le titre de prince de Capoue que Richard venait de prendre conjointement avec son fils.

[2] Tunc dictus princeps Riczardus misit tres comites suos cum nominato archidiacono Romæ cum trecentis militibus Agarenorum in auxilium Nycolay pontifici *Annales Romani* l. c.

à leur manière de faire la guerre, s'emparèrent des châteaux des environs de Galeria et commencèrent à incendior, à piller et à ravager affreusement le pays ; beaucoup de personnes des deux partis périrent atteintes par les flèches, toutefois il ne fut pas possible de s'emparer de Galeria dans cette première expédition, mais le comte Gérard et Benoit X, effrayés par cette démonstration, se tinrent tranquilles dans leur forteresse jusqu'à ce qu'une nouvelle armée Normande les obligeât à se soumettre complètement [1].

Nicolas II et Hildebrand profitèrent de ce calme pour faire un voyage à Spolète, à Farfa et à Osimo, afin d'y étudeir la situation des églises et, dans cette dernière ville, le pape sacra cardinal prêtre Didier, abbé du Mont-Cassin [2]. Nous avons déjà eu l'occasion de parler de Didier, mais la place qu'il tient dans l'histoire des Normands au xiᵉ siècle est si importante qu'il est utile de considérer ici de plus près cette attrayante physionomie.

Dauferius qui en devenant moine reçut le nom de Désiderius, en français Didier, naquit à Bénévent en 1027. Son père était membre de la dynastie lombarde qui possédait la principauté de Benevent depuis de longues années. Comme Dauferius était fils unique et d'une santé assez délicate, les parents attendaient avec impatience le moment de le marier ; mais le jeune homme montrait un grand attrait pour la profession religieuse et monastique et fort peu de dispositions pour la vie séculière. Toutefois, les instances qu'on fit auprès de lui furent si vives qu'il consentit à se fiancer à une jeune fille d'une famille noble. Peu après, le père de Dauferius fut tué par les Normands dans l'une des nombreuses rencontres qui

[1] Tunc dictus Nicolaus cum ipsis et cum Romano exercitu qui ey fidelitatem fecerant, perrexit Galeriæ ad obsidenda hac expnguandam eam. Ceperunt expugnare castella que in circuitu ejus erant, apprehendere depredare et incendere ; ubi multi de sagittis perierunt ex utraque parte. Galeria vero quia erat fortissima, nil agere potuerunt ; ad ultimum reversi sunt unus quisquo ad propria, Agareni vero reversi sunt in Apulea. — Annales Romani, l. c.

[2] Leo de'Marsi : iii, 12.

eurent lieu vers 1047 entre les Bénéventins et les Normands et cet évènement faisant revenir Dauferius sur sa résolution, le décida à renoncer à tout projet de mariage et à fuir au désert pour y servir Dieu dans la pénitence. Voici, d'après Leo de'Marsi l'intéressant récit de cette fuite.

« Dauferius communiqua son projet à un religieux nommé Jaquintus qu'il connaissait depuis longtemps et qui était de bon conseil même pour les affaires du monde; il lui demanda avec instance de lui venir en aide dans les circonstances présentes. Dauferius avait alors vingt ans ; « *tu sais, ô mon père*, disait-if à Jaquintus *comment mes proches m'ont fait prendre des engagements avec ce siècle misérable. Mais je te déclare que depuis longtemps j'ai résolu de servir Dieu, aussi je te supplie, en son nom, de m'aider selon ton pouvoir à rompre ces liens et à gagner une solitude inconnue de tous.* » Jaquintus lui promit son appui tout en l'avertissant de bien examiner si ce projet ne lui était pas suggéré par le démon; mais le jeune homme resta ferme dans ses résolutions et Jaquintus, après lui avoir imposé diverses épreuves, put se convaincre que ces pensées venaient de Jésus-Christ. Un jour, vers l'heure des vêpres, ils montèrent l'un et l'autre à cheval et, accompagnés de quelques domestiques, sortirent de Bénévent comme pour faire une promenade et se rendirent à l'église S. Pierre, à quelque distance de de la ville. Là, ils remirent les chevaux aux domestiques ainsi que le glaive que portait Dauferius et entrèrent dans l'église pour prier, tout en laissant leurs gens au dehors. Ils ne firent guère que traverser l'église, sortirent aussitôt par une porte opposée et s'engagèrent à pied dans la campagne ; mais, il était déjà tard et ils avaient huit milles à parcourir pour parvenir à l'endroit qu'ils voulaient atteindre, aussi durent-ils marcher toute la nuit au milieu des ténèbres et ils n'arrivèrent qu'au point du jour dans une retraite qu'habitait un pauvre ermite nommé Santari. Le solitaire, surpris et heureux de cette visite, les introduisit dans sa cellule et, embrassant à plusieurs reprises Dauferius, lui demanda le motif de son voyage. Lorsqu'il le connut, il demeura stupéfait qu'un jeune homme de si noble apparence, si délicat, si riche et d'une famille si distinguée, renonçat avec tant de fermeté aux vanités et aux pompes du monde, pour servir Dieu par une vie des plus mortifiées. Mais l'ermite savait que rien n'est diffi- cile ou impossible à Dieu aussi, après lui avoir rendu de grandes actions de grâces, il accéda à la demande du jeune homme et le revêtit d'un habit religieux, pour faire immédiatement disparaître en lui le vieil homme. Sur le soir, Jaquintus revint à Bénévent et Dauferius resta seul avec Santari.

Pendant ce temps, les domestiques, restés à la porte de l'église avec les armes et les chevaux, avaient attendu quelques instants le retour de leur maître ; lorsqu'ils sû- rent qu'il s'était enfui ; ils retournèrent à Bénévent à l'en- trée de la nuit, et causèrent un grand émoi en racontant à la mère de Dauferius et à ses parents ce qui venait de se passer. La pauvre mère passa la nuit dans les larmes et, le lendemain matin, les parents de Dauferius et les amis de la maison partirent à cheval dans diverses directions à la recherche du fugitif, et connaissant ses goûts et ses inclina- tions, ils ne manquèrent pas de se rendre à l'ermitage de Santari.

« Ils y pénétrèrent brusquement et ayant apperçu Dau- ferius revêtu de la robe monastique, ils injurièrent gran- dement Santari, allèrent jusqu'à le frapper, puis dé- pouillèrent brutalement le jeune novice de son habit qu'ils déchirèrent ensuite de leurs propres mains. Daufe- rius dût, malgré ses efforts, reprendre son premier costume ; il fut aussitôt après hissé sur un cheval et ses parents, tenant le cheval par la bride, comme s'ils amenaient un captif, rentrèrent triomphalement à Bénévent [1].

Dauferius ne se laissa pas décourager par le peu de

[1] Leo de'Marsi : III, 2, 3.

succès de son premier essai de vie religieuse; il passa un
an à Bénévent, surveillé de très-près par sa mère et ses
parents, qui redoutaient une nouvelle escapade, et pendant ce temps, on ne put le déterminer ni à faire un nouveau
pas vers le mariage ni à prendre part aux dissipations de la
vie mondaine. De guerre lasse, la mère de Dauferius
permit alors à son fils d'avoir des entretiens avec les
prêtres de l'*episcopium* de Bénévent, elle espérait par là,
puisqu'elle ne pouvait garder son fils dans le monde, l'a-
mener du moins à se contenter d'entrer dans les ordres,
sans aller s'ensevelir tout vivant dans la solitude ; elle calculait que Dauferius arriverait facilement aux honneurs
ecclésiastiques et qu'elle ne serait pas entièrement privée
de lui. Mais à l'*episcopium*, Dauferius fit la connaissance
de Siconolfe, prieur du couvent de Ste-Sophie de Bénévent, et médita avec lui un autre projet d'évasion. Les
moyens furent cette fois mieux combinés et Dauferius
gagna Salerne où il demanda à son parent, le prince
Guaimar, aide et secours, afin de pouvoir suivre sa vo-
cation. Guaimar l'envoya non loin de Salerne au monastère de la Cava, qui, sous le gouvernement de l'abbé Al-
fère, commençait alors à édifier toute la chrétienté. Dauferius ne devait pas jouir longtemps de cette solitude,
Landulfe, prince de Bénévent, accourut lui-même à Salerne demander à Guaimar qu'il lui livrât le tenace jeune
homme et l'on finit par accepter de part et d'autre un
compromis; Dauferius revint à Bénévent mais pour y être
moine au monastère de Sainte Sophie, c'est alors qu'il
reçut le nom de Desiderius (Didier).

Il serait trop long de suivre le jeune religieux au monastère de Tremiti dans l'île de ce nom, sur les bords de
l'Adriatique, puis au désert de la Majella, qu'il dut quitter
pour rentrer à Bénévent, sur un ordre de Léon IX, alors
dans cette ville.

Le pape préparait alors contre les Normands sa seconde
campagne qui se termina par Civitate, aussi est-il facile de
s'expliquer qu'il ait voulu avoir Didier auprès de lui dans

ces conjonctures. Didier appartenait à la dynastie lombarde que les Bénéventins venaient de chasser pour se soumettre au pouvoir temporel du saint siège ; par conséquent, la présence du prince bénédictin auprès de Léon IX, sa soumission au nouvel ordre de choses consolidaient le pouvoir naissant du pape et préparaient l'abdication des autres membres de la dynastie. Didier accepta cette situation délicate et vécut à la cour de Léon IX où il devint l'ami du cardinal Humbert, du chancelier Frédéric de Lorraine et des autres chefs de l'école réformatrice. A partir de ce moment, son attrait pour la solitude diminua graduellement pour faire place au désir de servir activement l'église dans les grandes luttes morales et politiques qu'elle inaugurait. De nos jours, un savant biographe de Didier, le docteur Hirsch, lui a vivement reproché d'avoir sacrifié au saint siège, les intérêts matériels de sa propre famille [1]. La vie de Didier prouve en effet qu'il mit au dessus de tout, même au dessus de son pays et de sa famille, la cause de l'église; en agissant ainsi, il s'inspirait des traditions de l'école réformatrice de Cluny et des exemples de plusieurs de ses contemporains ; toutefois, dans le cas présent, il y a peut-être à sa conduite peu patriotique une circonstance atténuante, à laquelle Hirsch n'a pas pris garde. Il est certain, nous avons déjà eu occasion de le dire, qu'entre la papauté et l'ancienne dynastie de Bénévent il y a eu, vers 1056 un accomodement d'après lequel les princes lombards acceptèrent d'être à Bénévent les représentants de l'autorité pontificale. Didier fut très probablement l'auteur de cet arrangement qui rendit aux siens une notable partie de leur pouvoir et, par la, mérita leur reconnaissance au lieu de trahir leurs intérêts.

Après la mort de Léon IX et pendant le pontificat de Victor II, Didier vint au Mont-Cassin professer la vie reli-

[1] *Desiderius von Monte Casino als Papst Victor III* von F. Hirsch p. 12 dans les *Forschungen zur deutschen Geschichte* 7° vol. 1er cah. Gottingen. 1867.

gieuse et, en 1057, nous le trouvons à Capoue prieur du couvent bénédictin dépendant de cette abbaye.

Ce fut alors qu'il fit, dans les circonstances suivantes, la connaissance de Richard comte d'Aversa. En 1057, Landulfe prince de Capoue, se trouvait dans une situation des plus critiques par suite des nouvelles attaques de Richard contre Capoue et ce fut peut-être la nécessité qui l'amena à vouloir exiger de Didier et de son couvent, des concessions auxquelles Didier refusa de consentir. Comme Landulfe ne tenait aucun compte de cette résistance, Didier n'hésita pas ; tout prince lombard qu'il était et quoique son père eut été tué par les Normands, il sortit de Capoue et vint trouver Richard qui lui fit un accueil excellent et lui garantit toutes les propriétés du monastère de Capoue, situées en dehors de la ville. Ces premiers rapports entre Didier et Richard furent le début de l'étroite amitié qui les unit durant tout le reste de leur vie et qui procura de grands avantages aussi bien à la cause des Normands qu'à celle des bénédictins.

Rentré au Mont-Cassin peu après ces incidents, Didier y fut désigné à l'unanimité par les religieux pour succéder au pape Etienne IX comme abbé du Mont-Cassin lorsque ce pape viendrait à mourir, car, ainsi qu'il a déjà été dit, Etienne avait gardé le titre, et les pouvoirs d'abbé du Mont-Cassin, même après être, monté sur le saint-siège. Ce fut en cette qualité d' « abbé élu du Mont-Cassin » que Didier fut désigné par le pape pour aller à Constantinople avec l'ambassade qui, ainsi que nous l'avons raconté, ne dépassa pas Bari parce que Etienne IX mourut sur ces entrefaites Ce voyage fournit à Didier l'occasion de connaître de la manière suivante Robert Guiscard : lorsqu'il apprit à Bari la mort du pape, il se demanda, non sans inquiétude, comment il regagnerait le Mont-Cassin ; il lui fallait traverser les pays occupés par les Normands et il craignait que ceux-ci, connaissant déjà la mort de leur adversaire Etienne IX, ne fissent un mauvais parti à ses ambassadeurs, d'autant mieux que les Normands savaient probablement que ces ambassadeurs se rendaient à Constantinople pour y conclure une alliance contre eux. Didier délibéra avec Argyros sur la conduite à tenir, mais ne voyant rien de mieux à faire, il réitéra ce qui lui avait déjà réussi à Capoue, il vint trouver les Normands. Robert Guiscard lui fit un accueil analogue à celui que Richard lui avait fait et lui donna trois chevaux pour rentrer plus facilement au Mont-Cassin ; il y rentra le 18 avril 1058 et le lendemain, le jour même de Pâque, il fut à l'âge de 31 ans solennellement intronisé abbé du Mont-Cassin [1].

Tel était l'homme sur lequel Hildebrand jeta les yeux pour lui aider à conclure une alliance entre le saint siège et les Normands ; quand Hildebrand vint voir Richard à Capoue — cf. supra p. 312 — il est fort probable que Didier y vint aussi et lui fut d'un grand secours à cause de son amitié naissante avec le prince de Capoue. Aussi lorsque à Osimo, le 6 Mars 1059 et le dimanche suivant, Nicolas II sacra Didier abbé du Mont-Cassin et cardinal de l'église Romaine, lorsque, à la même époque, il le nomma délégué du saint siège pour la Campanie, la principauté de Bénévent, la Pouille et la Calabre il récompensait des services déjà rendus à la papauté, en outre, en accordant tous ces honneurs au jeune abbé, le pape visait surtout à faire de lui l'intermédiaire entre Rome et les Normands. Nous verrons que Didier répondit aux espérances de Nicolas II ; mais comment ne pas remarquer la singularité de son attitude devant l'histoire ; c'est un prince lombard, c'est-à-dire un représentant de la race que les Normands dépouillaient tous les jours, un

[1] Sur les débuts de Didier devenu plus tard pape sous le nom de Victor III, cf. les premiers chapitres du troisième livre de la Chronicon Casinense de Leo de'Marsi qui a traité ce sujet avec sa précision ordinaire. Aimé lui est bien inférieur sur cette question ; ce qu'il raconte des premières années de Didier — III, 49 — trahit la mise en scène et l'exagération. Nous aurons plusieurs fois occasion de parler de la biographie de Didier par le Dr Hirsch, seul travail remarquable publié à notre époque sur le célèbre abbé du Mont-Cassin.

prince lombard dont le père a été tué par les Normands
qui devient le trait d'union entre ces mêmes Normands
et le saint siège !

Le 13 avril 1059, Nicolas II tint dans la basilique cons-
tantinienne du Latran un synode, auquel assistèrent
113 évêques et qui est resté célèbre dans l'histoire de l'é-
glise, parce qu'il rendit un décret supprimant le suffrage
du clergé et du peuple romain pour l'élection du pape et
le remplaçant par le suffrage restreint des cardinaux,
même, dans certains cas, par le suffrage de la minorité des
cardinaux du sacré collège, mais de la minorité voulant
la réforme et l'indépendance de l'église. Voici la partie la
plus importante de ce décret, malheureusement, on se
plaignait déjà au XIᵉ siècle, que la teneur en eut été altérée afin de l'adapter aux prétentions des divers partis et
aujourd'hui encore, on n'est pas d'accord pour désigner
la formule le plus authentique.

« Lorsque vient à mourir le pontife de l'église romaine
universelle, les cardinaux doivent tout d'abord délibérer
entre eux avec le plus grand soin, afin de s'entendre au sujet de la nouvelle élection; sauf toutefois, ainsi que nous
l'avons accordé à Wibert chancelier et nonce royal de la
Lombardie, sauf l'honneur et le respect dûs à Henri actuellement roi et, nous l'espérons, futur empereur, et à
ceux de ses successeurs qui auront personnellement obtenu
du saint siège ce droit. Afin d'éviter toute vénalité et toute
simonie, les cardinaux, d'accord avec notre fils très révé-
rend le roi Henri, seront donc les promoteurs dans la future élection du pontife, et les autres devront accepter leur
choix. Ils choisiront de préférence un clerc de l'église romaine, si cette église possède un candidat capable d'occuper cette charge: dans le cas contraire, ils nommeront
un clerc d'une autre église. Si la perversité des méchants
et des impies est telle qu'il soit impossible de faire à Rome
une élection libre de toute pression, et nullement entachée
de simonie, les cardinaux, fussent-ils en petit nombre,
auront le droit d'élire le pontife du siège apostolique dans

l'endroit qu'ils auront jugé le plus apte pour faire cette élection. Le pape étant nommé de cette manière, si la guerre ou quelqu'autre obstacle, créé par la malice des hommes, empêche le nouvel élu d'être intronisé, selon la coutume, sur le siège apostolique, il n'en aura pas moins l'autorité du pape légitime, afin de gouverner l'église romaine et de disposer de tous ses biens. Le bienheureux Grégoire a agi de cette manière avant d'être sacré » [1].

Ce décret était à la fois fort habile et très hardi; fort habile parce qu'il ménageait la couronne de Germanie, faisait espérer la dignité d'empereur au jeune roi et, sous certaines conditions, lui accordait ainsi qu'à ses successeurs une part relativement importante dans l'élection des papes; très hardi parce que le saint siège se réservait d'accorder ou de refuser aux successeurs d'Henri cette participation aux futures élections à la papauté. En réalité, c'était un acheminement vers la revendication complète de la liberté électorale des cardinaux dans l'élection des papes. Mais un pareil langage, quelque adouci qu'il fût par des précautions diplomatiques et oratoires, n'était pas de nature à plaire en Germanie, de là pour le saint siège la nécessité de consolider l'alliance déjà conclue avec les Normands et d'y comprendre non pas seulement les Normands d'Aversa et de Capoue mais aussi ceux de la Pouille et des Calabres.

Un biographe anonyme de Nicolas II raconte que ces derniers envoyèrent à Nicolas II des ambassadeurs pour lui demander de venir en Pouille, et de les réconcilier avec l'église; ils promettaient une satisfaction entière pour tout ce que le pape pouvait avoir à leur reprocher. Si cette ambassade

---

[1] Ce décret du synode romain du 13 avril 1059 est important pour connaître les rapports de la papauté et des Normands; aussi l'avons-nous reproduit textuellement, d'après le codex du vatican numéro 1984. Cette même version a été adoptée par Pertz Mon. Germ. hist. Legum T. II, p, 177 et par Watterich: *Vitæ Rom. Pontif.* T. I. p. 229 sqq. Sur les variantes et les interpolations de ce décret voyez un article de Waitz dans les *Forschungen zur deutschen Geschichte* B. IV. S. 104 ff. et une dissertation de Giesebrecht dans la *Münchner historisches Jahrbucch für* 1866 p. 156 sqq.

des Normands de la Pouille a réellement eu lieu, elle dût causer un vif plaisir à Nicolas II et à Hildebrand ; car elle allait au devant de leurs désirs et servait les intérêts de la papauté. Aussi, après avoir pris conseil des cardinaux, Nicolas II répondit aux ambassadeurs qu'il se rendrait à leur invitation et partirait incontinent pour la Pouille [1].

Le pape, accompagné de l'archidiacre cardinal Hildebrand, des cardinaux Humbert, Boniface et Jean, et de plusieurs autres prélats [2], quitta Rome en juin 1059, passa au Mont-Cassin, où il prit avec lui le nouveau cardinal légat Didier [3] et se rendit à Melfi, capitale Normande de la Pouille. Il y tint un grand concile, composé de cent évêques environ, venus de toutes les parties de l'Italie méridionale et auquel assistèrent les comtes Normands, ayant à leur tête Robert Guiscard et Richard de Capoue. Les actes du concile de Melfi ne sont pas parvenus jusqu'à nous et les deux historiens des Normands d'Italie Malaterra et Aimé qui souvent consacrent de longs développements à des incidents de peu d'importance, gardent sur cette assemblée un silence inexplicable. C'est un poète, Guillaume de Pouille qui a, mais bien incomplètement, comblé la lacune des chroniqueurs, il écrit :

« Robert Guiscard assiégeait Cariati [4] afin que la prise de cette ville fît en Calabre une impression profonde,

---

[1] Normanni ad præsentiam ejusdem præsulis (Nicolaï II) nuntios transmiserunt rogantes, ut in Apuliam descenderet et satisfactione suscepta eos ecclesiæ Dei reconciliare paterna pietate deberet quibus verbis auditis post deliberationem consilii pontifex ab urbe romana exivit et in partes Apuliæ venit. — Codex archivi Vaticani A dans Watterich T. I. p. 209 sq.

[2] Cf. dans Muratori R. I. S. T. I. p. 515, la bulle du Regestum du monastère de S. Vincent sur le Vulturne par laquelle le pape Nicolas II adjuge à Jean abbé de ce monastère, le prieuré S. Mariæ Castanietensis. On y lit la liste des personnages qui accompagnèrent le pape dans ce voyage à Melfi et à Bénévent.

[3] Leo de'Marsi III. 13. Eodem tempore idem papa ad hoc monasterium in ipsa beati Joannis nativitate adveniens, sociato sibi Desiderio, in Apuliam descendit.

[4] Guillaume de Pouille, se préoccupant toujours très peu de la chronologie, place le concile de Melfi presque aussitôt après la mort du comte Umfroy ; car il suppose que Robert Guiscard assiégea Cariati dès qu'il eut présidé à la cérémonie funèbre de son frère, et le siège de Cariati était à peine com-

lorsqu'il apprit l'arrivée du pape Nicolas II ; il laissa aussitôt la plus grande partie de sa cavalerie devant Cariati pour continuer le siège, et alla à Melfi avec le reste de ses troupes. Le pape fut reçu à Melfi avec les plus grands honneurs. Il venait traîter diverses questions ecclésiastiques car, dans ces contrées, les prêtres, les lévites et tous les clercs se mariaient ouvertement. Nicolas II tint à Melfi un concile qui compta cent prélats convoqués par le pape ; il y recommanda aux prêtres et à tous ceux qui servaient à l'autel d'avoir pour armure la chasteté, il les appela les époux de l'église et leur prescrivit de se montrer tels, ajoutant que celui qui s'adonne à la luxure ne saurait être un véritable prêtre. De cette manière, il fit tout à fait ¹ disparaître de ces pays les épouses des prêtres et menaça d'anathème tous ceux qui n'obéiraient pas à ses injonctions. Le synode terminé, le pape Nicolas II accorda, à la demande d'un grand nombre, la dignité de duc à Robert. Seul, parmi les comtes, il fut honoré de ce titre, aussi prêta-t-il au pape serment de fidélité ; la Calabre et la Pouille lui furent accordées avec la domination sur toutes les populations indigènes » ².

Les archives du Vatican nous ont heureusement conservé les formules du double serment que Robert Guiscard prêta au concile de Melfi entre les mains du pape Nicolas, lorsqu'il fut élevé à la dignité de duc ; en voici la traduction.

« Moi, Robert, par la grâce de Dieu et de Saint Pierre,

mencé que le nouveau comte de Pouille apprenait, toujours d'après Guillaume, l'arrivée de Nicolas II. Nous savons, au contraire, qu'Umfroy mourut au mois d'août 1057, que le concile de Melfi se tint près de deux ans après en juin 1059 et que Robert Guiscard ne fut certes pas absorbé durant tout ce temps par le siège de la petite ville de Cariati.

¹ Le poète est trop optimiste car de nombreux documents prouvent que dans l'Italie méridionale les prêtres persistèrent longtemps encore à se marier.

² Ad Calabros rediil (Robertus). Cariati protinus urbem
Obsidet, hac capta reliquas ut terreat urbes.
Interrea papæ Nicholai forte secundi
Comperit adventum ; dimittitur obsidione

duc de Pouille et de Calabre et duc futur de la Sicile si l'un
et l'autre me sont en aide, voulant confirmer la tradition ·
et faire preuve de fidélité pour toutes les terres que je possède en domaine propre, ou que j'ai cédées à quelques-uns
de ceux qui sont venus d'au delà des monts, je promets de
payer tous les ans une rente de *douze deniers* de Pavie
pour chaque paire de bœufs. Je paierai cette rente au bienheureux Pierre et à toi Nicolas, pape, mon seigneur, à
tes successeurs, à tes nonces ou aux nonces de tes successeurs. Elle sera réglée tous les ans, lorsque l'année sera
finie, c'est-à-dire le saint jour de Pâque. Je prends l'engagement pour moi et pour mes héritiers ou mes successeurs, de payer cette rente à toi, Nicolas pape, mon seigneur et à tes successeurs. Que Dieu et ses saints évan-
giles me soient ainsi en aide.

« Moi, Robert, par la grâce de Dieu et de Saint Pierre,
duc de Pouille et de Calabre et duc futur de la Sicile, si
l'un et l'autre me sont en aide; je serai, à partir de ce
moment, fidèle à l'église romaine et à toi, Nicolas, pape,
mon seigneur, jamais je ne prendrai part à une conjuration ou à une entreprise qui pourrait te faire perdre ou

Plurima pars equitum, comitatur pars minor illum.
Melfia suscipit hunc, et ibi susceptus honore
Magno papa fuit. Hic ecclesiastica propter
Ad partes illas tractanda negotia venit.
Namque sacerdotes, levitæ, clericus omnis
Hac regione palam se conjugio sociabant.
Concilium celebrans ibi papa, faventibus illi
Præsulibus, centum jus ad sinodale vocatis,
Ferre sacerdotes monet altaris que ministros
Arma pudicitiæ; vocat hos, et præcipit esse
Ecclesiæ sponsos, quia non est jure sacerdos
Luxuriæ cultor. Sic extirpavit ab illis
Partibus uxores omnino presbiterorum,
Spretores minitans anathemate percutiendos.
Finita synodo, multorum papa rogatu
Robertum donat Nicholaus honore ducali.
Hic comitum solus concesso jure ducatus
Est papæ factus jurando jure fidelis.
Unde sibi Calaber concessus et Appulus omnis
Est locus, et Latio patriæ dominatio gentis.

Guillemi Apuli Liber II. v. 382-406, dan Pertz: Mon. Germ. hist. SS. T. IX
p. 261 sq.

la vie, ou un membre, ou la liberté. Si tu me confies un
secret en me recommandant de le garder, je ne le confierai
sciemment à personne, de peur qu'il n'en résulte pour toi
quelque dommage. Partout et contre tous je serai dans
la mesure de mes forces, l'allié de la sainte église Romaine pour qu'elle conserve et qu'elle acquière les re-
gales de St-Pierre et ses domaines. Je te prêterai main
forte pour que, en toute sécurité et honorablement,
tu occupes le siège papal de Rome. Quant aux terres de
St-Pierre et à celles du principat [1], je ne chercherai ni à
les envahir, ni à les acquérir, ni même à les ravager sans
une permission expresse de toi ou de tes successeurs, revêtus de l'honneur du bienheureux Pierre. Je paierai
consciencieusement, tous les ans, à l'église Romaine la
rente fixée pour les terres de S. Pierre, que je possède, ou
que je posséderai. Je soumettrai à ta puissance avec tous
leurs biens, les églises qui sont actuellement en mon pouvoir et je les maintiendrai dans la fidélité à la sainte
église Romaine. Si toi ou tes successeurs, vous venez à
quitter cette vie avant moi; d'après les conseils que je
recevrai des meilleurs cardinaux et des clercs et des
laïques de Rome, je m'emploierai pour que le pape soit
élu et ordonné selon l'honneur dû à St-Pierre. Je garde-
rai fidèlement vis-à-vis de l'église Romaine et vis-à-vis de
toi les engagements que je viens de prendre et j'agirai de
la même manière à l'égard de tes successeurs qui auront
été promus à l'honneur du bienheureux Pierre et qui,
m'accorderont l'investiture que tu m'as accordée. Qu'ainsi
Dieu et ses saints Evangiles me viennent en aide [1].

[1] Il s'agit de la principauté de Bénévent. •
[1] Ego Robertus Dei gratia et sancti Petri Dux Apuliae et Calabriae, et utroque subveniente, futurus Siciliae, ad confirmationem traditionis et ad recogni-
tionem fidelitatis, de omni terra quam ego proprie sub dominio meo teneo et
quam adhuc ulli ultramontanorum unquam concessi ut teneat, promitto me
annualiter pro unoquoque iugo boum pensionem, scilicet duodecim denarios
Papiensis monetae, persoluturum beato Petro et tibi domino meo Nicolao
papae et omnibus successoribus tuis aut tuis, aut tuorum successorum nuntiis.
Huius autem pensionariae reditionis erit semper terminus fiuito vere anno,
sanctae resurrectionis die dominico. Sub hac conditione huius persolvendae

Ces deux formules font voir sur quelles bases fut con-

pensionis obligo me et omnes meos sive heredes sive successores tibi domino meo
Nicolao papae et successoribus tuis. Sic me Deus adiuvet et haec sancta evangelia.
. Ego Robertus Dei gratia et sancti Petri Dux Apuliae et Calabriae et utroque
subveniente, futurus Siciliae, ab hac hora et deinceps ero fidelis sanctae Ro-
manae Ecclesiae et tibi domino meo Nicolao Papæ. In consilio vel in facto,
unde vitam aut membrum perdas aut captus sis mala captione non ero. Consilium quod mihi credideris et contradices, ne illud manifestem, non mani-
festabo ad tuum damnum, me sciente. Sanctæ Romanæ Ecclesiæ ubique adiutor
ero ad tenendum et ad acquirendum regalia sancti Petri ejusque possessiones
pro meo posse, contra omnes homines. Et adiuvabo te ut secure et honorifice
teneas Papatum Romanum terramque sancti Petri et principatum ; nec invadere
nec acquirere quaeram nec etiam deprœdari prœsumam absque tua tuorum-
que successorum, qui ad honorem sancti Petri intraverint, certa licentia, præter illam quam tu mihi concedes vel tui concessuri sunt successores. Pensionem de terra sancti Petri quam ego teneo aut tenebo, sicut statutum est,
recta fide studebo ut illam annualiter Romana babeat ecclesia, Omnes quoque
ecclesias, quæ in mea persistunt dominatione, cum earum possessionibus di-
mittam in tua potestate et defensor ero illarum ad fidelitatem sanctæ Romanæ
ecclesiæ. Et si tu vel tui successores ante me ex hac vita migraveritis, secundum quod monitus fuero a melioribus cardinalibus, clericis Romanis et laicis
adiuvabo ut Papa eligatur et ordinetur ad honorem sancti Petri. Haec omnia
suprascripta observabo sanctæ Romanæ ecclesiæ et tibi cum recta fide, et hanc
fidelitatem observabo tuis successoribus ad honorem sancti Petri ordinatis,
qui mihi firmaverint investituram a te mihi concessam. Sic me Deus adiuvet
et haec sancta evangelia.

Ex Cod. Arch. Vat. edidl. WATTERICH.
Pont. Rom. Vit. T. I. 233-4.

Ces deux documents ont été publiés pour la première fois par Baronius
dans son histoire de l'église ad an. 1059. n° 70 ; il les avait extraits du : *Liber
censuum ecclesiæ romanæ* qui se conserve encore dans les archives du Vatican.
Dans ces dernières années, Watterich, en a donné une nouvelle édition revue
sur le manuscrit, c'est ce texte que nous avons suivi. Bien des historiens se
sont déjà demandés si ces deux formules étaient authentiques ; au XVIII° siècle, les jurisconsultes et les savants du royaume de Naples en admettaient ou
en niaient l'authenticité suivant qu'ils prenaient parti pour la couronne de
Naples ou pour le saint-siège dans les démêlés qui eurent lieu à cette époque.
De nos jours, la question est plus facile à résoudre ; elle ne présente plus
qu'un intérêt historique sans conséquence pratique et avec M. Amari — *Storia
dei Musulmanni di Sicilia*, T. III, p. 48 note — je crois que ces deux formules
de serment sont vraiment authentiques. D'abord les renseignements qu'elles
nous fournissent sont confirmés par trois auteurs, 1° par Leo de'Marsi
il écrit au début du c. 15 du L. III de la *Chronicon Casinense* : « Eisdem quoque
diebus et Richardo principatum Capuanum et Robberto ducatum Apuliae et
Calabriae atque Sicilia confirmavit (Nicolaus II), sacramento et fidelitate romanæ ecclesiæ ab eis primo recepta, nec non et investitione census totius
terræ ipsorum, singulis videlicet annis per singula boum paria denarios duodecim. Ce texte est d'autant plus important qu'en l'écrivant Leo ne s'inspirait
pas d'Aimé lequel n'a rien dit du concile de Melfi. 2° L'auteur de la *Chronicon
breve Normannicum* écrit à l'année 1059 : Robertus comes Apuliæ factus est
dux Apuliæ, Calabriæ et Siciliæ a papa Nicolao in civitate Melphis : et fecit ei
hominium de omni terra. 3° Enfin nous lisons dans le : *Liber ad amicum* de

clue à Melfi l'alliance du saint-siège et des Normands.

Bonizo : Venerabilis vero a Deo protectus pontifex Apuliam tendens, Norman-nos vinculo excommunicationis absolvit, tradens que eis per investituram omnem Apuliam et Calabriam et terras beati Petri ab eis olim invasas excepto Bene-vento, omnes inde ditiones acceperunt, et eos sibi jurare coegit. Bonizo *Liber ad amicum* VI dans Watterich vitæ Pontificum T. I. p. 209, Romuald de Salerne dit également en parlant des rapports de Robert Guiscard et du pape Nicolas II *ejusque ligius homo effectus.*

L'examen du texte des deux formules témoigne aussi en faveur de leur authenticité. Dans son livre : *La Insurrezione Pugliese e la conquista Nor-manna* T. II, p. 52, 53, M. de Blasiis nie l'authenticité de la formule d'après laquelle Robert Guiscard s'engage à payer tous les ans une somme à la cham-bre apostolique et cela à cause de « *la singolarita del tributo* ». Cette clause est cependant très conforme aux habitudes de la chancellerie romaine au XIe siècle. Dans presque toutes les bulles octroyées à cette époque par les papes pour confirmer les monastères dans la possession de leurs biens tem-porels et de leurs privilèges spirituels, on voit qu'ils stipulent que le monastère payera tous les ans telle ou telle redevance à la chambre apostolique. Rien de surprenant que le pape ait agi de même vis à vis de Robert, sur-tout si l'on considère qu'il lui accorde une faveur et que le trésor pontifical laissait beaucoup à désirer. Comme nous l'avons vu, Léon de'Marsi confirme sur ce point la donnée fournie par la formule du serment. Le passage du ser-ment par lequel Robert Guiscard s'engage à soutenir le parti des « meilleurs cardinaux » dans les élections à la papauté, est une preuve incontestable de l'authenticité de ces formules ; il accuse une connaissance trop aprofondie de la situation de l'église romaine à ce moment pour être l'œuvre d'un faussaire écrivant à une autre époque. Les critiques qui, à notre époque, ont étudié les décrets du concile romain du mois d'avril 1059, n'ont peut être pas assez re-marqué le secours que pourrait fournir la formule du serment prêté à Melfi par Robert Guiscard, pour connaitre l'esprit de la législation et ce concile. A Melfi, Nicolas II et Hildebrand n'étant plus comme à Rome tenus à autant de ménagements par la présence du chancelier de Lombardie, c'est-à-dire du représentant du gouvernement de Germanie, laissent voir plus explicitement le but qu'ils poursuivent. Ce but est de mettre l'élection des papes entre les mains de ceux qui veulent la réforme de l'église, sans tenir compte, non pas seulement de la tyrannie des *Capitani romani* mais même des prétentions de la cour de Germanie, car le lecteur remarquera que la formule du serment ne parle en aucune façon des droits de la couronne de Germanie dans l'élection des papes, silence significatif et important à signaler.

A l'appui de ce qui vient d'être dit en faveur de l'authenticité des deux for-mules du serment prêté à Melfi par Robert Guiscard, qu'il me soit permis de reproduire ici la formule encore inédite du serment que prêtaient à leur abbaye les vassaux du Mont-Cassin. J'ai copié cette formule dans le *Regestum* de Pierre Diacre — nº 360 — qui se trouve dans les archives de ce monastère. L'insertion de ce document dans le manuscrit même de Pierre Diacre prouve qu'il remonte à l'époque Normande, et la présence au concile de Melfi de Di-dier abbé du Mont-Cassin et cardinal, la part considérable qu'il eut dans tou-tes ces affaires, expliquent fort bien les curieuses ressemblances que le lecteur remarquera entre la formule en usage au Mont-Cassin et celle du serment de Robert Guiscard :

Forma juramenti quod prestare et facere tenentur qui noviter a monasterio Casin. ad fidelitatem et vassalagium recipiuntur.

Robert Guiscard et Richard de Capoue, car tout indique

Positis manibus supra sanctis evangeliis et flexis genibus dicet ille qui monasterio Casinensi est juramentum fidelitatis et vassalagii prestaturus.

Ego talis ab hac hora in antea fidelis et obediens ero beato Benedicto et Dn meo tali abbati Casini suisque successoribus canonice intrantibus sanctæ que ecclesiœ Casini, non ero in conciʃio aut consensu vel facto ut vitam perdant aut membrum aut capiantur mala capcione, consilium vero quod mihi credituri sunt per se aut per nuncios suos, sive per litteras ad eorum dapnum me sciente nemini pandam et si scivero fieri vel procurari sive tractari aliquid quod sit ipsorum dapnum illud pro posse impediam et si impedire non possem illud eis significare curabo, abbatiam Casinensem et bona sancti Benedicti tam in abbacia Casinensi quam alibi existentia adjutor eis ero ad retinendum et defendendum ac recuperandum recuperata manu tenendum contra omnem hominem, universas et singulas condiciones ad quas alii Casinenses vassalli tenentur plenarie adimplebo et inviolabiliter observabo nec ullo unquam tempore veniam contra illam. Sic me Deus adjuvet et hæc sancta Dei evangelia. (Ex Petro Diacono nº 360).

Après avoir parlé de l'authenticité des deux formules du serment prêté à Melfi par Robert Guiscard, il n'est pas possible de passer sous silence une question que soulève l'histoire du concile de Melfi. En vertu de quel droit le pape Nicolas II accordait-il à Robert Guiscard l'investiture de la Pouille de la Calabre et de la Sicile ? La réponse à cette question est fort difficile, aussi rien de plus discordant que les sentiments des historiens sur ce point. Etait-ce parce que le pape, s'inspirant des idées que Hildebrand devenu Grégoire VII devait chercher plus tard à faire prévaloir, s'arrogeait un *dominium directum* sur le sud de l'Italie ? A ce point de vue, il est intéressant de constater que d'après Benzo évêque d'Albe (mais l'autorité de ce pamphlétaire est bien discutable), les papes ceignirent pour la première fois une couronne royale dans le synode du mois d'avril 1059 et que ce fut Hildebrand qui la mit sur la tête de Nicolas II : « Corrumpens igitur Prandellus (Hildebrandus) Romanos multis pecuniis, multis que perjuriis, indixit synodum, ubi regali corona suum coronavit hydolum....... legebatur autem inferiori circulo eiusdem serti ita: corona regni de manu Dei. In altero vero sic : Diadema imperii de manu Petri. » Watterich : *Vitæ pontificum* T. I. p. 208, note 4. Même en admettant comme fondée la donnée de Benzo, il n'est pas possible de croire que le pape se regardait à Melfi comme le véritable souverain de l'Italie méridionale; rien dans l'attitude de la papauté à ce moment n'autorise à penser qu'elle avait de telles prétentions, cette explication n'est pas soutenable

D'autres historiens ont dit que les adversaires des Normands dans la Pouille, la Calabre et la Sicile étant des Grecs schismatiques ou des Sarrasins infidèles, le pape avait adjugé ces pays aux Normands qui étaient orthodoxes et cela en vertu du droit qu'avait le pape de disposer des biens des schismatiques, hérétiques, païens, etc... Il est facile de répondre 1º qu'au XIe siècle, ce droit n'était pas reconnu au pape, rien ne le prouve. 2º les Grecs n'avaient pas formellement et définitivement rompu à cette époque avec l'église latine; les empereurs de Constantinople auraient volontiers et pour des raisons politiques, adhéré à une œuvre de pacification religieuse entre les deux églises, et l'on peut présumer avec quelque probabilité qu'il y a eu des évêques grecs de l'Italie au concile de Melfi. 3º Cette explication de la conduite de Nicolas II est en outre insuffisante; ainsi le pape dans cette même assemblée reconnut Richard comme prince de Capoue; dirait-on que la dynastie lombarde de Capoue, chassée l'année précédente par Richard, était hérétique ou schis-

que Richard a prêté entre les mains de Nicolas II un serment analogue à celui de Robert, [1] s'engageaient à défendre la papauté contre tous ses ennemis tempo-

matique ? Elle l'était si peu que Hildebrand, membre de cette famille, était archevêque de Capoue, reconnu par le saint-siège et qu'il assista en cette qualité au synode romain du mois d'avril 1059 — Cf. dans Watterich l. c. T I. p. 231, les signatures de ce concile. —

Après avoir écarté ces solutions, voici celle que je proposerais. 1º Nicolas II a agi à Melfi à peu près comme a agi le pape Pie VII lorsqu'il est venu à Paris couronner Napoléon I. Il a accepté les faits accomplis sans examiner comment ils s'étaient accomplis : il avait besoin de l'alliance des Normands, aussi a-t-il reconnu le pouvoir qu'ils avaient acquis à la pointe de leur épée et ne leur a pas demandé de quel droit ils s'étaient établis en Italie. Ajoutons que pour la Sicile en particulier, Nicolas II devait comme pape désirer vivement que les Normands en fissent la conquête pour en chasser les Musulmans; de là son empressement à accorder à Robert Guiscard l'investiture de cette île quoique les Normands n'y possédassent pas encore un pouce de terre. 2º L'église romaine avait eu — comme les lettres de St. Grégoire le Grand en font foi — des domaines considérables dans le sud est de l'Italie, dans les pays occupés maintenant par les Normands, en outre, depuis l'accord conclu entre Henri III et Léon IX, elle se regardait comme maîtresse non pas seulement de la ville mais probablement aussi de la principauté de Bénévent. Or les Normands avaient envahi et occupé ces domaines particuliers et n'avaient pas respecté les pays de la principauté de Bénévent. C'est ce que le texte du serment laisse entrevoir et ce que dit explicitement Bonizo dans cette phrase « *terras beati Petri ab eis* (Normannis) *olim invasas* ». Watterich : *Vitæ Pontif.* T. I. p. 209. — Aussi je serais porté à croire que cette rente annuelle de douze deniers, monnaie de Pavie, pour chaque paire de bœufs ne concernait que les terres qui avaient été la propriété particulière de l'église romaine, et aussi quelques dépendances de la principauté de Bénévent. Il serait absurde de l'entendre de toute la Pouille, et de la Calabre.

[1] Voyez le texte de Leo de'Marsi : III, 15 que nous avons donné dans la note précédente. La présence du prince de Capoue au concile de Melfi nous amène à parler d'une charte publiée par Gattola : *ad historiam abbatiæ Casinensis Accessiones*, T. I. p. 161, d'après laquelle Richard, prince de Capoue, aurait donné, pendant qu'il se trouvait au concile de Melfi, l'abbaye de *Sancta Maria in Calena* à l'abbaye du Mont-Cassin. L'authenticité de cette charte est affirmée par Gattola l. c. et par Wattenbach, Pertz : Monum. Germ. hist. T. VII, SS. p. 705 note 92 ; elle est niée par di Meo : *Annali del regno di Napoli* T. VIII. p. 4, et par Hirsch : *Forschungen zur deutschen Geschichte* T. VII, premier fasc. p. 24 note I. Voici d'abord le texte de ce document tel qu'il a été donné par Gattola :

In nomine sanctæ et individuæ Trinitatis anno incarnationis Domini Nostri Jesu Christi millesimo quinquagesimo nono, indictione duodecima domno Nicholao venerabili papa apud Amelphim sacram synodum cogente cum aliis quampluribus interfui ego Richardus nutu divino Capuanus princeps. Ubi complurima de animarum salute tractarentur inspirante divina misericordia recogitare cepi in corde meo aliquid mihi agendum fore, quod ad salutem animæ meæ et parentum meorum defunctorum proficerem. Tunc monente prædicto universali papa accersito domno Desiderio venerabili abbate Cassinensi pro remedio animæ meæ, mei que avunculi Rainulfi ac fratris mei Asketiui investivi eum de abbacia quæ dicitur sanctaMaria in Calena sita'in finibus Apuliæ

rels, à ne pas envahir la principauté de Bénévent, à payer une redevance annuelle à la chambre apostolique,

inter montem Garganum et mare Adriaticum, juxta castellum quod dicitur Besti, fieri quoque præcepimus hos nostræ oblacionis apices, per quos præfati Cassinensis cœnobii S. Benedicti dictioni subicimus prædictam abbaciam S. Mariæ cum integris omnibus castellis, villis, vicis, cellis, domibus, territoriis, prædibus, silvis, arbustis, vineis, olivetis, pratis, aquis, molendinis, piscariis, aliisque omnibus rebus mobilibus et immobilibus ad præsens quocumque modo præfatœ abbaciæ pertinentibus, cum aliis etiam, quœ amodo ad opus ejusdem abbaciæ abbates, aut rectores ejus aquisituri sunt quibuscumque legalibus modis. Unde universis nostris fidelibus indicimus nunquam aliquando molestiam iuvasionem, vel fraudacionem pati præfatum venerabile monasterium S. Benedicti de prœdicta abbacia, quam sibi optulimus. Cognita cunctis, ac nostræ auctoritatis firmissima sancione, quoniam si nostrorum fidelium qualiscumque humano iugenio principale hoc scriptum, quod manu nostra et testium idoneorum roboratum est nostro que signatum infringere volens, prœdictam abbaciam de dicione præfati cœnovii subtrahere temptaverit, vel ex eis sibi molestus fuerit, subiacebit composicioni auri librarum centum medietatem nostrœ camerœ et medietatem prœdicto sancto cænovio. Nosmetipsos quoque nostros que hœredes et successores perpetuæ subicimus obligationi ut nunquam ipsam abbaciam cum suis omnibus quœramus a patronatu et dicione ejusdem monasterii sancti Benedicti subtrahere Quod si temptaverimus simus ei culpabiles auri libras mille. Hujus scripti manu nostra et testium roborati et sigillo nostro signati tenore solidissime in perpetuum permanente. Data decimo Kalendas septembris anno principatus ejusdem gloriosi principis domni Richardi secundi. Scriptum per manu Aldemarii jubente eodem serenissimo principe.

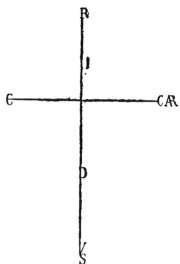

Signum Domui Riccardi Excellentissimi priucipis. Ego Rudulphus clericus interfui et subscribens firmavi. Ego Bernardus clericus qui interfui hoc firmo. Ego Alirisus qui interfui hoc firmo.

Ex regesto Petri Diaconi n. 404 fol. 174.

enfin, dans l'esprit de Hildebrand c'était peut-être le point
le plus important, à faire respecter les dispositions du der-

Deux conclusions se déduisent de l'étude de cette charte : 1° Elle a des anomalies qu'il est nécessaire d'expliquer. 2° Ces anomalies ne sont pas telles
qu'il faille rejeter l'authenticité de ce document. Le début même de la charte
est particulièr. Ordinairement les chartes de Richard, prince de Capoue, portent aussi le nom de son fils Jourdan qui, dès 1058, paraît avoir été associé
au gouvernement. Mais Richard pouvait se trouver sans son fils au synode de
Melfi, par conséquent faire la donation nniquement en son nom. En outre, il
existe d'autres chartes de Richard qui ne portent pas le nom de son fils quoique celui-ci fut vivant pnisqu'il a succédé à son père, par exemple une charte
de 1072 — Galotta: *Accessiones* T. I. p. 177 — et une autre de la même année
— Gattola l. c. p. 176. Di Meo a donc tort de dire que les chartes de Richard
ont « costantemente » le nom de Jourdan uni ou sien. Une seconde anomalie
c'est que la charte porte *apud Amelphim* tandis qu'il faudrait *apud Melphim*
puisque le concile s'est certainement tenu a Melphi et non à Amalfi. Mais il se
peut que ce soit là une faute de copiste car Gattola ne dit pas avoir eu l'original
entre les mains, il n'a fait que transcrire la copie de Pierre Diacre. Ce qui
permet de croire que l'original portait *apud Melphim* c'est que Léo de'Marsi
qui écrivait avant Pierre Diacre et qui très probablement avait eu l'original
sous les yeux, a lu *Melphim*; il résume en effet la charte comme il suit; III,
13, cum apud Melphiam concilium celebrasset (papa Nicolaus), Richardus
princeps cujus jam meminimus per admonitionem seu jussionem ejusdem
Apostolici præceptum fecit huic loco de monasterio sanctæ Mariæ in Calena.
sito in finibus Apuliæ juxta civitatem quæ dicitur Besti (maintenant Viesti)
cum omnibus ex integro castellis, villis, cellis et universis omnino possessionibus ejus. »

Di Meo l. c. remarque aussi contre cette charte qu'elle ne donne pas à Didier les titres de cardinal et de vicaire du saint-siège quoiqu'il fut l'un et
l'autre à l'époque du concile de Melfi; mais Di Meo connaissait trop bien les
chartes de l'Italie du sud pour ignorer que beaucoup de documents du Mont-
Cassin dans lesquels le nom de Didier est mentionné, se bornent, même après
1060, à lui donner le titre d'abbé du Mont-Cassin. Il suffit de lire Gattola
pour s'en convaincre. Ce n'était pas au cardinal de l'église romaine ou au vicaire du saint siège que cette donation était faite, c'était au monastère du
Mont-Cassin et à l'abbé, son représentant. Un autre argument de Di Meo contre l'authenticité de la charte c'est que Richard comte d'Aversa et prince de
Capoue n'avait pas de possessions prés du Mont-Gargano; il est vrai, ajoute-t-il,
que lors du partage de la Pouille en 1042 (lisez 1043), Rainulfe d'Aversa avait
obtenu des concessions dans ce pays, voyez plus haut p. 128, mais depuis cette
époque, les Grecs avaient occupé de nouveau toute la contrée et Richard n'y
possédant plus rien, ne pouvait faire une donation de cette nature. Où
donc Di Meo, ordinairement si exact, a-t-il lu que les Grecs avaient depuis
1043 repris tout le pays du Mont-Gargano et le possédaient en 1059 ? La bataille de Civitate livrée en 1053 au nord ouest du Mont-Gargano et gagnée par
les Normands établit le contraire et il serait facile de citer une série de faits
conduisant à la même conclusion. Au lieu d'avoir regagné du terrain, les
Grecs étaient en 1059 menacés de perdre le peu qui leur restait. La conclusion est donc celle-ci : Il est certain qu'en 1043, les comtes d'Aversa, devenus
depuis princes de Capoue, acquirent des possessions dans le pays du Mont-
Gargano et rien ne prouve qu'ils aient de 1043 à 1059 perdu ces domaines.
Mais le grand argument de Di Meo, contre l'authenticité de la charte c'est

nier synode romain sur l'élection des papes. De son côté,
le saint-siège approuvait et légitimait les conquêtes qu'a-
vaient faites ou que feraient les Normands dans la Pouille,
dans la Calabre et dans la Sicile et consentait à regarder
comme ses alliés, presque comme ses représentants dans l'I-
talie méridionale, ces mêmes Normands qui, quelques mois
auparavant, n'étaient guère aux yeux des prédécesseurs de
Nicolas II, qu'un ramassis d'aventuriers et d'excommuniés.
Il suffit de connaître le moyen-âge pour comprendre que si
ce traité présentait de grands avantages pour le saint-siège,
en revanche, cette sanction de la plus haute puissance
morale qui fut sur terre, était d'une importance hors
ligne pour la consolidation et l'avenir des établissements
Normands en Italie.

Les stipulations de Melfi furent, il est à peine nécessaire
de le dire, car les pensées de ce grand serviteur de
l'église se trahissent à chaque ligne, l'œuvre du cardinal
Hildebrand ; à l'alliance Byzantine, rêvée par Léon IX et
Etienne IX, et, à l'alliance avec la couronne de Germanie
alors sur la tête d'un enfant, Hildebrand substituait hardiment l'alliance avec les excommuniés de la veille, avec

qu'elle donne une fausse généalogie des comtes d'Aversa en faisant de Richard
de Capoue, le frère d'Asclitine et le neveu de Rainulfe premier comte d'A-
versa. Di Meo est ici complètement dans le faux et cette généalogie est
parfaitement juste — cf. supra, p. 158 et Hirsch : Forschungen p. 281
note 1. — Di Meo, égaré par des documents apocryphes, se défiant trop de
Léo de'Marsi, ne connaissant pas la traduction française qui nous reste
de l'histoire des Normands par Aimé s'est grandement mépris dans
l'histoire des premiers comtes d'Aversa. Il est inutile d'insister sur ce
point dont nous avons déjà parlé antérieurement. Jusqu'ici les difficultés al-
léguées pour nier l'authenticité de cette charte ne résistent donc pas à un
examen attentif. Il en est une autre c'est que la charte est datée du
23 août 1059, tandis que le concile de Melfi se tint au mois de juillet de la même
année.—Cf. Jaffé, *Regesta Pontificum* p. 386 Léo de'Marsi III, 13. La—réponse
à cette objection a déjà été faite par Wattembach : Pertz Mon. Germ. hist.
T. VII. SS. p. 705 note 92. Comme le dit ce critique, il arrive parfois que
les chartes ne sont rédigées ou datées que quelque temps après la conclusion de l'affaire dont elles traitent. Ces cas se rencontrent assez souvent.
Durant le mois d'août, Nicolas resta dans l'Italie du sud — Jaffé l. c. — et la
charte a très bien pu être rédigée et datée un mois après le synode de
Melfi. Concluons donc que les anomalies de ce document ne vont pas
jusqu'à infirmer son authenticité.

les vainqueurs de Civitate. Certes les Normands, venus en
Italie au XIᵉ siècle avaient de grands défauts, l'auteur de
cette étude n'a jamais cherché à les pallier, mais, après
tout, c'était un peuple jeune, plein de bravoure, donnant
des preuves d'une foi naïve au milieu des emportements
les plus condamnables, on l'avait bien vu le soir de la
bataille de Civitate ; ce peuple avait un but, un programme
d'avenir très-défini; c'était dans le chaos italien de
cette époque la seule force organisée, la seule capable
de soutenir efficacement la papauté.

Sans le traité de Melfi, les décrets du synode Romain
du 14 avril 1059 seraient restés lettre morte et les *Capitani*
de l'*Agro Romano* n'en auraient tenu aucun compte;
mais, les Normands aidant, ces décrets ouvrirent pour la
papauté une ère nouvelle. Si elle compta des jours sombres, cette ère eût des grandeurs incomparables ; elle fut
le prélude des croisades et du rayonnement religieux du
treizième siècle ; et elle a légué à la postérité un nom qui
aura toujours l'honneur de soulever d'implacables colères
et d'enthousiastes admirations, le nom du plus fier génie
qui ait jamais présidé aux destinées de l'Eglise, celui de
Grégoire VII.

Le concile de Melfi ne tarda pas à donner des résultats
qui, dès le début, prouvèrent combien avait été sage et pratique la politique inaugurée par le nouveau pape et par Hildebrand. En effet, à l'issue du synode de Melfi, Nicolas II
se rendit à Venosa, où il consacra une église probablement celle qui contenait les restes des premiers comtes
Normands, et, après avoir tenu à Bénévent un synode, auquel assistèrent différents comtes Normands établis dans
la principauté de Bénévent, et les princes Lombards de
Bénévent devenus les représentants de l'autorité du Saint-
Siège, il reprit le chemin de Rome, ramenant avec lui
toute une armée Normande. Il s'agissait de recommencer
la guerre contre les comtes romains et contre leur pape
Benoit X, et, cette fois, l'expédition plus nombreuse et
mieux préparée eut un plein succès.

Après avoir traversé la Campanie, les Normands attaquèrent d'abord au sud-est de Rome, Alberic, comte de
Tusculum près de Frascati, et gagnèrent ensuite Numen-
tanum maintenant Mentana, et partout, marquant leur
passage par d'épouvantables ravages, obligèrent les comtes
à ouvrir les portes de leurs châteaux et à faire acte de
soumission à l'église romaine et à Nicolas II. Mais le
plus important était de forcer dans sa dernière retraite le
comte de Galeria, Girard, fils de Rainerius et d'obliger
Benoit X, auquel il donnait l'hospitalité, à renoncer à ses
prétentions à la papauté et à reconnaître Nicolas II. Pour
y parvenir les Normands vinrent de Mentana à Rome où
ils passèrent le Tibre, et, leur armée qui comptait déjà une
véritable multitude de fantassins et d'arbaletriers s'augmenta encore de tous les soldats romains qui voulaient
combattre pour le pape légitime. Tous marchèrent sur
Galeria contre Girard et Benoit X.

A la vue de ces troupes, Girard comprit qu'il ne s'agissait plus d'une de ces démonstrations platoniques comme
les empereurs de Germanie en avaient fait souvent contre
les comtes romains et qui se terminaient par une simple
promenade militaire; toute sa fierté disparut et il déclara à
Benoit X qu'il l'abandonnait à son sort. L'antipape montant sur les murs de Galéria maudit les Romains et leur
cria: « *C'est malgré moi que vous m'avez fait votre pontife:
si vous me promettez une entière sécurité, je renoncerait au
pontificat* ». Alors trente représentants de la noblesse romaine jurèrent qu'on respecterait sa vie, ses membres et
sa liberté et qu'il pourrait vivre en paix à Rome et y jouir
de tous ses biens. Le pape Nicolas regagna ensuite Rome
avec son armée; car lui-même s'était mis à la tête de l'expédition et l'antipape, se dépouillant de ses insignes pontificaux, vint habiter la maison de sa mère près de santa
Maria Majore [1].

---

[1] Sur cette seconde campagne des Normands à Rome et dans le Latium,
il existe trois sources de renseignements. 1o Les *Annales romaines* : Tempore

Lorsque, après cette courte et décisive campagne, les
Normands regagnèrent l'Italie méridionale, ils méritaient
vraiment la reconnaissance de l'église romaine et de
toute la chrétienté, car ils venaient, en quelques jours de
faire disparaître ces nids de bandits, ces repaires de brigands qui, depuis de si longues années ravageaient et
déshonoraient Rome et la campagne Romaine. Pour comprendre la valeur de ce service, il faut lire les plaintes
des pèlerins que la piété attirait à Rome, et qui étaient
régulièrement détroussés par ces pillards, il faut surtout
étudier cette lugubre histoire de la papauté durant le

vero messis iterum dicti Agareni Romam venerunt ad dictum pontificem Nicolaum ; tunc pontifex cum suis Romanis fidelibus et cum dicti Agareni iterum
ad obsidendum Galeriam perrexit. Tunc dictus comes, metuens de obsidione Romanorum, penituit se eum recepisse. Dictus Benedictus pontifex talia cum cognovisset, ascendit supra muros Galerie, cepit Romanum populum signare et maledicere et talia dicere cepit. Vos me invitum
nolentem que elegistis pontificem ; vos me securum facite, et ego renuo ves-
trum esse pontificem. Triginta vero ex nobilibus Romanis et securitatis sacra-
menta fecerunt de vita, de membris, de mala captione, et ut securus in urbe
viveret ipse cum suis rebus. Dictus Nicolaus pontifex cum suo exercitu
Romam est reversus, nominatus vero pontifex Benedictus exuit se pon-
tificalibus vestimentis et reversus est Romam in domum suam. Watterich:
Vitæ Pontificum T. I. p. 217 sq. Ce passage des annales romaines présente
une difficulté chronologique. Elles disent que la seconde expédition normande
dans le Latium eut lieu « au temps de la moisson » en 1059, et qu'elle fut
commandée par le pape Nicolas II. Mais nous savons par ailleurs qu'elle a eu
lieu après le concile de Melfi, que ce concile s'est tenu en juillet 1059 et que le
pape était encore à Bénévent au mois d'août de cette année — Jaffe : *Regesta
Pontif.* p 386 — Ce n'est donc pas au temps de la moisson mais durant l'automne ou au commencement de l'hiver que cette expédition a eu lieu. 2º Le
codex des archives du vatican attribué à Bosou donne sur cette campagne
les renseignements les plus précis ; « Normanni vero ad ipsius ‖papæ Nicolai
commonitionem collecto exercitu subsecuti sunt ejus vestigia et transeuntes
Campaniam, Præenestinorum, ac Tusculanorum et Numentanorum terras hos-
tiliter invadentes, eis tanquam contumacibus et Domino suo rebellantibus
damna gravissima intulérunt. Deinde fluvium Tiberis cum immensa militia
et fortitudine armatorum peditum et sagittariorum copiosa multitudine transeuntes Galeram et universa comitis Gerardi castella usque Sutrium devasta-
runt. Post multa denique damna et exspoliationes, capitaneorum cervicositas
valde contrita redire ad mandatum et subjectionem domini sui pontificis
coacta est. — Codex archivi vaticani A dans Watterich : *Vitæ* p. 211. T. I.
— 3º Enfin Bonizo s'exprime dans le même sens que Bozou mais plus succin-
ctement : « Non solum Tusculanorum et Præenestinorum et Numentanorum
superbiam calcaverunt, sed et Romam transeuntes Galeriam et omnia castra
comitis Gerardi usque Sutrium vastaverunt, quæ res Romanam urbem a capitaneorum liberavit dominatu ». Liber ad amicum VI. dans Watterich p. 209.

Xe siècle et la première moitié du XI°. Les empereurs d'Occident qui prenaient les titres pompeux de patrice de Rome et de protecteur de l'Eglise auraient dû
débarrasser depuis longtemps le Latium de cette tyrannie
et l'incurie dont ils firent preuve à cet égard est si étrange
qu'on se demande si elle n'a pas été calculée pour maintenir l'église romaine dans l'embarras, dans la nécessité
d'implorer toujours du secours. Mais les Normands firent
cette besogne d'une façon si radicale que la domination
des *Capitani* disparut à jamais.

Robert Guiscard et Richard de Capoue n'assistèrent pas
à l'expédition Normande dans le Latium, Robert ne devait
venir à Rome que plus tard pour y laisser une trace sinistre et ineffaçable de son passage.

Après avoir pris congé du pape, à l'issue du concile
de Melfi, Robert était reparti pour le siège de Cariati où
l'attendait le gros de son armée. La nouvelle du retour
du redoutable chef Normand découragea les défenseurs
de Cariati qui n'osèrent plus résister et se rendirent à discrétion, aussi cette ville fût-elle la première à saluer Robert Guiscard du titre de duc. Le vainqueur alla ensuite
soumettre d'autres cités de la Calabre et s'empara rapidement de la puissante Rossano, de Cosenza forte par ses
armes et de la riche Gerace; presque toute la Calabre était
enfin réduite et obligée d'obéir [1].

Les succès constants de Robert Guiscard, la haute dignité que Nicolas II venait de lui accorder, la puissance

---

[1] Romam papa redit, cum magno dux equitatu
Obsessum reperit Cariatum, quo sibi fida
Maxima pars equitum dimissa remanerat ante :
Gens Cariatensis, duce perturbata reverso,
Non obstare valens, illi se dedit, et urbem.
Prima ducem vocat hunc gens ista, ducemque salutat.
Partibus in Calabris, hinc ad loca cœtera transit.
Tunc Rossana potens, Cossentia fortis in armis,
Tunc quoque dives opum Geracia subditur illi,
Et subjecta illi fit pene Calabria tota :

Guillelmus Apuliensis
Lib. II. v. 406-416 dans Pertz Mon. Germ. hist. SS. T. IX, p. 262.

tous les jours plus prépondérante des Tancrède, préludes
de la future domination de cette famille sur leurs compatriotes d'Italie, avaient excité une vive jalousie chez les
hauts barons Normands, d'autant plus soucieux de garder leur indépendance et leur position aristocratique
qu'ils avaient conquis l'une et l'autre à la pointe de leur
épée. Parmi les mécontents se distinguait Pierre fils
d'Ami, le même qui, 13 ans auparavant, en 1046, à la
mort de Guillaume bras de fer, avait disputé à Drogon le
titre et les pouvoirs de comte de Pouille, et qui avait
pris part à la bataille de Civitate [1]. Sans tenir compte de
la convention, acceptée par tous les chefs Normands lors de
la conquête de la Pouille, d'après laquelle Melfi ne devait
être la propriété exclusive d'aucun d'eux mais être partagée entre les douze principaux comtes [2], peut-être aussi
parce que Robert Guiscard avait déjà violé cette convention, Pierre s'empara de Melfi et en fit le rendez-vous des
mécontents. Robert Guiscard accourut dès qu'il apprit
cette nouvelle et, comme Melfi lui ferma ses portes, quoique Pierre fût absent de la ville à ce moment, il se mit,
selon sa coutume impitoyable de faire la guerre, à détruire
les moissons des campagnes environnantes. Les Melfitains épouvantés firent dire à Pierre de venir les défendre, et celui-ci somma Robert de respecter la trêve de 14
jours qui avait été conclue. Robert Guiscard répondit en
accusant Pierre d'avoir lui-même violée la trêve et pour
savoir si cette accusation était fondée, on procéda à un
jugement de Dieu en présence de l'archevêque de Bénévent. Un jeune homme, neveu de Pierre, voulant établir
l'innocence de son oncle, s'engagea à tenir dans sa main
un fer rouge sans éprouver la moindre lésion et, grâce
probablement à quelque préparation, il y réussit en partie ; mais il n'avait pas songé à enduire le bras de la préparation qui avait garanti la main, aussi, lorsque les assis-

[1] Voyez plus haut p. 157 et p. 228.
[2] Voyez plus haut p. 130.

tants examinèrent le résultat de l'expérience une large boursoufflure déjà remplie d'eau couvrait l'avant-bras. Aussitôt les Melfitains, convaincus de la culpabilité de Pierre, voulurent le massacrer, il n'eut que le temps de fuir à la forteresse de la Cysterne et Robert rentra triomphant à Melfi après cette facile victoire.

Il en sortit peu après pour assiéger Pierre au château de la Cysterne, celui-ci effrayé gagna la ville d'Antri. Robert Guiscard l'y suivit et là s'engagea une bataille qui, au rapport d'Aimé, fut très meurtrière pour les deux partis; nous n'en savons pas le résultat, mais, ajoute Aimé : « tant persécuta Robert Pierre jusques à tant que Pierre requist lo amistié de Robert, et Robert par prière d'autres seignors li concédi son amistié » [1].

La chûte et la soumission de Pierre ruinèrent les espérances de ceux qui s'opposaient aux Tancrède; Robert profitant de sa victoire, fit dans la Pouille, aux environs de Melfi, quelques promenades militaires qui obligèrent les mécontents à déposer les armes et à partager le sort du fils d'Ami. La principauté de Capoue avec sa dynastie Normande fut seule à conserver son indépendance vis-à-vis des Tancrède [2].

Un résultat assez inattendu mais très probable du concile de Melfi fut un second mariage de Robert Guiscard après la répudiation de sa première femme Albérada:

Durant tout le moyen-âge, les papes s'opposèrent

[1] Aimé IV, 5, 6, est seul à parler des démêlés de Robert Guiscard avec Pierre d'Ami. Il se trompe en plaçant ces faits après la prise de Reggio et même après la prise de Troie par Robert, c'est-à-dire après 1060. Aimé dit lui-même que Pierre, fils d'Ami, obligé de faire, après sa défaite, contre fortune bon cœur, accompagna Robert Guiscard, lorsque celui-ci se maria en secondes noces avec la sœur de Gisulfe de Salerne. — Aimé IV. 20 — Or, le second mariage de Robert Guiscard eut lieu en 1059; c'est donc avant cette date qu'il faut placer ces démêlés probablement entre le concile de Melfi et le mariage de Robert et de Sikelgaita. Quant à l'autre guerre entre les Tancrède et Gauthier frère de Pierre, fils d'Ami, guerre qui fut, selon toute apparence, la suite de la première. Malaterra la raconte entre le second mariage de Robert Guiscard et la prise de Reggio. — Malaterra I. 33. 34.

[2] Aimé : IV. 7.

avec beaucoup de zèle aux mariages entre consanguins et s'empressèrent de les dissoudre, quand leur voix
fut écoutée; Léon IX, par exemple, fut très vigilant sur ce
point de la discipline de l'église [1]; Nicolas II, marchant
sur ses traces, promulgua dans le concile romain d'a-
vril 1049, contre les mariages entre consanguins, une
ordonnance [2], probablement réitérée dans le concile de
Melfi.

Or, précisément à l'époque du concile de Melfi, bien que
sa femme lui eût déjà donné un fils qui devait être un jour
le grand Boëmond, prince de Tarente et d'Antioche
immortalisé par la muse du Tasse, Robert Guiscard découvrit un peu tard qu'Albérada était sa parente. Il oublia
que cette femme avait été la première origine de sa fortune [3]
et la répudia, après lui avoir fait de grands présents.
Aussitôt, il demanda à Gisulfe, prince de Salerne, de lui
accorder la main de sa sœur aînée Sikelgaita [4].

Gisulfe hésita à donner son consentement; il avait contre les Normands de nombreux motifs de ressentiment,
ce n'est pas sans raison qu'il les trouvait, au rapport de
Guillaume de Pouille, rudes, barbares et sans miséricorde [5].

[1] Cf. supra p. 190 et Wibert : *Leonis IX vita* II. 4. dans Watterich : *Vitæ Roman. Pontific.* T. I. p. 155. — Aimé : III. 15.
[2] Jaffe : *Regesta Pontificum*, n° 3332 p. 385.
[3] Voyez plus haut p. 179, le mariage de Robert avec Albérada.
[4] La date du second mariage de Robert Guiscard n'est pas connue; Malaterra. I. 31 dit qu'il eut lieu en 1058 c'est-à-dire comme Hirsch p. 296, le
fait remarquer du 1er septembre 1858 au 1er septembre 1559, par conséquent à
l'issue du concile. Albérada fut ensevelie dans l'Eglise du monastère de la
Trinité à Venosa : on grava ces deux vers sur son tombeau :
   Guiscardi conjux Alberada hac conditur arca
   Si genitum quæris, hunc Canusinus habet.
Albérada femme de Guiscard repose dans cette tombe; si tu cherche
son fils (Boémond) il est à Canosa. Canosa et Venosa sont deux petites villes
de la Pouille situées l'une et l'autre non loin de l'Ofanto.
[5] Cumque potentatus cæpisset crescere nomen
   Virtutisque suæ, legatos mittere cœpit,
   Qui sua deferrent generoso verba Gisulfo
   Guaimarii genito, germanæ nobile poscens.
   Conjugium, quia conjugio tunc ipse carebal,
   Prima conjuge pro consanguinitate repulsa,
   De qua natus erat Buamundus, strenua proles,
   Insignis nimia virtute potensque futurus.

Toutefois, se voyant menacé dans ses dernières possessions par Guillaume de Hauteville déjà maître d'une partie
de la principauté de Salerne, il fut obligé de céder pour
avoir contre ce voisin de plus en plus envahissant l'appui
de Robert Guiscard et la jeune princesse fut promise, avec
la dot que Gisulfe pouvait donner [1].

La condition des fiançailles fut très probablement que
Robert chasserait son frère Guillaume des pays qu'il avait
usurpés dans la principauté de Salerne. Et, en effet, Robert qui n'avait certainement pas oublié que Guillaume
avait, peu auparavant, soutenu Roger contre lui, vint
avec une armée dans la principauté. A l'exception de
Richard de Capoue avec lequel il était à ce moment en
assez mauvais termes, Robert Guiscard se fit accompagner
dans cette expédition par un grand nombre de comtes
Normands qui, de gré ou de force, marchèrent avec
lui ; Pierre fils d'Ami, ne fut pas excepté et dut se résigner
à suivre son vainqueur.

Devant de pareilles forces, Guillaume de Hauteville ne
put résister longtemps. Ses châteaux furent pris et occupés de nouveau par le prince Gisulfe [2]. Celui-ci, voyant
son pouvoir rétabli, songea peut-être alors à revenir sur
sa promesse et à refuser sa sœur à Robert ; il le fit prier de
retarder le mariage, sous prétexte que les préparatifs des
noces n'étaient pas terminés [3]. Robert rentra dans ses états,
mais il surgit bientôt un incident qui coupa court aux

Primo Roberti sprevit mandata Gisulfus,
Non quod majori posset, vel nobiliori
Consociare viro germanam, sed quia Galli
Esse videbantur gens effera, barbara, dira,
Mentis inhumanœ.....
Guillelmi Apuli. Lib. II. v. 416-428.
Guillaume de Pouille parle du second mariage de Robert Guiscard après
avoir mentionné le concile de Melfi.
[1] Aimé : IV. 18.
[2] Malaterra I. 31. Le passage de Malaterra est obscur et a probablement été
mal copié, il ne permet pas de définir le rôle de Roger dans les fiançailles
de Robert Guiscard et de Sikelgaita. C'est Aimé IV, 20. qui fournit presque
tous les détails, aussi n'est-il guère possible de les contrôler.
[3] Aimé : IV. 21.

hésitations et aux atermoiements de Gisulfe; son oncle
Gui voyait de mauvais œil le mariage de Robert Guiscard et de Sikelgaita ; aussi, pour marquer son ressentiment à son neveu, il accorda la main de sa propre fille à
Guillaume de Hauteville et se ligua avec lui. Gisulfe effrayé rappela Robert, le pria de venir avec une faible escorte, et le mariage fut conclu immédiatement. Robert
Guiscard amena la nouvelle duchesse à Melfi et en Calabre et la dota richement de terres et de châteaux [1].

Aimé approuve le mariage de Robert et de Sikelgaita parce que, dit-il, chacun des deux conjoints avait
trois grandes qualités; Robert était riche entre les
plus riches, humble entre les plus humbles et fort entre
tous les chevaliers « et la dame sa moillier estoit noble de
parent, belle de cors et sage de teste. Adunque bien convenoit de ces ij. estre fait un cors, liquel per a per de vertu
se concordoient [2]. » Nous verrons plus tard que Sikelgaita
rendit Robert père d'une nombreuse famille.

Aimé oublie de dire que ce mariage qui faisait entrer
Robert dans la plus illustre famille lombarde de l'Italie du
sud était une nouvelle consécration de sa puissance naissante. C'est ce que Guillaume de Pouille a très bien
compris lorsqu'il écrit : « Cette alliance avec une famille
d'une si grande noblesse ajouta une nouvelle gloire au
nom déjà célèbre de Robert : les peuples qui jusqu'alors ne
lui avaient obéi que domptés par la force, commencèrent
à reconnaître en lui le droit des ancêtres, car les Lombards se souvenaient que l'Italie avait été soumise aux
aïeux de Sikelgaita [3]. »

---

[1] Aimé : IV. 23.

[2] Aimé : IV. 18. Outre les auteurs déjà cités, voyez sur le second mariage
de Robert Guiscard: *Romualdi Salernitani Chronica* ad an. 1060, dans Pertz :
Mon. Germ. hist. SS. T. XIX, p. 387, et *Chronica Amalfi.* c. 30. dans Murat.
Ant. L T. I. p. 204.

[3] Conjugio ducto tam magnæ nobilitatis,
Augeri cœpit Roberti nobile nomen ;
Et gens quæ quondam servire coacta solebat
Obsequio solvit jam debita juris aviti.

Dans les premiers temps qui suivirent son mariage, Robert Guiscard ne vint pas au secours de son beau-frère Gisulfe, qui avait à se défendre contre Gui et contre Guillaume de Hautèville, aussi le prince de Salerne chercha l'alliance de Richard de Capoue; mais sà situation critique finit par émouvoir Robert qui s'entremit entre lui et ses ennemis. Cette intervention obligea Guillaume de Hauteville à faire la paix avec Gisulfe et à devenir son chevalier, c'est-à-dire à lui jurer fidélité; ils se partagèrent amicalement les châteaux de la principauté de Salerne, mais Gisulfe resta seul maître de la ville même de Salerne et rompit toute amitié avec Richard de Capoue [1].

Après le mariage de Robert, les Tancrède vécurent quelque temps en bon accord. Cette entente mérite d'être signalée car elle se produisit rarement; elle permit à Roger de rendre à Guillaume le *Castrum* de Scalea, où il avait trouvé un abri dans les jours de détresse et bravé la colère de son frère, et il alla habiter le château de Mileto que Robert Guiscard lui accorda en toute propriété. A peine arrivé, il commença, comme le faisaient tous les Normands, à agrandir ses domaines aux dépens des voisins. Pendant qu'il assiégeait Oppido, [2] l'évêque de Cassano et le gouverneur de Gerace essayèrent un coup de main contre le *Castrum* de San Martino, dans la vallée des Salines, et vinrent l'investir en 1059. Roger, apprenant cette attaque, abandonna le siège d'Oppido, accourut à marche forcée à l'ennemi, ferma toute issue et le vainquit de telle manière qu'à peine un seul soldat put lui échapper. Le butin fut considérable et permit à Roger de donner à ses troupes de nombreux che-

Nam proavis et avis subjectam conjugis hujus
Noverat Italiam gens Longobarda fuisse.
            Guillelmus Apuliensis
            Lib II. v. 436-441.

[1] Aimé : IV. 24. 25.
[2] Sur Oppido cf. L. Giustiniani: *Dizionario geografico del regno di Napoli* 10 vol. Naples, 1804. T. VII p. 74.

vaux et des armes ; cette défaite fit en Calabre une grande
impression augmenta le prestige de Roger et la crainte
qu'il inspirait déjà [1].

Un autre Tancrède, Geffroy, devenu comte dans la Capitanate, grâce aux concessions de ses deux frères Mauger
et Guillaume, essaya lui aussi de faire ce que faisaient Robert Guiscard et Roger, c'est-à-dire d'arrondir ses biens
en s'emparant de ceux de ses voisins, mais ces voisins
étaient des Normands qui n'entendaient pas se laisser dépouiller comme des Grecs ou des Lombards; parmi eux
se trouvait Gauthier seigneur de Guillamate, et probablement frère de ce Pierre, fils d'Ami, qui venait de
tenir un moment en échec la fortune de Robert Guiscard. Dans les hostilités qui eurent lieu, Geffroy eut le
dessous et dût appeler à son aide ses frères Roger et Robert. Les deux conquérants accoururent avec une armée, réduisirent la terre de Gizzo, dont Geffroy voulait
s'emparer et prirent également Guillamate. Le malheureux Gauthier fut amené en captivité dans la
Pouille, et, sans égard pour le sang normand qui coulait
dans ses veines, les Tancrède, en vrais barbares, lui
firent crever les yeux, de peur, disaient-ils, qu'il ne recou-
vrât la liberté et ne redevint un danger pour Geffroy.
La sœur de Gauthier, conduite avec lui en captivité, était
si belle que sa beauté a inspiré une légende, reproduite par Malaterra. Lorsque cette jeune fille, raconte le
chroniqueur, se baignait dans la mer ou lorsque, pour

[1] Malaterra : I. 32. Nous avons vu plus haut que, d'après Guillaume
de Pouille, Robert Guiscard s'était emparé « de la riche Gerace » aussitôt après le concile de Melfi; aussi est-on surpris de la voir dans ce passage de Malaterra, au pouvoir des grecs et en guerre contre Roger.
Mais Guillaume de Pouille est une autorité chronologique contestable; il se
sera trompé sur l'époque de la soumission de cette ville aux Normands et
probablement aussi aura attribué à Robert Guiscard ce que Roger avait fait;
c'est sans doute après l'insuccès de l'expédition de son gouverneur ,que
Gerace aura ouvert ses portes aux Normands commandés par Roger. La
guerre de l'évêque grec de Cassano contre Roger témoigne une fois de plus de
l'hostilité du clergé grec contre les Normands; à la suite du concile de Melfi,
et après les démêlés qui existaient entre l'église grecque et l'église latine,
cette hostilité ne pouvait être que plus accusée.

répéter l'expérience, elle entrait dans l'eau d'un fleuve, les poissons, attirés par la blancheur et l'éclat de son teint, venaient nager autour d'elle et elle n'avait qu'à se baisser pour les prendre.

La reddition de Guillamate et la ruine de Gauthier ouvrirent à Geffroy la province de Teacine, qu'il commença aussitôt à conquérir [1]

Après l'expédition de la Capitanate, Robert Guiscard et Roger retournèrent dans les Calabres, où Roger passa l'hiver. Quant à Robert, après une courte incursion à Reggio pour étudier le pays il vint passer en Pouille la mauvaise saison [2].

Au printemps de 1060, les Normands recommencèrent la guerre contre les Grecs. Robert Guiscard obligea enfin la forte Tarente à capituler, malgré les défenses naturelles qui semblaient devoir la préserver à tout jamais contre l'invasion Normande, Brindisi à l'est de Tarente et sur les bords de l'Adriatique succomba également. Mauger qui accompagnait son frère dans cette campagne marcha sur Oria entre Tarente et Brindisi, y rencontra les Grecs et les défit complètement. Ces évènements se passaient au mois de mai [3], aussi Robert eut encore le temps de réunir une armée plus considérable que celle qu'il venait de commander et partit pour la Calabre, où l'attendait Roger. Les deux frères conduisirent aussitôt leurs troupes contre Reggio et commencèrent le siège de cette ville,

[1] Malaterra : I. 33, 34. Malaterra ne dit pas que Gauthier (Galterius) fût Normand mais le nom l'indique clairement et sa sœur était évidemment une blonde fille du Nord,

[2] Malaterra : I. 34.

[3] Chronicon breve Normannicum ad an. 1060 : Mense madio comprehensa est civitas Tarenti per ducem Robertum ; et postea ivit super Brundusium et cepit eam. Malgerus comes ivit super Orlam et fugavit Græcos ab ea. Il est fort difficile de faire concorder ensemble au point de vue de la chronologie la Chronicon breve Normannicum avec Malaterra. Pour cette période, la Chronicon ne mentionne des guerres entre les Grecs et les Normands que celles du sud-est de l'Italie, tandis que Malaterra parle des guerres du sud-ouest. En outre, tandis que Malaterra commence l'année le 1er septembre la Chronicon la commence en janvier (Cf. Chronicon ad an. 1061).

lorsque les Calabrais étaient occupés à recueillir les moissons [1]. La prise de Reggio la dernière ville importante du
sud-ouest do l'Italie, la métropole de la côte orientale du
Faro était dans la pensée de Robert Guiscard comme dans
celle des Normands, le couronnement des longues guerres
contre les Grecs qui, dans la Pouille ou dans les Calabres duraient depuis 19 ans. Mais l'entreprise était ar-
due; Robert y avait déjà échoué, et cet échec s'explique
d'autant mieux !que, d'après Scylitzès, Reggio était alors
une grande et belle ville où le duc d'Italie avait établi
sa résidence ; elle renfermait de magnifiques palais
et avait en abondance ce qui est nécessaire pour vivre [2].

Les habitants de Reggio se défendirent avec énergie
et les chefs Normands dûrent, pour soutenir leurs troupes, s'exposer eux-mêmes au premier rang. Roger paya
de sa personne; dans un combat corps à corps il s'attaqua à un ennemi d'une stature gigantesque et qui
défiait les Normands, et parvint à le tuer après l'avoir
désarçonné d'un coup de lance. Voyant qu'il ne pourrait
vaincre autrement la résistance de Reggio, Robert Guiscard fit construire de grandes machines de guerre qui
furent placées contre les remparts A la vue de ces engins, les Grecs comprirent qu'il valait mieux capituler pendant qu'ils pouvaient obtenir encore de bonnes
conditions et ils obtinrent en effet que les deux chefs de
la ville avec tout ce qui leur appartenait et avec la garnison sortiraient librement et se retireraient où ils voudraient sans être inquiétés [3].

Robert au comble de ses vœux fit à Reggio une entrée

[1] Malaterra : I. 35. « Plurimoque exercitu, anno Domini Incarnationis 1060
congregato, Calabriam venit (Robertus), fratrem quo secum accipiens, tempore quo messes colligi incipiebant, Rhegium præoccupans obsedit. »
το Ῥήγιον πόλιν μεγάλεν καί ἐπιφανῆ, ἐν ᾧ συνήθως ὁ δοὺξ Ἰταλίας διέτριβεν.
ἦσαν γὰρ ἐν τούτῳ οἰκήματά τε διαπρεπῆ καὶ τῶν ἐπιτηδείων ἀφθονία πολλή.
Joannis Scylitzæ Curopalatæ *historia*, p. 722, édition Bonn 1839 dans le second vol. de G. Cedrenus.
[3] Malaterra: I. 35. Le souvenir du triomphe de David sur Goliath a beaucoup hanté l'imagination des chroniqueurs du moyen âge et celle de Malaterra.

triomphale et distribua de grandes récompenses à Roger
et à toute l'armée; puis il s'occupa sans retard de pacifier
et d'organiser sa nouvelle conquête. Pendant ce temps,
Roger courut le pays avec des détachements de troupes
et, soit à l'aide de menaces, soit par de captieuses promesses, se rendit maître de onze châteaux les plus importants
et les plus fortifiés de la contrée. Un seul résista à ses efforts, c'était le château de Scilla, où s'était réfugiée la garnison de Reggio [1],

Roger craignit de trop fatiguer ses soldats en les obligeant à assiéger Scilla, aussi se borna-t-il à faire construire des fortifications devant les portes même de cette
ville et y installa une garnison avec des vivres en abondance. Après son départ, les Grecs de Scilla, constamment
harcelés par les soldats de Roger, ne purent tenir longtemps; ils s'embarquèrent de nuit et firent voile vers
Constantinople; les habitants appelèrent aussitôt Roger
qui prit possession du dernier boulevard des Grecs et, selon l'expression biblique employée par Malaterra, toute la
province se tût devant le duc Guiscard et devant son frère
Roger.

en particulier; le récit d'un ennemi à la haute stature, bravant et insultant
ses adversaires et puis régulièrement occis par le héros du chroniqueur, revient trop souvent pour ne pas éveiller des doutes sur la valeur historique de
ces exploits.

[1] Malaterra : I. 36.

[2] Malaterra : I. 37. Ce système d'entourer les villes d'un cercle de fortifications pour empêcher toute communication avec le dehors et d'attendre ensuite sans se donner la peine de les prendre d'assaut, qu'elles fussent obligées
de capituler à cause de la famine ou pour d'autres motifs, caractérise, nous
avons déjà eu occasion de le dire, la manière dont les Normands faisaient la
guerre en Italie, au XI° siècle.

CHAPITRE VII

Lorsque les Normands eurent planté, en 1060, sur les murs de Reggio leurs gonfanons victorieux, ils n'avaient pas seulement pris possession de l'extrême rivage de l'Italie du sud-ouest, ils avaient aussi atteint, dans cette direction, la dernière limite du monde chrétien. En face de Reggio, par delà les flots de la Méditerranée, Robert Guiscard et ses compagnons pouvaient distinguer les lignes ondoyantes de la Sicile se profilant à l'horizon, c'est-à-dire voir de leur yeux une terre au pouvoir des Sarrasins depuis le IX° siècle.

Les Normands n'avaient pas attendu d'être maîtres de Reggio pour songer à s'emparer de la belle et fertile Sicile ; l'année précédente, au concile de Melfi, Robert, escomptant bravement l'avenir et la fortune, avait pris le titre de duc de Sicile sans avoir un pouce de terre dans cette île ; il espérait qu'avec l'aide de Dieu et de son épée, il ne porterait pas longtemps un vain titre.

Si les Normands ne possédaient rien en Sicile, une partie de l'île leur était cependant bien connue. En 1039, les trois aînés des Tancrède, suivis d'un corps de troupes Normandes, y avaient fait avec Ardouin une laborieuse expédition comme auxiliaires des Grecs [1] ; vingt ans s'étaient écoulés depuis cette époque, et les trois chefs Normands qui avaient combattu sur le sol Sicilien, Guillaume bras de fer, Drogon et Umfroy dor-

[1] Cf. *supra*, p. 92 sqq.

maient leur dernier sommeil dans l'église de Venosa ; mais certainement il y avait encore parmi les soldats de Robert Guiscard et de Roger des survivants de cette campagne, pouvant raconter à leurs camarades les charmes et les richesses des pays de Sicile.

Quoique les Normands n'eussent guère besoin d'être encouragés à faire une conquête lorsque cette conquête était à leur portée, ils furent d'autant plus empressés d'envahir la Sicile, que le saint-siège, avec lequel ils étaient, en ce moment, en bonnes relations, les engagea certainement à chasser les Sarrasins de cette île. Depuis quelques années, les papes se préoccupaient plus vivement du danger que le voisinage des infidèles de la Sicile faisait courir à l'Italie, et en outre, ils avaient essayé de soutenir et de raviver la foi des chrétiens vivant, dans cette île, sous la domination Musulmane. En 1050, Léon IX avait nommé le moine Humbert évêque régionnaire de la Sicile [1] ; malheureusement ces intentions furent paralysées probablement par l'intolérance des Musulmans, Humbert ne visita même pas le troupeau qui lui avait été confié, et son zèle ne tarda pas à être absorbé d'une autre manière [2]. Mais dès que le saint-siège entrevit la possibilité de chasser les infidèles de la Sicile, il saisit avec empressement la première occasion et donna aux Normands cette île, sur laquelle il prétendait avoir des droits ; de là les stipulations du synode de Melfi [3].

Une circonstance favorable se présenta, qui permit aux Normands de préluder à la conquête de la Sicile, aussitôt après la prise de Reggio.

Dans les premiers jours d'août 1060, trois chrétiens de Messine, Ansaldus di Patti, Nicolas Camulia et Jacob Saccanus, profitant des jours où les Sarrasins étaient retirés dans leurs maisons pour y célébrer une fête religieuse, feignirent d'aller à Trapani ; changeant en-

---

[1] Migne : *Patrol. lat.* T. 143, col. 915, sqq.

[2] Il fut nommé cardinal et évêque de Silva candida. Migne : *Patrol. lat.* T. 143, col. 915. sqq.

[3] Cf. *supra* chap. VI.

suite de direction ils abordèrent sur les côtes de la Calabre et vinrent trouver à Mileto le 6 août 1060 le comte
Roger. Ils lui demandèrent de délivrer leur ville de la domination des infidèles, se donnèrent comme les représentants de la communauté chrétienne de Messine et promirent dé se joindre eux et leurs coréligionnaires à l'armée des Normands, dès qu'elle paraîtrait devant les murs
de Messine [1].

Roger répondit aux envoyés de Messine qu'il se rendait
à leur désir et qu'il irait avec un corps de troupes faire
une descente sur le rivage Sicilien, près de leur ville.
« En se décidant si facilement, Roger, au dire de Malaterra, (II, 1), poursuivait un double but, l'un spirituel, l'autre
temporel. Il désirait ramener au culte du vrai Dieu une
terre possédée par les idolâtres, c'est-à-dire faire une œuvre
utile pour son propre salut, et il songeait aussi à s'emparer des biens des infidèles, sauf à les utiliser ensuite pour
le service divin . »

[1] En 1715, Baluze imprima dans le tome VI de ses *Mélanges*, p. 174 un document intitulé : *Brevis historia liberationis Messanæ a Sarracenorum dominatu per comitem Rogerium Normannum factæ a Messanensibus vocatum* et dit
qu'il provenait des manuscrits laissés et copiés par A. Duchesne. Les manuscrits de Duchesne sont à la bibliothèque nationale à Paris et on y trouve en
effet (Baluze, *armoire* 2, *paquet* 5, n° 2, p. 428 sqq., maintenant n° 57, la *Brevis
historia* copiée de la main de Duchesne et portant cette note « *Ex codice
Ms. perantico Bibliothecæ Senatus Messanensis, summa fide transcripta* »;
comme Duchesne n'est jamais allé à Messine, il faut entendre cette apostille
dans le sens qu'il a lui même copié une copie mais que cette copie lui inspirait toute confiance. Muratori a reproduit — *Rerum Italic. Script.* T. VI p.
614 — 626 — la *Brevis historia* et apprécie sa valeur en disant : *Multam
enim vetustatem sapit*. Quelque grande que soit l'autorité de Muratori, il n'est
guère possible de ratifier ce jugement; au contraire, il est certain que la *Brevis historia* dont l'auteur se prétend contemporain des évènements qu'il rapporte, est un document apocryphe fait dans le but de rehausser la gloire et
l'importance de la ville de Messine. Une analyse sommaire de la *Brevis historia* suffit pour le démontrer. Elle porte en substance qu'en 1060, la Sicile était
divisée en 5 principautés, ayant comme principales villes maritimes Tindaro
Taormine, Syracuse, Trapani, Palerme et Patti; ces principautés avaient pour
chefs cinq maures ennemis l'un de l'autre, le premier d'entre eux nommé
Raxdis résidait à Messine où les chrétiens jouissaient en vertu d'anciens traités, d'une liberté plus grande que dans toute autre partie de l'île.
Ils pouvaient à peu près librement pratiquer leur culte et avaient conservé
leurs biens et une bannière portant une croix d'or sur un fond rouge;
l'empereur d'Orient, Arcadius avait donné cet étendard aux habitants de Messine en souvenir de la glorieuse conduite de quelques-uns d'entre eux à

Ansaldus di Patti, Nicolas Camulia et Jacob Saccanus regagnèrent clandestinement Messine, et très probablement dans le mois de septembre qui suivit, Roger ayant réuni soixante Normands décidés à le suivre dans cette périlleuse aventure, s'embarqua avec eux sur le Faro et fit voile pour la Sicile.

Thessalonique. Malgré ces avantages, les chrétiens de Messine détestaient le joug des infidèles et surtout gémissaient de voir les autres chrétiens de la Sicile plongés dans un esclavage beaucoup plus dur; aussi trois Messinois de noble origine, Ansaldus di Patti, Nicolaus Camulia et Jacob Saccanus voulant mettre fin à cette situation et délivrer leur patrie se réunirent secrètement le 6 août 1060, dans l'île S. Hyacinthe appelée depuis le bras du Sauveur. Le résultat de leurs délibérations fut d'offrir la Sicile au comte Roger et au duc Robert qui se trouvaient l'un et l'autre avec le pape à Mileto. Les conjurés quittent donc clandestinement Messine, s'embarquent travestis et font coincider leur voyage avec une fête religieuse mahométane pendant laquelle les Sarrasins restent enfermés chez eux durant dix jours. Après avoir feint, pour mieux détourner les soupçons, de faire voile vers Trapani, les trois Messinois débarquent heureusement en Calabre, voient le pape et Roger, engagent ce dernier à faire la conquête de la Sicile et comme gage du secours qu'ils lui promettent au nom des chrétiens de Messine, lui remettent le gonfanon d'Arcadius. Roger délibère sur cette affaire avec le pape et six cardinaux, et le pape approuve l'expédition à la condition que l'on fera trois parts des biens de la Sicile, que la première sera donnée au clergé, la seconde aux soldats, la troisième au prince. Des serments furent donc prêtés de part et d'autre et Roger promit d'être avant huit jours en armes devant Messine. Il se rendit dans le délai voulu, avec 1600 hommes, d'abord à Palme, puis à Reggio et une flotte commandée par son frère Geffroy le porta lui et ses troupes à trois milles de Messine et il put voir dans l'île S. Hyacinthe les corps de douze chrétiens de Messine décapités par les Sarrasins qui avaient eu quelque soupçon de ce qui se passait. Roger ordonne à ses troupes de marcher à l'assaut de Messine; grâce à la puissante diversion que font les chrétiens dans l'intérieur de la ville, les Normands sont victorieux, pénètrent dans Messine, massacrent les infidèles et Roger reporte solennellement l'étendard d'Arcadius dans l'Eglise S. Nicolas. Les possessions des vaincus sont divisées en trois parts suivant les conventions de Miléto. Tel est le résumé de la *Brevis historia* Viennent ensuite à l'appui de ce récit, deux diplômes, l'un du roi Roger de 1129 l'autre de Guillaume I de 1160 accordant à la ville de Messine de grandes libertés municipales à cause de l'éminent service rendu par les chrétiens de cette ville en 1060 à la religion chrétienne et à la Sicile toute entière.

Le caractère apocryphe de la *Brevis historia* et par conséquent aussi des deux diplômes qui sont de la même facture et confirment ce qu'elle avance, est facile à démontrer.

D'abord il n'est guère admissible que durant le mois d'août 1060, le pape (Nicolas II), et six de ses cardinaux aient résidé pendant quelque temps à Mileto en compagnie de Roger. Celui-ci était occupé à cette époque à réduire les châteaux des environs de Reggio et le seul voyage de Nicolas II dans les possessions normandes est celui de Melfi en 1059. Si le pape en avait fait un second et était venu jusqu'à Mileto, quelque chroniqueur l'aurait mentionné, ou bien nous le saurions par quelque acte de la chancellerie

Cette première expédition n'eut pas le résultat que les chrétiens de Messine en attendaient. Les Sarrasins soupçonnèrent la conspiration, se tinrent sur leurs gardes, et lorsque les trois envoyés regagnèrent leur ville, ils virent exposés sur des gibets les restes inanimés de 12 chrétiens que les Sarrasins avaient fait décapiter par mesure de précaution [1]. Aussi lorsque Roger et ses compagnons eurent débarqué non loin de Messine, au lieu d'être soute-

pontificale, or il n'existe aucun témoignage permettant de supposer ce voyage. Ajoutons qu'au concile de Melfi, Nicolas II avait investi Robert Guiscard et non Roger de la Sicile, il n'aurait donc pas un an après ce concile modifié ces stipulations, car nous savons qu'il n'était intervenu aucune brouille entre lui et Robert Guiscard, et de 1059 à 1060 la bonne entente entre Roger et Robert Guiscard continua également. Robert Guiscard qui se trouvait à Reggio au mois d'août 1060 n'aurait jamais permis que l'on décidât sans lui la conquête de la Sicile, surtout après le concile de Melfi.

Un argument tout à fait concluant contre l'authenticité de la *Brevis historia*, c'est qu'elle suppose la ville de Messine prise par Roger lors de sa première descente en Sicile, et prise avec le concours des chrétiens Messinois. Or tous les documents disent le contraire; comme nous le verrons, tous racontent que cette première descente fut une simple reconnaissance et qu'au lieu de prendre Messine, Roger se trouva un moment dans un grand embarras, et dût s'estimer heureux de revenir sain et sauf à Reggio avec quelque butin. Lorsque l'année suivante, Messine tomba entre les mains des Normands, durant la troisième campagne en Sicile, le rôle des chrétiens Messinois fut nul ou du moins très peu appréciable. Les auteurs que nous citerons en racontant ces faits ne permettent pas d'en douter.

Sans parler du style étrange, diffus et apprêté de la *Brevis historia* et des deux diplômes, style qui n'est pas d'un contemporain ayant vu les faits et les racontant, mais d'un rhéteur qui compose une histoire fantaisiste, concluons donc que ces documents sont absolument apocryphes. Est-ce à dire qu'il faille rejeter toutes leurs données ? Ce serait aller trop loin. Ils renferment deux renseignements ignorés à l'époque ou a paru la *Brevis historia* et qui ont été reconnus vrais, grâce aux découvertes faites depuis. Les documents arabes publiés au XVIIIe et au XIXe siècles ont établi que dans les premières années de la seconde moitié du XIe siècle, la Sicile était en effet partagée entre plusieurs chefs musulmans en guerre les uns contre les autres, et la traduction française d'Aimé, qui a paru seulement en 1035 a montré que la flotte qui porta les Normands à la conquête de la Sicile était commandée par un Geoffroy comme l'avait dit la *Brevis historia*, mais elle se trompait en faisant de Geoffroy un frère de Roger. On peut donc présumer que la *Brevis historia* a été faite à l'aide de quelques traditions exactes mais embellies ensuite et amplifiées pour augmenter la gloire de Messine et des Messinois. Nous avons cherché dans notre récit à dégager ce qu'il pouvait y avoir de vrai dans ce document et à le coordonner avec le récit de Malaterra qui sur ce point mérite toute confiance. Le fait d'une ambassade de chrétiens de Messine auprès de Roger n'a rien d'invraisemblable si on le réduit à des proportions en harmonie avec les données certaines que nous avons par ailleurs.

nus par les chrétiens de la ville, ils se virent attaqués par une foule qui se précipita par toutes les portes et se jeta sur eux avec d'autant plus d'ardeur que les Normands, comme nous l'avons déjà dit, étaient en fort petit nombre.

La situation de Roger et des siens devenait critique ; pour en sortir le rusé Normand eut recours à un stratagème plusieurs fois déjà employé par ses compatriotes dans les guerres d'Italie. Il feignit d'avoir peur, et lui et ses soldats prirent la fuite, entraînant à leur suite les Sarrasins, sûrs de la victoire ; puis, au moment favorable, les Normands firent brusquement volte face, tombèrent sur les infidèles dispersés, massacrèrent ceux qui s'étaient aventurés le plus loin et chassant l'ennemi devant eux, retournèrent jusqu'aux portes de la ville. Roger fit ensuite embarquer le butin de la journée, surtout les chevaux abandonnés par les Sarrasins et revint avec ses soldats trouver son frère à Reggio [1].

L'expédition de Roger était à peine terminée qu'au mois d'octobre, des complications imprévues rappelèrent en toute hâte les chefs Normands dans la Pouille : les Grecs que l'on pouvait croire découragés et affaiblis par la chute de Reggio, reprirent au contraire après avoir perdu cette ville, une vigoureuse offensive et, pendant quelque temps, mirent en péril les conquêtes Normandes les plus anciennes et les plus assurées.

Le 22 novembre 1060, l'empereur d'Orient Isaac Comnéne, qui avait gouverné l'empire avec une déplorable faiblesse, abdiqua le pouvoir et voulut en investir son frère Jean. Celui-ci refusa la couronne qui fut alors donnée à Constantin Ducas. Le nouvel empereur, moins négligent que ses prédécesseurs, songea à recouvrer les provinces que l'empire avait perdues en Italie, et, dans ce but, nomma le miriarque Aboul Karé duc d'Italie.

[1] *Brevis historia* l. c.
[2] Malaterra II. 1. — *Anonymi Vaticani historia Sicula* dans Muratori R. I. S. t. VIII col. 755 et traduction française dans Champollion Figeac p. 278, I, 13.

Aboul Karé vint d'abord à Durazzo où il commença à organiser une armée et passa ensuite à Bari : là, il apprit la prise de Reggio par les Normands ; mais cette nouvelle, au lieu d'abattre son courage, fut pour lui un stimulant ; il commença avec d'autant plus d'ardeur et de succès à envahir les pays occupés par l'ennemi que les meilleures troupes de ces derniers se trouvaient à l'extrémité ouest de la Calabre. Robert Guiscard accourut, dès qu'il eut connaissance du danger, réunit ses troupes à celles de son frère Mauger et tous deux marchèrent contre les Grecs. Ils furent complètement vaincus par Aboul Karé, qui profita de sa victoire pour reprendre Tarente, Oria, Brindisi, Otrante et la fortune, si longtemps fidèle aux Normands parut vouloir les abandonner, pour passer du côté des Grecs. Dans les derniers mois de 1060, Aboul Karé et ses troupes, débordant sur tous les points, vinrent mettre le siège devant Melfi. Mais en janvier 1061, Robert Guiscard et Roger lequel était aussi revenu en Pouille ; furent plus heureux, Roger s'empara de Manduria près de Tarente, Robert Guiscard d'Acerenza, et ce dernier ayant ensuite marché contre les Grecs qui assiégeaient Melfi parvint à les mettre en fuite et à délivrer la capitale de ses états.

Ce seul fait de la présence des Grecs devant Melfi, placé au cœur des possessions Normandes, et n'ayant jamais été attaquée depuis vingt ans que les Normands la possédaient, fait voir combien furent grands les premiers succès d'Aboul Karé, et quels dangers il fit courir à ses adversaires. Si l'entreprise du général grec avait coïncidé avec les pontificats de Léon IX ou d'Etienne IX, elle eût peut-être amené l'expulsion des Normands de l'Italie, car alors le saint siège aurait fait cause commune avec les Grecs contre les Normands ; heureusement pour ces derniers, Aboul Karé ne vint en Italie qu'après le concile de Melfi, et la situation s'améliora rapidement car, dès le mois de février 1061, les Normands reprirent leurs projets sur la Sicile

et ne s'occupèrent plus exclusivement de la guerre contre les Grecs [1].

Sur ces entrefaites, un nouvel appel leur fut adressé pour
opérer une seconde descente en Sicile et, cette fois, l'invitation ne venait pas des chrétiens Siciliens mais de l'un
des principaux mahométans de l'île, du kaïd Ibn at Timnah.
Pour comprendre comment un musulman Sicilien oublia
et trahit sa religion et sa patrie au point d'appeler les
chrétiens à la conquête de la Sicile, il est nécessaire de
connaître quelques péripéties de la vie d'Ibn at Timnah.
On a vu comment en 1039, les Grecs, ayant avec eux
un corps de troupes normandes, avaient tenté la conquête
de la Sicile et comment, après la disgrâce de Georges Maniacès, cette expédition avait échoué [1]. Al Akhal qui avait,
fait venir les Byzantins paya de sa vie cet appel à l'étran-

---

[1] Nous ne connaissons cette guerre entre les Grecs et les Normands durant l'hiver de 1060-61 que par un texte de Jean Scylitzès et un autre de la *Chronicon breve
Normannicum.* Les historiens classiques des Normands n'en ont pas parlé, probablement parce qu'elle ne faisait pas honneur à leurs héros. Scylitzès écrit :
ὁ δ' ᾿Αβουλχαρὲ τὸ Δυρράχιον καταλαβὼν ἐξ ἐκείνου τε εἰς τὴν Βάριν περαιωθ-
εἰς, πυθόμενος ὅτι το ῾Ρήγιον ἔαλω, ἔμεινεν αὐτὸν ἐν τῇ Βάρει, κἀκεῖθεν ὡς ἦν
δυνατὸν τῶν ἔτι τὰ ῾Ρωμαίων φρονουσῶν ἀντείχετο πολεων, στρατηγοὺς ἐφιστῶν
καὶ στρατὸν ἐπιπεμπων εἰς φυλακήν. ετι γὰρ ἐφρόνουν τὰ ῾Ρωμαίων ἥ τε Βάρις,
ἡ ῾Υδροῦς, ἡ Καλλίπολις, ὁ Τάρας, το Βρενδίσιον καὶ αἱ ᾿Ωραι καὶ ἄλλα πολίχνια
ἱκανὰ καὶ πᾶσα ἡ χώρα ἁπλῶς. J. Scylitzès *historia* p 722 edit. de Bonn. 2e
vol. des œuvres de G. Cedrenus. Le dernier membre de phrase du texte de
Scylitzès est évidemment une exagération. La *Chronicon breve Normani-
con* renferme les deux phrases suivantes: *anno* 1060... *mense octobri venit Miriarcha cum exercitu imperiali et fecit prœlium magnum contra Robertum et Mal-
gerum, et fugavit Northmannos, et iterum recuperavit eas cum aliis terris et
Hydronte. Anno* 1061. *Mense Januario Rogerius comes intravit Mandurium et
Robertus dux comprehendit Acherontiam et ivit contra Grœcos obsidentes Melphim et fugavit eos. -* Migne *Patr. lat.* T. 149 col. 1085. Comme le dit Hirsch:
Forschungen... T. VIII p. 294 note 5. » l'᾿Αβουλχαρὲ de J. Scylitzes Curopalate est évidemment le Miriarcha de la *chronicon Breve. —* Dans le chap.
2 liv. 1 de son histoire, Malaterra fait allusion à cette guerre contre les Grecs
et la place fort justement entre la première et la seconde expédition en Sicile.
Dans ce sens, il est facile de comprendre la phrase suivante de ce chapitre:
*Robertus... Apulienses principes de noviter adempto ducatu sibi congau-
dentes pluribus donans.*. M. Amari. — *Storia dei Musulmani di Sicilia* T. III p.
61 — s'est tout à fait mépris en plaçant durant cet biver la guerre de Robert Guiscard contre les barons normands jaloux de son pouvoir. Nous
avons prouvé — cf. supra p. 336 note 1 — que cette guerre est de 1059 et anté-
ricure au second mariage de Robert Guiscard et à la prise de Reggio.

[1] Cf. Supra p. 93 sqq.

ger et, pendant quelque temps, Abd Allah et ses Africains furent maîtres de l'île. Mais Abd Allah vaincu à Traïna par Maniacès regagna Palerme en fugitif [1]. A leur tour, les Siciliens le chassèrent de Palerme et il s'embarqua pour l'Afrique avec ses troupes. Son départ augmenta la confusion en Sicile et divers kaïds se déclarèrent indépendants. Si les Grecs avaient su rester unis, ils auraient pu profiter de cette situation critique des musulmans, mais d'un côté leur discordes en face de l'ennemi, de l'autre, les victoires des Normands dans la Pouille en 1041 les obligèrent à repasser sur le continent pour défendre les provinces de l'empire d'Orient dans l'Italie du Sud [2].

Voici comment Ibn-al-Atir, dont nous avons déjà cité un fragment [4], résume les événements politiques de la Sicile musulmane après l'assassinat d'Al Akhal à Palerme et l'expédition des Grecs.

« Ce meurtre d'Al Akhal ne fit qu'exaspérer les partis: vous avez mis des étrangers à votre tête, par Dieu cela ne peut pas bien finir (disaient les adversaires des Africains) et ils s'organisèrent dans l'intention d'en venir aux mains avec l'armée d'Al Mu'izz. Ils l'attaquèrent en effet, la vainquirent et lui tuèrent huit cents hommes, le reste se hâta de regagner les navires et de faire voile pour l'Afrique [5]. Les Siciliens choisirent alors pour leur chef Hasan As Sim-

---

[1] Cf. 1upra p. 94.

[2] Il est certain que les succès des Normands contre les Byzantins dans la Pouille en 1041, obligèrent ceux-ci à rappeler des troupes impériales de la Sicile sur le continent, cf. *supra* p. 109. Si les Musulmans finirent par avoir raison de l'expédition des Grecs, ce fut surtout grâce à la diversion faite par les Normands.

[5] Cf. *Supra* p. 90 .

[4] On voit qu'Ibn al Atir ne parle pas de la guerre entre les Grecs commandés par G. Maniacès et l'armée d'Al Mu' izz sous les ordres d'Abd Allah; ainsi il ne dit rien de la bataille de Traina première cause de la ruine complète d'Abd Allah et de ses Africains. Le moine Nil (*Vita di San Filareto* dans Gaetani, *Sanctorum Siculorum* T. II, p. 115 ou dans les Bollandistes 6 avril p. 608) et Cedrenus (T. II, p. 522 éd. Bonn) supposent qu'Abd Allah s'embarqua pour l'Afrique aussitôt après la bataille de Traïna, mais ce texte d'Ibn al Atir et d'autres sources Arabes prouvent qu'Abd Allah et ses Africains vinrent à Palerme, d'où ils partirent pour l'Afrique, chassés par les Siciliens. Cf. Amari : *Storia dei Musulmani di Sicilia* T. II, p. 388. note 1, et p. 418.

san (le brandon), frère de Al Akhal. Mais tout alla de mal
en pis. Les hommes les moins recommandables arrivèrent
au pouvoir, chacun se déclara indépendant dans son pays.
Enfin As Simsan fut chassé (de Palerme), le kaïd Abd
Allah ibn Mankut régna en souverain à Mazara, Trapani
et autres lieux; un autre kaïd Ali ibn Nimah, surnommé
Ibn al Hawwas (fils de loup), à Castrogiovanni, à Girgenti
et Ibn at Timnah à Syracuse et à Catane. Ibn at Timnah
avait épousé une sœur de Ibn al Hawwas (nommée Maïmouna [1];) celle-ci discutant un jour avec son mari, ils en vinrent l'un et l'autre, à se dire des injures ; Ibn at Timnah
qui était ivre, ordonna alors dans un mouvement de colère
qu'on ouvrit les veines des deux bras (de Maimouna) et
qu'on la laissât mourir. Ibrahim, fils d'Ibn at Timnah,
ayant appris ce qui se passait accourut, fit venir les mé-
decins qui soignèrent la victime et la sauvèrent. Le lendemain, Ibn at Timnah se repentit de ce qu'il avait fait,
demanda pardon (à Maïmouna) alléguant que l'ivresse lui
avait enlevé toute raison et Maïmouna feignit d'accepter
ces excuses. Quelque temps après, elle demanda à son
mari la permission d'aller voir son frère, Ibn at Timnah
le lui permit et lui remit des présents (pour son beau frère).
Arrivée chez son frère, (Maïmouna) lui raconta le traitement que son mari lui avait fait subir et Ibn al Hawwas
jura de la venger. Ce fut en vain qu'Ibn at Timnah envoya
redemander sa femme, Ibn al Hawwas ne la lui rendit jamais. Ibn at Timnah, réunit alors son armée (qui était considérable) car il était souverain de la plus grande partie
de l'île et dans la capitale la prière publique se faisait en
son nom. Il alla assiéger Ibn al Hawwas dans Castrogiovanni ; celui-ci descendit (de la forteresse), engagea la bataille, défit complètement son adversaire, le poursuivit
jusqu'à Catane et ne rentra chez lui qu'après avoir commis

[1] Ibn al Atir ne dit pas comment s'appelait la femme d'Ibn at Timnah et
sœur d'Ibn al Hawwas, mais son nom est donné par Ibn-Khaldoun (Histoire
de l'Afrique et de la Sicile ed. des Vergers p. 187. Paris Didot. 1841).

de nombreuses atrocités en pays ennemi. Lorsque Ibn at Timnah vit son armée détruite, la pensée lui vint, ainsi l'a voulu le Dieu tout puissant, d'aller démander du secours aux infidèles. Il alla donc à Mileto alors au pouvoir des Francs, lesquels s'en étaient emparé dans l'expédition de Bardwil le Franc ; nous avons raconté cette expédition à la date de 371. Aujourd'hui encore les Francs occupent cette cité [1].

« Le pays obéissait à cette époque à Roger le Franc qui avait avec lui une valeureuse troupe de soldats de sa nation. Lorsque Ibn at Timnah fut en sa présence, il lui dit : « Je ferai de toi le seigneur de l'île ». « Comment cela, répartit Roger, puisqu'elle a un *gund* [2] si considérable que nos forces (ne peuvent être mises en parallèle avec les siennes) ». « Qu'importe, dit (Ibn at Timnah), ils sont divisés ; la plupart d'entre eux obéissent à ma parole, ils ne feront que ce que je leur commanderai ». (Les Francs) unis à Ibn at Timnah commencèrent donc une expédition dans le mois de *ragab* de l'an 444 (27 octobre 25 novembre 1052) et ne rencontrant personne qui leur opposat quelque résistance, s'emparèrent de tous les pays par lesquels ils passèrent [3]. »

---

[1] Il est remarquable qu'Ibn-al Atir et la *Brevis historia liberationis Messanæ* s'accordent pour dire que les Normands commencèrent la conquête de la Sicile à la suite de conférences et négociations à Mileto. Cf. *supra* p. 347. Mais l'historien musulman se trompe en disant que Mileto avait été conquis en 982 (371 de l'égire) par Bardwil (c'est évidemment l'empereur Othon II qu'Ibn-al Atir désigne par ce nom de Bardwil car en 982 Othon II fit dans l'Italie méridionale une expédition restée célèbre) et que depuis lors cette ville n'avait pas cessé d'appartenir aux Francs. Cf. Amari : Storia T. L. II, p. 328, note 1 et T. III, p. 62 note 1. Aboulféda désigne Malte au lieu de Mileto comme rendez-vous entre Ibn-at Timna et Roger mais cette erreur de copiste est facile à corriger. Abulfedæ *Annales* T. III, 279. Hafniæ 1791 in-4°.

[2] *Gund* c'est-à-dire milice armée.

[3] Cette dernière phrase d'Ibn-al Atir renferme une double erreur ; ce n'est pas en 1052 mais, comme le prouvent la suite des faits et les témoignages des écrivains Grecs et latins, en 1061 que les Normands alliés d'Ibn-at Timnah envahirent la Sicile et nous verrons qu'au début ils rencontrèrent une résistance si sérieuse qu'ils durent repasser le Faro après avoir couru les plus grands dangers. Voyez le texte arabe d'Ibn-al Atir dans la *Biblioteca Arabo Sicula* d'Amari p. 276, et la traduction italienne du même auteur : *Biblioteca Arabo Sicula* T. I, p. 445 sqq. Turin chez Loescher in-8, 1880. —

Ibn at Timnah vit probablement aussi Robert Guiscard et comme preuve irrécusable de la sincérité de son alliance, consentit à laisser son fils en otage entre les mains du duc [1].

Ibn al Hawwas apprit qu'une ligue s'était formée entre son ennemi et les Normands, et pour se venger, s'empara immédiatement des dernières possessions d'Ibn at Timnah en Sicile [2]. Malgré cet échec, Robert Guiscard et Roger

---

[1] Aimé écrit V, 8 : « En la grant cité de Palerme en Sycille estoit amiral un qui se clamoit Vultumine. Un Sarrazin esmut lo pueple, et lo chacèrent de la cité, et se fist amiral. Et Vultimino s'en ala habiter à Cataingne (Catane) et pensoit coment il porroit vengier sa injure soe. Mès que non avoit adjutoire de sa gent, récisse à lo christiennissime duc Robert, et parlèrent ensemble, et firent amistié. Et à ce que en lo cuer de lo duc non remanist suspition, Vultimien dona son filz en ostage à lo duc. » Vultumine est évidemment l'Ibn-at Timnah des chroniqueurs arabes; d'après Aimé, Ibn-at Timnah avait eu à Palerme une situation prépondérante; Hirsch l. c. p. 301 doute de la valeur de ce renseignement d'Aimé, il est cependant confirmé par Ibn-Khaldoun et Novairi car ces deux historiens affirment que la prière publique la *Khotba* se faisait à Palerme pour Ibn-at Timnah (Cf. Amari *Storia dei Musulmani di Sicilia* T. II, p. 549). Leo de'Marsi-III, 45, se contente de résumer le récit d'Aimé sans y ajouter d'autre détail; ni l'un ni l'autre n'ont donc connu l'épisode de Maïmouna ; d'après ces deux chroniqueurs, si Ibn at Timnah a appelé les Normands en Sicile, c'est uniquement parce qu'il avait été chassé de Palerme et d'une grande partie de la Sicile par un rival qu'Aimé nomme un peu plus loin Belcho et Leo de'Marsi Belchus, transcription bien défigurée d'Ibn-al Hawwas. Malaterra (Historia Sicula II, 3,) ne parle pas non plus des mauvais traitements que Ibn at Timnah aurait fait endurer à Maïmouna mais il rapporte un autre fait confirmé par les chroniqueurs arabes, il écrit : Rogerius vero comes duce (Roberto Guiscardo) relicto in Apulia, Rhegium in prima septimana ante quadragesimam remeavit : ad quem Becumen (Ibn at Timnah) admiraldus Siciliæ a Belcamedo (Ibn al Hawwas) quodam principe prælio fugatus, eo quod maritum sororis suæ (Maïmouna), honestum suæ gentis juvenem, vocabulo Benneclerum occiderat, apud Rhegium profugus venit, comitem versus impugnationem Siciliæ multis exhortationibus incitans. Les historiens arabes racontent en effet (cf. Amari : Storia dei Musulmanni di Sicilia T. II, p. 549) que Maïmouna avait en premier lieu épousé Ibn Meklati (Benneclerus) kaïd de Catane et que Ibn at Timnah ayant vaincu et tué Ibn Meklati avait épousé ensuite la femme laissée par son adversaire; mais ces mêmes chroniqueurs arabes ne disent pas, comme le fait Malaterra, que Ibn al Hawwas ait fait la guerre à Ibn at Timnah parce que celui-ci avait tué Ibn Meklati et épousé Maïmouna, mais seulement parce que plus tard Ibn at Timnah avait maltraité Maïmouna. — Il est inutile de citer soit le texte latin (Caruso : Bibliotheca Sicula p. 837) soit le texte français (I, 13, dans Champollion-Figeac p. 278) de la *Chronique de Robert Viscart*, elle se borne à amplifier les données fournies par G. Malaterra.

[2] Et puiz que lo sot le Sarrazin, loquel se clamoit Belcho, l'amistié de ces ij., chaza Vultime de toute Sicille, loquel s'en ala à Rège souz la deffension de lo duc. Aimé V. 8. —

hâtèrent les préparatifs. Lorsqu'ils furent assez avancés, Robert désigna Roger pour commander l'expédition et, probablement afin d'empêcher le bouillant jeune homme de se laisser entraîner par sa bravoure, et de commettre quelqu'imprudence, il lui donna pour conseiller un homme d'armes, connu par ses capacités militaires, le Normand Geoffroy Ridelle [2].

Dans les derniers jours de février 1061, Roger, suivi de cent soixante soldats et accompagné d'Ibn at Timnah, qui, connaissant le terrain sur lequel on allait combattre, devait guider le corps expéditionnaire, s'embarqua sur la flotte commandée par Geffroy Ridelle, traversa le Faro, en face de fabriques de tuiles et aborda en Sicile [3]. Le plan était de tourner la ville de Messine et de s'en emparer ensuite en l'attaquant brusquement du côté de l'ouest; aussi, à peine débarqués, les Normands, conduits par Ibn at Timnah, profitèrent de la nuit pour s'avancer dans la direction de Milazzo. Chemin faisant, Roger, qui chevauchait seul et précédait ses troupes, aperçut, à la clarté de la lune, un sarrasin qui, ayant appris l'arrivée des Normands, accourait se mesurer avec eux. Roger n'avait, à ce moment, que son bouclier et son épée; l'écuyer, qui suivait à quelques pas derrière lui, portait le reste de son armure; il n'hésita cependant pas; craignant que le sarrasin lui échappât, il fondit sur lui et lui asséna un si formidable coup d'épée, que le malheureux fut coupé en deux avant d'avoir pu songer à se défendre. La *Chronique de Robert Viscart* qui raconte l'exploit de Roger, ajoute

----

[2] Aimé V. 9. — Nous aurons plus d'une fois occasion de parler de ce Geoffroy Ridelle dont nous possédons plusieurs chartes. La *Brevis historia liberationis Messanæ* dit aussi que la flotte Normande était commandée par un Geoffroy mais elle en fait à tort un frère de Robert Guiscard.

[3] De cujus (Ibn at Timnah) adventu comes (Rogerius) non minimum gavisus eum honorifice suscepit, ejusque concilio, necdum hieme transacta, hebdomada videlicet proxima ante quadragesimam (la Pâque tombait le 15 avril en 1061) cum centum sexaginta militibus ipsum Becumen secum ducens Pharumque ad clibana tegularum transiens, Siciliam invadit. G. Malaterræ *historia Sicula* II, 4. Malaterra, toujours soucieux d'ajouter à la gloire du comte Roger, ne parle pas de Geoffroy Ridelle et du rôle important qu'il joue dans cette expédition.

cette réflexion opportune : « *et avieingne que ce soit forte cose à croire, toutes foiz se doit croire.* » On connut ensuite à l'inspection du cadavre, que ce musulman si vigoureusement occis était frère d'Ibn Meklati, ce kaïd de Catane, que Ibn at Timnah avait vaincu et tué et dont il avait ensuite épousé la femme Maïmouna [1].

Les Normands, poursuivant leur route, gagnèrent Milazzo et Rametta et firent un butin considérable : pour le mettre en sûreté et l'expédier à Reggio, ils revinrent sur les bords du Faro, à un endroit où se trouvaient trois lagunes et qui s'appelait *Praroli* [2]. Les musulmans de Messine, dans l'espoir d'avoir plus facilement raison des Normands, s'ils les surprenaient embarquant ce butin et dispersés sur le rivage et sur les navires, marchèrent alors contre eux. Mais, le vent étant contraire, aucun soldat normand n'avait quitté la terre, et Roger, voyant les Messinois s'avancer contre lui, se hâta d'envoyer son neveu Serlon, fils de son frère du même nom, faire avec quelques hommes une diversion sur le côté des assaillants, et lui recommanda surtout de leur couper la retraite. Aussi, au lieu de surprendre leurs adversaires, les musulmans se virent cernés entre deux corps de troupes et furent presque tous ou massacrés ou faits prisonniers.

Cette victoire décida Roger à attaquer directement Messine ; il vint camper près de la ville, dans l'île Saint-Hyacinthe, et, le lendemain, de grand matin, donna le signal de l'assaut. Malgré les pertes qu'ils avaient subies, les Messinois opposèrent une vigoureuse résistance ; les femmes elle-mêmes combattirent du haut des remparts ; Roger, déconcerté par cette défense imprévue, et craignant, s'il continuait le siège, que les musulmans

---

[1] Malaterra II, 4. — *Chronique de Robert Viscart* texte français dans Champollion p. 279 texte latin dans Caruso *Bibliotheca Sicula* p. 837. Sur Ibn-Meklati, cf. *supra* p. 356 note 1.

[2] Inde Melacium et Rametam usque pertransiens, plurimum prœdœ accepto, ad tres batus (lacus) juxta Pharum, qui Praroli dicitur, hospitaturus rediit in crastinum ad ultimas aquas usque prodiens, prœda quam acceperat, Rhegium deferenda navibus. Malaterra II, 4. —

de l'intérieur de la Sicile ne vinssent au secours de Messine, jugea prudent, à cause du petit nombre de ses soldats, de regagner Reggio. Il revint donc à ses navires mais la mer faisait rage à ce moment et, durant trois jours, les Normands, sans abri contre le mauvais temps et harcelés par les Sarrasins, qui avaient repris l'offensive, durent camper sur le rivage, *par paor et par froit estoient moult mal*, dit Aimé, *et atendoient l'adjutoire de Dieu pour pooir eschaper.*

Dans cette extrémité, les Normands firent vœu, s'ils revenaient sains et saufs à Reggio, d'employer leur butin à reconstruire une église détruite peu auparavant, située près de Reggio et dédié à sant Andronio ou sant Antonio. La mer se calma, en effet, comme si leur prière avait été exaucée; ils purent s'embarquer, et, dans leur empressement à regagner l'autre rive du Faro, ils voulaient abandonner sur le rivage le bétail capturé, mais Geoffroy Ridelle, plus courageux et plus pratique, déclara qu'il serait honteux de revenir à Reggio sans aucun gain ; qu'il fallait rapporter quelques cadeaux aux amis, et le bétail fut embarqué.

Les Sarrasins attaquèrent la petite flotte normande faisant voile pour Reggio. Une bataille s'engagea, ce que voyant les habitants de Reggio, aussi bien les chrétiens que les musulmans domiciliés dans cette ville, accoururent au secours des Normands, Les flèches volaient de toutes parts et tuèrent onze chrétiens ; un seul navire chrétien fut pris par l'ennemi, les autres regagnèrent Reggio [1].

L'entreprise était donc manquée et avait failli aboutir à un désastre ; elle prouva aux Normands qu'il ne suffisait pas pour prendre pied en Sicile, d'avoir des intelligences avec des chrétiens ou des musulmans du pays, qu'il

---

[1] Sur cette courte expédition des Normands en Sicile cf. Malaterra, ii, 3, 4, 5, 6, 7, et la *Chronique de Robert Viscart*, texte latin dans Caruso op. cit. p. 836 sq., texte français dans Champollion, p. 278 sq. La *Chronique*, nous l'avons déjà dit, ne fait qu'amplifier les renseignements de Malaterra;

fallait l'envahir avec de nombreuses troupes et non avec
quelques soldats, comme il l'avaient fait dans ces deux
premières expéditions.

Lorsque Robert Guiscard, écrit Aimé, apprit la mort des
chrétiens tués dans la bataille navale, il convoqua ses
chevaliers et les invita à faire la conquête de la Sicile, « Je voudroie, dit-il, délivrer li chrestien et li ca-
tholici, liquel sont constreint de la servitude de li Sarrazin, et desirre moult de chacier les de la servitude
lor, et faire venjance de la injure de Dieu. Et li
hardi et vaillant Normant respondirent qu'il sont ap-
pareilliez à faire ceste bataille. Et promistrent ò l'aide
de Dieu de subjugar li Sarrasin, et rechurent grâce et
dons de lo seignor duc [1]. »

Robert Guiscard dans la Pouille et Roger en Calabre employèrent les mois de mars et d'avril 1061 à réunir une
armée, et lorsqu'elle fut prête, Robert Guiscard, se
rendit, dans les premiers jours de mai, avec une nombreuse
cavalerie, de la Pouille à Reggio, où il avait prescrit de
concentrer une grande flotte. En attendant le départ, les
Normands campèrent à *Santa Maria del Faro*. Mais les
Musulmans instruits des projets de Robert Guiscard, et,
préocupés, avec raison, des suites qu'ils pouvaient avoir,
résolurent, comme ils avaient sur mer une supériorité incontestable, d'empêcher les Normands de traverser le Faro.
Ibn al Hawwas, l'ennemi d'Ibn at Timnah, devenu, après
la défaite de celui-ci, maître d'une notable partie de la

elle ajoute cependant ce fait intéressant qu'après la non réussite de l'expédition, Ibn at Timnah se retira à Catane — Vitumen remeist en Cathane
pour desconfire li Sicylien. — Puisque Catane était toujours au pouvoir d'Ibn
at Timnah, il est donc faux que ce kaïd eut été complètement dépouillé par
Ibn al Hawwas de tout ce qu'il possédait en Sicile, comme l'affirme Aimé v, 8.
— Le récit de l'expédition par Aimé v, 8, 9, 10, 11 est moins précis que celui
de Malaterra, mais les deux narrations ne se contredisent pas. C'est Aimé
qui fait connaître le rôle important joué par G. Ridelle, c'est aussi lui apprend
cette particularité intéressante que des musulmans habitaient Reggio et
qu'ils firent cause commune avec les chrétiens contre les Musulmans Siciliens. Amari croit que ces Musulmans de Reggio étaient « *mercatanti e
rifuggiti* » T. III p. 65.
[1] Aimé : v. 12.

Sicile, expédia de Palerme dans les eaux de Messine vingt quatre navires que Malaterra appelle *catti* ou *gaths* et qui étaient montés par huit cents soldats. La flotte normande, formée de *germandi* et de *galères*, était supérieure en nombre à la flotte des Sarrazins, mais les machines de guerre des *gaths* et des *golafri* musulmans, compensaient l'infériorité numérique [3].

Pour vaincre un ennemi qui, dès le début, menaçait de paralyser son entreprise, Robert Guiscard implora le secours du ciel : il prescrivit à ses soldats de se confesser et de communier, et, avec son frère Roger, fit vœu de mener désormais une vie plus chrétienne, si Dieu daignait leur venir en aide dans la conjoncture présente.

Puis, il résolut de voir par lui-même les côtes de la Sicile, afin de choisir la plage la plus favorable au débarquement de ses troupes. Il prit les meilleurs marins qu'il put trouver, les fit monter sur les deux galères de sa flotte qui avaient la marche la plus rapide, confia l'une de ces galères à Roger et s'embarqua sur l'autre. Les Sarrasins voyant que les deux navires faisaient un voyage d'exploration leur donnèrent la chasse sans pouvoir les atteindre, et, après avoir visité les rivages de Messine et des environs, les deux frères regagnèrent la Calabre.

Ils trouvèrent les Normands impatients de prendre la mer et de commencer la campagne ; mais Robert s'opposa

---

[3] Malaterra ii, 8. — Aimé v, 13. Les noms des navires sont donnés par Malaterra : Nam quamvis noster navalis exercitus plurimus esset, eorum tamen amplior et fortioribus navibus erat. Nostri denique tantum modo abundantior germandos et galeas: sicilienses vero cattos et golafros et dormundos, sed et diversæ fabricæ naves habebant. — Sur ces diverses dénominations dont l'étymologie présente des difficultés, voyez le dictionnaire de Du Cange et une note d'Amari : Storia dei Musulmani di Sicilia T. III, p. 66. Aimé et Malaterra racontent l'un et l'autre que Ibn al Hawwas envoya de Palerme une flotte pour empêcher les Normands de passer le Détroit, Malaterra appelle Ibn al Hawwas « Belcamuer Almiraldus Siciliæ » et Aimé « Sausane eslit amiral en Palerme ». Comme le dit Amari (T. III p. 66 note 6), ce nom de Sausane rappelle celui de As Simsam ce frère de Al Akbal qui après l'assassinat de son frère et le départ d'Abd-Allah et des Africains fut quelque temps maître de la Sicile ; il se peut que la tradition Normande dont Aimé s'est fait l'écho, l'ait confondu avec Ibn al Hawwas. Cf. supra, p. 354. —

à ce que l'on se lançat à l'aventure et agit suivant le plan suggéré par son excursion dans les eaux
de la Sicile. Il forma un corps de troupes de deux cent
soixante-dix soldats d'élite, les mit sous les ordres de Roger
et les fit s'embarquer de nuit, sur treize navires, et gagner clandestinement la côte de Sicile, pendant que lui et
ses troupes occupaient la flotte des Sarrasins de façon à
leur cacher cette diversion. La manœuvre réussit; Roger
débarqua avec ses chevaliers à Calcare, à six milles au sud
de Messine, là où s'éleva plus tard l'abbaye de *Santa Maria
di Roccamadore*; et pour faire comprendre à ses hommes
qu'il s'agissait de vaincre ou de mourir, dès qu'il eût pris
terre il renvoya ses navires à Robert Guiscard.

Les Normands de Roger se cachèrent pendant le reste
de la nuit, là même où ils avaient débarqué; et à l'aube
prirent leurs armes, montèrent à cheval et « sans paour
vont contre Messine. » Ils surprirent, chemin faisant, un
kaïd qui, à la tête de trente hommes, accourait de Palerme
à la défense de Messine. Le kaïd et ses soldats furent
massacrés et les Normands, tout joyeux, s'emparèrent
des sommes d'argent que ces Sarrasins portaient à
Messine, ainsi que de leurs mules et de leurs chevaux. Ils poursuivirent leur marche en longeant le
rivage et ne tardèrent pas à voir, que d'autres navires
normands se dirigeaient vers la côte de Sicile; c'était
un secours de cent soixante-dix chevaliers que Robert
Guiscard leur envoyait dès qu'il avait appris l'heureux
débarquement du premier corps de troupes. Ce renfort
fut accueilli avec allégresse, et les nouveaux arrivés apprirent aussi avec une grande joie le succès remporté
le matin et les résultats pécuniaires de cette première
victoire.

Les deux détachements réunis formant un effectif d'environ quatre cent quarante hommes se portèrent rapidement sur Messine et s'en emparèrent sans presque rencontrer de résistance. En effet, la flotte des Sarrasins,
ayant vu que deux bataillons ennemis avaient réussi à se

jeter sur la côte sicilienne, comprit que sa mission avait échoué et fit voile pour Palerme. Quant aux rares soldats musulmans restés à Messine, ils avaient appris la défaite et la mort du kaïd et de ses troupes venues au secours de leur ville, et, épouvantés par cette nouvelle, ils s'étaient mis à fuir en tous sens pour échapper aux Normands qui approchaient [1].

« Et li Normant sécur, écrit Aimé, entrent en la cité, et partent entre eaux la moillier et li filz, li servicial, et la masserie, et ce que il trovèrent de ceuz qui s'en estoient fouys. Et lo firent a savoir à lo famosissime duc Robert comment avoient prise la cité, et la victoire que de Dieu avoient receue par Goffrede Ridelle, et lui prièrent qu'il venist prendre la cité, laquelle il avoient acquesté » [2].

Cette mention de Geoffroy Ridelle par Aimé laisse voir qu'il ne faut pas, comme le fait Malaterra, attribuer exclusivement à Roger la gloire de la prise de Messine ; ce même Malaterra raconte, à propos de la chute de Messine, la touchante anecdote suivante.

« Parmi les habitants de Messine qui s'enfuyaient vers le rivage pour gagner Palerme, se trouvait un jeune homme appartenant à l'une des plus noble familles de Messine. Ce Sarrasin avait une sœur extrêmement belle qu'il amena avec lui. Mais la pauvre enfant, d'une nature délicate, et nullement habituée à la marche, fut bientôt à bout de forces et s'arrêta épuisée, prête à s'évanouir de fatigue et de peur. Son frère lui adressa les paroles les plus douces pour l'engager à reprendre courage et à se remettre en marche, mais tout fut inutile ; alors le malheureux jeune homme, craignant qu'elle ne fut violée par quelque Normand, s'il la laissait derrière lui, n'hésita pas ; il la perça

---

[1] Le récit de cette expédition qui se termina par la prise de Messine se trouve dans Malaterra : II, 8, 9, 10 et Aimé : V, 12, 13, 14, 15, 16, 17, 18. — Aimé dit que Roger et ses soldats débarquèrent et se cachèrent « en un lieu qui se clame Calcare » Malaterra écrit « ad locum qui communiter mouasterium dicitur applicuit » un autre manuscrit de Malaterra porte « trium monasterium » d'où est venu le nom de Tremestieri.

[2] Aimé : V, 18.

de son glaive et la tua. Il n'avait que cette sœur et l'ai-
mait tendrement: aussi les pleurs inondaient son visage
lorsqu'il donna le coup fatal, mais il préféra être le meurtrier de cette sœur et pleurer sa mort plutôt que de la voir
abandonner sa loi et devenir la femme d'un ennemi de sa
religion [1]. »

Robert Guiscard se hâta de passer le Faro et de venir à Messine avec le reste des forces normandes; la mer était calme et
unie lorsque s'effectua la traversée; aucune voile ennemie
ne se montrait à l'horizon; les marins musulmans, craignant, s'ils restaient dans les eaux de Messine, d'être
jetés à la côte par quelque coup de vent et d'y rencontrer
les Normands, avaient définitivement opéré leur retraite
sur Palerme. Cavaliers et fantassins normands purent donc
naviguer en toute sécurité avec Robert Guiscard et venir
s'organiser à Messine pour entrer en campagne dans l'intérieur de la Sicile [2].

Le premier soin de Robert Guiscard fut d'étudier et de
reparer les fortifications de Messine. Il visita la côte en
détail et fit de sa nouvelle conquête une place assez forte
pour servir à l'occasion, à lui et aux siens de refuge
inexpugnable. La population musulmane de Messine avait
à peu près toute abandonné la ville, par peur des Normands. Robert Guiscard la remplaça par ses soldats et ses
compatriotes: il était, de cette façon, plus assuré qu'elle ne
cachait pas de traître [3] ».

Avant de s'engager dans l'intérieur de la Sicile, Robert

---

[1] Malaterra *Historia Sicula* ii, 11.

[2] Malaterra ii. 12. — Aimé v, 19. Malaterra écrit : *Ipsius vero urbis captæ
(Messanæ) claves comes Rogerius ad ducem transmisit* mais il se garde bien
de parler de Geoffroy Ridelle, Aimé est seul à le faire.

[3] « Et après ce ala lo gloriosissime duc, Robert, et esguarda les forteresces
de la cité et de li édifice, de li mur et des maisons, et li siège et disposition
de la rippe. Et que la cité estoit vacante des homes lique) i habitoient avant,
il la forni de ses chevaliers, et pour lui la fortifica de grani forteresces. » Aimé v,
19. Rebus itaque suis per octo dies sapienter dispositis et urbe pro velle suo
firmata custodibus diversis, equestri exercitu apud Messanam relicto, versus
Rametam utrique fratres intendunt. G. Malaterra *Historia Sicula* i, 13. Malaterra, on le voit, attribue aux deux frères ce que Aimé attribue à Robert
Guiscard seulement.

Guiscard fit le dénombrement, de sa cavalerie et de son infanterie. Les deux corps comprenaient environ mille hommes chacun ; il laissa une partie de la cavalerie à Messine et partit avec le reste de ses troupes dans la direction de Rametta [1].

La forteresse et la ville de Rametta, construites dans une situation formidable, et protégées par les montagnes qui, de toutes parts, en rendaient l'accès très-périlleux pour un assaillant, auraient pu, dès le début de leur expédition, créer aux Normands les plus graves embarras ; mais les musulmans découragés et terrifiés par la chute de Messine, craignant d'avoir le même sort que leurs compatriotes des rivages du Faro, peut-être aussi gagnés par les manœuvres d'Ibn-at-Thimnah, préférèrent se soumettre sans combattre, afin d'adoucir par là les envahisseurs. Le kaïd de Rametta se rendit au camp de Robert, lui offrit des présents, lui jura fidélité sur le Coran et remit entre ses mains les clefs de la forteresse et de la ville [2].

Les Normands, encouragés par ce nouveau succès, s'avancèrent dans l'intérieur de la Sicile et gagnèrent, à travers les défilés des montagnes, la ville de Tripi et celle de Frazzano ; tournant ensuite vers le midi,

---

[1] « Et puiz nombra li chevalier et li pédon et trova que tant estoient li chevalier quant li pédon, c'est mille ; mès que se fioit plus en Dieu que en la multitude, avec celle petit de gent qu'il avoit commensa à chevaucier plenement et atendant continuelement li home de pié ». Aimé v. 20. — Ce chiffre rond donné par Aimé laisse insolubles bien des questions intéressantes. Quelle était dans ces deux mille hommes le nombre des Normands et celui des Italiens faisant cause commune avec eux ? Les écuyers, tous ceux qui composaient la suite d'un chevalier sont-ils compris dans dans ce chiffre ? Pour connaître l'état exact des forces Normandes, il faudrait pouvoir répondre à ces questions et les documents originaux ne fournissent pas les éléments d'une réponse concluante.

[2] « Et vint (Robert Guiscard) à une cité qui se clame Rimète. Et li sien avènement non faisoit tant solement paour à li voisin, mès autresi faisoit paour à cil qui estoient de loing ; dont lo Caite de celle cité pour paour lui ala à genoilz devant et lui demanda paiz, et lui donna présent pour tribut, et se obliga de estre à son comandement tout entièrement. » Aimé v. 20. — Rametenses autem dudum cognito, in parva manu hostium eorumdem, maximam multitudinem Messanensium bellatorum occubuisse, ne quid simile sibi accidat, advenientibus hostibus, obviam territi legatos qui pacem postulent mittunt, urbem que et se ipsos ditioni dantes, libris superstitionis legis suae coram positis, juramento fidelitatis firmant. Malaterra II, 13.

ils gravirent les rampes ardues qui les séparaient du plateau appelé « *fondaco di Maniaci* » où ils établirent
leurs tentes [1]. « Dans ce pays, raconte Malaterra, les chrétiens habitant le Val-Demone, étaient tributaires des Sarrasins. Lorsqu'ils apprirent l'arrivée de leurs correligion-
naires, ils furent remplis de joie, accoururent au-devant
d'eux et leurs offrirent des vivres et des présents ; puis,
afin de se faire pardonner par les Sarrasins cet empressement, ils leur dirent qu'ils avaient agi ainsi, non par affection pour les Normands, mais uniquement pour sauver
leurs vies et leurs biens, et que les Sarrasins pouvaient,
comme auparavant, compter sur leur inviolable fidélité.
Les Normands reçurent les chrétiens avec les plus grands
égards et leur promirent de nombreux avantages, si Dieu
voulait bien leur accorder la possession du pays. L'entrevue terminée, les Normands marchèrent sur Centorbi.

« Les habitants de cette ville, poursuit Malaterra, connaissaient la bravoure normande : toutefois, ils préférèrent
mourir plutôt que d'être réduits en esclavage, et s'organisèrent pour défendre leur ville et leurs personnes. Les
Normands attaquèrent Centorbi avec vigueur, mais lorsqu'ils virent les ravages que faisaient dans leurs rangs
les archers et les frondeurs ennemis, lorsqu'ils comprirent
que pour enlever la place d'assaut, ils devraient sacrifier

---

[1] Inde de prospero (la reddition de Rametta) eventu cum maxima lætitia re-
cedentes, et debilitate gentis cognita, audaciores sub Scabatripoli hospitium
sumunt. Inde in crastinum ad Fraxinos perveniunt, ab Fraxinis ad Maniaci
pratum. Malaterra II, 14. — et puiz s'en ala lo duc à False, à lo pié de lo
grant mont et menachant moult de Gilbert (Gibel), et comanda de fichier ilec
li paveillon, et demora iluec par alcuns jors. Aimé : v. 21. — D'après
Amari (Storia dei Musulmani di Sicilia T. III p. 71 note 1 Scabatripoli correspond à la ville appelée aujourd'hui Tripi ; *scaba, scava* mot de basse lati-
nité signifie bas fond. — Voyez la géographie d'Edrisi dans la *Biblioteca Arabo
Sicula* d'Amari, traduction italienne T. I, p. 119 et la note qui accompagne le
texte. — *Fraxini* dans Malaterra, *False* dans la traduction d'Aimé se retrouve
plus facilement dans le nom aujourd'hui usité de *Frazzano, Fraynit* dans un diplôme de 1188. Cf. ll. cc. les deux ouvrages d'Amari cités plus haut. Aimé
dit que Frazzano est aux pieds de l'Etna (Aimé l'appelle Gilbert du nom ordinaire de l'Etna, Mongibello) mais Frazzano est beaucoup plus au nord, presque
sur le rivage de la mer Tirrhénienne ; Malaterra est plus exact en disant que de
Frazzano, les Normands vinrent au *pratum Maniaci* situé en effet au nord
ouest et non loin du volcan.

bon nombre des leurs, ils aimèrent mieux lever le siège
et le firent avec d'autant plus d'empressement qu'on leur
annonçait l'approche de l'armée des Sarrasins et qu'ils
voulaient garder tous leurs hommes pour la bataille imminente [1] ».

Ils suivirent la vallée du Simeto, traversèrent ce fleuve,
et campèrent aux environs de Paterno et d'Emmellesio.
Les musulmans disparaissaient devant eux *comme la cire
devant le feu*, dit Aimé ; aussi s'emparèrent-ils de ces
deux villes sans coup férir. Robert Guiscard et Ibn-at-
Thimnah étaient d'avis d'attendre l'ennemi à Paterno,
parce que la plaine des environs de la ville, offrait
un excellent champ de bataille, mais les espions
d'Ibn-at Thimmah lui apprirent que les troupes d'Ibn-al-
Hawwas n'étaient pas aussi proche qu'on l'avait prétendu.
Alors les Normands repassèrent le Simeto, allèrent aux
grottes de San Felice, dont ils s'emparèrent, après avoir
massacré une grande partie des Sarrasins qui y habitaient,
et enfin, vinrent camper au pied des montagnes de Castrogiovanni, près des moulins qui s'élevaient sur les bords
de la rivière de Dittaino [2].

---

[1] G. Malaterra ii, 14, 15. — Et li pueple chrestien qui estoient là entor vindrent à lui o dons et o victaille, asquels il concedi et donna seurté. Et puiz
donna bataille à une cité qui se clamoit Conturbe, laquelle estoit après. Et
pour ce que celle cité avoit haus murs et profondissimes fossez, non la pot
veincre. Aimé v, 21.
[2] Sic Centurbio relicto, in planitie Paternionis castrametati, tentoria figunt.
Visaque planitie spatiosa, aptum locum ad prœliandum judicantes, per octo
dies illuc morati sunt, volentes, ut a Sarracenis inibi sibi prœlium dispositum
offerretur. Sed cum a speculatoribus Becuminis Sarraceni, qui apud Rhegium
ad comitem transfugerat et illos fidus comes et ductor comitabatur, didicissent
bellum necdum in promptu haberi, interius progredientes, apud S. Felicem
juxta cryptas subterraneas hospitati sunt, quas oppugnantes maxima ex parte
cœperunt, pluribus ex inhabitantibus interemptis. Inde progressi ad molen-
dina, ante castrum Joannis in ripa fluminis, quod lingua eorum Guededa dicitur, quod latine *resolutum fluminis paludis* interpretatur, castrametati sunt.
Malaterra ii, 16, — Aimé, plus laconique que Malaterra, dit cependant que les
Normands allèrent à Paterno et à Emmelesio (on ne retrouve pas la trace de
cette dernière ville) et que Ibn at Timnah commandait en partie le corps expéditionnaire. On ne sait où sont ces grottes de San Felice dont parle
Malaterra ; quant au Guededa c'est évidemment le Dittaino qui se déverse
dans le Simeto à l'ouest de Catane.

Cette marche des Normands de Paterno sur Castrogiovanni, indique qu'ils cherchaient à se rapprocher de l'ennemi ; peut-être voulaient-ils, en allant au-devant d'Ibn-
al-Hawwas, l'empêcher de continuer ses préparatifs et
l'obliger à livrer bataille. Ils y réussirent ; Ibn-al-Hawwas, venu à Castrogiovanni où les populations des environs, fuyant devant les Normands, avaient cherché un
refuge, se décida, après quatre jours d'hésitations, à entamer la lutte [1]. Même en faisant la part des exagérations
des chroniqueurs favorables aux Normands, il est certain
qu'entre l'armée des Sarrasins et celle des Normands, il y
avait une grande disproportion numérique. Ibn-al Hawwas
avait recruté des soldats dans toute la Sicile, peut-être même
jusqu'en Afrique ; aussi, lorsque son armée descendit des
hauteurs escarpées de Castrogiovanni pour attaquer Robert Guiscard et ses troupes, elle ne comptait pas moins
de quinze mille cavaliers, sans parler de l'infanterie ; tandis que les Normands, d'après les données les plus autorisées, n'étaient que *sept cents*. Il est vrai qu'à ce
chiffre, il faut joindre celui des Siciliens partisans d'Ibn-
at-Thimnah qui combattaient dans les rangs Normands;
Aimé évalue à mille cavaliers et à mille fantassins, le total
des forces normandes et de leurs alliés [2]. Avant la bataille,

[1] Et puiz vindrent à une haute cité laquelle se clamoit Chastel-Johan, et là
atendirent bataille et varie avènement par quatre jors. Aimé v, 23. —
[2] Aimé écrit v, 23 que Balchaot (Ibn al Hawwas) et ses kaïds étaient suivis
de 15,000 cavaliers et cent mille fantassins ; évidemment c'est là un chiffre
tout à fait inadmissible. Il a cependant été reproduit par Leo de' Marsi iii, 45.
— Ces deux chroniqueurs s'accordent également ll. cc. pour dire que Robert
Guiscard n'avait que mille fantassins et mille cavaliers à opposer à une armée
si nombreuse. C'est le chiffre qu'Aimé avait déjà donné lorsqu'à Messine,
Robert avait fait le dénombrement de ses troupes avant de s'engager dans
l'intérieur de la Sicile; mais Robert avait certainement laissé derrière lui
quelques garnisons pour assurer sa retraite en cas de défaite; il est impossible
que toute son armée l'ait suivi jusqu'à Castrogiovanni. Malaterra est certainement plus près de la vérité lorsqu'il écrit que les Normands étaient
sept cents — erant enim tantummodo septingenti — et les Musulmans quinze
mille, similiter Bechamet, cum quindecim millia armatorum haberet. Malaterra ii, 17. — L'évaluation de Malaterra est reproduite par la *Chronique de
Robert Viscart et de ses frères*, texte latin dans Caruso p. 838, texte français dans
l'édition de Champollion Figeac, 280. — Ici encore se présente la question si les
700 Normands étaient des chevaliers suivis de leurs écuyers, hommes d'ar-

Robert Guiscard harangua et « *conforta* » ses compagnons d'armes. « Notre espérance, dit-il, est en Dieu plutôt que dans le nombre des combattants; ne craignez rien, nous avons avec nous Jésus-Christ, lequel a dit : Si vous avez la foi, ne fût-ce que comme un grain de sénevé, et si vous dites à une montagne de changer de place, elle le fera... Notre foi est inspirée par le Saint-Esprit; aussi, au nom de la Sainte-Trinité, nous ferons mouvoir cette montagne, non pas celle de pierres et de terre, mais cette montagne d'hérésie et de perversité. Purifions-nous de nos péchés par la confession et la pénitence, recevons le corps et le sang du Christ et préparons nos armes. Dieu sera puissant pour nous qui sommes en petit nombre et nous donnera la victoire sur la multitude des infidèles. » Les Normands, dociles aux conseils de leur chef, se confessèrent et communièrent ; et, lorsque les rites sacrés eurent été terminés, ils firent le signe de la croix « *haucèrent lo gonfanon* » et commencèrent à combattre [1].

Robert Guiscard avait divisé son armée en deux : corps le premier, placé sous les ordres de Roger, devait com-

---

mes ou si ces derniers sont aussi compris dans les 700. Dans tous les cas, il faut certainement ajouter à ces 700 Normands, le corps des auxiliaires musulmans commandés par Ibn at Timnah; mais les chroniqueurs arabes regardant ces musulmans comme des traites et les chroniqueurs chrétiens ne voyant en eux que des infidèles, les premiers et les seconds daignent à peine en dire un mot. G. Malaterra, Aimé. la *Chronique de Robert Viscart* ll. cc. sont unanimes à déclarer que des Africains se trouvaient dans l'armée d'Ibn al Hawwas et combattirent contre les Normands à Castrogiovanni. Amari doute cependant de la véracité de cette tradition et écrit à ce sujet (T. III, p. 73, note 1). La critica ci conduce a rigettare con le altre folc le schierc affricane dell'esercito. L'Affrica propria a quel tempo si travagliava nella irruzione degli Arabi d'oltre Nilo. E forse i narratori cristiani riportavano indietro al 1061, gli aiuti dei principi Ziriti del 1063, o contavano come « aiuti d'Affrica » qualche drapello di schiavi negri, di Berberi al servigio dei Musulmani di Sicilia. Il est intéressant de constater que Ibn Khaldoun qui se contente d'ordinaire de reproduire pour l'histoire de la Sicile les données de Ibn al Atir, ajoute cependant que Roger n'avait que 700 hommes à la bataille de Castrogiovanni ; peut-être, dit Amari, Ibn Khaldoun tenait-il ce détail de Ibn Sceddad dont les ouvrages sont perdus ; ce dernier avait pu connaître à Palerme au xii° siècle, la tradition Normande sur la bataille de Castrogiovanni. Cf. Ibn Khaldoun : *Histoire de la Sicile*, traduction française de Noël des Vergers, p. 183. —

[1] Voyez dans Aimé v, 23 ce discours de Robert Guiscard et les préparatifs de la bataille.

mencer la lutte, tandis que Robert attendrait avec le reste
des troupes le résultat de cet engagement. Ibn-al-Hawwas
partagea aussi ses troupes en trois détachements, et, impatient de se mesurer avec les envahisseurs de son pays,
s'élança contre l'ennemi avec son avant-garde. La victoire
ne tarda pas à se déclarer en faveur des Normands ; ils
attaquèrent les Sarrasins avec une telle discipline et une
telle fureur que ceux-ci, épouvantés par la mort de plusieurs des leurs, plièrent presque dès le début, et s'enfuirent dans la direction de Castrogiovanni. Les Normands
les poursuivirent, jusqu'aux fossés de la ville et en firent
un effroyable massacre : au dire de Malaterra, les corps
de dix mille Sarrasins jonchèrent le champ de bataille,
tandis que les chrétiens n'eurent que quelques pertes insignifiantes ; aussi, les vainqueurs recueillirent un butin
énorme ; celui qui avait perdu un cheval dans la bataille en
eut pour sa part plus de dix ; les morts furent dépouillés
et les prisonniers réduits en esclavage. Cinq mille Sarrasins seulement purent rentrer à Castrogiovanni et s'y
enfermèrent [1].

Sans se laisser enivrer par ce brillant succès, les Normands commencèrent aussitôt après le siège de Castro-

---

[1] Porro nostri (Normanni) in primo, ex more, congressu fortiter agendo plurimos sternentes, reliquos in fugam vertunt; quos cœdendo, versus Castrum
Joannis persequentes, usque ad decem millia occiderunt. Sic que victoriam
adepti, spoliis quidam sunt ditati in tantum ut qui equum unum in prœlio
perdiderit, pro uno decem recipiens, consimili lucro, ad similem exercitum
accedere non dubitaret. Malaterra ii, 17. La *Chronique de Robert Viscart* répète
et résume ce que dit Malaterra; cf. Caruso p. 838, Champollion Figeac p. 280.
On a déjà bien de la peine à croire que 700 Normands aient tué en une seule
rencontre 10,000 Sarrasins mais Aimé va encore plus loin que Malaterra, il
écrit v, 23 : Dieu combat pour exercit de li Normant chrestien, kar les salva,
et li non fidel confondi et destruit. Et furent li pagane à fuir, et donna cuer
à li chrestien de persécuter li païen. Et fu une cose merveillouse et qui jamais
non fu oïe, quar nul de li chevalier ne de li pédon non fu occis ne férut.
Més de li païen tant en furent occis que nul home non puet savoir lo nombre.
— Leo de' Marsi iii, 45 a reproduit ces affirmations d'Aimé, elles n'en sont
pas moins une pure légende. Les chroniqueurs musulmans ont parlé de la
bataille de Castrogiovanni et de la victoire des Normands mais d'une façon
très sommaire et en passant. Cf. Ibn al Atir dans la *Biblioteca Arabo Sicula*
d'Amari, traduction italienne T. I. p. 448. — Nowairi dans di Gregorio, *Rerum Arabicarum* p. 25. — Ibn Khaldoun dans la traduction de Noel des Vergers p. 183. —

giovanni; selon leur coutume, ils construisirent des ouvrages fortifiés autour de la ville pour fermer toute issue
aux assiégés, et détruisirent les moissons, les arbres
fruitiers. Le lendemain de la bataille, ils campèrent près
du lac de Pergusa, entre Irancuum et Castrogiovanni,
parce que, de ce côté, la rampe, qui conduit à Castrogiovanni, est moins abrupte, puis ils gagnèrent Calascibetta,
à deux milles au nord; et plantèrent leurs tentes dans la
plaine des Fontaines. La position exceptionnellement forte
de Castrogiovanni ne permettait pas aux Normands de
songer à s'en emparer par un coup de main, ils durent procéder à un siège en règle; Roger, impatienté
de ces lenteurs et de l'oisiveté à laquelle elles le con-
damnaient, prit avec lui trois cents jeunes Normands, et
fit une reconnaissance jusqu'à Girgenti ; il traversa com-
un fléau dévastateur, toute cette partie du midi de la Sicile, pillant ce qu'il pouvait emporter, et incendiant le
reste ; aussi revint-il devant Castrogiovanni avec de nombreuses dépouilles et put faire des largesses à toute l'armée. Pendant son absence, les kaïds musulmans des pays
voisins, découragés par la défaite d'Ibn-al-Hawwas, firent
leur soumission à Robert Guiscard. Ils se présentaient
devant lui, les bras pliés, la tête inclinée, lui offraient
des présents et acceptaient pour eux et leurs cités la loi
du vainqueur [1].

---

[1] In crastino enim proprius castrum progredientes, ad lacum, qui est inter
castrum Joaunis, et Irancuum sola nocte hospitati, die sequenti in monte,
qui Calataxibet dicitur, tentoria figunt. Sed quia mons strictior erat, et minus
ad hospitandum exercitui sufficiens, ad planitiem Fontium transierunt. Comes
vero Rogerius, quietis impatiens et laboris assiduus, trecentos juvenes secum
ducens usque Grigentum prœdatum et terram inspectum vadit, totam provinciam incendio concremando devastans. Cum redit spoliis et prœda totum
exercitum abundanter replevit. Per mensem itaque perdurantes, totam provinciam diversis incursionibus lacerantes afflixerunt; sed castro Joaunis
minime prœvaluerunt. Malaterra II, 17. — Et puiz dui mois li victoriouz duc
s'en torna à Messine, laquelle victoire turba l'arme de ceux de la terre entor.
Et adont se humilia la dure volenté lor à estre subjette à li victoriosissime
duc. Et qu'est besoingne de plus dire : o les bras ploiez et la teste enclinée de
toutes pars vènent li Cayte, et aportent domps el ferment pais avec lo duc et
se soumetent à lui et lor cités. Aimé V, 23. — Il ne faudrait pas trop prendre
à la lettre ces soumissions des kaïds musulmans à Robert Guiscard rapportées

Voyant la défection des chefs musulmans et craignant, s'il ne faisait sa paix, de rester seul à lutter contre les forces normandes « l'*amiral de Palerme* » manda également à Robert Guiscard des ambassadeurs, chargés de lui remettre de magnifiqúes présents, des habits brodés à la manière d'Espagne, des draps de lin, de la vaisselle d'or et d'argent, des mules ornées de freins royaux et de selles garnies d'or, enfin, « *secont la costumance de li Sarrazin* », un sac renfermant 80,000 tarins. Robert mit à profit ces avances de *l'amiral de Palerme* » pour connaitre la situation de la capitale de la Sicile, et l'expédient qu'il imagina fait voir que ses contemporains le connaissaient bien lorsqu'ils lui donnèrent le surnom de *Rusé*. Il envoya à Palerme un ambassadeur remercier l'amiral de ces beaux présents et choisit pour cette mission un diacre nommé Pierre ; ce diacre savait l'arabe, mais Robert Guiscard lui recommanda d'agir comme s'il ignorait cette langue, d'écouter les musulmans qui, de cette façon ne se défieraient pas de lui, de visiter avec soin Palerme et de lui rendre ensuite compte de ce qu'il aurait vu et entendu. L'amiral fit à Pierre une honorable réception, regarda son arrivée comme une marque d'amitié de Robert Guiscard et lui fit de nombreux cadeaux ; revenu au camp Normand, Pierre put fournir au duc de précieux renseignements sur Palerme et sa population qui, disait-il, lui avait semblé « *comme lo cors sans l'arme* [1]. »

Ibn-al-Hawwas ne suivit pas l'exemple de ses coreligionnaires ; il refusa tout accommodement avec Robert Guiscard et, après un mois de siège, celui-ci n'était guère plus avancé que le premier jour. En outre, Robert s'était

par Aimé. Nous verrons qu'ils ne s'inclinèrent pas si facilement sous la loi du vainqueur.

[1] Aimé v, 24. — Il n'est pas facile de dire quel est cet « amiral de Palerme » dont parle Aimé ; ce n'est pas Ibn al Hawwas alors enfermé dans Gastrogiovanni. On est d'autant plus réduit aux conjectures que les chroniqueurs arabes ne fournissent aucune indication sur ce point. Cf. Amari : Storia dei Musulmani di Sicilia T. III, p. 76 note 2. — D'après Amari, le tarin dont il s'agit ici ne serait pas le *dirhem* arabe mais le tarin d'or et la somme offerte par l'amiral de Palerme équivaudrait à 300,000 francs environ.

assuré en examinant lui-même le terrain que ses troupes
étaient trop peu nombreuses pour enlever d'assaut les hauteurs escarpées sur lesquelles reposait la citadelle musulmane, aussi, remettant cette conquête à une autre époque,
il reprit avec son armée le chemin de Messine [1].

Les chrétiens de Val Demone, désolés de ce départ, vinrent de nouveau au devant des Normands, leurs apportèrent de l'or et des vivres et, ce qui rendit les Normands
fort joyeux, leur achetèrent une partie du butin fait dans
la campagne. Ils supplièrent en outre Robert Guiscard de
prendre possession de leur pays et de ne pas les laisser re-
tomber sous le joug des infidèles. Plusieurs chevaliers
normands, trouvant la contrée de leur goût et séduits par
l'affabilité de ces chétiens, appuyèrent leur demande et
la firent agréer par Robert Guiscard. Celui-ci, se souvenant alors que son début en Calabre avait eu lieu au
château de San Marco, voulut que l'on donnat le même
nom à la première forteresse normande bâtie en Sicile.
Elle s'éleva à quelques milles de la côte nord, près des ruines d'Alunzio, non loin du Val Demone qu'elle devait défendre contre les agressions des Sarrasins. Robert Guiscard y établit, avant de revenir sur les rivages du Faro,
une garnison normande commandée par Guillaume de
Male, et gagna ensuite Messine, dont il voulut faire les
honneurs à sa jeune femme, Sikelgaïta. Geoffroy Ridelle
« *sage home* » fut chargé d'aller la chercher sur le continent, et la duchesse put admirer la nouvelle conquête de
son mari et entendre le récit de ses exploits [2].

La campagne méritait, en effet, d'être racontée; elle
n'avait duré que trois mois et ce temps avait suffi aux
Normands, non seulement pour s'établir en Sicile, mais
encore pour y conquérir une situation importante. Mes-

[1] Voyez les textes d'Aimé et de Malaterra dans l'avant dernière note.

[2] Aimé v. 25. — Malaterra dit aussi que Robert Guiscard fit cette année là
construire la forteresse de San Marco. In ipso anno dux castrum Narci fecit u,
17. — Cent ans plus tard, le géographe arabe Edrisi parlait de la prospérité
de San Marco mais sans mentionner la forteresse. Cf. Edrisi dans la *Biblioteca
Arabo Sicula* d'Amari, traduction italienne T. I. p. 66. —

sine, Rametta, San Marco et le Val-Demone leur obéissaient, l'amiral de Palerme recherchait leur amitié, plusieurs kaïds montraient des dispositions bienveillantes et
Ibn-at-Thimnah, rétabli à Catane, était un allié d'autant
plus sûr qu'il avait besoin des Normands, car bien des
musulmans siciliens ne lui pardonnaient pas sa trahison.

Durant l'automne de 1061, Robert Guiscard et Sikelgaïta revinrent en Pouille et Roger retourna à Melito, en
Calabre, mais n'y fit qu'un séjour assez court ; au plus
fort de l'hiver de 1061-62, il prit avec lui deux cent cinquante soldats, traversa le Faro, rentra en Sicile et pénétra encore jusqu'à Girgenti, pillant et ravageant tout sur
son passage. Les chrétiens de ces pays le reçurent avec
la même affabilité et le même enthousiasme et le se-
condèrent de leur mieux. En revenant à Messine, il passa
par Traïna et les Grecs de cette ville lui ouvrirent spontanément les portes de leur cité, Roger y célébra les
fêtes de Noël [1].

---

[1] Pharo transmeato, dux quidem in Apuliam hiemandi gratia secessit, comes
vero in Calabria permanet. Media vero hieme intra natale domini, cum ducentis quinquaginta militibus iterum mare transiens, usque ad Grigentinam
urbem totam patriam sollicitans prædatum vadit. Christiani vero provincia-
rum, sibi cum maxima lætitia occurentes, in multis obsecuti sunt. Inde
Trainam adveniens, a Christianis civibus qui eam incolebant cum gaudio
susceptus, urbem intrat ; pro velle que suo ordinans, ibidem Natale Domini
celebrant. Malaterra II, 18. — La *Chronique de Robert Vuiscard* nous apprend
en outre que ces chrétiens de Traïna étaient grecs : Et petit de temps après ce,
lo conte Rogier, liquel désirroit la mort de li Sarrazin, torna en Sycille o tout ij.
c. chevaliers, et puiz fist en divers lieuz, et vint à Trajano. Et li Grex qui là ha-
bitoent puiz qu'il sorent la vertu et la hardiesce de lo conte, voustrent faire par
lor volenté ce qu'il lor estoit nécessaire, et eaux se sousmistrent et lor cités
à lui et lo conte estoit là en la nativité de Nostre Seignour. *Chronique de Robert
Viscart,* I 15. ed. Champollion Figeac p. 281. Rocco Pirro (*Sicilia Sacra* p. 1011)
a publié une mauvaise traduction latine d'une charte grecque de 1094 (6602 de
l'ère byzantine), par laquelle Roger accorde un terrain à Traïna au logothète
Jean pour y construire un monastère. Plusieurs habitants de Traïna ou des environs donnés au couvent par cette charte du comte Roger, portent des noms grecs
ou latins, preuve qu'il y avait en effet à Traïna et dans le pays un fond de
population resté chrétien pendant la domination des musulmans. — La phrase
de Malaterra « pro velle suo urbem ordinans » est trop vague pour nous apprendre si Roger fit de sa nouvelle conquête une ville simplement tributaire
tout en respectant ses libertés municipales. Du reste, nous aurons bientôt
occasion de reparler de Traïna.

A Traïna, Roger apprit une nouvelle qui le combla de
joie ; un messager venu du continent lui annonça qu'une
jeune fille dont il avait, en Normandie, avant de venir en
Italie, admiré les charmes et peut-être sollicité la main,
venait d'arriver en Calabre et qu'elle l'attendait pour
devenir sa femme. Cette jeune fille s'appelait Judith ;
par sa mère Hadvisa Giroie, elle descendait d'une illustre
famille franco-bretonne, et par son père Guillaume, elle
se rattachait à la dynastie même des ducs de Normandie.
Hadvisa, veuve de Robert de Grentemesnil, avait épousé
en secondes nôces Guillaume d'Evreux, fils de Robert archevêque de Rouen, et petit fils de Richard I duc de Normandie ; de ce mariage étaient nées deux filles, Judith et
Emma.

Ce fut sans doute à Saint-Evroul d'Ouche, diocèse de
Lisieux, que Roger fit la connaissance de Judith ; Ordéric
Vital raconte que le futur conquérant de la Sicile passa au
monastère de Saint Evrould en se rendant de la basse
Normandie en Italie, et, nous savons par le même historien que Judith et Emma résidèrent pendant quelque
temps près de ce monastère où leur frère utérin Robert
de Grentémesnil devint abbé dès 1059.

Depuis cette entrevue, la situation de Roger et celle de
Judith avaient changé en sens inverse ; le jeune cadet des
Tancrède, n'ayant pour héritage que sa bravoure et son
épée, partant pour chercher par delà les Alpes une fortune
problématique, était devenu un capitaine de grand avenir. Sa gloire égalait presque celle de son frère Robert
Guiscard et il travaillait vigoureusement et avec succès à
se tailler dans les possessions des Grecs et des Sarrasins un état autrement riche et aussi puissant que le duché de Normandie ; Judith, au contraire, eut à subir le
contre-coup de la colère de Guillaume duc de Normandie
contre ses parents du côté maternel, les Giroie et les Grentemesnil. En janvier 1061, son demi frère et protecteur, Robert de Grentémesnil, abbé de Saint-Evroul, dut quitter la
Normandie pour éviter les effets d'un de ces terribles em-

portementss dont Guillaume le bâtard était coutumier et vint demander justice au pape Nicolas II, et à ses compatriotes les Normands de Capoue et de la Calabre.

Judith et Emma suivirent en Italie leur frère exilé ; était-ce pour rester fidèle à son amour et pour remplir une promesse déjà faite que Judith venait en Italie trouver Roger ? Un romancier n'hésiterait pas à l'affirmer mais l'histoire est plus réservée dans ses inductions. Toutefois, le texte de Malaterra indique que Roger comptait sur la venue de Judith. Dès qu'il apprit son arrivée, il repartit précipitamment pour la Calabre, vint dans la vallée des Salines et épousa Judith au château de San Martino ; il se rendit ensuite avec elle à Melito où leurs nôces furent célébrées à grand renfort d'instruments de musique. Judith, nous aurons bientôt à le raconter, se montra digne du sang qui coulait dans ses veines ; mariée à un héros, elle fit elle-même preuve d'un courage et d'une bravoure restés légendaires en Sicile [1].

---

[1] Bien des erreurs ont été commises par divers historiens au sujet de la première femme du comte Roger; aussi est-il nécessaire d'entrer dans quelques détails pour rétablir, autant que possible, la vérité. Ces erreurs sont venues de ce que l'on n'a pas cherché à harmoniser les textes de Ordéric Vital avec ceux de G. Malaterra. Ordéric Vital parle deux fois de la première femme de Roger : 1° Deinde Hadvisa (Giroie) sociata est Roberto de Grentemaisnilio, quæ peperit ei Hugonem et Rodbertum et Ernaldum et totidem filias. Quo defuncto, conjuncta est Willermo Rodberti archiepiscopi filio, et peperit ei *Judith, quæ postmodum Rogerii comitis Siciliae conjux fuit.* O. Vitalis *historia ecclesiastica* L. III, T. II, p. 30 de l'édition le Prévost. 2° Duæ sorores uterinæ Rodberti abbatis, Judith et Emma, apud Uticum in capella S. Ebrulfi morabantur, et sub sacro velamine mundo renuntiasse, Deo que soli per munditiam cordis et corporis inhærere credebantur. Quæ cum Rodbertum fratrem suum in Apulia sœculari potentia sat vigere audissent, sese que in Normannia despicabiles et sine adjutorio perspexissent, iter in Italiam inierunt, et relicto velamine sanctitatis, totis nisibus mundum amplexatæ sunt, et ambæ maritis ignorantibus quod Deo dedicatæ essent, nupserunt. Nam Rogerius, Siciliæ comes, Judith in conjugium accepit, aliusque comes, cujus nomen non recolo, Emmam matrimonio suo conjunxit. Sic ambæ velamen, sanctæ religionis specimen, pro mundi amore, reliquerunt, et quia primam fidem irritam fecerunt ambæ in hoc sœculo steriles permanserunt, et in brevi puncto temporali felicitate functæ cælestem sponsum offenderunt. T. II, p. 91 de l'édition le Prévost. — Ces deux textes ne présentent aucune difficulté ; Judith, issue de la famille des Girole par sa mère Hadvisa, et des ducs de Normandie par son père Guillaume, troisième fils de Robert archevêque de Rouen, et par conséquent petit fils de Richard I, duc de Normandie, est pendant quelque temps, religieuse à S. Evroul d'Ouche, avec sa

Judith ne fit pas oublier à Roger la suite des affaires de
la Sicile ; après avoir passé quelque temps avec sa jeune
femme, il la quitta sans se laisser attendrir par les pleurs

sœur Emma, près de son frère utérin, Robert de Grentemesnil, abbé de S.
Evroul d'Ouche, depuis 1059. — Ordéric Vital nous apprend en outre que le
27 janvier 1061 (cf. éd. le Prévost T. ii, p. 81), Robert de Grentemesnil, fuyant
la colère du duc de Normandie, Guillaume le conquérant, quitta son monastère,
vint en France et plus tard dans l'Italie du sud. Judith et Emma, comprises
dans la disgrace de leur frère, abandonnèrent également la Normandie et gagnèrent l'Italie où, sans tenir compte de leur profession religieuse, Judith
épousa Roger, et Emma un autre seigneur Normand dont le nom n'est pas
connu. Voici maintenant le texte de G. Malaterra : Sic legatus quidam a Calabria
veniens nuntiavit abbatem S. Euphemiæ a Nortmannia a Delicia (variante
in dicta), sorore sua, nepte Normannorum comitum ad nita mandare sibi
ut acceleret versus nuptias celebrandas. Quod comes audiens multum exhi-
laratus erat. Denique ex multo tempore eam cupiens, speciosa quippe et præclari generis erat, quanto celerius potuit, versus Calabriam repedans,
diu [cupitam puellam visum ire accelerat, veniens que in vallem Salina-
rum, apud S. Martinum puellam legitime desponsatam Melitum cum
maximo musicorum concentu deducens, illuc solemnes nuptias celebravit. G. Malaterra ii, 19. — J'ai déjà eu occasion de dire, cf. *supra* p. 77
note 1, combien est défectueuse l'édition de Malaterra et combien il serait
nécessaire de reviser son texte sur les manuscrits; le passage que nous venons de citer témoigne de la vérité de cette assertion, car la première phrase
de ce passage contient évidemment une faute de copiste; il faut lire : *abbatem
S. Eupheniæ a Normannia a dilecta Juditha sorore sua, nepte Normannorum
comitum ad nita...* La confrontation du passage de Malaterra avec les deux
textes d'Ordéric Vital cités plus haut, suffirait pour rendre plausible cette cor-
rection, mais elle se justifie encore par une autre autorité : On sait qu'un
anonyme a composé avec l'ouvrage de Malaterra, quelquefois en le copiani
à la lettre, une *historia Sicula* appelée aussi *Chronica Roberti Viscardi
et fratrum*, or voici comment cet anonyme a lu et interprété le passage
de Malaterra dont il s'agit : Audito quoniam legati sui de Normannia
quæsitam sibi uxorem adduxerant, Mellitum veniens, cum *dilecta* sibi
(Juncta) nupta regio apparatu nuptias celebravit. Erat autem Jucta
(juncta) nobilissimis orta natalibus facie pulcherrima, moribus que honestis
informata. Anonymi Vaticani *historia Sicula* dans Muratori : R. I. S. T. VIII
col. 756. — L'anonyme a donc lu *dilecta* au lieu de *Delicia* et *Jucta* est évidemment Juditha. La traduction française par le traducteur
d'Aimé ne donne pas d'éclaircissements nouveaux, on y lit : Et quant il oï
que si légat lui avoient apportée la moillier laquelle avoit faite venir de Normandie, et torna à Mélit avec la moillier soe et o apparecllement royal fist les
noces. Et la dame estoit noble de nativité, et belle de cors et de face et
ensainguie de honestes costumes. Chronique de Robert Viscart ed. Champollion Figeac p. 281. —
Ordéric Vital et Malaterra ne sont donc pas en désaccord; de l'un et de
l'autre on peut déduire que Judith, et non cette Delicia tout à fait imaginaire,
a été la première femme du comte Roger. Maintenant, à quelle époque, Judith est-
elle venue trouver Roger en Italie ? D'après Malaterra, le mariage eut lieu au
commencement de 1062, après l'arrivée de Judith (Malaterra II, 18, 19); ce
renseignement prouve que Judith suivit son frère Robert de Grentemesnil
lorsque celui-ci vint, pour la première fois, se plaindre au pape Nicolas II des

que son départ lui faisait verser, et repartit pour Messine
amenant avec lui, les soldats qu'il avait pu réunir et notamment son écuyer, qui s'appelait aussi Roger.

procédés de Guillaume de Normandie à son égard. Robert de Grentemesnil
quitta son monastère, nous l'avons déjà dit, le 27 janvier 1061 et arriva à
Rome avant le 27 juillet de la même année, car il eut le temps de voir le
pape Nicolas II (Vital écrit : Denique Rodbertus abbas Nicolaum papam
Romæ invenit, eique causam itineris sui diligenter intimavit) car Nicolas II
est mort le 27 juillet 1061 (cf. Jaffe : *Regesta Pontificum* p. 389 ed. de 1861).
Ordéric Vital ajoute qu'après avoir vu le pape, l'abbé Robert vint dans la
Pouille visiter les parents qu'il avait parmi les conquérants Normands. Rodbertus autem parentes suos in Apuliam, ubi urbes et oppida quamplura
vi armorum obtinuerant, transivit. Ce voyage accompli dans les derniers
mois de 1061, d'après Ordéric Vital, a donc eu lieu exactement à la même
époque d'après Malaterra, et Robert était accompagné de ses deux sœurs
utérines Judith et Emma.

Les explications et les conclusions qui précèdent nous permettent de corriger quelques erreurs de détails qui se sont glissées dans Ordéric Vital et
dans Malaterra. O. Vital écrit (cf. *supra*) que Judith se décida à venir en
Italie parce que son frère Robert avait acquis une grande situation politique
(sæculari) dans la Pouille. En 1061, Robert était au contraire sans feu ni lieu ;
après avoir vu ses parents de la Pouille, il revint en Normandie essayer
de fléchir le duc Guillaume, mais celui-ci ayant menacé de le faire pendre
s'il se présentait devant lui, Robert retourna en Italie, et, par la suite, devint abbé de S. Eufemia, et fut en effet un personnage considérable. Malaterra se trompe également en disant que Robert était abbé de S. Eufemia lors du mariage de sa sœur avec le comte Roger. —

O. Vital est seul à affirmer que Judith a été religieuse à S. Evroul sur
Ouche et que le comte Roger l'a épousée sans savoir que sa fiancée s'était auparavant consacrée au Seigneur. Malaterra et les autres historiens des Normands n'en disent rien, et quand on examine les choses de près, il n'est
guère possible d'admettre cette donnée d'Or. Vital. Si Judith avait réellement émis des vœux et ne pouvait se marier quand elle est venue en
Italie, comment supposer que son frère Robert de Grentemesnil, un aus-
tère religieux, que les personnes de la suite de son frère aient, par
un silence coupable, laissé s'accomplir un mariage qui aurait été à
leurs yeux un odieux sacrilège? Les relations entre la Normandie et l'Italie du sud étaient alors trop fréquentes et Judith appartenait à une famille trop élevée, pour que sa vie passée fut un secret impénétrable.
La vérité aurait été connue tôt ou tard et l'église aurait certainement
protesté contre un pareil mariage qu'elle aurait regardé comme nul; or nous
ne voyons rien de semblable. Tout le récit de Malaterra prouve que Roger
connaissait Judith depuis longtemps et désirait sa main — ex multo tempore
eam cupiens — il comptait sur l'arrivée prochaine de la jeune fille et sa cer-
titude à cet égard semble provenir de promesses faites antérieurement de
part et d'autre. Comment Roger aurait-il pu nourrir de pareilles espérances
si Judith avait pris le voile à S. Evroul ? Il aurait certainement connu cette
détermination de Judith car un passage d'Ordéric Vital, intéressant à recueillir, fait voir que Roger est venu à S. Evroul avant de se rendre en Italie, et
que, lors de sa visite, Robert de Grentemesnil était abbé du monastère; il est
donc bien probable qu'il vit alors Judith. Tunc Rogerius, écrit O. Vital, Tancredi de Alta-Villa filius, in Italiam pergens, ibidem adfuit (à une donation

Aussitôt débarqué, Roger envoya un messager à Catane mander à Ibn-at-Thimnah de venir le trouver avec ses troupes, ot la jonction opérée, Sarrasins et Normands pénétrèrent dans l'intérieur de l'île et allèrent assiéger la forteresse de Petralia au sud de Cefalu. Elle était occupée par une population mi partie chrétienne, mi partie musulmane qui, craignant le ressentiment des assiégeants si elle résistait, se laissa facilement convaincre par la double influence d'Ibn-at-Thimnah et de Roger, et se rendit aux Normands sans même faire un semblant de défense. La nouvelle conquête fut munie d'une garnison normande et de vivres, et les mêmes mesures furent prises pour Traïna; puis Roger, laissant à Ibn-at-Thimnah ses instructions pour conserver et agrandir leurs possessions en Sicile, revint en Calabre où l'attendait Judith attristée et préoccupée de son absence [1].

faite au monastère de S. Evroui d'Ouche par Foulques *de Bona Valle*) qui postea, juvante Deo, Siciliam magna ex parte obtinuit, et Afros Siculosque et alias gentes in Christum non credentes, quæ præfatam insulam devastabant, armis invasit, protrivit et superavit. O. Vital éd. le Prévost T. II, p. 72. Tout indique donc que Judith était libre de disposer de sa main lorsqu'elle est venue en italie, et qu'O. Vital s'est trompé en affirmant qu'elle s'était auparavant consacrée au Seigneur.

Qu'O. Vital fut assez mal informé de ce qui concerne la première femme de Roger, c'est ce que prouve une autre phrase du passage de ce chroniqueur que nous avons cité plus haut. O. Vital dit que Judith et Emma n'eurent pas d'enfants, que Dieu voulut ainsi les punir d'avoir rompu leurs vœux; or cela est faux au moins pour Judith. Di Meo (*Annali del regno di Napoli* ad an. 1083) a eu entre les mains et a analysé une charte par laquelle le comte de Lucera et *Adélisa fille du comte Roger de Sicile et de sa femme Judith* font une donation à un monastère. Nous verrons plus tard que Judith eut encore une autre fille, Mathilde, célèbre pour sa beauté et qui épousa en 1080 le fameux Raymond comte de Toulouse et de Provence. Cf. G. Malaterra III, 21.

Il est inutile après les détails qui précèdent et pour ne pas prolonger outre mesure une note déjà fort longue, d'énumérer les erreurs commises au sujet de Judith par beaucoup d'historiens. Presque tous font de Delicia, ce personnage imaginaire, né d'une interprétation erronée de Malaterra, la première femme de Roger, et ne savent plus que faire de Judith. Il suffira de citer la note dont Champollion Figeac fait suivre l'article de Judith dans les *familles Normandes de Dufresne Ducange* publiées par lui. Cette note est un tissu d'erreurs.

[1] Quibus consummatis (nuptiis), aliquandiu cum uxore commoratus, quo animum intenderat oblivisci minime potuit; sed exercitu apparato Rogerium armigerum secum ex parte ducens, juvencula in Calabria dimissa,

Après le départ de Roger, Ibn-at-Thimnah poursuivit avec ardeur la conquête de la Sicile pour son compte et celui de ses nouveaux alliés et, soit de force, soit par la persuasion, pénétra bien au delà de Castrogiovanni jusqu'à Corleone dans la province de Palerme. Mais là devait l'atteindre la vengeance de ceux des Sarrasins qui ne lui pardonnaient pas d'avoir trahi l'Islam en introduisant les chevaliers chrétiens dans l'île. Pendant que, dans les premiers jours de mars 1062, Ibn-at-Thimnah assiégeait Rocca d'Entella à l'ouest de Corleone, Nichel, commandant de la forteresse, lui demanda une entrevue et feignit de vouloir lui livrer la place. Ibn-at-Timnah, trompé par les paroles amicales du message et soupçonnant d'autant moins un piège, qu'il avait autrefois accordé de nombreuses faveurs à ce même Nichel alors à son service, vint au rendez-vous avec une faible escorte. D'après les conseils de Nichel, les conjurés commencèrent par blesser le cheval d'Ibn-at-Thimnah et, aussitôt après, se précipitèrent sur lui, le jetèrent à terre et le criblèrent de coups de poignards. L'assassinat d'Ibn-at-Thimnah compromettait gravement la conquête de la Sicile par les Normands ; dès que les garnisons normandes de Petralia et de Traïna en eurent connaissance, elles abandonnèrent en toute hâte leurs positions et vinrent se réfugier à l'abri des fortifications de Messine [1].

---

iterum Siciliam invadit, nullis persuasionibus lacrymentis uxoris detentus. A Catana itaque Becumine Sarraceno per legatum arcessito, secum ducens Petrelegium obsessum vadit. Porro cives ex parte Christiani et ex parte Sarraceni, consilio invicem habito, pacem cum comite facientes, castrum seseque ditioni suæ dederunt. Comes vero, castrum pro libito suo firmans, militibus et stipendiariis muniens, Trainam venit, quam similiter muniens Becuminem, ut Siciliam, lacessitum et ad suam utilitatem applicatum vadat, exhortatus; in Calabria se desideranti et de salute ipsius sollicitæ uxori sese repræsentans, de adventu suo non minimum lætificavit. Malaterra II, 20. — Il y a aujourd'hui deux Petralia en Sicile, Petralia Soprana et Petralia Sottana, séparées seulement par un mille de distance, mais Edrisi n'en indique qu'une de son temps. Cf. Edrisi p. 112 de la traduction italienne de la *Biblioteca Arabo Sicula* d'Amari T. I.

[1] Malaterra II, 22. — C'est à Antulium, Antelium d'après une variante, que Malaterra fait mourir Ibn at Timnah. La *Chronique de Robert Viscart* écrit Antiléon. Amari se fondant sur ce texte de Conrad dans Caruso : *Bibliotheca*

Pour compliquer davantage la situation, à ce même moment éclatait entre Roger et Robert Guiscard une brouillo qui dégénéra en une guerre ouverte. Ce n'était pas la première fois que les deux frères en venaient aux mains ; une autre lutte avait déjà eu lieu entre eux et, après des alternatives de revers et de succès, s'était terminée par le traité de Scalea par lequel Robert Guiscard avait promis de céder à Roger la moitié de la Calabre, depuis le mont Intefoli et le mont Squillace, jusqu'à Reggio [1].

Roger avait alors déposé les armes, et Robert Guiscard, délivré de toute inquiétude, ne songea nullement à remplir ses engagements ; Roger les lui aurait certainement rappelés s'il n'avait été absorbé par les guerres des dernières années sur le continent et en Sicile. Quelqu'impatient qu'il fût, il préféra attendre un moment plus favorable et n'accentua pas trop ses réclamations. Mais, au lendemain de son mariage, il fut d'autant plus irrité de l'injustice de son frère qu'elle l'empêchait de donner à sa nouvelle épouse de si haute lignée, le *morgengabe* traditionnel, c'est-à-dire le douaire que, d'après la loi, le mari donnait à sa femme, le lendemain des nôces. Il ne possédait guère en réalité que la ville de Melito au sud de Reggio, et ne pouvait faire des largesses. Il se plaignit donc amèrement à Robert Guiscard, et celui-ci, encore assez généreux quand il ne fallait donner que de l'argent, mais singulièrement avare quand il s'agissait de céder quelque domaine, fit la sourde oreille ; alors Roger ne garda plus de mesure ; il se sépara de son frère, vint à Melito, le fortifia et recruta dans toute la Pouille des soldats pour les armer contre Robert Guiscard.

<hr />

Sicula T. I, p. 47 « Autellœ quod castrum erat in Sicilia juxta Corleonum ». traduit Antulium par Rocca d'Entella dans la vallée du Bichinello. Cf, Amari : *Storia dei Musulmanni di Sicilia* T. III p. 86 note 1. — Après avoir raconté la mort d'Ibn at Timnah, Malaterra parle de l'ouverture des hostilités entre Roger et Robert Guiscard et, d'après lui, elles commencèrent au début de 1062 c'est-à-dire vers le 25 mars 1062 car Malaterra compte la nouvelle année à partir de ce jour. Il est donc probable qu'Ibn at Timnah fut assassiné vers les mois de février ou mars 1062.

[1] Cf. supra p. 288.

Quelqu'évident que fut le tort de Robert Guiscard, Roger voulut, avant d'ouvrir les hostilités, attendre le terme
légal de quarante jours ; il espérait que, pendant ce
temps, Robert reviendrait sur sa résolution et, dans le
cas contraire, espérait par cette temporisation laisser
à son frère la responsabilité d'une lutte fratricide. Ce
fut pendant cette quarantaine qu'Ibn-at-Thimnah tomba
assassiné, et certes, cet évènement aurait dû faire comprendre aux Tancrède l'impérieuse nécessité de s'unir
pour faire face à de nouveaux dangers ; mais l'irrita-
tion était trop grande de part et d'autre et Robert Guiscard ayant réuni son armée marcha sur Melito.

Roger était à ce moment malade d'une fièvre palu-
déenne contractée à Gerace où ses affaires l'avaient appelé
peu auparavant et où la *mal'aria* fit périr plusieurs des
siens ; il n'en partit pas moins avec ses troupes au devant
de Robert Guiscard, lui livra deux combats meurtriers et
réussit à l'empêcher d'occuper le Monte Sant Angelo
et le Monte Verde où Robert Guiscard voulait camper
pour dominer Melito. Le siège ainsi commencé dans des
conditions défavorables pour Robert, traîna en longueur
et les jeunes Normands, ne sachant que faire de leur temps,
imaginèrent de se provoquer d'un camp à l'autre à des
combats singuliers. Dans une de ces rencontres, Arnaud,
frère utérin de Judith et tenant le parti de Roger, fut malgré son expérience des choses militaires, jeté bas de son
cheval au moment où il cherchait à désarçonner son adversaire, et cette chute lui coûta la vie. Amis et ennemis
pleurèrent ce vaillant jeune homme, mais nul ne le
pleura plus amèrement que Roger qui, pour venger cette
mort et les larmes qu'elle avait fait couler à Judith, attaqua de nouveau et avec furie les troupes de Robert
Guiscard et fit de nombreuses victimes.

Le duc Robert, préoccupé de voir ses forces diminuer
par ces escarmouches continuelles, et ne pouvant enlever
Melito de haute lutte, usa alors de l'un des procédés les
plus ordinaires de la tactique normande ; il fit construire

devant la ville, aux deux extrémités, deux châteaux forts et attendit que la famine lui livrat les clefs de la place. Mais Roger n'était pas homme à rester inactif; lorsqu'il savait son frère dans l'un des deux châteaux, il attaquait l'autre avec impétuosité, ce qui obligeait Robert Guiscard à faire, en toute hâte, un long détour pour venir le défendre, et, dès qu'il était arrivé, Roger, suspendant la lutte et traversant rapidement Melito, courait assiéger la position laissée par Robert.

« Une nuit, Roger, suivi de cent hommes, sortit secrètement de Melito, et, à l'insu de son frère, vint à Gerace; cette ville oubliant le serment de fidélité prêté, peu auparavant, à Robert Guiscard, ouvrit ses portes à Roger et lui fournit les moyens de continuer la guerre. En apprenant cette nouvelle, Robert Guiscard entra dans une violente colère : il laissa des garnisons dans les châteaux construits devant Melito, partit avec le reste de ses troupes pour Gerace et vint camper près des remparts de la ville, mais sans pouvoir les franchir, car, tout en lui jurant fidélité, Gerace avait cependant gardé une certaine indépendance municipale, et notamment n'avait pas permis d'élever un château normand dans l'intérieur de la ville. Le duc, impatient de terminer au plus tôt, cette guerre essaya alors de prendre Gerace par la ruse; il se fit inviter à dîner par Basile, son ami, l'un des principaux de la ville et, la tête couverte d'un capuchon pour ne pas être reconnu, entra bravement dans Gerace et se rendit au palais de Basile. Pendant que, le dîner n'étant pas encore prêt, Robert Guiscard causait avec Melita, femme de Basile, un domestique de la maison apprit aux habitants de Gerace que le duc, seul et déguisé, était dans leurs murs. Un tumulte des plus violents éclata aussitôt, la maison de Basile fut entourée d'une foule armée et menaçante, qui criait trahison et demandait vengeance. Basile, persuadé que toute résistance serait illusoire, et connaissant la cruauté des ses concitoyens, chercha à gagner une église, asile inviolable même pour les pires scélérats, mais il fut massacré avant d'y parvenir ; sa femme Melita n'eut pas un meilleur sort, elle fut empalée et expira au milieu d'atroces souffrances.

« Robert Guiscard se crut perdu ; seul, sans défense, au milieu d'une multitude furieuse qui venait, sous ses yeux, de commettre deux horribles assassinats, il vit, mais trop tard, qu'il s'était jeté étourdiment dans une redoutable aventure et s'était pris dans ses propres filets. Toutefois, sa finesse normande ne l'abandonna pas ; elle lui fit comprendre que toute résistance serait folie, qu'il fallait à tout prix, car c'était son dernier espoir, haranguer la foule et lui faire comprendre que, s'il était massacré, ses soldats feraient expier cruellement sa mort à la ville de Gerace.

« Au lieu de cette férocité du lion qui lui était habituelle, Robert Guiscard, dit Malaterra, se montra doux comme un agneau et, profitant du moment ou les plus sages de Gerace, craignant les suites de cette affaire, cherchaient à calmer l'effervescence du peuple, il adressa à ceux qui l'entouraient et le pressaient les paroles suivantes :

« Ne vous laissez pas enivrer par une joie trompeuse ; la fortune est mobile, aujourd'hui elle vous sourit et elle m'est contraire, mais son inconstance doit vous faire craindre les revers possibles et les douloureuses surprises du lendemain ; rien n'arrive sans la permission de Dieu. Examinez maintenant de quelle manière je suis venu au milieu de vous et comment je suis en votre pouvoir. C'est moi qui suis venu spontanément, et, en le faisant, je n'avais contre vous aucune mauvaise intention. Vous m'avez juré fidélité et, pour ma part, je n'ai jamais violé le pacte que j'ai conclu avec vous. Ce qui m'arrive aujourd'hui peut vous être profitable si vous le voulez ; la manière dont vous me traiterez me fera mieux apprécier votre fidélité, dont je ne doute pas du reste, vous me deviendrez plus chers et plus dignes de récompense. Il serait honteux que des milliers d'individus oubliant leurs serments, les foulant aux pieds, se jetassent, sans aucun motif, sur un homme,

seul et désarmé, venu par hasard au milieu d'eux. Ne vous
faites pas illusion, ma mort ne vous rapporterait pas plus
de profit que do gloire; au lieu de vous délivrer du joug
des Normands, elle fera de ces Normands vos ennemis
acharnés, jurant de venger mon trépas. Si vous trempez
dans mon sang vos mains devenues parjures, j'ai de fi-
déles soldats, des frères, des parents que rien ne pourra
apaiser. Partout où l'on saura que vous m'avez fait mourir sans pouvoir articuler un grief contre moi, on vous
le reprochera comme une opprobre, et vous et vos enfants
vous resterez deshonorés. ·

« Par ces paroles et d'autres analogues, Robert Guiscard, secondé par les hommes les plus sages de Gerace,
s'efforçait de calmer la foule ; il obtint un demi-succès,
car, à la fin, on se décida à le conduire en prison pour
prendre ensuite à son égard un parti définitif.

« Pendant ce temps, l'armée de Robert Guiscard, campée
aux portes de la ville, apprenant ce qui venait d'arriver à
son chef, fut sous le coup d'une grande émotion, et,
sans trop savoir ce qu'elle avait à faire, après bien des
hésitations, elle se décida à envoyer des messagers au
comte Roger pour le mettre au courant de la situation.
Les compagnons de Robert Guiscard firent dire au jeune
comte que, connaissant son cœur, ils étaient persuadés
qu'il oublierait son ressentiment, ferait taire toute pensée
d'ambition personnelle, pour voler au secours de son frère
dont la vie courait de si grands dangers. Ils promettaient
solennellement si Robert Guiscard était délivré par l'entremise de Roger, de s'employer avec zèle auprès du duc
pour qu'il rendit à son frère pleine et entière justice.

« Roger n'hésita pas; il pleura abondamment à la pensée que Robert pouvait être massacré d'un moment à
l'autre et, après avoir supplié les siens de le suivre dans
cette expédition, partit avec eux, en toute hâte, pour Gerace. Aussitôt arrivé, il envoya aux principaux habitants
de Gerace des sauf-conduits pour qu'ils se rendissent à une
entrevue avec lui en dehors des murs, et leur parla en
ces termes:

« Je suis très-heureux, mes chers amis, mes fidèles alliés, que vous ayez fait prisonnier mon frère devenu mon ennemi, mon persécuteur, et qui m'assiégeait dans ma propre ville. Votre fidélité à mon égard a été telle que je veux la récompenser en suivant vos conseils pour châtier moi-même ce frère, sans vous laisser la responsabilité de le faire de vos propres mains et par vos armes. Ma colère contre lui est si ardente que mon glaive seul et non celui d'un autre lui donnera la mort; aussi ne croyez pas m'être agréables en lui portant vous-mêmes le coup mortel. Je vous défends absolument d'agir de la sorte. Hâtez-vous de me livrer mon ennemi. Vous serez les premiers instruits de son supplice, car soyez sûrs que, réalisant votre pensée, je lui ferai rendre le dernier soupir dans les tourments. Allons! pas de retard, car rien ne ne me fera abandonner le siège de cette ville jusqu'à ce que je me sois vengé des injustices de mon frère à mon égard. Toute son armée, ne voulant plus supporter son joug odieux, l'a abandonné, m'a choisi pour son chef et m'a juré fidélité. Mon frère me trouvait à peine digne de posséder un lopin de terre et maintenant sa mort va me permettre de m'emparer de tout ce qui lui appartient. Ce n'est pas avec moi qu'il faut essayer de temporiser et de faire traîner cette affaire en longueur, si vous n'accédez pas immédiatement à nos demandes, je fais, sans autre délai, arracher vos vignes et vos oliviers, et mes machines de guerre auront, en bien peu de temps, raison des fortifications de votre ville. Souvenez-vous enfin que si Gerace est prise d'assaut, vous serez traités comme l'on traite des ennemis.

« Les auditeurs de Roger terrifiés de ce qu'ils venaient d'entendre, rentrèrent à Gerace, rapporter ces paroles à leurs concitoyens et délibérer avec eux. Ils tombèrent d'accord de livrer Robert à son frère; mais, auparavant, ne sachant trop si la colère et les menaces de Roger contre Robert étaient sincères ou simulées, ils firent jurer à leur prisonnier que, s'il recouvrait la liberté et ne périssait pas victime de son frère, il ne ferait jamais bâtir de château fort dans l'enceinte de Gerace. Robert promit tout ce qu'on voulut et les habitants de Gerace, le conduisant enfin hors de la ville, le rendirent aux Normands qui pleurèrent de joie en le revoyant.

« Lorsque Robert et Roger se trouvèrent en présence, ils se jetèrent, à plusieurs reprises, dans les bras l'un de l'autre, et, versant des larmes d'allégresse pour cette délivrance inespérée, ils s'embrassèrent comme autrefois Joseph et Benjamin. Le duc promit à Roger de ne plus retenir les domaines qu'il lui avait promis et Roger, ayant accompagné son frère jusqu'à San Martino, revint à Melito. Pendant ce temps, les troupes laissées par Roger à Melito ayant su que Robert Guiscard était prisonnier, avaient attaqué vivement les deux châteaux construits hors des remparts par les assiégeants et s'en étaient emparé; les garnisons furent faites prisonnières, et, après avoir démoli le plus fortifié des deux châteaux, les soldats de Roger s'établirent dans l'autre, celui de Sant Angelo.

« Persuadée que son mari avait été massacré et qu'elle était veuve, Sikelgaïta, femme de Robert Guiscard, alla chercher un refuge à Tropea, sur les bords du golfe de Santa Eufemia.

« Robert Guiscard fut très-courroucé en apprenant ces dernières nouvelles; elles lui firent oublier la belle conduite de Roger à son égard, il déclara se refuser à exécuter le traité si auparavant on ne lui rendait le château de Sant Angelo et tous ceux de ses soldats faits prisonniers. Pour ne laisser à Robert aucun prétexte à alléguer, Roger se soumit à cette nouvelle exigence et rendit le château et les soldats. Mais, même après ces concessions, Robert persista dans son attitude; alors Roger ne garda plus de mesure; avec la connivence des habitants, il s'empara du *Castrum Messianum* appartenant à Robert et déclara la guerre à son frère. Devant une telle fermeté, Robert Guiscard finit enfin par céder; pour

ne pas voir toute la Calabre en révolution, il se décida
à avoir avec Roger une entrevue dans la vallée du Crati
sur un pont appelé depuis *Ponte Guiscardo* et là eut lieu
le partage de la Calabre entre les deux frères. Robert
partit aussitôt après pour la Pouille.

« Content d'être enfin parvenu au terme de ses désirs,
Roger s'appliqua aussitôt à fournir de chevaux, d'habits et
d'armes ses soldats que la guerre contre Robert avait fort
appauvris, et, pour y parvenir, fit des réquisitions de tous
côtés. Les habitants de Gerace ne furent pas épargnés;
Roger ne leur avait pas pardonné leur conduite envers
son frère et, pour les punir, commença à faire construire
un château dans l'enceinte de leur ville. Les habitants se
récrièrent et rappelèrent la promesse faite par Robert
Guiscard de ne jamais édifier de forteresse en cet endroit.
Roger répondit que son frère et non lui avait fait cette
promesse, que la moitié de Gerace lui appartenant, il
pouvait y construire ce qu'il voulait et les citoyens de
Gerace, ne pouvant en appeler aux armes, durent donner
au comte de fortes sommes d'argent pour que le château
ne fût pas construit [1].

[1] Nous ne connaissons que par Malaterra II, 21, 23, 24, 25, 26, 27, 28 et par
le résumé de Malaterra dans l'anonyme, texte latin dans Caruso, *Bibliotheca
Sicula* p. 838 sqq, texte français dans Champollion Figeac p. 281 sqq., cette
guerre entre Roger et Robert Guiscard et les curieux incidents qui la signalèrent. Le traducteur d'Aimé, ayant aussi traduit l'Anonyme, a remaqué cette
lacune dans le récit d'Aimé, aussi a-t-il inséré cette note dans sa traduction,
v, 26 : Non mest ceste histoire coment ot brigue avec lo conte Rogier son
frère, et coment lo ala prendre, et que non lo pot prendre en la cité, lo
persecuta en Sicille, dont il fut prist de li Sarrazin, et lo frère puiz lo rachata.
Et ensi lo duc et lo conte orent grandissime paiz ensemble coment rayson
estoit. — Malaterra dit que Roger se décida à réclamer, même par la guerre,
sa part de la Calabre parce qu'il ne pouvait doter sa femme — quia juvencu-
lam uxorem decenter dotare volebat — c'est-à-dire lui donner le Morgengabe :
plusieurs chartes Normandes du XIe et XIIe établissent que l'usage du Morgengabe existait chez les Normands d'Italie. — Malaterra est tout-à-fait d'accord avec Ordéric Vital en assignant à Judith un frère du nom d'Arnaldus,
Ernaldus, lequel, comme nous l'avons vu, trouva la mort devant Melito en
1062. O. Vital dit en effet que Hadvisa, mère de Judith, eut trois fils Hugo,
Robert et Arnaud de son mariage avec Robert de Grentemesnil (*Hist. eccles.*
III, T. II, p. 30 de l'éd. le Prévost); Arnaud était donc frère utérin de Judith.
Cf. supra p. 372 note 1, initio. — L'Anonyme qui a résumé d'après Malaterra la
guerre entre Robert Guiscard et Roger s'est trompé en plaçant en Sicile la

Après avoir réorganisé ses troupes par de pareils procédés, Roger, les utilisa immédiatement pour continuer
la guerre de Sicile. Les musulmans, paralysés sans doute
par leurs dissensions intérieures, n'avaient heureusement
pas profité de la mort d'Ibn-at-Thimnah et de la brouille
entre Roger et Robert Guiscard pour chasser les Normands de l'île. Aucune attaque contre les possessions
de ces derniers n'est mentionnée par les chroniqueurs ; et
vers le mois d'août 1062, Roger put, sans difficulté, passer
en Sicile avec trois cents soldats et arriver à Traïna. Il
avait avec lui sa jeune femme Judith, assez effarouchée,
au début, de se voir au milieu des combats et des aventures et qui l'aurait été bien davantage si elle avait pu
prévoir les dangers qui l'attendaient. Les Grecs de Traïna
firent bon accueil à Roger et à ses Normands, toutefois,
ce n'était plus la cordialité des premières entrevues;
peut-être les Grecs avaient-ils déjà vu à l'œuvre la brutalité et la rapacité normandes, ou bien, comme les Normands appartenaient à l'église latine, peut-être avaient-
ils été scandalisés des différences liturgiques caractéri-
sant les deux églises.

Sans se préoccuper de ces symptômes, Roger fortifia
Traïna quoique la position de cette ville sur une montagne de 1100 mètres fut naturellement formidable, et,
ces précautions prises, il alla batailler contre les villes
et les châteaux voisins, laissant à Traïna Judith et une
faible garnison.

Les Grecs, rapporte Malaterra, mécontents d'avoir à
loger les Normands dans leurs maisons, et redoutant ce
voisinage pour leurs femmes et leurs filles, songèrent à
profiter d'une de ces absences de Roger pour assaillir les
quelques soldats restés à Traïna ; ils espéraient en avoir facilement raison, les faire prisonniers s'ils ne se défen-

ville de Gerace où Robert Guiscard faillit perdre la vie, aussi le fait-il prisonnier des Sarrasins ; l'erreur est facile à constater et indique, comme on
l'a souvent dit, que cet Anonyme était Sicilien et connaissait peu le continent.

daient pas, les massacrer s'ils osaient résister. Un jour que Roger était en expédition à Nicosia, ils essayèrent de mettre leurs projets à exécution. Mais ils avaient compté sans la vaillance et l'acharnement avec lesquels les Normands défendirent la comtesse Judith et leur propre vie : là bataille dura toute la journée dans les rues de Traïna, et la nuit seule sépara les combattants. Roger, averti de ce qui se passait, accourut et trouva la ville partagée en deux camps ; la situation des Normands était d'autant plus critique que les Sarrasins des environs, instruits de la brouille survenue entre les Normands et les Grecs, s'étaient rendus à Traïna au nombre d'environ cinq mille et faisaient cause commune avec ces derniers. Les Normands ainsi attaqués et assiégés à l'improviste, sans avoir eu le temps de faire des provisions, manquèrent bientôt de tout ; si encore ils avaient pu, comme ils l'avaient fait si souvent, vivre en pillant les environs mais cette ressource leur faisait également défaut ; ils étaient pour cela trop surveillés par l'ennemi, et, sous peine de s'exposer à un désastre irrémédiable, dans l'obligation de rester tous à défendre leurs fortifications improvisées. Durant les longs mois que dura cette guerre de rues, la famine fut telle dans le camp normand que la jeune comtesse Judith déjà réduite à n'avoir que de l'eau et ses larmes pour étancher sa soif, dut encore chercher dans le sommeil un palliatif contre la faim qui la tourmentait. Même pénurie d'habits et de couvertures, et pénurie d'autant plus douloureuse qu'on était en hiver, et que l'hiver est rude sur les cimes neigeuses où s'élève le nid d'aigle de Traïna. Roger et Judith n'avaient pour eux deux qu'un seul manteau et ne pouvaient sortir ensemble, le manteau étant indispensable pour affronter les rigueurs de la saison. Ces épreuves n'abattirent en aucune façon le courage des Normands ; se cachant les uns aux autres leurs souffrances, s'excitant mutuellement au combat, et exaltés par cette fièvre que donnent la faim et les privations, ils tenaient vaillamment tête à leurs milliers d'adversaires auxquels la Sicile fournissait avec abondance des vivres et des vêtements.

« Un jour, au moment où la lutte était des plus vives, Roger, voulant secourir quelques-uns des siens, monta à choval et s'élança au milieu des ennemis ; ceux-ci le reconnurent, l'entourèrent aussitôt de toutes parts et criblèrent de traits son cheval. La pauvre bête tomba entraînant son cavalier dans sa chute et, aussitôt, Grecs et Sarrasins fondant sur Roger, s'emparèrent de lui et s'efforcèrent de l'entraîner dans leur camp, Le comte résistant « *comme un taureau qui aurait le sentiment d'être conduit à la boucherie* » garda son sang-froid dans cet extrême danger ; il parvint à ôter du fourreau le glaive dont il était armé et s'en servit aussitôt avec une impétuosité terrible, il le brandissait comme un faucheur brandit sa faux, et fit un tel carnage de ses ennemis que leurs nombreux cadavres, gisant autour de lui, jonchaient le sol. Ainsi, ajoute Malaterra qui, à l'occasion, sait trouver de poétiques images, ainsi gisent renversés les arbres d'une forêt qu'un grand vent d'orage a ébranlée jusque dans ses fondements. Les assaillants épouvantés regagnèrent leurs retranchements, et, pour les mieux braver, Roger, devenu libre avec l'aide de Dieu et celui de son épée, ne voulut rejoindre les siens qu'après avoir pris et emporté la selle de son cheval.

Ces hauts faits d'une brillante bravoure ne parvenaient cependant pas à briser le cercle d'ennemis qui resserrait les Normands ; ils étaient assiégés depuis quatre mois déjà et, comme nous l'avons dit, un hiver exceptionnellement rigoureux ajoutait à leurs souffrances ; ce furent toutefois ces intempéries extraordinaires qui leur fournirent enfin l'occasion de se délivrer. Le voisinage de l'Etna et de ses exhalaisons sulfureuses rend souvent, pendant l'été, à Traïna et aux environs, la chaleur insupportable et y occasionne, en toute saison, des troubles atmosphériques, des orages et de redoutables tempêtes ; aussi les habitants de ce pays, soumis pendant de longs mois à cette température torride, condamnés à transpirer continuellement dans cet air chauffé comme l'air d'une étuve, étaient très-sensibles au froid, et, pour résister à celui qui signala

l'hiver de 1062-1063, ils burent de grandes quantités de vin
ce qui porte toujours au sommeil, il en résulta que les
ennemis des Normands n'eurent plus la même vigilance
qu'au début et finirent par se garder très-mal. Roger et les
siens, heureux de constater cette incurie, l'encouragèrent,
en affectant eux-mêmes une grande négligence, notamment en gardant pendant la nuit le plus profond silence
comme s'ils étaient plongés dans le sommeil, tandis qu'au
contraire, ils étaient plus vigilants que jamais. Une nuit,
Roger s'étant convaincu par lui-même que Grecs et Sarrasins reposaient dans une douce quiétude, fit armer tout
son monde et envahit les positions ennemies sans éveiller
le moindre écho. Les Normands firent main basse sur tous
ceux qui essayèrent de résister ; les fortifications de Traina
tombèrent en leur pouvoir et l'armée assiégeante fut ou
prisonnière ou mise en fuite dans le plus grand désordre.
Pour inspirer aux Siciliens une terreur salutaire, Roger
fit pendre Porinus le chef de la révolte ; ses principaux
complices subirent le même sort et ceux qui étaient moins
coupables furent frappés de diverses peines. Avec la victoire, l'abondance revint dans camp des Normands qui oublièrent les longs jeûnes des mois précédents en consommant largement le froment, le vin, l'huile et les autres
produits de la fertile Sicile,

Il fut plus difficile aux Normands de remplacer leurs
chevaux à peu près tous perdus dans la campagne, peut-
être avaient-ils été obligés de les manger durant le siège
de Traïna ; Roger alla sur le continent en recruter
d'autres dans la Calabre et dans la Pouille. Il partit,
laissant à Traïna Judith et ses soldats ; la jeune femme,
déjà habituée au métier des armes par la rude épreuve
qu'elle venait de traverser, veilla elle-même au salut de la
place ; elle faisait des rondes pour s'assurer que les gardes de nuit et de jour étaient à leurs postes, encourageait
les soldats par de bonnes paroles, leur promettant des récompenses lorsque le comte serait de retour, et leur rappelait les dangers qu'ils venaient de courir pour que leur vi-

gilance en empêchât le retour. Aussi, lorsqu'à la grande
joie de tous, Roger reparut à Traïna, il trouva que rien
n'avait périclité en son absence, et donna à ses soldats
tout ce dont ils avaient besoin pour une nouvelle campagne [1].

Roger arrivait à propos et avait grandement raison d'é-
quiper ses troupes car, sur ces entrefaites, la situation des
musulmans de Sicile s'améliorait notablement. Instruits
par leurs défaites successives, les musulmans avaient
compris que leur cause était perdue et que les Normands
s'empareraient graduellement de l'île tout entière, s'ils ne
s'unissaient entre eux et n'appelaient à leur aide leurs
coréligionnaires de l'Afrique septentrionale. Le moment
était du reste favorable pour s'adresser aux africains.

Ibn-al-Atir écrit qu'après les premières victoires des
Normands en Sicile, « un assez grand nombre de Musulmans doctes et vertueux avaient abandonné l'île et que
quelques-uns d'entre eux étaient venus chercher asile auprès d'Al Mu'izz ibn Badis. Ils lui exposèrent la situation faite aux Musulmans restés en Sicile, leurs discordes
et l'invasion des Francs dans la majeure partie de l'île.
Al Mu'izz réunit alors une armée nombreuse et une

[1] La révolte des Grecs de Traïna et la belle conduite de Roger, de Judith et
des Normands dans des circonstances si critiques, sont rapportées par Malaterra : Historia Sicula II, 29, 30, 31, et par le compilateur anonyme de Maia-
terra, texte latin dans Muratori R. I. SS. T. VIII col. 759 sq. texte français
dans Champollion Figeac p. 286. Le siège de Traïna ayant, d'après Malaterra,
duré 4 mois et s'étant terminé au cœur de l'hiver 1062-1063, il faut alors placer
vers le mois d'août ou de septembre 1062 le commencement de cette nouvelle
expédition de Roger en Sicile. Malaterra appelle Porinus le grec chef de la
révolte, c'est probablement Plotinus qu'il faut lire, d'autant mieux que la
traduction française de l'anonyme porte : « Un qui se clamoit Piétine »; le
texte latin de l'anonyme a au contraire Glotinus. — De ce que le compilateur de Malaterra donne à Roger le titre de consul de Traïna et parle du
palais consulaire du comte Normand dans cette ville, Amari incline à croire
que ce compilateur a pu avoir sous les yeux des documents non utilisés par
Malaterra, mais la supposition n'est guère admissible pour ce passage, le
titre a très probablement été donné d'une façon arbitraire. — La présence de
nombreux Sarrasius habitant les environs de Traïna, est confirmée par un diplôme de 1085, publié en 1855 par Di Chiara (Opuscoli, Palermo in-8, p. 167).
Les noms des villani de la contrée qui, par cette charte, sont donnés à
l'église de Traïna sont des noms musulmans. Cf. Amari . Storia dei Musulmani T. III p. 92 note 1.

flotte chargée d'hommes et de munitions fit voile pour
la Sicile. C'était pendant l'hiver, aussi, en face de l'île de
Pantellaria, une terrible tempête assaillit les navires, presque tous firent naufrage et fort peu de personnes échappèrent à la mort. Ce désastre contribua à affaiblir Al
Mu'izz et rendit possible la révolte des Arabes. (Bédouins
venus récemment d'Egypte) contre lui, ceux-ci lui enlevèrent (presque) tous les pays soumis à sa domination.
Aussi, tandis que les Francs s'emparaient peu à peu et
sans trop de fatigues, de la plus grande partie de l'île,
tandis que personne ne pouvait leur tenir tête, le prince
d'Afrique était absorbé par la lutte contre les Arabes envahisseurs, Al Mu'izz mourut en 454, (26 janvier 1061-14 janvier 1062) et eut pour successeur son fils Tamim ; celui-
ci envoya immédiatement en Sicile une flotte et une armée commandée par ses deux fils Aioub et Ali. Arrivés en
Sicile, Aioub débarqua dans la capitale avec l'armée, et
Ali se rendit à Girgenti. Plus tard, Aioub vint, lui aussi,
à Girgenti. Ibn-al-Hawwas prescrivit de le recevoir dans
son propre palais (de Girgenti) et lui envoya de nombreux présents [1]. »

Les Africains devaient être depuis bien peu de temps en
Sicile lorsque les hostilités commencèrent entre eux et les
Normands. « Après avoir, dit Malaterra, accordé quelques jours de repos aux chevaux qu'il avait amenés, Roger, sachant que cinq cents Arabes et Africains, venus en
Sicile sous prétexte de porter secours aux Siciliens, mais
en réalité pour piller le pays, étaient campés à Castrogiovanni, voulut, sans plus de délai, connaître la valeur de

[1] Ibn-al-Atir dans Amari : *Biblioteca Arabo-Sicula*, traduction italienne p.
448 T. I. Le texte suivant d'Ibn ou Ebn Khaldoun confirme en partie les données d'Ibn-al-Atir: « Bientôt les habitants consternés ne virent plus d'autre
perspective que la mort ou l'exil ; Amar-ben-Halaf-ben-Maki partit pour l'A-
frique et se rendit à Tunis dont il devint cadi. Les grecs, marchant de conquêtes en conquêtes, s'emparèrent de l'île tout entière, à l'exception des
forteresses. Ce fut alors qu'Ebn-el-Houasch ayant capitulé sortit de l'île, en
464, avec sa famille et ses trésors. » Ebn-Khaldoun trad. N. des Vergers dans
l'*Histoire de l'Afrique sous la dynastie des Aglabites*. Paris, Didot, 1842, in-8, p.
183,

ces troupes. Il s'avança donc dans cette direction et envoya, comme avant garde, son neveu Serlon avec trente cavaliers. Serlon et sa troupe devaient se montrer devant le camp ennemi, de façon à faire sortir les Africains, feindre ensuite d'avoir peur, se laisser poursuivre et les attirer dans une embuscade, où Roger, caché avec les siens, en aurait d'autant plus facilement raison, qu'ils seraient éloignés de leur camp. En effet, les Arabes, établis dans leurs retranchements, voyant ces quelques soldats, se précipitèrent sur eux, les poursuivirent et les gagnèrent de vitesse, si bien que deux Normands seulement étaient sans blessure, lorsqu'on arriva au lieu de l'embuscade ; exaspéré de ce que les hommes de son avant garde étaient déjà ou captifs ou blessés, Roger, bondit comme un lion au milieu des Arabes et entama la lutte qui fut vigoureusement menée des deux côtés. Avec le secours de Dieu, il en sortit vainqueur et mit les païens en fuite. Ce fut à son tour, à les poursuivre et à les harceler, pendant plus d'un mille ; puis. chargé de dépouilles et plein de joie, il retourna à Traïna, que son triomphe remplit d'allégresse. »

Roger utilisa aussitôt ce succès pour parcourir, en les pillant, diverses vallées de la Sicile. Il alla, sans rencontrer d'obstacles, à Caltavuturo et revint ensuite vers les collines inaccessibles de Castrogiovanni, employant ses ruses habituelles pour faire sortir les Arabes de leur camp : il y réussit de façon à rentrer avec un nouveau butin. Une seconde expédition le mena jusqu'à Butera, au sud de la Sicile, près du rivage de la mer d'Afrique ; là, de nombreux troupeaux tombèrent en son pouvoir, et il fit aussi beaucoup de prisonniers qu'il réduisit en esclavage. Puis il campa à Anattor. Le lendemain, comme les courses précédentes, la chaleur de l'été, et le manque d'eau lui avaient fait perdre beaucoup de chevaux, il retourna à Traïna après avoir passé la nuit à San Felice [1]

---

[1] Malaterra II, 32. — Anonyme, texte latin dans Muratori R. I. S. T. VIII, col. 760 et texte français dans Champollion Figeac I, 17, p. 287.

Si Roger crut avoir intimidé les Africains par ces escarmouches, son illusion fut de peu de durée ; à peine rentré à Traïna, il apprit qu'une armée, partie probablement
de Palerme et autrement considérable que les bandes
avec lesquelles il venait de se mesurer, s'avançait dans la
direction de Traïna, pour le chasser de la Sicile lui et les
siens. Les émouvantes péripéties de cette nouvelle lutte
ont été également racontées par Malaterra ; mais que
n'existe-il de relation musulmane permettant de con-
troïer ses données ? il est vrai que, même en supposant les musulmans sensiblement moins nombreux que ne
le suppose le chroniqueur, en admettant que les Normands eussent trouvé parmi les chrétiens de la Sicile des
auxiliaires qu'il passe sous silence, on n'en reste pas moins
stupéfait devant la folle bravoure et la merveilleuse discipline qui permirent à une poignée d'hommes de vaincre des milliers d'adversaires.

« Les Africains et les Arabes, écrit Malaterra, s'étant
unis aux Siciliens, formèrent une armée considérable, et,
en l'an de l'Incarnation 1063, marchèrent contre le comte
Roger. Celui-ci, ne voulant pas se laisser surprendre à
Traïna, plaça son camp sur les collines dominant le
petit fleuve de Cerami ; de là, il comptait observer les
musulmans établis sur les collines opposées, et pendant
trois jours, en effet, on s'étudia de part et d'autre, sans
que l'un des deux adversaires descendit dans la vallée.
Leurs explorations terminées, les Sarrasins retournaient
dans leurs retranchements, et le comte regagnait Traïna.
Ces marches et contremarches prirent les trois premiers
jours. Le quatrième, les Sarrasins ne voulant plus tourner
le dos à leurs adversaires, changèrent de campement et
s'établirent sur les hauteurs qui leur avaient d'abord
servi d'observatoire. Les nôtres ne pouvant supporter
d'avoir l'ennemi si près, sans l'attaquer, se confessèrent avec une grande dévotion, et, après avoir accompli
les pénitences, se confièrent en la miséricorde de Dieu, et,
certains de son secours, partirent en guerre.

« Chemin faisant, ils apprirent que les musulmans avaient déjà attaqué la ville de Cerami; et aussitôt le comte Roger prescrivit à son neveu Serlon de prendre avec lui trente soldats, de se jeter dans la ville de Cerami et de défendre la position jusqu'à ce que lui, Roger, eût le temps d'arriver. Cet ordre donné, Roger continua d'avancer avec ses cent soldats, car il n'en avait pas davantage. Serlon, parvenu à Cerami; ne put attendre la venue de son oncle, il sortit de la ville comme un lion furieux, se jeta dans la mêlée des musulmans qui ne comptait pas moins de trente mille cavaliers et d'innombrables fantassins et, chose incroyable, avec la poignée d'hommes dont il disposait, il les mit en fuite. Ce fait prouve bien que Dieu était avec nous, jamais forces humaines n'auraient obtenu un pareil résultat...

... « Roger ayant suivi son neveu gagna à son tour Cerami, avec ses cent hommes; là, il connut le succès du commencement de la journée et délibéra aussitôt pour savoir s'il devait poursuivre l'ennemi, afin de rendre plus complète la victoire déjà gagnée par son neveu. Plusieurs Normands déclaraient qu'il valait mieux s'arrêter, que la fortune était changeante et qu'en allant trop loin le triomphe pouvait devenir une défaite, mais Ursellus de Baliol répliqua catégoriquement que si l'on ne continuait le combat, il renonçait à tout jamais, à servir sous les ordres de Roger. Ces paroles décidèrent le comte et l'on marcha de nouveau à l'ennemi. Les Sarrasins, revenus de leur panique, divisèrent leur armée en deux corps et firent face à leurs adversaires; Roger, partageant de même ses soldats en deux bataillons, disposés en forme de coin, confia le premier à son neveu, à Ursellus de Baliol, et à Arisgot de Pouzolles avec la mission d'attaquer dès le début, et lui se mit, de sa personne, à la tête de la seconde troupe. Un corps musulman ayant évité Serlon et ses soldats vint directement se jeter sur l'escadron de Roger. Les Normands furent d'abord stupéfaits à la vue de l'immense multitude, qu'ils avaient à combattre; Ro-

ger Ursellus de Baliol remarquant ces hésitations, relevaient leur courage par les paroles suivantes: « Ne craignez rien, ô courageux soldats de la milice du Christ.
Nous portons tous le signe du Christ, aussi ne nous
abandonnera-t-il pas, si nous ne nous abandonnons
nous-mêmes. Notre Dieu est le Dieu tout puissant, à lui
appartiennent tous les royaumes de la terre, et il les
donne à qui lui plaît. Ces gens-là sont les ennemis de
Dieu, les forces dont ils disposent ne venant pas de Dieu,
ne pourront résister longtemps ; ils se targuent de leur
bravoure, mais nous, nous sommes certains de l'assistance
divine. Grâce à cette assistance, nos adversaires ne pourront soutenir notre choc. Cela est certain, et en douter serait faire injure à Dieu. Gédéon n'ayant pas douté
de l'efficacité du secours divin, a été récompensé de sa
foi ; les quelques hommes qu'il avait avec lui, lui ont
suffi pour mettre en fuite des milliers d'ennemis.

« Pendant que les chefs normands haranguent leurs
troupes en ces termes, on vit apparaître sur le champ de
bataille, un beau cavalier armé de pied en cap, il montait
un cheval blanc ; sa lance portait au sommet un drapeau
blanc sur lequel se dessinait une croix étincelante ; il
semblait sortir des rangs des Normands, les exciter à le
suivre et se précipita au plus fort de la mêlée. A cette
vue, les nôtres remplis de joie, demeurèrent convaincus
que Dieu et Saint Georges combattaient avec eux et suivirent le beau cavalier en répandant des larmes d'allégresse. De même, plusieurs normands virent distinctement
que la lance du comte Roger portait un drapeau ayant
pareillement une croix, et cependant personne ne se souvenait que la lance eût été décorée de cet insigne.

Après avoir ainsi exhorté ses troupes, Roger engagea
un combat singulier avec le kaïd de Palerme qui défiait
les nôtres : malgré la magnifique cotte de mailles dont il
était revêtu, et dont nous nous servons nous aussi au lieu
de cuirasse, il parvint à le percer de sa lance, et à le tuer
après avoir écarté ceux qui voulaient le défendre. C'était

un guerrier très célèbre parmi les siens, et avec lequel personne n'osait se mesurer. La cotte de mailles dont il était revêtu le rendait à peu près invulnérable, on ne pouvait l'atteindre qu'en le frappant de haut en bas, et à l'endroit précis ou les deux côtés de la cotte de mailles se rattachaient à l'aide d'une chaîne. Avoir raison d'un tel adversaire était plutôt une question d'adresse que de force.

« Pendant toute la journée, les Normands furent entourés d'une telle multitude de Sarrasins, que, pour avancer, il leur fallait passer sur des monceaux de cadavres. De même qu'un vent violent chasse au loin les nuées du ciel, de même que le vautour fait fuir les oiseaux, de même, après une longue lutte et après des combats acharnés, les nôtres mirent l'ennemi en fuite, et aussitôt la poursuite commença. Les corps de quinze mille Sarrasins couvraient le champ de bataille. Les Normands chargés de butin arrivèrent au camp ennemi, s'installèrent dans les tentes musulmanes et s'approprièrent les chameaux et tout ce qu'ils y trouvèrent. Le lendemain, ils donnèrent la chasse aux vingt mille fantassins réfugiés dans les gorges de la montagne, en tuèrent un grand nombre, firent les autres prisonniers et les vendirent comme esclaves, ce qui leur procura de grandes sommes d'argent. Au bout de quelques temps, l'infection des cadavres restés sur le champ de bataille obligea les Normands à s'éloigner, ils revinrent à Traïna.

Roger, reconnaissant qu'il devait à Dieu et à Saint Pierre cette grande victoire, ne voulut pas se montrer ingrat après un bienfait si insigne. Il choisit dans sa part de butin quatre chameaux et chargea Meledios d'aller les offrir à Rome au pape Alexandre qui était alors le représentant du bienheureux Pierre et gouvernait avec prudence l'Eglise catholique. En vertu du pouvoir dont il était revêtu, et de par la bénédiction apostolique, le pape, plus heureux de la victoire remportée, avec le secours de Dieu, sur les infidèles, que des présents qui lui étaient offerts, ac-

corda la rémission de leurs fautes passées à Roger et à tous
ceux qui s'étaient déjà employés ou qui s'emploieraient à
arracher la Sicile au joug des infidèles, pour la convertir,
à tout jamais, à la foi du Christ ; toutefois, pour bénéficier
de ce pardon, les chrétiens devaient avoir le regret
de leurs péchés et le bon propos pour l'avenir. En outre,
au nom du Saint Siège de Rome, le pape envoya aux Normands un drapeau béni par l'autorité apostolique, afin
que certains de l'appui de Saint-Pierre, ils marchassent en
toute confiance contre les Sarrasins » [1].

[1] Malaterra ii, 33. — Anonyme, texte latin dans Muratori R. I. S. T. VIII,
col. 760 sqq. texte français dans Champollion Figeac i, 18, p. 287 sqq. — Epistòla
fratris Conradi dans la *Bibliotheca Sicula* T. I, p. 48 — Forse, écrit Amari
(Storia dei Musulmani di Sicilia T. III, p. 101 note) questa battaglia fu ricor-
data da alcun cronista musulmano, i cui scritti non sono pervenuti infino a
noi, poichè Soiuti nella biografia di Mohammed-ibn-Ali-ibn-Hasan-ibn-Abi-i-
Berr (*Biblioteca Arabo Sicula*, testo, cap. 86e p. 672) riferisce il conquisto christiano della Sicilia al 455 del egira, 1063, la quale data non si trova negli
altri ricordi musulmani. — Nous n'avons donc sur cette grande bataille de
Cerami que le récit de Malaterra et les chroniques écrites d'après lui. En deux
passages; ces chroniques ajoutent cependant à ce que dit Malaterra; ainsi
elles racontent que Serlon fût envoyé par Roger à Cerami l'avant-veille de la
bataille et non le jour même comme le rapporte Malaterra, que Serlon engagea la lutte dès le matin de la veille de la bataille et que Roger le rejoignit
le soir de cette journée, si bien que le lendemain toutes les forces Normandes
réunies dès le début attaquèrent ensemble l'ennemi. Ces chroniques disent
aussi que beaucoup des esclaves faits à Cerami par les Normands furent vendus
dans la Pouille et les Calabres. Ces additions et ces variantes font répéter à Amari que le compilateur anonyme de Malaterra a dû avoir sous les
yeux d'autres documents que l'*historia sicula* de Malaterra ; ces additions sont
peut-être l'écho de quelque souvenir conservé en Sicile mais le récit de l'Anonyme
se rattache trop étroitement au récit de Malaterra sur presque tous les points
pour supposer qu'il s'inspire de quelque autre relation écrite. Malaterra
nomme *Archadius de Palerme*, la *Chronique de Robert Viscart* Archadie
de Palerme, le musulman, terrassé et tué par Roger; Archadius est
évidemment pour kaïd; cf. supra p. 95 note 2. — Sans chercher quelle est la
valeur historique de cette donnée de Malaterra qui revient bien souvent dans
ses récits de bataille entre Normands et Musulmans, remarquons la curieuse
description qu'il fait de la cotte de maille de l'infidèle : Clamucium (Du
Cange pense qu'il faut lire *Camicium, chemise de maille*) quo indutus erat,
nullis armis poterat violari, nisi ab imo in superius impingendo inter duo
ferrea, quæ per juncturas cum catenata sunt, ingenio potiusquam vi vitiare-
tur. Malaterra ajoute que de son temps, fin du XIe siècle, les Normands se
servent de semblables cottes de mailles au lieu de cuirasses, clamucio quo
pro lorica utimur. Quand aux présents envoyés par Roger au pape Alexa: dre
II, ils ne semblent pas, d'après le texte de Malaterra, une redevance féodale
et obligatoire, comme l'ont avancé quelques historiens, mais simplement un
cadeau fait spontanément.

Peu après la bataille de Cerami, une occasion aussi favorable qu'inespérée s'offrit à Roger d'attaquer Palerme ; mais des motifs restés inexpliqués l'empêchèrent d'en profiter.

« Les négociants de Pise, dit Malaterra, obligés par leur commerce de venir souvent à Palerme, ayant eu à souffrir quelques injustices de la part des Palermitains, jurèrent de se venger ; ils armèrent une grande flotte, et, faisant voile pour la Sicile, vinrent prendre terre dans un port du Val Demone ; aussitôt ils envoyèrent un messager au comte Roger en ce moment à Traïna, et lui demandèrent de marcher avec eux contre Palerme avec de la cavalerie. Ils promettaient d'unir leurs forces aux siennes pour l'aider à prendre la ville ; le sac de Palerme étant, selon eux, la seule vengeance capable d'effacer les injures qu'ils avaient subies. Le comte, alors absorbé par diverses affaires, fit répondre aux Pisans qu'il était à leur disposition, qu'il leur demandait seulement de vouloir attendre un peu, qu'il se fût libéré de quelques occupations qui le retenaient à Traïna. Les Pisans, plus habitués aux calculs du commerce qu'aux exercices de la guerre, pensèrent qu'ils perdraient trop de temps à attendre Roger ; ils reprirent leur marche sur Palerme et arrivèrent devant le port de cette ville. Là, ils se trouvèrent en présence d'une multitude d'ennemis, si bien qu'ils n'osèrent pas sortir de leurs navires et débarquer : ils se contentèrent de limer et d'enlever la chaîne qui fermait le port, et, en vrais Pisans qu'ils étaient, regardant cela comme un grand exploit, rentrèrent chez eux [1]. »

<hr/>

[1] Le 28° chap. du V° livre d'Aimé et une inscription de l'ancienne cathédrale de Pise permettent de contrôler les données de Malaterra (ii, 34), sur l'expédition des Pisans à Palerme en 1063.
Voici l'inscription :

Anno quo Christus de Virgine natus ab illo
Transierant mille, decies sex, tresque subinde,
Pisani cives celebri virtute potentes,
Ecclesiœ matris primordia dantur inisse.
Anno quo Siculas est stolus factus ad oras,
Quod simul armati multa cum classe profecti,

« Sur ces entrefaites, Roger. voyant que l'été était proche, et sachant que la canicule ne permet guère les longues chevauchées, songea à aller pendant ces grandes

> Omnes majores, medii, pariter que minores
> Intendere viam primam sub sorte Panormam.
> Intrantes rupta portum pugnando catena,
> Sex capiunt magnas naves, opibusque repletas,
> Unam vendentes, reliquas prius igne cremantes,
> Quo pretio muros constat hos esse levatos.
> Post hinc digressi, parum terraque potiti,
> Qua fluvii cursum mare sentit solis ad ortum,
> Mox equitum turba, peditum comitante caterva,
> Armis accingunt sese, classemque relinquunt,
> Invadunt hostes contra sine mora furentes.
> Sed prior incursus mutans discrimina casus,
> Istos victores, illos dedit esse fugaces.
> Quos cives isti. ferientes vulnere tristi,
> Plurima prœ portis straverunt milia morti;
> Conversi que cito tentoria litore figunt,
> Ignibus et ferro vastantes omnia circum.
> Victores victis sic, facta cæde, relictis,
> Incolumes multo Pisas rediere triompho.

Inscription gravée sur la cathédrale de Pise. Cf. : *Delle historie Pisane*
libri XVI di R. Roncioni ad an. 1063 dans l'*Archivio storico italiano* T. VI
parte Iª p. 108 et parte IIº p. 5. On voit que l'inscription confirme sur bien
des points le récit de Malaterra; comme lui, elle place l'expédition en 1063 et
rapporte également que les Pisans brisèrent et emportèrent comme trophée
de victoire la chaine qui barrait aux navires ennemis le port de Palerme. Cette
chaine et la prise d'un navire musulman furent les seuls résultats de la campagne, aussi la *Chronica Pisana* se trompe-t-elle dans ce passage inspiré par
une vanité de clocher : Anno 1063. Pisani fuerunt Panormum et fractris
catenis portus, civitatem ipsam ceperunt, ibique sex naves ditissimas ceperunt,
Saracenis plurimis interfectis; et combusserunt naves quinque, unam Pisas
duxerunt, mirabili thesauro plenam, de quo thesauro eodem anno majorem Pisanam ecclesiam incœperunt. Chronica Pisana ad an. 1063 dans Muratori R. I. S. T. VI. col. 168. Si les Pisans avaient pris Palerme, Malaterra et
surtout l'inscription n'auraient pas manqué de nous l'apprendre; du reste, nous
allons voir bientôt que Palerme n'était pas à la merci d'un coup de main et
qu'il a fallu pour s'en emparer, une attaque autrement sérieuse que celle des
Pisans et des forces plus considérables que celles dont ils pouvaient disposer.

Aimé a aussi parlé de l'expédition des Pisans contre Palerme; son récit
n'est pas exact de tous points mais peut-être faut-il attribuer au traducteur
une partie des erreurs de ce passage. Voici le chapitre d'Aimé :

En cellui temps quant lo duc se combatoit pour prendre la cité de Bar, demanda et requist l'ajutoire de cil de Pise, à ce qui li Sarrazin non soient
leissiez o lonc repos et non tornissent la terre pour lonc temps, et que lo duc
non demorast trop pour les destruire. Et appareillèrent li Piseu lor nefs, et
diverses compaigniez de chevaliers et de arbalestiers, et navigande par la
mer, et droitement vindrent à la cité. Et coment venirent rompirent la chainne
laquelle deffendoit lo intrer et lo issir des nefs de li anemis. Part de li Pisain
estoient en terre et part en remanirent as nefs, à ce que par terre et par mer

chaleurs, visiter, dans la Pouille, son frère, le duc
Robert Guiscard, après avoir laissé, comme il l'avait
déjà fait, sa femme et une garnison à Traïna. Pour
que les soldats ainsi préposés à la garde de ce qu'il
avait de plus cher, ne manquassent de rien, Roger organisa ' trois expéditions de pillage : la première à Collesano, la deuxième à Brucato, enfin la troisième à Cefalu. Il quitta donc Traïna, y laissant une grande abondance de toutes choses et recommanda à ses soldats d'exercer dans la ville la plus grande vigilance, de surveiller les
marches de l'ennemi et de ne s'éloigner de la place sous
aucun prétexte. Ces précautions prises, il partit pour la
Pouille afin de délibérer avec son frère sur les futures
opérations en Sicile et attendit auprès de ce dernier que

feissent brigue à la cité. Et puiz la victoire de lo duc en Puille, li Pisen rechurent grandissimes domps de lo duc, et s'entornèrent soi en Pise Aimé v, 28.
  Le siège de Bari par Robert Guiscard et les Normands a duré du mois
d'août 1068 au mois d'avril 1071, aussi en plaçant pendant le siège de Bari
l'expédition des Pisans contre Palerme, Aimé se trompe d'au moins 5 ans,
puisque Malaterra et les sources Pisanes s'accordent à placer cette expédition
en 1063. Quoiqu'Aimé ne nomme pas Palerme dans sa relation, cette circonstance de la chaine du port rompu par les assaillants, le fait qu'ils attaquent des
Sarrasins et non des Grecs, tout indique qu'il s'agit de Palerme et de l'expédition de 1063, la seule que Pise ait faite, à cette époque, contre la Sicile
Musulmane. Il y a en outre dans ce passage d'Aimé une indication à laquelle
les historiens modernes comme Amari, de Blasiis, et Hirsch n'ont peut être pas
fait assez attention et qu'il est intéressant de signaler; ce sont les relations
entre Robert Guiscard et la république de Pise. C'est, d'après Aimé, à l'insti-
gation de Robert Guiscard que les Pisans font voile | contre Palerme,
Malaterra dit que les Pisans voulaient venger les torts que les Palermitains
leurs avaient causés, mais rien n'empêche que Robert Guiscard leur ait conseillé
d'agir ainsi, son intérêt étant d'occuper et d'affaiblir les Musulmans de Sicile.
Ce fait rapporté par Malaterra, qu'au lieu de se rendre directement devant Palerme, les Pisans viennent d'abord dans un port du Val Demone, se mettent
en rapport avec Roger, cherchent à le décider à combiner avec eux une attaque contre Palerme donne raison à Aimé, il permet de supposer des négociations antérieures et fait voir que les Pisans connaissaient la situation des
Normands en Sicile. Pourquoi Roger n'a-t-il pas voulu s'entendre avec les
Pisans ? Nous n'avons aucun renseignement sur les motifs de son refus, on ne peut émettre que des conjectures. Peut-être Roger se sentait-
il alors trop faible pour une si grosse entreprise; le ton de persifflage, sensible dans Malaterra, indiquerait aussi que Roger n'avait pas grande confiance dans ces marchands de Pise, soldats improvisés, et puis le rusé Normand
ne se souciait probablement pas de s'employer à une conquête qu'il aurait
fallu ensuite partager avec des étrangers, il préféra attendre et la faire avec
ses seuls compatriotes.

les grandes chaleurs eussent cessé. Il revint alors avec une troupe de cent soldats que Robert Guiscard lui avait accordée, adjoignit cent autres soldats à ce premier contingent et partit avec eux dans la direction de Girgenti [1].

« Comme il revenait de cette province avec un butin très considérable, il prescrivit à un certain nombre de ses soldats de précéder le convoi, et lui-même se plaça à l'arrière-garde avec le reste de ses troupes. Il comptait ainsi parer à toute éventualité, que l'attaque eut lieu à l'avant-garde, ou en arrière. Les Africains et les Arabes, voulant venger leur défaite à Cerami, et reconquérir la gloire perdue et ayant appris par un espion l'expédition de Roger, partirent au nombre de sept cents, et se cachèrent dans une embuscade sur la route par laquelle Roger devait nécessairement revenir. Arrivés à cet endroit, les nôtres voient l'ennemi se lever subitement autour d'eux ; alors, oubliant ce courage dont ils avaient donné tant de preuves, ils cherchèrent à éviter par la fuite plutôt que par les armes, la mort qui les menaçait. Ils avisèrent une colline au sommet de laquelle on ne pouvait parvenir que par un sentier étroit et rude, tous les autres côtés étant bordés de précipices, et s'y engagèrent en toute hâte pour y attendre du secours ; les ennemis se précipitèrent sur le convoi, tuèrent l'écuyer qui le gardait, et s'emparèrent de tout le butin. Le comte qui, ainsi que nous l'avons dit, était à l'arrière-garde, entendant un bruit inusité, accourut de toute la vitesse de son cheval; la vue de ce qui se passait le remplit de colère et d'indignation ; il appela à grands cris ses compagnons pour qu'ils descendissent la colline, et vinssent avec lui attaquer l'ennemi, mais sa voix resta sans écho ; alors montant lui-même le sentier, il leur parla en ces termes, les appelant chacun par leur nom: « Comment ! vous qui avez été si braves jusqu'ici, vous êtes donc si subite-

[1] Malaterra II. 34. — Sur Collesano, Brucato et Cefalu cf. Edrisi dans la *Biblioteca arabo sicula* d'Amari T. I, p. 114, 115, 64, 65. Turin. Loescher 1880.

ment dégénérés que vous ayez perdu tout souvenir de votre gloire militaire ? Etes-vous des lâches osant à peine
respirer ? Souvenez-vous de vos ancêtres, de notre peuple,
et craignez que l'avenir ne vous stigmatise d'une note
d'infamie. Vous étiez moins nombreux que maintenant à Cerami, et cependant vous avez eu raison de milliers d'adversaires; la fortune qui vous a favorisés alors dé-
pend toujours du Dieu qui nous protège encore. Repre-
nez vos forces, la victoire seule peut faire oublier votre
fuite. » Après leur avoir fait ces reproches et d'autres encore, il parvint à les rallier et les ramena au combat qui,
avec le secours de Dieu, se termina heureusement, et permit aux Normands de reprendre leur butin et de revenir
sans autre encombre à Traïna. Une douleur se mêla cependant à la joie du retour, elle était causée par la mort
de Gauthier de Semoul, jeune homme d'une bravoure extraordinaire, tombé à la fleur de l'âge, en combattant l'ennemi [1]. »

Malgré le succès final de cette chevauchée, Roger avait
trop d'expérience des choses militaires pour ne pas comprendre que sa situation pouvait d'un moment à l'autre
devenir fort grave. Même avec le renfort donné par
Robert Guiscard, il avait, à grand'peine, ramené sains et
saufs ses soldats à Traïna ; ses ennemis déconcertés
pendant quelque temps et comme éblouis par la bravoure et la discipline des Normands et de leur chef,
commençaient à s'habituer à leur tactique, ils appre-
naient et reproduisaient à l'occasion leurs ruses de
guerre. Le récit de Malaterra trahit parfois les préoccupations et les calculs d'un panégyriste, et l'absence

[1] Malaterra ii, 35. Gauthier de Semoul est écrit Galterio de Simula dans
Malaterra, avec la variante de Gualterii de Simila; l'Anonyme porte Galterio
de Cullejo avec la variante de Simelio (Caruso biblioteca sicula T. II, p. 813)
enfin la version française éditée par Champollion écrit Gautier de Similico
(p. 291). En tête de ce chapitre, Malaterra donne ce titre : Milites comitis, hostibus terrilis, turronem, qui postea Gatzonis dictus est, ascendunt. Rien dans
le texte de Malaterra n'indique pourquoi ce nom de Gatzonis a été ensuite
donné à la tour.

d'autres documents, surtout de documents musulmans, ne permet pas de le contrôler ; Ainsi, il est évident qu'au début de 1064, les forces des Sarrasins du centre et de l'ouest de la Sicile et des Arabes venus d'Afrique n'étaient pas sérieusement entamées ; la journée de Cerami avait été plus glorieuse pour Roger et les siens que décisive contre les mahométans ; en définitive, après tous ces triomphes, Roger, témoin de l'audace croissante des Siciliens et des Africains qui faisaient jusqu'aux environs de Traïna d'incessantes incursions, pouvait prévoir le jour où il serait bloqué par ses ennemis coalisés.

Robert Guiscard, tenu au courant de la situation et l'appréciant avec sa sagacité ordinaire, résolut de passer en Sicile. Donnant, cette fois encore, la preuve de cette haute intelligence des Tancrède qui, en face de l'ennemi, leur faisait oublier leurs querelles personnelles pour songer à l'intérêt commun, il ne se souvint pas de ses récents démêlés avec Roger et réunit dans la Pouille et la Calabre une armée considérable, pour lui venir en aide.

Le moment était favorable pour cette expédition ; depuis la campagne d'Aboul Karé dans les derniers mois de 1060 et au commencement de 1061, la guerre entre les Grecs et les Normands ne s'était jamais ravivée de façon à causer à ceux-ci de graves embarras ; et, de même, de 1061 à 1064, les insurrections des Apuliens et des Calabrais contre les Normands avaient été purement locales et faciles à réprimer.

En 1062, Robert Guiscard, poursuivant ses succès de l'année précédente, s'était emparé de Brindisi ; il livra ensuite bataille aux Grecs et les mit en fuite, leur chef, décoré du titre de myriarque, tomba en son pouvoir. De là, Robert marcha sur Oria qui fut obligée une fois de plus de lui ouvrir ses portes, et, pour assurer les résultats de cette expédition, il établit un château fort à Mejana [1].

[1] *Chronicon breve Normannicum* ad an. 1062 : Robertus dux cepit iterum Brundusium, et fugavit Græcos et comprehendit Miriarcham in prælio, et

En avril 1063, mourut le comte Geffroy ; cette même année, son fils Goffrid s'empara de Tarente, attaqua ensuito Mottola et réduisit celle ville ainsl que sa citadelle. D'après la chronique de l'Ignotus Barensis, ce n'est pas à Goffrid mais à un fils du comte Petrone que reviendrait l'honneur de la prise de Tarente, durant le mois de mai de cette année. Peut-être les deux chefs normands ont-ils coopéré l'un et l'autre à cette conquête [1].

La *chronicon breve Normannicum* donne d'une manière laconique les renseignements suivants pour l'année 1064. Le comte Robert prit Matera au mois d'avril; en juin Goffrid s'empara de Castellaneta. En septembre, mourut le comte Mauger et peu après mourut à Tarente le comte Guillaume. La chronique de Lupus et celle de l'Ignotus Barensis confirment la prise de Matera en 1064 par le comte Robert qu'il ne faut pas confondre avec Robert Guiscard. Quant il s'agit de Robert Guiscard, les chroniques lui donnent le titre de duc; ce comte Robert était très probablement fils d'une sœur de

---

postea ivit super Oriam et iterum cepit cam, et fecit castrum in Mejana. Migne *Patrol. lat.* T. 142 col. 1085. La chronique ne dit pas quel était le nom de ce Myriarque, peut-être était ce le catapan Marulo qui d'après l'*Ignotus Barensis*, vint à Bari en 1061 — et Λaruli catapanus venit in Bari — *Ignoti Barensis Chronicon* ad an. 1061 dans Muratori R. I. S. T. V, p. 152. — Cette supposition est d'autant plus plausible que l'année suivante le catapan Λarulo est déjà remplacé à Bari par Siriano. *Ignotus Barensis* l. c. — La *chronique de Lupus protospatarius* confirme la prise d'Oria, de Brindisi et du Myriarque par Robert Guiscard en 1062 : Et in hoc anno intravit Robertus dux in civitatem Oriem et iterum apprehendit Brundusium et ipsum Miriarcham. *Lupi protospatari chronicon* ad an. 1062 dans Λigne : *Patr. lat.* T. 155, col. 136.

[1] *Chronicon breve Norm.* ad an. 1063 : Mense Aprili mortuus est Gauffredus comes et Goffridus filius ejus cepit Tarentum ; deinde ivit super castrum Motulœ et comprehendit cam et castellum ejus. — *Lupus protospatarius* ad an. 1063 : Comprehensum est Tarentum a Normannis. — *Ignotus Barensis* ad an. 1063 : Et capta est Taranto a filio Petrone in mense Magii.

De Blasiis (*la Insurrezicne Pugliese et la conquista Normanna* T. II, p 94 note 1), écrit au sujet de cette divergence des chroniques : L'anonimo autore di questa cronaca (la *Chronicon breve Norm.*) non si accorda con l'Ignoto Barese, che dice presa Taranto dal figlio di Petrone il quale, come si vedra, ebbe nome Goffredo e fu signore di quella citta. Deve quindi supporsi, che per errore fu trascritto Gaufredus comes in luogo di Petrus, o che quelle parole filius ejus si riferiscono ad un nome mancante nel testo. A crescere la confusione la Chr. Brev. Norm. scrive, sotto l'anno 1064. Mortuus est in Tarento Guillelmus comes ejus.

Robert Guiscard dont nous ne connaissons ni le nom ni le mari, et frère de Goffrid qui venait de s'emparer de Castellaneta[1].

D'après l'Ignotus Barensis, ce fut également en 1064 qu'un autre comte Goffrid s'empara d'Otrante[2].

Le manuscrit de Moscou dont nous avons déjà parlé donnant de curieux détails sur une prise d'Otrante par les Normands, nous insérons ici ces détails, car ils nous paraissent s'adapter à la date de 1064.

« Il faut, écrit le stratégiste Byzantin, surveiller les murs de la citadelle et avoir soin qu'ils n'aient aucune maison attenante.

« Visitez chaque jour les murs au dehors et au dedans, ainsi que les portes. Que les murs de la citadelle restent dégagés et qu'il n'y ait aucune maison qui leur soit attenante; s'il s'en trouvait une, faites la détruire; dégagez les murs et les portes au dehors et au dedans, afin qu'on puisse en faire le tour et tout visiter en sureté. Si la maison attenante au mur est antique et d'un grand prix, que sa démolition ne t'effraye pas, fais la raser. Je te conterai le fait suivant:

« Il y a en Italie, près de la mer, une ville appelée Otrante populeuse et riche. Elle était gardée par un Otran-

---

[1] Robertus comes cepit Materam in mense Aprili; et mense Junio Goffridus comes comprehendit Castanetum. Et mense septembri mortuus est Malgerus comes, et deinde mortuus est in Tarento Guilielmus comes ejus. *Chron. breve Normannicum* ad an. 1064. — Comprehensa est Matera a Roberto mense Aprilis. Lupi protospat. *Chronicon* ad an. 1064. — Capta est Materia a Roberto comite suo. Ignotus Bar. an. 1064. Pour voir que les trois chroniques que nous venons de citer donnent toujours, à partir de 1059, le titre de *dux* et jamais celui de *comes* à Robert Guiscard, il suffit de lire la *Chronicon breve Normannicum* ad annos 1059, 1060, 1061, 1062, 1069; Ignoti Barensis *chronicon* ad annos 1061, 1064, 1068; Lupi protospatari *chronicon* ad annos 1061, 1062, 1065, 1068. — Guillaume de Pouille parle très probablement de ce comte Robert dans ces vers :
. . . . Robertus de Scabioso
Monte comes, dictus, Goffridi frater, et ambo
Orti germana fuerant ducis.
Quel était ce Goffrid frère de Robert ? d'après de Blasiis. T. II p. 94 note 2, ce serait le Goffrid qui, en cette même année, prenait Castellaneta.
[2] Et capta est Idrontum a Gosfreida suo comite : Ignoti Barensis *chronicon* ad an. 1064.

tois nommé Malapezzi commandant une garnison de
Russes et de Varègues, tant troupes de terre que marins. Le dit Malapezzi avait une nièce dont la maison
était attenante au mur. Comme la maison était antique,
qu'elle coutait beaucoup, enfin comme elle appartenait à
sa nièce, l'oncle. ne soupçonnant aucun danger de ce côté,
ne la fit pas démolir. Les Francs ont fait beaucoup d'efforts pour prendre Otrante de vive force, mais inutilement. Qu'a imaginé alors leur comte? Il fait savoir à la
nièce de Malapezzi, que si elle l'aidait à entrer dans la
ville par le mur, il l'épouserait, et au serment qu'il en fit, il
ajouta de riches présents. Excitée par le désir, elle y consentit et fit ce qu'on lui demandait : pendant la nuit, elle
aida à quelques Francs des plus intelligents et des plus
adroits à escalader le mur au moyen d'une corde ; ceux-
ci profitant des ténèbres percèrent le mur, introduisirent
un grand nombre de Francs et, avant l'aube, assaillirent
les citoyens, en proférant des cris. A la vue de l'ennemi
entré dans la forteresse d'une manière si inattendue, les
assiégés prirent la fuite. Ce malheur imprévu décon-
certa les plus braves et les plus judicieux. Malapezzi, celui
à qui était confiée la garde de la citadelle, prit également
la fuite, il gagna seul le vaisseau et se sauva d'une façon
ignominieuse et digne de pitié, en laissant entre les mains
de l'ennemi sa femme et ses enfants. Voila ce que lui a
valu son manque de vigilance [1]. »

Abstraction faite de cet intéressant fragment de l'écri-

[1] Voyez la traduction russe et le texte grec de ce fragment de l'écrivain byzantin dans la brochure de M. Vasilievsky: *Maximes et récits d'un seigneur
byzantin au XI* siècle*, St-Pétersbourg 1881, p. 36 sqq. Voici les raisons qui
permettent de rapporter à la prise d'Otrante par les Normands en 1064, ce passage
qui ne porte aucune date. Vasilievsky déclare (p. 38) que l'histoire d'Otrante
d'après J. Scylitzès ne s'accorde pas avec les données de la *Chronicon breve
Norm.*; ces deux auteurs me paraissent au contraire se compléter l'un par l'autre. La *Chronicon breve* dit qu'Otrante fut prise une première fois par Robert
Guiscard en 1055 : Robertus comes ivit super Callipolim et fugatus est iterum
exercitus Græcorum in terra Tarentina et captum est Hydrontum (Otrante)
et castrum Minervæ. Guillaume de Pouille, d'accord avec la *Chronicon breve*,

vain byzantin, on voit que les chroniqueurs ne nous donnent guère qu'une sèche nomenclature pour cette période de la guerre entre les Normands et les Grecs; ils nous

rapporte qu'Otrante obéissait aux Normands lorsque Humfroy était comte des Normands de la Pouille (1052-1059).

Solvere Trojani comiti cœpere tributum
Hunc et Barini, Tranenses et Venusini
Cives Hydronti famulantur, et urbs Aceronti
Guilierm. Apul. ii, v.

En 1060, les Grecs commandés par le myriarque (Aboul Karé) reprirent Otrante : Mense octobri venit Miriarcha cum exercitu imperiali et fecit prælium magnum contra Rodbertum et Malgerium et fugavit Northmannos et iterum recuperavit eas cum aliis terris et Hydronte. *Chronicon breve Nort.* ad an. 1060.

Scylitzès dit aussi qu'Otrante appartenait aux Grecs lorsque Aboul Karé commandait à Bari en qualité de duc d'Italie. ἔτι γὰρ ἐφρόνουν τὰ Ρωμαιων ἡ τε Βαρις, ἡ Ὑδροῦς (Otrante) ἡ Καλλίπολις, ὁ Τάρας, το Βρενδίσιον καὶ αἱ Ὧραι καὶ ἄλλα πολίχνια ἱκανὰ καὶ πᾶσα ἡ χώρα ἁπλῶς. Cedrenus T. II p. 722. — L'Aboul Karé de Scylitzès est évidemment le Miriarcha de la *Chronicon breve*. Der dort, écrit Hirsch, gennante griechische Befelshaber Ἀβουλχαρε ist, ohne Zweifel derseble welchen iene Annalen als Myriarcha bezeichnen. Forschung. z. deutschen Geschichte T. VIII p. 294 note 5. Après le départ du myriarque Aboul Karé, les Normands durent reprendre aux Grecs les villes de Bari, d'Otrante, de Gallipolis, de Tarente, de Brindisi, d'Oria, c'est-à-dire toutes celles qui sont énumérées dans la phrase de J. Szylitzès; le verbe εφρόνουν dont se sert Scylitzès signifie donc que ces villes appartenaient aux grecs et non pas simplement, comme le dit Vasilievsky, qu'elles avaient des sympathies pour les Grecs.

En 1064, Otrante retomba au pouvoir des Normands commandés par le comte Goffrid. Vasilievsky cite le texte de l'Ignotus Barensis, donné plus haut, et qui confirme ce fait, mais lui oppose une citation de Constantin Ducas nommant Otrante parmi les villes qui, en 1065, appartenaient encore à l'église d'Orient, (Zachariæ Jus Græcorum iii, 325 : ἐὰν γενηται μητροπολιτης εἰς Θεσσαλονίχην ἢ Ὑδροῦτα). Ce texte ne contredit pas, comme le croit Vasilievsky, celui de l'Ignotus Barensis. Durant le cours de la conquête de l'Italie du sud par les Normands, bien des villes soumises aux Normands au point de vue temporel, restèrent, durant un temps plus ou moins long, sous la juridiction spirituelle de leurs anciennes métropoles et souvent ces métropoles étaient en Orient et faisaient partie de l'empire Grec. Nous verrons que ces liens ne se rompirent que peu à peu et lors de l'érection d'évêchés latins à la place des évêchés grecs, la transition ne fut pas si brusque qu'on pourrait le croire ; elle ne se produisit dans bien des villes qu'avec la diminution notable ou la conversion aux rites latins, des populations ou du clergé grec. En 1067, Otrante fut reprise par les Grecs; cette année là, l'amiral grec Mabrica, vainqueur des Normands sur mer et sur terre, reprit Brindisi, Tarente Castellaneta (Cf. *Chronicon breve Normannicum* ad an. 1067) et ce qui prouve qu'Otrante fut aussi reconquise par lui, c'est que les Normands s'en emparèrent de nouveau l'année suivante en 1068, au mois d'octobre. Anno 1068, mense octobri, captum est iterum Hydrontum et fugati sunt Græci ab ea. *Chron. breve* ad an. 1068. — Aimé a parlé de cette reprise d'Otrante par les Normands en 1068; il écrit: Lo duc sapientissime.... premerement assia

font cependant connaître trois faits significatifs, survenus
de 1061 à 1064 et qui projettent sur la situation un peu
plus de lumière.

Deux ans après son élévation à la papauté, en 1063, le
pape Alexandre envoya à Bari en qualité de légat, l'archevêque Arnulfe qui tint dans l'église de Saint-Nicolas de

Otrente et attornia la de diverses travacles et de chevaliers. Et tant l'asseia
quant par armes et par poureté jusques à tant que cil de la cité la rendirent,
quar non pooient autre faite. Aimé v, 26. — Ce texte d'Aimé donne lieu à une
difficulté chronologique ; d'après Aimé, Robert Guiscard prit Otrante immédiatement avant le siège de Bari; or le siège de Bari a commencé en août
1068; donc, d'après Aimé, Otrante a succombé vers le mois de juillet 1068
tandis que la *Chronicon breve* rapporte que Robert Guiscard s'en empara en
octobre de la même année. Il faut donc supposer ou qu'Aimé est dans l'erreur et que Robert Guiscard s'empara d'Otrante tout en continuant à cerner
Bari; nous verrons qu'il agit de cette manière à l'égard de Brindisi;
ou bien que la *Chronicon breve* se trompe de 3 mois environ en plaçant en
octobre la prise d'Otrante. Résoudre la difficulté comme l'essaie M. Vasilievsky,
en disant que la *Chronicon breve* commence l'année au mois de mars et que
le siège de Bari a par conséquent débuté en 1067, est inadmissible. Le passage de la *Chronicon breve* ad an. 1061 prouve que la chronique commence les
années en janvier et nous verrons que plusieurs documents établissent que le
siège de Bari a commencé en août 1068. — En résumé. Otrante a donc été prise
trois fois par les Normands.
En 1055 par Robert Guiscard ;
En 1064 par le comte Goffrid ;
En 1068 de nouveau par Robert Guiscard.
Or, pour les deux raisons suivantes, le récit de l'Anonyme Byzantin me paraît se rapporter à l'année 1064, et au comte Goffrid.
En 1055, Robert Guiscard était marié à Albérada ; nous avons vu que ce mariage avait été conclu au début de sa carrière militaire. Il ne pouvait donc
promettre à la nièce de Malapezzi de l'épouser; déjà, à cette époque
Robert était trop connu dans l'Italie du sud pour que la nièce de Malapezzi ne
vit pas dans une promesse de ce genre une duperie et un mensonge Il le
pouvait encore moins en 1068; il était alors le mari de Sikelgaïta, après avoir
répudié Albérada et, en outre, le récit d'Aimé fait voir qu'en 1068, Otrante ne
fut pas prise par ruse mais par la famine.
Enfin, si Robert Guiscard avait pris Otrante d'une manière si adroite, les
chroniqueurs de la conquête Normande, toujours empressés à raconter les
traits de bravoure ou de finesse du duc, n'auraient pas oublié la prise d'O-
trante; nous avons vu le retentissement qu'a eu dans les chroniques, l'aventure
de Robert Guiscard et du seigneur de Bisignano, elle ne vaut cependant la
ruse qui fit tomber Otrante entre les mains des Normands. L'Anonyme Byzantin aurait été le premier à nommer Robert Guiscard s'il avait été l'auteur de
la ruse, il ne manque pas de le nommer pour l'affaire de Bisignano (cf. Vasilievsky l. c. 47 'ο 'Ρούπερδος ὁ Φράγγος κ. τ. λ. ici, au contraire, il écrit
simplement ὁ κόμης. — Nous aurons prochainement occasion de parler des
Malapezzi et quant aux Russes et aux Varègues qui, d'après l'anonyme Byzantin, défendaient Otrante contre les Normands, on sait combien au XI⁰ siècle, ils étaient nombreux dans les armées de l'empire d'Orient.

cette ville un synode auquel prirent part plusieurs évêques de la région ¹. Après les débats soulevés entre l'é-
glise latine et l'église grecque sous le pontificat de Léon IX
et la rupture entre les deux églises causée par ces débats,
on est surpris de voir un légat de Rome convoquant
sans difficulté et présidant sans conteste, un synode dans
une contrée à peu près exclusivement composée d'évêques
et de fidèles du rit grec. Il faut donc se garder de formules
trop générales lorsqu'on veut définir les rapports de l'église
grecque et de l'église latine dans la seconde moitié du
XIᵉ siècle ; tous les Grecs n'épousaient pas la querelle des
patriarches de Constantinople contre Rome; tous n'obéissaient pas à un même mot d'ordre ; au lieu d'être exclusivement inspirée par des considérations dogmatiques, l'attitude des Grecs, vis-à-vis des papes fut souvent la résul-
tante des fluctuations de de la politique, l'expression de
leurs craintes ou de leurs espérances. Ainsi, dans le cas
présent, ces relations faciles et pacifiques entre le saint-
siège et les Grecs du sud-est de l'Italie coïncident avec
l'affaiblissement de plus en plus marqué de la domination
de Constantinople sur la péninsule et avec les succès des
Normands qui, malgré leurs démêlés avec les papes,
étaient, quand même, aux yeux des populations grecques, les représentants de l'église latine.

Rien de surprenant, par conséquent, si le concile de
Bari fut suivi ou précédé à bref délai d'une rupture entre
Constantinople et Bari et d'une alliance entre cette dernière ville et les Normands. En effet, J. Scylitzès raconte
que, sur ces entrefaites, l'empereur de Constantinople,
Constantin X, ayant envoyé en Italie, avec le titre de duc
d'Italie, le général Pérénos pour venger et faire oublier la
défaite d'Aboul Karé, la ville de Bari ferma ses portes et
son port à l'envoyé impérial qui, reçu de la même ma-

¹ Venit Arnolfus archiepiscopus vicarium pape Alexander et fecit sinodum
foras in S. Nicolao qui vocitatur de episcopis. Ignotus Barensis ad an. 1063
dans Muratori R. I. S. T. V. p. 152.

nière par les autres villes du littoral, fut obligé de se retirer à Durazzo afin d'y attendre et d'y préparer des jours
meilleurs [1].

Mais les habitants de Bari étaient trop faibles pour
former une 1épublique indépendante, pour prétendre à
à une complète autonomie municipale; placés entre Melfi
et Constantinople, entre les Normands et les Grecs, ils ne
pouvaient se défendre contre les uns qu'en faisant alliance
avec les autres. Ils le comprirent, et, pour sortir de l'isolement, faisant taire les répugnances et les appréhensions
de beaucoup d'entre eux, ils permirent en 1064, à Robert Guiscard d'entrer dans leur ville et conclurent avec
lui un traité dont, malheureusement, nous ne connaissons
pas les dispositions. Il s'agissait bien certainement d'une
alliance contre Constantinople à laquelle, selon toute probabilité, les Normands ne durent consentir que lorsque la
ville de Bari eût accepté de leur payer quelque redevance [2].

Quoi qu'il en soit de cette dernière supposition, l'attitude de Bari vis-à-vis des Normands rendait leur situation encore plus forte; ils pouvaient, étant libres de toute
inquiétude sérieuse du coté de la Pouille et de la Calabre,
diriger vers d'autres ennemis leurs forces réunies, et c'est
ce que Robert Guiscard ne manqua pas de faire; durant
cette même année 1064, il résolut de passer en Sicile avec
ses meilleures troupes et de venir au secours de Roger,

Il est vrai que déjà, à cette époque, Pérènos avait commencé de sa retraite de Durazzo, à ourdir parmi les
comtes Normands, mécontents et jaloux de la fortune des
Tancrède, diverses intrigues qui devaient, quelque temps
après, porter leur fruits [3]; mais soit que Robert Guiscard

[1] ἐν τῷ μεταξὺ δὲ προεβλήθη δοὺξ τῆς Ἰταλίας ὁ Περηνός. μὴ δυνηθεὶς δὲ εἰς
Λογγιβαρδίαν περαιωθῆναι διὰ τὴν τοῦ Ῥουμπέρτου καταδυναστείαν ἔμεινεν ἐν
Δυρραχίῳ, ὀνομασθεὶς του Δυρραχίου δούξ. J. Scylitzès dans l'édition de Cédrénus T. II, p. 722.
[2] Et Robertus dux venit in Bari et fecimus ei sacramentum et ille nobis.
Ignoti Barensis *Chronicon* ad an. 1064.
[3] L'Ignotus Barensis porte déjà à la date de 1064: multi nobiles perrexerunt

ignorât ces menées, soit qu'il se crût assez fort pour châtier, lorsque le moment serait venu, ceux qui y auraient
pris part, elles ne retardèrent son départ.

« Le duc Robert Guiscard, écrit Malaterra, se trouvait
dans la Pouille lorsqu'il apprit qu'en Sicile son frère était
en butte aux attaques incessantes des ennemis. Il recruta
alors en Pouille et en Calabre une armée considérable et,
voulant partager les labeurs et les fatigues de son frère, se
disposa à faire route pour la Sicile. Roger, averti de l'arrivée de Robert Guiscard vint joyeusement au-devant de
lui jusqu'à Cosenza en Calabre, et, après avoir uni leurs
forces, qui se montaient à cinq cents soldats [1], les deux
frères traversèrent le Faro en 1064. Ils parcoururent toute
la Sicile sans que personne osât leur barrer le chemin, arrivèrent devant Palerme, et, sur l'ordre du duc qui en eût
ensuite bien du regret, l'armée planta ses tentes sur la
colline que les Normands appelèrent le *mont aux tarentules*, à cause des nombreuses tarentules, dont cette colline était infestée .et qui firent grandement souffrir
l'armée. La tarentule est un ver ayant la forme d'une
araignée et dont la morsure est venimeuse ; chez ceux
qu'elle pique se déclare une inflammation qui peut occa-
sionner la mort si elle n'est combattue par de prompts
remèdes [2]. Plusieurs des nôtres ayant été atteints de cette

Perino in Durrachio pro tollendum honores... Et Gozolino perilavit cum suis
at Perino.

[1] Cum quingentis tantummodo militibus apud Pharum mare transmeantes.
Malaterra II, 36. Comme Malaterra donne le nom de *plurimo exercitu* à ces 500
hommes, Amari en conclut (*Storia dei Musulmani di Sicilia* T. III p. 106 note
1) que c'étaient 500 chevaliers et que chacun d'eux était suivi de deux ou de
plusieurs hommes d'armes. L'adverbe de Malaterra *tantum modo* semble contredire quelque peu l'hypothèse d'Amari.

[2] Le français ne permet guère de dire, d'après Malaterra, toutes les conséquences des piqures de la tarentule ; voici le texte du chroniqueur : Taranta
quidem vermis est, araneæ speciem habens, sed aculeum veneni feræ punc-
tionis, omnes que quos punxerit, multa venefica ventositate replet, in tan-
tumque angustiantur ut ipsam ventositatem, quœ per anum inhoneste cre-
pitando emergit, nullo modo restringere prævaleant, et nisi clibanica, vel
alia quævis ferventior œstuatio, citius adhibita fuerit, vitæ periculum incur-
rere dicuntur. Malaterra II, 36. — Le nom de *Mont des tarentules* n'est resté
à aucune colline des environs de Palerme pas plus qu'il ne se trouve dans
quelque charte du moyen-âge. Les Siciliens, par exemple Di Blasi (*Storia di*

manière, l'armée dut aller camper sur un terrain plus salubre, où elle séjourna trois mois. Mais la ville de Palermo se défendit énergiquement; les Normands ne
purent rien contre elle et durent se contenter de ravager
les environs et d'en faire un véritable désert. Voyant que
tous leurs efforts pour s'emparer de Palerme étaient en
pure perte, les Normands levèrent le siège et partirent
contre Bugamo dont les habitants n'opposèrent qu'une
molle résistance, aussi tombèrent-ils sans exception
avec leurs femmes et leurs enfants entre les mains
des Normands qui les réduisirent en esclavage et s'emparèrent de leurs biens [1]. Les Normands, voulant alors
retourner en Calabre, durent passer près de Girgenti et
campèrent non loin de la ville. Les habitants de Girgenti, trop confiants dans leurs forces, crurent l'occasion bonne pour vaincre les Normands et se précipitèrent
sur leur camp avec d'autant plus d'entrain que les Normands gardèrent le silence pour laisser croire à l'ennemi
qu'ils ne soupçonnaient pas l'attaque, mais les Siciliens n'en
furent pas moins battus et poursuivis jusqu'aux portes de
Girgenti. Après ce succès, Robert Guiscard revint en Calabre sans pousser plus loin l'expédition, et établit à
Scribla qu'il avait peu auparavant ruinée de fond en
comble les habitants de Bugamo, réduits en captivité
pendant la campagne » [2].

<hr/>

Sicilia VII, 8) et Palmieri (Somma della Storia di Sicilia T. II, p. 44 et 324)
pour venger l'honneur de la Sicile, n'ont pas manqué [de déclarer que Malaterra est dans l'erreur et que la tarentule n'a rien de venimeux. S'il en est ainsi
aujourd'hui, il faut peut être ajouter, comme le fait Amari, l. c., qu'en 1064,
quelque circonstance particulière a pu rendre sa piqure dangereuse. F. Lenormant. (La grande Grèce T. I, p. 108) donne de curieux détails sur la tarentule.

[1] Bugamo n'existe plus aujourd'hui; il ne fut cependant pas détruit par les
Normands en 1064, car, au XIIIe siècle, il existait encore et se nommait Buagimo;
c'était alors un fief de la famille Montaperto. Cf. epistolam fr. Conradi dans
Caruso : Bibliotheca Sicula T. I. p. 48. Amari fait venir son nom de Abou-l-
Giami, Abou-l-Gema ou Abou-l-Agemi, un surnom d'homme qui aura passé au
château.

[2] Malaterra seul raconte, II, 36, l'expédition de Robert Guiscard et de Roger
en Sicile en 1064. Nous verrons se renouveler souvent ces déportations de
musulmans Siciliens sur le continent au milieu de populations chrétiennes.

En définitive, l'expédition de Robert Guiscard en Sicile
fut loin de produire les résultats qu'il en attendait et
échoua à peu près complètement. La prise d'une petite
ville comme Bugamo ne pouvait, en aucune façon, compenser le grave échec subi devant Palerme et le brusque
retour du corps expéditionnaire en Calabre dénote une
impuissance dont Robert Guiscard eût certainement
conscience.

Quelles étaient les causes de cette impuissance ? Il est
intéressant de les rechercher, car on est surpris de voir
ces mêmes Normands qui, en deux ans, de 1061 à 1063,
avaient conquis au moins un tiers de la Sicile et remporté
sur les musulmans de si brillants succès, s'arrêter ensuite
pendant environ quatre ans, de 1063 à 1068, et ne pas
réussir dans leurs entreprises tout en y déployant la même
science militaire et la même bravoure qu'auparavant.
D'après Aimé, Robert Guiscard attribuait son insuccès
sous les murs de Palerme à l'insuffisance de la flotte dont
il pouvait disposer. Il comprit, mais trop tard, que pour
s'emparer de la capitale de la Sicile, il fallait la cerner
par mer et par terre et, lorsqu'il revint sur le continent,
ce fut, ajoute Aimé, avec le projet de conquérir les dernières villes du littoral de la Pouille et de la Calabre, appartenant encore aux Grecs, pour y recruter des marins et
organiser une marine capable de vaincre celle des Siciliens et des Africains [1]. Le renseignement d'Aimé est

Ils y oublièrent peu à peu l'Islamisme pour devenir chrétiens. Le protospatarius Lupus écrit ad an. 1065. Robertus dux intravit Siciliam, et interfecit
Agarenorum multitudinem et tulit obsides ex civitate Panhormi. — Une variante porte *obsidionem* au lieu de *obsides*; c'est évidemment la bonne leçon ;
elle fait voir que Lupus a connu la levée du siège de Palerme par R. Guiscard
et qu'il n'a pas été trompé par les récits des soldats Normands, comme le
suppose M. Amari qui n'a lu qu'*obsides* et n'a pas connu la variante de *obsidionem.* Amari Storia.... T. III, p. 107, note 4.
[1] Et quant lo duc sapientissime vit la disposition et lo siège de Palerme, et
que des terres voisines estoit aportée là la marchandise ; et se alcuns negas-
sent la grâce par terre lui seroit portée par mer, apparcilla soi à prendre
altre cité, à ce que assemblast autre multitude de navie pour restreindre Palerme que ne par terre ne par mer puisse avoir ajutoire. Et ensi fist.
Aimé v. 26. — Amari écrit à propos de ce passage d'Aimé : Roberto non s'era
avicinato a Palermo nel 1061 quand' ci venne la prima, volta in Sicilia. Il

exact ; nous voyons en effet Robert réaliser plus tard ce programme qui lui valut une victoire complète et définitive. Toutefois ce que dit Aimé n'explique pas complètement le temps d'arrêt de la conquête normande, car si, pendant ce temps, les Normands ne prirent ni Palerme ni Girgenti situées sur le littoral, ils ne s'emparèrent pas davantage de Castrogiovanni ou de quelque ville importante dans l'intérieur de l'île, là ou la marine n'avait aucun rôle à jouer. Aussi, pour se rendre mieux compte de la situation, faut-il se rappeler que plus les Normands avançaient vers l'ouest de la Sicile, plus ils se trouvaient en face des populations musulmans sans mélange d'éléments chrétiens comme celle de l'est. A Messine, et surtout dans le Val-Demone, les conquérants avaient trouvé des amis dans les Grecs opprimés par l'islamisme et heureux d'accueillir des coreligionnaires ; l'alliance avec le kaïd de Catane, avec Ibn-at-Timnah, les avaient en outre garantis contre toute attaque du coté de Catane et de Syracuse. Rien de semblable dans le centre et dans l'ouest de la Sicile; rien que des ennemis décidés à chasser les intrus et à défendre avec l'ardeur de leur fanatisme leur religion et leurs foyers.

En outre, de 1064 à 1068, les musulmans de Sicile furent soutenus et dirigés par Aioub et Ali, les deux fils de Tamim, venus à leur secours avec de nombreuses bandes d'Arabes. Aioub, nous l'avons déjà dit, s'était d'abord fixé

---

passo che citiamo non si puo referire dunque che al suo ritorno in Calabria dopo l'assedio del 1064, come lo conferma la occupazione d'Otranto che segue immediata. Manca almeno un capitolo tra il 25 e il 26, il che non fara meraviglia a niuno che abbia letlta attentamente questa traduzione di Amato. Amari *Storia* ... T. III, p. 108 note 1. Amari a raison de dire qu'il y a des lacunes dans Aimé lequel passe sans transition de 1061 à 1064 et ensuite à 1068, mais ces lacunes ne doivent pas être imputées au traducteur, elles existaient dans le texte même d'Aimé; la preuve c'est que Leo de'Marsi qui a eu sous les yeux et a résumé le texte d'Aimé suit la même marche que la traduction française, il écrit : Messana militibus communita, ingenti tandem auro onustus Calabriam repetit (R. Guiscardus an. 1061). Ydrontou deinde tandiu obsidens afflixit, quousque illi se tradidit, inde Barim terra marique circumdat (1068). Leo de'Marsi III 15. Ce *deinde* laisse donc une lacune de sept ans.

à Palerme et Ali à Girgenti ; le kaïd de Castrogiovanni, cet Ibn al Hawwas, dont il a été plusieurs fois question, lui envoya des présents, et voulut qu'il habitât son propre palais. Cette cordialité ne fut pas de longue durée ; les témoignages d'affection et de dévouement donnés à Aioub par les musulmans de Girgenti excitèrent la jalousie d'Ibn al Hawwas qui voulut faire expulser de Girgenti celui qu'il venait de recevoir si amicalement. La guerre éclata entre les deux kaïds et coûta la vie à Ibn al Hawwas, tué dans une rencontre. Cette mort fit d'Aioub le chef des musulmans du centre et de l'ouest de la Sicile et, pendant quelque temps, son autorité fut d'autant plus respectée et reconnue qu'Aioub venait d'obliger Robert Guiscard et Roger à lever le siège de Palerme. Tant que dura l'unité de commandement, c'est-à-dire aussi longtemps que les Africains furent maîtres de la situation, les Normands ne purent guère agrandir leurs récentes conquêtes, mais il était facile de prévoir que les Siciliens ne vivraient pas indéfiniment en bonne harmonie avec les Africains et avec Aioub. Les Arabes nomades et pillards indisciplinés étaient pour les propriétaires Siciliens des alliés bien coûteux et fort incommodes, et leurs exactions devaient faire rapidement oublier les services qu'ils avaient rendus ; aussi Robert Guiscard qui semble s'être rendu compte du côté faible de cette alliance, et avoir prévu qu'elle serait éphémère, prit le sage parti d'attendre que ces germes de discorde se fussent développés et, sans continuer la guerre de Sicile, retourna en Calabre où quelques insurrections locales le retinrent assez longtemps [1].

[1] M. Amari (*Storia dei Musulmani di Sicilia* T. III, p. 108) s'est aussi posé cette question . Chi dunque diè l'avantagio (?) all' islam tra il mille sessantatrè e il sessantotto, tra la Battaglia di Cerami e il combattimento di Misilmeri L'historien Sicilien répond par les justes réflexions que nous avons reproduites et abrégées. Mais s'il y eut un temps d'arrêt dans la conquête de la Sicile par les Normands, cette période ne fut cependant pas marquée par des victoires des musulmans ; les positions furent gardées de part et d'autres. Aimé a très bien défini la situation; après l'expédition de 1064, Robert Guiscard (et certainement aussi Roger) comprit qu'il fallait d'abord achever la

« En 1065, dit Malaterra, Robert Guiscard, ayant détruit la ville de Polycastre, déporta tous ses habitants à Nicotera qu'il fonda cette année là et les obligea d'y séjourner. Déjà, avant d'aller à Palerme et de camper sur le mont aux tarentules, Robert Guiscard, aidé de son frère Roger, avait réduit dans la province de Cosenza le *Castrum regale* et l'avait organisé à sa guise. Cette même année, le duc attaqua encore dans la province de Cosenza le *Castrum d'Agel*, aujourd'hui Ajello, et l'assiégea pendant quatre mois. Mais les habitants d'Agel, ne craignant pas de faire de nombreuses sorties, marchèrent contre le camp des Normands, établi près des fortifications, et, avec l'aide de leurs frondes et de leurs flèches, obligèrent ces derniers à aller s'installer plus loin. Une lutte meurtrière s'engagea, et comme les Normands se précipitaient au plus fort de la mêlée, Roger, fils de Scolcand, fut percé d'un trait et jeté bas de son cheval. Gissibert, son neveu, vint à son secours et voulut le relever, mais il fut lui-même blessé et tous les deux périrent également. Robert Guiscard et son armée furent très affligés de cette double perte, car Roger et Gissibert étaient au nombre de ses amis les plus intimes ; il les fit ensevelir à santa Eufemia où se bâtissait alors une abbaye en honneur de Marie, la sainte Mère de Dieu, et donna au monastère les chevaux des deux défunts ainsi que ce qu'ils possédaient afin que l'on priât pour le repos de leurs âmes. Les habitants d'Agel ne se dissimulaient pas que cette double mort avait dû irriter au dernier point Robert Guiscard, aussi demandèrent-ils à faire la paix avec lui ; ils craignaient que si leur ville était prise d'assaut, le duc furieux ne les fît tous passer au fil de l'épée. Quelque désireux que fût, en effet, Robert de faire expier aux assiégés la mort de ses deux amis, il accepta les propositions des habitants d'Agel, car sa pré-

conquête de la Calabre et de la Pouille pour s'avancer ensuite avec des forces considérables vers le nord ouest et l'ouest de la Sicile, c'est là la meilleure explication de ce temps d'arrêt.

sence était nécessaire ailleurs et il ne pouvait rester plus longtemps devant cette place ; il fit donc la paix, occupa Agel et y fit construire les fortifications qu'il voulut[1]. »

Après avoir ainsi pacifié les Calabres, Robert Guiscard vint en Pouille où, dit Malaterra, de graves complications rendaient sa présence fort nécessaire. Pérènos n'avait pas perdu son temps à Durazzo ; ne pouvant vaincre les Normands par les armes et à ciel ouvert, il avait cherché par ses intrigues à les diviser entre eux, à les brouiller les uns avec les autres et ses démarches n'avaient pas été infructueuses. Déjà, en 1064, il avait décidé Gocelin et d'autres comtes Normands à venir le trouver à Durazzo et là s'ouvrirent des pourparlers qui, plus tard, aboutirent à un traité formel dont Aimé nous a conservé les dispositions principales[2]. Revenu en Italie, Gocelin fit appel aux Normands que les succès incessants et la domination de plus en plus prépondérante de Robert Guiscard rendaient jaloux et qui craignaient pour leur indépendance ; sa voix trouva d'autant plus d'écho que Robert Guiscard était alors absent et absorbé par son expédition contre les Sarrasins et contre Palerme. Ami, fils de Gauthier, héritier du ressentiment et des rancunes de son père contre les Tancrède, se jeta dans cette aventure et, ce qui surprend davantage, son exemple fut suivi par deux neveux de Robert Guiscard. Le premier s'appelait Goffrid de Conversano et était fils d'une sœur de Robert Guiscard ; entre autres possessions, il avait la moitié de la ville et de la forte position de Monte-Peloso. Le second était Abagœlard fils d'Umfroy, frère de Robert Guiscard et son prédécesseur comme comte de Pouille. Abagœlard reprochait à son oncle non seulement

---

[1] Malaterra ii. 37. — Anonymi Vaticani *historia Sicula* dans Muratori R. I. S. T. VIII col. 763 A , texte français dans Champollion Figeac p. 292. Polycastre n'a pas disparu malgré la déportation de ses habitants par Robert Guiscard. Cette ville existe encore aujourd'hui, voyez F. Lenormant : *La Grande Grèce*. T. II, p. 242. —

[2] Multi nobiles perrexerunt Perino in Durrachio pro tollendum honores... Et Gozolino perilavit cum suis at Perino. Ignoti Barensis *Chronicon* ad an. 1064, dans Muratori R. I. S. T. V. 152.

de lui avoir enlevé la dignité suprême au lieu de le laisser succéder à son père mais encore de s'être approprié les domaines privés d'Umfroy au détriment de ses enfants dont il avait cependant promis d'être le fidèle tuteur. Tous ces mécontents, ne méditant rien moins que la mort de Robert Guiscard, firent cause commune avec Pérénos et lui demandèrent de l'argent pour soutenir la guerre contre Robert ; le rusé byzantin exigea, avant d'accorder des subsides, qu'on lui remit des otages, et Gocelin consentit à envoyer à Durazzo deux de ses fils, un légitime et l'autre naturel, Ami envoya son fils, Abagælard son frère, et un autre révolté, le comte Roger, sa fille [1].

Lorsqu'en échange, les conjurés eurent reçu du trésor impérial une importante somme en or, ils commencèrent la campagne ; mais, au lieu de s'attaquer aux châteaux et

[1] Gloria Roberti quœ tanta augmenta subire
Cœperat, invidiam, laus unde adhibenda fuisset,
Non modicam acquirit, quia dum virtutibus ejus
Invidere viri, comites a plebe vocati
Qui numero bis sex fuerant, communiter illum
Morti tradentum conjuravere dolose;
Tempus ad hoc aptum fieri cum forte viderent.
Horum Gosridus, Gocelinus et Abagelardus
Filius Unfredi, sibi jura paterna reposcens
Prœcipui fuerant actores consiliorum.
                                        Guillel. Apul. II v. 444-453.

A la tête des révoltés, Guillaume de Pouille place dont 12 comtes nommés par le peuple ; n'est-ce pas là un chiffre de convention donc Guillaume se sert trop facilement dans ses énumérations ? cf. supra p. 101 note 1, et p. 130 note 1. — Aimé v, 4, ne parle pas d'un aussi grand nombre de comtes en lutte contre Robert Guiscard : Dieu faisoit prospère lo estat de lo duc Robert et esmovoit la volonté tant de li Normant quant de li autre à estre avec lui. Mès lo esperit de emulation et d'envie se commovoit de estre contre lui, quar Gazoline de la Blace, à loquel lo duc avait donné Bar-cutre-but(?), et Rogier Toute-Bone, liquel se clamoit autresi Balalarde, et un qui se clamoit Ami, fil de Caltier, firent conseill contre lo duc pour eaux estre tenuz haut et victorionz. Et lo duc Perrin, Grec, liquel par lo impéreor de Costentinople estoit fait sur Durace, et cerca deniers pour, les deniers, il peust mener li Normant à destruction, et lo duc Robert Viscart, et submetre Puille et Calabre à la empéreor, loquel devoit considérer de acroistre lo honor de son seignor. Et li presta cent centenaire de or, et devez entendre florin ou autre monnoie de or qui coroit alore; et rechut ostage de filz de Gozelin, l'un légitime et l'autre bastard, et rechut lo sacrement; rechut la fille de Rogier, lo fil de Ami, et lo frère de Balalarde. — Aimé semble faire une seule personne de Rogier toute Bone et de Balalarde, c'est une erreur; c'étaient deux personnages et nous avons vu que le second était fils du comte Umfroy.

aux villes de Robert Guiscard, ils préférèrent se conduire en véritables pillards et se mirent à ravager de nuit et de jour les possessions du duc et à prendre tout ce qu'ils y trouvaient à leur convenance [1].

Une des premières mesures de Robert Guiscard, aussitôt après son retour en Pouille, pour y rétablir l'ordre, fut d'organiser une flotte et de l'envoyer sous le commandement du comte Loffred, fils de Pétronne, contre Durazzo et contre Pérènos premier et principal auteur de ces troubles; mais Loffred ne put même pas conduire ses navires à Durazzo. Attaqué, chemin faisant, par l'amiral grec Mabrica, il fut complètement battu et obligé de rebrousser chemin, tandis que le vainqueur, encouragé par ce succès, abordait en Italie avec une armée de mercenaires Varanges.

Avec sa mobilité ordinaire, Bari, oubliant le récent traité d'alliance conclu avec Robert Guiscard, ouvrit ses portes à Mabrica et envoya à Constantinople son archevêque André, très probablement pour obtenir de l'empereur le pardon de ce qui s'était passé et régler les conditions d'une soumission définitive. Il semble toutefois qu'une partie des habitants de Bari ne voulut pas se soumettre à Constantinople et resta fidèle aux Normands, car, plusieurs galères de Bari furent, à cette même époque, capturées par les Grecs [2].

Quoique obligé de tenir tête en même temps à la guerre civile et à la guerre contre les Grecs, Robert Guiscard prit l'offensive contre Mabrica, et, en 1067, essaya de le vaincre lui et ses Varanges; il ne fut pas plus heureux sur terre que Loffred ne l'avait été sur mer, et Mabrica, une

---

[1] Dont li chevalier pristrent l'or, et aunèrent turme de larrons et non pristrent cité ou chastel de lo duc, més coment larron alloient desrobant de nuit et de jor. Aimé v, 4.

[2] Lofredus comes, filius Petronii, voluit ire in Romaniam cum multa gente, sed obstitit illi quidam ductor Græcorum nomine Mabrita. Lupus protospatarius ad an. 1066. — Perrexit Andreas archiepiscopus Constantinopol. et Mabrica cum chelaudiis venit Bari cum Guarangi. Ignoti Barensis *Chronicon* ad an. 1066. Et galea quatuor Barenses compræhensæ snut a stolo imp+rc (sic). Ignt. Bar. *Chronicon* ad an. 1967.

fois de plus vainqueur des Normands, s'empara successivement de Brindisi, de Tarente et de Castellaneta. La trahison de Gocelin et de ses amis portait ses fruits, elle faisait
perdre à Robert et aux Normands les conquêtes et la situation laborieusement acquises dans les dernières années [1].

Aussi la colère du duc contre ceux de ses compatriotes
qui avaient amené de pareils résultats, fut-elle terrible ; il
les faisait cruellement châtier lorsqu'ils tombaient entre
ses mains, mais, à son grand regret, il ne put s'emparer
ni de Gocelin ni de Roger. Les deux Normands, connaissant le caractère du duc et redoutant le sort qu'il leur réservait, s'enfuirent épouvantés à Constantinople et Robert
se consola de leur départ en confisquant leurs biens ; de
tous leurs domaines, dit Aimé, il ne leur resta même pas
une petite place pour y être ensevelis. Robert confisqua
de même les biens d'Ami et d'Abagœlard et, suivant une
autre expression d'Aimé, *les enrichit d'une montagne de
pauvreté et de misère* ; toutefois, Ami parait avoir résisté
plus longtemps que ses compagnons, car la *chronique de
Bari* nous le montre s'emparant, en 1068, de Giovennazzo
sur l'Adriatique, probablement avec le concours de la
flotte grecque. Ce succès fut le dernier, peut-être aussi le
seul que remportèrent les révoltés [2]. Dans cette même an-

[1] Mabrica cum exercitu magno Græcorum fugavit Northmannos, et iterum
intravit Brundusium et Tarentum. Postea ascendit super Castanetum et recepit eam. *Chronicon breve Nortmannicum* ad. an 1067.
[2] Amicetta intravit Juvenacie. Ignoti Barensis *Chronicon* ad an. 1068. — Et
lo duc Robert, loquel senti ceste choze, estoit en Calabre. Adont vint en
Puille le plus tost qu'il pot, et non se curoit de li anemis soc, liquel aloient
fore par lo camp, ne de la proie qu'il faisoient non se curoit, mès ala à lor
cité. Et à Gozelin leva tout ce qu'il avoit, et à Rogier Toute-Bouc tolli tuit li
camp soc, ne lui laissa tant de terre où se peust souterrer. Et adonc fugirent
li chétif devant la face de lo duc, et que non pooient recovrer la grace soc
foyrent en Costentiuople à lo empéreor. Et prist la terre de Ami et de Balalarde, à liquel il leva tout lor bien, et les eurichi de mont de pourcté et de
misère. Aimé v, 4.
Dux igitur postquam sibi conjuratio nota
Facta fuit comitum, bellum molitur, in omnes
Acriter exarsit, capit hos, et recipit illos ;
Afflixit variis quorumdam corpora pœnis.
Iratum metuens fugit Gocelinus ad Argos.
Guillel. Apul. II. v. 454-458.

née 1068, Robert Guiscard donna le dernier coup à l'insurrection en s'emparant de Monte Peloso, malgré la résistance désespérée de Goffrid de Conversano. Cette prise de Monte Peloso eut un retentissement considérable; elle est mentionnée et racontée par plusieurs historiens, mais elle n'augmenta pas la gloire militaire de Robert Guiscard, car le rusé Normand à qui tous les moyens étaient bons pour parvenir à ses fins, ne pénétra à Monte Peloso qu'avec l'aide d'un traître et d'un félon nommé Godefroy. Robert commença le siège de cette position le 16 février 1068 et multiplia ses efforts pour s'en emparer, mais sa science militaire et la bravoure de ses soldats échouèrent complètement devant les formidables fortifications naturelles de ce nid d'aigle. Il entra alors secrètement en communication avec Godefroy l'*alter ego* de Goffrid et son vassal, car Goffrid lui avait donné la moitié de Monte Peloso. Godefroy n'hésita pas à trahir son ami ; il prêta l'oreille aux propositions de Robert Guiscard, en reçut des présents et fut séduit surtout par la promesse de posséder en toute propriété le château d'Obbiano s'il ouvrait à Robert les portes de Monte Peloso. Il conseilla alors au duc de feindre de lever le siège, de s'éloigner et de revenir ensuite précipitamment, lorsque Goffrid ne serait plus sur ses gardes. Robert suivit ce conseil, alla prendre de vive force Obbiano pour le donner à Godefroy, et lorsqu'il reparut devant Monte Peloso en juin 1068, Godefroy l'introduisit dans la place. Heureux d'avoir eu raison de l'insurrection, Robert tint sa promesse, mais la possession d'Obbiano n'empêcha pas Godefroy d'être universellement regardé comme un félon [1].

[1] In 16 die mensis februarii Robertus dux obsedit civitatem nomine Montempillosum; ubi nihil proficiens, cum paucis abiit Obianum, et cepit eam. Et ex traditione cujusdam Gotifredi intravit ipse dux in præfatam civitatem Montispillosi. Lupus protospatarius ad an. 1068. — La prise de Monte Peloso par Robert Guiscard est le seul souvenir de cette guerre civile rapportée par Malaterra : Inde et Robertus dux, qui præ cæteris hunc morem sibi vindicaverat. Gauridum de Conversana, nepotem videlicet suum, filius quippe sororis suæ erat, ut de Montepiloso sibi servitium, sicut et de cæteris castris, quæ plurima sub ipso habebat, exhiberet, adorsus est, quodque ab ipso, sicut et

Robert Guiscard s'appliqua ensuite à pacifier les esprits, à effacer les traces de la guerre civile, et, comme
il méditait un grand dessein pour l'exécution duquel il
avait besoin de nombreuses troupes et de toutes ses ressources, il accorda à quelques-uns de ses ennemis un pardon qu'en d'autres circonstances ils n'auraient certainement pas obtenu.

Il consentit notamment à se réconcilier avec Ami et
lui rendit une partie de ses biens ; Abagælard fut également
gracié, surtout parce qu'il faisait partie de la famille des
Tancrède, et Robert Guiscard lui donna des villes et des
châteaux. Pérènos voyant que tout l'or distribué aux Normands avait été employé en pure perte, chercha à se faire
pardonner son échec en envoyant à Constantinople, à la

cætera, minime acceperat, sed sua strenuitate, duce sibi auxilium non ferente,
per se ab hoste lucratus fuerat. Id facere renuente, dux admoto exercitu, idem
castrum obsessum vadit ; multis que militaliter ex utraque parte perpetratis
tandem, ut de eodem castro, sicut et de cæteris sibi servitium promittens
exhiberet, compulit. Malaterra II, 39. Les renseignements de Malaterra sur ce
point, sont, il est facile de le constater, incomplets, vagues et obscurs. —

> Pelusii montis castrum pavefactus adire
> Gosfridus properat ; dux quod non evalet armis,
> Arte capit castrum, promissis decipit hujus
> Custodem castri Godefridum, dans sibi quædam,
> Pluraque pollicitus castrum que valentius illo.
> Pelusii montis dominatio non Godefridi
> Ex toto fuerat ; mediam concesserat illi
> Gosfridus partem, sed dux, quia nobilioris
> Castelli totum promiserat huic dominatum,
> Scilicet Oiani, solus cupiens dominari,
> Mandat Roberto desistat ab obsidione,
> Dissimulans reditum ; sed mox ut norit abesse
> Gosfredum, redeat castrum securus et intret,
> Clavibus acceptis, Oianum conferat illi ;
> Hac illi castrum Godefredus tradidit arte.
> Accipit Oianum, sed quis post crederet illi ?
> Traditor est Latii populo vocitatus ab omni.
> Sic ducis astuti prudentia quod superare
> Non armis potuit, superavit sæpius arte.
>   Guillel. Apul. II v. 459-477.

C'est évidemment par erreur que la *Chronicon breve Normannicum* écrit ad
an. 1068 : Goffridus comes obsedit montem Pillosum, et comprehendit eum in
mense Junio. Les détails donnés plus haut suffisent pour montrer que la
Chronicon breve se trompe. Pour les années 1068, 1069, 1070, cette chronique
n'est pas bien informée au point de vue chronologique, c'est ainsi qu'elle
place en 1069 la prise de Bari par Robert Guiscard tandis que les meilleures
sources établissent que Bari ne succomba qu'en 1071.

cour impériale, les otages que les comtes Normands lui avaient livrés comme gage de leur fidélité [1].

La défaite de Gocelin et de ses amis eut pour contre-coup d'affaiblir la situation des Grecs en Italie. Bari, Tarente, Brindisi et Castellaneta restèrent, il est vrai, quelque temps encore en leur pouvoir ; mais, au lieu de continuer à prendre l'offensive, ils se bornèrent à conserver ces conquêtes de Mabrica.

---

[1] Mès que la miséricorde de lo duc estoit moult grande, Ami retint pour chevalier et de la terre soe aucune part l'en rendi, et l'autre réserva en sa poesté. Et Balarde, pour ce qu'il avoit esté filz de lo frere, tint avec ses filz, et consideroit dedens petit de temps de faire lo grant prince, dont lui dona plus cités et chastelz. Et quant Perin vit l'or de son seignor malement despendu, manda li ostage à li empéreor pour estre descolpé des deniers qu'il avoit donnez malement. Aimé v, 4.

CHAPITRE VIII

(1068-1072.)

Le 21 mai 1067, était mort, après un règne de sept ans, l'empereur d'Orient, Constantin Ducas; il laissait pour lui succéder trois fils déjà couronnés Michel, Andronic et Constantin porphyrogénète et confia le gouvernement à son frère Jean, revêtu de la dignité de César et à sa femme l'impératrice Eudoxie, à la condition qu'elle ne se remarierait pas. Ce gouvernement était à peine inauguré qu'une invasion des Turcs qui s'avancèrent jusqu'à Antioche, après avoir battu les troupes envoyées pour leur barrer le passage, vint mettre en grand danger les frontières orientales de l'empire. Eudoxie fut d'autant plus effrayée que ses enfants étaient trop jeunes et son beau-frère trop inhabile pour repousser les Turcs; afin de remédier à cette situation, elle se fit relever par le patriarche de Constantinople de la promesse faite à son mari; et, le 1er janvier 1068, accorda sa main et la couronne impériale à un général, Romain Diogène. Peu auparavant, elle avait pardonné à ce même Romain amené prisonnier à Constantinople et condamné à mort pour s'être insurgé contre le gouvernement. Dès le mois de mars 1068, le nouvel empereur alla camper au delà de la Propontide, amenant avec lui les meilleures troupes de l'empire, et commença contre les Turcs une campagne aussi longue que fatiguante et périlleuse. [1]

[1] Sur ces évènements de l'empire d'Orient en 1067, 1068, et sur les auteurs à consulter, voyez de Muralt : *Essai de chronographie byzantine* 1057-1153. St-Pétersbourg 1871, in-8, p. 11, 12, 13.

En juin 1068, lorsque Robert Guiscard entrait en vainqueur à Monte Peloso l'empire d'Orient, trop absorbé par la guerre contre les Turcs, ne pouvait donc s'occuper sérieusement de l'Italie et envoyer contre les Normands des forcés considérables. Robert Guiscard connaissait certainement cette situation, et, avec sa promptitude ordinaire, en profita pour s'emparer des villes maritimes encore possédées par les Grecs et y recruter ensuite une grande flotte. Il débuta en assiégeant Otrante, mais la ville se défendit avec opiniâtreté, Robert fut obligé de l'entourer de retranchements et ne la prit guère que par la famine [1]. Otrante réduite, le duc songea à attaquer la capitale même des Grecs d'Italie, cette ville de Bari qui avait si facilement mis de côté le traité d'alliance conclu avec lui en 1064, pour se soumettre de nouveau à Constantinople. L'ambitieux Normand aurait trouvé facilement quelque prétexte pour faire la guerre aux habitants de Bari, mais il n'eut même pas à le chercher, la fortune lui en présenta un qu'il saisit avec empressement.

En 1068, mourait à Bari un personnage dont il a été bien souvent question dans cette histoire, Argyros fils de Mélès; après bien des vicissitudes, après avoir vu ses projets d'indépendance de la Pouille réduits à néant, ses illusions envolées, Argyros, plus heureux que son père mort sur la terre étrangère, avait terminé dans sa ville natale sa carrière longue et tourmentée. Tour à tour ami des Normands et des Grecs, des papes et des patriarches de Constantinople, de l'empereur de Germanie et des adversaires les plus redoutables de l'empire d'Occident, Argyros avait passé sa vie à chercher de nouveaux alliés et à les abandonner ensuite; aussi, au premier abord, est-on tenté de le

---

[1] Premèrement asscia Otrente et attornia la de diverses travacles et de chevaliers. Et tant l'asscia quant par armes et par poureté jusques à tant que cil de la cité la rendirent, quar non pooient autre faire. Aimé v, 26. — Mense octobri captum est iterum Hydrontum, et fugati sunt Græci ab ea. *Chronicon breve Norm.* ad au. 1068. Voyez plus haut, note de la p. 409 sqq. les rapports entre Otrante et les Normands durant cette période.

regarder comme un aventurier aussi inconstant qu'ambitieux. Il n'en était rien cependant, et en regardant de plus près on découvre une grande unité et un véritable esprit de suite dans cette vie si décousue à première vue. Comme son père Mêlès, Argyros a cherché par tous les moyens à rendre sa patrie, la Pouille, indépendante et autonome, et, comme son père, il a succombé à la tâche sans jamais l'abandonner. En 1016, Mêlès avait, le premier, armé les Normands contre les Grecs; en 1042, Argyros continua cette politique et ce fut sous sa conduite que Guillaume bras de fer et ses compagnons entrèrent la première fois dans Bari. Mais Agyros et ceux de ses compatriotes qui partageaient ses rêves d'indépendance, n'avaient pas tardé à s'apercevoir qu'au lieu d'être de précieux alliés, les Normands visaient à remplacer les Grecs comme maîtres et tyrans de l'Italie méridionale. Il comprit que si son pays échappait à la fourberie byzantine, ce serait pour être pillé et pressuré par la rapacité et la brutalité normandes; de là sa volte-face inspirée par la conviction que le plus pressé était de délivrer la péninsule des redoutables aventuriers si imprudemment attirés par son père et favorisés par lui. Dans ce but, il se rapprocha du saint siège alors occupé par saint Léon IX et en guerre ouverte avec les Normands, et, faisant taire ses répugnances, il alla jusqu'à faire cause commune avec les Grecs. Mais dans cette nouvelle voie l'attendaient d'amers déboires; Rome et Constantinople échouèrent également dans leur projet de chasser les Normands hors de l'Italie et les empereurs d'Orient firent expier au patriote fourvoyé les nombreuses défaites infligées à leurs armes.

Après avoir supporté un douloureux exil et les rigueurs d'une longue prison, Argyros revint à Bari vers 1064, peut-être grâce à l'intervention des Normands, car divers indices font voir que, durant les dernières années de sa vie, il renoua avec eux des relations amicales. Au moment de mourir, comme il était depuis 1050 associé aux prières et aux bonnes œuvres du monas-

tère de Farfa dans les montagnes de la Sabine, au nord de
Rome, il envoya à ce monastère des présents magnifiques
6000 besans et un manteau de soie brodé d'or, insigne de sa dignité et valant plus de cent livres d'argent
très pur. Peut-être aussi laissa-t-il aux Normands les propriétés qu'il avait à Bari car nous allons voir Robert Guiscard les réclamer comme lui appartenant. Il semble donc
qu'à la dernière heure, après avoir essayé toutes les autres
combinaisons, Argyros, désespérant de voir sa patrie arriver par ses propres forces à l'indépendance, se soit rallié
à l'autonomie de l'Italie du sud avec les fils de Tancrède
et leurs compagnons comme chefs et soutiens du nouvel
état. [1]

Le moment approchait où les Normands allaient définitivement fonder cette autonomie à laquelle ils tra-
vaillaient depuis 1042; Argyros avait depuis bien peu de
temps fermé les yeux que Robert Guiscard se présentait

[1] Il n'existe que deux textes fournissant quelques renseignements sur la fin
d'Argyros. 1º Une phrase de la *Chron. breve Norm.* ad an. 1068 : Obiit Argiro
poedro. 2º Un passage de la Chronique de Farfa : Hic vero vir magnificus,
cum hujus vitæ terminum sibi cerneret imminere direxit ad hanc ecclesiam,
sive congregationem, quædam rariora dona, et non parvam pecuniam, videlicet bisantos vi milia, et mantum pretiosum holosericum, auro que textum,
quod erat præclara vestis sui honoris, quæ amplius valere ferebatur, quam
centum libras argenti purissimi. Muratori R. I. S. T. II P. II p. 621. Ces
deux textes prouvent qu'Argyros n'est pas mort en exil et dans le dénue-
ment le plus complet comme quelques historiens l'ont soutenu. En 1055, (cf.
supra p. 274 notes 1 et 2), après avoir vu ses espérances et ses projets réduits
à néant par la victoire des Normands à Civitate, Argyros revint en Orient où
il passa plusieurs années, assez mal vu et peut-être exilé à cause de ses rapports avec l'église latine et du peu de succès de ses entreprises en Italie.
Nous ne savons en quelle année il revint en Italie et à Bari ; M. de Blasiis
(T. II. p. 123 note 4), pense avec quelque raison que ce fut vers 1064 lorsque
Bari conclut avec Robert Guiscard un traité d'alliance et d'amitié. S'il quitta
les titres fastueux qu'il avait autrefois, c'est qu'il en avait été dépouillé par
les Grecs ; il dut se contenter du titre modeste de *Poedros*, c'est-à-dire chef,
président de la municipalité. Auparavant, Argyros signait en effet, avec une
emphase byzantine : ἀργυρὸς. προνοία θεοῦ. μαγίστρος. βεστης, καὶ δοὺξ ἰταλίας.
χαλαβρίας. σικελίας, καὶ παρλαγονίας ὁ μέλης. Cf. Trinchera : *Syllabus Græcarum membranarum*, in-4, Napoli, 1855, p. 55. Il est donc probable que de 1064 à
1068, Argyros brouillé avec les Grecs, disgrâcié par eux, fut à la tête du municipe de Bari et qu'il vécut en bonne intelligence avec les Normands, mais
sa mort changea la situation et ce fut alors que Robert Guiscart résolut de
s'emparer définitivement de Bari

devant la capitale des Grecs d'Italie pour l'arracher à Constantinople et l'incorporer à ses états.

Aucune ville de la Pouille n'égalait en opulence, la populeuse Bari ; sa force, ses moyens de défense étaient à
la hauteur de ses richesses. Robert se dit que s'il parvenait à la réduire, les autres cités moins importantes seraient frappées de terreur, n'oseraient plus lui résister. [1]
Mais le duc ne se dissimulait pas la difficulté qu'il aurait
à s'emparer d'une ville que l'art et la nature rendaient
presque imprenable ; il fit un appel général aux Normands
et aux Lombards pour se joindre à lui [2] et, le 5 août 1068,
vint avec son armée camper en face de Bari, tandis que
sa flotte, montée surtout par des Calabrais faisait une démonstration devant le port. [3]

Croyant peut-être que cet appareil de guerre avait intimidé les Grecs, et cherchant un prétexte pour entamer
les hostilités, Robert manda aux habitans de Bari de le
mettre sans délai en possession des maisons ayant appar-
tenu à Argyros. Ces maisons plus élevées que les constructions voisines seraient devenues entre les mains des
Normands de véritables forteresses ; les livrer à Robert,
c'était donc, non-seulement introduire l'ennemi dans la
place mais encore l'y établir en maître ; aussi les Grecs

[1] Hostibus edomitis et captis undique castris,
Contra Barensem populum parat obsidionem.
Appula nulla erat urbs quam non opulentia Bari
Vinceret ; hanc opibus ditatam, robore plenam
Obsidet, ut, victis tantæ primatibus urbis,
Nondum subjectas repleat terrore minores.
Guilielm. Apul. II, v. 478-483.

[2] Normannis atque Lombardis per Apuliam atque Calabriam publico edicto universaliter congregatis. Anonymi Vaticani Chronicon dans Muratori : R. I. S. T. VIII col. 763 sq. De même dans la version française de la *Chronique* de Robert Viscart : et par publique comandement fist assembler tuit li Normant et Longobart de Puille et de Calabre. Ed. Champollion Figeac I, 22, p. 292.

[3] La date du début du siège de Bari est indiquée par l'Ignotus Barensis ad an. 1068 : Et die quinto astante Augusti venit dux Robberto et obsedit Bari per terra et mare. Muratori : R. I. S. T. V. p. 152 sq. — Le protospatare Lupus, commençant l'année 1069 dès le mois de septembre de l'année précédente, écrit : 1069. In mense septembris præfatus dux Robertus obsedit civitatem, Bari.

voyant facilement où Robert voulait en venir, répondirent
à sa demande d'une façon hautaine et dédaigneuse. [1]

Pour mieux accentuer leur refus et y joindre la moque-
rie, les habitans de Bari, connaissant la rapacité normande, imaginèrent de venir sur les remparts et là, au son
des instruments de musique, firent miroiter aux yeux des
Normands, massés au bas des remparts, ce qu'ils avaient
de plus précieux en or et en argent et ils les défiaient de venir s'en emparer. La plaisanterie était piquante mais non
sans danger pour ceux qui se la permettaient. Cette exhi-
bition, dit Malaterra, au lieu de détourner Robert Guiscard
de son entreprise, éveilla des sentiments de convoitise
dans son âme déjà entraînée par l'ambition; plus il sut
que Bari, possédait de trésors, plus il fut déterminé à s'emparer de cette ville: Toutefois, dissimulant ses impatiences
et ses ardeurs, il répondit en souriant aux habitans de
Bari: Tout ce que vous me montrez est à moi; je vous re-
mercie de ce que vous même, vous me prouvez spontanément que vous en êtes les détenteurs, gardez-moi fidèlement ces trésors pendant quelque temps encore. Un jour
viendra ou vous les pleurerez tandis que je les distribuerai,
libéralement à d'autres. [2]

De tels procédés et de telles paroles équivalaient à une
déclaration de guerre, aussi de part et d'autre se prépara-
t-on à la lutte.

[1] ....Dux munit milite castra
Atque replet Calabris advectis navibus æquor.
................Dux mandat civibus ædes
Argiroï sibi dent, quas noverat editiores
Contiguis domibus; quas si conscendit adeptus,
Urbem Robertus totam sibi subdere sperat.
Barenses austera duci responsa dederunt.
.Guil. Apul. II, v, 485-487, 490-495.
D'après Aimé, Robert Guiscard, sans prendre d'autre détour, aurait demandé
aux habitants de Bari de se soumettre à sa puissance : Quar puiz que ot
veinchut toutes les cites de Puille, torna l'arme soe, laquelle non poolt estre
vaincue, à Bar, et avant que lui donnast bataille, demanda à cil de la cité
qu'il lui fussent subjette. Et conterestèrent cil de la cité, et dient que pour
nulle molleste qui lo fust faite, ne se voloient partir de la fidélité de lo impereor. Aimé v, 27.
[4] C'est Malaterra : *Historia Sicula* ii, 40 qui raconte ce singulier défi des habitants de Bari à Robert Guiscard et à ses compagnons.

Bari étant située sur un angle qui s'avance dans la
mer, Robert occupa avec sa cavalerie les abords de la
place du coté de la terre et, sur tous les autres cotés, disposa des navires rattachés entre'eux par des chaines de
fer; ils formaient ainsi une barrière infranchissable et
Bari fut bloquée dans tous les sens. Mais les vaisseaux
des Normands ne pouvaient venir assez près du rivage,
aussi Robert fit faire deux ponts allant de chaque rive
au premier navire. Si les habitans de Bari tentaient quelque attaque par mer, les Normands pouvaient de cette
manière accourir immédiatement sur les vaisseaux menacés. [1]

Effrayée par ces préparatifs, Bari comprit qu'il ne fallait
plus songer à se moquer de Robert Guiscard; le patrice
Bizanzio partit pour Constantinople demander à l'empereur des vivres et des troupes. Mais, déjà à ce moment,
deux partis se dessinaient dans la ville assiégée; celui qui
tenait pour Constantinople et était prêt à tous les sacrifices pour conserver Bari à l'empereur et un autre parti, di-
rigé par Argirizzo, et favorable aux Normands, Lorsque Bizanzio se mit en mer pour Constantinople, Argirizzo le fit
savoir à Robert Guiscard et le duc envoya aussitôt quatre
galères s'emparer du patrice. L'expédition fut des plus malheureuses: au lieu de ramener Bizanzio, prisonnier, deux
des quatre galères normades firent naufrage et les deux
autres ne revinrent que fort endommagées.

Bizanzio, parvenu à Constantinople, exposa la situation
de la Pouille et de Bari à l'empereur qui résolut d'y porter

[1] Et quia ipsa civitas, quasi in quodam angulo sita in mare porrigitur, ipse
(Robertus) cum equestri exercitu ipsam partem qua civitas versus terram pa-
tebat, quasi ab uno mari in aliud claudens, navibus per mare extensis, una
ad alteram firmiter ferreis catenis, ac si sepem faciendo, compaginatis, ita
totam urbem cinxit ut nullo latere exitus ab urbe progrediendi pateret. Duos
quoque pontes, unum videlicet ab una quaque ripa constituens, qui longius
in mare usque navium funes, ab utraque parte attingebant, porrexit : ut si
forte Barenses aliquem incursum versus naves attentarent, directo cursu a
militibus navibus expeditius subveniretur. Malaterra II, 40. — Mès quant la
sapience del duc vit que par terre non ne pooit prendre, quar Bar est les
troiz pars en mer, il fit venir moult de nefs, et enclost cil de la cité en tel
manière, que remestrent moult pouro de grain. Aimé v. 27, p. 160.

remède sans délai. Il nomma Avartutèle catapan d'Italie, lui adjoignit un homme de guerre Stephano Patriano et, avant de les faire partir ainsi que Bizanzio pour Bari, leur donna de grandes quantités de vivres, des troupes et beaucoup d'argent. La flotte byzantine ainsi composée, ne se présenta pas en même temps avec tous ses navires, pour forcer le blocus de Bari, peut-être avait-elle été dispersée par le gros temps, aussi Robert Guiscard crut l'occasion favorable pour prendre sa revanche ,et s'emparer de Bizanzio ; mais il ne fut pas plus heureux que la première fois. Bizanzio captura deux des trois galères qui lui donnaient la chasse et la troisième échappa à grand peine. Les Normands réussirent mieux dans les eaux de Monopolis, ils y livrèrent bataille à Stephano Patriano, coulèrent à fond douze navires byzantins chargés de vivres et firent de nombreux prisonniers qu'ils massacrèrent sans pitié. Malgré cet échec, le catapan Avartutèle, Stephano Patriano et Bizanzio ayant encore avec eux des vivres et des forces considérables, parvinrent à pénétrer dans Bari où ils donnèrent une nouvelle impulsion à la défense. [1]

---

[1] Aimé v, 27 est seul à raconter cette démarche de Bizanzio à Constantinople; Guillaume de Pouille se contente d'écrire sans préciser davantage :

> Imperii sancti cives suffragia'poscunt,
> Qui conjurati fuerant cum civibus, illuc
> Legatos mittunt; simul imperiale juvamen
> Omnes deposcunt.

Guillelm. Apul. ii, v. 487 sqq.

Nous pouvons cependant, jusqu'à un certain point, contrôler le récit d'Aimé à l'aide d'autres auteurs. Ainsi l'Ignotus Barensis (ad an. 1070) et Lupus protospat. (ad an. 1071) parlent aussi de Bizanzio, d'Argirizzo et de Stephano Patriano comme [ayant joué un rôle important dans le siège de Bari. Guillaume de Pouille parle plusieurs fois de Stephano Patriano, Malaterra d'Argirizzo, il est vrai qu'il lui prête, comme nous le verrons, un rôle tout à fait faux. Le catapan Avartutéle (Aimé l'appelle Avartutèle Achate-Pain) est le seul dont on ne retrouve aucune trace dans les autres auteurs. L'Ignotus Barensis, ad an. 1069, fait coïncider l'arrivée de Stephano Patriano avec la bataille navale de Monoplis : Indict. vii. Venit Stepha. Patriano cum stolo. Et perierunt naves xii in pertinentia civitatis Monopoli onerate victo, omni que bono. Et multi homines necati sunt, et alii comprœhenserunt Franci et truncaverunt. — Quant à Argirizzo dont il va être souvent question durant le siège de Bari, de Blasiis T. II. p. 127, le croit neveu d'Argyros et héritier de la situation politique de son oncle. Le nom indique en effet qu'il a pû être parent d'Argyros, néanmoins le fait n'est affirmé nulle part. Lupus protospat, ad an.

Devant les portes de la ville se livraient souvent des luttes acharnées, dans lesquelles Grecs et Normands faisaient preuve d'une grande bravoure et d'une indomptable ténacité. Soucieux de protéger ses soldats, Robert Guiscard fit placer des fascines non loin des remparts; il fit aussi construire en bois une tour dont la hauteur dépassait celle des murs de la ville, aussi les Normands s'en servaient-ils pour lancer des pierres contre Bari et pour essayer de faire une brèche aux fortifications. Mais les habitans de Bari ruinèrent tous ces travaux en faisant de vigoureuses sorties; la tour de bois fut prise et démolie, de même le pont des navires ne put résister à leurs efforts réitérés et se rompit en plusieurs endroits, les assiégeants durent se remettre à la besogne, comme au premier jour. [1]

1071 dit qu'Argirizzo était fils de Joannacus; d'après de Blasiis, ce Joannacus aurait donc été frère ou beau-frère d'Argyros. Or nous voyons que, du moins en 1011 (cf, *supra* p. 47), Mélès n'avait qu'un seul fils Argyros qui fut envoyé alors à Constantinople avec sa mère Maralda. Ce ne fut probablement pas avec l'empereur Romain Diogène que traita le patrice Bizanzio, mais avec l'un des trois fils de l'impératrice Eudoxie, Michel, Andronic et Constantin. Ils avaient le titre d'empereur et gouvernaient à Constantinople tandis que le mari de leur mère faisait en Orient la guerre contre les Turcs.

[1] Ad portarum aditus crates prudenter adorsus,
Sub quibus armatos obstantibus insidiantes
Ordinat, et turrim fabricat, quæ lignea muris
Proeminet, ac juxta de quaque petraria parte
Ponitur adjuncto muros quo evertere possit
Diversi generis tormento. Nec minus urbem
Cives defendunt; non inter mœnia clausi
Cum duce pugnantes astant pro mœnibus urbis.
Hos pugnando fugant prosternunt ictibus illos;
Ut mos est belli; fugat hostis et hoste fugatur:
Et petit et petitur, repetens ferit et referitur.

. . . .
Acriter insistunt Normanni, nec minus acres
Obsistunt cives, diversaque machina muris
Additur, eversis ut mænibus urbis apertæ
Normannis aditus pateat, quem clausa negabat
Undique septa mari, quod non est insula, terræ
Exiguæ diodus. Ex hac tentoria parte
Fixa ducis fuerant. Objectis rupibus æquor
Parte replens alia naves prodire vetabat
Barinas, portumque suis pontemque paravit;
Atque super pontem posito munimine terris
Urbanis nusquam prodire licebat ab urbe,
Tutaque servabat classis Normannica portum.

Des deux côtés, on chercha alors à terminer par le meurtre et l'assassinat une guerre qui jusqu'à ce moment restait indécise. Le dimanche 18 juillet 1070, Argirizzo, chef du parti Normand dans Bari, fit tuer par des hommes appostés, le patrice Bizanzio pendant 'qu'il se rendait chez le catapan Avartutèle. Cette mort délivrait Robert Guiscard d'un redoutable ennemi. Les amis d'Argirizzo, surexcités par ce premier succès, brûlèrent les maisons des Meli-Pezzi partisans de la domination Grecque. La situation devenait d'autant plus grave dans l'intérieur de Bari que la famine s'y faisait sentir, on payait jusqu'à quatre besans la mesure de froment. [1]

Dans cette extrémité, Stephano Patriano songea à faire assassiner Robert Guiscard et il trouva un soldat nommé Amerinus qui se chargea de donner au duc le coup mortel. Amerinus avait servi sous les ordres de Robert Guiscard, mais, en ayant reçu une injure grave, il promit de se venger. Il écouta donc les propositions des habitans de Bari

> At cives turrim capiunt, et maxima pontis
> Æquorei cecidit pars, evertentibus illis;
> Urbem Barenses terra marique tuentur.
> Guillelm. Apul. L. II, v. 497 sqq.

Li fortissime duc fist chastelz et divers tribuque; et quant li chevalier de lo duc donnoient bataille, issoient defors cil de Bar, mès plus issoient à lor mort que à la bataille. Aimé v, 27, p. 160

[1] Hoc etiam anno dolo cujusdam Argirichi filii Joannaci, occisus est Bisantius cognomento Guiderliku in Baro. Lupus protospat. ad ad. 1071. — Indict. VIII. Octabo decimo die mensis Julius, die dominica interfectus est Bisantius Patritius ab iniquis homines, et proinde zalate sunt case Meli Pezzi et obrute. Ignotus Barensis ad an. 1070. Et la male volenté de Bisantie et de Argentic se vint descoverant, et se distrent paroles l'un à l'autre iujurioses, et prometoient l'un à l'autre mort, et li arme se appareillent. Et Bysantie, qui avoit la grâce de lo impéreur et l'amistié de lo Achate-Pain, se creoit en toutes chozes veinchre la protervité de Argentic; et Argerico, qui avoit lo adjutoire de lo duc Robert, et li parent et amis avoit plus que Bisancie, mand cert homes pour occire Bisantie quant il aloit à la maison de lo Achate-Pain et ensi fu fait, et fu remez lo impédiment de lo duc. Aimé v, 27. — Il est plus probable que l'assassinat de Bizanzio eut lieu en 1070 comme l'affirme l'Ignotus Barensis et non en 1071 comme le dit Lupus. Quant aux Meli-Pezzi nous avons déjà vu (cf. supra p. 409) un membre de cette famille défendant Otrante contre les Normands et pour le compte des empereurs de Constantinople. Enfin Aimé écrit au sujet de la famine qui se faisait sentir à Bari : Mès légèrement se consument petit de argent là où se vendent les coses par chierté, car achatoient lo tomble de frument quatre bysant. Aimé v, 27.

et de Stephano Patriano, accepta d'eux une somme d'argent avec la promesse d'en avoir bien davantage, s'il réussissait et sortit secrètement de la ville. Arrivé à quelque distance des remparts, afin de donner le change aux Normands, il chargea sa fronde et envoya quelques pierres dans la direction de la ville; le stratagème réussit et Amerinus pénétra sans difficulté dans le camp normand où il ne tarda pas à découvrir la demeure de Robert. C'était une simple cabane, formée de branches d'arbres mal unies et dont les interstices permettaient de voir à l'intérieur; lorsqu'Amerinus y arriva, la nuit commençait à tomber et Robert, harrassé par une journée de travail, était assis seul devant une table frugale. L'assassin put donc, sans entrer dans la cabane, prendre ses dispositions, et après avoir visé son coup, lança contre Robert, à travers le feuillage un javelot dont la pointe était empoisonnée. Il s'enfuit aussitôt et rentra à Bari où la nouvelle de la mort de Robert Guiscard mit les assiégés en liesse. Les habitans de Bari se trompaient, Robert n'était pas même blessé; d'après Malaterra, le javelot ayant traversé les habits du duc s'était ensuite enfoncé en terre; d'après Guillaume de Pouille, il avait passé par dessus la tête, car au moment, ou Amerinus tirait, le duc s'était accoudé sur la table pour dormir. La joie des habitans de Bari fut donc de courte durée et les Normands, justement effrayés du danger qu'avait couru leur chef, firent, dès le lendemain matin, commencer pour lui une maison en pierre. [1]

---

[1] C'est surtout d'après Malaterra que nous avons rapporté les incidents de cette tentative d'assassinat de Robert Guiscard par les Grecs; cf. Malaterra II 39. De Malaterra ce récit a passé dans l'Anonyme du Vatican *Chronica Roberti Guiscardi et fratrum*: Muratori R. I. S. T. VIII col. 763 et dans la version française de cette chronique par le traducteur d'Aimé I, 22, p. 293 ed. Champollion Figeac. Aimé lui-même n'en dit rien et son traducteur, v, 27, s'est aperçu de cette lacune. Guillaume de Pouille termine son deuxième chant en racontant en détail cet évènement :
Prætor erat Stephanus Barensibus imperiali
Traditus edicto, cognomen cui Pateranus,
Vir probus et largus, studio laudabilis omni,
Præter quod tanti studuit ducis edere mortem.
Miles erat Bari, cui dedecus a duce quoudam

Pendant le siège de Bari, les Normands laissant assez de troupes devant la place pour maintenir le blocus, firent plusieurs expéditions contre les villes du littoral qui résistaient encore. Ainsi, au mois de janvier 1070, Robert Guiscard alla attaquer Brindisi tandis que le comte Goffrid, avec une flotte considérable, parcourait les rivages de l'Adriatique. Mais, en cette occasion, les Normands ne furent pas plus heureux sur mer que sur terre. Un combat naval s'engagea entre Goffrid et Mabrica, il fut très sanglant et le silence des chroniqueurs Normands permet de supposer que la journée ne se termina pas en leur faveur. [1] Quant à Robert Guiscard, malgré cette finesse si vantée dont il avait donné tant de preuves, il fut la dupe du

Illatum fuerat grave, partibus ex alienis.
Promptus ad omne malum, levis, iracundus et audax :
Castra ducis Stephanus monet hunc solerter adire,
Incautumque ducem nocturno tempore morti
Tradere letiferi percussum cuspide conti,
Pollicitus multum, si dux occumberet, auri.
Dedecoris memor illati, cupidusque lucrandi
Miles abit noctu, circumspicit undique castra,
Nil obstare videt, Roberti pervenit usque
Ad ducis hospitium, quod culmo texerat ipse,
Frondibus et sepsit, fieret quo frigore tutus
Temporis hyberni : cœnatum vespere facto
Venerat. Explorat ducis ille sedile sedentis
Ad cœnam, mediis et contum frondibus illam
Intulit in partem qua sederat ille ; sed ori
Flegmatis ubertas superaddita fecerat illum
Sub mensa servare caput, locus unde repertus
Est conto vacuus, cassos et protulit ictus.
Ille redit fugiens. It totam fama per urbem
Occubuisse ducem ; cives lœtantur et omnis
Congaudens populus clamorem tollit ad astra :
Hi dum clamarent, dux advenit, atque salutis
Ipse suœ testis, clamores fundere frustra
Civibus exclamat ; clamantis vocibus hujus
Auditis, clamor cessavit, lœtitiœque
Finis verborum datus est cum fine suorum.

        Guillerm. Apul. *Gesta Roberti*
Viscardi L. ii, v, 543 jusqu'à la fin du second chant.

[1] Robertus dux descendit super Brundusium, et Goffridus comes venit cum exercitu magno et forti in navibus, et facta est inter eos et Mabrica crudelis dimicatio, et occisio hominum in obsidione ejus. *Chron. breve Norm.* ad an. 1070. Le texte de Lupus que nous donnons dans la note suivante, dit que l'attaque de Brindisi par Robert Guiscard eut lieu en janvier.

gouverneur grec de Brindisi; voici ce que Scylitzès raconte à ce sujet et son récit est confirmé par la chronique do Lupus Protospalarios .

« Comme Robert (Guiscard) faisait de nombreuses excursions et accablait de maux l'Italie, Nixéforos Karanténos était remplit de crainte, mais espérait que l'empereur lui enverrait des secours. Toutes les villes d'Italie ouvrirent leurs portes à Robert, acceptèrent qu'il leur imposat des garnisons ou bien consentirent à lui payer des tributs. Pour ne pas assister impuissant aux progrès continuels de la domination franque, Karanténos songeait à se retirer; mais, considérant qu'il serait ignominieux d'agir ainsi, il resta dans la province, maintint Brindisi dans la fidélité et l'obéissance à l'empereur et joua de ruse avec les Francs ses voisins. Il traita secrètement avec eux de la reddition de la ville et, lorsque les conditions eurent été débattues et acceptées de part et d'autre, il reçut les Francs qui, à l'aide d'une échelle, escaladèrent l'un après l'autre les remparts de la ville; à mesure qu'ils se présentaient, Karanténos les fit massacrer et, de cette manière parvint à en tuer environ cent. Leurs têtes, placées sur un navire, furent envoyées à Durazzo et un messager alla raconter à l'empereur ce qui venait de ce passer. [1]»

Νικηφόρος δὲ ὁ Καραντηνὸς ἐκδρομὰς ποιονμένου τοῦ Ῥουμπέρτου καὶ κακώσεσι μυρίαις τοὺς Ἰταλοὺς κατατρύχοντος ἐδειλία μέν, ἔμενε δ᾽ ὅμως τὴν ἐκ βασιλέως ἀναμένων ἐπιχουρίαν. πᾶσαι οὖν αἱ Ἰταλικαὶ πόλεις προσεχώρησαν καὶ φρουρὰν παρεδέξαντο· τινὲς δὲ καὶ φρουρὰν μὴ καταδεξαμεναι ὑποφόρους κατέστησαν. τούτων δὲ οὕτω τε λουμένων φυγεῖν μὲν ἔγνω καὶ ὁ Καραντηνός, αὐξανομένους τοὺς Φράγγους καθ᾽ ἑκάστην ὁρῶν· τὸ δὲ τῆς αἰσχύνης ἄδοξον λογιζόμενος ἐπὶ χώρας ἔμενεν, τὸ Βρενδίσιον συντηρῶν ἐν τῇ πρὸς τὸν βασιλέα πίστει τε καὶ δουλώσει. ἀπάτῃ δὲ καὶ δόλῳ τοὺς προσοίκους Φράγγους ὑπέρχεται. λαθραίως οὖν αὐτοῖς ἐντυχών, καὶ περὶ τοῦ προδοῦναι τὴν πόλιν λόγους καὶ δοὺς καὶ λαβών, ἥχοντας τοὺς Φράγγους ἐδέξατο ἀνιόντας διὰ κλίμακος. ἕνα καθ᾽ ἕνα γοῦν τῶν ἀνιόντων ἀποσφάξας εἰς ἑκατὸν ἀριθμουμένους, καὶ τὰς κεφαλὰς αὐτῶν πλοίῳ ἐμβαλών, περαιοῦται εἰς τὸ Δυρράχιον, ἐκεῖθέν τε εἰς βασιλέα τῶν συμβεβηκότω ἄπεισιν ἄγγελος. J. Scylitzès p. 722, 723, tome II des œuvres de Cedrenus ed. Bonn. La chronique de Lupus porte ad an. 1070: Mense Januarii magnum homicidium factum est in civitate Brundusii; nam Normanni volentes

L'année suivante en 1071, avant que Bari se rendit, Robert Guiscard prit sa revanche contre Brindisi s'empara de la ville mais nous ne savons s'il fit expier à Karanténos et aux Grecs le guet apens de janvier 1070.[1]

Roger était en Sicile durant les premiers temps du siège de Bari; sans se laisser décourager par l'insuccès de l'expédition de 1064 contre Palerme, il avait formé le projet, digne de sa ténacité, de conquérir peu à peu le centre de la Sicile et d'arriver par une marche lente, au résultat que Robert Guiscard et lui avaient voulu atteindre de haute lutte. Il resta donc en Sicile pendant que son frère pacifiait les Calabres et luttait contre les barons normands révoltés, et harcela l'ennemi par des expéditions aussi hardies qu'incessantes.

« Le comte Roger, écrit Malaterra, tout entier à l'idée de conquérir la Sicile, ne pouvait se tenir en repos; il était devenu l'effroi du pays en faisant en tous sens, lui et les siens, de continuelles chevauchées. Rien ne pouvait l'arrêter pas même les ombres de la nuit la plus profonde; il passait avec une rapidité extraordinaire d'un endroit à un autre, malgré tous les obstacles, et les Sarrasins qui redoutaient par dessus tout sa présence, croyaient le voir partout et ne se sentaient nulle part en sureté.

Il arriva cependant que, dans quelques circonstances, les Sarrasins sachant, de source certaine, qu'il était dans telle direction attaquèrent les Normands sur un autre point et leur firent subir quelques pertes; aussi pour mieux protéger ses troupes, et, en même temps, pour se ménager à lui-même un refuge assuré s'il était obligé de battre en retraite, il fit, en 1066, de Petralia le centre de ses opéra-

---

cam comprehendere, tenti sunt ex eis quadraginta cum aliis corum ministris quadraginta tribus et capita omnium prædictorum ad imperatorem deportata sunt.
[1] Robertus dux intravit Brundusiapolim, dimissa ante Barum obsidione. Lupus ad an. 1071. — Idem Robertus dux cepit Brundusium : *Chron. breve Norm.* ad an. 1071.

tions et la rendit imprenable en l'environnant de tours et
d'autres ouvrages militaires. » [1]

Le choix de Petralia fait honneur à la science militaire
de Roger ; la ville placée sur une hauteur de 1100 mètres,
située sur la ligne du partage des eaux de la Sicile septentrionale et méridionale domine de nombreuses vallées
qui s'ouvrent dans toutes les directions et se continuent
jusqu'à la mer d'Afrique et la mer Tirrénienne. [2] Roger
profita de cette position exceptionnelle pour soumettre à
son pouvoir les pays d'alentour ; « car, dit Malaterra, tous
ces fils de Tancrède, dévorés de l'ambition du pouvoir, ne
peuvent sans un vif sentiment de jalousie, supporter près
d'eux quelque voisin riche ou puissant ; ils ne sont satis-
faits que lorsque ils lui ont imposé leur joug ou se sont emparés de tous ses biens. » [3]

Trois ans ne s'étaient pas écoulés que les Sarrasins de
la province de Palerme, toujours sur le qui vive,
n'ayant de repos ni jour ni nuit et obligés d'être constamment sur leurs gardes, finirent par être exaspérés du
voisinage de Roger ; ils délibérèrent sur le parti à prendre et, résolus à mourir plutôt que de supporter plus longtemps une telle situation, décidèrent de tenter contre le
comte la fortune des armes.

« En 1068, Roger étant parti dans la direction de Palerme

[1] Castrum, quo se, si forte necessitas incumberet, facilius tuerentur, et a cujus vicinitate quœque proxima loca attentius subjugata sibi concite fœdera-
rentur, apud Petrelegium, anno Dominicœ incarnationis 1066, turribus et
propugnaculis extra portam accuratissime firmavit, per quod maximam partem Siciliæ, ad suœ dominationis jugum ferendum perdomuit. Malaterra II, 38.
Voyez aussi le commencement du chap. 41 du même livre.

[2] Nous avons vu (cf. supra p. 381) qu'avant l'arrivée des Normands en Sicile,
il y avait à Petralia des chrétiens et une église (Malaterra II, 20. Ibn al Banna
dans Amari: Biblioteca Arabo Sicula T. II, p. 672); il est bien probable que la
présence de ces chrétiens aura aussi incliné Roger à faire de Petralia le centre
de ses opérations, il avait en eux des alliés contre les Sarrasins.

[3] Filiis denique Tancredi naturaliter hic mos insolitus fuit, ut semper dominationis avidi, prout illis vires suppetebant, neminem terras vel possessiones
habentes ex proximo sibi absque œmulatione habere paterentur, quin vel ab
ipsis confestim subjecti deservirentur, vel certo ipsi omnia in sua virtute
potirentur. Malaterra II, 38. On a souvent et avec raison cité cette phrase de
Malaterra pour définir les Tancrède.

les Sarrasins saisirent cette occasion et vinrent avec
une armée innombrable lui barrer le passage à Misilmeri. Le comte, placé sur une hauteur, aperçut de
loin l'ennemi qui s'avançait et cette vue le remplit
de joie. Réunissant aussitôt ses hommes, il leur dit,
le sourire à la bouche: « O vous tous nobles et fils de
nobles, réjouissez-vous, la fortune vous est favorable. Elle
met un terme à vos fatigues et place à votre portée ce butin que, vous auriez dû aller chercher au loin ; vous n'aurez pas à faire de longues marches pour vous en emparer.
Le voici ce butin octroyé par Dieu. Enlevez-le à ceux qui
ne sont pas dignes de le posséder et nous le partagerons
entre nous suivant nos besoins, d'une façon toute apostolique. Ne craignez rien; vous avez déjà plusieurs fois
vaincu ceux que vous allez combattre. Il est vrai qu'ils ont
changé de chef mais qu'importe! n'est-il pas de la même
nation, de la même religion et n'a-t-il pas le même caractère
que ses prédécesseurs ? Notre Dieu à nous n'a pas changé ;
si nous plaçons en lui la même confiance, il nous accordera, les mêmes triomphes qu'auparavant. » Après avoir
ainsi parlé, Roger disposa savamment ses troupes et la
lutte s'engagea. Les Normands y déployèrent une telle
bravoure et y remportèrent un tel succès que de toute
cette multitude de Sarrasins il resta à peine un messager
pour porter à Palerme la nouvelle du désastre. Un butin
considérable tomba entre les mains du vainqueur. [1]

[1] Malaterra II, 41. Misilmeri vient de l'arabe Manzil al Amir, le château de
l'émir ; cette ville est située à six milles seulement au sud est de Palerme,
sur la route qui mène à Girgenti. Au XII° siècle, Edrisi dit que c'était une
forteresse importante, un château fort et que le pays avait abondance d'eau et
de terres aptes à la culture. Edrisi dans la *Biblioteca Arabo Sicula* d'Amari
T. I, p. 83. Les historiens musulmans ne parlent pas de la bataille de Misilmeri et, nous l'avons déjà dit, sont très sobres de détails sur toute cette période de la décadence de leur puissance en Sicile ; aussi n'est-il guère possible
de dire à quel nouveau chef Roger fait allusion dans ces paroles que lui
prête Malaterra : Si ducem mutaverunt animo, non quo duce id præsumunt,
ejusdem nationis, qualitatis, sed et regionis est cujus et cæteri sunt. Deus
autem noster immutabilis est. Nous avons vu qu'après la mort d'Ibn al Hawwas, kald de Castrogiovanni, tué dans sa lutte contre Aioub Ibn Tamim,
Aioub était devenu le chef des Sarrasins du centre et de l'ouest de la Sicile et
que Palerme reconnaissait son autorité ; Ibn al Atir et Novaïri racontent

« La coutume des Sarrasins est d'avoir chez eux des pigeons qu'ils nourrissent d'un mélange de blé et de miel; lorsqu'ils partent pour un lointain voyage, ils emportent dans un panier quelques mâles de leur collection. Si, chemin faisant, il leur survient quelque incident intéressant à connaître pour leurs familles ou leurs amis, ils rédigent une note, l'attachent ensuite au cou ou sous l'aile du pigeon et lui donnent la liberté. Le pigeon impatient de retrouver sa compagne et aussi le froment mélangé de miel dont il garde un vif souvenir, retourne aussitôt à tire d'aile à la maison et la lettre arrive à son adresse. Roger ayant plusieurs de ces pigeons dans le butin fait sur les Sarrasins, eut l'idée de les laisser prendre leur vol après leur avoir fait attacher des billets tachés de sang; c'était une manière d'annoncer aux Palermitains que la journée avait été désastreuse pour eux. Palerme fut en effet sous le coup d'une vive émotion; les femmes et les enfants firent retentir l'air de leurs gémissements et la désolation régna parmi eux tandis que les Normands se réjouissaient de leur victoire. » [1]

La victoire de Misilmeri permit à Roger de quitter la Sicile et de prendre part au siège de Bari; les Sarrasins affaiblis et épouvantés, n'osaient plus tenir la cam-

(*Biblioteca Arabo Sicula* T I, p. 449, T. II, p. 145) que la discorde se mit ensuite entre le peuple de Palerme et l'armée Aioub; cette discorde dégénéra en une guerre civile si bien qu'Aioub s'étant réuni à son frère Ali, ils revinrent l'un et l'autre en Afrique en 461 (31 octobre 1068 — 19 octobre 1069). Beaucoup de Sarrasins Siciliens voyant l'île leur échapper et désespérant de l'avenir, firent comme Aioub et Ali, gagnèrent la côte d'Afrique. Ces textes d'Ibn al Atir et de Novaïri, rapprochés du récit de la bataille de Misilmeri par Malaterra, permettent de supposer qu'Aioub ou un lieutenant d'Aioub c'est-à-dire un nouveau chef, commandait les Sarrasins dans cette journée et que la victoire de Roger mit fin à l'union de Palerme et des Africains, aussi ceux-ci reprirent peu après le chemin de leur pays. Ces déductions que nous proposons sont aussi, à peu près, celles d'Amari : *Storia dei Musulmani di Sicilia* T. III, p. 111.
[1] Malaterra II, 42. Ces pigeons messagers qui excitent, l'admiration du chroniqueur latin, ont été souvent employés par les Musulmans en divers pays. Voyez La *Colombe Messagère* de Michel Sabbag traduction de S. de Sacy, Paris, 1805, in-8; Reinaud, *Extraits des auteurs Arabes ... relatifs aux Croisades*, p. 150, Quatremère, *Histoire des Sultans Mamlouks* par Makrizi, Tome II partie II*, p. 115 sqq.

pagne et les conquêtes normandes ne pouvaient péricliter durant son absence. Le jeune héros arriva assez tôt devant Bari pour se signaler dans une bataille navale qui décida de la reddition de la ville. Voici les incidents qui signalèrent les derniers mois de la défense de la vaillante cité.

Aimé dit qu'après l'assassinat de Bizanzio, les hommes commencèrent à abandonner le catapan Avartutèle et à fréquenter le palais d'Argirizzo. Ils le prirent pour chef et lui promirent de jurer fidélité à celui qu'il choisirait pour leur maître. Argirizzo, attendant le moment favorable pour se déclarer ouvertement, encourageait ces dispositions, vantait les qualités de Robert et promettait de grandes récompenses à ceux qui se soumettraient à son autorité. Afin d'augmenter le nombre de ses partisans, Argirizzo distribuait des vivres aux pauvres; il pouvait d'autant mieux le faire que Robert Guiscard lui faisait passer en secret des provisions et de l'argent. Le peuple de Bari, excité peut-être par les émissaires des Normands, vint crier famine au palais du catapan et lui demanda ou de mieux défendre la ville ou de faire la paix avec le duc Robert. Avartutèle répondit qu'il allait, sans perdre de temps, envoyer de nouveaux messagers à l'empereur et supplia les citoyens d'attendre les secours que Constantinople ne manquerait pas d'envoyer. Lorsqu'il apprit ce qui se passait, l'empereur fit en effet réunir 900 barques chargées de grains et ordonna de les amener à Bari avec de nouvelles troupes. Mais ce convoi ne put arriver à destination ; attaqué par les Normands lorsqu'il parut devant Bari, mal défendu par ceux qui le conduisaient, il couta la vie à un grand nombre d'habitans de Bari qui périrent en voulant empêcher les Normands de s'en emparer. [1]

[1] Aimé v, 27. Aimé qui paraît très au courant des particularités du siège de Bari, dit que les assiégés firent demander par trois fois des secours à Constantinople ; une première fois par l'intermédiaire de Bizanzio, nous venons de rapporter la seconde démarche que fit faire Avartutèle et nous allons

Plus que jamais, Bari fut menacée de la famine; elle
ne désespéra cependant pas encore, continua à tenir tête
à l'ennemi et fit à Constantinople un troisième et suprême
appel. Les historiens des guerres normandes Aimé, Guillaume de Pouille et Malaterra ont raconté avec beaucoup
d'intérêt cette dernière tentative de Bari pour échapper au
joug normand; voici la narration de Malaterra elle renferme, il est vrai quelques inexactitudes mais est plus
complète que celles des deux autres.

« Bari était alors gouvernée, au nom de l'empereur,
par un Grec nommé Argérios [1] lequel, ayant tenu conseil
avec les assiégés, relata dans un écrit les malheurs de la
ville et de ses citoyens, ainsi que les attaques de l'ennemi:
il remit ensuite ce document à un messager en lui pres-
crivant de sortir de Bari pendant la nuit et d'aller trouver
Diogène, l'empereur de Constantinople. L'envoyé devait
représenter au souverain que la seule ville qui lui fut
restée fidèle, était harcelée de toutes parts que la famine finirait par la réduire si l'on ne venait prompte-

voir comment un troisième appel décida Cocelin à venir avec les Byzantins
combattre Roger et Robert Guiscard. Aimé est seul à parler de la seconde
demande de secours, et de sa triste issue pour les habitants de Bari. Ce nombre de 900 navires chargés de grains, dont parle Aimé. est bien probablement
exagéré, peut-être est-ce une erreur du traducteur ou une faute de copiste.

[1] C'est évidemment là une inexactitude de Malaterra; les témoignages
d'Aimé, de Lupus prouvent qu'Argirizzo ne commandait pas à Bari au nom
de l'empereur mais qu'il était le chef du parti normand parmi les assiégés. C'étaient le catapan Avartutèle et Stéphane Patriano qui dirigeaient la
défense contre les Normands, aussi Aimé est-il dans le vrai lorsqu'il écrit
que cette troisième demande de secours fut faite par le catapan : Et cil de la
cité alèrent une autre foiz a lo Acate Pain (catapan); et une grant partie de
cil de la cité mandèrent, disant a lo impéreor coment moult en estoient de
poureté de la fame, et tant par letre quant par messages sinifièrent à lo impéreor. Moult en fu dolent lo impéreor, non sot que faire, et non trova qui
vousist venir au Bar pour la paor que li Grez avoient prise de li fortissime
Normant. Aimé v, 27. L'Ignotus Barensis dit que Stéphane Patriano vint à
Bari avec Cocelin à la suite de cette demande de secours et qu'il arriva devant la ville assiégée en février 1071 — lu mense Febr. Mill. LXXI. Indict. VIIII. venit Stephano Patriano et Gozolino cum stolio. Comme le même
chroniqueur avait déjà mentionné l'arrivée de Stephano Patriano à Bari en
1069, Venit Stephan Patriano cum stolo, Mill. LXIX. Indict. VII, ces deux
textes permettraient de supposer que Stéphane Patriano alla lui-même à Constantinople chercher du secours et qu'il en revint avec Cocelin et des troupes
de renfort.

ment à son secours. Epuisés par une lutte de tous les
jours et qui durait depuis trois ans, les assiégés voyaient
approcher le moment ou ils seraient obligés de rendre la
place ; et Bari une fois tombée, il serait impossible de reconquérir ensuite la patrie envahie et occupée par l'ennemi. Le légat, désireux de remplir fidèlement sa mission
arriva à Byzance dans un temps assez court, remit à l'empereur les lettres du gouverneur de Bari et les accompagna d'un discours pathétique pour les rendre plus persua-
sives. Après avoir reçu et lu ces lettres, l'empereur prescrivit de préparer à Durazzo une flotte, en confia le commandement à un Normand, Gocelin de Corinthe, le premier après lui dans le palais, vaillant soldat et prudent
général, et lui prescrivit de se porter au secours de Bari
avec des forces considérables. Quant au messager, l'empereur lui ordonna de retourner à Bari et, à la faveur de
la nuit, il parvint en effet à tromper de nouveau la vigilance des Normands. [1]

[2] Malaterra ii, 43. Guillaume de Pouille a aussi raconté l'expédition de Gocelin :

> Nuncius imperio Bari legatus ad urbem
> Supplicat, ut miseris jam civibus auxilietur.
> Piratis aptœ naves ex more parantur,
> In quibus efferri frumenta jubentur et arma:
> Classe quibus tuta transiri possit ad urbem,
> Nautarumque metus pellatur et urbis egestas.
> Navibus his jussu præponitur imperiali,
> Quem ducis Italia timor expulerat, Joscelinus
> Exosus....
>
> Guiliel. Apu. L. iii, v. 111-119.

Aimé rapporte le même épisode, v. 27. — La seule différence notable entre le récit de Malaterra et ceux de Guillaume de Pouille et d'Aimé est que
Malaterra rapporte, selon son habitude, à Roger la gloire de la défaite et de
la prise de Gocelin tandis que les deux autres historiens ne parlent pas de
lui. Malaterra écrit « Gocelinum de Orencho quemdam natione Nortmannum »
et une variante porte » Gozelinum de Corintho quemdam natione Norman-
dum. Il faudrait consulter les divers manuscrits de l'*Historia Sicula* de Malaterra pour savoir la valeur de ces variantes ; à défaut de cet examen, on ne
peut émettre que des suppositions. La chronique latine de l'Anonyme du
Vatican et la traduction française de cette chronique ont amplifié le récit de
Malaterra ; elles font de Gocelin un duc de Corinthe ce que ne dit pas Malaterra et lui font écrire une lettre imaginaire ; Voici le texte latin de l'*Anonyme* : Tempore illo quidam Agereces nomine (même erreur que dans Malaterra) sub Diogene imperatore Græcorum civitatem Barensem trienno
transacto custodiebat, quam postquam vidit neque dolis neque viribus,

« Il raconta aux assiégés ce qu'il avait fait, leur enseigna à quel signe ils reconnaîtraient l'arrivée de la flotte venant à leur secours, et leur recommanda de faire de leur côté des signes semblables, c'est-à-dire d'allumer des

quas apud se presentes habebant ab oppugnatione Normannorum posse liberari, legatos Constantinopolim pro implorando auxilio mittit, qui euntes, et cum navibus multis viris et dapibus oneratis redeuntes, postquam usque Durachium pervenerunt, Gerolinus quidam Normannigena dux Corinthiorum, quem imperator navibus in Apuliam ituris perfecerat, eos cum literis hujus modi Barum præmisit :

Gerolinus dux Corinthiorum Archerio duci Barensium salutem.

Pro certo habeas me cum magno subsidio in quarta sive citius ad te venturum, quare monitum te facio, ut nocte illa ignes, atque lucernas plurimas, ne forte a recto cursu deviemus, super muros civitatis vestrœ facias accendere. Nos vero iterum, ut de nobis certiorem habeas fiduciam in navibus nostris lucernas accensas habebimus.

..... Barenses ubi se frustra a Grœcis expectasse auxilium viderunt, versa in luctum lætitia, in crastino duci suam civitatem reddiderunt. Anonymi Vaticani *historia sicula* dans Muratori R. I. S. T. III, col. 764.

La traduction française de ce passage n'est pas complète (V. l'édition de Champollion p. 295). La partie qui nous reste se borne à reproduire les données correspondantes de l'Anonyme du Vatican. Le témoignage de ces deux chroniques ne saurait donc établir que Gocelin a été duc de Corinthe; ces chroniques ne s'inspirent que de Malaterra, or nous avons vu que Malaterra n'en dit rien.

Mais quel a été en Orient le rôle de Gocelin ? Constatons d'abord un fait important, c'est que, à ma connaissance du moins, pas un seul des historiens byzantins dont les œuvres sont parvenues jusqu'à nous, n'a même mentionné son nom. Jean Zonaras, Nicéphore Bryenne, Michel Attaliota, Jean Scylitzès, Anne Comnène qui parlent si souvent des Normands Hervé, Ursel ou Roussel de Bailleul, de Crispin émigrés dans l'empire d'Orient et y jouant des rôles considérables, ne font pas la moindre allusion au Normand Gosselin ou Josselin. Il est vrai que les chroniqueurs latins plus explicites, fournissent quelques données sur ce que Gocelin a fait ou a été pendant son émigration, mais nous allons voir qu'examinées de près, ces données ne résistent pas à la critique, car si les auteurs Grecs sont muets sur Gocelin, ils nous renseignent cependant assez sur l'histoire de l'empire, pour contrôler les auteurs latins et pour établir que, sur ce point, ils sont dans l'erreur.

Voici d'abord un passage de Guillaume de Pouille sur Gocelin en Orient.

Sed non privignis firmatœ commoda pacis
Conditio placuit, minus ad tutanda peritis
Agmina Græcorum. Nec enim decernitur ultra
Arcis ad augustæ Romanus jura redire.
Hos ubi Diogenes factos sibi comperit hostes,
Auxilio fisus Persarum tentat in illos
Civilis belli varios agitare paratus.
Privigni se non obsistere posse videntes,
Ilium conantur seducere pace dolosa.
Ignari fraudis portantes nuncia pacis,
Bis sex pontifices mittuntur cum Ioscelino,
Cujus Romanus toties expertus amorem,

torches sur le haut des remparts pour que la flotte se diri-
geat sûrement vers le port. Les habitáns de Bari, heureux
de ces nouvelles, voulurent dès la nuit suivante, allumer
des torches et cela sans raison, mais celui qui attend ne

> Non dubitabat ei se credere sicut amico,
> Credit Romanus pastoribus et Ioscelino,
> Securus factus jurando jure fideque
> Ut petit ipse data. Misero placet imperialis
> Inquassum reditus, quia mox ubi pervenit ille
> Heracleam, capitur; privatur lumine captus.
> Cujus et imperii fuerat tam nobile nomen
> Monachus efficitur.
>
> Guilielm. Apul. 73-90. *Gesta R. Viscardi*, L. III, v.

Un simple rapprochement chronologique établit que le Gocelin dont nous
parlons n'a pu jouer le rôle que Guillaume de Pouille lui assigne dans ces
vers. Le 26 août 1071, Indict. IX, l'empereur Romain Diogène a été fait prisonnier par les Turcs. Après avoir été délivré par le sultan, le malheureux
empereur finit par tomber, au château d'Adana, entre les mains de son beau-
fils Andronic, qui, au mois de juillet 1072, lui fit crever les yeux. Cf. Joel
(sœc. XIII) *Chronographia compendiara ab O. c.* ad an. 1204 gr. et lat. édit.
Leo Allatius. Venet. 1728, p. 145. Romain Diogène ne survécut pas à ces
cruelles blessures. — D'un autre côté, nous savons par l'*Ignotus Barensis*,
qu'en février 1071, Gocelin essaya de pénétrer dans Bari et que fait prisonnier
à cette époque par les Normands (Mill. LXXI. Indict. VIIII. In mense Febr.
venit Stephano Patriano et Gozolino cum stolio, et comprehensa est chelan-
dia, in qua erat Gozolino cum auro et bestimenta a stolo Robb. dux), il passa
dans un cachot le reste de ses jours.

> Inclusus longo Ioscelinus carcere degens
> Vitam infelicem, vitœ cum fine laborum
> Excepit finem, diversa pericula passus.
>
> Guiliel. Apul. L. III, v. 139-141.

Si donc dès le mois de février 1071, Gocelin était prisonnier des Normands
en Italie, et prisonnier pour le reste de ses jours, il n'a pu en juillet 1072
être envoyé de Constantinople en ambassade en Orient auprès de Romain
Diogène. Plusieurs auteurs byzantins, par exemple Michel Attaliota (*Historia*
p. 175 ed. Bonn.), J. Scylitzès (*Historia* p. 704 du T. II de Cedrenus ed.
Bonn) ont raconté avec détails les derniers jours et les souffrances de Romain Diogène et aucun d'eux ne parle de Gocelin; Jean Zonaras, Nicéphore
Bryenne gardent sur lui le même silence, les récits de ces quatre auteurs
établissent que Romain Diogène n'a pas été pris par Andronic de la façon
dont parle Guillaume de Pouille. De tout ce que raconte Guillaume de
Pouille, le seul fait confirmé par les historiens byzantins est la présence de
quelques évêques, par exemple de ceux de Chalcédoine, d'Héraclée et de Co-
lonée lorsque R. Diogène eut les yeux crevés. Ces évêques protestèrent
contre ces barbaries mais sans pouvoir les empêcher. Cf. M. Attaliota p. 178.
Il n'est pas non plus possible d'admettre ce que dit Malaterra sur la situation de Gocelin à Constantinople avant son expédition à Bari. Malaterra dit
qu'il était « in palatio post imperatorem secundus » (Malaterra II, 43). C'est
évidemment là un souvenir biblique du chroniqueur Normand qui fait de
Gocelin un nouveau Joseph à la cour d'un nouveau Pharaon. Mais nous ne
trouvons rien dans les auteurs byzantins confirmant cette donnée, et dans ce

trouve jamais que les choses soient faites trop tôt ; en
même temps, leurs chants et leurs clameurs trahirent une
joie inueitéo. Les nôtres se demandèrent ce que tout cela
signifiait. Bien des conjectures furent émises, mais les
plus prudents découvrirent la vérité: ils déclarèrent que
les habitans de Bari attendaient du secours du coté de la
mer.

« A cette époque, Roger, comte de Sicile, invité par le duc
son frère, était venu depuis peu à son aide avec de nombreux
navires ; il avait dans le combat la fougue d'un lion mais cette
fougue n'excluait pas la prudence, aussi la fortune lui conti-
nuait-elle ses faveurs. Agissant dans toute cette affaire avec
beaucoup de finesse, Roger prescrivit d'aller voir chaque
nuit si des navires faisant voile vers Bari, ne se montraient
pas à l'horison. Une nuit en effet, vers minuit, on aperçut au loin, semblables à des étoiles, les lanternes placées au sommet du mat de chaque navire. Le comte en
étant informé fit, en toute hâte, prendre les armes à ses
compagnons et, suivi d'une flotte nombreuse, s'avança au
devant des Grecs ; ceux-ci se disposèrent d'autant moins

cas, Gocelin eut été un personnage trop important pour qu'ils n'en eussent
rien dit. L'Ignotus Barensis nous apprend que Gocelin alla à Durazzo auprès
de Pérénos dès 1064 ; il se peut qu'il soit revenu en Italie et qu'il ait combattu
contre Robert Guiscard avec les autres Normands jusqu'à la défaite définitive des conjurés vers 1067. Gocelin a donc été en Orient au minimum de
1067 à 1071 ou au maximum de 1064 à 1071, c'est-à-dire ou 4 ou 7 ans. Or,
comment aurait-il pu être le second à une époque ou il y a eu quatre empereurs simultanément ; Romain Diogène, et les trois fils de Constantin Ducas,
les empereurs Constantin, Michel, Andronic, sans compter l'Impératrice
Eudoxie et le Cæsar Jean ?
La conclusion est donc que les historiens byzantins ne disent rien de Gocelin et que les historiens latins se trompent sur ce qu'il a été et sur ce qu'il a
fait en Orient. Peut-être n'a-t-il guère quitté Durazzo durant son séjour en
Orient car c'est là où nous le voyons aller et c'est de là que nous le voyons
partir contre les Normands assiégeant Bari ; il y aura attendu le moment de
se venger des Tancrède. M. de Blasiis T. II, p. 122, note 1 écrit : *Malaterra, e
Guil. App. danno il cognome di Arenga a Gozelino* ; ni dans Malaterra ni
dans Guillaume de Pouille, je n'ai trouvé, malgré mes recherches, la confirmation de ce dit que M. de Blasiis ; Aimé appelle Gocelin: « Gazoline de la Blace,
à loquel lo duc avoit donné Bar-entre-But » Aimé v, 4. Rien dans ces appella-
tions qui se rapproche de Hareng. Mais il se peut que M. de Blasiis ait raison dans ce sens qu'il faille lire dans Malaterra ii, 43, « Gocelinum de Arengo »
au lieu de « Gocelinum de Orencho ».

à la lutte qu'ils prirent les Normands pour des habitans
de Bari venant joyeusement à leur rencontre. Voyant de
loin à l'un des navires deux lanternes, le comte Roger de-
vina que ce navire portait Gocelin chef de l'expédition
et il ordonna de tout faire pour s'en emparer. Une lutte
très vive s'engagea, cent cinquante des nôtres, tous armés de leurs cuirasses, s'étant précipités d'un côté de leur
navire, le firent fortement incliner et tous tombèrent à la
mer où ils trouvèrent la mort. Gocelin, vaincu et désarmé,
fut amené à bord du navire de Roger qui, heureux de son
triomphe, fit voile vers le rivage pour retrouver son frère.
La crainte que Roger ne périt dans le combat avait rendu
le duc d'autant plus anxieux qu'il ne pouvait venir à son
secours et que, tous ses autres frères étant morts, celui
la seul restait à son amour. Lorsqu'on lui annonça qu'il
revenait sain et sauf, il ne voulut en croire que ses propres
yeux et ce fut en pleurant qu'il lui demanda s'il n'etait
pas blessé. Roger présenta à Robert son prisonnier Gocelin magnifiquement revêtu du costume grec. » [1]

La défaite de Gocelin ruinait les suprêmes espérances
de Bari; plus que jamais ils avaient la famine en perspective. A quoi bon désormais interroger anxieusement l'horison du haut des remparts, comme ils le faisaient depuis de longs mois, pour voir si une flotte amie ou une
armée alliée venait à leur secours ? Ils n'avaient plus rien
à attendre de Constantinople encore moins de d'Italie; ils
étaient abandonnés à leur sort et impuissants à briser
le cercle de fer qui les étreignait.

Le moment qu'Argirizzo attendait était donc arrivé;
Argitie, dit Aimé, *voiant que toutes les chozes aloient prospère à Robert secont la volenté de Dieu, non voust plus pro-
longier de donner lui la cité*. Pour que Robert Guiscard
traitat avec lui en toute confiance et toute sûreté, il lui
envoya sa fille en otage; aussitôt après, il s'empara avec
ses complices d'une tour de la ville et entama des négociations pour la livrer aux Normands. D'après Guillaume de
Pouille, Argirizzo persuada facilement aux habitans de

Bari qu'il fallait céder à la mauvaise fortune et s'incliner sous le joug des Normands; [1] mais le poëte se trompe; nous savons par Aimé que ce fut tout l'opposé, et qu'une émotion extraordinaire s'empara de Bari dès que la nouvelle des projets d'Argirizzo y fut connue. Les fatigues et les privations supportées depuis près de trois ans, la faim, la soif, le manque de liberté, la perte des parents et des amis tombés dans les luttes précédentes, tout fut oublié en un instant par les assiégés, devant la perspective de l'entrée des vainqueurs dans leurs murs. Hommes et femmes, prêtres et moines, tous accoururent au pied des murs de la tour d'Argirizzo, tous pleurant et gémissant, tous levant vers lui des mains suppliantes, le conjuraient de ne pas les livrer à ces Normands qu'ils avaient irrités par leur railleries, exaspérés par leur héroïque défense et qui maintenant allaient se venger avec leur rapacité et leur brutalité ordinaires. *Mès Arigitie clodi l'oreille et non les vouloit oïr ne veoir, quar pour nulle proière entende de laissier qu'il non face ce qu'il s'estoit mis en cuer.* [2]

Les négociations entre Argirizzo et Robert Guiscard continuèrent donc et le 16 avril 1071, veille du dimanche des Rameaux, après un siège de deux ans et huit mois, Robert et ses Normands firent leur entrée triomphale dans la ville de Bari, à la grande terreur de ses habitans. [3]

---

[1] Tertius obsessa jam venerat annus ab |urbe.
Multiplici tandem superatur fessa labore ;
Plus tamen esurie.
                        Guiliel. Apul. L. iii, v. 142-145.

L'Anonyme du Vatican dont nous avons cité le texte plus haut va même jusqu'à dire que Bari se rendit aux Normands le lendemain même de la défaite de Gocelin; in crastino duci suam civitatem reddiderunt. Mais ce sont là des erreurs. Nous savons par l'Ignotus Barensis que Cocelin fut vaincu et fait prisonnier en février 1071 et plusieurs auteurs sont d'accord pour dire que Bari se rendit seulement le 16 avril 1071; il y eut donc au moins 6 semaines entre les deux évènements, ce qui s'accorde mieux avec la narration d'Aimé.

[2] Aimé v, 27.

[3] In 15 die mensis Aprilis cepit Robertus dux civitatem Bari. Lupus proto spat. ad an. 1071. — Il semble d'après l'Ignotus Barensis qu'il y a eu une autre expédition navale des Byzantins entre la défaite de Gocelin et la reddition de Bari, il écrit : Et in mense Martii cattus qui pergebat Durrachio, ubi era

Mais, les vaincus n'eurent pas le sort qu'ils appréhendaient. Non seulement Robert n'exigea pas qu'on lui livrât les bijoux d'or et d'argent qu'on lui avait, pour le narguer, fait miroiter du haut des remparts au début du siège, mais il fit restituer aux habitans les terres et les biens fonds devenus la propriété des Normands lorsqu'ils avaient pris possession des environs. Les conditions imposées à la ville furent que la garnison grecque avec Stephano Patriano serait prisonnière de guerre,—Robert Guiscard songeait déjà à l'utiliser pour de nouvelles conquêtes, — qu'Argirizzo serait gouverneur de Bari et représentant de Robert, enfin que le tribut payé à Constantinople serait désormais payé aux Normands ; une garnison normande maîtresse des tours et des fortifications veilla a l'exécution du traité. [1]

Kyri Depifani, cum aliis multis, ortu tempestas periit in pelago, nec unum hominem inde exivit. Et in medio mens Aprilis fecit Bari cum ipso duca. Ignotus Barensis ad an. 1071. — Aimé indique le jour sans indiqner l'année : Lo samedi devant lo dyemenche de Palme (16 avril 1071), lo gloriouz duc entra en la cité de Bar, et lui asouttillié pour lo geuner de lo quaresme se reconforta à la feste de la Pasque. Aimé v, 27. — Avant ce passage, Aimé avait écrit ; il estoit passé, petit s'en failloit, quatre ans que continuelment avoient esté en ceste pestilence, et maintenant par l'opération de cestui Arigitie furent délivré. Aimé se trompe ; le siège ayant duré du 5 aout 1068 au 15 avril 1871 n'a été que de 2 ans et 8 mois au lieu de près de quatre ans comme dit ce chroniqueur. La *Chronicon breve Norm.* place à tort la prise de Bari par les Normands en 1069 ; Malaterra n'est guère plus heureux en la plaçant, II, 43, en 1070 ; nous avons vu dans la note précédente que l'*Anonymus Vatic.* se trompe aussi sur ce point, enfin Guillaume de Pouille, comme il convient à un poète ne donne pas de date.

[1] .... Tunc Argiricius urbis
Primus habebatur: quem dux ubi deditionem
Urbis inire facit, reliquos non ardua cives
Vincere pæna fuit ; majores namque minorum
Ad quam corda volunt partem, deflectere possunt.
Civibus exhibuit placidum Robertus amorem,
Et quia dilectos, sibi quos allexerat, omnes
Semper habebat, erat dilectus ab omnibus ipse.
Plurima quæ fuerant vel vi subtracta vel astu
Reddidit urbanis dux, agros, prædia, fundos ;
Perdita restituit ; nil civibus intulit ipse,
Nil alios permisit eis inferre molestum ;
Et circumpositis solitos deferre tributum
Normannis donat jam libertate quieta.
Canitiem Stephani tractare misertus, ut hostis
Noluit ; imo suæ de qua tractaverat ille,

La chute de Bari est dans l'histoire des Normands d'Italie un évènement important à plusieurs titres; c'est l'expulsion définitive des Byzantins hors de l'Italie et leur irrémédiable défaite, en même temps une victoire hors ligne pour les Tancrède dont la prédominance s'accuse de plus en plus, mais c'est surtout la preuve que la marine militaire normande avait fait en quelques années des progrès considérables. Guillaume de Pouille le fait remarquer, il écrit après la défaite de Gocelin : « Les Normands auparavant inhabiles dans les batailles navales revinrent victorieux. »[1] Plusieurs historiens ont dit avec raison que les prédécesseurs des Normands dans la domination de l'Italie du sud, les Lombards, n'avaient pas étendu leurs conquêtes et avaient fini par perdre celles de leurs aïeux parce qu'ils avaient manqué de marine. « Au temps de leur puissance en Italie, écrit S. Marc Girardin, les Lombards n'avaient pas de marine, et le duché de Bénévent n'en eut pas non plus. Venant de la Pannonie et peuple essentiellement continental, les Lombards ne comprirent pas, en arrivant en Italie, qu'ils devaient prendre conseil du pays où ils arrivaient et non pas du pays d'où ils venaient. Or la configuration géographique de l'Italie appelle évidemment une marine. »[2] Les Normands le com-

---

Oblitus cœdis, studet hunc tractare benigne.
Hunc impunitum custodia libera servat
Cum Baro captum, multis mirantibus Argis.
Guiliel. Apul. L. iii, v. 144-162

Guillaume de Pouille est seul à indiquer les conditions imposées à Bari par Robert Guiscard et la façon dont il traita sa nouvelle conquête; Aimé n'en dit rien et Malaterra se borne à écrire ii, 43 : Dux voti compos effectus, fratri et cuncto exercitui gratias referens, urbe pro velle suo ordinata.

[1] Gens Normannorum navalis nescia belli
Hactenus, ut victrix rediit.
Guiliel. Apul. L. iii, v. 132-134.

[2] Revue des deux Mondes du 1er décembre 1865, p. 687. Sous le titre général d'*Origines de la question d'Orient*, cet article (le troisième de la série) traite de la question d'Orient en Italie avant les croisades, des ducs de Bénévent et de Salerne, des Byzantins et des Musulmans en Sicile. Le spirituel et brillant critique promet dans ce travail de consacrer ensuite un article aux Normands d'Italie, mais, à mon grand regret, je ne sache pas qu'il ait réalisé ce projet.

prirent et, à partir de 1060, commencèrent à diriger dans
ce sens leur attention et leur activité. Ce fut en effet lorsqu'ils se mirent à passer et à repasser le détroit de Faro
pour conquérir la Sicile que la nécessité d'une flotte considérable, montée par des marins exercés, s'imposa à eux,
et l'honneur de Robert Guiscard et de Roger est d'avoir résolu ce difficile problème. Jusqu'alors les Normands d'Italie
n'avaient guère songé à la mer; ils n'avaient pas, comme
leurs aïeux Hasting, Biœrn côte de fer et leurs compagnons, ¹ abordé les rivages italiens après un long pé-
riple par mer; à l'exception des quarante pèlerins de Salerme venus de Jérusalem, ² c'est par les voies de terre,
en traversant le mont Joux, qu'ils avaient gagné la Cam-
pagnie, la Pouille et la Calabre ³ et jusque vers 1060 leurs
annales ne parlent ni de marine, ni de combat sur mer.
Lorsque le moment fut venu d'apprendre une nouvelle tactique et d'affronter des dangers d'un nouveau genre, ils
montrèrent les dignes descendants des Vikings scandinaves, des anciens rois de la mer et, après 8 ou 9 ans, ils furent assez expérimentés pour battre à plusieurs reprises
les flottes de Byzance et pour conquérir Bari à l'aide de
leur science navale, car, nous venons de le voir, c'est surtout sur mer que c'est décidé le sort de l'ancienne capitale des Grecs d'Italie. ⁴ Dans la suite de cette histoire, nous
verrons les Normands, devenus aussi redoutables sur mer
que sur terre, diriger en tout sens, vers Durazzo, vers Malte
vers l'Afrique des expéditions maritimes couronnées de
brillants succès, et, dès le lendemain de la prise de Bari,
ce fut surtout grâce à leur jeune marine, qu'ils purent aller assiéger la capitale musulmane de la Sicile, la puissante Palerme.

Après une campagne aussi longue et aussi laborieuse
que celle du siège de Bari, bien des capitaines auraient

---

¹ Voyez le premier chapitre de ce travail.
² Cf. supra p. 39 sqq.
³ Cf. supra p. 53.
⁴ Cf. supra p. 580.

pris quelque repos et laissé leurs troupes se remettre de leurs fatigues ; Robert Guiscard décida au contraire d'organiser immédiatement une nouvelle expédition vers de lointains pays. Bari venait à peine de succomber que l'infatigable normand songea à réduire Palerme. Après avoir triomphé des Grecs en Italie, il voulut, sans perdre de temps, vaincre dans leurs derniers retranchements les Sarrasins de Sicile et emporter d'assaut leur capitale. Par son ordre, Roger alla en Sicile prendre les mesures nécessaires ; [1] lui-même se rendit à Otrante où il passa juin et juillet 1071, réunissant une flotte et un corps expéditionnaire. Aucun obstacle n'arrêtait sa ténacité ; ainsi à Otrante, il fit tailler un rocher afin de faciliter l'embarquement des chevaux. [2] Les Grecs de Durazzo, effrayés de ces préparatifs, se demandèrent si leur ville n'était pas l'objectif de Robert, car très peu de personnes connaissaient le véritable but de l'expédition. Pour être renseignés, ils envoyèrent à Otrante des ambassadeurs chargés d'offrir à Robert Guiscard un cheval et une mule, mais ayant pour secrète mission d'étudier les armements et de chercher à connaître les projets des Normands. [3]

Durazzo se trompait d'époque ; elle ne devait connaître que plus tard les horreurs d'une invasion normande ; elle ne fut pas la seule à se demander avec inquiétude ce qu'allait faire Robert Guiscard, redevenu libre de ses mouvements par la chute de Bari. De vives craintes agitèrent aussi le municipe de Scylla, en revolte depuis près de dix ans contre Robert Guiscard parce que le stratège Costa Peloga, mis par le duc à la tête de ce municipe, avait été renversé par son cousin Costa Condomicita et massacré

---

[1] Fratrem in Siciliam præmittens, solito exercitu brevi iterum expeditionem versus Panormum submovet. Malaterra II, 43.

[2] Toto junio et julio mense apud Hydruntum moratus montem quo facilius descensus ad mare, equos navibus introducens, fieret, rescindere fecit. Malaterra II, 43.

[3] Duracenses maxime sunt territi, ne mare cum exercitu transmeans, eos impugnatum veniret mulumque et equum ei, quasi ad honorem mandantes, hac occasione rem speculatum mittunt. Malaterra II, 43.

ensuite par le peuple. Sous l'empire de ces préoccupations, Costa Condomicita fit sa soumission à Robert, lui rendit le *castrum* de Scylla et tout rentra dans l'ordre sur ce point. [1]

Dès les premiers jours d'août 1071, cinquante-huit navires dont dix de première grandeur, étaient réunis à Otrante et montés par une armée de marins expérimentés et de soldats. [2] Robert donna alors le signal du départ, prescrivit à la flotte d'aller l'attendre dans les eaux de Reggio, et partit pour cette ville avec le reste de l'armée. [3]

Robert Guiscard n'avait pas oublié qu'une fois déjà, il avait dû, faute de troupes suffisantes, lever le siège de Palerme, la leçon lui avait servi et il réunit autant de soldats qu'il lui fut possible. Il fit appel non pas seulement à ses compatriotes mais aux Lombards, aux Apuliens, aux Calabrais, aux Grecs faits prisonniers par la capitulation de Bari, [4] et, de gré ou de force, les enrola sous ses gonfanons. Avec un chef moins énergique, une armée composée d'éléments aussi disparates, renfermant les vaincus et les vainqueurs de la veille, ayant des représentants de races ennemies depuis des siècles, aurait été un véritable chaos, mais Robert Guiscard, aidé de Roger, la disciplina si bien

---

[1] Malaterra consacre tout le chap. 44 de son livre II à cette révolution municipale de Scylla et termine par cette phrase : Istud hic inscribimus ut caveant prælati sibi subditos pravis ministris a sua fidelitate divelli. D'après une variante de Malaterra, il ne s'agirait pas de Scylla sur la mer Tyrrhénienne mais de Stillo sur la mer d'Ionie.

[2] Dux prædictus transmeavit Adriatici maris pelagus perrexit que Siciliam cum 38 navibus. Lupi Protosp. *Chronicon* ad an. 1071. Aimé, |vi, 14, dit également que lorsque le duc se rendit à Palerme son navire « estoit accompaingné de X. gat et xi autres |nez ».

[3] .... Paulo post inde moratus
Dux ibi Robertus *Reginam* tendit ad urbem :
Dumque moratur ibi, pons est quia conditus unus,
Pons modo Guiscardi totus locus ille vocatur.
Guiliel. Apul. iii, v. 183-187.
Voyez aussi Aimé vi, 13.

[4] Guillaume de Pouille commence ainsi le récit du dernier assaut de Robert Guiscard contre Palerme :
Mandat Normannis, Calabris, Barensibus, Argis
Dux a se captis, muniri corpore Christi ;
Guiliel. Apul. iii, v, 235-236.

que les chroniqueurs n'ont pas eu à mentionner une seule
révolte, une seule trahison et cependant cette armée a fait
en pays ennemi une campagne de six mois, a supporté les
fatigues et les privations d'un long siège.

Nous ne connaissons pas le chiffre des troupes qui, dans
cette expédition, marchèrent sous les ordres de Robert
Guiscard, mais il devait être assez élevé; au lieu des quelques centaines d'hommes qui, jusqu'alors, avaient formé
le contingent ordinaire des troupes normandes en Sicile,
on pouvait cette fois compter par milliers, aller peut-être
jusqu'à huit ou dix mille hommes et cependant tous ceux
auxquels Robert Guiscard s'était adressé n'avaient pas répondu à son appel.

Gisulfe prince de Salerne, beau-frère de Robert Guiscard, préféra rester dans ses états; mais son jeune frère
Gui vint en Sicile, s'y distingua par sa bravoure et prit
part à l'entrée solennelle des normands dans Palerme. [1]
Non seulement Richard de Capoue ne fournit pas de troupes, mais nous verrons qu'il profita de l'absence de Robert
pour lui faire la guerre et chercher à lui enlever ses états.
Pierre, comte de Trani, rival des Tancrède, jaloux de
leur gloire comme l'avait été son père, garda également
ses hommes d'armes et resta dans son comté: enfin les ir-
réconciliables ennemis de Robert Guiscard, Abagælard,
Robert Areng firent de même [2], tous espérant que le duc
allait au devant d'un échec et que le moment de la revanche et de leurs revendications approchait.

Robert ayant rejoint la flotte à Reggio, fit embarquer
ses troupes, passa le Faro et vint à Messine. [3] Roger était
en Sicile depuis quelque temps déjà; dès qu'il apprit l'arrivée de son frère, il se rendit à Catane pour tenter un

[1] Sur l'expédition de Gui en Sicile, voyez plus loin p. 447 note 4. Le 1er octobre 1071, pendant le siège de Palerme, Gisulfe de Salerne, Richard de
Capoue, son fils Jourdan et un grand nombre de Normands assistaient à la
consécration de l'Eglise du Mont-Cassin par le pape Alexandre II.
[2] Aimé vii. 2. Guiliel. Apul. ii, v. 360 sqq.
[3] Et applicant à la cité de Messine et la chevalerie et toute gent, descendirent en terre. Aimé vi, 13.

coup de main, peut-être utile à la domination des Normands dans le sud est de l'île mais, à coup sur, assez peu loyal. Catane, ville musulmane, était gouvernée par les successeurs d'Ibn at Timnah, lesquels avaient gardé avec les Normands des relations d'amitié et de bon voisinage. Roger fut donc reçu en ami et annonça aux trop crédules habitans que Robert Guiscard, se rendant à Malte allait entrer dans le port de Catane avec une flotte. La flotte arrivée, les musulmans comprirent trop tard que les Normands venaient s'emparer de leur ville et de tout le pays. Quoique pris à l'improviste, ils résistèrent courageusement, mais, après quatre jours, ils durent se soumettre et poser les armes. Robert Guiscard et Roger firent aussitôt construire des fortifications et y établirent une garnison de quarante normands afin qu'ils « refrenassent la male volenté de cil de la cité ». Une église dédiée à S. Grégoire fut aussi bâtie par ordre des Normands pour restaurer le culte chrétien dans la cité sarrasine. [1]

Roger prit, après cette diversion, le commandement des troupes et se dirigea vers Palerme par la voie de terre; Robert, redoutant les longues chevauchées pendant les chaleurs torrides du mois d'août, partit par mer, suivi des cinquante navires de la flotte. Dans sa marche, Roger inclina un peu au nord et passa à Traïna, peut être pour y visiter sa femme Judith et prendre ses dernières

[1] Dux igitur commeatibus et cæteris quæ expeditioni congruebant apparatis, fratrem, quem præmiserat, subsecutus, apud Catanam, ubi comes erat venit fingens se Maltam debellatum ire, quasi de Panormo diffidens. Malaterra II, 44. — Et ces frères partirent la fatigue de la bataille. Lo duc avoit à governer lo exercit, et li conte Rogier s'en va à la cité de Cataine, et à li quatre jor la cité se rendi. Et encontinant comanda que soit faite la rocche et commanda que soit faite l'église à l'honor de Saint-Grégoire. Et mist en lo roche xI, homes qui la guardassent et réfrénascent la male volenté de cil de la cité. Aimé v, 14. — J'ai interprété comme l'a fait Amari (Storia dei Musulmani di Sicilia T. III,p. 117), ces deux textes de Malaterra et d'Aimé dans ce sens que Roger avait trahi la confiance des Musulmans de Catane et que Malaterra, moins explicite qu'Aimé, avait à peu près passé sous silence cette aventure peu glorieuse pour son héros. Le texte d'Aimé n'est cependant pas assez clair pour faire disparaître tout espèce de doute sur la façon dont Catane est tombée au pouvoir des Normands. Peut-être la conduite de Roger a-t-elle été moins répréhensible.

dispositions. A Traïna se trouvaient à ce moment deux de ses neveux dont l'un s'appelait aussi Roger et l'autre Balamante ; ils vinrent eux et leurs femmes au devant de leur oncle et probablement se joignirent ensuite à lui pour faire partie de l'expédition. [1]

Rien n'indique que les Sarrasins aient cherché à barrer à Roger le chemin de Palerme ; depuis la journée de Misilmeri, il n'osaient se mesurer en rase campagne avec les Normands ; toutefois Aimé raconte qu'un jour les soldats envoyés en avant par Roger pour préparer les vivres, furent attaqués par deux cents infidèles qui les taillèrent en pièce et s'emparèrent des provisions. Roger joignit les pillards et les cerna si bien qu'il reprit ce qu'ils avaient volé et les fit tous massacrer après s'être approprié leurs chevaux. [2]

Le lendemain de ces représailles [3], Roger et ses troupes pénétrèrent dans cette splendide baie, au milieu de laquelle s'élève Palerme et que l'on a, à juste titre, surnommée la *concha d'oro*, à cause de sa fertilité, de son incomparable situation, de ses villas, de ses palais, de ses bois d'orangers, de citroniers de caroubiers ; à peu près en même temps, dans la direction du nord, sur les flots de la Méditerranée, apparaissaient les nombreuses ,voiles de la flotte de Robert Guiscard.

Qu'êtait-ce que Palerme en 1071, lorsque les Normands vinrent l'assiéger ?

On peut, dans une certaine mesure, répondre à cette question, grâce au géographe arabe Ibn Haukal qui, cent ans auparavant, en 972, ayant visité Palerme, une partie de la Sicile et de l'Italie du sud, a laissé un intéressant récit de son voyage.

---

[1] Aimé vi, 14. Et venant lo conte à la cité soc Trigano, dui de ses neveus filz de ses frères, liquel se clamoient li un Rogier et li autre Balamante, lui encontre pour l'amor qu'il avoient à lui et qu'il lui portoient, et vindrent auvec eaux lor moillier en un plein.

[2] Aimé vi, 15.

[3] En lo séquent jor.

Aujourd'hui, il ne faut pas cent ans pour changer presque du tout au tout, la physionomie d'une ville, mais au moyen âge, surtout dans une ville musulmane, il n'en était pas ainsi. Le musulman fera une mosquée d'une église chrétienne, mais ne démolira qu'à la dernière extrémité : avec son insouciance et son indifférence ordinaire, il laissera sans lui venir en aide, le temps opérer lentement son œuvre de destruction. Les renseignements que les chroniqueurs du XI° siècle nous fournissent sur la capitale de la Sicile, font voir en effet que la Palerme d'Ibn-Haukal était, à peu de modifications près, identique à celle de Roger et de Robert Guiscard.

« La Sicile, écrit Ibn Haukal, est une île de sept journées (de chemin en longueur) sur quatre en largeur ; elle est couverte de montagnes, de châteaux, de forteresses, habitée et cultivée partout. Palerme, la ville la plus peuplée et la plus renommée de l'île, est aussi sa métropole. Située sur le bord de la mer, du côté du nord, Palerme comprend cinq quartiers distincts quoique peu éloignés (l'un de l'autre.)

« D'abord la cité principale, Palerme proprement dite (en arabe *al Qasr* traduit en italien par *il Cassaro*, c'est-à-dire le château), entourée d'une muraille de pierres très élevée et formidable. Ce quartier est le séjour des marchands. Là se trouve la grande mosquée du vendredi, autrefois église des chrétiens, on y remarque une grande chapelle......

« (L'autre cité) nommée Khalesah a aussi des murailles en pierre. La Khalesah est le séjour du sultan et de sa suite, on n'y voit ni marchés, ni magasins, mais deux bains, une mosquée du vendredi, fréquentée et de grandeur moyenne, la prison du sultan, l'arsenal (de la marine) et le Divan (les bureaux de l'administration). Cette cité a quatre portes, au midi, au nord et à l'ouest ; à l'est est une muraille sans porte.

« Le quartier appelé Sacalibah est plus peuplé, plus considérable que les deux autres dont j'ai fait mention. Là est le port maritime, Des ruisseaux coulent entre ce quartier et la cité principale et ces eaux servent de division entre l'un et l'autre.

« Le quartier Harat al Masgib (quartier de la mosquée) à cause de la mosquée d'Ibn-Siqlab est important mais les cours d'eau y manquent tout à fait et les habitans boivent l'eau des puits.

« Au sud de la ville, une grande rivière l'Oued Abbas porte plusieurs moulins; l'eau de l'Oued Abbas ne peut être utilisée (pour l'irrigation) des jardins et des plantations.

« Le quartier al Harat al Gadidah (quartier nouveau) est considérable; il touche de près celui de la mosquée. Entre les deux il n'y a ni séparation ni distinction. Le quartier Sacalibah n'est entouré d'aucune muraille....

« Les marchés, surtout les marchés d'huile, sont entre la mosquée d'Ibn-Siqlab et ce quartier nouveau. Les changeurs et les droguistes sont aussi en dehors des murs de la cité, de même les tailleurs, les armuriers, les marchands de cire, marchands de grain et quantité d'autres corps d'état. Mais les bouchers ont, dans la cité même, plus de cent cinquante débits de viande ; quelques-uns seulement se trouvent entre les deux quartiers désignés plus haut. Ce (grand nombre de débits) fait voir l'importance de ce commerce et combien sont nombreux ceux qui l'exercent La grandeur de la mosquée des bouchers inspire la même réflexion; un jour qu'elle était pleine de monde, j'y comptais environ sept mille personnes, c'est-à-dire trente-six rangées ayant chacune à peu près deux cents individus.

« Les mosquées de la cité (proprement dite), de la Khalesa et des autres quartiers en dehors des murs, dépassent trois cents, toutes bien meublées, ayant leur toits, leurs murs et leurs portes, en bon état. Les personnes du pays bien informées sont d'accord sur le nombre de ces mosquées. » '

' En 1845, Amari a publié dans le journal asiatique (ɪvᵉ série, T. V, p. 73-114) le texte arabe et une traduction française du chapitre de la géographie

Les Palermitains, surpris par l'attaque des Normands,
n'étaient pas sur leurs gardes; ces derniers, sans coup férir, presque sans donner l'éveil, prirent possession des palais et des magnifiques jardins des environs de la ville; ils
y trouvèrent grande abondance de fruits, des eaux vives
entretenant la fraîcheur, si bien que même de simples che-

---

d'Ibn-Haukal concernant Palerme. Il en a plus tard exposé les données principales dans sa *Storia dei Musulmani di Sicilia*, T. II, p 294-310 en profitant
de deux autres fragments d'Ibn-Haukal, retrouvés dans le Mogen-el-Boldan de
Iakout. Enfin dans sa *Bibltoteca Arabo Sicula* le même savant a publié tout
ce que Ibn-Haukal a écrit sur la Sicile et l'Italie; cf. T. I, p. 10-29 de la traduction italienne. Dans un passage que nous n'avons pas inséré, Ibn-Haukal, se
faisant l'écho d'une curieuse légende arabe, dit que le tombeau d'Aristote se
trouvait dans la grande mosquée de la cité vieille de Palerme, dans l'ancienne
cathédrale chrétienne. Il rapporte aussi que la plante du papyrus se trouvait
en abondance sur les rivages des lagunes voisines de Palerme. — Aujourd'hui
encore, les principaux édifices publics de Palerme, palais royal, tribunaux,
arsenal... sont batis sur l'emplacement de l'ancienne Khalesa, c'est-à-dire là où
s'élevaient au Xe siècle des édifices analogues, de même, le nom de *il Cassaro*
désigne encore de nos jours, malgré de nouvelles dénominations officielles,
la partie de Palerme située entre la via Macqueda et la Marina. Entre la Palerme du moyen-âge et la Palerme moderne, il existe cependant une
modification capitale; la mer ne s'avance plus dans les terres comme elle le
faisait; des deux bras qui entouraient une grande partie de la ville et qui
lui avaient valu son nom (πᾶν ὅρμος, tout port), il ne reste plus que la *Cala*
ou le *porto vecchio* peu profond.

Ibn-Haukal n'indique pas le chiffre de la population de Palerme en 972;
mais puisque la corporation des bouchers y comptait environ 7000 personnes, cc chiffre devait être considérable. En 1844, alors que Palerme avait
deux cent mille âmes environ, la corporation des bouchers, y compris les
femmes, domestiques et enfants et, en évaluant chaque famille à une moyenne
de cinq individus, comptait à peu près deux mille membres. La proportion de
cette corporation avec le reste de la population était donc en 1844, de 1 à 100.
Si l'on gardait ce rapport pour l'année 972, il faudrait conclure que Palerme
renfermait à cette époque sept cent mille habitants, ce chiffre est évidemment
exagéré. Au Xe siècle, Palerme n'avait pas comme dans les temps modernes,
des abattoirs publics, un plus grand nombre de personnes devaient donc être
employées dans les boucheries; en outre les musulmans d'Ibn-Haukal étaient,
selon toute probabilité plus riches et se nourrissaient mieux que les Palermitains de 1844, quoique, au dire du même géographe, ils fissent une énorme
consommation d'oignons, enfin ils n'avaient pas à observer les jours d'absti-
nence prescrits par l'Eglise catholique. Au lieu d'une proportion de 1 à 100,
il semblerait donc plus exact d'en admettre une d'environ 1 à 50, ce qui ra-
mènerait le chiffre de sept cent mille habitants à celui de trois cent cinquante
mille. N'oublions pas enfin que, d'après les historiens arabes, beaucoup de
Palermitains, effrayés des progrès de l'invasion Normande et prévoyant le
sort réservé à leur ville, avaient entre les années 1061-1071, quitté la Sicile et
s'étaient réfugiés en Afrique. Lorsque Robert Guiscard et Roger conduisirent
leurs troupes sous les murs de Palerme, la ville ne devait donc avoir guère
plus de 250 à 300,000 habitants.

valiers étaient parfois logés comme des princes. Pour exprimer son admiration, Aimé déclare que les alentours do Palormo sont un véritable paradis terrestre. Ce bien être n'empêcha pas les Normands de se livrer au pillage ; les musulmans qui tombaient entre leurs mains étaient retenus prisonniers et ensuite vendus comme esclaves. [1]

Le siège débuta par une attaque de Roger contre le château Jean, appelé depuis par les Normands château S. Jean. Il était situé à l'embouchure de l'Oued Abbas et non seulement défendait de ce côté les approches de la place, mais empêchait les navires ennemis de remonter le cours du fleuve. La garnison du château, défiée à haute voix par Roger et les siens, fit une sortie, et les Normands lui tuèrent trente hommes et firent quinze prisonniers. Le but de Roger en attaquant cette position était évidemment de s'établir solidement du côté de la mer, c'est-à-dire d'assurer ses communications avec la flotte normande et avec son frère ; peut-être même s'agissait-il de faciliter le débarquement de Robert Guiscard, car nous voyons ce dernier venir trouver Roger aussitôt après cette escarmouche et combiner avec lui le plan de la campagne. [2]

Robert, commandant le centre de l'armée assiégeante, garda avec lui les Apuliens, les Calabrais , les Grecs et les échelonna entre l'Oued Abbas et le quartier de la Khalesah ; à droite, ces troupes descendaient jusqu'à la mer et communiquaient avec la flotte qui bloquait le port et capturait tout navire essayant d'en sortir ; à gauche, elles donnaient la main aux soldats de Roger, établis au sud-est

[1] En lo séquent jor partirent lo palaiz et les chozes qu'il trovèrent fors do la cité, donnent à li prince li jardin délectoz pleins de frutte et de caue, et pour soi li chevalier avoient li choses royals et paradis terrestre. Et quant li Sarrazin issoient, virent novelle chevalerie, et li Normant les orent atornoiez, et les pristrent et vendirent pour vilz prison. Aimé vi, 16.

[2] Et de là lo conte s'en ala à lo chastel Jehan, mès maintenant se clame lo chasté Saint Jehan. Et clama li Sarrazin à combatre, et prist xxx. gentil home et en occist xv., et prist li cheval, et ensi vainceor invita lo frère qu'il lui viengne à parler. Aimé vi, 16. — Aimé ne dit pas, comme le suppose Amari (T. III, p. 120), que le château Jean fut pris par Roger lors de cette première attaque.

30

et au sud de Palerme, autour des murs de la Khalesah. [1]
Robert Guiscard avait une armée trop peu nombreuse
pour investir entièrement Palerme; il dut laisser libre le
coté ouest de la ville; toutefois comme, au rapport d'Aimé,
les Palermitains souffrirent de la famine pendant le siège,
il est probable que les cavaliers normands surveillèrent
toutes les routes conduisant à Palerme, afin d'intercepter
les convois de vivres destinés aux assiégés. [2]

De leur côté, les musulmans se préparèrent à défendre
vigoureusement leur capitale; ils comprirent que le moment décisif était arrivé, que la chute de Palerme était
la ruine définitive de l'islamisme en Sicile et mirent tout
en œuvre pour sortir victorieux de la lutte. Ils firent aux
remparts et aux tours les réparations nécessaires murèrent
les portes de la ville qu'ils ne pouvaient défendre facilement, organisèrent de fréquentes patrouilles et placèrent
de nombreuses sentinelles pour ne pas être surpris par
un coup de main. A plusieurs reprises, ils attaquèrent les
campements des Normands et lorsque ceux-ci voulaient
s'approcher des remparts, ils faisaient pleuvoir sur eux
des flèches, des javelots et une grêle de pierres. [3]

---

[1] Ab Oceano (dux) urbem navibus obsidens, fratrem que comitem ab uno
latere statuens, ipse ab altero cornu Calabrensibus et Apulis muros ambit.
Malaterra II, 45. Aimé dit que, dès le début du siège, les Normands cernaient
Palerme du côté de la mer : Et autresi non lessèrent à li Sarrazin deffendre la
marine, quar avant lor avoient levé un gath et une galée. Aimé VI, 16.

[2] Nous verrons plus loin ce que Aimé VI. 17 dit de cette famine.

[3] .... Roberti milite multo
Urbs vallata pavet; muros turresque reformant,
Arma virosque parant, detecta foramina claudunt;
Ponitur et vigilum custodia crebra per urbem.
Dux jubet armatos equites accedere portis
Ut sic inclusos ad pugnam provocet hostes.
Omne, quod incutiat pœnam pariter que laborem,
Civibus inferri versuta potentia mandat.
Procedunt portis Siculi non stare ferentes,
Egressi que foras audaci mente repugnant :
Verum Normannos nequeunt tolerare feroces.
Cultores Christi, dum gens Agarena resistit,
Non perferre valet; fugiunt, nostrique sequuntur
Multos prosternunt gladiis et cuspide multos.
Mœnibus e summis volat undique missile telum,
Saxa que cum pilis jacientes lædere tentant

Le siège continua ainsi avec des péripéties diverses, durant les quatre derniers mois de 1071 ; Guillaume de Pouille a raconté ces péripéties mais il cherche trop à orner son récit de fleurs de rhétorique et d'images poëtiques, au lieu de donner des renseignements techniques et précis. C'est à lui cependant que nous devons de connaître l'un des épisodes les plus importants du siège, la bataille navale livrée dans l'avant port et à peine mentionnée par les chroniqueurs. Son récit montre combien Robert Guiscard avait eu raison d'organiser et de fortifier sa marine naissante, et, en même temps, témoigne des progrès considérables que cette marine avait faits.

« Les Palermitains, écrite le poëte, prièrent instamment les Africains de venir à leur secours et ceux-ci ayant répondu à leur appel, ils résolurent, lorsque les flottes furent réunies, de livrer sur mer le combat qu'ils n'osaient engager sur terre ; ils espéraient que ce champ de bataille leur serait plus favorable. Le duc voyant les manœuvres de l'ennemi, fit aussi préparer ses vaisseaux ; il prescrivit notamment de tendre de tous côtés des pièces de feutre rouge pour amortir les coups des pierres et des javelots lancés par les adversaires. Tous accoururent au combat, disposés à se conduire avec vaillance, c'est-à-dire à vivre ou à mourir en hommes. Robert Guiscard ordonna aux normands, aux Calabrais, aux habitants de Bari et aux Grecs prisonniers qui se trouvaient dans son armée, de ne pas commencer la lutte avant d'avoir reçu dans la communion le corps et le sang de Jésus-Christ, et ce ne fut en effet qu'après s'être munis de ce viatique que les vaillantes troupes, se mirent sur les navires en ordre de bataille. Les infidèles jetèrent d'abord de grands cris et firent retentir leurs clairons et leurs trompettes mais les chrétiens uniquement préoccupés d'obtenir la protection du Dieu

Corpora nostrorum. Nostri vi mænibus urbis
Hos impellentes, læti sua castra requirunt.

Guilielm. Apul. III, v, 207-224.

qui venait d'être leur nourriture, ne furent, en aucune façon, épouvantés de ces clameurs, ils opposèrent une vigoureuse résistance et attaquèrent à leur tour. Au début,
les vaisseaux Africains et Siciliens firent bonne contenance, mais Dieu permit qu'elle fut de courte durée ; bientôt la flotte ennemie prit la fuite, et ne regagna le port
qu'à force de rames ; quelques-uns de ses navires tombèrent entre nos mains, d'autres furent submergés. Lorsque les nôtres se furent avancés à la poursuite de l'ennemi, ils se trouvèrent en face des chaines qui fermaient
l'entrée du port et leur barraient le passage, mais ils parvinrent à briser cet obstacle et, dans le port même, s'emparèrent de quelques navires ennemis et incendièrent
presque tous les autres. Cette victoire inspira au duc une
nouvelle audace et ranima sa confiance. »[1]

[1] Inde Panormenses Affros accire laborant
Auxilio, quorum sibi viribus associatis,
Quod non sunt ausi terra committere bellum
Commisere mari. Bellantibus hoc elementum
Commodius credunt. Instructis ergo carinis
Exigit ut belli navalis rite paratus,
Pro que repellendis saxorum vel jaculorum
Ictibus, obtectis rubicundis undique filtris,
Ad pugnam veniunt sub conditione virili,
Ut quo jure viri vel vivant vel moriantur.
Mandat Normannis, Calabris, Barensibus, Argis
Dux a se captis, muniri corpore Christi ;
Quo jubet accepto cum sanguine bella subire.
Tali tuta cibo procedit turba fidelis
Navibus aptatis quo prævaluere paratus.
Perfida gens totum lituis sonituque tubarum
Magnarum que replet vocum clamoribus œquor.
Christicolæ contra suffragia sola petentes
Principis æterni, cujus sunt carne refecti,
Nullo terrentur clangore, sed acriter illis
Obstant, et feriunt quassant que viriliter hostes.
Principio naves Affræ Siculæque resistunt ;
Nutu divino tandem cessere coactæ,
Cumque fugam peterent, aliquot capiuntur earum,
Quædam submersœ pereunt, plerœque frequenti
Remorum ductu vix evasere fugaces.
Dum portum subeunt, mox oposuere cathenas
Cum quibus œquoreos aditus prohibere solebant.
His etiam fractis, quasdam de navibus horum
Christicolœ capiunt, flammis plerasque perurunt
Dat validas animo ducis hœc victoria vires.

Guiliel. Apul. III, v. 225-256.

Aimé ne parle pas de ce combat naval, mais donne en
revanche sur Palerme et sur le camp normand, pendant
le siège, quelques détails intéressants.

« Une grande famine, dit-il, sévit dans la cité, les habitants n'avaient rien à manger et ne trouvaient rien à
acheter. Les morts, restés sans sépulture, empoisonnaient
l'air et causaient une mortalité considérable ; la ville était
encombrée de malades et de pauvres gens affaiblis par la
faim qui tendaient les mains bien plus volontiers pour recevoir une aumône que pour prendre les armes. Les Normands, toujours rusés, imaginèrent alors de laisser du pain
à une faible distance des remparts : les assiégés le remar-
quèrent et 20 à 30 d'entre eux sortirent pour le ramasser.
Le lendemain, les Normands laissèrent encore du pain
mais un peu plus loin des remparts, ce qui n'empêcha pas
un plus grand nombre d'infidèles de venir le prendre.
Enfin le troisième jour, le pain fut placé plus loin que la
veille et beaucoup de païens accoururent pour le saisir
mais une embuscade avait été dressée ; tous ces païens furent pris et vendus comme esclaves.

A cette même époque, poursuit Aimé, le vin manqua à
la table du duc et lui et sa femme en furent réduits à boire
de l'eau ; ils avaient, il est vrai, comme compensation,

Dans son récit, Guillaume de Pouille suppose, comme nous venons de le
voir, qu'une flotte venue d'Afrique au secours de Palerme, prit part à la bataille navale contre les Normands ; aucun historien arabe ne confirme ce fait
et des auteurs chrétiens, on ne peut citer que cette phrase d'Aimé : venoient
sur la cité de Palerme li Arabi et li Barbare, et faisoient empêdiment à la vic-
toriose bataille de lo duc Robert. Aimé vii, 1 ; mais, à la rigueur, cette phrase
peut aussi s'entendre des Sarrasins de Sicile. — Cette coutume curieuse de
tendre sur les ponts des navires des bandes de feutre aux couleurs éclatantes,
destinées à protéger les combattants pendant la bataille, (cf. Ducange ad
vocem *feltrum*) est d'origine scandinave ; les héros des sagas la mettent en
pratique dans leurs combats sur mer. Les Normands d'Italie se souvenaient
donc à l'occasion de la tactique de leurs ancêtres. Lors de l'expédition des Pisans contre Palerme cf. supra p. 403 il a déjà été question de cette chaine qui
fermait le port ; les Palermitains avaient remplacé celle que les Pisans avaient
emportée comme trophée de leur victoire. Amari *Storia dei Musulmani di
Sicilia* T. III, p. 125, note 2, croit que cette victoire navale des Normands ne
fut « nè piena nè splendida ». La flotte des Sarrasins dut cependant être à peu
près anéantie puisque nous ne lui voyons jouer aucun rôle dans la suite du
siège et lors de la prise de Palerme.

dé très bonne viande. Pour le duc, la privation de vin ne pouvait l'affecter beaucoup, son pays natal n'en produisant pas, mais pour sa femme ce dût être une souffrance car en la maison de son père, le prince Guaimar, elle avait toujours eu à discrétion un vin pur et clair. [1] »

Pendant le siège de Palerme, Robert Guiscard reçut du continent des nouvelles qui durent lui causer de vives préoccupations. L'effectif de l'armée amenée devant Palerme avait diminué par suite des nombreux combats contre les Sarrasins, aussi, pour réparer ces pertes, Robert demanda une fois de plus des renforts à Richard, prince de Capoue. Sans parler des liens de sang et de l'intérêt général qui devaient décider tous les Normands de l'Italie à se prêter main forte contre l'ennemi commun, Robert était d'autant plus autorisé à solliciter ces secours du prince de Capoue, qu'il lui avait rendu service peu auparavant et que Richard lui avait alors promis de venir à son aide, s'il en avait besoin. [2]

Le prince de Capoue parut d'abord vouloir tenir fidèlement sa parole ; il confia à son fils, le prince Jourdan, deux cent cinquante chevaliers et lui prescrivit de se rendre avec ces troupes devant Palerme et de se mettre à la disposition du duc Robert, mais Jourdan n'avait pas encore passé le détroit que son père lui manda de rebrousser chemin et d'aller avec ses soldats occuper le château Sant' Angelo.

Richard avait appris, sur ces entrefaites. que le siège de Palerme ne marchait pas au gré du duc Robert, que l'issue de l'entreprise était problématique et aussitôt, avait résolu de profiter des embarras de son beau-frère pour lui

---

[1] Aimé vi, 17, 18. Après avoir dit qu'avant cette époque la Normandie ne produisait pas de vin, Aimé affirme que de son temps, elle commençait à en produire : Quar falli à lo duc lo vin non est merveille ; quar comme se dit que en la contrée soe non croissoit vin, mès maintenant en cestui temps i croist vin assez. Peut-être le moine du Mont Cassin avait-il été induit en erreur par quelque Normand un peu vantard.

[2] Aimé vi, 12. Lors de la révolte de Guillaume de Montreuil contre Richard de Capoue. Il sera question de cette révolte dans le chapitre suivant.

faire la guerre. Dans ce but, il se ligua avec les fils de
Pierre, dont l'un s'appelait également Pierre et l'autre
Falgutce, et tous trois se mirent en campagne, ravageant
les possessions du duc, s'emparant de ses châteaux. Abagælard, Robert Areng ne tardèrent pas à se joindre à eux
quoique le duc eût cherché à apaiser leur ressentiment
en leur donnant en Calabre des villes et des cités ; le comte
de. Trani fit de même et toute la Calabre fut bientôt en
ébullition, la ville de Cannes, n'ayant pas de garnison,
tomba au pouvoir du prince de Capoue.

Au lieu donc de recevoir les renforts promis et annon-
cés, Robert Guiscard apprit la trahison de son allié et la
révolte de plusieurs de ses vassaux, mais ces nouvelles ne
purent abattre son courage et le détourner de son entreprise ; il comprit que c'était à Palerme même qu'il vain-
crait tous ses ennemis et continua le siège. [1]

Avant de parler de l'assaut qui donna enfin au duc Robert les clefs de la capitale de la Sicile, recueillons ce
beau trait de courage d'un brave chevalier normand.

« Les armées normandes, écrit l'anonyme du Vatican,
entouraient la ville de Palerme ; d'un côté était le camp
du duc, de l'autre celui du comte, et la flotte normande
fermait toute issue du côté de la mer. On se battait des journées entières et les Palermitains faisaient preuve d'une
telle audace, ils avaient dans leur nombre et dans leurs

---

[1] Lo prince (de Capoue) vit et regarda que lo duc avoit à Palerme moult em-
pédiment, pensa de faire commotion contre lo duc, et fist ligue avec dui frères, c'est avec li fill de Piètre, de liquel un avoit nom Piètre et l'autre Falgutce,
et les manda pour faire damage à lo duc et levèrent li chastel à li fidel soe.
Et à ceste liga autresi autre anemis de lo duc corrurent, c'est Balalarde et
Robert Arenga, et dui vont en Calabre pour offendre à li cose de lo duc ; et
toutes foiz li duc avoit enrichi ces ij. en Calabre de villes et de cités. Et li
prince Richard observa Canini ; li fill de Pierre et Hermande, avec li sien
prince et chevalier habitant à Trane et o espesse proie, donent affliction à
li camp de li duc. Et toutes voiez li corage ne la bone volenté de lo duc non
se mua pour ceste subite adversité, ne ne se parti de prendre Palerme, esta soi
sans paor et atent de Dieu que doit entrevenir à ce qu'il puisse la cité prendre,
et à li anemis rendre change de ce qu'il lui ont fait. Aimé VII, 2. — Aimé est
seul à dire que les débuts de cette nouvelle révolte des hauls barons Normands — révolte dont nous parlerons dans le chapitre suivant — eurent lieu
pendant le siège de Palerme.

fortifications une telle confiance que, malgré les vigoureuses attaques des Normands, ils ne daignaient même pas
fermer les portes de la ville. Or il arriva qu'un jour, un
Arabe d'une bravoure incomparable, qui s'était déjà illustré par la mort de plusieurs des nôtres, attendait tout
armé sous une porte de la ville que quelqu'un vînt se mesurer avec lui. Ce que voyant, un Normand plein d'audace
et neveu du duc Robert et de son frère Roger, lança son
cheval à toute vitesse, fondit sur l'Arabe et lui planta sa
lance en pleine poitrine ; son adversaire mort, le Normand
voulut regagner le camp mais les musulmans avaient
fermé la porte derrière lui dès que, par suite de l'élan
qu'il avait pris, il avait pénétré dans l'enceinte et plusieurs
ennemis se jetèrent aussitôt sur lui et lui coupèrent la retraite. Le Normand ne perdit pas courage, para les coups
qu'on lui portait, lança de nouveau son cheval et sortit par
une autre porte sans avoir, grâce au Christ, la moindre
blessure. Ses compagnons, qui pleuraient déjà sa mort,
le reçurent avec des cris d'admiration et ne pouvaient se
lasser de l'embrasser. » [1]

Le siège de Palerme se poursuivit à travers ces incidents jusqu'aux premiers jours de janvier 1072 ; il durait
depuis cinq mois. Robert Guiscard jugea alors le moment
favorable pour donner l'assaut général ; la ville complètement investie depuis la défaite de la flotte des Africains
était affaiblie par la famine et les maladies, et Robert,
sachant combien sa présence était nécessaire sur le
continent, avait hâte d'en finir avec les Sarrasins. Il fit
faire, pour escalader les remparts, quatorze échelles et
des machines de guerre dont les proportions et le méca-
nisme excitèrent l'admiration de l'armée ; ces préparatifs

[1] Anonymus Vaticanus dans Muratori R. I. S. T. VIII col. 765. Le fait dit
Amari (*Storia dei Musulmani di Sicilia* T. III, p. 122) paraîtra moins invraisemblable si l'on suppose qu'il s'est passé à la Khalesa, enceinte fortifiée qui
n'avait pas moins de quatre portes. Remarquons cependant que, d'après
Guillaume de Pouille, les Palermitains ne laissaient pas ainsi, pendant le
siège, les portes de la ville toutes grandes ouvertes. Guillaume écrit au contraire : detecta foramina claudunt. III, v. 209.

terminés, il alla trouver son frère Roger et combina avec lui le plan d'attaque. A la suite de cette entrevue, Roger fit transporter de nuit dans son camp sept des grandes échelles. Il reçut en outre le commandement de presque toutes les troupes, car son frère lui laissa l'honneur de diriger l'opération principale de la journée, c'est-à-dire l'assaut contre la vieille ville et ses remparts. Dans le cas où Roger ne réussirait pas dans sa tentative, Robert Guiscard se réservait un coup de main sur la Khalesa dont les murs étaient moins élevés et que les Sarrasins, occupés ailleurs à repousser les troupes de Roger, ne songeraient peut-être pas à défendre sérieusement. [1]

La bataille s'engagea vers le 5 janvier 1072 au point du jour. Le signal convenu entre les deux frères ayant été donné, les troupes de Roger jetèrent de grands cris, s'ébranlèrent et marchèrent aux remparts. Les fantassins, armés d'arcs et de frondes, firent pleuvoir sur le quartier d'El-Kassar les pierres et les flèches, et derrière eux marchait la cavalerie pour les soutenir au besoin. Les Sarrasins se défendirent avec vaillance; accourus précipitamment sur les remparts aux cris des soldats de Roger, ils organisèrent une sortie pour repousser l'ennemi. L'infanterie normande fut mise en déroute, et Robert Guiseard, venu de sa personne pour ranimer et exciter le courage des siens, dut ordonner à sa cavalerie de charger les Siciliens. Ceux-ci à leur tour ne purent soutenir le choc, quelques-uns d'entre eux tombèrent sous les coups des cavaliers normands et les autres se hâtèrent de gagner l'enceinte fortifiée, mais ils furent vivement poursuivis par les Normands qui espéraient entrer pêle-mêle avec eux dans Palerme. Les Sarrasins, restés sur les remparts de la ville, comprirent que leur situation allait devenir des plus

---

[1] Et quant lo duc vit la poureté et la chierté de la terre et la débilité de lo pueple, fist faire xiiij. scalle, de liquelle sept en manda de nuit à l'autre part de la cité ou estoit son frère, et lo duc ala parler à son frère. Aimé vi, 19. — Malaterra ii, 45, parle aussi des : machinamentis itaque et scalis ad muros trascendendos artificiosissime compaginatis.

critiques s'ils laissaient les portes ouvertes pour recevoir
les fuyards, aussi n'hésitèrent-ils pas à les sacrifier plutôt
que de compromettre la défense de la ville.

Les portes fermées, les malheureux Sarrasins traqués
entre les murailles et la cavalerie normande furent ou
massacrés ou faits prisonniers. Mais, malgré ce succès,
Palerme restait intacte, l'escalade n'était pas commencée ;
les échelles furent donc appliquées contre les murs et les
Normands se regardèrent pous savoir lesquels d'entre eux
allaient monter les premiers ; une certaine hésitation se
manifesta. « O hommes, répétait Robert Guiscard pour
exciter le courage de ses troupes, ô hommes déjà illustres
par tant de hauts faits, ne serez-vous donc plus dignes de
votre réputation ? Cette ville, ennemie de Dieu, ignorant
le vrai culte et soumise aux démons, a perdu son antique
puissance, ses forces sont brisées et elle tremble. Si elle
vous voit aller hardiment de l'avant, elle n'osera pas résister ; au contraire, si vous vous arrêtez, elle réparera ses
pertes et se défendra avec plus d'opiniâtreté que jamais.
Profitez du moment favorable, en avant ! Avec le secours
du Christ, ces murailles qui paraissent si difficiles à escalader tomberont en notre pouvoir. Le Christ rend facile
ce qui, au premier abord, paraît impossible ; sous la conduite de ce chef, terminons la guerre en rentrant avec
vaillance dans l'enceinte de la ville. » [1]

[1] Accedunt muro pedites, et mænia saxis
Ac telis quatiunt. Egressus iniquus ab urbe
Obstat eis populus, quem non perferre valentes
Diffugiunt pedites. Quos dux ut cedere vidit
Diffusos campis, legiones protinus omnes
Bella dato signo monet incunctanter adire,
Voce manuque suos sicut dux strenuus hortans.
Paulisper Siculi, commixto Marte morati,
Ad ducis aspectum tremefacti terga dederunt.
Dux ferit, atque suos hortatur terga ferire
Perversæ gentis, nec cœdere desinit hostes,
Adversæ portas dum perveniatur ad urbis.
Gens comitata ducem diversis sauciat hostem
Vulneribus, quosdam gladiis, et cuspide quosdam
Multos fundali jactu, plerosque sagittis ;
Unde supergrediens cæsorum corpora, temptat

En entendant ces paroles, un soldat, nommé Archifrède, fit un grand signe de croix et commença à monter ; deux autres le suivirent et tous trois parvinrent au sommet du rempart ; ils y étaient à peine arrivés que l'échelle se rompit et les courageux chevaliers restèrent seuls aux prises avec une multitude de Sarrasins. Les coups qu'ils reçurent brisèrent leurs boucliers et alors, se voyant perdus, ils n'eurent d'autre ressource que de se laisser glisser en dehors des remparts. Aimé rapporte qu'ils retombèrent à terre sains et saufs à la grande joie de leurs compagnons d'armes. Sans se laisser arrêter par cet échec, d'autres Normands répétèrent la tentative d'Archifrède mais ne réussirent pas mieux que lui, presque tous les Sarrasins, massés sur les remparts de la vieille ville, rendaient imprenable ce côté de Palerme [1]. Robert le comprit, il recommanda à Roger d'occuper les Palermitains en feignant de continuer l'assaut avec plus d'ardeur que jamais et partit dans la direction de la ville nouvelle. Là, l'attendaient trois cents soldats d'élite cachés sous les arbres des

Cum Siculis portas fugientibus urbis adire,
Ut finem tanto præberet capta labori.
Sed cives portis adhibent dum claustra seratis
Non modicam partem foris exclusere suorum.
Impetus hostilis tantis terroribus urbem
Implet ut exclusos cœdi permiserit omnes.
Robertus quamquam longo certamine vidit
Diffisos equites, cæptis insistere poscit :
Virtus vestra, viri, varios experta labores
Vel modo laudis, ait, vel erit modo digna repulsœ.
Urbs inimica Deo, divini nescia cultus,
Subdita dœmonibus, veteri spoliata vigore,
Jam quasi fracta tremit. Si vos instare potenter
Viderit, obstandi nullos meditabitur ausus :
At si deficitis, cras viribus hœc reparatis,
Acrius obstabit ; dum tempus adesse videtis,
Curritel dura capi, Christo miserante, patebit.
Difficilem quemvis facilem facit ipse laborem,
Hoc duce confisi ; bellis imponite finem,
Atque invadendam cuncti properemus ad urbem,
                                    Guiliel. Apul. III, v. 260-295.

[1] C'est Aimé VI, 19, qui raconte l'épisode d'Archifrède. Le nom du courageux soldat a probablement été défiguré par Aimé ou par son traducteur. Tel qu'il est, ce nom ne permet pas de dire si celui qui le portait était Grec ou Normand.

jardins aux environs de la Khalesa. Robert avait calculé juste ; ne prévoyant aucune attaque contre la Khalesa, les Sarrasins l'avaient laissée à peu près sans défenseurs ; aussi, sans perdre de temps, le duc fit appliquer les échelles contre les remparts. Ses soldats s'élancèrent, arrivèrent sur les fortifications, massacrèrent ceux qui voulurent résister et étant entrés dans le fort avant que l'ennemi eût le temps d'envoyer des secours, ils coururent ouvrir les portes à Robert qui y pénétra aussitôt avec le reste des trois cents. Ce furent des imprécations et des cris de rage dans El-Kassar lorsque se répandit la nouvelle de la prise de la Khalesa par les Normands. Les musulmans se précipitèrent pour la reprendre et les derniers feux du jour éclairèrent une lutte terrible entre sarrasins et chrétiens dans les rues étroites qui conduisaient de la cité vieille à la Khalesa. Robert parvint à garder sa conquête mais au prix de cruels sacrifices car le sol était couvert de cadavres lorsque les Sarrasins se décidèrent enfin à opérer leur retraite dans El Kassar. Pendant la nuit, le duc demanda et reçut des renforts et fit surveiller les issues ; il redoutait quelque surprise et s'attendait, dans tous les cas, à recommencer le lendemain la lutte dans les rues. Cette perspective n'empêcha pas un grand nombre de Normands de commencer, dès la première nuit, à piller le quartier qu'ils occupaient, à massacrer les adultes et à s'emparer des enfants pour les vendre ensuite comme esclaves. [1]

---

[1] Dux hortos cum trecentis militibus latenter ingressus ex altera parte, qua videlicet navalis exercitus adjacebat, urbem infestare, fratremque a parte, qua erat, haud secus agere perdocuerat. Illi, signo dato, quæ edocti erant, haud perficere segnes magno sonitu irruunt. Urbs tota in arma ruens, quæ strepitu tumultuantium accurebat defensioni, acceleranter grassatur. A parte qua minus cavebant, vacillatur. A Guiscardensibus scalis appositis murus transcenditur. Urbs exterior capitur, portæ ferro sociis ad ingrediendum aperiuntur Dux et comes cum omni exercitu infra muros hospitantur, Panormitani delusi hostes a tergo infra muros cognoscentes, interiori urbe refugium petendo sese recipiunt. Nox tumultum diremit. Malaterra iii, 45. — Et puiz lo duc senti toute ceste choze que autrci estoit fait de li sien frère, il fist drecier l'eschielle de l'autre part, et comanda à li sien qui sailloient qu'il ovrissent la porte, dont ceuz qui saillirent sanz nulle demorance descendirent

Dans le camp musulman, la nuit se passa en délibérations tumultueuses, les uns voulant continuer la lutte, les
autres préférant capituler afin d'obtenir du vainqueur,
pendant qu'il en était encore temps, des conditions moins
dures. Le parti de la paix l'emporta, peut-être à la suite
d'une révolution municipale qui remplaça l'autorité civile
par une sorte de commission militaire. Au point du jour,
deux kaïds, accompagnés de plusieurs notables, vinrent
trouver le comte Roger et Robert Guiscard et discutèrent
avec eux les conditions de la capitulation. D'après Aimé,

et opérirent la porte. Et entrèrent li chevalier secutant cil qui portoient arme
et tout lo pueple entra et assaillirent la terre, et levèrent les coses de li païen,
et partirent li enfant por les servir et la multitude de li mort covroit la terre.
Et lo duc, à ceuz qui sont remez, liquel habitent en la cité, à liquel avoit
donné mort de li parent et fame, il fist garder les tors. Aimé vi, 19. — Après
avoir parlé de l'assaut infructueux contre la cité vieille, Guillaume de Pouille
dit, comme les autres chroniqueurs, que la cité nouvelle, c'est-à-dire la
Khalesa, fut enlevée par surprise.

> Dum tanto populus confligit uterque labore,
> Prospera Roberto fuit et miserabilis urbi
> Actio fortunœ, subito quia cœtus equestris
> Egressus, scalis murorum dum petit alta,
> Propugnatores Siculi dant terga trementes.
> Urbe nova capta veteri clauduntur in urbe.

Guil. Apul. iii, v. 315-320.
Voyez aussi, Anonymi Vaticani *Historia Sicula* dans Muratori. R. 1. S.
T. VIII, col. 765. Malgré les témoignages si explicites des auteurs que nous
venons de citer, comme les descendants du comte Roger ont longtemps régné
sur la Sicile, une légende raconta que le comte Roger avait le premier franchi
les fortifications de Palerme. Cette légende a inspiré l'inscription suivante qui
était du xve siècle et se lisait encore au siècle dernier dans l'église bâtie sur
l'emplacement de la porte par laquelle les Normands avaient pénétré dans
Palerme.
Porta hœc, in quam Rogerius invictissimus Siciliæ comes irrumpens, aditum exercitui christiano ad urbem hanc Panormum [ab iniqua Saracenorum servitute emancipandam patefecit, Victoria cognomento ab eo devictorum hostium summo cum honore ob insignem reportatam victoriam, Deiparæ virginis cultu victoris ejusdem principi ardenti ac pio desiderio consecrata est, quintilio mense dom. Incarnationis MLXXI. (de Giardina : *le porte di
Palermo*, Palermo 1732, p. 11, cité par Amari : Storia dei Musulmani, T. III,
p. 128, note 2). La date de cette inscription est également erronée, il faut
janvier 1072 au lieu de juillet 1071. La porte par laquelle les Normands pénétrèrent dans la Khalesa était située derrière le couvent de la *Gancia* et donnait
sur une petite place qui reçut le nom de place de la Victoire; de même l'église construite sur cet emplacement fut appelée *Chiesa della Vittoria*. Il ne
faut pas la confondre avecl'autre *Chiesa della Vittoria*, située en dehors de la
Porta Nuova. Cf. Amari l. c.

la ville se rendit à discrétion; [1] Guillaume de Pouille, dit
que les Palermitains se soumirent à la condition d'avoir
la vie sauve et que, non-seulement Robert Guiscard accéda
à cette demande, mais qu'il tînt fidèlement sa parole
donnée à des païens et n'exila aucun d'eux de Palerme. [2]
Malaterra affirme que les clauses de la capitulation furent les deux suivantes : Les Sarrasins ne seront pas inquiétés pour leurs croyances religieuses; ils ne seront pas
molestés par des lois nouvelles et injustes [3]. Enfin, l'Anonyme du Vatican prétend que Palerme se rendit aux con-

[1] Le passage d'Aimé (vi, 19) qui paraît indiquer cette révolution municipale
de Palerme quelques heures avant la capitulation est obscur: Mès pource que
Palerme estoit faite plus grant qu'elle non fu commencié premèrement, dont
de celle part estoit plus forte dont premèrement avoit esté commencié, la
cité se clamoit la antique Palerme. Il commencèrent *contre* celle antique Palerme contrester cil de la cité. Et puiz quant la bataille pensèrent qu'il devoient faire, et en celle nuit se esmurent o tout li ostage, et mandèrent certains messages liquel doient dire coment la terre s'est rendue. Et puiz quant
il fut jor, dui cayte alèrent devant loquel avoient l'ofice laquelle avoient li
antique, avec autrez gentilhome, liquel prièrent lo conte que sans nulle
autre condition ne convenance doie recevoir la cité à son commandement.
Amari (*Storia* T. III, p. 129, note 3) propose de remplacer par le mot *entre*
le mot *contre* du texte d'Aimé. Avec cette modification la phrase d'Aimé a en
effet, un sens intelligible, elle mentionne la désunion existant dans le camp
des musulmans. En outre, Amari entend, comme il suit, la dernière phrase
d'Aimé : le jour venu, deux Kaïds, c'est-à-dire deux chefs mititaires, investis
des pouvoirs qu'avaient auparavant les anciens, les *Sceikh* (li antique) c'est-à-
dire les magistrats de la commune, vinrent avec d'autres gentilhommes.
Amari conclut que, d'après Aimé, une révolution municipale remplaçant les
Sceikh par les Kaïds a dû avoir lieu à Palerme pour rendre possible la capi-
tulation.
[2] Gens Agarena, videns se viribus omnibus esse
Exutam, tota spe deficiente salutis,
Suppliciter poscit, miseros miseratus ut ejus
Respiciat casus, neque dux condigna rependat.
Cuncta duci dedunt, se tantum vivere poscunt.
Deditione sui facta meruere favorem
Exorare ducis placidi. Promittitur illis
Gratis cum vita; nullum proscribere curat :
Observans que fidem promissi, lædere nullum
Quamvis gentiles cssent, molitur eorum.
Omnes subjectos sibi lance examinat œqua.
Guiliel. Apul. iii, v. 321-331.
[3] Proximo mane primores, fœdere interposito, utrisque fratribus locutum
accedunt, legem suam nullatenus se violari vel relinquere velle dicentes,
scilicet si certi sint quod non cogantur vel injustis et novis legibus non atte-
rantur. Malaterra ii, 45.

ditions encore observées de son temps, c'est-à-diré au XII°
siècle, sous les rois normands. Les Sarrasins étaient alors
jugés d'après leurs propres lois par des tribunaux spé-
ciaux et jouissaient pour leurs personnes d'une liberté et
d'une sécurité très grandes[1].

La capitulation réglée, Roger, accompagné d'une nombreuse escorte, entra dans la cité vieille, occupa les fortifications et vint ensuite trouver son frère [2].

Le quatrième jour, c'est-à-dire le 10 janvier 1072 [3], eut
lieu l'entrée solennelle de l'armée normande dans Palerme ;
mille chevaliers formaient la haie le long des rues que le
cortège devait suivre. En tête marchait Robert Guiscard,
suivi de sa femme Sikelgaïta, de son frère Roger, des autres Tancrède, du frère de sa femme [4] et de tous les princes ; « et avec ses princes, s'en ala lo duc o grant révé-

---

[1] In crastino autem cives, cum nullo modo virtuti Normannorum se posse
resistere viderent, communicato consilio, missis et remissis utrinque nuntiis
et pactionibus, quales adhuc in eadem urbe tenentur, conformatis, Panormum
urbem regiam totius regni dominam atque metropolim duci, atque comiti
fratribus et viris invictissimis regendam et possidendam tradiderunt. Anonymi
Hist. Sicula Muratori R. I. S. T. VIII, col. 755.

[2] Aimé : vi, 19.

[3] Aimé : vi, 22., dit que Palerme fut prise à la Noel de 1071 : Mès lo duc
Robert, liquel estoit si glorioz en tous ses faiz, en. v. moiz veinchi Palerme ;
quar de lo mois de agouste passa la mer, et en la nativité de Ishu-Christ et,
par la grâce de Dieu, tint ce qu'il veinchi. Mais, nous l'avons déjà vu plusieurs fois, Aimé n'est guère précis en chronologie ; il procède par à peu
près et par chiffres ronds. La *Chronique anonyme de Bari*, celle de Lupus
Protospatarius disent expressément que les Normands sont entrés à Palerme
le 10 janvier 1072. Mill. LXXII. Indict. X. Capta est Palermo ab ipso duca X die
intrante mens. Jan. Ignoti Barensis *Chronicon* dans Muratori R. I. S. T. V.
col. 153, 1072. Mense Januarii die 10 introivit Robertus dux in Panhormum
civitatem Siciliæ. Lupi *Chronicon* dans Migne Patrol. lat. T. 155, col. 157. —
La *Chronicon breve Normannicum* donne également la date de 1072 ; c'est
évidemment par une faute de copiste qu'elle porte : *mense Junio* au lieu de
mense Jan. Cf. *Chronicon breve* dans Migne Patr. la. T. 149, col. 1086. Cette
date du mois de janvier 1072 ne contredit pas celle que donne Malaterra.
Malaterra dit, il est vrai, que Palerme fut prise en 1071, mais on sait que
pour ce chroniqueur la nouvelle année commençait au 25 mars. Le mois de
janvier 1072 était donc encore pour lui l'année 1071.

[4] Aimé vi. 19 « et avec lo frère de la moillier » il s'agit non pas de Gisulfe
mais de Gui de Salerne, auquel Alfanus archevêque de Salerne adressait en
effet les vers suivants :
Siciliam tellus Arabum miratur acervum
Quos tuus ipse dedit ensis et hasta necis
Ughelli Ital. Sacra T. X. p. 74.

rance plorant à l'églize de Sainte-Marie, laquel éclize
avoit esté temple de li Sarrazin, et en fist chacier toute
l'ordesce et ordure et fist dire messe à lo catholique et saint
archevesque. ' Une grant merveille apparut devant celle
églize, quar furent aucun bon chrestien qui oïrent en
celle ecclize la voiz de li angèle et moult douz chant, en
loquel cant looient Dieu, et apparut alcune foiz cnlumi-
née celle églize de la lumière de Dieu, plus resplendissant
que non est nulle autre lumière mundane. » '

La prise de Palerme par les chrétiens porta un coup décisif à la domination des Sarrasins en Sicile ; deux cent
quarante-deux ans s'étaient écoulés depuis qu'au mois
d'août 830, Palerme avait été conquise par les infidèles ;
depuis plus de trois siècles, l'Islamisme occupait une partie
de l'île. Pendant ces trois siècles, peut-être les plus sombres
de l'histoire de l'Italie qui en compte cependant de bien
lugubres, les empereurs d'Orient et ceux d'Occident furent
impuissants non pas seulement à chasser les musulmans
de la Sicile, mais même à préserver contre eux la Sardaigne et l'Italie centrale et méridionale. A plusieurs reprises, les infidèles occupèrent d'une façon permanente
la Sardaigne et divers pays de l'Italie et, en tout temps,
ils se firent un jeu cruel de débarquer inopinément sur
les rivages de la belle péninsule, de ravager ses campagnes, et d'amener ensuite ses habitants en esclavage. Ce
que les plus hauts potentats de la chrétienté n'avaient pu
faire, fut accompli par quelques centaines de Normands.
Onze ans à peine s'étaient écoulés depuis qu'ils avaient
passé le Faro et commencé la conquête de l'île, et, pendant cette campagne de onze années, ils avaient fait preuve
d'une bravoure, d'une prudence, d'une ténacité qui méri-
tent l'admiration de la postérité. Recrutant de gré ou de

' Malaterra II, 45. Archiepiscopum, qui ab impiis dejectus in paupere ecclesia S. Cyriaci, quamvis timidus natione Græcus cultum christianæ religionis
pro posse exequebatur, revocantes restituunt. — Dans son livre *Sicilia Sacra*
p. 53 sqq. Pirro appelle cet archevêque, Nicodème ; c'est le nom que lui donnent une bulle de Caliste II et un diplôme de Roger.
' Aimé VI, 20.

force une flotte et une armée d'Italiens et de Grecs, ils étaient venus bloquer et assiéger Palerme. Après cinq mois, Palerme succombait, la Sicile rentrait, pour n'en plus sortir, dans le mouvement de la civilisation chrétienne et Européenne ; c'est en effet le caractère et l'honneur de la conquête de la Sicile par les Normands que jamais les Musulmans n'ont pu reprendre cette reine de la Méditerranée. Les succès des croisades ont été éphémères, les résultats des victoires des Normands en Sicile durent encore ; ces missionnaires bardés de fer ont si profondément enraciné la croix dans le sol sicilien que rien depuis n'a pu la déraciner ou l'ébranler.

La chute de Palerme, fit, il est facile de le comprendre, une impression profonde sur les Musulmans Siciliens ; beaucoup d'entre eux, convaincus qu'il était inutile de lutter contre la fatalité, s'inclinèrent sous le joug des Normands. Si les Arabes d'Afrique, établis sur les hauteurs inaccessibles de Castrogiovanni, continuèrent à résister, en revanche, les Sarrasins de Mazzara à l'extrême sud ouest de l'île, se soumirent spontanément en apprenant la reddition de Palerme [1].

Sans attendre d'avoir forcé dans leurs derniers retranchements les Sarrasins encore insoumis, Robert Guiscard et Roger se partagèrent la Sicile, peu après leur entrée victorieuse dans Palerme. Le duc, s'adjugeant une part de lion, garda pour lui, avec la suzeraineté générale sur l'île, Palerme, le Val Demone et Messine ; du consentement de toute l'armée, Roger eut le reste de la Sicile conquise ou à conquérir, sans rien perdre de ses possessions en Calabre déjà reconnues par son frère. Il commença, à

---

[1] Et li Sarrazin liquel habitoient en Mazarin, quant il sorent que Palerme s'estoit rendue, pour paor qu'il orent donnèrent la cité a lo duc, et lui promistrent de doner chascun au tribut. Aimé vi, 21. Ibn Khaldoun dit aussi que Mazara se rendit aux Normands en 1072, mais il se trompe en affirmant que les Normands la prirent à Al Hawwas; celui-ci était mort depuis quelques années déjà. Cf. Amari : *Biblioteca arabo Sicula* T. II, p. 221 sq. de la traduction italienne.

partir de cette époque, à être appelé le grand comte ; au début, les deux principaux vassaux en Sicile de Robert Guiscard et de Roger furent leur neveu Serlon et Arisgot de Pouzzoles, allié aux Tancrède. Malaterra rapporte que ces derniers eurent en partage une moitié de la Sicile de Roger, mais certainement avec la mission d'en terminer la conquête [1]. Serlon ne devait pas remplir cette tâche,

[1] La question du premier partage de la Sicile entre les Tancrède a donné lieu à une longue controverse parmi les historiens. Nous avons suivi sur ce point les indications de Malaterra de préférence à celles d'Aimé ; Malaterra écrit : Deinde urbe (Panormi) pro velle suo, dux eam in suam proprietatem retinens, et vallem Deminæ, cæteramque omnem Siciliam acquisitam et suo adjutorio, ut promittebat, nec falso acquirendam, fratri de se habendam concessit. Malaterra II, 45. On lit aussi au chap. 46 : Medietas totius Siciliæ ex consensu ducis et comitis suæ sorti (id est Serlonis filii Serlonis), Arisgotique de Poteolis inter se dividenda cesserat : eo quod hic consanguineus eorum erat, uterque autem consilio et armis probissimi viri erant.

La suite de l'histoire des Normands d'Italie établit que les données de Malaterra sur le partage de la Sicile sont parfaitement exactes ; nous savons en effet par ce même Malaterra qu'en 1091, le comte Roger ayant aidé son neveu le duc Roger, fils et héritier de Robert Guiscard, à prendre la ville de Cosenza en Calabre, le duc Roger consentit par reconnaissance à laisser à son oncle une moitié de la ville de Palerme, se réservant l'autre moitié. Le comte Roger, ajoute Malaterra, mit dès lors un tel ordre dans la perception des impôts de Palerme, que son neveu, le duc Roger, eut plus de revenus avec la moitié qui lui restait que lorsqu'il avait la ville toute entière. Gomiti autem pro recompensatione servitii sibi exhibiti medietatem Pausemitanæ (Panormitanæ) urbis assignat. Comes autem in sua parte castrum firmat, urbem que, cum jam communis esset, ita ordinat ut plus ex medietate postmodum duci perveniret, quam primo, cum sine comparticipe totius urbis redditus possideret. Malaterra IV, 17.

En 1122, le duc Guillaume, fils du duc Roger et petit fils de Robert Guiscard céda au comte Roger, fils du comte Roger, la moitié de Palerme que son père lui avait laissée : Medietatem suam Palermitanæ civitatis et Messanæ, et totius Calabriæ dux ille eidem comiti concessit ut ei super his omnibus auxilium largiretur. Falconis Beneventani *Chronica* ad an. 1122, dans G. del Re : *Cronisti e scrittori sincroni della Dominazione Normanna.* in-4, Napoli, 1845, col. 186. Romuald de Salerne confirmant le renseignement fourni par Falco de Bénévent écrit : Et quia prædictus dux homo erat liberalis et quæcumque habere poterat militibus erogabat, necessitate coactus primo Calabriam pro sexagenta milibus bisantiorum, prephato comiti in pignore posuit, postea mediam civitatem Panormi, quæ ei jure hereditario pertinebat, illi vendidit. Cf. Pertz : Mon. Germ. hist. SS. T. XIX p. 418.

Aimé, en désaccord avec Malaterra, écrit au sujet du partage de la Sicile : Et lo comanda que vieingne tout lo exercit, et loa lo exercit qu'il lo devisse doner à lo frère. Et adont lo duc donna à son frère lo comte Rogier toute la Sycile, senon que pour lui reserva la meitié de Palerme et la meitié de Messine, et la moitié de Démède, et li conferma la part de Calabre laquelle avoit avant que Sycile. Aimé VI, 22. — Aimé confond évidemment la situation de Palerme en 1072 avec celle de 1091 et des années suivantes, lorsque le duc

digne ⸰de sa bravoure, il ne tarda à succomber, victime
d'une ruse des arabes africains.

« A cette époque, raconte Malaterra, Serlon fils de Ser-
lon, neveu de Robert Guiscard et de Roger, demeurait à
Cerami, pour protéger le pays contre les incursions des
Arabes établis à Castrogiovanni. Le duc et le comte lui

Roger eut donné une moitié de la ville à son oncle le comte Roger. Leo
de'Marsi ii, 16 a partagé l'erreur d'Aimé.

Malgré cet anachronisme, il ne semble cependant pas qu'il faille rejeter
comme complètement erroné tout le passage d'Aimé. Je crois et M. Amari
(*Storia dei Musulma. di Sicilia* T. III, p. 134 note 1) est susi de cet
avis, qu'Aimé est dans le vrai lorsqu'il dit que l'armée (c'est-à-dire les
Normands de l'armée) fut consultée dans la question du partage de la
Sicile. Comme nous le verrons dans le chapitre suivant, lors de la
prétendue mort de Robert Guiscard en 1073, les Normands d'Italie n'avaient
pas encore perdu l'habitude d'élire leurs chefs, et cette intervention
de l'armée dans la question du partage est très plausible. Enfin Aimé est
seul à nous apprendre que Robert se réserva au moins la moitié de Messine,
Malaterra ne parle pas de cette ville, et le texte de Falco de Bénévent
cité plus haut est d'accord sur ce point avec Aimé. — Sur le partage de la
Sicile en 1071, cf. G. Weinreich: *de conditione Italiæ inferioris Gregorio VII
pontifice.* p. 86, § V intitulé : *Quam partem insulæ Siciliæ occupatæ Robertus
in potestate sua retinuerit, cæteram Rogero fratri concedens.* Weinreich est
diffus, prolixe mais conclut en faveur de Malaterra. C'est ce que fait aussi
Hirsch op. cit. p. 309. Le raisonnement de Hirsch est serré, logique, peut-être
un peu trop sévère contre Aimé. Amari op. cit. T. III, p. 133 et de Blasiis
op. cit. T. II, p. 168 suivent également les données de Malaterra.

Giesebrecht est seul à rejeter Malaterra pour suivre Aimé. — *Geschichte der
deutschen Kaiserzeit* T. III.première partie p. 206-207,et deuxième partie p. 1118,
ed. de 1876. Giesebrecht est parfois un étrange historien ; à cette même page
1118, il le prend de très haut avec Gauttier d'Arc à propos d'une date fausse
et lui reproche des erreurs historiques « die selbst in der historischen Literatur Frankreichs kaum ihres Gleichen haben mochten ». Je ne songe pas à
défendre Gauttier d'Arc qui visait, c'est là son tort, au genre troubadour plutôt qu'à la précision historique, mais pour avoir le droit de se montrer si dé-
daigneux à l'égard de la littérature historique française, Giesebrecht ne de-
vrait pas s'exposer à ce qu'un français lui indiquât de nombreuses erreurs
précisément dans cette partie de son ouvrage ; en voici quelques-unes : P. 202
il appelle la première femme de Roger, Judith de Grentemesnil ; Judith n'était
pas fille de Robert de Grentemesnil second mari de sa mère, mais du troisième,
Guillaume, fils de l'archevêque Robert. Cf. supra p. 378 note 1. — Page 206
Giesebrecht fait d'Archifrède un Normand, Aimé qui est seul à parler de lui,
vi, 19, n'indique pas sa nationalité. Giesebrecht dit que Palerme se rendit
sans condition aux Normands, plusieurs auteurs contemporains affirment,
comme nous l'avons vu, le contraire. J'ai déjà parlé de l'erreur du même historien au sujet du premier partage de la Sicile. Terminons en signalant un
anachronisme. Parlant des barons Normands qui se révoltèrent dans la
Pouille et dans la Calabre contre Robert Guiscard pendant qu'il assiégeait
Palerme, Giesebrecht écrit : Noch bestanden hier die alten zwolf grossen
Lehen. die um Melfi in Anfang der Eroberung begrundet waren (p. 207).
Cette phrase ferait croire que les douze fiefs fondés à Melfi en 1043 existaient

avaient assigné ce poste et lui avaient accordé à lui et à
Arisgot de Pouzzoles une moitié de toute la Sicile ; Arisgot était devenu par alliance leur parent et Serlon et lui
étaient des capitaines d'une prudence et d'une bravoure
éprouvées. Les Arabes de Castrogiovanni redoutaient
beaucoup Serlon qui, dans plusieurs circonstances, avait
ruiné leurs projets ; aussi cherchaient-ils par tous les
moyens, par les armes comme par la ruse, à se défaire de
lui. Pour mieux lui tendre un piège, l'un des principaux
Sarrasins de Castrogiovanni, nommé Brahen, fit alliance
avec Serlon et, par l'attouchement de l'oreille, selon la
coutume des Sarrasins, ils s'adoptèrent mutuellement pour
frères. Brahen, ayant ensuite tout préparé pour la trahison, envoya des présents à Serlon et les fit accompagner
de ces paroles : Sache mon frère adoptif que tel jour sept
Arabes ont projeté dans leur folie d'aller piller sur tes
terres. Serlon se mit à rire en entendant ce message, ne
songea pas à faire venir des renforts des châteaux voisins
et, au jour indiqué, alla chasser sans prendre aucune précaution.

« Les Arabes, sortis de Castrogiovanni au nombre de
sept cents cavaliers et de deux mille fantassins, se cachèrent non loin de Cerami et, comme Brahen l'avait
mandé à Serlon, envoyèrent sept cavaliers piller dans la
direction de Cerami. Des cris s'élevèrent aussitôt, des
habitants du pays coururent trouver Serlon pendant qu'il
était à la chasse ; mais, comme il n'avait pas ses armes,
il expédia un messager à Cerami pour les lui rapporter et,
sans les attendre, afin de voir par lui-même ce qui se

encore et que les principaux des révoltés contre Robert Guiscard en 1072
étaient les possesseurs de ces douze fiefs. Rien de plus arbitraire que cette
assertion. Plusieurs de ces fiefs avaient disparu par exemple ceux de Guillaume bras de fer, de Drogon, d'Hervé, d'Asclitine... Les adversaires de Robert Guiscard étaient surtout les fils de Humfroy qui n'eut aucune part dans
les fiefs fondés en 1043, c'est la dynastie de Capoue, le lombard Gisulfe de
Salerne, c'est Robert Areng. il n'y a guère parmi eux que Pierre de
Trani pour représenter les descendants des feudataires de 1043. N'est-ce pas
le cas de rappeler à Giesebrecht ce proverbe de son pays : Hochmuth kommt
vor den Fall ?

passait, se dirigea vers l'endroit d'où partait le plus grand bruit. Lorsqu'il sut que cet émoi provenait des sept Arabes pillards, trop confiant dans le message de son prétendu frère, il les poursuivit et dépassa le lieu des embuscades. Derrière lui s'élança aussitôt toute une horde d'ennemis armés; Serlon voyant que la fuite et la lutte étaient également impossibles, gagna avec les quelques personnes qui l'accompagnaient une roche qui depuis a porté le nom de roche de Serlon. Là, s'étant adossé à la paroi du rocher, il combattit longtemps mais en vain, nul ne vint à son secours, il succomba enfin avec tous les siens à l'exception de deux qui se cachèrent sous les cadavres et furent laissés pour morts.

« Les Sarrasins coupèrent la tête de Serlon et lui arrachèrent le cœur qu'ils mangèrent, dit-on, pour avoir la bravoure du héros. Les têtes coupées furent envoyées en hommage au roi en Afrique; celle de Serlon, fixée sur un pieu, fut promenée à travers les places de la ville ; les Arabes proclamèrent que c'était celle du plus grand ennemi des Siciliens et qu'un tel adversaire étant mort, il serait facile de reconquérir la Sicile. Lorsque la nouvelle de ce malheur fut connue à Palerme, elle fit une grande impression dans l'armée. Le comte fut extrêmement affecté de la mort de son neveu et le duc cacha ses larmes pour ne pas augmenter la douleur de son frère. Laissez donc, lui disait-il, toutes ces lamentations aux femmes; pour nous, préparons-nous à venger cette mort »[1].

Robert Guiscard et Roger ne marchèrent cependant pas contre Castrogiovanni, comme ces paroles auraient pu le faire présager; probablement ne se sentaient-ils pas en mesure de commencer immédiatement un autre siège pour déloger de leurs positions formidables les arabes d'Afrique. Mais le duc n'avait pas eu besoin de l'a-

[1] Malaterra II, 46. Le nom de rocher de Serlon (Hagar Sarlu en arabe) resta au rocher, théâtre de la mort du valeureux petit fils de Tancrède. Cf. Edrisi dans Amari : *Biblioteca arabo Sicula* T. I, p. 110 trad. ital.

vertissement de la mort de Serlon pour comprendre
que ses conquêtes en Sicile avaient besoin d'être
consolidées et qu'il fallait agir avec autant de prudence
que d'énergie. Aussitôt après la prise de Palerme, il fit
construire une petite forteresse au bord de la mer pour
commander le port et une autre beaucoup plus considérable sur une hauteur dominant la ville, là où s'élève
maintenant le palais royal. Cette seconde forteresse que
les chroniqueurs appellent souvent « *palatium novum* »
comprenait plusieurs ouvrages militaires rattachés les
uns aux autres, et englobant une enceinte considérable ;
des puits furent creusés dans l'intérieur de ces fortifications et de vastes magasins y furent établis pour que
l'eau et les vivres n'y fissent pas défaut, s'il fallait y soutenir un siège[1]. Un jour, raconte Aimé, Robert Guiscard
étant aller visiter les travaux du « *palatium novum* » re-
marqua qu'au milieu des magnifiques palais des Sarrasins, la pauvre église de Sainte Marie avait l'air d'un four ;
elle paraissait à peine, écrasée par les hautes construc-

---

[1] Et pensa lo duc les liez especialz des cités ; il eslut un lieu moult haut là
où il fist une forte roche, et la fist moult bien garder, et la forni de choses de
vivre, pour lonctemps et à grant abondance. Aimé VI, 23. Malaterra ne parle
non plus que de la citadelle principale, du *palatium novum.* Deinde verro
castello firmato et urbe pro velle suo, dux eam in suam proprietatem reti-
nens. II, 45, Guillaume de Pouille est plus explicite :
  Munia castrorum fecit robusta parari ;
  Tuta quibus contra Siculos sua turba maneret,
  Addidit et puteos alimentaque commoda castris.
  Obsidibus sumptis aliquot castris que paratis,
  Reginam remeat Robertus victor ad urbem,
  Nominis ejusdem quodam remanente Panormi
  Milite, qui Siculis datur amiratus haberi.
                    Guiliel. Apul. III, v. 337-344.
La *Chronique de Robert Viscart* parle des deux châteaux ; le texte latin
porte : duo fortissima castra alterum juxta mare, alterum in loco qui dicitur
Galea. Cf. Caruso *Bibliot. Sicula* p. 846. Le texte français : Et à ce que li citadin non avissent hardément de rompre les covenances et faire bataille,
firent faire ij. chasteaux moult fors, l'un après de la mer, et l'autre en un
lieu qui se clame Galga, et les firent faire en brief temps. éd. Champollion
p. 296. Sur ces deux châteaux, voyez une note d'Amari. Storia dei Musulmani T. III, p. 137 note 2. Giesebrecht *op. cit.* p. 207 commet encore ici une
nouvelle erreur ; il écrit qu'après la prise de Palerme, R. Guiscard befestigte
den Cassaro (!) die Burg derselben, et ne parle pas des nouvelles fortifications.

tions voisines. Le duc soupira et dit : « Je veux que cette église soit abattue ». Il donna ensuite de grandes sommes d'argent pour acheter des marbres et de la pierre « et moult honestement la fist réhédifier » [1]. .

Ces précautions prises, Robert songea à regagner le continent pour y rétablir l'ordre troublé par les barcns normands insurgés ; il confia le commandement de Palerme à l'un des siens qui prit le titre d'émir [2] et permit à Roger de recruter dans son armée ceux de ses soldats qui consentaient à rester en Sicile pour continuer la guerre sous les ordres du comte. Malgré les présents qu'il distribua et les promesses qu'il fit, Roger ne put en retenir qu'un petit nombre [3].

Avant de partir, Robert Guiscard réunit les notables parmi les Sarrasins de Palerme et leur exposa qu'il avait fait de grandes pertes, que le siège et la prise de Palerme lui avaient coûté très cher, il alla jusqu'à leur dire le nombre des chevaux qu'il avait perdus. Les Sarrasins comprirent ce que signifiait un tel langage et, sans attendre que le rusé normand leur intimat des ordres, lui firent de magnifiques présents et lui donnèrent d'importantes sommes d'argent. En outre les fils des principales familles du pays furent remis à Robert comme gage de la soumission et de la fidélité de leurs parents [4].

---

[1] Aimé vi, 23. R. Pirro : *Sicilia sacra* p. 1369 dit que cette église était Santa Maria della Grotta.

[2] Voyez les vers de Guillaume de Pouille cités plus haut. Comme le dit M. Amari *op. cit.* p. 140 note 3. ce titre d'émir fut porté plus tard à la cour normande de Palerme par le premier ministre et capitaine général.

[3] igitur famosissimus Siciliæ princeps Rogerius, duce fratre, expeditione, postquam Panormum adeptus est, solita, a Sicilia versus Calabriam et Apuliam, ut suas utilitates exsequeretur, digrediente, in Siciliam remanens, exercitus recedentis fratris minimam partem proemiis et promissïonibus illicicus, ex consensu ejusdem ducis sibi retinuit. Malaterra iii, 1.

[4] Et pulz (Robert Guiscard) clama cil de la cité, et lor conta et dist lo damage qu'il avoit receu, et lo dist lo nombre de li cheval qu'il avoit perdu. Et se mostra moult corrocie por ce qu'il avoit despendu por prendre la cité. Et alors ot moult de domps et moult de monnoie, et rechut por ostage li fill del meillor home de la terre, et o victoire gloriouse torna eu Calabre. Aimé vi, 23. C'est surtout en Sicile que Robert Guiscard préleva ces grandes sommes d'or et d'argent dont il octroya une partie au Mont Cassin. Voyez dans la chronique de Leo de'Marsi continuée par Pierre Diacre iii, 38, la lou-

Dans les derniers mois de 1072, l'heureux Robert Guiscard, duc de la Pouille, de la Calabre et de la Sicile, chargé des dépouilles de la Sicile, ramenant avec lui son armée victorieuse, escorté non pas seulement par les byzantins faits prisonniers à Bari, mais encore par les fils de ces Sarrasins de Sicile, auparavant la terreur de l'Italie, rentra en Calabre, pour y remporter de nouveaux triomphes.

gue série des présents en or, en argent, en objets précieux, en étoffes, en tapisseries arabes, donnés par le duc au monastère. La *Chronique* d'Amalfi rapporte en outre qu'après la prise de Palerme, Robert Guiscard donna à la ville de Troie dans la Pouille, des portes de fer, des colonnes enlevées de la capitale de la Sicile. Obsedit que Panormum (Robertus dux) ditissimam Siciliæ civitatem et viriliter eam expugnavit, cepit que anno Dominicæ incarnationis 1073. Et exinde portas ferreas et columnas marmoreas quamplures cum capitibus efferri fecit Trojam in signum victoriæ suæ. *Chronici Amalphitani fragmenta* c. xxxiii dans Muratori: *Antiquitates Italicæ* T. I, col. 213 éd. de Milan 1738. — Le même renseignement se trouve dans le *Chronicon Siciliæ* ab Anonymo ad an. 1071 — Cf. Muratori R. I. S. T. X, col. 814 — et dans Romuald de Salerne, cf Pertz : Mon. Germ. hist. SS. T. XIX p. 407. Ces portes ont disparu; celles qui ornent actuellement la cathédrale de Troie et qui sont à juste titre si célèbres, portent la date de 1109. Elles ont été décrites et reproduites plusieurs fois; Cf. duc de Luynes : *Recherches sur les monuments et l'histoire de la maison de Souabe.* Planche vi. — Schulz : *Denkmæler der Kunst des Mittelalters in Unteritalien* T. I, p. 187 et l'Atlas correspondant. — Sur la prise de Troie par Robert Guiscard, voyez l'Appendice n° 2 à la fin du volume.

CHAPITRE IX

(1061-1073)

Au point où nous sommes arrivés de l'histoire des Normands d'Italie, il n'est guère possible de parler en même temps des Normands d'Aversa, de Capoue et de ceux de la Pouille, de la Calabre et de la Sicile. Ce serait aller au devant d'une confusion inévitable.

La dynastie normande d'Aversa n'a pas fait, il est vrai, des conquêtes comparables à celles des Tancrède, mais en revanche, pendant la période qui nous occupe, ses destinées ont été mêlées à celles de la papauté. Par ce côté, son histoire a une importance réelle et présente un intérêt général.

Après avoir raconté jusqu'en 1072, la brillante carrière du duc Robert Guiscard, du comte Roger et de leurs compagnons d'arme, il faut donc revenir en arrière et reprendre depuis 1061 l'histoire de Richard comte d'Aversa, prince de Capoue, et de ceux qui s'attachèrent à sa fortune.

Les deux expéditions faites à Rome en 1059 par les Normands de la Campanie eurent pour résultat, nous l'avons déjà dit, de pacifier la fin du pontificat de Nicolas II. [1] Toutefois les *capitani* romains ne furent pas aussi définitivement vaincus qu'on l'avait espéré; au synode romain de la Pâque de 1061, l'assemblée dût ex-

---

[1] Cf. *supra* p. 311 sqq. et p. 334, les deux expéditions des Normands à Rome en février et en juin 1059.

[2] Cf. Ailredi *Vita Edwardi* (Twysden, *hist. Angl. Script.* I, 387). Petri Damiani : *Disceptatio synodica* dans Watterich : *Pontif. Roman. vitæ.* T. I, p. 249.

communier pour de nouveaux méfaits Girard, comte de Galeria[2]. Quelques mois après le 27 juillet 1061, mourut à Florence le pape Nicolas II. [1]

Cette mort, survenue au milieu de graves complications, était un échec pour la réforme de l'Eglise et la revendication, de la liberté électorale du Saint-Siège, but suprême de Hildebrand. En effet, les actes du concile romain du 13 avril 1059, surtout le décret concernant les élections à la papauté, avaient mécontenté les conseillers de l'impératrice Agnès, c'est-à-dire le gouvernement de la Germanie pendant la minorité d'Henri IV; aussi, pour expliquer ce décret, en le faisant connaître officiellement, et pour atténuer l'impression fâcheuse qu'il avait produite, le pape, Nicolas II avait, de son vivant, envoyé à la cour de Germanie, Etienne, cardinal prêtre de l'Eglise romaine. Mais l'ambassadeur ne fût même pas reçu et ne put obtenir audience. Pendant cinq jours, il frappa inutilement à toutes les portes; elles ne s'ouvrirent pas devant le représentant du Saint-Siège. Etienne revint en Italie sans avoir pu notifier le décret du concile [2].

Nicolas II étant mort, on se demanda aussitôt de quelle manière allait être élu son successeur? Les *capitani* et ceux des clercs de Rome qui ne voulaient pas de réforme, n'hésitèrent pas; ils s'emparèrent des insignes de la papauté, de la chlamyde, de la mitre et de l'anneau ainsi que de la

---

[1] 6 Kal. Aug. Bernoldi *chroni.* 1061. Jaffé : *Regesta Pontificum* p. 389. Watterich : *Pontif. Rom. vitæ* T. I. p. 240.

[2] Stephanus cardinalis presbyter Apostolico sedis, vir videlicet tantæ gravitatis et honestatis nitore conspicuus, tantis denique sicut non obscurum est virtutum floribus insignitus, cum apostolicis litteris ad aulam regiam missus, ab aulicis administratoribus non est admissus, sed per quinque fere dies, ad beati Petri et apostolicæ sedis injuriam, præ foribus mansit exclusus. Quod ille, utpote viri gravis et patiens, æquanimiter tulit, legati tamen officium quo fungebatur implere non potuit. Clausum itaque signatum que mysterium concilii, cujus erat gerulus retulit. Petri Damiani *Discept. synod.* dans Watterich : *Pontif. Rom. Vitæ*, T. I, p. 248. Pierre Damiani parle du concile romain de 1059; comme l'a prouvé Giesebrecht, le cardinal Etienne remplit cette mission du vivant de Nicolas II, immédiatement avant ou après le voyage qu'il fit en France en 1060, et pendant lequel il tint divers synodes. Cf. Héfélé *Conciliengeschichte* § 558 et Giesebrecht: *Annales Altahenses* p. 154, sq. Berlin 1841.

couronne du patrice romain, et les envoyèrent à l'impératrice'Agnès, lui demandant de nommer le futur pape au nom
de son jeune fils, Henri IV. A la tête de l'ambassade, se
trouvait, c'est tout dire, Girard comte de Galeria, ce pillard
plusieurs fois déjà excommunié par les pape précédents,
et l'abbé de saint Grégoire *ad clivum Scauri*[1]. La situation
avait bien changé depuis le concile de Sutri ; la noblesse
du *Latium* ne visait plus à s'approprier, comme elle l'avait
fait tant de fois, le patriciat et à introniser un pape de son
choix, elle redoutait trop Hildebrand et ses alliés les Normands pour agir ainsi ; mais elle espérait arriver au même
résultat en s'unissant à la cour de Germanie qu'elle savait
en désunion avec le parti réformateur.

Hildebrand fut quelques temps indécis sur le parti à
prendre. La conjoncture en effet était délicate et demandait une prudence extrême. Avec son courage ordinaire,
il résolut cependant de faire observer les décrets du concile de 1059, et, comme l'accueil fait en Germanie au cardinal Etienne laissait peu d'espoir de s'entendre sur ce
terrain avec le gouvernement de l'impératrice Agnès, il
songea à s'assurer l'appui du duc Gottfried et des Normands. Trois mois se passèrent dans ces calculs et ces
négociations, enfin le choix de Hildebrand se porta sur
Anselme, évêque de Lucques.

Cette élection était des plus significatives et équivalait à
une rupture entre Rome et la Germanie. Anselme, né à
Baggio, près de Milan, avait été le principal fondateur de
la *Pataria*, c'est-à-dire l'instigateur de ce mouvement populaire qui, à Milan, et en d'autres ville de la Lombardie,
s'était produit contre la dépravation des clercs[2]. Il n'entre
pas dans le cadre de cette histoire de raconter en détail les
origines des Patares et le rôle si important qu'ils ont joué,

[1] Cf. Petri Damiani : *Disceptatio synodica* dans Watterich : Pont. Rom. vitæ T. I, p. 249.
[2] Sur les origines des Patares et sur l'histoire d'Anselme avant son élévation à la papauté, cf. Landulfus : *Historia Mediol.* III, 5 sqq. dans Pertz M.
G. Hist. Script. VIII, 76 sqq.

au XIᵉ siècle, contre la simonie et contre l'incontinence des clercs. Devenu évêque de Lucques, Anselme avait été l'ami de Gottfried duc de Toscane ; antérieurement, ïl avait vécu en Normandie et eut l'honneur d'avoir au Bec pour professeur l'illustre Lanfranc. Aussi les évêques de France et les moines de Cluny saluèrent avec bonheur son élévation à la papauté. '

Sa résolution prise, Hildebrand fit dire à l'évêque de Lucques de se rendre à Rome et, en même temps, chargea Didier, abbé du Mont Cassin, d'y venir aussi et d'amener avec lui Richard et ses Normands '. Protégés par ces derniers, les cardinaux évêques élurent pape, le premier octobre 1061, Anselme de Lucques, et le clergé ainsi que le peuple romain adhérèrent à cette élection. Le même jour, il fut intronisé dans l'église saint Pierre aux liens et, le lendemain, il prit le nom d'Alexandre II ; Richard renouvela entre ses mains le serment de fidélité déjà prêté au concile de Melfi à Nicolas II ².

Le séjour de Richard à Rome fut de peu de durée ; mais, avant de le suivre dans les expéditions qu'il fit après sa sortie de Rome, il faut, pour comprendre la suite de cette histoire, connaître les évènements qui, à l'issue de l'élection d'Alexandre II, troublèrent profondément l'Eglise.'

L'élévation du chef de la Pataria sur le siège de saint Pierre mécontenta grandement les ennemis de la réforme de l'église, surtout les évêques Lombards, tristement célèbres à cette époque à cause de leurs mœurs dépravées et leur insubordination vis-à-vis du Saint Siège ; ils firent cause commune avec le chancelier Wibert, représentant en Italie du gouvernement de la Germanie, et résolurent

---

' Leo Marsic. *Chronicon Casin.* L. III, 19. Sans compter Leo de'Marsi, deux autres auteurs attestent le rôle considérable joué par les Normands à Rome lors de l'élection et de l'intronisation d'Alexandre II ; ce sont Benzo : *Panegyricus* VII, 2 dans Watterich : *Pontif. Roman. Vitæ* I, p. 270 et Bernold qui s'exprime ainsi : 1061, Anshelmus a Nordmannis et quibusdam Romanis papa ordinatus : Mon. Germ. Hist. SS. V. p. 428.

' Voyez dans Borgia : *Breve istoria*, p. 21, 22 la formule du serment prêté par Richard entre les mains d'Alexandre II.

de faire nommer un autre pape pris dans leurs rangs ; ils songeaient déjà à Cadalus évêque de Parme. Les démarches les plus actives furent faites dans ce sens auprès de l'impératrice Agnès, on lui persuada que c'en était fait de l'influence Germanique en Itatie si on laissait l'élu de Hildebrand, le protégé des Normands, gouverner l'église sans conteste [1].

Gagnée par ces intrigues, l'impératrice Agnès convoqua à Bâle, dans les derniers jours d'octobre 1061, une diète pour mettre fin à ce que, malgré l'élévation d'Alexandre II, on appelait la vacance du Saint Siège. L'assemblée fut nombreuse ; elle compta des archevêques et évêques de la Germanie, un groupe considérable d'évêques Lombards et les prétendus envoyés de l'église de Rome. La diète regardant comme lettre morte les décrets du concile de 1059, déclara qu'Henri IV avait hérité de la dignité de Patrice de Rome en héritant de son père, et lui remit la couronne apportée de Rome. En même temps, elle annula comme illégale l'élévation d'Anselme de Lucques et, à la demande des évêques Lombards, fit désigner par le roi, l'évêque de Parme, Cadalus comme successeur de saint Pierre. La croix d'or, le manteau rouge, les autres insignes de la papauté furent solennellement remis à l'intrus qui prit le nom d'Honorius II ; ses partisans les plus déclarés furent les évêques de Plaisance et de Verceil [2].

Cadalus appartenait à une vieille famille de Verone ; devenu évêque de Parme, il mena une conduite qui, dans les synodes de Pavie en 1049, de Mantoue en 1052 et de Florence en 1055, faillit le faire déposer, mais les papes usèrent, à son égard, d'une trop grande longanimité [3]. Aussi, rien de surprenant s'il fut l'un des adversaires les plus acharnés de la Pataria et d'Anselme de Lucques. Le

[1] Bonizo : *Liber ad amicum* I, 6, dans Watterich op. cit. p. 256 sq. T. I.
[2] Bonizo l. c. — Petri Damiani *Epis. ad Cunibertum*. Opp. T. III, p. 206. — Bertholdi *Annales* 1061 dans Pertz M. G. II. SS. T. V. 271. — Beruoldi *Chron.* 1061. Pertz SS. T. V. p. 428.
[3] Petri Damiani *Epist.* 1 *ad Cadaloum* (a. 1062 initio) dans Watterich T. I. p. 240.

choix de l'antipape était donc déplorable, l'on se demande comment l'impératrice Agnès si pieuse, si ti-
morée, quand il s'agissait de traiter des affaires de l'é-
glise, a pu sanctionner une pareille nomination. La seule
explication plausible, c'est que l'entourage de la princesse
avait été, ainsi qu'on le rapporte, gagnée à prix d'argent[1].

Comme si elle avait déjà le regret de ce qu'elle avait
laissé faire, Agnès ne fournit pas à Cadalus les troupes et
l'argent nécessaires pour entrer à Rome en maître et en
chasser Alexandre II et Hildebrand. L'antipape dut se
frayer lui-même la voie pour parvenir à la ville éternelle
et y disputer le pontificat à son rival. Dans ce but, il envoya à Rome préparer les esprits, l'un de ses plus chauds
partisans, Benzo évêque d'Albe. Versé dans l'étude de l'antiquité, doué d'une facon de prétentieuse, Benzo a laissé sur
l'histoire de son temps et sur la part qu'il y prit, un long
factum, renfermant contre ses adversaires les calomnies
et les injures les plus effroyables ; cet évêque mérite d'être
au premier rang parmi les plus éhontés pamphlétaires;
ayant, comme on l'a dit, le génie de la caricature, il excelle à défigurer les noms de ses ennemis pour leur
donner une tournure grotesque et, quoique le latin dans
les mots brave l'honnêteté, son latin a un tel cynisme
d'expression qu'il dépasse toute mesure[2].

Lorsque Benzo arriva à Rome, durant l'hiver de 1060-
1061, les Normands n'y étaient déjà plus, et, grâce à l'appui des mécontents, il put, sous les yeux d'Alexandre II
et de Hildebrand organiser le parti de l'antipape[3]. De
son côté, Cadalus recruta en Lombardie une armée devant
laquelle les Patares s'enfuirent épouvantés. Béatrix leur
donna asile dans ces villes fortes, mais elle ne put empê-

[1] *Annales Altahenses* ex Aventin. p. 519. Brunner, p. 239 édit. Giesebrecht
p. 96.

[2] Sur Benzo, évêque d'Albe, cf. W. Wattenbach : *Deutschlands Geschichtsquellen* T. II, p. 159, édition de 1874, Berlin. Le panégyrique de Benzo a été
publié par Pertz : M. G. H. SS. XI, p. 591-681. Watterich a donné *op. cit.* p.
270-290 le fragment concernant le pontificat d'Alexandre II,

[3] Benzo dans Watterich p. 271.

cher l'antipape de s'emparer de Bologne et d'y augmenter ses troupes. Le 25 mars 1062, Cadalus était à Sutri où il établit son camp, et, au mois d'avril, il paraîssait devant Rome, sur les bords du Tibre, dans la plaine encore appelée à cette époque *prata Neronis* [1].

Alexandre II et Hildebrand, bravés et menacés dans Rome, appelèrent certainement au secours de la papauté en détresse soit le duc Gottfried, soit les Normands, mais au nord comme au sud de l'Italie, leur voix resta sans écho; Richard, alors occupé à soumettre définitivement la ville de Capoue, continua le siège sans plus se soucier des promesses faites lors du synode de Melfi et du sacre d'Alexandre II [2]. Dans cet abandon universel, Hildebrand ne désespérant cependant pas de la bonne cause, réunit une armée et, le 14 avril, fit attaquer dans Rome les troupes de Cadalus mais ce fut pour éprouver une défaite complète. L'antipape, déjà maître du château Saint Ange qu'on lui avait livré, ayant en outre parmi ses soldats les *capitani* aguerris du Latium avec Girard de Galeria pour les commander, mit facilement en fuite les bandes sans cohésion, réunies à la hâte par Hildebrand, et, le soir, il occupa toute la cité Léonine à, l'exception de l'église S. Pierre. Le lendemain, Cadalus voulut pénétrer dans Saint Pierre, probablement pour s'y faire sacrer et introniser pape, mais il était déjà trop tard ; toute la nuit, Hildebrand avait fait barricader l'accès de l'église et, malgré sa victoire de la veille, l'antipape ne put emporter ces fortifications improvisées. Il resta à Rome avec les siens pendant cinq jours environ et puis conduisit son armée à Tuscu-

---

[1] Bonizo : *Liber ad amicum* dans Watterich I, 258.

[2] Nous verrons qu'à cette époque, Richard, occupé à réduire Capoue, ne vint pas à Rome prêter main forte au pape et à Hildebrand. Giesebrecht so fondant sur ce texte de la *Chronique de la Cava* : Ricardus ivit Romam ad subsidium Apostolici, ubi pugnatum est cum scismatico Cadaluno, qui fugere coactus est et postea depositus. *Chronicon Cav.* an. 1062 : dit que Richard assista à ces premiers combats (*Annales Altahenses*), p. 166. Mais on sait que cette *Chronique de la Cava* est apocryphe. Cf. *Desiderius von Monte Cassino als Papst Victor II von F. Hirsch* dans les *Forschungen zur deutschen Geschichte.* 1867, p. 29, note 4.

lum, sans doute pour augmenter son effectif en recrutant les pillards du Latium et revenir ensuite remporter une victoire définitive [1].

En effet, Cadalus avait à peine quitté Rome que les fils de Borel, ces comtes des vallées du haut Sangro dont il a déjà été plusieurs fois question, vinrent, avec de nombreuses troupes, lui offrir leurs services. Richard, nous le verrons bientôt, avait, peu auparavant, fait la guerre à ces fils de Borel et, après les avoir vaincus, les avait obligés à faire campagne avec lui; aussi est-on surpris de les voir prendre, à si peu d'intervalle, le parti de l'antipape, c'est-à-dire se prononcer contre Richard qui, bien platoniquement il est vrai, soutenait le pape légitime. Mais rien de plus mobile, de plus ondoyant que les alliances de ces princes de l'Italie du sud, toujours attirés et entraînés par la prespective de quelque pillage, de quelque expédition lucrative! D'autres seigneurs suivirent l'exemple des fils de Borel et, en outre, Cadalus reçut à Tusculum un message qui lui causa une joie aussi grande qu'éphémère [2].

« Un jour, raconte Benzo, arrivèrent de Constantinople des lettres royales. Elles étaient apportées par trois ambassadeurs revêtus de manteaux de pourpre et de chlamydes vertes, brodées d'or et constellées de perles et de diamants. On ne pouvait douter que ces messagers n'appartinssent au palais impérial. Après avoir fléchi le genou devant le pape élu, ces ambassadeurs lui remirent, au nom de leur maître des lettres ainsi conçues:

« Au patriarche de Rome, élevé au-dessus de l'église universelle de par la constitution royale, Constantin Doclitius, roi de Constantinople, salut.

« Après avoir brillé d'un bel éclat sous le premier, le se-

---

[1] Sur ces évènements , cf. *Annales Romani* dans Watterich T. I, p. 255.— Bonizo ; *Liber ad amicum* I, 6 dans Watterich T. I, p. 258.— Benzo : vii. 10 dans Watterich T. I, p. 274. *Annales Altahenses* p. 100 cd. Giesebrecht ex Aventin. p. 523, 524, Brunner p. 240.
[2] Benzo l. c. vii, 11.

cond et le troisième des Ottons, la sagesse romaine qui
découle de la sagesse grecque, a tellement dégénéré
qu'elle laisse les Normands faire partie de l'empire. Ces
Normands osent mettre la main sur des droits réservés
à l'empereur. La nomination de l'antipape de Lucques
témoigne de cette usurpation. Pour mettre un terme
à ces abus, je veux, par l'intermédiaire de ta foi, conclure un pacte d'amitié éternelle avec le jeune Henri
roi des Romains. Car moi aussi je suis romain, nous
sommes romains l'un et l'autre : tu seras notre père commun et nous serons unis par les liens d'une indivisible
charité. Pour sceller cette alliance, je livrerai comme
otage mon fils Porphyrogénète au roi Henri ; en outre,
je donnerai à celui-ci tout mon trésor, il l'emploiera comme il voudra, soit pour lui soit pour ses soldats : mon
seul désir est que, sous ta direction, nous allions lui et
moi délivrer le tombeau du Seigneur, que nous purifions
le pays de l'odieuse présence des Normands et des païens
et que la liberté chrétienne resplendisse à tout jamais d'un
nouvel éclat. Pour toi, homme de Dieu, héritier du bienheureux Pierre, garde soigneusement ces propositions dans
ton cœur et accomplis l'œuvre de Dieu.

« La lecture de cette lettre, poursuit Benzo, nous fit lever les mains et les yeux vers le ciel, pour remercier Dieu
des grandes choses qu'il venait d'opérer »[1].

Ce document est évidemment apocryphe ; un empereur
d'Orient, au XIᵉ siècle, n'aurait jamais écrit a un pape
sur ce ton d'humble soumission, pas plus qu'il n'aurait
proposé son fils et ses trésors à l'empereur d'Occident. La
prétendue missive est de l'invention de Benzo, coutumier
du fait. Mais la fabrication même de cette lettre permet de
conjecturer que Cadalus et ses partisans s'employèrent,
par l'intermédiaire du patrice Pantaleo et peut-être aussi
avec l'aide d'Argyros, à former entre le gouvernement

[1] Benzo l. c. vii, 12. Benzo seul a parlé de relations entre Cadalus et ses partisans avec l'empire d'Orient.

d'Agnès et l'empire d'Orient une ligue assez puissante pour
chasser de l'Italie les Normands, défenseurs du pape légitime.

Avec l'aide des nouveaux alliés recrutés à Tusculum,
Cadalus espérait rentrer bientôt à Rome et se faire enfin
introniser à S. Pierre, lorsqu'une intervention aussi brusque qu'inattendue du duc Gottffried mit à néant tous ces
projets. Dans les derniers jours de mai 1062, un mois après
la bataille des *Prata Neronis*, Gottfried vint à Rome avec
une armée considérable et établit ses campements sur les
bords du Tibre, près de Ponte-Molle. De là, il prescrivit à
Alexandre II et Cadalus de cesser toute compétition au
trône pontifical, de se retirer immédiatement dans leurs
évêchés à Lucques et à Parme, et d'y attendre que le roi
de Germanie eut, en sa qualité de patrice de Rome, porté
sur leurs prétentions une décision définitive. Gottfried
avait parlé en maître et les forces dont il disposait lui
permettaient de prendre ce ton, aussi Alexandre et Cadalus, tout en réservant leurs droits, s'inclinèrent devant
cette mise en demeure, le pape quitta Rome pour Lucques
et l'antipape abandonna Tusculum et ses alliés pour revenir à Parme [1].

L'intervention du duc Gottfried dans les affaires de la
papauté a toujours été, nous l'avons déjà constaté, pleine
d'ambiguité; dans le cas présent, elle présente le même caractère, mais, cette fois, il est possible d'expliquer la conduite du duc, si étrange à première vue. Une révolution
de palais, était survenue peu auparavant, en avril 1062, à
la cour de Germanie.

Jusqu'alors l'impératrice Agnès avait, pendant la minorité de son fils Henri IV, gouverné le royaume, surtout avec
le concours d'Henri évêque d'Augsbourg, et la faveur dont
ce prélat jouissait auprès de sa souveraine avait, non pas
seulement suscité des jalousies mais fait naître des soup-

[1] Sur l'intervention de Gottfried, cf. Benzo : vii, 13 dans Watterich *op. cit.*
T. I, 276. — Bonizo : *Liber ad amic.* l, 6, dans Watterich T. I, p. 258. *Annales
Romani* dans Watterich p. 256. — *Annales Altahenses* ad an. 1062 p. 101.

çons sur la nature de cette intimité. De grands seigneurs ecclésiastiques et laïques l'archevêque de Cologne, Anno, Otto de Nordheim et Ekbert, mécontents de la direction imprimée aux affaires et de l'éducation donnée à Henri IV, s'emparèrent, à l'aide d'une ruse, du jeune prince, pendant son séjour avec l'impératrice à Kaiserwerth, sur les bords du Rhin ; ils le séparèrent de sa mère et gouvernèrent sans plus tenir compte de l'autorité de la régente [1].

Lorsque, à Ponte. Molle, Gottfried parlait en maître à Cadalus et Alexandre II, il savait certainement qu'Agnès n'exerçait plus le pouvoir et, comme il n'avait pas eu à se louer d'elle et qu'il se ralliait au nouveau régime, il se prononça avec d'autant plus d'empressement contre Cadalus que celui-ci venait de perdre son plus ferme appui. Si le duc se montra aussi sévère contre le pape légitime, s'il ne voulut pas le reconnaître, l'exila à Lucques et déclara que pour être valable son élection devait être ratifiée par le roi de Germanie, c'est que le rusé lorrain espérait exercer lui-même au nom d'Henri IV, ce droit de confirmation ; il rêvait une fois de plus d'être l'arbitre de la papauté [2].

Tout en protestant contre les procédés de Gottfried à leur égard, le pape et Hildebrand ne s'en émurent pas outre mesure. Cette intervention de Gottfried les délivrait d'une attaque imminente de Cadalus et ils savaient qu'Anno archevêque de Cologne, l'homme de la nouvelle situation, était favorable au parti de la réforme de l'église, c'est-à-dire au pape légitime.

---

[1] C'est Lambert de Hersfeld (Lamberti Hersfeldensis *Annales* dans Migne *Patr. lat.* T. 146, col. 1071 sq.) qui a raconté avec le plus de détails l'enlèvement du roi à Kaiserwerth. Giesebrecht est aussi d'avis que le duc Gottfried connaissait cet évènement lorsqu'il obligeait Alexandre II et Cadalus à se retirer à Luques et à Parme. Cf. Giesebrecht *Geschichte der deutschen Kaiserzeit* T. III, p. 78 et p. 1093. 4º édit. Braunschweig, 1876.

[2] Il est bien probable que Gottfried, sans se prononcer ouvertement, avait donné à Alexandre II et à Hildebrand lieu de croire que l'élection du pape légitime serait confirmée. Sa femme, la duchesse Béatrix, était dévouée au parti de la réforme, et lui-même avait déjà donné des gages à ce parti.

La suite montrera si ces espérances étaient fondées; pro-
fitons de la trève imposée aux deux partis pour continuer
l'histoire de Richard et de ses Normands,

A sa sortie de Rome en octobre 1061, Richard marcha
contre les fils de Borel qui possédaient à l'est de Sora, les
profondes et étroites vallées où la rivière de Sangro prend
sa source. Plusieurs fois déjà, il a été question de ces fils
de Borel, qui, au XIe siècle, eurent dans l'Italie centrale
une certaine importance, mais leur pays était pauvre, peu
peuplé; Richard n'y trouva à peu près rien à piller. Lorsque les vivres apportés avec lui furent épuisés, il fit la paix
avec ces montagnards, en reçut des présents et les fit
marcher avec lui à la conquête de la Campanie [1].

Cette expédition en Campanie dura trois mois, fut couronnée de succès et permit à Richard de donner des domaines à ses compagnons d'armes. Dans ses largesses, il
n'oublia pas le Mont-Cassin qu'il visita de nouveau. Grâce
à lui, l'abbé Didier put continuer les grandes constructions qu'il avait commencées au Mont-Cassin et qui ont
laissé de son passage dans la célèbre Abbaye une trace
ineffaçable [2].

Parmi les hommes d'arme de Richard, se trouvait un
chevalier, petit de sa personne *moult robuste et fort et
estoit gentil home, et moult vaillant et esprouvé* [3]. Richard

---

[1] Aimé : IV. 26. — Aimé place cette expédition contre les fils de Borel immédiatement avant la reddition définitive de Capoue (été de 1062).

[2] Aimé : IV. 26. -- Leo de'Marsi III, 15. Non multo post venit (Richardus)
ad hoc monasterium, recipitur honorifice nimis cum processione sollemni
erat enim gloriæ appetens. Placent omnia valde : rogatus a senioribus de
loci tutela, devotissime promittit se totius monasterii contra omnes quos
posset fidelissimum de cætero defensorem. Campaniam deinde profectus
totam ferme intra tres menses adquirit. — Aimé dit qu'en 1061, lors de cette
visite de Richard, Didier avait déjà commencé l'église du Mont Cassin et
« avoit fait venir colompnes de Rome pour appareillier la église ». Leo
de'Marsi III, 26, raconte au contraire que l'église ne fut commencée qu'en
1066 , anno ordinationis Desiderii nono. Cf. Hirsch : *Amatus von Monte*,
Cassino p. 296 dans les *Forschungen z. d. G.* 1868.

[3] Aimé : IV, 27. C Guillaume de Montreuil (Willermus de Monasteriolo,
alias de Monsteriolo ou Monsterolo, dans une charte du Mont Cassin :
de Mustarolo) était fils de Guillaume de Giroie, par conséquent cousin de
Robert de Grentemesnil, abbé de S. Evroul en Normandie, plus tard abb

affectionna ce chevalier qui s'appelait Guillaume de Montreuil, lui fit de nombreux cadeaux et enfin, quoiqu'il ne fut pas de haute lignée, lui donna sa fille en mariage. Aimé rapporte que cette union valut à Guillaume les comtés d'Aquino, de'Marsi et de la Campanie et enfin le duché de Gaëte. Au moment du mariage, tous ces pays n'étaient pas au pouvoir de Richard mais les Normands espéraient bien s'en emparer; nous verrons comment Guillaume de Montreuil répondit à la confiance et à la générosité du prince Richard [1].

Dans la pensée de Richard, l'expédition de Campanie était le préliminaire d'une autre conquête rêvée depuis longtemps, celle de la ville de Capoue dont il était déjà à demi maitre, où il pouvait entrer et séjourner à volonté, et probablement lever certaines contributions, mais dont les portes et les tours étaient, ce qui l'irritait fort, gardées par les hommes de la cité. Lorsque, en juin 1058, les Normands avaient obligé la vieille dynastie lombarde de Capoue à prendre le chemin de l'exil, Richard avait accepté cette situation [2], mais maintenant, ces restrictions à son pouvoir absolu lui paraissaient d'autant plus insupporta-

de Santa Eufemia en Calabre (cf. supra p. 375 sqq); Guillaume de Montreuil reçut en Italie le surnom de « bon Normand » qui cognominatus est in Apulia bonus Normannus. Orderic Vital: *Hist. eccles.* T. II, p. 27 ed. le Prévost. Ce nom de Montreuil lui venait de Montreuil l'Argillier commune de Heugon; Ord. Vital T. II, p. 23. Nous aurons plus d'une fois occasion de reparler de lui.

[1] Il se peut que Aimé ait ici quelque peu anticipé, faisant remonter à l'époque du mariage de Guillaume de Montreuil des donations qui ne lui ont été faites que plus tard. Ainsi, pour ce qui concerne le duché de Gaëte, nous voyons par de nombreuses chartes de Richard prince de Capoue et de son fils Jourdan, que ces princes ne dataient que du mois de juin 1063, leur suzeraineté sur ce duché. Cf. dans Gattola, *Accessiones ad historiam abbatiæ Cassinensis* T. I, in-folio ed. de Venise, 1734, p. 165, un diplôme du prince Richard et de son fils Jourdan en faveur du Mont Cassin. Plusieurs autres diplômes sont datés de la même manière. Si la suzeraineté de Richard sur Gaëte ne remonte qu'à l'année 1063, il n'est guère admissible qu'en 1062, Richard ait adjugé ce duché à son gendre. Quant à Aquino, les détails que nous donnons dans le cours même de ce chapitre, font voir quelle était la situation de cette ville vis à vis de Richard. Enfin, au sujet des comtes des Marses, voyez le diplôme du comte Beruard du mois de février 1062; Gattola: *Historia abbatiæ Cassinensis*, T. I, p. 242.

[2] Cf. supra chap. VI, p. 290, 291.

bles que sa puissance s'affirmait de plus en plus. Aussi ré-
solut-il d'avoir Capoue et les Capouans à sa complète discrétion.

« Le prince Richard, écrit Aimé, jugea sa situation inférieure à celle des autres princes parce que les portes et
les tours de Capoue étaient au pouvoir de ceux de la cité.
Il demanda donc aux habitants de lui en confier la garde,
mais ils refusèrent et, pour exciter le peuple, lui firent
connaître la proposition du prince. Richard se rit de cette
résistance; les citadins lui dirent alors qu'il pourrait entrer dans la ville et en sortir aussi souvent qu'il le voudrait, ils lui demandaient uniquement de leur laisser les
fortifications. Richard, voyant qu'on lui refusait la forteresse. sortit de la ville, remit en état les châteaux d'alentour, établit ses tentes près de Capoue et commença à
combattre avec les arcs et les arbalettes, aussi y eut-il
bientôt dans les deux camps des morts et des blessés. Les
Normands, rompus à la guerre, combattaient pour prendre la cité et les Capouans, quoique en proie à la famine,
combattaient pour la défense de leurs foyers. Les femmes
apportaient des pierres et relevaient le courage de leurs
maris, les pères enseignaient à leurs enfants le métier militaire et tous se battaient et s'encouragaient. Un jeune
enfant de douze ans nommé Auxence se distingua entre
tous; très adroit à tirer de l'arc, il tua ou blessa un
grand nombre d'ennemis, mais un jour, il fut lui-même
mortellement blessé et la cité pleura amèrement cette
perte.

« Un autre jeune Capouan nommé Adenulfe traversa
le Vulturne plutôt à la nage qu'en se servant de son cheval, et arriva à l'autre rive. Il y rencontra deux Normands
à cheval, blessa l'un des deux et le jeta à terre; il saisit
ensuite par la bride le cheval de l'autre Normand, l'entraîna dans le fleuve avec son cavalier et fit si bien qu'il
rentra dans Capoue amenant avec lui le normand prisonnier et les deux chevaux. Ce jeune homme ne voulut pas
quitter Capoue tant que dura le siège; la ville prise, il alla

à Jérusalem en pélerinage et puis se fit moine à l'abbaye duMont-Cassin. Cette défense de Capoue ne découragea pas le prince Richard, il était moins triste lorsqu'on lui avait tué dix des siens que ne l'étaient les habitants de Capoue lorsqu'ils avaient perdu l'un des leurs. Richard fit construire des instruments et engins pour lancer des pierres et parvint ainsi à détruire des tours, à abattre des murs et à jeter bas plusieurs édifices. Les Capouans réparèrent ces brêches mais s'ils pouvaient refaire des murs de pierre, il leur était impossible de se procurer des vivres.

« Quelques barques descendant clandestinement le Vulturne leur apportèrent, à diverses reprises, des provisions qu'ils ne pouvaient plus se procurer par la voie de terre; le prince Richard ne tarda pas à le savoir, et alors il se mit en embuscade avec des navires, s'empara des barques qui se présentèrent et empêcha toute navigation. Ce nouvel échec décida les habitants de Capoue à envoyer leur archevêque au roi de Germanie lui demander de venir à leur aide. Mais l'archevêque, sans argent pour faire réussir sa mission, revint comme il était parti; il ne fit pas de cadeaux, aussi n'en reçut-il pas. A la cour de Germanie, on est payé avec la monnaie dont on paie les autres, l'archevêque ne pouvant solder des chevaliers ou faire des présents au roi, sa négociation échoua complètement. A son retour, il ne put rentrer à Capoue et dut s'arrêter à Teano. De là il fit dire à ceux de Capoue qu'il n'avait pas réussi.

« Les habitants de Capoue voyant qu'ils n'avaient rien à espérer du roi de Germanie, ouvrirent aussitôt les portes des tours, celles de la cité et de la forteresse et en remirent les clés au prince Richard. Lorsque Richard se fut ainsi rendu maître de Capoue et de sa forteresse, les Capouans lui demandèrent de vouloir bien pardonner à leur archevêque; Richard qui *moult estoit debonaire et sage* accéda à cette requête et fit dire à l'archevêque de venir en toute sécurité à Capoue; l'archevêque s'y rendit et Richard lui fit un accueil bienveillant. Le prince traita

aussi pacifiquement ceux de la cité et ne confisqua injustement les biens de personne [1]

« Une nuit, le prince Richard allant et venant dans sa
chambre, se rendit en suite en un lieu d'où la vue s'éten-
dait au loin. De là il aperçut à l'horizon les flammes et le
reflet d'un grand incendie et envoya un de ses serviteurs
savoir où était le feu. Le messager revint, disant que
c'était la ville de Teano qui brûlait. Richard alla dormir
mais le lendemain matin, assembla ses chevaliers et se
rendit avec eux à Teano; il vit qu'en effet la ville, avec
à peu près toutes ses maisons, avait été consummée par
l'incendie. Les habitants de Teano allèrent spontanément
trouver Richard, resté en dehors des portes, se soumirent
à sa seigneurie et lui jurèrent fidélité. Les comtes de Teano
prirent la fuite et le prince ayant fait son entrée dans la
cité, commanda de rebâtir ce qui avait été détruit par le
feu [2]. Et de cette heure en avant, continue Aimé, Richard
commença à aimer et à honorer plus grandement l'église
de S. Benoît du Mont-Cassin. Il se recommanda aux prières

---

[1] Aimé IV. 28, 29. Le passage d'Aimé était trop long pour être inséré tel
quel en vieux français, j'ai cru devoir le citer en français moderne. Leo
de'Marsi III, 15, s'est borné à reproduire en les résumant, les données d'Aimé.
— Les *Annales Cassinenses* portent : An. 1062. Richardus introivit Capuam et
factus est princeps 12 kal. Junii. Pertz : Mon. Germ. hist. SS. T. XIX, p. 3.
— Les *Annales Benevent.* ad an. 1062 : Richardu scepit Capuam. Pertz : Mon.
Germ. hist. SS. T. III, p. 1. Enfin Romuald de Salerne ad an. 1062 : princeps Richardus Capuam cepit sibi que ordinavit. Muratori R. I. S. T. VII.
On sait que de nos jours, la ville de Capoue se trouve, de même qu'à l'é-
poque normande, a environ trois milles au nord ouest de l'emplacement ou
s'élevait la fameuse Capoue de l'antiquité; cet emplacement porte actuellement le nom de *Santa Maria di Capua*. Ce furent surtout les Vandales de
Genserich qui, en 456, ruinèrent la cité antique. Elle ne disparut cependant
pas complètement car nous voyons que, pendant la domination lombarde, elle
fut la résidence d'un gastaldus et plus tard, au IXᵉ siècle, d'un comte dépendant du prince lombard de Bénévent, rarement du prince de Salerne. En
841, Landulfe, le premier comte lombard, voulut bâtir la nouvelle ville sur
le mont Triflisco et lui donna le nom de Sicopolis pour flatter Sico prince de
Bénévent, mais en 856, Sicopolis fut complètement ravagée et dévastée par
les Sarrasins. Le comte Landon, fils de Landulfe fonda alors, avec ses frères
Pando et l'évêque Landulfe, et avec les malheureux habitants de Sicopolis, la
nouvelle Capoue sur l'emplacement actuel.
[2] Aimé IV. 30. — Post paucum tempus divino judicio nocte conflagrata
Teano, mane princeps cum exercitu supervenit; fugientibus que comitibus,
civitatem ultro tradentibus civibus recipit. Leo de Marsi III, 15.

des frères, révérait l'abbé Didier, lui fit faire une mitre
ornée d'or et de pierres précieuses, et enrichit le monastère en lui donnant en toute propriété les châteaux d'alentour [1].

La chronique de Leo de'Marsi et les archives du Mont-
Cassin confirment cette dernière phrase d'Aimé. Elles prouvent qu'après la prise de Capoue, Richard donna successivement au Mont-Cassin la ville fortifiée de Fratte, les
châteaux de Mortula, de Casa Fortini, de Cucurruzzu, de
Terame, enfin une tour à l'embouchure du Garigliano
afin d'assurer les communications du monastère avec la
mer. Il est vrai que, pour quelques-unes de ces donations,
Richard exigea de Didier des compensations en terres, ou
en argent et l'abbé les refusa d'autant moins, qu'il avait
hâte d'occuper ces châteaux, véritables repaires de bandits
qui pendant longtemps avaient infesté le pays [2].

Richard était donc arrivé au terme de ses vœux ; de simple comte d'Aversa, il était devenu prince de Capoue. Au
lieu d'être limité par le territoire restreint d'une petite ville
de la Campanie, son pouvoir, était reconnu dans la vallée
du bas Vulturne comme sur les bords du Garigliano ; ses
hommes d'arme parcouraient en maîtres tout le sud
ouest de l'Italie depuis Naples jusqu'au *Latium,* et nous savons de quel poids était déjà leur lourde épée dans les affaires de Rome et de la papauté.

[1] Aimé iv, 31.
[2] Ejus (Desiderii abbatis Cas) itaque volis princeps (Richardus) gratantis-
sime annuens, primo quidem castellum quod Mortula dicitur, simul cum Casa
Fortini ; debinc oppidum Frattarum ; sequenti vero anno roccam cognomine
Cucuruzzum,; turrem quoque quæ juxta mare sita est, in eo videlicet loco
quo Liris fluvius mari miscetur ; nec non et castellum Teramense : hæc in-
quam omnia, cum omnibus simul eorum pertinentiis, principalibus singilla-
tim præceptis huic loco ex integro concessit et confirmavit. Data sunt autem
in commutationem eidem principi, pro Frattis castellum quod dicitur Ca-
priata cum omnibus pertinentiis suis, additis insuper trecentis bizanteis.
Pro Teramensi vero castro datum est illi castrum quod vocatur Conca quod
ipse nobis dudum reddiderat, una cum curte S. Felicis de Miniano. Leo
de'Marsi iii, 16. Ces chartes de Richard de Capoue ont été publiées par Gattola dans l'*Historia abbatiæ Cassinensis* ou dans les *Accessiones ad historiam
Cassinensem.* Venise, 1734. Les deux ouvrages forment 4 vol. in-fol. Nous re-
viendrons sur la teneur de quelques-unes de ces chartes.

Les Romains l'apprirent de nouveau à leurs dépends en
1063 ; cette année là, les péripéties de la lutte entre Alexandre II et Cadalus attirèrent à Rome, une fois de plus, des
bandes Normandes qui, pendant des mois entiers, ensanglantèrent les rues et les places de la ville éternelle. Cette
réaparition des Normands à Rome, l'année qui suivit la
prise de Capoue par Richard, nous amène à reprendre la
suite de l'histoire du Saint-Siège.

En mai 1062, Gottfried avait, nous l'avons vu[1], obligé
Alexandre II à se retirer dans son évêché de Lucques et
Cadalus à rentrer également dans son diocèse de Parme,
pour y attendre que le roi de Germanie eût prononcé sur
leur compétition à la papauté.

Le 28 octobre de la même année, un synode présidé
nominalement par le jeune roi, se réunit en effet à Augsbourg, et, sans se prononcer ouvertement et à l'unanimité pour le pape légitime, fit cependant incliner la ba-
lance en sa faveur. Dominée par l'influence d'Anno, archevêque de Cologne favorable à Alexandre II, et éclairée
par un remarquable écrit apologique de Pierre Damiani,
l'assemblée d'Augsbourg décida d'envoyer en Italie Burchard évêque d'Halberstadt avec mission d'examiner secrètement si l'élection d'Alexandre II n'avait pas été entachée, de simonie comme le prétendaient ses adversaires,
et de se déclarer pour lui si ces accusations n'étaient pas
fondées[2]. Une pareille décision était une victoire pour Hil-

[1] Voyez dans le présent chapitre p. 495.
[2] Cet écrit de Pierre Damiani est intitulé : *Disceptatio synodalis inter regis
advocatum et romanæ ecclesiæ defensorem.* cf. P. *Damiani opera* dans Migne :
Patr. lat. T. 145 col. 67-90. Watterich *op. cit.* en a inséré un fragment considérable T. I, p. 245-252. Pierre Damiani, approuvant la réunion du synode
d'Ausbourg pour régler la question du pape légitime (*dignum est, ut sanctorum atque prudentium sacerdotum multitudo conveniat : et hanc questionem
ventilans sub canonici juris auctoritate discernat*), imagine un débat contra-
dictoire entre un défenseur de la liberté électorale de l'église romaine, c'est-
à-dire un partisan du décret du synode romain de 1059, et un avocat faisant
valoir les droits du roi de Germanie en tant que patrice de Rome, sur les
élections pour le Saint Siège. C'est, bien entendu, le défenseur des droit de
la papauté qui sort vainqueur de la discussion. — Sur le synode d'Ausg-
bourg, cf. Giesebrecht : *Annales Altahenses* p. 99 et 101 ainsi que la note de
la p. 99.

debrand ; elle impliquait l'abandon par le gouvernement de la Germanie, de la cause de Cadalus, nommé pape à peine un an auparavant par une assemblée allemande, et c'était aussi une reconnaissance implicite du décret sur les élections des papes promulgué par le synode romain de 1059 [1].

Burchard put se convaincre facilement que la simonie n'etait pour rien dans l'élection d'Alexandre II et, au mois de mars 1063, le pape, cette fois accompagné et soutenu par Gottfried, rentra à Rome. Le mois d'avril suivant, Alexandre II tint dans la basilique du Latran un synode qui excommunia Cadalus et ses partisans [2].

Mais l'antipape ne se tint pas pour battu; il recruta des partisans dans le nord de l'Italie, et, malgré les efforts de Gottfried qui cherchait à lui barrer le passage, arriva à Rome avec ses bandes, vers le mois de mai 1063. A la faveur de la nuit, il pénétra dans la cité Léonine où il occupa la basilique S. Pierre mais ce fut pour en être expulsé le lendemain matin ; cette nouvelle prise d'armes aurait échoué dès le début si Cencius, fils du préfet de Rome, n'était venu au secours de l'intrus et ne lui avait ouvert les portes du château S. Ange [3].

Protégé par cette citadelle, Cadalus, put, pendant longtemps, tenir tête à Alexandre II et à Hildebrand et rendre impuissantes toutes les tentatives pour le réduire.

Benzo rapporte que les Normands prirent une part considérable à cette guerre civile et raconte en détail tous ces évènements. Voici la partie la plus importante

---

[1] Man muss sagen, écrit Giesebrecht, nicht 1059 auf dem römischen Concil sondern 1062 zu Augsburg ist die freie Papstwahl durchgesetzt vorden. *Geschichte der deutschen Kaiserzeit* T. III, p, 91 4, éd. 1876. Braunschweig.

[2] Cf. dans Mansi Concil. T. XIX p. 983 ou dans Migne. *Patr. lat.* T. 146 col. 1286 sq. la lettre pleine d'éloges qu'Alexandre II écrivit à Burchard en 1063 pour le remercier de la manière dont il avait rempli sa mission et pour lui accorder diverses faveurs. Sur le synode romain du mois d'avril 1063, cf. *Annales Altahenses* p. 102 et la lettre encyclique d'Alexandre II. Mansi : Concil. T. XIX, p. 1023 ou Migne : *Patr. lat.* T. 146 col. 1289.

[3] Bonizo : *Liber ad amic.* dans Watterich T. I, p. 258 sq. . Voyez dans Migne : *Patr. lat.* T. 146, col. 1298 la lettre du pape Alexandre II à Gervais archevêque de Reims.

de son récit; on y retrouve l'enflure et le pédantisme habituels à l'auteur et cet étrange mélange de citations et de sentiments païens et chrétiens.

« Gottfried se rendit en Italie [1] et allégua un ordre du roi pour ramener à Rome Asinelmus [2]; puis, appelant dans cette ville les Normands, il en fit les alliés et les défenseurs de la république. Il envahit ensuite les pays de Camerino et de Spolète et réduisit par la force plusieurs comtés situés le long de la mer [3]. Dans toute l'Italie, il recruta des ennemis du roi et persuada aux Normands d'attaquer les fortifications de S. Paul afin de s'en emparer et de tenir par là les Romains en respect. Mais ceux-ci, soupçonnant les intentions de Gottfried mirent une garnison à S. Paul et une autre à S. Pierre.

« Inspiré par sa haine contre le roi enfant, Gottfried ne recula pas devant la trahison et, pour empêcher le jeune prince de ceindre la couronne impériale, voulut avoir les Normands dans Rome. Il calculait que les Romains, en lutte avec les Normands, ne pourraient songer à rendre au roi les honneurs qui lui étaient dûs.

« Les Romains se souvenant de leurs ayeux, morts pour l'indépendance de la patrie, résolurent de combattre les suppôts de l'idolâtrie. Ils envoyèrent à l'impératrice des messagers qui revinrent à Rome avec cette réponse:

« Que le pape élu retourne à Rome et y défende sa cause avec cette sagesse que Dieu lui a départie. Si, grâce à la protection de Cornéfrédus [4], les Normands et leur idôle adorent le cheval de Constantin, que le seigneur Cadalus et les romains honorent par des hymnes et des cantiques spirituels nos patrons S. Pierre et S. Paul. Qu'il monte au château de Crescentius et soutienne par les armes et par

[1] Au printemps de 1063.
[2] Il s'agit d'Alexandre II; Benzo excelle à défigurer les noms pour leur donner une tournure ridicule ou grotesque.
[3] Etait-ce pour soumettre au S. Siège ces deux pays qui lui avaient déjà appartenus ou bien Gottfried voulait-il simplement étendre et consolider sa propre domination ? La seconde supposition parait plus vraisemblable.
[4] Gottfried duc de Lorraine et de Toscane.

la prière la cause de l'empire et celle de l'enfant roi.
Nous ne vous laisserons pas sans secours, car nous avons
encore avec nous des grands que rien n'a pu détourner de
leur devoir, de même que l'or ne saurait se changer en
plomb. En revanche ceux qui ont mis la main sur l'enfant royal seront toujours marqués d'une note d'infamie.
Ayez donc bon courage et agissez en hommes, lorsque
l'aigle se montrera, les frelons prendront la fuite[1].

« Ce message réjouit fort les Romains qui le communi-
quèrent à Parme au seigneur Cadalus, véritable vase d'é-
lection; Cadalus, obéissant aux paroles de l'impératrice,
se disposa aussitôt à partir, mais Cornéfrédus avait semé
d'embûches les montagnes et les forêts, aussi le voyage
dût-il être remis pour quelque temps...... Enfin, Dieu
jeta un regard de miséricorde sur son peuple; il se plaît à
exalter les humbles, aussi accorda-t-il au pape élu la grâce
de faire sain et sauf le voyage de Rome. Le premier soin
de Cadalus fut d'aller prier sur le tombeau de S. Pierre,
il monta ensuite au mausolée d'Adrien où se réunirent selon leur rang, les principaux de Rome[2]. Cadalus les sa-
lua d'un baiser paternel; aussitôt après il bénit et harangua
en ces termes le peuple groupé au dehors : « Plaçons en
Dieu notre confiance : si j'ai pu me rendre à Rome, c'est
parce que sa divine volonté l'a eu pour agréable. Je suis,
avec le secours de Dieu, revenu auprès de S. Pierre, au
milieu de vous pour m'employer à rétablir la foi catholique et pour défendre l'empire Romain. Soyons unis car
nous avons l'ennemi dans nos murs. Mais, Dieu aidant,
nous en triompherons facilement : les apôtres eux-mêmes
tiendront de leurs mains sacrées les étendards victorieux

---

[1] Cette lettre porte trop la marque du style et des idées de Benzo pour
être de l'impératrice et non de Benzo lui-même. Après le mois d'avril 1062,
c'est-à-dire après s'être vu enlever la tutelle de son fils et la régence du royaume, l'impératrice Agnès renonça à toute politique militante et vécut en religieuse plutôt qu'en souveraine.
[2] Benzo passe sous silence la défaite que Cadalus venait d'éprouver à l'église
S. Pierre et qui l'obligeait à se réfugier au château S Ange. Cf. Bonizo dans
Watterich T. I, p. 258.

de notre armée. Vous savez que tout l'orgueil de Simon le magicien s'est évanouï à la prière des apôtres, de même les apôtres purifieront cette ville de cette ordure des Normands et se montreront les princes et les protecteurs des Romains. » Tous lui répondirent : Nous pouvons combattre en toute confiance le nouveau Simon, l'adversaire de S. Pierre et de S. Paul. O Rome autrefois si puissante, tu élevais ta tête jusqu'aux étoiles et maintenant le rebut du genre humain te réserve un fléau pire que celui de la guerre civile. D'un côté c'est Trinkynot et Tancrède, et de l'autre Anne et Cornéfrédus ; au milieu d'eux cet odieux moine vagabond. Que Dieu tout-puissant soit juge dans toute cette querelle [1].

« Prandellus voyant que les événements prenaient une tournure fâcheuse, resta trois jours caché dans sa synagogue et, durant ce temps, ne se montra à personne. Sacrifiait-il aux démons, ou avec Hyamne et Mambre [2], s'adonnait-il à la magie ? Le bruit s'en était répandu dans le peuple, mais tous ne regardaient pas ce bruit comme fondé. Lorsqu'il reparut il était pâle comme un mort, preuve évidente qu'il venait d'avoir commerce avec les démons. [3] Il réunit ses partisans et leur adressa ces paroles trompeuses : O vous tous Normands invincibles sur terre et sur mer ! rien ne peut lasser votre courage, aussi n'ai-je à vous demander qu'une chose, restez ce que vous êtes. Souvenez-vous de ce que Brennus roi des Senones a fait en Italie... maintenant, dans le palais de Constantin [4], jouissez avec

[1] Benzo veut dire que le pape Alexandre était soutenu par le duc Gottfried (Cornefredus) par Anno archevêque de Cologne, alors chef du gouvernement en Germanie (il l'appelle Anne comme le grand prêtre qui joue un rôle si odieux dans la passion de Jésus-Christ), enfin par les Normands de Richard de Capoue, neveu de Rainulfe Trincanocte, cf. supra p. 183, et par ceux des Tancrède. Celui qu'il appelle « un odieux moine vagabond » n'est autre que Hildebrand. Comme nous l'avons déjà dit, rien n'indique que les Tancrède (Robert Guiscard ou Roger) ou Richard de Capoue aient pris personnellement part à cette guerre dans les rues de Rome, en 1063.
[2] Cf. *Epist.* II, ad Timoth. c. 3, 8, et Exod. c. 7, 11.
[3] Ces accusations de sorcellerie et de magie furent plus d'une fois formulées contre Hildebrand.
[4] Le palais de Latran où résidaient Alexandre II et Hildebrand.

nous d'une gloire sans nuage, armez-vous pour expulser les Parmaisans [1] et dominer le Latium. Lorsque vos glaives ou la fuite auront fait disparaître ces Parmaisans, aux applaudissements des Romains, je couronnerai moi-même du diadème celui que vous aurez choisi. Ces fallacieuses promesses enivrèrent les Normands qui furieux se répandent sur les places publiques en criant à pleins poumons : Guerre! Guerre! et ils provoquent les nôtres au combat. Nos soldats, mis hors d'eux par ces clameurs, attaquent les Normands et les mettent en fuite après en avoir tué quelques-uns. Ils les poursuivent jusqu'au *monte Cœlio* où se livra un redoutable combat. Plusieurs des ennemis furent passés à l'arme blanche ou périrent sous les pieds des chevaux, nous eûmes aussi quelques blessés, mais la victoire combla de joie notre armée. Au milieu du combat, on vit distinctement les saints apôtres, agitant des étendards blancs et obligeant les Normands à prendre la fuite. Tout le peuple, chantant des hymnes et des cantiques, se rendit, avec le pape élu, à S. Pierre afin de remercier la Sainte Trinité qui, par l'intercession des saints apôtres, avait accordé la victoire aux défenseurs de la liberté de l'empire.

« Prandellus, sachant tourner sa voile selon la direction du vent, consola les Normands désespérés et leur persuada de se tenir tranquilles pendant un mois. Ce temps écoulé, les Normands recommencèrent à provoquer les nôtres sans pour cela faire meilleure contenance lorsque la lutte s'engageait. Ces escarmouches se continuèrent pendant environ deux mois. Le Sarabaïte [2], toujours disposé à nuire, déclara alors ne plus vouloir faire la guerre et dissimula sa férocité de loup sous une peau de brebis; mais le seigneur Cadalus savait qu'il est toujours dangereux de s'endormir près d'un serpent, il fit venir les comtes des villes voisines pour délibérer avec eux sur ce qu'il y avait

[1] Partisans de Cadalus, évêque de Parme, avant sa prétendue élévation au souverain pontificat.
[2] Encore un surnom donné à Hildebrand.

à faire. Ils accoururent à cet appel et promirent de s'employer pour la cause de Cadalus, de façon à mériter ses récompenses. Le plus grand secret fut gardé par les Romains
et par les Parmaisans sur les résolutions prises dans ces
conseils de guerre et les comtes feignirent de rentrer chez
eux. Ils revinrent ensuite au milieu de la nuit et se posè-
rent en embuscade dans l'endroit appelé *opus Praxitelis*.
Le lendemain, au point du jour, notre armée précédée des
apôtres, de Maurice et de Carpophore, se mit en mouvement, et tout le palais du Latran retentit du son strident
des trompettes. Les Normands pleins d'ardeur courent
aussitôt à leurs armes sans avoir peur de tout ce bruit des
Parmaisans. Ils disaient entre eux; *on va voir ce que valent les Normands, courageux à la guerre et tyrans sans
miséricorde*. Prandellus, toujours prudent avait réuni sous
ses ordres un nombre considérable de combattants, et
les maintenait dans les retranchements; aussi, pendant
longtemps, les nôtres stationnèrent inutilement sans voir
sortir l'ennemi et se décidèrent alors à revenir lentement
sur leurs pas. Les Normands les poursuivirent de leurs
clameurs et leur donnèrent la chasse. De temps en temps
les nôtres s'arrêtaient et devenaient comme des murs d'ai-
rain, puis ils reprenaient leur marche, sachant où, avec
le secours de Dieu, ils voulaient en venir. Suivant les
mouvements des nôtres, les Normands s'arrêtaient aussi
ou continuaient à avancer et c'est ainsi qu'amis et ennemis arrivèrent au lieu de l'embuscade. Les nôtres sortirent alors subitement de leurs cachettes et se mirent à
crier : Sus ! sus !! et à sonner de la trompette. Les Normands, effrayés de cette attaque soudaine et se demandant
s'ils pourraient sauver leur vie, s'encourageaient les uns
les autres en vociférant *frappez ! frappez !* Une lutte corps
à corps s'engagea aussitôt. Dès le début, plusieurs furent
tués de part et d'autre, les coups d'épée retentirent sur
les cuirasses et la dureté du fer fit jaillir des étincelles.
Les Normands ne pouvaient espérer de salut dans la fuite,
aussi la vue du sang en faisait de véritables sangsues.

Les nôtres ne leur infligèrent pas moins des pertès énormes; à la fin, cernés dans un angle, les Normands tendi-
rent les mains pour demander grâce et promirent, sous
la foi du serment, de quitter le pays. Les Romains qui
étaient avec nous eurent pitié de ceux de leurs compatriotes qui combattaient avec les Normands; ils nous donnèrent des otages et obtinrent ainsi que la lutte prit fin » [1].

Telle est la narration de Benzo; l'évêque d'Albe raconte
ensuite que dans une cérémonie d'allures assez grotesque-
ment païennes, et célébrée devant l'église S. Pierre, Cadalus récompensa les vainqueurs des Normands [2].

Mais Benzo avoue lui-même qu'Alexandre II et Hildebrand ne se laissèrent pas décourager par ces échecs; ils
firent venir d'autres Normands qui s'emparèrent de la forteresse de S. Paul hors les murs et harcelèrent les Romains
de la porte Appienne. Malgré leur *sénatus consulte* prescri-
vant aux comtes des villes voisines de veiller tour a tour
à la sureté de Rome, les partisans de Cadalus, débordés
par leurs adversaires, chargèrent Benzo d'écrire au roi de
Germanie et à l'archevêque de Brème pour implorer du secours. Quoique rédigées en style aussi pompeux que pré-
tentieux, les deux missives restèrent sans résultat. [3] Benzo

[1] Pertz . Mon. Germ. SS. T. XI, p. 618-621. — Watterich : *Pontific. Roman. Vitæ*, T. I, p. 277-281.

[2] Pertz : M. G. SS. T. XI, p. 621. — Parmi les cadeaux faits par Cadalus à ses soldats, Benzo mentionne des *mastrugæ* et des *renones advecti de Galliis*.

[3] Pertz : SS. T. XI, p. 622 sqq. Dans la lettre à l'archevêque de Brème, Benzo intercale une missive que, par l'intermédiaire de Pantaleon, patrice d'Amalfi, lui aurait écrite à lui Benzo et à Cadalus, Constantin Ducas (Benzo l'appelle Constantinus Doclitius) empereur d'Orient. Constantin Ducas promet à Benzo que si le roi de Germanie descend en Italie avec une armée pour combattre les Normands, il enverra de son côté une flotte considérable qui abordera à Amalfi et fournira aux troupes d'Henri IV des ressources de toute sorte. Il écrit : In Malfitano enim mari eodem momento occurrent vobis centum naves, unaquæque suffulta centum remis, in quibus erit inestimabilis alimonia hominibus et equis; insuper tanta habundabunt pecunia in auro, argento et paliis, quantam vix posset comparare Italia cum suis nummulariis; ut experiatur Italia quia tales sumus in facto, quaies in verbo. Cette phrase prouve bien que la lettre impériale est apocryphe. Il se peut toutefois (nous avons déjà parlé plus haut de négociations analogues) que le parti de Cadalus ait, à plusieurs reprises, essayé de former entre l'empire d'Orient et celui d'Occident une ligue contre les Normands, et qu'un Pantaleo, patrice d'Amalfi, ait été mêlé à ces négociations; d'autres documents nous appren-

espéra alors qu'en allant de sa personne trouver Henri IV
et ses conseillers, il obtiendrait quelque appui pour l'antipape, et fit, dans ce but, le voyage de Rome à Quedling-
bourg où se trouvait la cour ; mais à son retour à Rome,
il n'apporta pour réconforter les partisans de Cadalus, que
de vagues promesses et de vaines paroles[1].

Ces démarches de Benzo prouvent que, malgré les prétendues victoires des schismatiques, ceux-ci perdaient du
terrain et que le jour approchait ou Hildebrand et les Normands remporteraient une victoire définitive. Aussi, prévoyant ce résultat, Alexandre II écrivait, dans les derniers
jours de 1063, à Gervais archevêque de Reims que Cadalus, détenu dans une demie captivité au château S. Ange,
et ne pouvant sortir sans payer une forte rançon à Cencius
allait bientôt expier ses nombreuses iniquités.[2]

A Rome tous, amis ou ennemis, s'attendaient à ce dénouement ; mais au loin, ou pouvait se faire illusion sur les
ressources de Cadalus et craindre qu'il ne résistat longtemps encore. Cc fut la ce qui trompa Pierre Damiani,
alors légat du s. siège en France ; il crut que la situation,
d'Alexandre II n'était pas près de s'améliorer et prit sur
lui d'écrire à Anno, archevêque de Cologne, lui demandant
de couronner l'œuvre commencée au synode d'Augsbourg, c'est-à-dire de réunir un autre synode décidant
définitivement sur les prétentions d'Alexandre II et de
Cadalus. Pierre Damiani qui connaissait les dispositions

nent en effet qu'en 1063 un Pantaleo était patrice (*alias* consul) à Amalfi.
Voyez sur ce Pantaléo et sa famille une notice de Schulz : *Denkmæler der
Kunst des Mittelalters in Unteritalien* T. II. Dresden 1860, p. 237, sqq. Cette
notice établit que Pantaleo fut un ami d'Alexandre II et de Hildebrand, ce
qui ne se concilie guère avec ce que dit Benzo qui en fait un partisan de
Cadalus. Nous aurons occasion de reparler de ce Pantaleo.

[1] Pertz : Monum. Germ. S. S. T. XI, p. 627 sqq.
[2] Annuntiamus tibi, divina suffragante clementia, Cadaloi præsumptionem,
extollentem se adversus apostolicam sedem, tanto amplius ad majorem sui
ignominiam devenisse quanto ipse speraverat altioris superbiæ culmen ascen-
disse. Siquidem proprii nominis etymologiam evidenter intelligens ad repa-
randam pecuniam, in periculo capitis sui a fautoribus suis distributam, cujusdam turris præsidio gemebundus servatur. Alexandri II. *Epistola ad
Gervasium archiep. Remensem. Mansi, Concil.* XIX, 945. — Migne *Patrol.
lat.* T. 146, col. 1298.

d'Anno, savait très-bien que la décision du futur concile serait favorable au pape légitime; au fond, ce qu'il voulait, c'était une nouvelle déclaration de la Germanie en faveur d'Alexandre II [1].

L'idée d'un nouveau synode avait déjà été émise[2] mais la lettre de Pierre Damiani en accéléra la réunion; dans les derniers jours de 1063, Henri IV et ses conseillers annoncèrent que le synode s'ouvrirait à Mantoue le lundi de la Pentecôte (31 mai 1064) et ils invitèrent les évêques de la Germanie et de l'Italie à s'y rendre pour être juges entre Cadalus et Alexandre II qui devaient également être présents. [3]

Alexandre II et Hildebrand furent très mécontents à la nouvelle de la prochaine tenue du synode de Mantoue. Au moment ou Cadalus, déjà à demi vaincu, allait succomber, lorsque l'on pouvait espérer de pacifier enfin l'église romaine, c'était remettre tout en question au grand détriment de la liberté électorale du saint siège; car se soumettre à la décision du futur concile d'Henri IV, n'était-ce pas reconnaître à ce prince le droit d'intervenir, comme patrice de Rome, dans les élections à la papauté? Aussi le pape et son archidiacre envoyèrent-ils à Pierre Damiani une lettre très vive, blamant la fausse démarche qu'il venait de faire.

Damiani répondit par d'humbles excuses, demandant presque grâce à celui qu'il appelle « *son saint satan*, c'est-à-dire à Hildebrand, car c'est ainsi qu'il caractérise le fier et apre génie qui, déjà depuis plusieurs années, était l'âme et l'arbitre de la papauté [4].

---

[1] Voyez la lettre de Pierre Damiani à Anno dans Migne : *Pat. lat.* T. 144, col. 293 sq. C'est la 6e lettre du 3e livre de la correspondance de Pierre Damiani.

[2] *Annales Altahenses*, p. 101.

[3] *Annales Altahenses*, p. 104.

[4] Si pro hac itaque epistola (la lettre qu'il a écrite à l'archevêque de Cologne) mori debeo, tendo cerviccm, imprimite pugionem. De caetero sanctum Satanam meum humiliter obsecro ut non adversum me tantopere saeviat, nec ejus veneranda superbia tam longis me verberibus atterat; sed jamjam circa servum suum vel satiata mitescat. Liventes quippe scapulæ jam deû-

Il fallut cependant répondre à l'invitation d'Henri IV
et, le lundi de la Pentecôte, Alexandre II assistait à l'assemblée de Mentoue; Hildebrand n'y vint pas non plus
que Pierre Damiani. Avant d'y paraître, Alexandre II avait
reçu l'assurance que le synode reconnaîtrait son élection
et confirmerait son élévation à la papauté [1]. Quant à Cadalus, grâce probablement à l'intervention du gouvernement de la Germanie, désireux de le voir au concile,
il était enfin sorti du château S. Ange et de Rome, non
sans payer la rançon exigée par Cencius et il regagna
dans un appareil qui n'avait rien de triomphal le nord de
l'Italie [2]. Il y arriva assez tôt pour assister, s'il l'avait
voulu, au synode de Mantoue; mais, se rendant compte
des dispositions de l'assemblée à son égard, il refusa d'y
paraître et resta à *Aqua nigra*, non loin de Bardi et de Mantoue; là, entouré de ses partisans venus le rejoindre, il
attendit les évènements [3].

Le synode s'ouvrit à l'époque indiquée; le premier jour,
Alexandre II qui présidait fit un discours sur la paix et la
concorde qui doivent régner dans l'église [4]. L'archevêque
Anno dit ensuite au pape qu'il serait, sans autre formalité,
reconnu pape légitime par l'assemblée, s'il pouvait se
justifier d'une double accusation portée contre lui. On
l'accusait, poursuivit Anno, d'avoir donné de l'argent
pour se faire élire pape, en outre d'avoir conclu avec les

ciunt et sulcata tot plagis, totque terga vibicibus tumescentia non subsis-
tunt. Petri Damiani ad Alexandrum II et Hildebrandum *epistola*. Migne *Patr.
lat.* T. 144, col. 235 sqq. xvie lettre du 1er livre.

[1] Bonizo dit (*Liber ad amicum* L. VI dans Jaffe : *Monumenta Gregoriana* p.
647), qu'avant le concile de Mantoue, Anno vint à Rome demander au pape
des explications qu'il trouva concluantes. Il est vrai qu'une lettre d'Anno à
Alexandre II, écrite en 1066 et publiée par Giesebrecht (*Geschichte der
deutschen Kaiserzeit*, T. III, P. II, 4e édit. p. 1243), dans laquelle Anno ne parlant en aucune façon d'un voyage à Rome, dit qu'il eut beaucoup de peine à
venir de Germanie à Mantoue, permet de révoquer en doute la donnée de
Bonizo sur ce voyage d'Anno à Rome.

[2] Uno clientulo contentus, unius jumenti adjumento, écrit Bonitho: *Monum.
Gregor.* p. 646.

[3] Annales Altahenses, p. 105 cd. Giesebrecht. Bonizo : *Liber ad amic.* VI.
Monum. Gregoria. p. 648.

[4] Annales Altahenses p. 105.

Normands une alliance nuisible aux intérêts du roi de Germanie. A l'égard du premier point, Alexandre II déclara par serment n'avoir rien fait de semblable et, comme l'enquête de l'évêque de Halberstadt avait déjà montré la fausseté de cette allégation, la déclaration du pape suffit pour la réduire à néant. Enfin Alexandre II ne nia pas l'alliance avec les Normands, il ajouta seulement qu'elle n'était, en aucune façon, dirigée contre Henri IV et son gouvernement, que le jeune prince n'avait qu'à venir à Rome pour s'en convaincre. Ces explications satisfirent le synode qui s'inclina aussitôt devant l'autorité du pape légitime et excommunia Cadalus avec d'autant plus d'empressement qu'il avait refusé de venir à Mantoue[1].

Le lendemain, les partisans de Cadalus voulurent faire expier au synode la décision de la veille; ils envahirent en grand nombre, en jetant des cris et en proférant des menaces, l'église où l'assemblée venait de se réunir pour la seconde séance. Les pères du concile, effrayés de cette attaque, prirent la fuite en tous sens et le pape se disposait à se dérober aussi au péril qui le menaçait, lorsque l'énergique intervention de l'abbé d'Altaïch le décida à regagner sa place. Il essaya alors de dominer l'émeute et de haranguer les insurgés, mais sans aucun succès; tout était à craindre, si, à ce moment, la femme du duc Gottfried, la duchesse Béatrix, suivie d'un nombreux cortège n'était accourue aux portes de l'église, au secours du pape. A sa vue, les schismatiques s'enfuirent à leur tour, le pape fut dégagé et les pères, revenus de leur terreur, rentrèrent dans l'église et excommunièrent les envahisseurs et Cadalus avec eux[2]. Le concile se termina là; Alexandre, de retour à Rome, put enfin gouverner en paix; Cadalus, il est vrai, refusa de se soumettre et continua à se poser, à Parme, en pape légitime, mais il n'osa plus revenir à Rome et ses anathèmes ainsi que ses excommu-

[1] Annales Altahenses p. 105 sq. — Bonizo l. c. p. 648.
[2] Annales Altahenses p. 106.

nications contre Alexandre II se perdirent dans l'indifférence et le mépris [1],

Tandis que Rome et toute l'église étaient agitées par les évènements dont il vient d'être question, le prince Richard poursuivait la conquête de la Campanie ; les seigneurs lombards, témoins impuissants des succès des Normands, de la chute de Capoue et de Teano [2], voyant que Richard distribuait déjà leurs domaines comme s'il en était le maître, s'unirent pour arrêter l'invasion et sauver les possessions qui leur restaient encore. En juin 1062, ils signèrent à Traëtto une convention par laquelle ils s'engageaient, pendant un an, à ne jamais conclure les uns sans les autres un traité avec les Normands. Les signataires étaient les comtes de Traëtto, Marino, Daoferius, Landon, Pandulfe un autre Daoferius, un troisième Daoferius fils du précédent, Jean comte de Maranola, enfin les comtes de Suio, Rénier, Léon... ; tous promirent à Marie, régente du duché de Gaëte pour son jeune fils Adenulfe, duc et consul de Gaëte, de tenir fidèlement leur parole [3].

Cette ligue lombarde permit à la duchesse Marie de garder la régence jusqu'au mois de mars 1063, malgré l'hostilité des Normands [4] ; mais, peu après, elle fut ren-

---

[1] Jaffe : *Regesta Pontificum Rom.* p. 402.

[2] Nous avons vu (cf. supra p. note) que Richard de Capoue ne commandait pas les troupes normandes défendant à Rome en 1063, 1064, Alexandre II contre Cadalus ; sur la conquête de Capoue et de Teano par Richard voyez p.

[3] Le texte de la convention porte: nec finem, nec pactum cum Normanorum gens, nec ponimus, nec firmamus per nullum ingenium sed quodcumque cum eis facere venimus, insimul vobiscum prenominatis uterqne facere firmamus. Cf. Federici : *Antichi Duchi e Consoli o Ipati di Gaëta* in-4, Napoli, 1791, p. 396 sq.

[4] Une charte de Gaëte reproduite en partie par Federici, op. cit. p. 402, est ainsi datée ; temporibus Domne Marie gloriose ducisse senatrix relicta quondam Adenulfi cousul et dux bone recordationis nec non et secundo anno gratia divina protegente consul filii ejus Domno Adenulfo gloriosus consul, et Dux, Infra etate ipsius, mense Martio, indictione prima. Puisque au mois de mars 1063, le pacte conclu pour un an par les seigneurs lombards en juin 1062, existait encore, il est bien probable que la régente Marie lui dut de se maintenir au pouvoir ; nous la voyons en effet dépossédée dès que le terme fixé pour la ligue est périmé.

versée par le prince de Capoue et par son fils Jourdan qui, à partir de 1063, se déclarèrent suzerains du duché de Gaëte. Ils n'expulsèrent cependant pas Adenulfe car au mois d'octobre 1064, nous le voyons encore figurer dans les chartes sous le titre de duc et consul de Gaëte [1]; grâce probablement à l'intervention de l'abbé Didier [2], le jeune prince put continuer à gouverner son duché, sous la haute autorité de Richard et de Jourdan.

On perd la trace d'Adenulfe de Gaëte après le mois d'octobre 1064, aussi les historiens s'accordent-ils à dire qu'il mourut dans l'hiver de 1064-1065 [3] et aussitôt sa mère, la duchesse Marie, auparavant régente, Landon comte de Traëtto et le prince Richard se disputèrent le duché [4].

---

[1] Voici un document du mois d'octobre 1064, cité par Federici, op. cit. p. 406, il porte : secundo namque anno, gratia divina auxiliante, Gajeta civitate regentibus et gubernantibus Domno Riccardo et Domno Jordano filio ejus ambobus..... imi et gloriosissimi principibus Capuanense civitatis, senioribus namque et ducibus istius civitatis et tertio quoque anno ducatus atque consulatus Domno Adenulfus infra hetate positus filii domno Adenulfus glorioso consul bone recordationis mense october, indictione IIIª. Au mois d'octobre 1064, il y avait donc déjà plus d'un an que Richard et Jourdan avaient la haute main sur le duché de Gaëte; comme ils ne l'avaient pas encore au mois de mars 1063, (voyez la note précédente) il faut placer leur élévation et la chute de la régente entre mars et octobre 1063. C'est toujours en effet de 1063 que dans leurs nombreuses chartes, Richard et Jourdan font dater leur suzeraineté sur Gaëte, voyez par exemple dans Gattola : *Ad historiam abbatiæ Cassinensis Accessiones* Venise, 1734, T. I, p. 165 une charte des princes Richard et Jourdan à l'abbé Didier, stipulant une donation en faveur du Mont Cassin.

[2] Pour prouver que Didier avait réconcilié le jeune Adenulfe de Gaëte avec le prince Richard et obtenu par là qu'il conservat son duché, on a cité cette phrase de Leo de'Marsi : Adenulfi Cajetani ducis gratiam principis (Riccardi) conciliaverat (Desiderius) lib. iii, c. 11. Mais cette phrase doit se rapporter plutôt au père de cet Adenulfe à Adenulfe I, car Leo de'Marsi ajoute qu'après cette réconciliation Adenulfe soutint à son tour l'abbé Didier ce qui permit à ce dernier de faire battir près de Fratte un *castellum novum*. Adenulfe II était trop jeune pour fournir un tel appui à l'abbé Didier. On peut cependant supposer que Didier qui s'était déjà entremis pour le père s'entremit également pour le fils.

[3] Si Adenulfe de Gaëte avait vécu dans le courant de 1066, il aurait certainement avec les autres seigneurs lombards, disputé aux Normands la possession du duché; or son nom ne paraît dans aucune liste de ces seigneurs lombards. C'est Landon de Traetto, très probablement son parent, qui revendique sur le duché de Gaëte des droits que la mort d'Adenulfe pouvait seule lui conférer.

[4] Landon qu'Aimé appelle « Laude de Trageto » dut avoir quelques succès au début des hostilités, car nous possédons deux chartes du mois d'août et du

Landon, trop faible pour lutter seul contre les Normands, chercha des alliés et décida plusieurs seigneurs
lombards Adenulfe, Pandulfe et Landulfe du comté d'A-
quino [1], Landulfe auparavant prince de Capoue, Pandulfe et Landulfe comtes dépossédés de Teano, Landulfe
dit Francus, et Jean Citellus comtes de Caïazzo, Pierre
comte du Vulturne à se joindre à lui [2]. C'était une reconsti-
titution de la ligue lombarde de juin 1062, moins Jean
comte de Maranola qui se rangea du côté de Richard [3].

mois de décembre 1065 qui sont datées comme il suit : anno primo consulatus Domno Landus Dei gratia consul et dux. Cf. Federici *op. cit.* p 409. L'absence des noms de Richard et de Jourdan de Capoue dans ces chartes confirme ce que dit Aimé que Landon était l'adversaire des princes de Capoue
et qu'il voulait, malgré leur opposition, succéder au jeune Adénulfe. Les
textes d'Aimé que nous citons plus loin font aussi voir quel rôle joua la duchesse Marie dans cette petite guerre de succession.

[1] Il est bien probable que Landon était, comme ses prédécesseurs à Gaëte
Adenulfe I et Adenulfe II, membre de la famille des comtes d'Aquino ; aussi
ces comtes le soutinrent-ils dans sa lutte contre Richard de Capoue. Aimé
fait même de Landon un frère d'Adenulfe comte d'Aquino ; il écrit VI, 1
« Dont Adenulfe, comte de Aquin, avec li frère soe Laude de Tragète, et Pierre
filz de Laude, firent un sacrement avec Guillerme (Guillaume de Montreuil)
coment porroient contrester à la forteresce de lo prince (Richard) et lor chasteaux lever de sa poesté ». Les textes que nous donnons dans la note suivante, citent aussi les comtes d'Aquino parmi les rebelles et une charte du
prince Richard du 8 juillet indict. III (1065), après une énumération des coupables porte ces mots : una cum toti alii comites Aquini. Arch. Cass. Caps.
66. Cayro : *Storia d'Aquino* p. 8 cité par de Blasiis T. II, p. 109.

[2] Une charte du prince Richard et du prince Jourdan, datée du mois de
février 1065 porte : pateat... quoniam Landolfus filius quondam Pandulfi olim
principis, et Landulfus nepos ipsius Landulfi, et filii quondam Paululfi, et
Joannes et Petrus germani, et filii quondam Gisulfi, et Palulfus et Landenolf-
fus germani, et filii quondam Laydolfi olim Thianensis comitibus contra nostram animam cogitaverunt et conciliaverunt... propter quod secundum legem
Longobardorum omnes res corum in nostro publico develutæ sunt. Gattola :
Ad historiam abbatiæ Cassinensis Accessiones T. I, p. 164. — Une autre charte
du même prince, datée du mois de juin 1066, Indict. IV ajoute quelques
noms à cette première liste ; pateat... quoniam Landenulfus qui dicebatur
Francus, filius Landenulfi, et Joannes qui clamatur Citellus filius... qui fuerant comites Calaciæ, et Petrus filius Doferii qui fuit comes Vulturnense cum
illi comitibus quorum fuerat Castellum Terame contra animam nostram con-
siliaverunt et cogitaverunt ac inimicos infra nostram provinciam invitave-
runt .. propterea res corum nostro fisco deductæ sunt. Gattola *Historia abbatiæ Cassinensis* T. I, p. 312.

[3] Et en cellui temps Jehan de Maranolle non se partoit de lo collège de lo
prince ne se accostoit avec ses anemis. Et à ce que li prince savist mex l'a-
mor de la soe fidelité comist à la potesté soe lo chastel de Argente à ce qu'il
peust oprimère et contrester contre ses anemis. Aimé VI, 1. Nous avons vu
que Jean de Maranola, étant alors dans d'autres sentiments, avait signé la
convention lombarde du mois de juin 1062 contre les Normands.

Afin de diviser leurs adversaires, les Lombards essayèrent de gagner à leur cause le gendre même de Richard, Guillaume de Montreuil et ils y réussirent en lui promettant de lui faire épouser Marie, l'ancienne duchesse et régente de Gaëte [1].

Guillaume répudia la fille de Richard, promit d'épouser la duchesse Marie [2] et alla en Pouille recruter parmi ses compatriotes des soldats contre le prince de Capoue. Ses démarches eurent peu de succès, il revint avec quelques troupes seulement et s'établit avec ses alliés à Traëtto, sur la rive droite du Garigliano, près de son embouchure [3].

Après quelques combats, les confédérés serrés de près, trop peu nombreux pour tenir tête à Richard, s'enfuirent de Traëtto à Aquino où ils se débandèrent pour gagner chacun leurs terres et leurs chateaux. Landon resta à Traëtto, la duchesse Marie alla à Ponte-Corvo, Adenulfe et ses frères rentrèrent à Aquino, Pierre à Arpino et enfin Guillaume de Montreuil à son château de Piedimonte [4].

---

[1] Aimé désigne la duchesse Marie par ces mots : « celle dame qui avoit esté moillier de Adenulfe duc de Gaiete ». Federici ne connaissant pas la tra duction de l'ouvrage d'Aimé, avait supposé que Marie était morte avant son fils Adenulfe II, mais cette phrase d'Aimé désigne évidemment la duchesse Marie femme d'Adenulfe I ; il ne peut s'agir d'une femme d'Adenulfe II mort trop jeune (infra etate positus) pour laisser une veuve.

[2] Et Guillerme, par lo juste jugement de Dieu, chaï en la fosse qu'il avoit appareillé pour autre. Car desprisa la fille de Richart, laquelle, comme est dit, li avoit donnée pour moillier, et jura de prendre por moillier celle dame qui avoit esté moillier de Adenulfe duc de Gaiète, de laquelle autresi avoit receu lo sacrement. Aimé vi, 1. — Hirsch, de Blasiis et les autres historiens qui ont parlé des Normands d'Aversa et de Capoue, n'ont pas remarqué une lettre du pape Alexandre ii à Guillaume de Montreuil pour lui défendre de répudier sa première femme, la fille de Richard ; voici la lettre ; Guillelmo de Monstrolio ; multorum relatione cognovimus te. propriam velle abjicere uxorem et adhæ- rere alteri, prætendentem consanguinitatis occasionem. Unde apostolica auctoritate interdicendo, mandamus tibi ut hanc quam nunc habes uxorem nullatenus præsumas dimittere vel aliam ducere donec episcoporum religioso- rum consilium causam islam examinaverit : Mansi :Concil. XIX. 980 Migne : Patr. lat. T. 146 col. 1387. — Jaffe : Regesta Pontific. p. 398, ne donne pas de date à cette lettre, elle est évidemment de 1065.

[3] Adont Guillerme se mist à la voie de aler en Puille pour cerchler à ses amis ajutoire pour acquester aucuns domps. Et li amis de lo prince s'en fai- soient gabe, et li amis petit lui donèrent de aide, et quant il retorna avec li chevalier, o cui il avoit fait ligue, entra en Trajete et issi jusqu'à la rippe de la Gallivare. Aimé vi, 1.

[4] Et pour Guillerme et sez compainguons accressoit ennui et traval, et

Ce dernier chercha pendant quelque temps encore, à former une autre ligue, mais ses appels restèrent sans écho [1] et Richard allait lui faire expier sa conduite lorsque Guillaume prit un parti innattendu et qui causa au prince de Capoue de vives préoccupations, ce fut d'aller trouver le pape Alexandre II et de se mettre à son service. « Et va s'en Guillerme, écrit Aimé, à lo aide de lo pape. Et se faisoit servicial de saint Pierre, et promet de deffendre la Campaingne à la fidélité de la sainte Eclize et autres terres occuper. Et fist à lo pape sa prière, et donna alcuns deniers, mès non tant qu'il en peust lonc-temps sa gent soustenir [2]. »

On est surpris, tout d'abord, que le saint siège ait ac-

comencèrent à fouir de lieu en leu à estre restraint par fame et commencèrent à fouir de lieu en lieu et se partirent de Trajette et vindrent à Aquin, et de là se partirent et s'en alèrent chascun en sa propre terre. Et Laude remest à Trajette et la ducesse habita à Pont de Corbe, et Adenolfe et li frère estoient à Acquin, Pères se trova en Alpine, et Guillerme à lo chastel qui se clame Pié-de-Mont. Aimé vi, 1. Avant de donner ces détails, Aimé raconte les quelques rencontres entre Richard et les confédérés, ces rencontres furent à peu près insignifiantes; Adénulfe d'Aquino s'y distingua par sa bravoure.

[1] Et Guillerme va par li feire et par li marchié cerchant en li cort de la province d'entor certes coses pour vivre, et requiert de li seignor adjutoire, et promet de combatre por la défension de ceaux seignor à qui il va. La plus grant part de li seignor à cui il aloit lui noient et refusent sa petition, et aucun lui donent poi de chose alegant poureté et dient que non lui poent plus donner. Aimé vi, 1.

[2] Aimé vi, 1. — Deux textes d'Orderic Vital disent aussi que Guillaume de Montreuil a mis son épée au service d'Alexandre II, qu'il a été porte-gonfanon peut-être même général de l'armée pontificale : Inter Normannos qui Tiberim transierant; Willermus de Monasteriolo Willermi Geroiani filius maxime floruit et Romani exercitus princeps militiæ factus, vexillum S. Petri gestans uberem Campaniam subjugavit. O. Vitalis hist. ecclesiast. T. II, p. 56 cd. le Prévost. — Deinde Robertus (Robert de Grentemesnil) Willermum de Mosterolo consobrinum suum ad auxilium sui requisivit, promptissimum que ad subveniendum invenit. Prædictus miles papæ signifer erat, armis que Campaniam obtinuerat et Campanos qui diversis schismatibus ab unitate catholica dissidebant sancto Petro apostolo subjugaverat. Hic exulanti consanguineo (Robert de Grentemesnil) cum monachis suis medietatem antiquæ urbis quæ Aquina dicitur dedit. O. Vitalis Hist. eccles. T. II, p 87. Il est bien probable que ces deux passages d'O. Vital renferment des erreurs; O. Vital vivait trop loin de l'Italie, trop longtemps après les événements dont il s'agit ici, pour être parfaitement au courant de l'histoire et de la géographie de l'Italie dans la seconde moitié du XI° siècle. Qaels sont ces rebelles de la Campanie que d'après O. Vital, Guillaume aurait soumis au S. Siège ? Un texte d'Aimé que nous citons plus loin, indiquerait au contraire que l'activité de Guillaume s'exerça dans la Sabine à l'est de Rome.

cepté les services d'un ennemi déclaré du prince Richard ;
aussi, pour comprendre ce fait, faut-il se rendre compte
de la politique qui, à travers les péripéties les plus diverses, inspira la conduite de Hildebrand à l'égard des Normands. Hildebrand regardait les Normands comme d'u-
tiles auxiliaires, ayant déjà rendu et pouvant rendre encore de grands services ; mais, s'il voulait d'eux pour alliés,
il n'entendait pas les laisser devenir maîtres et arbitres
du saint siège, c'est-à-dire, prendre à Rome la succession
des dynastes du Latium ou du gouvernement de la Germanie. Aussi les conquêtes de Richard devaient lui donner
de l'ombrage, lui causer des soucis. La prise de Capoue
et de Teano, la revendication du duché de Gaëte, les expéditions dans la vallée du Sangro jusqu'aux portes de
Sóra, tout indiquait à Hildebrand que les Normands ga-
gnaient rapidement du terrain vers le Nord et cette marche graduelle vers Rome et le *Latium* était d'autant plus
inquiétante que Richard, malgré ses serments, s'était montré un allié bien peu empressé dans la dernière crise de
la papauté. Le désir d'affaiblir l'autorité du prince de Capoue, l'espérance d'avoir pour défendre Rome et son territoire un homme de guerre éprouvé, un Normand, pouvant attirer d'autres Normands sous les étendards du saint
siège, auront décidé Alexandre II et Hildebrand à accepter
les services de Guillaume de Montreuil. Le pape et l'archidiacre comptaient que devenu grâce à leur appui duc de
Gaëte, Guillaume serait un vassal dévoué et arrêterait de
ce côté l'invasion de Richard.

Le prince de Capoue, préoccupé des suites que pouvait
avoir pour sa puissance l'accord du saint siège avec Guillaume de Montreuil, et, voulant diminuer les forces de ce
dernier, fit des démarches pour se réconcilier avec quelques-uns de ses ennemis. Il promit à Marie, duchesse de
Gaëte, de lui faire épouser son fils Jourdan déjà associé au
pouvoir et cette perspective suffit pour détacher la duchesse du parti de Guillaume de Montreuil. A Landon de
Traëtto, Richard proposa la main de sa fille abandonnée

par Guillaume, et Landon se laissa gagner tout aussi facilement. La défection de celle qu'il comptait épouser affecta
vivement Guillaume de Montreuil; d'un autre côté, les
sommes versées par le trésor pontifical étaient, nous l'a-
vons vu, au-dessous de celles qu'il avait espéré obtenir
et ne lui permettaient pas de recruter et d'entretenir une
armée considérable, aussi ne tarda-t-il pas à se repentir
du parti qu'il avait pris et il fit intercéder auprès de Richard pour qu'il lui pardonnat et lui rendit ses bonnes
grâces[1] .

Richard, content de voir « que li home qui lui vouloient
contrester venoient devant les piez siens », lui pardonna
en effet, lui permit de reprendre sa femme et lui donna
des biens [2]. Avant de faire sa soumission, Guillaume de
Montreuil avait subi un échec qui dut influer sur sa détermination; il avait laissé à Piedimonte, lors de son départ pour Rome une garnison Normande qui, surprise par
« les vilains » du château et par les habitants d'une terre
voisine, fut massacrée jusqu'au dernier homme; Piedimonte fut ensuite occupé par Pandulfe frère d'Adenulfe,
comte d'Aquino [3]. Ces comtes d'Aquino persistèrent dans
leur révolte contre Richard de Capoue, même après que
Guillaume se fut réconcilié avec son beau-père; avec un
courage digne d'un meilleur sort et quoique l'issue de la
lutte fut indiquée d'avance, ils tinrent le drapeau de la

---

[1] Et lo prince (Richard de Capoue), quant il sot que Adenulfe (d'Aquino) et
Guillerme (de Montreuil) estoit tout un, et que pour nulle promission les pooit
départir, il commensa à esmovoir et à promettre à la ducesse marit de plus
haute honor. C'est qu'il lui vouloit pour marit son filz Jordain, liquel voita
fait ensemble avec lui prince, et que la vouloit faire princesse. La dame ducesse encontinent siconsenti et s'enclina à la volenté de lo prince et,
parjura, non se recorda de lo péchié ; et Laude sanz foi autresi se vouloit départir de la moillier, et laissant la compaingnie de li amis, et se humilia à lo
commandement de lo prince, à loquel lo prince torbé de cor lui promist la
fille pour moillier, laquelle ancois lui tailleroit la teste. Et Guillalme, quand il
se vit engané de la moillier qu'il avoit jurée, et estoit abandoné de cil qu'il
avoit faite la liga contre lui, procura de raquester l'amor de lo prince.
Aimé vi, 1. — On se demande ce que peut signifier cette phrase : « laquelle
ancois lui tailleroit la teste ».

[2] Aimé vi, 2.

[3] Aimé vi, 3.

résistance lombarde contre l'invasion Normande, mais cette obstination coûta cher aux habitants d'Aquino.

Le prince de Capoue voulant rendre cette ville à son gendre comme gage de réconciliation, vint l'assiéger et amena avec lui une véritable armée ; elle comptait, au dire d'Aimé, mille cavaliers et un nombre infini de fantassins . Malgré ce déploiement de forces, Aquino commandé par Adenulfe se défendit vaillamment ; le frère d'Adenulfe. Pandulfe qui tenait toujours la forteresse de Piedimonte surprit un convoi de vivres escorté par les Normands et venant de San Germano ; il tua ou dispersa l'escorte, s'empara du convoi et revint à Piedimonte, chargé de butin et tout fier de son succès.

Richard, furieux de cet échec et de cette résistance, ravagea les environs d'Aquino avec une barbarie impitoyable ; les ceps de vignes, les arbres fruitiers furent coupés les récoltes brûlées, la dévastation fut telle qu'elle arrache un cri de pitié à Aimé, habitué cependant à narrer de pareilles horreurs [1]. C'était la seconde fois que Richard laissait dans la campagne d'Aquino une pareille trace de son passage. Ces atrocités ne brisèrent pas le courage d'Adenulfe et de Pandulfe ; ils continuèrent, l'un à Aquino l'autre à Piedimonte, à tenir tête à l'orage, alors Guillaume de Montreuil essaya d'obtenir par la persuasion ce que Richard n'avait pu emporter de haute lutte ; il demanda une entrevue à Adenulfe.

Plusieurs conseillaient au lombard de ne pas venir au rendez-vous ; il y vint néanmoins « sans nulle paour et Guillerme le rechut o alègre face, et lui jeta les bras au col et le basa en bouche [1]. » Des deux côtés, on était fatigué de la guerre aussi dans cette entrevue les belligérants décidèrent qu'Adenulfe, son frère Pandulfe et Guillaume

---

[1] Et li vingnes non sont lessiez pour faire roysins, ne li arbre pour faire frutte ; mès en font feu et font maisons, et non pour autre senon pour la misère de cil de la cité sont tailliez li arbre, dont se puet dire : « O tu Aquin, c este chose as-tu ! Aimé v, 4.

Aimé vi, 6.

de Montreuil se partageraient la ville et le territoire d'A-
quino et vivraient en bonne amitié et intelligence [1]. Le but
de l'expédition de Richard n'était donc pas complètement
atteint, il accepta néanmoins ce compromis et revint à
Capoue ayant montré une fois de plus combien était dure
la main des Normands quand elle pressurait les malheureuses populations de l'Italie méridionale.

Si, par leur résistance, les comtes d'Aquino obligèrent
leurs adversaires à compter avec eux et à les ménager, en
revanche les autres seigneurs Lombards ayant suivi Guillaume de Montreuil dans sa révolte, furent traités impitoya-
blement. Les biens des comtes de Teano, de Caiazzo et du
Vulturne furent confisqués et donnés aux normands ou
au Mont-Cassin [2]? Landulfe l'ancien prince de Capoue et
son neveu Landulfe tombèrent dans la misère et disparu-
rent de l'histoire [3]. La duchesse Marie de Gaëte n'épousa
pas plus le prince Jourdan que Landon de Traëtto la fille
de Richard, le domaine de Ponte-Corvo fut enlevé à Marie
pour être donné à Marotta, peut-être déjà femme de ce Geoffroy Ridelle dont il est question dans les guerres de Sicile [4].

Rien n'indique que Guillaume de Montreuil ait intercédé
auprès du prince de Capoue, en faveur de ses anciens
alliés; son unique préoccupation, après avoir recouvré
une partie d'Aquino et de son territoire fut d'agrandir
ses domaines et de fortifier sa puissance renaissante. Il
y réussit si bien qu'au rapport d'Aimé, son autorité était

[1] Et puiz Guillerme manda à lo prince la volenté de Adenolfe, et manifesta
à li chevalier l'ordre de l'amistié recovrée. Et va Adenolfe à lo prince, et
tant lo prince quant Guillerme ferma à lui et à son frère la part d'Aquin. Et
lo prince s'en torna à Capuc, et Guilllierme entra en la cité, qui moult estoit
desirré. Aimé VI, 6.
[2] Cf. supra p. 926 note 10.
[3] Didier, abbé du Mont Cassin (plus tard Victor III), écrit en parlant d'eux
et de leurs descendants : usque hodie huc illucque mendicatum pergant. Desi-
derli *dialogi* L. I, dans les *Acta* SS. O. S. B. Sæc. IV. P. II. p. 432.
[4] Une charte de 1155 (Gattola: *Accessio*. T. I, p. 258). dit qu'à l'époque dont
nous parlons, Marotta fut *Domina Pentiscorbi*. D'un autre côté, deux chartes
l'une de septembre 1072, l'autre de février 1075 (Gattola : *histor. abbat. Casin.*
T. I, p. 164 et 167) prouvent qu'à ces deux dates, Geoffroy Ridelle était non
seulement duc de Gaëte mais encore comte de Ponte-Gorvo. Il n'est plus fait
mention de la duchesse Marie dans aucun document.

reconnue jusqu'à Rieti et Amiterno [1]. La position géographique de ces deux villes, à l'est de Rome, en pleine Italie centrale fait voir avec quelle célérité les Normands s'avançaient vers le Nord et explique les craintes que ces empiètements incessants inspiraient à la papauté.

Une brouille survenue, sur ces entrefaites, dans la famille des comtes des Marses rendit encore plus facile aux Normands l'accès de ces pays. Cette famille avait à sa tête les deux frères Odérisius et Bérard [2]; quoique Odérisius fut l'aîné, Bérard prétendait garder pour lui seul tout l'héritage paternel et ne recula devant aucune exaction ou avanie pour obliger Odérisius à s'expatrier. Celui-ci, poussé à bout, appela Richard de Capoue à son aide; il lui députa son fils Actus ancien évêque de'Marsi et, depuis 1056, archevêque de Chieti, lequel, au nom de son père, promit mille livres deniers au prince de Capoue s'il venait mettre Bérard à la raison; il s'engagea en outre à marier dans ce cas sa sœur Potarfranda avec le neveu de Guillaume de Montreuil. Richard se rendit à cette invitation, vint avec ses Normands dans le pays des Marses et, d'après Aimé, l'expédition fut couronnée d'un plein succès. Cent normands suffirent pour mettre en fuite Bérard et ses troupes, divers châteaux furent pris, Potarfranda épousa le neveu de Guillaume, Richard reçut la somme promise et revint à Capoue victorieux et chargé d'un butin considérable. Le neveu de Guillaume resta dans le pays des Marses et, avec le secours de son oncle et des parents de sa femme, continua la guerre contre Bérard. Leo de'Marsi mentionne

---

[1] Et quant la fame de Guillerme sonnoit en toutes pars, cil de Marse, de Retense et Amicerne de Valin, et touz ceux qui habitoient en la part de Campaingne, gardoient son comandement, quar par la poesté de lo prince la soe hardiesce faisoit paour à ceux qui lui estoient entor; et pour ce qu'il estoit parent de lo conte de la terre, desirroient li voces soes, et o pris atte estoient la grâce soe, l'un anemi non se poolt aidier de la injure de lo sien anemi sans la grâce de Guillerme. Et tout estoit pour la grâce, laquelle il avoit recovré del prince Richart. Aimé : vi, 7.

[2] Sur ces comtes des Marses, voyez dans Gattola : *Historia abb. Cassin.* T. I, p. 242, une charte de 1062, dans les *Accessiones* T. I, p. 171, une autre de 1070; enfin dans di Meo *Annali del regno di Napoli* T. VIII, p. 162 une troisième de 1077.

aussi une expédition de Richard au pays des Marses, vers
l'époque ou eut lieu celle dont parle Aimé ; si, ce qui est
probable, les deux chroniqueurs ont en vue les mêmes
faits, ils les racontent bien différemment, A cette même
époque (1067) écritLeo de Marsi, une discorde s'éleva entre
les comtes des Marses ; l'un d'eux appela contre l'autre
le prince de Capoue. Richard désirait depuis longtemps
s'emparer de ce pays aussi saisit-il avec empressement
cette occasion ; il réunit une grande armée, mais quoiqu'il eut comme alliéset avant-garde les fils de Borel,
il ne s'engagea dans le pays qu'avec une certaine inquiétude. Il y passa quelques jours seulement, assiégea la
ville d'Albe sans pouvoir s'en emparer, attaqua plusieurs
fois ses adversaires, fut aussi attaqué par eux, mais voyant
qu'il ne pouvait rien faire de ce qu'il avait projeté, revint
dans ses états, ayant laissé quelques Normands à celui
qui l'avait appelé [2].» L'absence de tout autre document ne
permet pas de dire lequel d'Aimé ou de Leo de'Marsi a
présenté l'expédition sous son vrai jour ; remarquons
toutefois que Leo de'Marsi est d'ordinaire précis et exact
et ne tombe pas dans les erreurs nombreuses que l'on peut
reprocher à Aimé.

Après avoir châtié les Lombards ayant fait cause commune avec Guillaume de Montreuil, Richard voulut faire
expier à Alexandre II et à Hildebrand la faveur accordée à son ancien adversaire. Un autre motif l'engageait à faire, au mépris de tous ses serments, une campagne contre le saint siège ; il rêvait d'entrer à Rome
et d'y ceindre la couronne de patrice, c'est-à-dire de remplacer les anciens dynastes du *Latium* et la cour de Ger-

[1] Aimé : vi, 8.
[2] Leo de'Marsi : *Chronicon Casinense* L. III, 23. — Malgré leurs divergen-
ces sur le résultat, il est visible que Leo de'Marsi et Aimé ont en vue la même
expédition ; en outre, Aimé la place avant la guerre de Richard de Capoue
contre le Saint Siège et Léo de'Marsi après cette guerre. L'Anon. Casinensis
suit sur ce point la chronologie de Leo, il écrit : 1067 Gotfridus dux cum exercitu venit Campaniam usque Aquinum. Richardus princeps terram Marsorum
intravit.

manie dans l'influence prépondérante qu'ils avaient eue
successivement sur les élections à la papauté. Après avoir
été les défenseurs du saint siège, les Normands de la Campanie, songeaient donc, comme le craignait Hildebrand,
à en devenir les maîtres [1].

En 1066, Richard traversa la Campanie, assiégea Cepe-
rano, s'en empara et marcha sur Rome [2]. Cette attaque
mettait le pape dans une situation critique; s'il appelait
le roi de Germanie à son secours, s'il lui demandait de
revendiquer ce titre de patrice des Romains que les Normands voulaient lui enlever, il s'exposait à un autre danger, à celui de donner au saint siège un protecteur qui,
une fois couronné empereur, confisquerait peut-être la
naissante liberté électorale de l'église romaine, en abro-
geant de fait les décrets du concile de 1059. Sans invoquer directement l'aide de la Germanie, Alexandre II et
Hildebrand essayèrent d'arrêter les Normands en les menaçant de la colère d'Henri IV, mais cette manœuvre n'eût
aucun succès; les Normands firent de dédaigneuses réponses aux messagerss du roi; en outre, ils envoyèrent à
ce dernier une lettre ironique dans laquelle ils lui disaient
qu'ils s'étaient emparés d'une partie de l'Italie malgré les
empereurs d'Orient et d'Occident, que l'excommunication
dont le pape venait de les frapper ne les épouvantait nullement et que leur bravoure parerait à toute éventualité [3].

---

[1] Interca cum supradictus princeps Richardus victoriis ac 'prosperitatibus
multis elatus, subjugata Campania, ad Romæ jam se viciniam porrexisset
(an. 1066), ipsius que jam urbis patriciatum omnibus modis ambiret, Teuto-
tini regis pertinxit ad aures. Leonis Marsic. *Chron. Casin.* III, 23. — Et
démentre que lo prince Richart estoit eu cest acquester, (l'expédition dans le
pays des Marses) lo pape avoit mandé moult souvent par letres, et aucune
foiz par messages, lo roy Henri pour venir contre la crudélité de li Normant,
et pour l'affliction de ceux qui habitent auvec eaux. Aimé VI, 9.

[2] Et hoc anno princeps Richardus intravit terram Campaniæ, obsedit que
Ciperanum et comprehendit eam et devastando usque Romam pervenit. Lupi
protosp. *Chronicon* ad an. 1066.

[3] *Annales Altahenses* édition Giesebrecht ex Aventino p. 531, 532. Les
Annales Altahenses majores, Pertz: Mon. Germ. hist. SS. T. XX, p. 818,
sont moins explicites que le texte d'Aventin; on y lit : Nordmanni autem qui

Le roi eut connaissance de cette insolence et ne voulut pas la laisser impunie. De grands préparatifs militaires se firent en Germanie dans l'hiver de 1066-67 et, au mois de février 1067, Henri IV se mit à Augsbourg à la tête des troupes devant faire partie de l'expédition en Italie. Chasser les Normands hors de la péninsule et se faire couronner empereur à Rome, tel était le projet du roi [1]. L'armée n'attendait pour se diriger vers les Alpes que l'arrivée du duc Gottfried dont les soldats devaient former l'avant garde, mais qu.lques pressantes invitations que le roi lui adressat, Gottfried ne vint pas et son absence mit à néant les projets d'Henri IV. N'ayant pas avec lui celui qui pouvait le guider le plus sûrement dans le dédale des affaires politiques de l'Italie, Henri IV se découragea, licencia ses troupes et alla célébrer à Goslar les fêtes dePâque [2].

Si Gottfried ne se rendit pas à Augsbourg, c'est qu'il ap-

dudum Apuliam invaserant, per multos annos nimium jam confortati erant, ideoque ignominiosas legationes et responsa regi, regni que principibus sœpe remittebant.

[1] Et quant lo roi sot lo volenté de lo pape, il dist à ses princes qu'il vouloit venir en Ytalie, pour acquester la corone en Saint Pierre, et pour deffendre les coses soes. Et s'appareillèrent li evesques et li duc et li marchis, et s'esmurent lor chevaliers de prendre l'arme, et determinassent en quel voie la compaingnie de la chevalerie se doient assembler. Et lo roy auvec son exercit vint à la cité de Auguste, et atendoit lo duc Gotofrède. Aimé vi, 9. — Qui (Henricus iv) ut bona sancti Petri de manibus Normannorum eriperet, et imperii coronam de Apostolici manu reciperet, magna cum expeditione pervenit Augustam ; ibi præstolans Gotfridum Tusciæ ducem ac marchionem qui regem quotiens Italiam intrare deberet cum sua solitus erat prœire militia. Leo de'Marsi iii, 23. — Voyez aussi les annales d'Augsbourg : *Annales Augustanos* ad an. 1067, Mon. Germ. hist. SS. T. III, p. 128.

[2] Et Gotofrède avoit passé li Alpe et estoit venu en Ytalie. Et puiz lo roy connut que il estoit gabé de la malice de Godefroy, et dist à touz les granz seignors de sa compaingnie coment Godefroy l'avoit gabé, et comanda que cest voiage remanist, quar est costumance que quant lo roy vient de Alemaingne en Ytalie, que le marchis de Toscane o tout son ost doit aler devant de lo ost de lo roy. Et ensi retorna arrière. Aimé vi, 9. — Sed quoniam Gotfridus idem longe præcesserat, rex hoc nimis indigne ferens, eamdem mox expeditionem remittens in sua reversus est. Leo de'Marsi iii, 23. — Les *Annales Altahenses majores*, Pertz : Mon. Ger. hist. SS. T. XX, p. 818, ne parlent pas d'une défection de Gottfried. Elles supposent que si Henri IV ne vint pas en Italie, c'est que sa présence était nécessaire ailleurs. Les fragments des *Annales Altahenses* publiées par Giesebrecht, Berlin 1841, ne contredisent pas cette donnée. Cf. p. 109.

préhendait tout autant qu'Alexandre II et Hildebrand, mais pour d'autres raisons, l'arrivée d'Henri IV en Italie. Il était d'autant moins empressé de contribuer à restaurer en Italie la puissance des Teutons et d'assurer à Henri IV la dignité et les droits de patrice de Rome que lui-même ambitionnait cette dignité et l'exercice des droits qu'elle comportait; n'avait-il pas déjà rêvé d'être couronné empereur[1]?

Les craintes des uns, les secrètes espérances des autres rapprochèrent Gottfried, Alexandre II et Hildebrand et, pour enlever à Henri IV tout prétexte de venir en Italie, Gottfried se chargea de marcher contre les Normands et de les expulser des domaines du saint siège. Il réunit une armée de Lombards et d'Allemands et les amena à Rome où l'accompagnèrent sa femme Béatrix et la fille de sa femme, la jeune comtesse Mathilde destinée à une si haute célébrité. Le pape et les cardinaux se joignirent aux troupes de Gottfried et, tous ensemble, sortirent de Rome, au commencement de mai 1067, et marchèrent contre ces incorrigibles Normands[2]. Richard, effrayé de l'orage qu'il avait si imprudemment attiré sur sa tête, prit position à Patenaria derrière le Garigliano, il songeait même à gagner avec ses Normands la Pouille, si Gottfried passait le Garigliano. Pour arrêter l'invasion, il laissa à Aquino une garnison sous les ordres de son fils Jourdan, de Guillaume de Montreuil et d'Adenulfe d'Aquino.

Gottfried marcha en effet contre Aquino, et chercha à

---

[1] Cf. supra p. 306 le texte important de Leo de'Marsi ii, 97.

[2] Eodem quoque tempore Normanni Campaniam invadunt. Quod cernens Deo amabilis Hildebrandus, continuo magnificum ducem Gotefridum in auxilium sancti Petri evocat. Forte enim his diebus præfatus dux venerat Italiam, ducens secum excellentissimam cometissam Mathildam, incliti ducis Bonifacii filiam. Is, congregans universam exercitus sui multitudinem, cum uxore et nobilissima Mathilda, Romam veniens, Normannos a Campania absque bello expulit, et eam Romanæ reddidit dicioni. Bonitho : *Liber ad amicum* dans Jaffé : Monumenta Gregoriana p. 652 sq. Le duc Gottfried n'a pas eu dans son expédition les succès que suppose Bonitho, mais, abstraction faite de cette erreur, Bonitho est très probablement dans le vrai lorsqu'il écrit que Hildebrand ne fit pas appel à Henri IV pour lui venir en aide mais seulement au duc Gottfried.

s'en emparer mais il fut victorieusement repoussé par
Guillaume de Montreuil et Adenulfe qui firent une sortie
et tuèrent quinze Allemands.

Ce succès des Normands et le manque d'approvisionne-
ments dont souffrait l'armée de Gottfried décidèrent ce
dernier à avoir une entrevue avec Richard et à conclure
la paix. Grâce à l'entremise d'un Normand nommé Guillaume Testardita, les deux princes se rencontrèrent sur
le pont à demi détruit de Sant Angelo, dit de Todici, sur
le Garigliano pour en régler les conditions; nous ne connaissons pas ces conditions, mais les intérêts du saint
siège durent y être sauvegardée, car, dans cette même
année 1067, pendant l'été, le pape, accompagné de Hildebrand et de plusieurs prélats, fit dans l'Italie du sud un
voyage pendant lequel il entra en ami dans plusieurs villes
normandes et y fut reçu avec les honneurs et le respect
dûs à sa dignité [1].

Ainsi, le 1er août 1067, Alexandre II tint à Melfi un synode dans lequel, sur les réclamations d'Alfane, archevêque de Salerne, il excommunia Guillaume fils de Tancrède, qui s'était emparé de plusieurs biens de l'église de
Salerne; sur tous les points, les Normands faisaient
preuve de la même rapacité et du même mépris des immu-
nités ecclésiastiques. Guillaume, présent au synode, refusa

---

[1] Aimé vi, 10. — Leo de'Marsi résumant le récit d'Aimé écrit : Dux (Gotfridus) autem copioso nimis vallatus exercitu Romam accessit. Cujus Normanni
adventu comperto, maximo correpti tremore universam protinus Campaniam
deserentes aufugiunt ; et Jordane tantum ac Guilelmo qui Mostarolus dictus
est cum suis ad illi contraire parantibus, cæteri cum principe apud
Patenariam rei eventum præstolantur; futurum ut fertur, ut si dux idem
Garilianum transisset ita ut in armis erant cuncti versus Apuliam fugam
arriperent. Gotfridus itaque Apostolico simul et cardinalibus comitatus, me-
diante jam Maio Aquinum cum universo exercitu venit, ibique per octo et
decem dies cum pro vita obsistentibus Normannis pari ferme eventu confli-
gens, tandem satagente strenuissimo internuntio Guilelmo cui Testardita
fuit cognomen, ad id ventum est ut ad pontem sancti Angeli qui dicitur
Todici, dux et princeps al trinsecus, nam interruptus erat, se ad colloquium
jungerent ; sic que non parva ut dicitur, donatus pecunia, dux ad propria re-
pedaret. Leon. Mars. *Chronicon* iii, 23. Dans ce passage, Leo de'Marsi ne
s'inspire pas exclusivement d'Aimé; celui-ci en effet ne parle ni de l'entremise
de Guillaume Testardita ni de l'argent donné par les Normands au duc Gottfried pour acheter la paix.

d'obtempérer aux admonestations du pape et 'préféra se laisser excommunier plutôt que de restituer [1].

De Melfi, Alexandre II se rendit à Salerne et les seigneurs Normands et Lombards ainsi que plusieurs évêques du midi de l'Italie y vinrent lui présenter leurs hommages; on vit, en même temps, à Salerne, à la cour du pape, non pas seulement Gisulfe prince de Salerne et ses frères Gui et Jean, mais le duc Robert Guiscard, son frère Roger, le cardinal archidiacre Hildebrand, Baudoin évêque de Melfi, Etienne évêque de Troie, Ingilbert évêque de Tuscum. Guillaume, fils de Tancrède, entouré de soldats, y parût également; cédant enfin aux conseils qui lui furent donnés, peut-être par les Normands, il donna satisfaction à Alfane, restitua les biens enlevés, et le pape consentit à abroger la sentence d'excommunication [2]. Peu après, le 12 octobre, à Capoue, un autre normand nommé Troytius de Rota, après s'être obstiné à ne pas restituer à l'église de Salerne les biens qu'il lui avait enlevés de concert avec

[1] Notum sit omnibus sanctæ ecclesiæ filiis quoniam in synodo, quæ sexto pontificatus nostri anno apud Melphim in ecclesia B. Petri apostolorum principis, quæ est ejusdem civitatis sedes episcopatus, præsidentibus nobis, et aliis coepiscopis et abbatibus, die kalendarum Augustarum celebrata est, confrater noster Alfanus S. Salernitanæ ecclesiæ arehiepiscopus de hæreditatibus eidem ecclesiæ pertinentibus, quas Guillelmus filius Tancredæ et milites sui invaserant, querimoniam fecit. Unde eum a nobis hac de ratione vocatum, ut quæ violenter invaserat juste eidem ecclesiæ redderet, paterna charitate monuimus; sed quia in contumacia sua perdurans obedire nobis et tanto conventui noluit, judicio totius sacri concilii eum et fautores suos a liminibus sanctæ ecclesiæ sequestravimus et anathematis vinculo, quousque resipisceret, innodavimus. — Bulle d'Alexandre II en faveur de l'église de Salerne. Jaffe : *Regesta Pontificum* p. 394. *Migne : Patr. lat.* T. 146 col. 1335 sqq.

[2] Sed postea inspirante sibi (Guillelmo filio Tancredi) illo qui neminem vult perire ad pœnitentiam et ad emendationem cum Salerni essemus, ante nostram præsentiam cum militibus suis humiliter venit. Quapropter episcoporum et abbatum et aliorum fidelium congregato conventu, inter quos fuerunt Joannes Tusculanensis episcopus cardinalis, et Ildebrandus S. R. E. archidiaconus, et Ambrosius Terracinensis episcopus, et Balduinus Melphis episcopus, et Stephanus Trojanus episcopus et Ingilbertus Tuscensis episcopus, et Gisulfus Salernitanus princeps cum fratribus suis Guidone et Joanne, Robertus dux, et Rogerius comes frater ejus, et alii plures Longobardi et Nortmanni, idem Guillelmus, et Girmondus filius Gimundi qui dicitur de Mulsi miles ejus hæreditarius..... omnes res ipsi matri ecclesiæ et cæteris ecclesiis salernitanis refutaverunt atque dimiserunt. Suite de la bulle d'Alexandre II, citée dans la note précédente.

Guillaume fils de Tancrède, se décida luî aussi à faire sa
soumission[1]; il était dans ce but, venu trouver le pape à
Capoue.

La présence d'Alexandre II dans la capitale de Richard est un sûr indice que la paix régnait alors entre
le saint siège et le prince de Capoue mais elle ne dura
pas longtemps et ce fut encore Guillaume de Montreuil
qui occasionna le différend. Guillaume se révolta de nouveau contre Richard et vint à Rome comme lors de sa
première défection. Bien probablement, le saint siège
avait, à ce moment, de nouveaux griefs contre Richard et
l'entente de 1067 était déjà compromise, car avec Richard,
on ne pouvait guère compter le lendemain sur les promesses de la veille. Guillaume de Montreuil fut favorablement accueilli à Rome, où, pour bien indiquer sa rupture
avec le prince de Capoue, il reçut des mains du pape l'investiture des biens rendus par Richard[2]; aussitôt après
il partit en guerre contre ce dernier.

Il se conduisit dans cette campagne comme bien des
capitaines de cette époque, en véritable bandit; arrivant
de nuit et à l'improviste dans les villes de Richard, y mettant le feu aux quatre coins et dévastant le pays. La lueur
des incendies, dit Aimé, signalait partout le passage de
Guillaume[3], et lorsque les hommes d'arme de Richard
essayaient de mettre fin à ses barbaries en le poursuivant
lui et ses complices, ceux-ci lui échappaient, car des amis,

[1] Une bulle d'Alexandre confirmant l'église de Salerne dans la possession de
tous ses biens contient la phrase suivante : terras quoque et partes, pro quibus
super Troytium de Rota. pro tuo episcopio. et cœteris Salernitanis ecclesiis
interpellasti quod invasas detineret. Unde eum Salerni nolentem justitiam
facere excommunicavimus ; quas, postea resipiscens, Capuæ in nostram
manum legaliter reddidit..... et cuncta quæ Willelmus filius Tancrede et
Wimundus miles suus in nostram manum reddidere. Ughelli : *Italia sacra*
T. VII, p. 382. Migne: *Patr. lat* T. 146, col. 1337 sq.
[2] Et à ce que lo pape puisse contrester contre son seignor (Richart de Capoue), rechut (Guillaume de Montreuil) la terre de la main de lo pape.
Aimé VI, 11. D'après cette phrase il y aurait eu à ce moment rupture complète entre le saint siège et Richard
[3] Et la flame qui se levoit en haut monstroit en quel ville estoit Guillerme
de nuit, et li fume monstroit ou avoit faite l'ovre soe. Aimé VI, 11.

leurs ménageaient en divers endroits un asile assuré. Jourdan, fils de Richard, profitant d'un voyage de Guillaume à Rome, marcha sur Aquino avec 200 chevaliers et fit, à son tour, un butin considérable en pays ennemi; aussi à son retour, Guillaume se plaignit amèrement et demanda qu'on lui rendit ce qui lui avait été enlevé par surprise et, d'après lui, d'une façon déloyale. Jourdan répondit : « A moi non convient de exaudir la parole ne la pétition de cest home, loquel non se vergoingna de rompre lo sacrement de la fidélité à moi et à mon père [1]. »

Cette réponse fut le signal de nouvelles hostilités; Guillaume, suivi de huits cents chevaliers et de trois cents fantassins, livra bataille à Jourdan qui, ayant bien moins de troupes, fut vaincu et mis en fuite.

Guillaume le poursivit, recouvra le butin enlevé; fit prisonniers trente-six chevaliers et rentra triomphalement à Aquino. Cette défaite de Jourdan, la facilité qu'avait Guillaume de Montreuil de recruter des troupes dans l'Italie centrale puisque le saint siège lui accordait son appui compromettaient grâvement la situation du prince de Capoue. Le péril dût être grand car Richard n'hésita pas à appeler à son aide le duc Robert Guiscard. Celui-ci répondit à cet appel; il avait intérêt à empêcher un vassal d'avoir raison de son suzerain; il pouvait craindre que les succès de Guillaume de Montreuil ne déterminassent quelques-uns de ses hommes d'armes à se révolter une fois de plus contre lui. Il se disposait donc à venir en Campanie avec une armée lorsqu'un dénouement inattendu rendit son concours inutile Guillaume de Montreuil mourut sur ces entrefaites à Rome, probablement de la *mal' aria*, d'après ce que rapporte Aimé, et Richard, joyeux de cette mort qui le délivrait d'un ennemi dangereux, et reconnaissant de la bonne volonté que Robert Guiscard lui avait montrée, promit, le cas échéant, d'aller en Sicile aider à son tour celui-ci dans la guerre contre les Sarra-

---

[1] Aimé VI, 11.

sins [1]. Guillaume mort, Richard donna Aquino au prince Jourdan son fils, tout lui faisant espérer qu'avec Jourdan la Campanie se tiendrait en paix et qu'il n'aurait plus d'embarras de ce côté.

Mais il se trompait, peu après Jourdan se révolta contre son père et Rainulfe, frère de Richard, prit parti pour son neveu [2]: Le prinee de Capoue vint à Aquino déjà abandonnée par Jourdan et obtint des habitants la reddition de la place. Les représentants de la dynastie lombarde, Adenulfe et ses frères étaient restés à Aquino où, depuis l'arrivée des Normands, ils n'exerçaient plus que le pouvoir judiciaire tandis que Guillaume de Montreuil et, après lui, Jourdan, maîtres de la citadelle, tenaient le pays en respect. Mettant à profit l'occasion qui se présentait, et peut-être aussi, soutenus par la sympathie de leurs anciens sujets, Adenulfe et ses frères demandèrent à Richard de leur rendre les pouvoirs qu'ils avaient autrefois, lui promettant de lui être plus fidèles que ne l'avait été son pro-

---

[1] Lo prince (Richart) manda disant à lo duc Robert coment Guillerme estoit mort son anemi, quar lui prist une fièvre et un chaut, et de celle maladie fu mort à Rome. Mès pour ce que lo duc Robert estoit venut tant promptement à l'aide de lo prince Ricchart, vouloit aler en Sycille avec lui et faire lui similante service et honor, Aimé VI, 12. — On ne s'explique pas comment Guillaume de Montreuil, dont la vie a été si agitée, qui s'est montré ingrat vis à vis de son beau-père le prince Richard, qui a été si impitoyable dans sa dernière guerre en Campanie, a pu être surnommé le bon Normaud « bonus Normannus ». O. Vital ne lui donne-t-il pas ce surnom à la légère et uniquement parce que Guillaume avait fait bon accueil à son cousin Robert de Grentemesnil ? Aimé n'indique pas la date de la mort de Guillaume de Montreuil; nous voyons seulement qu'aussitôt après il raconte le siège et la prise de Palerme par les Normands, on peut donc placer cette mort vers 1070, 1071. Le *Regestum* encore inédit de Pierre Diacre (archives du Mont Cassin) renferme n° 483 une charte de Guillaume de Montreuil ; en voici l'analyse : Guilielmi de Mustarolum comitis de comitatu Aquinensi diploma concessum Desiderio abbati Montis Cassini, subdatum per manus Joannis diaconi et notarii. Actum in Aquino anno Dni 1068 mense septembris. Indict. VII. Duas ecclesias S. Constancii et S. Christofori in Aquinensi comitatu sitas donat Cassinatibus.

[2] Lo prince Richart, puiz qu'il fust en repos et en son bon estat, et sans nulle adversité, si come fu dit dessus, donna Aquin à son fils Jordan Et se Guillerme (Richart) prince avoit passé lo petit feu de Guillerme son gendre, loquel estoit mort, entra en plus grant flame. Quar autresi lo fill est contre lo père, quar lo frère de cestui prince et son fil, c'est Raynolfe et Jordan, trattoient de apeticier l'onor del prince, et pour ce qu'il avoient rechut de lui, se armèrent contre lui. Aimé VI, 24. Aimé est seul à rapporter ces incidents.

pre fils. ' Richard ne prêta pas l'oreille à cette proposition
mais ne sachant à qui confier la citadelle d'Aquino, déjà
cause de tant de soucis, il se décida à y mettre une garnison d'hommes d'arme, sous l'autorité de Didier et de
l'abbaye du Mont-Cassin.

Richard eut ensuite une entrevue avec Didier et lui dit
que par reconnaissance pour St Benoît qui l'avait visiblement protégé dans ses entreprises, et pour les religieux
du Mont-Cassin aux prières desquels il attribuait ses succès,
il voulait donner Aquino au monastère. On devine la joie
qu'une pareille ouverture causa à Didier; il s'empressa
d'envoyer des messagers à Aquino recommander aux habitants de ne pas mettre obstacle aux intentions du prince
de Capoue et de s'y soumettre spontanément. Tout alla
bien au début; mais les bonnes dispositions des nouveaux
sujets de l'abbaye durèrent peu; ils déclarèrent qu'ils
n'entendaient pas dépendre d'un homme portant capuchon, qu'ils voulaient pour maître un homme d'arme ².
Cette déclaration fut le signal de la révolte; les habitants
d'Aquino pénétrèrent dans la forteresse avec d'autant plus
de facilité que la garnison ne s'attendant à aucune attaque, avait laissé les portes ouvertes; ils firent prisonniers
les soldats et un moine du Mont-Cassin, les battirent cruellement, les chassèrent et s'établirent à leur place. Ce fut
en vain que Richard et Didier se rendirent à Aquino et par-
lementèrent avec les insurgés; ceux-ci persistèrent dans
leurs résolutions et se bornèrent, pour apaiser le prince
de Capoue et le gagner à leur cause, à lui promettre de

' Le texte d'Aimé est si obscur, si mal traduit, qu'il est impossible de l'in-
terpréter sans s'exposer à se tromper. Le voici : Dont se parti (Richard) de
Capoue et s'en ala à Aquin, et amonesta cil de la cité, et o losenge donna
favor à Adenolfe, observant celles coses qui sont en usance de estre de lo
seignor, et ce faisoit-il que non lui fust tenut l'entrée de la cité. Cestui doa
par la potesté prétoire, laquelle est de faire loiz et justice, comeut juge ou
ballif. Aimé vi, 25.
² Premièrement cil de la cité lui donèrent la grâce à l'abbé de avoir seignorie; et puiz s'en firent gabe et truffe, et se partirent par diverses volentés, et
en la fin distreut qu'il non vouloient estre subjecte à home qui porte cocolle,
mès à home qui portoit arme. Aimé vi, 25.

lui rester fidèles et de lui payer exactement tous les ans le tribut accoutumé. Richard céda ; Didier en fut pour ses espérances envolées et les habitants d'Aquino, gouvernés probablement par Adenulfe et ses frères, crurent avoir recouvré leur indépendance mais ils comptaient sans un retour offensif de Jourdan. Ce retour fut si inopiné que les laboureurs dans les champs et les bergers qui gardaient les troupeaux dans les paturages, n'eurent pas le temps de se sauver dans Aquino, eux et leurs annimaux. Aussi Jourdan mit la main sur les uns et sur les autres ; les bêtes furent mangées par lui et ses soldats et quand aux hommes, alcun, dit Aimé, en vendi à lor parent, et aucun en retint en prison, et alcun furent mort en la prison. La malheureuse petite ville, terrifiée par ces barbaries, ouvrit à Jourdan l'entrée de la citadelle et retomba sous le joug des Normands[1].

Pendant que Jourdan réduisait Aquino par la force, son père, revenu à Capoue, alla assiéger le château de Suio, dépendant de Raynier, frère de Léon évêque de Gaëte ; après deux jours, la forteresse nullement approvisionnée fut obligée de se rendre à Richard et, sur ce point encore, les Lombards vaincus durent céder la place aux Normands[2].

Aimé ne donne pas la date des derniers évènements que nous venons de raconter, mais l'ordre dans lequel il les place permet de conjecturer qu'ils eurent lieu dans les premiers mois de 1071. Le 1er octobre de cette même année, fut célébrée au Mont-Cassin une belle et pacifique solennité dont le souvenir repose l'esprit fatigué de ces interminables séries de guerres, de brigandages et d'impitoyables exactions. Le pape Alexandre II, invité par l'abbé Didier, consacra ce jour-là, la nouvelle église du Mont-Cassin construite en moins de cinq ans, grâce à la persévérante ac-

---

Aimé vi, 24, 25, 26, 27, 29. — Nous avons déjà dit qu'Aimé est seul à raconter ces démêlés et ces atrocités.

[2] Aimé vi, 28. — Une charte éditée par Ughelli : *Italia sacra* T. I, p. 534 sqq. fait voir en effet que le comte Raynier et ses parents étaient seigneurs de Suio et qu'il avait un frère du nom de Léon, évêque de Gaëte.

tivité de l'illustre abbé. Sans compter Hildebrand, le pape
amena avec lui plusieurs de ses cardinaux; 54 archevêques ou évêques de l'Italie méridionale, répondant aux
lettres de convocation d'Alexandre II, vinrent au jour
indiqué, faire cortège sur les hauteurs abruptes du Mont-
Cassin, au chef de l'église. Les évêques latins comme
l'archevêque de Capoue, l'évêque d'Aquino, n'avaient pas
été seuls à répondre à l'appel du saint siège ; les évêques dont les églises suivaient le rit grec firent preuve
du même empressement, par exemple les archevêques de
Trani, de Tarente, d'Oria, de Siponto.

L'assemblée ne fut pas exclusivement religieuse; les
hauts barons des contrées voisines Normands et Lombards,
s'y rendirent également, au premier rang Richard prince
de Capoue, son fils le prince Jourdan, son frère Rainulfe,
son oncle Jourdan, tous les quatre réconciliés et ayant
oublié les évènements dont Aquino venait d'être le théâtre ; Gisulfe, prince de Salerne et ses frères étaient aussi
présents, ainsi que Landulfe prince de Bénévent, Sergius
duc de Naples, un autre Sergius duc de Sorrente, les comtes des Marses, ceux de Valva, les fils de Borel [1]. Enfin
une immense multitude, accourue de tous les points

[1] De magnatibus autem : Richardus princeps Capuanus cum Jordane filio
et fratre Rainulfo, Gisulfus princeps Salernitanus cum fratribus suis; Landul-
phus quoque princeps Beneventanus, et Sergius dux Neapolitanus, Sergius
que dux Surrentinus, Marsorum etiam ac Balvensium comitum, filiorum que
Borelli non parva frequentia. Cæterorum vero potentium seu nobilium tam
nostratium quam Normannorum omnium circumquaque terrarum, vel nomina
vel numerum innumerum, nulla prorsus fuit possibilitas vel consilium recen-
sendi. Leo de'Marsi III. 29 Sans compter les détails étendus que Leo
de'Marsi fournit dans sa chronique, il a écrit un opuscule intitulé : *Narra-
tio de consecratione et dedicatione ecclesiæ Casinensis* cf. Muratori : R. I.
S. T. V p. 76. — Migne : Patr. lat. T. 173 col. 997 sqq. Leo de'Marsi donne
dans cet opuscule les noms et les sièges épiscopaux de tous les évêques qui
assistèrent à la consécration de l'église du Mont Cassin; cette liste est intéressante à étudier, elle fait voir que les clercs Normands commençaient à envahir les évêchés de l'Italie du sud, car plusieurs des noms de ces évêques
étaient, à cette époque, exclusivement portés par des Normands ou des clercs
d'origine normande ainsi : Girard archevêque de Siponto, Drogon archevêque
de Tarente, Guillaume évêque de Teano, Geffroy évêque d'Aversa, Roger
évêque de Civita, Baudouin évêque de Melfi, Robert évêque de Fiorenzuola,
Guillaume évêque de Larino, Guillaume ou Guibert évêque de Ruvo, Mayuard
évêque d'Ariano, Arnaud évêque d'Acerenza.

de l'horizon, ne cessa pendant huit jours d'affluer au sommet de la montagne sainte, nobles et vilains, clercs et laïques, moines et soldats, Lombards et Normands, représentants des vieilles populations du Latium, de la Campanie, de la Pouille, des Calabres, tous rivalisèrent de zèle pour venir prier près du tombeau de S. Benoit et y recevoir, avec la bénédiction du pape, l'absolution de leurs péchés.

La nouvelle église du Mont-Cassin était digne d'une si noble réunion et d'une telle affluence. C'était une grande basilique à trois nefs, séparées par deux rangées de dix colonnes; au milieu du chœur se trouvait le tombeau de S. Benoît élevé de huit degrés. Didier avait d'abord voulu le ramener au niveau du sol, mais les ouvriers chargés de ce travail, ayant mis à découvert les reliques du saint, l'abbé ne permit pas qu'elles fussent déplacées et se contenta de les faire recouvrir d'un sarcophage de marbre de Paros. Derrière l'autel de S. Benoît, vers l'orient, était un autre autel dédié à S. Jean-Baptiste, les deux nefs latérales se terminaient aussi par deux autels celui de droite dédié à la bienheureuse Vierge Marie celui de gauche à S. Grégoire pape. Devant l'église, s'ouvrait un magnifique atrium, soutenu par des colonnes antiques et surmonté d'un campanile; enfin aux deux côtés de l'atrium, on avait construit deux tours la tour saint Michel et la tour saint Pierre. Le plateau qui portait la basilique et ses annexes dominait le terrain environnant aussi fallait-il gravir un escalier de marbre de 24 marches pour parvenir à l'atrium [1]. La décoration intérieure de ce beau monument avait été la grande préoc-

[1] Voyez dans Leo de'Marsi III, 26, la description de la basilique. Elle a été complètement détruite par le tremblement de terre du 9 septembre 1349. Dans son *Historia abbatiæ Casinensis* T. I, Tab. I Gattola, mettant à profit les renseignements fournis par Leo de'Marsi, a donné de la basilique de Didier un plan et une vue que divers critiques, Strehlke et Hirsch par exemple, déclarent défectueux; cf. Schulz: *Denkmæler der Kunst des Mittelalters in Unteritalien* T. II, p. 116 et Desiderius von Monte Cassino par Hirsch p. 41 dans les *Forschungen zur d. Geschichte*, 7° vol. 1 cah. Gottingen. 1867.

cupation de Didier. Il avait, à grands frais, fait venir de
Rome par mer jusqu'à Gaëte et ensuite par le Garigliano
jusqu'à Suio les colonnes de marbre, les œuvres d'art prises
dans les antiques monuments de la ville éternelle. Après
avoir pillé le monde entier, Rome se voyait dépouillée à
son tour et était exploitée comme une carrière d'autant
plus lucrative que les pierres et les marbres y étaient tout
préparés [1].

Mais Didier ne se borna pas à enrichir de dépouilles
païennes le nouveau sanctuaire élevé sur le tombeau de
S. Benoit, il recruta dans toute l'Italie et jusqu'à Constantinople et à Alexandrie en Égypte, des artistes soit latins,
soit grecs, soit même sarrasins et leur fit composer des
mosaïques qui excitèrent l'admiration de tous les contemporains; il contribua ainsi à apprendre de nouveau à son
pays qui l'avait à peu près oublié pendant les invasions
des barbares, cet art délicat du mosaïste qui lui a servi
depuis pour créer ou pour conserver à tout jamais tant de
chefs-d'œuvres [2]. Enfin Maurus, fils de Pantaleo patrice

[1] Desiderius Romam profectus est et quosque amicissimos alloquens, simul-
que larga manu pecunias oportune dispensans, columnas, bases, ac lilia, nec
non et diversorum colorum marmora abundanter cœpit : illaque omnia ab
urbe ad portum, a portu autem Romano per mare usque ad turrem de Gari-
liano, inde que ad Suium, navigiis conductis ingenti fiducia detulit. Abinde
vero usque in hunc locum plaustorum vehiculis, non sine labore maximo,
comportavit. Leo de'Marsi III, 26.

[2] Leo de'Marsi écrit au sujet de cet art du mosaïste : Et quoniam artium
istarum ingenium a quingentis et ultra jam annis magistra Latinitas intermi-
serat, et studio hujus inspirante et cooperante Deo, nostro hoc tempore recu-
perare promeruit, ne sane id ultra Italiæ deperiret, studuit vir totius pruden-
tiæ pleros que de monasterii pueros diligenter, eisdem artibus erudiri III, 27.
Il y a là une exagération; nous possédons encore des mosaïques du VI° au IX°
siècle qui prouvent que l'Italie n'avait pas complètement oublié cet art si répandu durant l'antiquité classique. Cf. Schnaase : *Geschichte der bildenden
Kunste* T. IV, 2 p. 543. Schulz : *Denkmæler der Kunst des Mittelalters in Unteritalien* T. II, p. 119. Néanmoins, comme d'après Leo de'Marsi (legatos interea Constantinopolim ad locandos artifices destinat, peritos utique in arte
musiaria et quataria ex quibus videlicet alii absidam et arcum atque vesti-
bulum majoris basilicæ musivo comerent, alii vero totius ecclesiæ diversorum
lapidum varietate consternerent. III, 27), d'après Alfanus,
          Nec Hesperie
    Sufficiunt satis artifices,
    Thracia merce locatur ad hec.
          Ozanam : monuments inédits p. 265.

d'Amalfi, avait fait faire à Constantinople pour l'ancienne
église du Mont-Cassin des portes de bronze qui servirent à
la nouvelle basilique. Elles existent en partie aujourd'hui
encore, et on y peut lire la longue liste des biens de l'abbaye. Ces portes sont probablement le seul vestige des
œuvres d'art dues à l'impulsion de l'abbé Didier [1].

Les deux plus importants personnages de l'Italie méridionale, Robert Guiscard et son frère Roger manquaient à la
fête du Mont-Cassin ; comme nous l'avons vu, l'un et l'autre assiégeaient alors Palerme, bien décidés à ne se laisser
distraire par aucune autre entreprise, avant d'avoir, par

et d'après Aimé (et pour ce qu'il non trova in Ytalie homes de cest art, manda
en Costentinoble et en Alixandre pour homes grex et sarrasins, liquel pour
aorner lo pavement de lo église de marmoire entaillié et diverses paintures,
laquelle nous clamons opère de mosy, ovre de pierre de diverses colors. III,
49), l'abbé Didier ne put trouver de mosaïstes en Italie, il faut en conclure
ou qu'il n'y en avait pas alors dans l'Italie centrale, ou que ceux qui s'y trouvaient n'avaient pas assez de talent pour les chefs-d'œuvre que rêvait l'abbé
Didier.
[1] Videns autem (Desiderius) tunc portas æreas episcopii Amalfitani cum
valde placuissent oculis ejus, mox mensuram portarum veteris ecclesiæ Constantinopolim misit, ibique illas ut sunt fieri fecit. Nam nondum disposuerat
ecclesiam renovare, et ob hanc causam portæ ipsæ sic breves effectæ sunt,
sicut hactenus permanent. Leo de'Marsi, III, 18. L'inscription suivante qui
date de 1066 et qui se lit encore sur ces portes de bronze, à l'église actuelle du
Mont Cassin prouve que ce ne fut pas Didier mais Maurus, patrice d'Amalfi.
fils de Pantaléon, qui fit faire ces portes à Constantinople et qui en fit présent à l'église du Mont-Cassin. Hoc fecit (dans le sens de *donavit*) Mauro filius
Pantaleonis de comite Maurone ad laudem Domini et Salvatoris nostri Jesu-
Christi ab cujus incarnatione anno millesimo sexagesimo sexto. — Cette illustre
famille patricienne d'Amalfi est d'autant plus *intéressante* à étudier qu'elle a
eu, au XIe siècle, avant les croisades, de très grandes relations commerciales
avec tout l'Orient. Elle a laissé en Italie d'immortels souvenirs de sa libéralité et de son amour pour les arts car c'est à elle qu'on doit non pas seulement les portes de bronze du Mont Cassin, mais encore celles de la cathédrale d'Amalfi, de l'église de S. Michel au Mont Gargano et enfin celles de S.
Paul hors les murs, fondues en partie par l'incendie de 823. On lisait sur celles de
S. Paul hors les murs : Pantaleo stratus veniam mihi posco reatus ; et en grec : †
ἐχαμωθη χειρι εμου Σταυραχιου του χυτου οι αναγινωσχωντες (Sic) ευχεσθε ὑπ
εμου. Sur les portes de bronze de l'Italie au XIe siècle et sur la famille de
Maurus et de Pantaléon cf. : Ueber byzantinische Erzthuren des XI Iahrhun-
derts in Italien und das Geschlecht des Pantaleo von Amalfi par E. Strehlke
avec une introduction de F. v. Quast, dans le Zeitschrift fur kirchliche
Archaologie und Kunst. Janvier 1858. Cet article de Strehlke, remanié et com-
plété par W. Schulz, a paru dans le beau travail de ce dernier : Denkmæler
der Kunst des Mittelalters in Unteritalien T. II, p. 228. Voyez aussi dans le
Deutsches Kunsblatt, nᵒ de septembre 1858 : un article de W. Heyd : Zur

la reddition de Palerme, assuré et couronné la conquête de la Sicile. Nous avons dit dans le chapitre précédent comment le siège traînant en longueur, Robert Guiscard craignit de ne pouvoir en venir à bout avec les forces dont il disposait, et comment il rappela à Richard de Capoue sa promesse de venir en Sicile combattre à ses côtés contre les Sarrasins. Sans aller de sa personne en Sicile, Richard, voulant tenir sa parole, chargea son fils Jourdan de le remplacer et lui confia deux cent cinquante chevaliers avec ordre de se mettre lui et ses hommes à la disposition de Robert Guiscard. Mais ce premier mouvement de Richard dura peu ; Jourdan ne s'était pas encore embarqué avec ses soldats pour la Sicile, que son père lui manda de rétrograder et d'aller occuper le château de S. Angelo. Richard fit plus; voyant Robert Guiscard engagé dans une expédition dont le résultat encore problématique pouvait compromettre la fortune des Tancrède, il songea

Geschichte der Einfurung der byzantinischen Kunst in Italien. — Schulz *op. cit.* p. 242, établit comme il suit la généalogie des Maurus-Pantaleo :

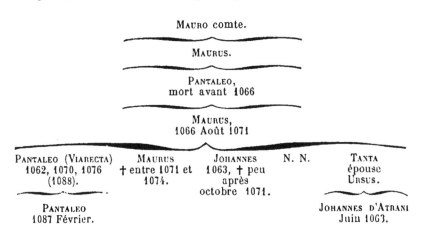

La seconde inscription des portes du Mont Cassin est ainsi conçue :

Hoc studiis Mauri munus consistit opusc[l]i
Gentis Melfigene renitentis originis arce,
Qui decus et generis hac effert laude laboris ;
Quœ simul auxilii conspes maneat Benedicti
Ac sibi cœlestes ex hoc commutet honores.

à utiliser les embarras de son beau-frère pour lui enlever une partie de ses possessions continentales.

Il s'entendit donc avec ceux des barons Normands qui, toujours jaloux des succès des Tancrède, étaient préoccupés des dangers que ces succès faisaient courir à leur indépendance ; c'étaient les deux fils de Pierre, l'un nommé également Pierre, l'autre Falgutce, Abagælard, l'irréconciliable ennemi de celui qui lui avait ravi l'héritage paternel, Robert Areng et Harmann, à peu près tous ayant déjà porté les armes contre Robert Guiscard. Gisulfe de Salerne entra aussi dans la ligue ; peut-être Richard avait-il profité de son entrevue au Mont-Cassin avec ce prince pour le décider à se déclarer contre le mari de sa sœur.

Des serments ayant été prêtés de part et d'autre, Richard entra en Pouille et s'empara de la ville de Cannes ; Abagælard et Robert Areng formentèrent des insurrections en Calabre, et Gisulfe ravagea les rivages des golfes de Salerne et de Policastro jusqu'à Sant'Eufemia [1]. L'indignation de Robert Guiscard fut extrême lorsqu'il apprit devant Palerme la trahison de ses parents, de ses compatriotes, de ses amis de la veille ; mais, comme nous l'avons déjà dit, il comprit que pour avoir raison de cette nouvelle insurrection, le mieux était de prendre Palerme, et il continua le siège, remettant à plus tard le soin de la vengeance.

Palerme, trompant les prévisions de Richard et de ses alliés, se rendit, vaincue par l'inébranlable ténacité des Normands : dès que la délicate affaire du partage de la Sicile entre Roger et Robert Guiscard fut terminée, Robert revint sur le continent et débarqua à Reggio dans

[1] Voyez dans le chapitre précédent p. les débuts de cette insurrection et en note le texte d'Aimé ; — Gisulfus ergo Salernitanus princeps, frater Sigelgutæ uxoris Guiscardi ducis, omnes maritimos fines a Salerno usque ad portum qui Fici dicitur, Arecumque et S. Euphemiam sui juris esse volens, et partem a Guiscardo dietim pervadi audiens, versus ducem inimicitias injecit, omnes que ei adhærentes quos capere poterat contumeliis deturpans, nostræ genti sese inimicari non abscondebat. Dux autem Guiscardus, qui amicitiam sibi promiserat, primum quidem patienter ferens, legatis ait ab incæpto resipiscat convenire. Malaterra iii, 2.

le courant de 1072. Là, il licencia Stephane Patérano et la garnison grecque de Bari [1], et vint en Calabre, à Rossano où, pour raffermir son autorité, ébranlée peut-être par les menées d'Abagælard et de Robert Areng, il fit, au grand chagrin des habitants, élever une forteresse [2].

« Le duc, écrit Guillaume de Pouille, suivi d'un nombreux cortège, se rendit ensuite à Melfi, capitale de la Pouille; sans ·compter ses soldats, il avait avec lui des habitants de Bari, des Calabrais et les otages livrés par Palerme. A la nouvelle de son retour, les comtes du pays ainsi que les notables accoururent à Melfi, chacun était impatient de revoir un si grand conquérant. Mais l'un des principaux seigneurs n'y parut pas, c'était Pierre fils de Pierre; après la mort de son frère aîné Geffroy, ce Pierre avait hérité de tous ses droits jusqu'à la majorité de son neveu Richard; ayant auparavant refusé de suivre avec ses troupes le duc en Sicile, il n'osait maintenant lui faire visite. Son absence fut remarquée par Robert Guiscard qui lui fit dire de venir le voir et l'y décida après avoir calmé ses appréhensions. Le duc dit à Pierre que Geffroy lui avait laissé, à lui Robert Guiscard, la ville de Tarente et qu'il entendait que la volonté du défunt fut respectée; Pierre répondit qu'il ne se dessaisirait'jamais d'une ville conquise par son père et ce refus fut l'origine d'un grave dissentiment entre le duc et le comte. Celui-ci vint aussitôt après Andria et y commença des préparatifs militaires, faisant fabriquer de nouvelles armes, augmentant le nombre de ses soldats, cherchant partout des alliés, mettant en un mot tout en œuvre pour conserver intactes ses possessions.

[1] Reginam remeat Robertus victor ad urbem.
Omnes cum Stephano Paterano protinus Argos
Qui Bari fuerant capti permisit abire :
Sic impunitos quia dux placidissimus hostes
Dimittebat, eis ut amantibus ipse placebat.
Guil. Apul. III, v. 341, 344-348.

[2] Dux vero a Sicilia in Calabriam veniens, apud Russanum ejusdem provinciæ urbem dolentibus urbicolis castellum firmavit. Malaterra III, 1.

85

« Pendant ce temps, le duc se disposait à faire le siège de Trani, ville célèbre, bien armée, fort riche et très peuplée. Profitant de cette coïncidence, Pierre envoya à Trani douze chevaliers de choix pour que ses habitants contents de ce renfort, fissent cause commune avec lui, et, peu après, il se rendit lui-même à Trani. Lorsqu'il était à Trani poursuivant cette négociation, Robert Guiscard et ses troupes arrivèrent à l'improviste, entourèrent la ville et commencèrent le siège. Il ne dura pas moins de 50 jours au bout desquels, les assiégés vinrent trouver le comte Pierre et le supplièrent de consentir à la reddition de la place ; ils ne pouvaient, disaient-ils, supporter plus longtemps les graves dommages faits à leur cité. Pierre en proie à une profonde douleur, ne voulut d'abord rien entendre mais il fut ensuite obligé de céder à la volonté des habitants ; il demanda seulement, les larmes aux yeux, que lui et les siens fussent sortis de Trani avant que Robert Guiscard y fît son entrée, et il s'éloigna en effet sans consentir à avoir une entrevue avec son vainqueur abhorré [1].

[1] Barinis, Calabris, dux, obsidibus que Panormi,
Militibus que suis vadit comitatus ad urbis
Mœnia Melfensis. Caput hæc erat urbibus illis
Omnibus est et adhuc, quas continet Appula tellus.
Illius comites regionis, et undique clari
 Confluxere viri ; vult quisque revisere tanti
Principis aspectum. Petro genitore creatus
Prædicto solus Petrus huc accedere sprevit.
Hujus defuncto Gosfridus fratre priori
Jus patrium manibus successerat, atque nepotum,
Donec provectus soboles fraterna Richardus
Esset ad ætatem dominandi legibus aptàm.
Dux Petro suspectus erat, quia prorsus eunti
Ad fines Siculos vires adhibere negarat.
Dux tamen ablata formidine convocat illum
Et sibi concessum dicens a fratre Tarentum
Fraterni repetit jus muneris ; ipse negavit
Reddere quæ fuerant armis superata paternis.
Hac gravis inter eos oritur dissentio causa.
Ac veniens Andrum varios ad bella paratus
Cæpit intre Petrus ; nova præcipit arma parari,
Auget militiam, suffragia poscit, ubique
Quæque sui juris servari tuta laborat.
Interea Tranum præclari nominis urbem
Divitiis, armis et multa gente repletam

La reddition de l'illustre ville de Trani entraîna celle de Giovenazzo et de Biseglie; Biseglie appartenait à Pierre, Giovenazzo à Amicus auquel le père de Pierre avait servi de père. Robert Guiscard détestait cet Amicus parce qu'il avait prêté secours à son frère et parce qu'il avait,

Obsidione parat dux subdere. Petrus ad urbem
Electos bis sex equites agit, ut sibi cives
Alliceret monitis, confortarentur et ejus
Aspectu viso; qui dum sua verba loquendo
Protrahit in longum, subito Robertus et ejus
Diffusus campis apparuit undique miles.
Obsessi cives decies jam quinque diebus
Convenere Petrum simul intra mœnia clausum:
Orant ut faveat comes urbis deditioni;
Damna quidem nequeunt perferre diutius urbis,
Hoc primo fieri nimio mærore gravatus
Ille negat, tandem lacrymans, cogentibus illis,
Poscit cum sociis ut liber abire sinatur; ˙
Sic que duci fieri concessit deditionem.
A duce non patitur discedens urbe videri;
Atque ducem voluit nullatenus ipse videre,
Tam ducis horrendum ducebat cernere vultum.

Guil. Apul. iii v. 348-390.

Aimé se borne à écrire : puiz, par la grâce de Dieu, qu'il ot prise Palerme, il s'en vint en Calabre et non se cura de choses petites, mès cerca de metre main as cités de li plus grant. Et premèrement mist siège sur Trane où estoient li fill de Pierre et Hermane, liquel en poi de jors o grant fame et di verses afflictions la destrairent, et furent li seignor constraint de fouir. Et cil de la cité lui rendirent la cité. Aimé vii, 2.

La chronique de l'Anonymus Barensis et celle de Lupus permettent de corriger une erreur de Guillaume de Pouille; Guillaume de Pouille dit que le siège de Trani a duré 50 jours — decies jam quinque dicbus — ces chroniques font voir au contraire qu'il a commencé le 13 janvier 1073 et s'est terminé le 2 février suivant. Lupus ad an. 1073 : Intraverunt primo Normanni in Tranem in octava Epiphaniæ cum Petrono comite. Sed Robertus dux, ejecto Petrono introivit in ipsam civitatem in purificatione sanctæ Mariæ. — Anonym. Barensis 1073 : Ibit ipse dux et obsedit Trane per terra et mare in mense jan. Et secundo die intrante Febr. fecit cum ipso duce. Cette circonstance que Robert a asiégé Trani au commencement de 1073, une année entière après la prise de Palerme, indique qu'il a prolongé son séjour en Sicile plus longtemps que les chroniqueurs et Guillaume semblent le dire. M. Gi. Beltrani a publié en 1877 une charte inédite de la ville de Trani, datée du mois d'août 1072; elle prouve qu'à ce moment Trani reconnaissait encore le gouvernement de Constantinople et ne subissait pas le joug des Normands : Cf. p. 27 des *Documenti Longobardi e Greci per la storia dell' Italia meridionale nel medio evo*. *Roma* 1877 in-8 de LXI, 38 p. — Relevons en passant dans l'intéressante brochure de M. Beltrani une singulière distraction; à la p. 23, il publie une charte d'Argyros du mois de septembre 1051. Dans cette charte Argyros ajoute à tous ses titres ces mots : του μέλιτος, fils de Mèles, Beltrani traduit *milite* et réitère ce contre sens à la fin de la charte.

malgré ses ordres, fait un voyage en Dalmatie. Voulant à tout prix réduire Pierre, le duc investit ensuite Quarata; Pierre qui s'y trouvait n'osa pas tenir tête à son adversaire et vint chercher un autre asile derrière les murs d'Andria [1]. »

Comme il était facile de le prévoir, le retour de Robert Guiscard avait donc été fatal à la ligue des mécontents; ils avaient, sur tous les points été battus et obligés de fuir. Un heureux coup demain du frère du prince de Salerne, de Gui, alors au service de Robert Guiscard, acheva de ruiner les espérances des révoltés. Quarata ne voulut pas ouvrir ses portes à Robert Guiscard, celui-ci, obligé de commencer un siège en règle, envoya prendre à Trani les machines de guerre qui lui avaient servi à réduire cette ville. Gui, chargé de cette mission, partit, accompagné de Geoffroy Ridelle, de Raul frère de Robert de Ravitello et d'une nombreuse escorte. Arrivés à Trani, Gui et ses compagnons y surprirent Pierre et Hermann avec tous leurs chevaliers; ils y étaient retournés à l'improviste pour mettre la main sur le tribut que la ville se disposait à payer à Robert Guiscard et avaient si bien réussi que les officiers du duc venus pour recevoir le tribut avaient été pris par les insurgés. Gui délivra les prisonniers et s'empara de Pierre et d'Hermann qu'il livra à Robert Guiscard. « Celui-ci fu moult alègre pour la turbation de ses anemis et connoissant que de Dieu tout-puissant venoit cette victoire, il loa Dieu et magnifica pour ce qu'il avoit victoire de ses anemis. » Hermann fut interné à Rapolla,

---

[1] Trani cujus erat laus clarior, urbe recepta
Se Juvenacenses dedunt, et Buxilienses
Buxiliæ Petri fuerant, Juvenacus Amici,
Cui patruus Petri pater exstitit, hunc quia fratri
Contulit auxilium, dux oderat, et quia fines
Dalmaticos sine velle suo temptavit adire.
His dux expertis, cupiens sibi subdere Petrum
Obsidione parat circumvallare Coretum.
Petrus, ut hunc audit castrum circumdare castris
Non audens armis contendere, mœnibus Andri
Excipitur tutus.
Guil. Ap. iii, v. 390-400.

Pierre à Trani et Quarata voyant son seigneur au pouvoir du vainqueur, se résigna à capituler[1].

Que faisait Richard de Capoue pendant que ses alliés succombaient ainsi l'un après l'autre? Aimé répond qu'après la reddition de Trani et l'emprisonnement de Pierre, Richard « vit la puissance de Dieu contre lui » qu'il quitta Cannes et alla se réfugier à Capoue[2]. Déjà, avant que Richard eut déserté la lutte, le duc Robert avait fait la paix avec Gisulfe de Salerme; il dissimula son ressentiment mais se promit de lui donner carrière plus tard lorsqu'il n'aurait plus autant d'ennemis sur les bras; plus tard en effet, la dynastie de Salerne apprit à ses dépends que les Normands pouvaient oublier facilement les bienfaits reçus mais qu'ils n'oubliaient jamais les injures lorsque l'heure de la vengeance avait sonné[3].

Rien n'arrêta alors la marche victorieuse de Robert Guiscard; quelques jours lui suffirent pour prendre Andria; Cisterna essaya une résistance plus sérieuse, mais le duc en vint à bout par un procédé vraiment barbare. Cisterna appartenait à son prisonnier Pierre, il le fit venir de Trani et le plaça bien en vue et enchaîné, à l'endroit où les assiégés jetaient le plus de pierres pour éloigner les Normands. Le malheureux supplia alors à grands cris ses sujets et ses amis de ne pas tirer dans cette direction et de renoncer à se défendre pour qu'il eut la vie sauve. Ils lui obéirent et le duc, joyeux de la réussite de son stratagème, prit possession de la ville[4].

---

[1] Aimé vii 2, 3. — Guillaume de Pouille iii, v. 400-410. — De Blasiis, *la insurrezione Pugliese* T. II, p. 172 note 2, est surpris de voir Geoffroy Ridelle que Richard de Capoue a investi du duché de Gaéte, se trouver parmi les partisans du duc Robert et les ennemis du prince de Capoue, mais le duché de Gaéte ne fut donné que plus tard à Geoffroy Ridelle et lorsque le duc Robert Guiscard et le prince de Capoue s'étaient réconciliés.

[2] Et quant lo prince Richart vit la puissance de Dieu contre lui, il laissa Canne, et retorna à la securissime cité de Capue. Aimé vii 4.

[3] Cf. *supra* p. 542, note 1. S'il ne conclut pas avec Gisulfe une paix proprement dite, du moins Robert attendit avec patience le moment de se venger.

[4] Il mist lo siège soe sur Andre, laquelle il prist en petit de temps; et quant il ot prise Andre, il s'en vint à La Cysterne. Mès iluec, non lui fist

Vint ensuite le siège de Lacedonia, petite ville non loin de Bénévent, et possession de Richard de Capoue car Robert Guiscard était décidé à envahir, les états de son beau frère. Jourdan resté à Lacedonia fit courageusement son devoir, aussi, pendant quelque temps, le duc se borna à investir la place et à intercepter ses relations avec le dehors. Le siège menaçait de trainer en longueur quand un incident rendit la victoire facile à l'heureux Robert Guiscard. Le neveu de Richard de Capoue, également appelé Richard, était seigneur de Lacedonia sous la suzeraineté de son oncle, mais ne s'y trouvait pas lors de l'investissement de la place par Robert Guiscard. Ignorant ce qui se passait, il voulut avec une faible escorte, pénétrer dans la place, entra dans les lignes ennemies et tomba entre les mains de Robert Guiscard qui le fit mettre en prison. Effrayé du sort qui l'attendait, le jeune Richard promit d'abandonner le parti de son oncle, consentit à recevoir Lacedonia en fief des mains de Robert Guiscard, lui donna son frère en otage et le reconnut pour son seul suzerain [1].

Pour faire disparaitre dans la Pouille, les dernières traces de l'insurrection, il ne restait plus à Robert Guiscard qu'à reprendre la ville de Cannes prise par Richard de Capoue. La position de Cannes était très forte, mais la place manquait d'eau et ne pouvait compter pour s'approvisionner que sur l'eau de pluie recueillie dans des citernes, la pluie ayant manqué, Cannes dût se soumettre comme l'avaient fait Trani et Andria, et subir les conditions du vainqueur [2]. La joie d'avoir ainsi triomphé de tous ses enne-

besoingne de ficher paveillon ne de drecier trébuc, mès firent une grate (claie) de bastons ou de junchi, et là metoient Piètre loiés, lo seignor de celle terre, à ce que cil à qui jetoient li chevalier de pierre, venissent sur lo seignor lor, dont cil de la cité non pooient deffendre la cité sans la mort de lor seignor. Et Pierre proia à cil de la cité qu'il soit rendue la cité au duc en tel manière que à lui soit salvée la vite; et ensi furent en concorde li chevalier et ceux de la cité. Et lo fu donée la cité de Cysterne, laquelle un grant temps tint lo duc, quar moult l'avolt désirée. Aimé VII, 4.

Aimé VII, 5.
[2] Amé VII, 6.

mis en Sicile comme sur le continent, inspira à Robert
Guiscard quelques sentiments de clémence; il consentit à
pardonner à Pierre et lui rendit, à l'exception de Trani,
les biens qu'il lui avait enlevés[1]; mais si sa rude nature
n'était pas toujours inaccessible à la pitié vis-à-vis d'un
ennemi vaincu et désarmé ; en revanche, il poursuivait,
sans se laisser arrêter par rien, un adversaire encore de-
bout et redoutable, aussi songeait-il, après la prise de
Cannes, à marcher sur Capoue pour châtier le prince Richard, premier fauteur de la rébellion « le chief de ceste
malice » comme s'exprime Aimé, lorsque étant à Trani,
il tomba malade. Il se fit transporter à Bari, espérant que
l'air de cette ville lui rendrait la santé et rétablirait ses forces, mais, au lieu de diminuer, son mal s'aggrava et le
bruit de sa mort se répandit en tout pays, causant aux
uns un grand chagrin, une grande joie à beaucoup d'autres[2].

Sikelgaïta elle-même crut son mari perdu; elle réunit à
la hâte les chevaliers normands et leur fit élire pour chef
et successeur de Robert Guiscard, son fils Roger, à l'ex-
clusion de Boémond, fils aîné du duc, et né d'Albérada, l'é-
pouse répudiée. Boémond ne paraît pas s'être opposé
à cette élection, mais Abagælard saisit cette occasion
pour revendiquer, une fois encore, les droits qu'il prétendait avoir au souverain pouvoir, comme fils du comte
Umfroy[3].

---

[1] Solvitur et recipit quæ perdidit omnia Petrus
Liber abit, solo Trani privatus hosti.
Guiliel. Apul. iii v. 410-412.
Une charte du mois d'avril 1073, publiée par Beltrani *op. cit.* p. 29, prouve
que Robert Guiscard était seul maître de la ville; la charte porte : regnante
domino rubberto invictissimo duce italie calabrie sicilie.

[2] Et puiz lo duc, quant il estoit en Trane, aprè ce qu'il avoit faites moult de
victoires et de triumphe, fu visité de infermeté de Dieu, et vint en tant de
débilité que partout se disoit qu'il estoit mort. Et por ce qu'il créoit qu'il lui
alégeroit de sa maladie, s'en ala à Bar, et là fu plus agrevé de la maladie.
Aimé vii, 7.

[3] A la ducesse recordoit encoire de la grant arrogance de Balalarde, quar
quant lo duc fu malade et jugié por mort, tuit li chevalier normant se assemblèrent et eslurent por lor seignor Rogier lo filz de lo duc, et lui jurèrent, et

Sur ces entrefaites, la duchesse reçut de Rome une
lettre qui dut être pour elle une consolation. Le pape
Alexandre II était mort le 21 avril 1073, et le lendemain,
le peuple de Rome, clercs et laïques, acclamait pape, sous
le nom de Grégoire, l'archidiacre Hildebrand, celui qui,
depuis tant d'années déjà, était la lumière et le soutien du
saint siège. A peine assis sur le trône pontifical, Grégoire
VII, croyant lui aussi à la mort de Robert Guiscard, écrivit à Sikelgaïta la lettre suivante d'autant plus intéressante
qu'elle nous fait connaître les sentiments dont Grégoire
VII était animé, lors de son avènement, à l'égard des Normands et de Robert Guiscard.

« Une grant dolor sans remède est venue à la sainte
éclize de Rome, laquel dolor a leissié la mort de lo karis-
sime fill de la sainte églize lo duc Robert, dont li cuer de
li cardinal et de tout lo sénat de Rome sont moult dolent
de la soe mort, voiant la soe ruine et testificant de avoir
perdu lo accressement de lor paiz. Mès à ce que saché la
toe noblité la bénivolence de misire lo pape, de quant
amor et perfection estoit vers lo marit vostre, portes lo
sien filz à ce que o la ordination de la sainte éclize recève
o la main de l'églize les coses que tenoit lo père de lui
anceisor pape [1]. »

Lorsque tous le croyaient ou mort ou sur le point de
mourir, Robert se trouva mieux, entra en convalescence

furent fait ses chevaliers, fors tant solement Balalarde qui lo contredist, lequel refusa de estre son chevalier, quar il vouloit estre haucié en celle honor:
dont la ducese garda ceste dolor en son cuer ensi come un coultel. Aimé vii
20.

[1] Cette lettre n'est pas dans le recueil de la correspondance de Grégoire VII :
nous ne la connaissons que par la version du traducteur d'Aimé, vii, 8, mais
cette version exprime si exactement les pensées de Grégoire VII qu'elle a certainement été faite d'après un texte authentique. Aimé fait précéder la lettre
des lignes suivantes : Il (Robert) estoit encommencié un poi à amender, et lui
paroit espérance de avoir santé, et la false fame, laquelle estoit alée jusque à
Rome de la mort de lo duc, retorna voire et annuncia la mort de lo pape
Alixandre, et coment estoit fait pape Heldeprende archedyacone. Puis que fu
ensi alée la fama de la mort del duc Robert jusque a Rome, vint un message
loquel non venoit à lo duc pource qu'il estoit réputé pour mort, mès venoit à
la moillier. Et portoit cest message : Aimé vii, 7, 8.

et se rétablit rapidement; pendant douze ans encore, il devait étonner et bouleverser l'Italie, l'Occident et l'Orient par les entreprises les plus hardies et par la vie la plus agitée et la plus mouvementée qui fut jamais.

FIN

Ier APPENDICE

Harald Hardradr en Sicile et en Bulgarie

Dans une histoire des Normands Français en Italie, cet appendice sur un Scandinave, sur Harald-Hardradr est un peu un hors d'œuvre ; je l'insère néanmoins à la suite de mon travail pour faire connaître un nouveau document qui permet de définir avec plus de précision, le rôle de Harald-Hardradr dans le sud de l'Europe [1]. Jusqu'à ces derniers temps, on n'avait guère sur ce point que des sagas ou bien des poésies scandinaves qu'il est souvent impossible, toujours très difficile de ramener à des proportions historiques, et d'harmoniser avec les chroniqueurs. Aucun byzantin n'avait nommé Harald, aucun n'avait parlé de lui.

Il n'en est plus de même depuis la publication de M. Vasilievsky [2] ; le manuscrit de Moscou contient sur Harald-Hardradr un paragraphe qui modifie quelques assertions acceptées jusqu'ici par les biographes du héros norvégien. L'auteur byzantin a été contemporain, parfois témoin oculaire des faits qu'il raconte, il a combattu dans la même armée, dans la même expédition que Harald-Hardradr, il écrit : Ἤμην δε κἀγώ τότε ἀγωνιςόμενος ὑπὲρ τοῦ βασιλέως κατὰ τὸ δυνατόν [3]. Son témoignage offre donc des garanties exceptionnelles.

Voici la traduction du texte grec publiée par M. Vasilievsky.

« Je vais conter à votre majesté une autre histoire et j'en resterai là. Harald était fils d'un roi de Varangie, il avait un frère nommé Olaf qui, après la mort du père, hérita du royaume, et destina Harald à être le second après lui dans le royaume. Mais Harald étant encore jeune conçut le désir d'aller rendre ses hommages à l'empereur Michel le Paphlagonien de bienheureuse mémoire, et, à cette occasion, de prendre connaissance du régime romain. Il amena avec lui un détachement

---

[1] Il a déjà été question de Harald Hardradr dans le cours de ce travail ; cf. supra p. 99 note.
[2] Cf. supra l'Avant-propos et p. 177 note 1, ainsi que la note qui commence p. 411
[3] P. 140 de la publication de Vasilievsky.

de cinq cents hommes vaillants. A son arrivée, l'empereur le reçut comme il convenait et l'envoya en Sicile ; car il se trouvait déjà dans cette île une armée romaine occupée à faire la guerre. Arrivé là, Harald accomplit de grands exploits, et, après la conquête de la Sicile, il s'en retourna avec ses gens chez l'empereur qui l'honora de la dignité de *maglabite*. Après cela, Délianos s'étant insurgé en Bulgarie, Harald partit en campagne avec l'empereur et suivi de son détachement ; ici encore, il montra contre l'ennemi une bravoure digne de sa noblesse. La Bulgarie vaincue, l'empereur s'en retourna chez lui. Moi-même je combattais alors pour l'empereur autant qu'il m'était possible et je m'y trouvais en personne. Quand nous fumes à Mosinopolis, l'empereur pour récompenser ses exploits militaires le fit spatharo-candidat. Après la mort de l'empereur Michel et de son neveu, il demanda à l'empereur Monomaque la permission de retourner dans sa patrie, mais cette permission lui fut refusée et le départ devint très difficile. Il parvint néanmoins à partir en secret et obtint dans son pays la couronne à la place de son frère Olaf ; au lieu de témoigner du mécontentement d'avoir été seulement maglabite et spatharocandidat, il a conservé, même sur le trône, les sentiments de fidélité et d'affection envers les Romains [1].

Si ce fragment a une incontestable autorité pour les faits survenus

---

σμτ. Ἱστορία ἑτέρα.

Εἴπω δὲ (σοι) ἕτερον τῇ βασιλείᾳ σου [καὶ] καταπαύσω τον περὶ τούτου λόγον. Ἀράλτης, βασιλέως μὲν Βαραγγίας ἦν υἱός, ἔχων δὲ ἀδελφὸν τὸν Ἰούλαβον, ὃς καὶ μετὰ θάνατον τοῦ πατρὸς αὐτοῦ κατέσχε τὴν πατρικὴν βασιλείαν, προβαλλόμενος Ἀράλτην τὸν ἀδελφὸν αὐτοῦ δεύτερον μετ' αὐτοῦ εἰς τὴν βασιλείαν, Ὃς δὲ καὶ νέος ὢν ἠθέλησεν εἰσελθεῖν καὶ προσκυνῆσαι τῷ μακαριωτάτῳ βασιλεῖ κῦρ Μιχαὴλ τῷ Παφλάγονι καὶ ἐν θέᾳ γενόμενος τῆς ῥωμαϊκῆς καταστάσεως. Ἤγαγε δὲ καὶ μετ' αὐτοῦ καὶ λαόν, ἄνδρας γενναίους πεντακοσίους, καὶ εἰσῆλθεν καὶ ἐδέξατο αὐτὸν ὁ βασιλεύς, ὡς ἐνεδέχετο, καὶ ἀπέστειλεν αὐτὸν εἰς Σικελίαν· ἐκεῖ γὰρ ἦν ὁ ῥωμαϊκὸς στρατὸς πολεμῶν τὴν νῆσον. Καὶ ἀπελθὼν ἐνεδείξατο ἔργα[μεγά]λα· ὑποταγείσης δὲ τῆς Σικελίας, ὑπέστρεψε μετὰ τοῦ λαοῦ αὐτοῦ πρὸς τὸν βασιλέα καὶ ἐτίμησεν αὐτὸν μαγγλαβίτην. Μετὰ δὲ ταῦτα ἔλαχε τότε μουλτεῦσαι τὸν Δελιάνον εἰς Βουλγαρίαν· καὶ συνεταξίδευσε καὶ ὁ Ἀράλτης μετὰ τοῦ βασιλέως ἔχων τὸν λαὸν αὐτοῦ· καὶ ἐνεδείξατο ἔργα εἰς τοὺς πολεμίους ἄξια τῆς εὐγενίας καὶ τῆς γενναιότητος αὐτοῦ. Ὑποτάξας δὲ τὴν Βουλγαρίαν ὁ βασιλεὺς ὑπέστρεψεν. Ἤμην δὲ κἀγώ τότε ἀγωνιζόμενος ὑπὲρ τοῦ βασιλέως κατὰ τὸ δυνατόν. Ἐλθόντων δὲ ἡμῶν ἐν Μοσυνουπόλει, ἀμειβόμενος αὐτῷ ὁ βασιλεὺς ὑπὲρ ὧν ἀγωνίσατο, ἐτίμησεν αὐτὸν σπαθαροκανδιδάτην. Μετὰ δὲ τὴν τελευτὴν τοῦ κῦρ Μιχαὴλ καὶ τοῦ ἀνεψιοῦ αὐτοῦ τοῦ ἀπὸ βασιλέως, ἠθέλησεν ἐπὶ τοῦ Μονομάχου αἰτησάμενος ὑποχωρῆσαι εἰς τὴν χώραν αὐτοῦ, καὶ οὐ συνεχωρήθη, ἀλλὰ γέγονεν αὐτῷ στενὴ ἡ ἔξοδος· ὅμως λαθὼν ὑπεχώρησεν καὶ ἐβασίλευσεν εἰς τὴν χώραν αὐτοῦ ἀντὶ τοῦ ἀδελφοῦ αὐτοῦ Ἰουλάβου καὶ οὐκ ἐγόγγυσεν ὑπὲρ ὧν ἐτιμήθη μαγγλαβίτης ἢ σπαθαροκανδιδάτης, ἀλλὰ μᾶλλον καὶ βασιλεύων ἐφύλαξε πίστιν καὶ ἀγάπην πρὸσ Ῥωμαίους. Vasilievsky *op. cit.* p. 140.

dans l'empire d'Orient, à l'époque ou il a été écrit, il ne saurait en être de même quand il parle du nord de l'Europe, de la patrie de Harald-Hardradr. De là, les erreurs du début.

Voici d'après les sources du Nord, le résumé de l'histoire de Harald, avant son arrivée à Constantinople.

Harald-Hardradr [1] était fils de Sigurd Syr, roi du Ringi et d'Asta de Steig. Sigur Syr descendait au 3e degré d'Harald Harfagri, premier roi de Norvège et au 8e du viking Ragner Lothbrok. Asta de Steig, issue également de Ragner Lothbrok en ligne féminine, avait épousé en premières noces, un autre descendant au 3e degré d'Harald Harfagri, Harald Grœnski, roi de Vestfold dont elle avait eu St Olaf, frère uterin par conséquent, d'Harald-Hardradr.

Les sagas représentent Harald comme ayant une taille très élevée, 7 pieds 1/2, c'est-à-dire 2 mètres 15 c. [2]. Snorri raconte qu'avant la bataille de Stamforbridge, Harald Godvinson fit allusion à cette grandeur démesurée [3]. Il était d'ailleurs bien proportionné, quoique ses mains et ses pieds fussent très grands et ses jambes fort grosses. Il avait le teint clair, le visage beau, les cheveux d'un blond pâle, la barbe courte et rousse, les moustaches très longues et un sourcil plus haut que l'autre [4].

A l'âge de 15 ans, Harald prit part à la bataille de Stiklastadr (31 août 1030) qui couta la vie à son frère S. Olaf, roi de Norvège et où lui-même fut blessé. Olaf qui avait livré cette bataille pour sauver sa couronne ne voulait pas que son jeune frère y prit part; celui-ci lui répondit par la strophe suivante :

J'oserai bien défendre l'aile
(Ce sera un plaisir pour la veuve
Quand avec colère nous rougirons de sang
Nos boucliers), l'aile où le sort me placera.
Le jeune skalde, ardent au combat,
Là où se brandissent les javelots,
Là où pleuvent les traits ne tourne pas les talons
Que les hommes se ruent au carnage [5].

Le lendemain du combat, tandis qu'il s'enfuyait en Suède, à peu près seul et blessé, il composa ces vers :

Je chevauche et mes blessures saignent;
J'ai vu bien des paysans :

[1] Le surnom de Hard-radr signifie au rude conseil ; de là, la traduction latine severus, Haraldus Severus.
[2] Hrokkinskinna chap. 124 dans les Formmanna Sögur т. VI. — Heimskringla de Snorri : Sagan af Haralde Hardrada chap. 101. édition de 1783, Hafniæ, in-folio. T. III.
[3] Heimskringla de Snorri chap. 91 op. cit.
[4] Hrokkinskinna et Heimskringla ll. cc.
[5] Olaf Saga him merri : chap. 206 (édit. de Chr. p. 221). Je dois à l'obligeance de M. le comte Riant, membre de l'Institut, la traduction de cette strophe et des fragments poétiques qui suivent.

Par le glaive [1] la garde était menacée,
De la perte de la vie, en restant au combat.
Maintenant que j'erre de bois en bois
Entouré de bien peu d'honneurs,
Qui sait si je ne deviendrai pas
Célèbre au loin un jour à venir [2].

De la Suède, Harald vint à Kief à la cour du grand prince Iaroslav où il reçut un accueil digne de son rang; c'est là qu'il connut et résolut d'épouser la jeune princesse Ellisifr fille d'Iaroslav et ce fut probablement pour mériter sa main qu'il combattit pendant un an dans les forêts de la Pologne contre les Slaves Leches, ennemis d'Iaroslav. Il devint en effet le fiancé d'Ellisifr mais son futur beau-père lui déclara qu'avant le mariage, il devait conquérir de la gloire et de la fortune. Il partit dans ce but pour Constantinople [3].

Les motifs qui ont fait venir Harald des pays du Nord à Constantinople ne sont donc pas ceux allégués par l'écrivain byzantin; celui-ci donne cependant deux renseignements utiles à recueillir. En disant qu'Harald était fils d'un roi de Varangie, il fait voir qu'à Constantinople, au XIe siècle, ce nom de Varange, sur l'étymologie duquel on a tant discuté, avait une signification ethnographique et n'était pas simplement la dénomination d'une classe de soldats au service de l'empire d'Orient [4]. En outre, l'Anonyme byzantin prouve qu'en venant à Constantinople Harald ne cacha pas son nom et son origine royale pour prendre le faux nom de Nordbrikt. C'est ce que plusieurs sagas affirment, par exemple la Morkinskinna et Flateyarbok, la Heimskringla de Snorri, la Hrokkinskinna. Ces même sagas rapportent que Zoé et Michel Katalactus régnaient à Constantinople quand Harald y aborda la première fois. Michel Katalactus est évidemment Michel Calaphat empereur d'Orient de décembre 1041 au 21 avril 1042. D'après l'anonyme byzantin, Harald y vint sous le règne de Michel IV le Paphalgonien, (12 avril 1034, Indict. II décembre 1041, Indic. x), prédécesseur de Michel Calaphat. Si Harald n'était venu dans l'empire d'Orient que sous Michel Calaphat, il n'aurait pu prendre part à l'expédition des Byzantins en Sicile puisque, dès le 10 mai 1041, Messine était reprise par les

---

[1] Le mot à mot porte : *Par l'ennemi du tilleul la garde était menacée*, c'est-à-dire par le glaive, ennemi des boucliers faits en bois de tilleul.

[2] Heimskringla de Snorri : Sagan af Harald Hardrada chap. I. T. III p. 54.

[3] Les sagas racontent d'une manière à peu près identique cette première partie de la vie de Harald ; nous savons en outre par la chronique russe qu'en 1031 Iaroslav fit la guerre aux Polonais, c'est-à-dire au Liachs ; aux Leches (cf. Vasilievsky *op. cit.* p. 144). Sur un point cependant les sagas ne sont pas d'accord ; la Morkinskinna, Flateyarbok, la Hrokkinskinna et Hryggjarstykkir disent que pour se rendre à Constantinople, Harald passa par le pays des Vendes, la Saxe, la Franconie, la Lombardie; au contraire la Heimskringla de Snorri et la Fagrskinna (Attartal Noregs Koninga ; généalogie des rois du Nord, publiée à Christiania en 1847, 8° pp. 106-113.) le font aller directement à Constantinople par le chemin des Vœrings. Voyez *infra* sur cette question l'analyse d'un texte de Cedrenus.

[4] Cf. supra la fin de l'Avant-propos.

Sarrasins, et les Grecs définitivement expulsés de l'île. L'écrivain byzantin ajoute qu'une armée grecque faisait déjà la guerre en Sicile,
lorsque Harald se rendit dans l'empire d'Orient; il n'y vint donc pas
avant 1038, car, après de longues négociations, les byzantins commencèrent la guerre cette année là [1] et, peu après son arrivée, Harald
partit pour la Sicile avec ses cinq cents hommes.

A cet exposé un peu laconique de l'Anonyme byzantin sur débuts
de Harald dans l'empire d'Orient, les sagas ajoutent quelques détails; on
y lit comment il remplaça Marr Hundrodarson de Bandadal dans la
charge de chef des Vœrings, sa première rencontre avec l'impératrice Zoé
qui tombe amoureuse de lui et lui demande de ses cheveux, la guérison
de la femme du Vœring Erlendr, ses courses avec Girger Iarl (Georges
Maniacès) dans la mer de Grèce [2]. Remarquons seulement que ce dernier
épisode ne s'accorde pas avec le texte de l'Anonyme byzantin, qui suppose
la guerre de Sicile commencée lors de l'arrivée de Harald, c'est-à-dire
Georges Maniacès déjà aux prises avec les Sarrasins en Sicile.

Le prince scandinave a lui-même chanté ses exploits en Sicile dans
un poëme en l'honneur d'Ellisifr car, au milieu du fracas de la lutte, il
n'oubliait pas sa blonde fiancée.

> Ma carène a cinglé devant la vaste Sicile
> Nous étions tous la brillants;
> Rapide le cerf de la poupe
> Glissait, portant les jeunes guerriers;
> Je sais que le paresseux
> Ne fut pas à beaucoup prés allé si loin,
> Et cependant la Gerdr [3] de Russie
> La fille aux bracelets d'or me dédaigne.

> On a trouvé que les Trondiotes
> Formaient une nombreuse armée,
> Certes la bataille que nous leur livrâmes
> Fut atroce : du jeune souverain
> Qui tomba dans la mêlée,
> Jeune, je fus alors séparé
> Et cependant la Gerdr de Russie,
> La fille aux bracelets d'or me dédaigne.

> O ma bien aimée! sur les quatre bancs des rameurs
> Seize nous étions à épuiser la cale

---

[1] Cf. supra p. 93.

[2] A peu près toutes les sagas ayant parlé de Harald répètent ces anecdotes et les placent
dans les premiers temps du séjour de Harald en Orient, voyez par exemple : la Morkinskinna et Flateyarbok, la Heimskringla de Snorri, l'Attartal (Fagrskinna) la Hrokkinskinna et
la Hryggjarstykkir (texte des SS. Historiæ Islandorum).

[3] Gerdr, déesse de la guerre.

Tandis que grossissait la tempête
Et que l'écume de la mer rejaillissait sur la proue trop chargée ;
Je sais que le paresseux
Ne fut pas, à beaucoup près, allé si loin.
Et cependant la Gerdr de Russie
La fille aux bracelets d'or me dédaigne [1].

Je sais huit arts :
Je sais brasser la bière d'Odin [2]
Je suis habile à monter à cheval,
J'ai souvent traversé à la nage un détroit,
Je puis glisser sur des patins de bois,
Je sais tirer de l'arc et ramer
Et cependant la Gerdr de Russie,
La fille aux bracelets d'or me dédaigne.

En outre ni veuve ni jeune fille
Ne niera qu'un matin, dans le sud,
Nous étions dans une ville
Où vibrèrent les glaives,
Où le vide fut fait à la pointe de l'épée
Un monument de nos hauts faits y est resté ;
Et cependant la Gerdr de Russie
La fille aux bracelets d'or me dédaigne.

Je suis né aux lieux où l'Upplending [3]
Sait bander son arc,
Et maintenant mes navires de guerre
Terreurs des paysans, naviguent à travers les écueils ;
Depuis que je les ai détachés au loin,
Je leur ai fait traverser les champs semés d'îles [4]
Et cependant la Gerdr de Russie
La fille aux bracelets d'or me dédaigne.

Cette poésie de Harald se borne à chanter la bravoure du héros scandinave, elle ne précise aucun fait pouvant confirmer ou contredire ce que nous savons par ailleurs de l'expédition des Grecs en Sicile. Mais il n'en est pas de même des récits des sagas. Les sagas racontent qu'à l'aide de plusieurs ruses, Harald s'empara en Sicile de quatre grandes villes. La première tomba en son pouvoir grâce à la ruse des oiseaux englués ; il fit saisir un grand nombre d'oiseaux, venant de la ville dans la campagne, chercher leur nourriture, leur fit attacher au dos des matières

---

[1] Cette strophe est du skalde Njal.
[2] Faire des vers.
[3] Habitans des environs d'Upsal.
[4] La mer.

inflammables, y mit le feu et les oiseaux, rentrant à tire d'aile dans la ville, incendièrent les maisons qui avaient des toits de chaume. Les habitants, occupés à éteindre ces incendies, ne purent empêcher l'ennemi de pénétrer dans la place [1]. Une mine creusée sous les remparts conduisit Harald et ses Værings jusque dans l'intérieur d'une autre ville qui semblait inexpugnable et qui dès lors ne put résister [2]. Pour une troisième ville également inexpugnable, l'adroit Normand prescrivit à ses soldats de simuler des jeux, non loin des remparts, les armes étant soigneusement cachées sous les habits. Les assiégés, voyant les Værings absorbés par ces luttes pacifiques, ne se tinrent pas sur leurs gardes, aussi furent-ils vaincus et mis en fuite par une attaque aussi rapide qu'imprévue [3]. Dans la lutte un compagnon de Harald, Halldor fils de Snorra fut blessé et resta défiguré le reste de ses jours. Enfin pour une quatrième ville, plus forte encore que les précédentes, Harald feignit d'être mort; ses compagnons obtinrent que le prétendu défunt fut enterré en terre sainte dans l'intérieur de la ville assiégée et, au moment où la bière contenant Harald était portée dans la place et barrait la porte d'entrée des remparts, les Værings se précipitèrent à l'intérieur et firent prisonniers les trop crédules Siciliens [4].

Qu'y a-t-il de vrai dans ces données? Harald n'est pas le premier héros scandinave à qui on ait attribué des ruses semblables; elles font partie de l'arsenal de guerre bien connu des peuples du Nord. Ainsi au début de ce travail, nous avons vu Hasting s'emparant de Luna à l'aide d'une mort simulée. Est-un motif suffisant pour les rejeter, comme de pures légendes? Dans tous les cas, il n'est guère possible de citer notamment Messine, Syracuse et Traïna comme ayant été prises par Harald. Quelques historiens ont interprété les sagas de cette manière; mais outre que les sagas ne désignent pas ces villes, nous savons que Messine et Syracuse succombèrent devant les forces réunies de l'armée byzantine et non devant Harald seul avec ses Værings [5]. Si donc on admet

---

[1] Jussit in avicularum dorsis alligari tenuissimas ex picea assulas, cera atque sulphure illitas, atque ita paratas igne accendi. Heimskringla de Snorri chap. VI T. III de l'éd. de 1783 p. 60 sq. Ce récit de la Heimskringla se retrouve dans la Morkin. la Hrokkins. la Fagr. sans aucune différence saillante. Quant au fond du conte on le retrouve trait pour trait : 1° dans Nestor (prise de la ville des Drevjéliens par S. Olga en 946). — 2° dans Saxo gram. deux fois. (Liv. I, hist. d'Hadding; l. IV, histoire de Fridleif). — 3° dans Giraldus Cambrensis (prise de Cirencester par le fabuleux Gurmund.

[2] Heimskringla chap. VII, p. 61 et les autres sagas indiquées dans la note précédente excepté la Fagrskinna. Elle se retrouve dans une foule de sagas; mais pour en chercher l'origine il faudrait remonter fort loin, au siège de Veies par Camille, à la Bible.

[3] Heimskringla chap. VIII et IX p. 62 sqq. Snorri seul raconte cette ruse. Cette circonstance milite en faveur de la vérocité de ce récit, elle prouve qu'il n'a pas été emprunté à des légendes antérieures; l'indication si précise de la blessure reçue par Halldor, fils de Snorra est aussi un indice de vérocité.

[4] Heimskringla chap. X p. 64. — Hrokkinskinna chap. X. Les autres sagas ont aussi raconté cette ruse. Sur les origines de cette ruse, cf. supra p. 19 sqq. les détails donnés à propos d'une ruse à peu près analogue de Hasting.

[5] Cf. supra p. 93 sqq.

comme fondée une partie de ces récits, il faut du moins reconnaître que les villes prises par Harald n'avaient pas l'importance que leur attribuent les rapsodes du Nord, pour rehausser la gloire de leur héros.

L'épisode des campements est certainement le trait le plus véridique que les sagas aient raconté sur l'expédition de Sicile. D'après la Heimskringla, Harald et ses troupes faisant campagne avec Gyrger (Georges Maniacès), arrivèrent un jour les premiers à l'endroit où l'armée devait camper et plantèrent aussitôt leurs tentes sur une hauteur très salubre, laissant au reste de l'armée des bas fonds humides et malsains. Gyrger étant survenu, voulut forcer Harald à lui céder cet emplacement. Celui-ci refusa. De là une vive discussion; pour éviter l'effusion du sang, on tira au sort pour savoir si Harald avait le droit de placer ses troupes à sa guise lorsqu'il arrivait le premier et le sort favorisa le héros scandinave [1].

Il y a là évidemment un fidèle écho de la mésintelligence qui exista Georges Maniacès et Harald et qui décida ce dernier à se retirer avec ses troupes avant la fin de la campagne. Le sol de la Sicile avec ses vallées et ses plaines, ravagées par la mal'aria, souvent dominées par des collines et des montagnes où l'on jouit d'un air très pur, rend cette anecdote encore plus vraisemblable.

Nous avons vu que les trois aînés des Tancrède, Guillaume bras de fer, Drogon et Humfroy suivis de 300, d'après un autre auteur, de 500 Normands, de Salerne et d'Aversa, firent aussi cette campagne de Sicile, comme auxiliaires des Grecs [2]. Quels furent les rapports de ces Normands français avec Harald et ses Scandinaves ? Les uns et les autres étaient originaires de la même patrie; une curieuse coïncidence réunissait dans une île de la Méditerranée ces fils du Nord, venus dans des climats plus doux, les uns par l'Orient les autres par l'Occident. Si les premiers comme les seconds avaient abandonné le paganisme pour devenir chrétiens, en revanche tous ne parlaient plus la même langue, le vieux norois; les Tancrède et leurs compagnons l'avaient oublié et parlaient français.

Comme les Scandinaves et les Normands français. Harald et les Tancrède, froissés par la rapacité et la cruauté des Grecs, par l'orgueil de

[1] Heimskringla chap. IV, T. III p. 57. Sors jacta Haraldum inter et Gyrgerum. Accidit aliquando, cum transgressi regionem (quandam) juxta sylvam mansionem erant posituri, ut Varingi ad locum mansionis priores accedentes, sibi eligerent tentoriis figendis loca, quæ videbant optima esse et altius posita : erat enim ibi res ita comparata, ut pluvia ingravescente, humida et mollis terra inferius posita loca stationibus locandis maxime incommoda redderet. Ubi accedens Girgerus, copiarum præfectus, animadvertit quæ loca tentoriis occupaverant Varingi, iis locis cedere illos jussit, atque alio in loco tendere, dicens se ibi tentoria figere velle.... L'épisode des campements se retrouve dans les autres sagas, Morkinskinna, Flateyarbok, Fagrskinna, Hrokkinskinna et Hryggjarstykkir. Parfois les sagas placent l'épisode des campements durant la campagne de Georges Maniacès et de Harald dans les mers de la Grèce, mais c'est certainement en Sicile qu'elle a eu lieu. Nous avons vu que Harald est arrivé trop tard en Orient pour avoir combattu avec Maniacès dans l'archipel grec.

[2] Cf. supra p. 92 sqq.

Maniacès ont également 'quitté la Sicile avant la fin de la campagne,
ne peut-on pas conclure de ce fait qu'ils ont eu entr'eux des rapports
suivis, créés, non pas seulement par leur communauté d'origine, par
leur situation à peu près identique dans l'armée byzantine, mais aussi
par la nécessité de défendre leurs intérêts contre le même adversaire ?
On ignore à quelle date précise les uns et les autres ont abandonné l'armée byzantine, mais tout indique que ce dut être à des époques très rap-
prochées. Si, dès le 26 octobre 1040, Harald et les siens sont déjà à
Thessalonique, les Normands sont aussi à cette même date de retour à
Salerne et à Aversa. L'harmonie de ces dates fait qu'on se demande s'ils
ne sont pas partis ensemble de la Sicile, pour prendre ensuite des
directions différentes [1].

On sait ce qu'il advint des Normands Français après leur départ de
Sicile, quant à Harald et ses compagnons, l'Anonyme byzantin écrit :
« Harald s'en retourna avec les siens chez l'empereur qui l'honora de la
dignité de Maglabite ». Michel le Paphlagonien pardonna d'autant,
plus facilement à Harald de s'être brouillé avec Georges Maniacès que
sur ces entrefaites, celui-ci tombait en disgrâce et était ramené en prison à Constantinople. D'après les sagas, au lieu de revenir auprès de
l'empereur, Harald aurait fait alors voile pour l'Afrique où il aurait tué
le roi des Sarrasins, conquis 80 villes et amassé de grands trésors envoyés
ensuite à Iaroslav et à sa fiancée Ellisifr. Plusieurs années auraient été consacrées à ces expéditions. Un autre passage des sagas le représente allant à Jérusalem après son départ de Sicile, soumettant le pays, se bai-
gnant dans le Jourdain, poursuivant les brigands... Si Harald a accompli ces exploits qui font songer à ceux de l'*Orlando furioso*, ce n'est
pas, dans tous les cas, aussitôt après l'expédition en Sicile, car il était à
peine de retour auprès de l'empereur, qu'il se trouva engagé dans la
campagne contre les Bulgares [2].

Le skalde Thjodolfr Arnorsson se borne à dire que Harald porta l'incendie en Bulgarie [3], les sagas ajoutent quelques détails, l'anonyme by-

[1] La Heimskringla le dit ouvertement : Tunc Haralldus ab exercitu separatus comites secum
duxit Væringos atque milites latinos, at Gyrgerus Græcorum exercitu comitatus ivit. Chap.
V. p. 59 du T. III.

[2] On a vu que Harald, à peine arrivé en Orient, est parti avec ses troupes pour la Sicile où
les opérations militaires étaient déjà commencées, c'est-à-dire à la fin de 1038 ou au commen-
ment de 1039. Or le 26 octobre 1040, il était assiégé dans Thessalonique par Alousianos. Son
séjour en Sicile, son retour auprès de l'empereur, le commencement de la campagne contre
les Bulgares remplirent évidemment ces 22 mois et il ne reste pas de place pour les expéditions
racontées par les sagas. Quelques sagas rapportent la campagne de Harald en Sicile après
celle de Bulgarie, mais c'est inadmissible ; Georges Maniacès n'était plus alors en Sicile et les
sagas supposent qu'ils y étaient ensemble, en outre l'expédition était terminée dès le 10 mai 1041
par la reddition de Messine aux Sarrasins.

[3] Thjodolfr Arnorsson appelle Harald dans un pièce de vers « Bulgarorum incendiator ». Ce
Thjodolfr Arnorsson fut skalde en chef du roi Harald, auteur de la Erfidrapa d'Harald dont les
fragments servent de trame au texte de la saga ; il a écrit en 1066, peu après la mort d'Harald.
Les sagas ont parlé de l'expédition de Harald contre les Bulgares que la Morkinskinna et
Flateyarbok appellent des Pestchenègues. Voyez sur ce point le commentaire de Vasilievsky
op. cit. p. 148 sq.

zantin, plus précis, rapporte que Délianos s'étant insurgé en Bulgarie, Harald, après son retour auprès de Michel le Paphlagonien, partit en campagne avec lui et fut suivi de son détachement. Ici, encore, ajoute l'anonyme, il montra contre l'ennemi une bravoure digne de sa noblesse. Cedrenus, Zonare et Attaliote ont raconté cette révolte, de Délianos et des Bulgares et leurs récits concordent avec les données de l'anoyme byzantin. Ainsi Attaliote représente l'empereur Michel d'abord surpris par les insurgés dans les montagnes du pays de Thessalonique reconstituant ensuite son armée et s'emparant de Triaditze c'est-à-dire de l'Illyrie [1]. Un passage de Cedrenus rapproché d'un autre passage de Flateyarbok établit en outre qu'Harald fut assiégé dans Thessalonique, en octobre 1040. Cedrénus écrit que les habitants de Thessalonique, restés fidèles à l'empereur et ayant avec eux « la légion des Magnanimes » étant assiégés, à cette date, par les Bulgares commandés par Alousianos, invoquèrent S. Démetrius, patron de la cité, passèrent la nuit en prières près de son tombeau, et, le lendemain matin, firent une sortie qui leur procura une complète victoire et la délivrance de leur ville. Les Bulgares faits prisonniers dans la bataille racontèrent qu'ils avaient vu, en avant de l'armée ennemie, un jeune cavalier entouré de feu et que ce feu avait fait dans leurs rangs les plus grands ravages. Les Grecs demeurèrent alors convaincus que ce cavalier était S. Démétrius et lui attribuèrent la victoire qu'ils venaient de remporter [2].

Or nous lisons d'un autre côté dans la Morkinskinna, dans Flateyarbok et dans la Hrokkinskinna (chap. 7), que Harald faisant la guerre aux Bulgares, ceux-ci furent mis en déroute, lors d'une grande bataille, par une apparition de S. Olaf. Les sagas ajoutent que le roi des Bulgares, qui était aveugle, assistait à la bataille; en effet Délianos, chef de l'insurrection Bulgare, eut ensuite les yeux crevés par son complice Alousianos. Il est évident que les sagas ont en vue, dans ce récit, la bataille de Thessalonique; dans le mystérieux cavalier qui avait décidé de la victoire, les Thessaloniciens avaient salué et vénéré le protecteur de leur ville, le martyr Démétrius, mais les hommes du Nord avaient vu en lui leur patron national, S. Olaf, mort quelques années auparavant en soutenant la cause du christianisme. De là l'interprétation grecque et l'interprétation scandinave de la même apparition [3].

Le titre de spatharocandidat dont Michel le Paphlagonien décora Harald à Mosinopolis fut la récompense de ses services dans la campa-

[1] M. Attaliotæ *Historia* p. 10, édition Brunet de Presle. Bonn 1853.
[2] Voyez ce récit dans le T. II de Cédrenus p. 531, 532 ed. de Bonn. 1839. M. Vasilievsky poussant peut-être sa démonstration un peu trop loin a voulu prouver que cette « légion des magnanimes » τὸ τάγμα τῶν μεγαθύμων désignait précisément Harald et ses troupes. Cf. Vasilievsky *op. cit.* p. 151 sq.
[3] La Fagrskinna et la Heimskringla de Snorri passent sous silence l'apparition de S. Olaf mettant en fuite les Bulgares.

gne de Bulgarie [1] ; l'anonyme byzantin se borne ensuite à raconter comment Harald quitta Constantinople et l'Orient pour revenir dans sa patrie et place son départ pendant le règne de Constantantin Monomaque. Ce prince ayant régné du 11 juin 1042 au 11 janvier 1055, l'indication de l'Anonyme n'est guère précise, mais nous savons par ailleurs que, dans l'hiver 1044-45, Harald épousa Ellisif et vint avec elle en Danemark, c'est donc en 1044, au plus tard, qu'il quitta le sud de l'Europe [2].

Quelle a été la vie de Harald en Orient depuis la campagne de Bulgarie jusqu'à son retour en Russie, c'est-à-dire de la fin de 1040 à 1044 ? Est-ce durant ces années qu'il faut placer ses expéditions aventureuses en Afrique, en Terre sainte, en Italie contre les Normands Français ? Que croire de ses tragiques amours avec Maria fille de la sœur de l'impératrice Zoé, l'impératrice Zoé l'a-t-elle vraiment poursuivi de sa passion méconnue ? A-t-il été tour à tour emprisonné et puis délivré miraculeusement par l'intercession de S. Olaf ? [3]. On a quelque difficulté à regarder toute cette épopée comme un récit purement fantaisiste, uniquement destinée à charmer les longues soirées du Nord, lorsque la neige couvre les campagnes et que le soleil ne se montre plus à 'horizon; mais, d'un autre côté, comment dégager dans ces légendes les parcelles de vérité ? Quoiqu'il en soit, M. Vasilievsky a le premier fait connaître sur Harald Hardradr une page vraiment historique au sens moderne du mot ; cette page n'a pas le charme de la légende, au lieu d'un héros aux proportions épiques, il y est question d'un maglabite et d'un spatharocandidat dévoué à l'empereur, mais l'histoire n'est pas la poésie et les rêves des poètes s'accommodent mal de la sévère réalité des faits.

[1] Cedrenus dit aussi que l'empereur vint à Mosynopolis pendant la guerre avec les Bulgares. Cedrenus T. II p. 533.
[2] Durant l'été de 1046, il se fit reconnaître roi de Norvège conjointement avec son neveu Magnus I Olafson, et mourut, le 25 septembre 1066, à la bataille de Stamfordbridge, âgé de 52 ans et après 20 ans de règne.
[3] Ces expéditions ou aventures sont rapportées dans les *drapas* ou dans les sagas déjà plusieurs fois citées : la Morkinskinna et Flateyarbok, la Fagrskiuua, la Heimskringla, la Hrokkinskinna et Hryggjarstykkir.

2ᵉ APPENDICE

Prise de la ville de Troie dans la Pouille par Robert Guiscard

Fondée en 1019 par le catapan Basile Bojoannès pour défendre la frontière grecque du nord de la Pouille, la ville de Troie reçut parmi ses premiers habitants un assez grand nombre de Normands, venus du comté d'Ariano à l'est de Bénévent [1]. En 1022, trois ans à peine après sa fondation, elle soutint contre l'empereur Henri II un long siège qui la rendit célèbre [2]. Son nom reparait ensuite dans l'histoire de l'Italie méridionale lorsqu'elle fut conquise par Robert Guiscard. C'est Aimé qui, à deux reprises, a raconté comment Robert Guiscard fit cette conquête, mais son récit présente quelques difficultés. Il écrit en premier lieu, L. iv, c. 3 : Et quant lodit Robert Viscart ot ensi conquesté et vainchut toutes les forteresces de Calabre et fu fait duc de Calabre, il se parti de là o toute sa gent de armes et s'en vint en Puille, et tout lo plein de Puille cercha, et asseia Troie et la vainchut par force de armes, et pour ceste choze se moustra que fu plus fort que lo impéréour non estoit et plus puissant; quar lo impéréor Henri non pot onques ceste cité de Troie veinchre pour pooir qu'il eust, et cestui duc Robert la subjuga à sa seignorie.

Sans qu'il soit fait aucune allusion à ce premier passage, nous lisons ensuite au chap. 6 du livre v du même auteur : Et quant li anemi de lo duc furent mort, et il fu haucié et essaucié par prospère subcession, li victorioz duc vint sur Troye o grant multitude de chevaliers et de petons, il asseia la cité et ordena chasteaux et paveillons entor la cité. Et cil de la cité contrestent, et toutes foiz non voient lo tribut acostumé, et encore promettent ajoindre or et chevalz de Grèce. Et lo duc desprisa ceste choze, quar cerchoit lo plus haut lieu de la cité, en loquel lieu vouloit faire un chastel pour constrendre cil de la cité, et cellui chastel bien garni. Et li citadin respondirent o pierres et o sagettes. Mès lo duc non se parti et non leissa issir cil de la cité defors, ne non laissa en-

---

[1] Cf. supra p. 57.
[2] Cf. supra p. 61.

trer li vilain o toute la vitalle, ou pour fare lor aide. Et sont li citadin dedens la cité, lo pain lor vient faillant et font petit feu quar ont petit de laingne, et lo vin lor faut, ne eaue non ont ; et voient que lo temps de mètre estoit venut, et veoient que autre metoient là où il avoient seminé. Et celles choses 'lesquelles il voloient rescondre en lor granier lor estoit failli. Cil de la cité prièrent et requistrent pardonnazance à lo duc Robert, quar non voüloient veoir la destruction de la grant Troie ; et mandèrent paiz, et concédirent à lo duc Robert de faire hédifice en la roche et devant les tors et il fist faire trébuc et autres engins à sa volenté. Et Robert cercha lo lieu et lo siège de la cité, et en cellui lieu là où il lui plot fist faire un singuler chastel, à ce se besoingne lui feist qu'il poist contraindre cil de la cité.

Hirsch, *op. cit.* p. 299, pense que dans ces deux passages, Aimé parle du même fait, car il est persuadé que Robert Guiscard n'a pris Troie qu'une seule fois et en 1060 ; il part de là pour accuser Aimé de manquer d'ordre et de logique et de ne pas même se souvenir de ce qu'il avait écrit quelques pages auparavant. Il écrit : Um zunächst mit der hier erzählten (le second passage) Eroberung von Troja anzufangen, so sagt Amatus ausdrücklich, dass dieselbe Roberts erstem Feldzuge nach Sizilien vorangegangen ist, folglich, da dieser in Frühjahr 1061 begann, fallt sie in das Jahr 1060. Nun hat Amatus schon in vorigen Buche von einer Eroberung von Troja gesprochen, welche, wie wir sahen, auch in das Jahr 1060 fallen muss. Also sind diese beiden Eroberungen identisch, was man freilich aus Amatus allein schwerlich ersehen wird.

Pour les raisons suivantes, je serais porté à croire que Hirsch se trompe sur ce point et que Robert Guiscard a, ainsi que le dit Aimé, conquis deux fois la ville de Troie.

Comme le remarque Hirsch, Aimé, dans son second passage, place la prise de Troie immédiatement avant les négociations des Normands avec Ibn-at-Timnah, c'est-à-dire en 1060, car ses négociations furent le prélude de l'expédition de Roger et de Ibn-at-Timnah en Sicile dans les derniers jours de février 1061.

La chronique d'Amalfi dit également que Troie se soumit à Robert Guiscard en 1060, mais elle suppose une soumission spontanée ce qui est bien inadmissible après les détails circonstanciés qu'Aimé nous fournit sur la résistance des habitants de Troie. On lit dans la chronique d'Amalfi : En 1060, Robert Guiscard, appelé par les habitants de Troie, prit possession de leur ville [1]. Romuald de Salerne s'exprime à peu près dans les mêmes termes que la chronique d'Amalfi mais recule la prise de Troie jusqu'en 1061 [2]. Il y a tant d'erreurs de chronologie dans cette

---

[1] *Chronici Amalfit. fragmenta* c. XXX : Comes Robertus Guiscardus anno domini 1060 vocatus a Trojanis civibus ipsorum civitatem in suam potestatem suscepit. Muratori : Antiquitates Italicæ, T. I col. 213.
[2] Ipso quoque anno comes Robertus Guiscardus vocatus est a Trojanis civibus, ipsam eorum civitatem in sua potestate ab eis accepit, qui non post multos dies in Calabriam profectus. Re-

partie de la chronique de Romuald que son témoignage ne saurait prevaloir contre celui d'Aimé et de la chronique d'Amalfi. Le fait d'une prise de Troie en 1060 par Robert Guiscard est donc certain.

Mais il est visible que dans son premier passage, Aimé ne parle pas de cette même prise de Troie en 1060. Dans ce premier passage, il raconte un évènement ayant eu lieu avant le second mariage de Robert avec Sikelgaïta c'est-à-dire avant 1059, date de ce mariage [1]. Il le place même avant la première révolte des barons Normands contre Robert Guiscard [2] et nous avons prouvé que cette révolte précéda le mariage avec Sikelgaïta, puisque, au rapport d'Aimé, Pierre fils d'Ami, vaincu par son rival Robert Guiscard, fut obligé de faire contre fortune bon cœur et de lui faire escorte lors du mariage [3]. La chronologie indique donc qu'il s'agit de deux faits distincts; on arrive à la même conclusion quand on compare les deux passages l'un avec l'autre. Il ne s'agit d'abord que d'une prise de possession de la ville; plus tard au contraire il est question de construire un château normand sur une position dominant Troie et d'y installer certainement une garnison normande. C'est là ce qui irrite les habitants, ils veulent bien continuer à payer à Robert Guiscard le tribut accoutumé, ils offrent même d'y joindre de l'or et des chevaux de Grèce, mais ils ne veulent ni du château ni de la garnison [4]. Cette phrase du second passage à laquelle Hirsch n'a pas pris garde, fait voir clairement qu'il y avait eu antérieurement une première soumission de Troie à Robert Guiscard, par laquelle la ville, gardant son autonomie municipale, avait consenti de payer un tribut annuel à son vainqueur. Il s'est donc passé pour Troie à peu près ce qui s'est passé pour Capoue et pour plusieurs autres villes de l'Italie du sud; en 1038, Richard d'Aversa conquit une première fois Capoue, la rendit tributaire et lui laissa sa vieille dynastie Lombarde et ses libertés municipales [5]; quatre ans plus tard, ses forces ayant grandi avec son ambition, il voulut avoir Capoue à sa complète discrétion, être maitre des fortifications et y établir ses troupes, les Capouans ayant refusé, il s'en suivit un nouveau siège et une nouvelle prise de Capoue par Richard qui alors disposa de la ville à son gré [6].

Il n'est pas possible d'indiquer la date de la première conquête de Troie par Robert Guiscard, elle eut lieu probablement vers 1058.

<hr/>

gium civitatem cepit atque omnium Normannorum dux effectus est. Romualdi Salernitani chronicon ad an 1061, Indict. XIII, dans Muratori R. I. S. T. VII col. 170. Sous cette même rubrique de 1061, Romuald place non-seulement la prise de Troie par Robert Guiscard, mais encore le mariage de Robert Guiscard avec Sikelgaita, lequel est de 1059, le synode tenu à Melfi par Nicolas II en 1059 et la prise de Reggio par les Normands en 1060.

[1] Cf. supra p. 338 et Aimé IV. 18. —
[2] Aimé IV, 4. 5, 6.
[3] Cf. supra p. 338 note 1. — Aimé IV, 20.
[4] C'est évidemment là le sens de cette phrase d'Aimé un peu obscure par elle-même mais que le contexte rend très intelligible : « et cil de la cité coutrestent, et toutes foiz non voient (?) lo tribut acostumé, et encor promètent ajoindre or et chevals de Gròce. »
[5] Sur les deux prises de Capoue par Richard d'Aversa, cf. supra p. 289 sqq.

TABLE ANALYTIQUE

CHAPITRE III

(1030-1043)

CHAPITRE IV

1043-1051

CHAPITRE V

(1051-1054)

CHAPITRE VI

(1054-1060)

CHAPITRE VII

(1060-1068)

CHAPITRE VIII

(1068-1072)

CHAPITRE IX

(1061-1073)

FIN.

Lons-le-Saunier. — Imp. J. Mayet et Cie, rue St-Désiré, 20.

Lightning Source UK Ltd.
Milton Keynes UK
UKHW02f1902260418
321723UK00009B/107/P